FRIEDRICH HÖLDERLIN
Sämtliche Werke und Briefe

4

Friedrich
HÖLDERLIN

Sämtliche Werke und Briefe

Herausgegeben von Günter Mieth

BRIEFE

Aufbau-Verlag

Hölderlin, Sämtl. Werke und Briefe 1–4
ISBN 3-351-02338-3

2. Auflage 1995
Alle Rechte an dieser Ausgabe
Aufbau-Verlag GmbH, Berlin
Fotomechanischer Nachdruck der 1. Auflage 1970
Einbandgestaltung Ute Henkel/Torsten Lemme
Druck und Binden Clausen & Bosse, Leck
Printed in Germany

BRIEFE

DENKENDORF UND MAULBRONN
1784–1788

1. AN NATHANAEL KÖSTLIN

[Denkendorf,
wohl im November 1785]

Hochehrwürdiger, hochgelehrter,
insonders *hochzuverehrender Herr Helfer!*

Ihre immerwährende große Gewogenheit und Liebe gegen mich, und noch etwas, das auch nicht wenig dazu beigetragen haben mag, *Ihr* weiser Christenwandel, erweckten in mir eine solche Ehrfurcht und Liebe zu *Ihnen*, daß ich, es aufrichtig zu sagen, *Sie* nicht anders als wie meinen Vater betrachten kann. *Sie* werden also mir diese Bitte nicht übelnehmen. Etliche Betrachtungen, insonderheit seit ich wieder von Nürtingen hier bin, brachten mich auf den Gedanken, wie man doch Klugheit in seinem Betragen, Gefälligkeit und Religion verbinden könne. Es wollte mir nie recht gelingen; immer wankte ich hin und her. Bald hatte ich viele gute Rührungen, die vermutlich von meiner natürlichen Empfindsamkeit herrührten und also nur desto unbeständiger waren. Es ist wahr, ich glaubte, jetzt wäre ich der rechte Christ, alles war in mir Vergnügen, und insonderheit die Natur machte in solchen Augenblicken (dann viel länger dauerte dieses Vergnügen selten) einen außerordentlich lebhaften Eindruck auf mein Herz; aber ich konnte niemand um mich leiden, wollte nur immer einsam sein und schien gleichsam die Menschheit zu verachten; und der kleinste Umstand jagte mein Herz aus sich selbst heraus, und dann wurde ich nur desto leichtsinniger. Wollte ich klug sein, so wurde mein Herz tückisch, und die kleinste Beleidigung schien es zu überzeugen, wie die Menschen so sehr böse, so teuflisch seien und wie man sich vor ihnen vorsehen, wie man die geringste Vertraulichkeit mit ihnen meiden müsse; wollte ich hingegen diesem menschenfeindlichen Wesen entgegenarbeiten, so bestrebte ich mich, vor den Menschen zu gefallen, aber nicht vor Gott. Sehen *Sie, teuerster HE. Helfer*, so wankte ich immer hin und her, und was ich tat, überstieg das Ziel der Mäßigung. Und heute insonderheit (am Sonntag) sahe ich auf mein bisheriges Betragen gegen Gott und Menschen zurück und faßte den festen Entschluß, ein Christ und nicht ein wankelmütiger Schwärmer, klug, ohne falsch und menschenfeindlich zu werden, gefällig gegen den Menschen, ohne mich nach ihren wahrhaftig sündlichen Gewohnheiten zu richten; ich weiß gewiß, Gott wird durch seinen H. Geist mein Herz leiten; und nun bitte ich *Sie* gehorsamst, *teuerster HE. Helfer*, sein *Sie* mein Führer, mein Vater, mein Freund (doch das waren *Sie* schon lange!), erlauben *Sie* mir, daß ich *Ihnen* von jedem Umstand, der etwas zu meinem Herzen beiträgt, von jeder Erweiterung meiner Kenntnisse Nachricht geben darf; *Ihre* Lehren, *Ihr* Rat und die Mitteilung *Ihrer* Kenntnisse, diese werden alle meine Wünsche, die sich aufs Zeitliche richten, befriedigen. Ich weiß gewiß, daß *Ihnen* dies aufrichtige Schreiben nicht beschwerlich ist und daß *Sie* dies Vertrauen als ein Zeichen meiner Ehrfurcht und Liebe gegen *Sie* ansehen werden. Finden *Sie* an diesen meinen Gesinnungen etwas Fehlerhafts, so bitte ich *Sie*, mir solches zu entdecken. Ich schließe also und verbleibe mit aller Hochachtung

Dero
gehorsamster Diener
Hölderlin.

2. AN DIE MUTTER

[Denkendorf,
kurz vor Weihnachten 1785]

Liebste Mama!

Wann diesmal mein Brief etwas verworrener ist als sonst, so müssen *Sie* eben denken, mein Kopf sei auch von Weihnachtsgeschäften eingenommen wie der Ihrige – doch differieren sie ein wenig: Meine sind, ohne das heutige Laxier, Plane auf die Rede, die ich am Johannistage bei der Vesper halte, tausend Entwürfe zu Gedichten, die ich in denen Cessationen (vier Wochen, wo man bloß für sich schafft) machen will, und machen muß (*NB* auch lateinische), ganze Pakete von Briefen, die ich, obschon das N. Jahr wenig dazu beiträgt, schreiben muß, z. E. HE. Helfer, HE. Klemm, HE. Bilfinger, nach Altona, und was die Sachen als sind, und die Ihrige sind – was sie eben sind.

Was die Besuche in den Weihnachten betrifft, so bin ich eher so frei, *Sie* hieher einzuladen, weil mich das Geschäft am Johannistage, wie gesagt, nicht leicht abkommen läßt. Die l. Geschwisterige werden sich wieder recht freuen; aber, im Vertrauen gesagt, mir ist's halb und halb bange, wie sie von mir beschenkt werden sollen. Ich überlasse es *Ihnen, liebste Mama*, wann's ja so ein wenig unter uns beim alten bleiben soll, so ziehen *Sie's* mir ab und schenken's ihnen in meinem Namen. Der l. Frau *Großmama* mein Kompliment, und ich wolle Ihr auch ein Weihnachtsgeschenk machen – – – ich wolle dem l. Gott mit rechter Christtagsfreude danken, daß er *Sie* mir auch dieses beinahe vollendte Jahr wieder so gesund erhalten habe. Ohnerachtet meines Laxiers bin ich doch im übrigen recht wohl. Bei mir ist's zwar nicht zu spät wie bei *Ihnen*, doch weiß ich eben nichts mehr zu schreiben, als daß ich bin

meiner liebsten Mama
gehorsamster Sohn
Hölderlin.

Hier schicke ich etwas, die Weihnachtsgeschäfte zu zerstreuen: Wann *Sie's* ja nicht selbst lesen wollen, so lassen *Sie* sich's nur wenigstens von dem l. Geschw. vorlesen, es wird *Ihnen* recht wohl gefallen. Schicken *Sie's* nur so bald als möglich zurück. Die andern Teile sollen auch folgen. Auch die Bouteille bitte ich mir zu schicken, sie war entlehnt. HE. Harpprecht von Nellingen hat mich gestern besucht und mich um den 4ten Teil vom „Britischen Museo" gebeten.

3. AN IMMANUEL NAST

[Maulbronn,
Anfang Januar 1787]

Bester!

Ich schied ganz ruhig von Dir – es war mir so wohl bei den wehmütigen Empfindungen des Abschieds – und noch, wann ich zurückdenke, wie wir so in den ersten Augenblicken Freunde waren – wie wir so traulich, so vergnügt miteinander lebten, so bin ich zufrieden – daß ich Dich nur diese etlich Tage hatte. – O mein Teurer, es waren Zeiten, ich hätte um einen Freund, wie Du, einen Finger hingegeben, und wann auch mein Erinnern an ihn sich bis aufs Kap hätte erstrecken müssen. – Ich habe Dir, glaub ich, schon einmal davon vorgeschwatzt. – Das Ding ärgert mich, daß mir meine alte trübe Stündchen so oft in Kopf kommen – und freue Dich nur, wann ich Dir nicht oft schreiben *sollte.* – Du würdest mir vielleicht manche Klage entwischen sehen, so sehr ich's vermeide. Und es ist doch uns Menschen so gut, wenn's was zu leiden gibt. – Ich war schon manchsmal in meinem Leben ein Tor, aber nie weniger, als wann mir meines Herzens Wünsche nicht erfüllt wurden – – wann ich unverdienterweise böse Gesichter sehen mußte –.

Aber da kann ich jetzt in allem Ernst sagen – verzeih, ich

bin Dir beschwerlich gewesen! – Das war wieder einmal ein unartiges Gesudel! Nicht wahr, Lieber?

Ich wünschte, ich könnte Dir die Musik über Brutus und Cäsar jetzt schicken, aber wenn man was von den Stuttgarter HE. Academiciens will, geht's gar mit Schneckeneil, so gut auch immer ihr Wille ist. Zu Schillers Ehre will ich's auch auf dem Klavier lernen, so hart es gehen wird mit meinem Geklemper. Ach! wie manchmal hab ich ihm schon in Gedanken die Hand gedrückt, wenn er so seine Amalia von ihrem Karl schwärmen läßt –! Du wirst denken, ich sei ein Narr; aber ich weiß nicht, macht's Eigenliebe oder – – oder – mir ist's wohl bei dergleichen Gedanken. Jetzt gute Nacht, lieber Bruder! Noch eins! Hesler läßt sich Dir empfehlen. Du würdest noch manches Komplimentchen bekommen, wenn ich ausrufen ließ: Heut schreib ich meinem Nast – ihr Leute. Lebe jetzt wohl. Liebe

Deinen
Hölderlin.

4. AN IMMANUEL NAST

Kloster Maulbronn, d. Jan. 87
Morgens 4 Uhr

Bester!

Das ist schön, daß Du für die Natur so viel Empfindung hast – ich schmeichelte mir immer, unsre Herzen schlügen gleich – aber jetzt glaub ich's ganz gewiß. Aber Du mußt Dir nicht vorstellen, wie wann Du Dein Herz so ganz abgedruckt bei mir finden könntest; o nein! Lieber! Du darfst Dich auch nicht wundern – wann bei mir alles so verstümmelt – so widersprechend aussieht. – Ich will Dir sagen, ich habe einen Ansatz von meinen Knabenjahren – von meinem damaligen Herzen – und der ist mir noch der liebste – das war so eine wächserne Weichheit, und darin ist der Grund, daß ich in gewissen Launen ob allem weinen kann – aber eben dieser Teil meines Herzens wurde am ärgsten mißhandelt, solang ich im Kloster bin – selbst der gute lustige Bilfinger kann mich ob einer ein wenig schwärmerischen Rede geradehin einen Narren schelten – und daher hab ich nebenher einen traurigen Ansatz von Roheit – daß ich oft in Wut gerate – ohne zu wissen, warum, und gegen meinen Bruder auffahre – wann kaum ein Schein von Beleidigung da ist. O es schlägt nicht dem Deinen gleich – mein Herz – es ist so bös – ich habe ehmalen ein bessers gehabt – aber das haben sie mir genommen – und ich muß mich oft wundern, wie Du drauf kamst – mich Deinen Freund zu heißen. Hier mag mich keine Seele – itzt fang ich an, bei den Kindern Freundschaft zu suchen – aber die ist freilich auch sehr unbefriedigend.

Bilfinger ist wohl mein Freund – aber es geht ihm zu glücklich, als daß er sich nach mir umsehen möchte – Du wirst mich schon verstehen – er ist immer lustig – ich hänge immer den Kopf – da wirst Du wohl sehen – daß wenig raus kommt. Ich kann Dir sagen – ich bin der einzige – der außer dem Namen nach kein Frauenzimmer – keinen Schreiber – oder was sonst zu den Gesellschaften der Maulbronner Welt gehört, hier kennt.

Meine Flöte wäre noch mein einziger Trost, aber auch diese ist mir entleidet worden. Wann sich Efferenn und Bilfinger etc. bei einer Privatmusik zusammen freuen wollen, so läßt man lieber eine Lücke, als daß man den Hölderlin rufen sollte. Du darfst nicht glauben, als wann ich mir selbst alle Freude vergällte oder gar keine annehme; ich lief neulich aus lauter Verdruß unsrer Frau Bas Famulussin in ihren Garten nach – beschwerlich mag ich ihr auch genug gewesen sein – da redten mich die Mädchen aus der Verwaltung zum allererstenmal im Vorbeigehen dort an; Du solltest's gesehen haben – ich habe mich gefreut wie ein Kind – daß mich nur auch jemand angeredt hat – und das war doch keine so wichtige Sache zum Freuen.

Noch eins muß ich Dir sagen – wann Dir einmal wieder

der Gedanke käme, aufs Kap zu gehn, so sollst Du mich zum Gesellschafter haben. Auf mein Ehrenwort!

Leb inzwischen wohl, lieber Bruder, leb wohl! Das war ein trauriger Morgen!

Dein
Hölderlin

Ich muß Dir hier eben ein Duett schicken – für einzelne Flöten hab ich· außer Konzerten nichts. Die Kleinigkeiten blas ich dem Gehör nach.

5. AN IMMANUEL NAST

[Maulbronn, um Ende Januar 1787]

Lieber Bruder!

Wieder eine Stunde wegphantasiert! Ich war auch bei Dir – ich kann das nie besser als in meinen müßigen Abendstunden – wann ich so allein im Dunkeln bin. – Ich war auch noch anderswo – – und das Ende von allem war – daß ich mich und andre bedaurte. Denn sage mir, Freund, warum soll ich mir um meine beste Absichten Palisaden setzen, meine unschuldigste Handlungen für Verbrechen auslegen lassen – daß es doch so schlechte Menschen gibt, unter meinen Kameraden so elende Kerls – wann mich die Freundschaft nicht zuweilen wieder gut machte – – so hätt ich mich manchmal schon lieber an jeden andern Ort gewünscht als unter Menschengesellschaften. – Sieh, Lieber, nicht Eigenliebe und übertriebene Empfindlichkeit ist's, was mich so wütend machte – jemand anders, dessen Begegnisse mir näher ans Herz gehen als meine, wurde beleidigt – o daß ich so zurückhaltend gegen Dich sein muß – aber ich muß – ich muß – vielleicht künftig –. Hätt ich lieber gar geschwiegen, Du wirst vielleicht böse über das kindische Gewinsel – und doch wußt ich nirgends mit hinaus als zu Dir. Als ich Dir neulich schreiben wollte, war ich mit rasenden Zahnschmerzen geplagt. – Wenn ich nur auch einmal etwas recht Lustiges schreiben könnte. Nur Geduld! 's wird kommen – hoff ich – oder – oder – hab ich dann nicht genug getragen? Erfuhr ich nicht schon als Bube, was den Mann seufzen machen würde? Und als Jüngling, geht's da besser? Und dies sei die Zeit, sagen sie, wo wir's am besten haben! Du lieber Gott! bin ich's dann allein? Jeder andere glücklicher als ich? Und was hab ich dann getan?

Ja, Bester, gerade das, was mich trösten sollte, das liegt am schwersten auf mir. Da denk ich allemal – wann in Dir die Wollust, Hader, Raufsucht wütete, wenn Du wärest, was viele um Dich herum sind. – O ich will schweigen. – Verzeih mir diesmal, Lieber, Du kennst mich kaum – und kennst mich schon beinah als einen solchen, der den anklagt, welcher allweise unser Schicksal lenkt – aber so will ich nimmer kommen. – Ich werde wieder wenig schlafen – wenn ich nur bei Dir wäre. Du zeihst mich vielleicht – ich liebe – – – würd ich dann so sprechen? sage mir, Freund – oder weißt Du's nicht? Nun – ich weiß es auch nicht. Jetzt gute Nacht – morgen soll das Urteil über das Gesudel gesprochen werden, und vielleicht zerreiß ich's.

Hölderlin

6. AN IMMANUEL NAST

Maulbronn, d. 18. Febr. 87

Vor allem eine Frage! Du zählst Dich ja zu derjenigen Zunft von Leuten, denen die Schreibkunst besonders heilig ist – –. Nun will Bruder Bilfinger in dem Brief, den Du neulich so mit geflügelter Feder an mich schreibst, einen zweideutigen Schreibfehler entdeckt haben – er sagt, in dem –
liebe
Deine
L. Nast – –

liegt eine Schelmerei, und die will er in meinem Namen rächen (weil ich eben nicht zum Rächen gemacht bin), und laß Dir's bange sein, wirst Du wohl die Rache Dir denken können? Er wird Dir schreiben – und liebe Deine
B–r.
Was das Br– bedeuten soll, weiß ich – wann Dir's nicht recht ist – nicht. Aber jetzt ernsthaft! Du fragst, wie mir Dein Amadis gefalle – ich sage – schlecht. Und warum?? – Nicht weil Wieland ohnehin nicht mein Steckenpferd ist, auch nicht – weil ich gerner ein Märchen gelesen hätte, das nicht von der Satire unterbrochen wird – sondern – ich sag's mit aller Bescheidenheit – weil Dinge drin vorkommen, die für reizbare Leute, wie ich bin, leider!!! – nicht zum Lesen sind. O Bruder! meinst Du, ich hab ihn über halb gelesen? Da dank ich Gott, daß meine Phantasie noch unbefleckt ist, daß mir vor dem Dichter, der gewiß eine Unschuld schamrot machen würde, ekelt. Gesteh mir's nur, Lieber, ist Dir's nicht besser ums Herz, wann Du den großen Messiassänger hörst? Oder unsers Schubarts wütenden Ahasveros liest? Oder den feurigen Schiller? – Überzeuge Dich hier an seinem „Fiesko" und „Kabale und Liebe". – In der letzten ist gar ein gutes Mädchen – denk an mich, wann Louise so dasteht, mit ihrem Blick in die unparteiische Ewigkeit – ob ich nicht recht habe.

Ich denke allemal, wann ich so an jene Stelle mich erinnre, wann ich einmal ein Mädchen verlöre, ich wieder so ein Klotz wäre, wie mir's gemeiniglich in meinen Unglücksstunden geht, so wollt ich nur die Stelle lesen, und da würde ich Luft genug finden. Ich sehe schon, Du lachst mich aus, Du denkst, eh man vom Verlieren schwatzt, muß man vor – – haben?? –? Glaube, was Du willst. Ich lasse mir alles gefallen.

Denke nur – mein Freund Hiemer in der Akademie hat mir schon auf drei Briefe, in denen ich ihn allemal um „Brutus und Cäsar" gebeten habe, nicht geantwortet. Nicht wahr, das ist traurig?

Der Bursche hat auch einen Plunder Gedichte von mir, und wann er mir diese nimmer zurückschickt, so soll er mir nimmer unter die Augen kommen. Deiner Jfr. Bas Heinrike Nast mein ergebenstes Kompliment. Hat sie Dir auch schon von Maulbronn erzählt? Sie wird vermutlich auch Jfr. Brechtin gekannt haben? Kennst Du sie auch??

Hölderlin

Ich weiß nicht – vielleicht finden sich auch im Schluß meines Briefs Schreibfehler, wie in Deinem, aber – – ich mußte eilen.

7. AN IMMANUEL NAST

[Maulbronn,
wohl um den 4. März 1787]
Lieber Bruder!

Nur etlich Laute! Schade, daß es nur etlich sind – ich wäre wirklich so gut gestimmt. Denke nur! etwas in die Chronik! Ich bin auch einmal wieder recht zufrieden mit mir – meinem Schicksal. Ich soll Dir meine mystische Briefe aufklären? Herzlich froh bin ich, daß ich sie so mystisch geschrieben habe. Ich müßte mich jetzt nur noch mehr schämen. Jetzt muß ich aufhören.

Vorige Woche habe ich wegen dem Examen solenne nicht schreiben können! Ein schwaches Hindernis!

Bilfinger und Efferenn grüßen Dich! Gelt, Lieber, Du rächst Dich nicht an meinem bisherigen Stillschweigen und an diesem Gesudel da und schreibst noch 2–3 recht lange Briefe vor Ostern? 's sind noch 5 Wochen!

Dein
vergnügter
Hölderlin

8. AN IMMANUEL NAST

[Maulbronn,
wohl um den 18. März 1787]

Eine Neuigkeit! eine schöne, schöne, herzerquickende Neuigkeit! Ich habe den Ossian, den Barden ohne seinesgleichen, Homers großen Nebenbuhler hab ich wirklich unter den Händen. Den mußt Du lesen, Freund – da werden Dir Deine Täler lauter Konatäler – Dein Engelberg ein Gebirge Morvens – Dich wird ein so süßes, wehmütiges Gefühl anwandeln – Du mußt ihn lesen – ich kann nicht deklamieren. Er muß mit nach Nürtingen in die Vakanz, da les ich ihn so lang, bis ich ihn halb auswendig kann.

Ich weiß noch nicht, ob ich Dich besuchen kann, in der Hinaufreise wenigstens nicht. Ich weiß gar nichts zum Schreiben – der gute, blinde Ossian da schwadroniert mir immer im Kopf. Mein Freund Akademikus hat mir geschrieben – hat sich natürlich entschuldigt – hat um Verzeihung gebeten – aber – daß er doch lieber mit seinen Entschuldigungen und Deprekationen zu Haus geblieben wäre und mir das Musikstück geschickt hätte!

Wann Du Bilfinger und Efferenn schreibst, so mach ihnen recht Angst – im Spaß – man sage, es machen 2 Studenten fast alle Tage in der Verwaltung Besuch – man halt's für verdächtig –. Die Bursche haben sich drüben eingenistet beim HE. Vikarius, und da ist's unserm armen Schlucker Bilfinger ganz wohl dabei. Und Efferenn – wann der nur den Pantalon hört – so will er weiter nichts mehr – ich glaube, wenn Lucifer selbst ihm drüben den Pantalon schlüge, er würd ihm nachlaufen – aber desto besser ist's, da es (so sagen mir die Leute – Bilfinger –) ein Engel ist. Ich mache hier wenig Bekanntschaft – ich bin immer noch lieber allein – und da phantasiere ich mir eins im Hirn herum, und da geht's so andächtig her, daß ich zuweilen beinahe schon geweint hätte, wann ich mir gephantasiert habe, ich sei um mein Mädchen gekommen, seie, verachtet von jedermann, verstoßen worden. Lebe wohl – Bruder – die Glocke schlägt, ich muß ins Kollegium.

>Dein
>>Hölderlin
>>>(ebenso zufrieden wie Du.)

9. AN IMMANUEL NAST

Maulbronn, d. 26. Mart [1787]
Bester!
Nur diesmal eine Bitte! eine dringende, wohlzugewährende Bitte! Und die ist? Nun! höre!
Märklin besucht mich von Leonberg aus, und da stell Dir das Vergnügen vor, wann – Du mitkömmst! O Bruder! ich lasse nicht nach – Du mußt, wann Du mein Freund sein willt – wenn's nur auf etlich Tage ist – ich hab alles aufgeboten, Bilfinger, Märklin und ich bitten vereint! Sind Dir diese drei Freunde etwas wert? Und kannst Du ihnen so eine Bitte abschlagen? Nein! ich weiß es gewiß – Du kommst – und sollten auch kleine Schwierigkeiten zu überwinden sein. Sieh, Bruder, wann Du mir's auch nicht zu Gefallen tun wolltest, so tu es Deinen andern Freunden, die in ihrem und meinem Namen Dich auch um dasselbe bitten. Aber wehe tät es mir wahrhaftig, wann du könntst und Hindernisse vorbrächtest – und Entschuldigungen – hererzähltest. Wann Du wüßtest, wie mir meine Bitte so aus dem innersten Herzen herausgeht – wie rasend mich nur der Verspruch freuen würde – Du *wollest* kommen, o so versprich's nur, Lieber – ich weiß gewiß, Du machst mir gern einige heitere Stunden. – Aber Du bist ein Mann, und der läßt's nicht nur beim Versprechen bewenden. Du weißt, wie manche Wünsche einem fehlschlagen und wie es einen schmerzt! Und sollte auch dieser fehlschlagen?

Ich bitte Dich – und wann die Bitte gewährt ist – so tu ich Dir zum Dank, was weit umher in den Schranken meines Wirkungskreises sich tun läßt – und hiemit
Dein
Hölderlin.

10. AN IMMANUEL NAST

[Maulbronn, wohl Mitte April 1787]
Morgens 5 Uhr

Bester!

Endlich einmal wieder! Und was ist's? Soll ich zanken? Doch, 's ist schon einmal geschehen, und 's Zanken macht die Sache nur schlimmer. Es wär auch vermutlich nichts Echtes herausgekommen, wann ich mit *Dir* mich hätte herumzanken wollen. Bruder Märklin hat mir erzählt, ihr seiet brav lustig zusammen gewesen, und das hat mich herzlich gefreut. Ich und Bilfinger haben einander auch besucht und haben herrlich beieinander gelebt. Ach! daß Nast da weg sein mußte! 's war Dir eben nicht Ernst. Schelm! Gesteh's nur! Und hier – gefällt mir's auch wieder. Ich bin jetzt so allein, immer, so in der Stille – und das behagt mir – nur schade – so weit, weit weg vom Bilfinger. – Ich rede da fast mit niemand, aber desto öfter denk ich an meine Lieben in der Welt umher – und da ist mir's so ganz wohl dabei.

Möchtest Du mir nicht „Kabale und Liebe" schicken – 's hat mich hier jemand darum gebeten.

Und mein Stammbuch – wirst Du wohl vergessen haben. „Brutus und Cäsar" hast Du in vierzehn Tagen, so wahr ich Dein Freund bin. Bilfinger wird Dir heute Wielands „Merkur" schicken.

Dein
Hölderlin

11. AN DIE MUTTER

[Maulbronn,
wohl nach Mitte April 1787]

Liebste Mama!

Sie können mir's jetzt gewiß glauben – daß mir, außer in einem ganz außerordentlichen Fall, wo mein Glück augenscheinlich besser gemacht wäre – daß mir nie mehr der Gedanke kommen wird, aus meinem Stand zu treten. – Ich sehe jetzt! man kann als Dorfpfarrer der Welt so nützlich, man kann noch glücklicher sein, als wenn man, weiß nicht was? wäre.

Neulich stieg hier ein Luftballon, da kam auch HE. Pfarrer von Diefenbach herbei – und mit ihm einer von den Camerern, welcher wirklich Jura studiert – der kam geradenwegs von Poppenweiler und richtete mir tausend tausend Grüße aus und daß eben den guten Mann herzlich verlange – mich auch einmal wieder zu sehen. Jetzt *muß* ich zu ihm, 's mag sein, wann's will. HE. Pfarrer von Diefenbach war auch außerordentlich freundschaftlich gegen mich, er wußte bisher nicht, daß man anhalten müsse, weil die Vorige gewiß alle Wochen, ohne daß er ein Wort mit HE. Prälat gesprochen hab, zu ihm hinübergekommen seien. Meine Rede hab ich hingelegt – um sie Ihnen zu schicken, finde sie aber wirklich nirgends. Meine Haare sind in der schönsten Ordnung. Ich hab jetzt auch wieder Rollen. Und warum? Ihnen zulieb!

Denn hier will ich weiters niemand gefallen. Dem l. Karl tausend Küsse! Was macht er dann als so allein bei seiner l. Mama? Leben Sie wohl – ich eile, wie Sie sehn.

Ihr
gehorsamster Sohn
Hölderlin

12. AN DIE MUTTER

[Maulbronn,
im Mai oder Juni 1787]

Liebste Mama!

Ich habe wirklich wieder Geschäfte die Menge auf dem Hals; und Geschäfte, wo die Geisteskräfte ziemlich stark angegriffen werden – ich will also nur so bei Gelegenheit gestehen, daß Bilfingers Kaffee und mein Zucker verbraucht sind und daß ich mich inzwischen manchmal nach einem Frühstück gesehnt habe – bei dem frühen Aufstehen – und dem beständigen starken Angreifen des Kopfs – und neulich zwang ich mich wieder mit einem schröcklich leeren Magen zur Suppe, die Ihr hungrigster Taglöhner ungern essen würde – und da wurde mir so weh, daß ich beinahe vor Ärger die Schüssel an die Wand geworfen hätte. Ein gutes, gutes Werk wär's also für den Fritz, wenn Sie ihm etwas Kaffee schickten.

Sie werden lachen über meine weitschweifige Bittschrift, aber 's war nur, daß Sie sich einen kleinen Begriff von unserm Klosterkreuz machen können. Dann das sind doch ordentliche Nahrungssorgen, wenn man so nach einem Schluck Kaffee oder nur einem guten Bissen Suppe hungert und nirgends, nirgends nicht auftreiben kann. Bei mir geht's noch gut; aber da sollten Sie andre sehn, die einige Pöstchen vom Winter her noch zu berichten hatten und jetzt den halben Heller nimmer im Beutel haben – es ist zum Lachen,[1] wenn die Leute aus lauter Unmut nicht ins Bett gehen und die halbe Nacht auf dem Dorment auf und ab singen:

> Auf, auf, ihr Brüder, und seid stark!
> Der Glaubiger ist da.
> Die Schulden nehmen täglich zu,
> Wir haben weder Rast noch Ruh,
> Drum fort nach Afrika – (das wär das Kap).

---

[1] Verzeihen Sie, daß ich so schlechtes Papier bringe!

Und so geht's fast all Nacht, da lachen sie am Ende einander selbst aus, und dann ins Bett. Aber freilich ist dies eine traurige Lustigkeit!

Und noch überdies hat HE. Prälat, der so gepriesne Weinland, wirklich so unbegreiflich wunderliche Launen, daß er Professoren, Studenten und Famulus, als einen vor des andern Angesicht, schon dergestalt abgewaschen hat, daß bald vollends Professoren und Studenten – und Studenten und Famulus zusammen heulen. So geht's eben in der Welt! Ich lerne mich, gottlob! immer besser in sie schicken! Ich kann Sie auf alles versichern, liebe Mama, daß ich, der ich sonst der Unzufriedenste war, jetzt keiner mehr von den Unzufriednen bin! Der l. Rike hab ich geschrieben – hab sie getröstet!

Ich muß Ihnen sagen, ich hab geweint ob ihrem Brief – und da ich drauf Chor halten mußte, vor Ärger fast nicht reden können! Ich hätte mir's nie zugetraut, daß meine Liebe zu ihr so weit ginge! Aber gewiß, 's ist ein edles, herrliches Mädchen, die Rike! Gott wird ihr tausend Segen geben für ihre Tränen. Sie dürfen stolz sein auf so eine Tochter!

Ihr
gehorsamster Sohn
Hölderlin

13. AN IMMANUEL NAST

[Maulbronn, im Sommer 1787]

Tausend Dank – lieber Bruder – für Dein herrliches Gemälde – Deinen lieben Brief!

Du hättst nur sehen sollen, wie mir's war – ich bekam ihn ob dem Essen – und da hatte ich das Unglück – daß ich mich, insonderheit am Ende, wo Du mich so schön mit einer heitern Zukunft getröstet hast, des Weinens nimmer enthalten konnte – mir fielen ein paar Tränentropfen in die

Suppe – und kaum konnte ich sie vor Bilfingern, der neben mir saß, verbergen. Aber er muß doch was gemerkt haben, er blinzte mich so mit seinen Schelmenaugen an, und da ist's allemal richtig!!!

Wann Du nur wüßtest, wie oft ich an Dich dachte! Wie oft ich Dich zu mir wünschte!

O Bruder, Bruder! ich bin so ein schwacher Kerl – aber ich gesteh's auch sonst niemand als Dir – und nicht wahr, Du hast lieber Mitleiden mit mir, als daß Du lachst über das, daß ich geweint hab ob Deinem Brief? Aber du lieber Gott! ich muß Dir's nur gestehn, es liegt mir mehr auf dem Herzen, als was ich Dir neulich geschrieben habe! Du kannst mir glauben, Gott hat mir mein redlichs Teil Leiden beschert! Ich mag keines sagen – Du möchtest meinen Brief in einer lustigen Stunde bekommen, und da würd ich mir ein Gewissen daraus machen, Dir sie zu verderben mit meinen Klagen! Ich weiß, wie sehnlich ich oft nach einem heitern Augenblick schnappe – und wie ich ihn dann so fest zu halten suche, wenn ich ihn habe, und so könnte Dir's leicht auch gehen. –

Hier halt ich's nimmer aus! nein wahrlich! Ich muß fort – ich habe mir fest vorgenommen, entweder meiner Mutter morgen zu schreiben – daß sie mich gar aus dem Kloster nimmt, oder den Prälaten um eine Kurzeit von etlich Monaten zu bitten, weil ich öfters Blut auswerfe. – Du siehst, Freund, 's geht allmählich mit mir zur Ruhe.

Sei getrost!!! Bekümmre Dich nur nicht um mich!!!

Dein Hölderlin

Für Deinen lieben Apoll nochmal tausend Dank – er hat mir schon manchen guten Augenblick gemacht – ich sehe ihn gewiß alle Tage an!

14. AN IMMANUEL NAST

[Maulbronn, Ende Oktober 1787]

Lieber Bruder!

So bin ich wieder hier! im Stillen – nach so vielen Zerstreuungen wieder im Kloster – ich habe Deinen Brief nimmer in Nürtingen bekommen – aber tausend – tausend Dank dafür! Oh! ich hab Dir auch viel, viel zu sagen, Bruder! aber mein Kopf ist so verwirrt wieder, so verschiedene Empfindungen sind mir wieder in der Brust. Wo ich eben war – in meiner Vakanz, da waren unerfüllte Wünsche – unvollkommene Seligkeiten – ich weiß nicht, ist's Einbildung oder Wirklichkeit – was ich sehe, gefällt mir nur halb – überall ist's mir so leer – und oft mach ich mir Vorwürfe, daß ich nicht ganz mit dem warmen Herzen mehr an meiner Brüder Schicksal teilnehme, wie sonst! Ach Bruder, sag mir, lieber Bruder, bin dann ich nur allein so? der ewige, ewige Grillenfänger!

Aber nein! nein! nur der Abend da ist wieder so, und da denk ich nimmer an die vergnügte Stunden, die mir Gott schon auf dieser lieben Erde gegeben hat; ich bin undankbar gegen ihn – recht undankbar! hab so eine liebe Mutter, so liebe, gute Geschwisterige – o Du solltest gesehen haben, wie sie mir alle nachweinten, als ich ging! Bruder! Bruder! ich fühl's noch, wie ich mit so schwerem Herzen (um Mitternacht beinah) abreiste!

Und hab ich ja Dich, Dich – und klage noch? – Ja, wann ich Dich nimmer habe, dann will ich klagen – –. Aber an das wollen wir noch nicht denken! Nicht wahr, lieber Bruder? Ich werde wohl Dir das Scheiden aus dem Vaterlande am wenigsten sauer machen? –? Aber Du kommst noch hieher – da muß ich Dir noch Dinge sagen – nein! glaub's nicht, 's ist nichts so Wichtiges, lauter Kleinigkeiten – vielleicht vergeß ich sie bis dorthin.

Jetzt will ich Dir auch Deinen l. Brief beantworten. Eines nur darin! Ich gesteh Dir, ich glaub's nur halb, wann *Du's* nicht geschrieben hättest, glaubt ich's gar nicht – daß Sie sich noch an mich erinnert, Deine verehrungswürdige Freundin – oder hast *Du* ihr gesagt, wie ich so unglücklich bin oder mich unglücklich glaube – und sie hat Mitleiden mit mir? und sie will mich trösten, mit diesem gütigen Zeichen der Erinnerung, durch ein Kompliment? Ja, Bruder, ja, dies Kompliment hat mich getröstet. – Daß sie sich noch meiner erinnert – Gott im Himmel! so ein Mädchen! – Aber stille! Jetzt muß ich Dir auch noch was zum Lachen schreiben – denk nur, lach mich nur recht aus, heute ging ich so vor mich hin – plötzlich kommt mir meine Lieblingsnarrheit, das Schicksal meiner Zukunft vors Auge – und höre nur, aber lach mich toll aus, da fiel mir ein, ich wolle nach vollendeten Universitätsjahren Einsiedler werden – und der Gedanke gefiel mir so wohl, eine ganze Stunde, glaub ich, war ich in meiner Phantasie Einsiedler. Du siehst, Bruder! ich schäme mich nicht, Dir meine Schwachheiten zu sagen, und das entschuldigt mich noch ein wenig – vor Dir – aber sonst – – daß ja der Brief nicht in fremde Hände – in menschenfeindliche Hände kommt – sonst heißt's – der ist ein Narr!!!

Deiner guten, verehrungswürdigen Freundin mein ergebenstes Kompliment!!!

Ewig
Dein
Hölderlin

15. AN IMMANUEL NAST

Lieber, guter Bruder! [Maulbronn, im November 1787]

Endlich auch wieder einmal! aber recht viel – recht viel sag ich Dir, und doch nur halb – weil sich's ein anderer lieber Mund vorbehalten hat, Dir's zu sagen – wenn Du hieher kommst – und Du sollst nur recht bald kommen, soll ich

Dir sagen. – O Freund! Du wirst aus dem lieben Mund erfahren die Quelle all meiner Freuden, all meiner Leiden, all meiner Klagen – Du wirst Dir sie dann erklären können, die rätselhafte Launen, in denen ich Dir oft geschrieben habe. Wann Du wirklich in mein Herz sehen könntest, Bruder, wie's da so ruhig, so hell, so zufrieden aussieht, Du würdest Dich freuen – und Deinem herrlichen Mädchen sagen, wie ich jetzt nimmer murre wider den, der mir mein Schicksal gibt, der so gut, so weise vergnügte und traurige Tage austeilt. – O ich war so ein Tor – glaubte oft, wenn Menschen mich haßten, wenn Spöttereien mich verfolgten – wenn alles, alles sich zusammentraf, um mir eine einzige – so lang ersehnte selige Stunde zu verderben – dann glaubt ich, Bruder, Gott liebe mich nicht! glaubte – er zürne der *Liebe*!!! Jetzt weißt Du's – Bruder! aber weiter schreib ich nimmer. – Sie wird Dir's sagen.

Nur umarmen möcht ich Dich jetzt – an Deinem Halse Freudentränen weinen – in Deinem Stübchen – ich kann's noch sehen, das Stübchen – 's war mir alles so heilig – ich dachte, da habst Du schon so oft an mich gedacht – und 's war alles so still um uns – und ich kam so gerade von Maulbronn her – vom Abschied – vom Abschied – und hatte eben Dein Mädchen gesehn, wie sie so sanft – ich muß hier aufhören, ich komme zu tief ins Beschreiben – und 's ist so ein elendes Zeug ums Schreiben – man drückt sich nicht halb so warm aus, als man gerne wollte – sieht gerade aus wie in den Tagen meiner Klage – wo ich unter Leuten gerne lachen wollte – und nur ein bitteres krummes Maul machte. – Sicher! 's ist gerade so – Bruder! Aber verzeih – lieber Freund – verzeih – ein ganzes Jahr sagt ich's Dir nicht – das liebe Geheimnis, das Du noch nicht weißt – Du kannst mich für falsch halten – aber, Gott weiß – wie mich's oft drückte – wie ich mit aller Gewalt das Geständnis noch an mir hielt – aber sieh! ich mußt ihr so heilig, so oft versprechen, keiner Seele nichts zu entdecken – aber neulich fragte sie mich in so einer Wonnestunde – ob ich meinem

Nast noch nie nichts gesagt habe – Bruder! Bruder! wie mir's da so wohl ward – „plötzlich schreib ich's ihm" – aber sie will Dir's selbst sagen, die gute Seele. –

Hier Gedichte vom H–, er läßt Dich grüßen – warum Du ihn dann nicht besuchst?

Hier mein Bild!

Bilfinger ist wirklich so gut – so brav – ich kann Dir sagen, Bruder – ist wie Du – ist bräver als ich!

Ich weiß nicht, ob Hiemer in Stuttgart oder Du meinen Pfeffel hast – schreib mir's!

Schreib ja recht bald! Komme ja recht bald! Wir wollen paradiesisch zusammen leben! Jetzt gute Nacht! Lieber! Morgen früh schreib ich Dir vielleicht noch einmal!

Dein
Hölderlin

16. AN IMMANUEL NAST

Bester! [Maulbronn, im November 1787]

Daß ich jetzt nichts vorbringen kann – tausendmal würd ich eben – Bester – rufen – und Freudetränen weinen über den besten aller Freunde – wär ich bei Dir. Ja, Bruder – und wann ich die halbe Welt durchstreifte – und mir einen Freund suchen wollte – der mir mehr als *Du* sein könnte – ich fänd ihn nicht – bei unsrer Freundschaft! ich fänd ihn nicht. 's muß Ahndung gewesen sein – Lieber – daß mich Dein Brief diesmal so über alles freuen werde. – – Ich hatte viel unentsiegelte Briefe vor mir liegen – von meiner Mutter – meinen lieben Geschwistern – von Freunden – aber frage nur den Bilfinger – als wollt ich ihn verschlingen – fuhr ich zuerst auf Deinen los – riß mit dem Siegel beinah den ganzen Brief entzwei – und fand noch tausendmal mehr – als mein höchstes Erwarten erwartet hatte. Lieber, lieber Freund – wie ich's da so überzeugend fühlte, daß Lieb und Freundschaft der Menschen größtes Erdenglück sind! Ich wollte mich plötzlich hinsetzen und wieder schreiben – aber keinen Buchstaben konnt ich vorbringen – – –.

Aber ich habe Dir so viel, viel zu schreiben – Lieber! Nur zuerst vom Hiemer! Höre, was er mir neulich schrieb: „Du willst Gedichte von mir? Gut! da hast Du eines – 's ist ein wilder, ausgearteter Junge – macht sich Gesetze nach seinem Kopf – rennt oft – daß mir immer nur bange war, er möchte sich Arm und Bein entzwei springen – wirft so römermäßig mit Geistesgröße – und Vaterlandsliebe und Freiheitssinn um sich – daß ich ihn leider!!! in gar keine Modegesellschaft lassen darf – hat mir schon manche schlaflose Nacht gemacht – der Junge – daß er sich so gar nicht schmiegen will – – –." So macht er etlich gute Seiten fort! Höre nun – wie er ernsthafter wurde. „Du bist mein Freund", sprach er, „kannst ehrlich sein – das weiß ich! nimmst Dir auch wohl etliche Stunden Zeit für Deinen H –, lies meine Arbeit also rezensentenmäßig durch – tadle, wo zu *tadlen* ist – schreibe, was Dir so halb gefallen hat – und das ja recht bald!!! und Deinem lieben Nast schick's auch – sonst keiner Seele – Du mußt lügen – oder er ist mehr als ich und Du, schick's ihm ja – bitt ihn ja – eben das zu tun, worum ich Dich bat – schreibe jeder seine Gedanken – Du mußt den Nast aber nicht in meinem Namen bitten, er soll nicht wissen, daß er seine Urteile für *mich* schreibt – hörst Du's? daß er desto strenger – desto unparteiischer ist. – Ich hoffe, seine Urteile sollen mir recht viel nützen –." Ich hielt seinen Vorschlag für unnötig – ich weiß, lieber Bruder, Du schreibst, wie Du denkst – schmeichle ja nicht – ich will ihm auch ins Gesicht tadlen – sonst würde er mir plötzlich seine Freundschaft aufkünden. Sei ja recht streng! Wir wollen uns so ehrenfest auf unsern Rezensentendreifuß setzen – er soll Hiebe bekommen, wo er's verdient – so sind wir ihm am liebsten. Das eigentliche Kostüme des Gedichts –

den Plan – die eigene Gesetze, die er sich gemacht hat, schick ich Dir das nächstemal.

Aber in Ansehung seines Helden höre, was er schreibt: „Du wirst mich tadlen – sollst mich tadlen – und mußt – daß ich gerade den hitzigen, rachsüchtigen, abenteurlichen Trenk und wie die Titelchen heißen, die man ihm gibt, mit Recht gibt – daß ich gerade diesen besinge –. Die Ursache – weil ich große Helden – das Trenk gar nicht ist – nicht zu einem Probestück nehmen wollte – kurz, ich bitte Dich, daß Du mehr auf das Gedicht selbst als auf den Gegenstand desselben siehest."

Ich höre auf davon – schreibe Dir das nächstemal noch mehr darüber. Schicke mir nur bald Deine Urteile – und das über jede Seite – dann liebt er Dich über alles – Du wirst es sehen –. Aber jetzt – Lieber – was meinst Du wohl? Soll ich aufhören? – Nein! nein! Ich kann nicht, Du mußt's wissen – lange genug trug ich vor diesem Winkel meines Herzens eine Larve – Du solltest zürnen, Bruder – aber die Ursachen weißt Du ja, und verzeihst –.

Sie ist's – Du hast's erraten – solltest's gleich beim ersten Wort von Liebe erraten haben – dann – konnte sonst eine Seele hier sein, die ich liebte? und wären noch tausend hier – ich schwör's Dir, Bruder – so treu – so zärtlich – so ganz für mich und sonst für alles nichts – Du fändest keine – außer – Du weißt's! Du würdest zürnen und ich ungerecht sein – wann dieses *außer* nicht dastände. Aber wo soll ich anfangen? Soll ich Dir all unsre freudige und leidensvolle Tage herzählen? Ich will's tun – werde aber so bald nimmer aufhören können.

Ich kam hieher – sah sie – sie mich –. Beide fragten wir jedes nach dem Charakter des andern – wie's oft geht – bloß aus Zufall tat's vielleicht Louise – beide fragten Deinen guten Vetter, des Famulus Sohn – der damals hier war –. Den Gang unsrer Liebe will ich Dir nicht beschreiben –. Dein lieber, guter Vetter bracht uns schon im ersten Monat meines Hierseins zusammen –. Wie's da in meinem Herzen tobte – wie ich beinah kein Wort reden konnte – wie ich zitternd kaum das Wort – Louise hervorstammelte – das weißt Du – Bruder – das hast Du selbst gefühlt. Dein Vetter kam bald fort – und – schröckliche Tage kamen. Ich hatte das liebe Mädchen an einem Orte gesprochen – wo ich ohne vorhergehende Abrede sie nie sprechen konnte – keiner Seele konnten wir uns vertrauen – kein Ort war sonst möglich – wir blieben also auf die etlich Augenblicke – auf die etlich herausgestammelte Worte – beinah über einen Monat geschieden. O Bruder! Bruder! das waren schröckliche Tage – namenlose Leiden – noch nie gefühlte Raserei zerriß mir das Herz. Dann – es hatte sich Eifersucht ins Spiel gemischt – und der Gegenstand dieser war – Bilfinger – er war, unwissend von allem – auch ein Anbeter von Louisen. Ich erfuhr's – schrieb ihre Entfernung von mir einer geflissentlichen Vermeidung zu – fand endlich Gelegenheit – ihr fürchterlichen Unsinn, wie ich mich noch erinnre – zu schreiben – raste stündlich mit Bilfingern – und weder B. wußte, woher die unbegreifliche Feindschaft komme, noch die gute L., was der Unsinn zu bedeuten habe. Endlich – in der Stunde des äußersten Grimms sagt ich alles vor B. heraus – er entsagt' ihr freiwillig – dann er hatte noch kein Wort mit ihr geredt – und so entstand unsre Freundschaft. L. sprach ich bald auch an dem Plätzchen unsrer ersten Zusammenkunft – sie fragte mich voller Angst – was ich dann mit dem Brief wolle? Ich ward verwirrt – sie noch verwirrter – und doch war's ein seliges Stündchen – doch schieden wir herzlich vergnügt. Um diese Zeit war's, daß Du hieher kamst – daß ich Dein Freund wurde, von Deiner Seite sprang ich einmal zu ihr. Immer noch plagten mich grimmige Launen – und manche Träne floß – über der Ungewißheit – ob sie mich auch wirklich liebe. Nur selten kam ich zu ihr – immer verstohlen – und das machte dem lieben Mädchen oft bange –. Sie war sehr zurückhaltend vor mir – weil sie mich nicht kannte – und ist das nicht schon ein bewundrungswürdiger Zug in ihrer schönen Seele? – – Der

Sommer kam – und mit ihm Leiden über meine Louise und mich – Gott im Himmel! ich mag mich nimmer in die Tage versetzen – – Bruder! Bruder! Tage, wo Zweifel gegen den Lenker meines Schicksals in meiner Seele aufstiegen – die ich Dir nicht nennen mag. Er hat sie mir vergeben, der Allbarmherzige – ich habe mit mancher Träne, manchem nächtlichen Gebet bereuet. – Man bemerkte den Kummer meiner Seele bald – und im ganzen Kloster wurd ich als gefährlich melancholisch ausgesagt. Louise hört' es, und ihr Kummer glich dem meinigen. Der Schlaf floh mich bei Nacht – und bei Tag alle Tätigkeit – – ich erstickte meine Empfindungen meist – wann ich an Dich schrieb – dann ich dachte – Du werdest vielleicht über mich lachen – so weit ging mein Mißtrauen gegen jedermann. Um die Ursachen unsrer Leiden frage mich, wann Du willt – Du sollst sie all erfahren – sie werden Dir gering vorkommen – wann ich's überdenke – kann ich's auch nicht begreifen. Jetzt stille von den traurigen Tagen. Ich hatte für einen Jammermonat eine selige Stunde, wo ich mit meiner Louise weinte – und für diese dankte ich Gott! dankt ihm endlich für alles – für all die Leiden – all die Verfolgungen – all die Tränen. Die Zweifel – das Murren gegen den Ewigen mußt Du nur in die erste Wochen meiner Trauertage rechnen, wo ich noch nicht gewohnt war zu tragen. Weißt Du noch, Lieber! wie mir's so tobte in der Brust – als Du vorigen Sommer schiedest – ich sah Dir's an, Du wundertest Dich – ich schied von Dir, wie wann's auf ewig wäre – lieber, guter Bruder! ich sah, wie Du wieder Deinem Leonberg entgegeneiltest – hörte, wie Du so entzückt von freudigen Tagen, von wonnevollen Stunden redtest – und – ich – wußte damals in der ganzen weiten Welt keinen Ort, wo ich Zufriedenheit hätte finden können, und ich war jetzt wieder ohne Dich, bei dem ich meine Leiden so vergessen hatte – und ich – sahe, wie mein Schicksal immer schwärzer, meine Seele immer schwächer, mein Körper immer kränklicher wurde (Du wirst Dich noch erinnern, daß ich etlichemal Blut auswarf –), und dies war die Ursache meines Dir vermutlich so unerklärlichen Scheidens. Weißt Du noch, Bruder, wie ich so ausgelassen lustig war, als wir miteinander nach Ölbronn gingen? Damals war ich bei ihr gewesen –. Ich sahe sie hinter uns in den Garten gehen – sprang von der Straße über die Mauer – und wie mir's bei ihr gewesen sei, kannst Du schließen, da ich so – bei Euch war – und deswegen ließ ich Euch so lange noch auf mich warten. Endlich wurd ich ganz zufrieden – außer daß das Andenken an die Leiden mein Auge zuweilen noch trübte. – – Und jetzt, Bester, jetzt bin ich der Glücklichste auf Erden –. Geh es, wie es will – ich liebe meine Louise ewig – ewig – und ewig – ewig – liebt mich meine Louise. O Du kennst sie noch nicht ganz, Bruder – ich sah sie schon in Gesellschaften – sah sie schon, ohne von ihr bemerkt zu werden, unter ihren Freundinnen – oh! wie ganz anders ist sie bei mir! Wann sie mit mir Gott um glückliche Zukunft bittet – Bruder! Bruder – wann sie so träumend meine Hand angreift – „wann ich Dich einmal so lange nimmer sehe!" Ich zittre vor Freude, wann ich so die selige Augenblicke denke. Sie gestand mir einmal, die liebe Seele, sie sei einst so leichtsinnig gewesen – und daß sie jetzt so anders – so fromm, so treu, so zärtlich ist – ich möchte Nacht und Tag fortschreiben – wann ich mein volles Herz – Dir hinschreiben wollte. – 's ist wirklich tief in der Mitternacht! Du wirst also wohl glauben, daß der Schlaf sich einstellt.

Deiner verehrungswürdigen Freundin sage Du alles – was ich sagen sollte. Der Dank für ihr gütiges Angedenken an mich wird wärmer und schöner von Deinem Munde sein als aus meiner müden Feder. Schlaf wohl.

Dein
Hölderlin

17. AN DIE GESCHWISTER

[Maulbronn,
Ende Dezember 1787]

Liebste Geschwisterige!

Ihr werdet wohl Eurer lieben Frau Großmama und Mama recht viel Guts gewünscht haben – und aus redlichem, dankbarem Herzen für so viele zärtliche Sorgen und Bemühungen, die sie im vorigen Jahr mit Euch gehabt haben – nicht wahr, liebe Geschwisterige, da habt Ihr auch an mich gedacht und mir auch etwas gewünscht, dann ich weiß, daß Ihr mich lieb habt, und das habt Ihr mir ja auch bewiesen, da Ihr mir neulich so viel geschickt habt. Und jetzt will ich Euch auch wünschen aus warmem, brüderlichem Herzen – Gehorsam und Liebe gegen den großen Gott – Gehorsam und Liebe gegen Eure liebe Frau Großmama und Mama, Tätigkeit in allem und, wenn ich bitten darf – auch Liebe gegen Euren Bruder, so wie Ihr ihn immer geliebt habt und er Euch liebt und immer lieben wird. Liebe Heinrike, lieber Karl – wenn ich jetzt auf etlich Augenblicke bei Euch wäre und Euch küssen könnte – seid nur immer im Frieden beieinander, und wann Ihr so vergnügt zusammen seid, so denkt auch an
                   Euren
                   Euch liebenden Bruder
                           Hölderlin.

18. AN DIE MUTTER

[Maulbronn,
kurz vor dem 11. Februar 1788]

Liebste Mama!

Schon wieder eine Bitte! Sie werden wissen, daß jetzt bald unseres Herzogs Geburtstag ist, der hier sehr festlich gefeiert wird. Prälat und Herren und Damen, und Jungfern und Studenten und Schreiber sind unter Musik und Redehalten und Gedichtedeklamieren den ganzen Nachmittag beieinander, und am Abend stellen sie eine Illumination an. Da nun alles außer uns zusammen auch für Essen und Trinken sorgt – so sitzen wir auch zusammen – Bilfinger und Efferenn und Hesler und Märklin und ich – dürft ich da um ein paar Krüge Weins bitten, liebe Mama. Für das Überschickte dank ich gehorsamst. In Ansehung Ihrer Vorschläge habe ich Ihre Klugheit recht bewundert – wann ich 60 Jahr alt werde, werd ich nicht so klug. Der l. Rike tausend Dank für ihren Brief. Diesmal hab ich der Geschäfte so viel, daß mir nicht ein Augenblick mehr zum Schreiben übrigbleibt.

Ihr
Hölderlin

Das nächstemal werden Sie Zerrissenes genug bekommen.

19. AN DIE MUTTER

[Maulbronn,
wohl am 17. oder 18. Februar 1788]
Liebste Mama!

Verzeihen Sie, daß ich letzten Botentag nicht geschrieben habe. Sie werden wohl selbst daran gedacht haben, daß gerade am Tag, wo ich sonst Briefe schrieb, unsers Herzogs Geburtsfeier war. Ich hatte die Ehre, bei unserm Festin als Dichter aufzutreten.

Weil ich Ihnen aber diesmal etwas schicke, das Sie vielleicht mehr freut als mein Gedicht, so will ich's bis nächsten Botentag sparen. Sie waren neulich so zärtlich besorgt – in Ansehung meiner Gesundheit. Da kann ich Sie versichern, daß mir den ganzen Winter kein Äderchen weh getan hat. Sie waren aber aus Gelegenheit des Weins noch zärtlicher, noch mütterlicher besorgt – da will ich Ihnen unter der Bedingung, daß Sie mich ja nicht für eigenliebig halten, einen augenscheinlichen Beweis beilegen, daß Sie von meinem Charakter gewiß nichts solches zu befürchten haben. Der Brief ist von HE. Pfarrer Rothacker in Hausen ob Verena. Ich muß Ihnen aber die ganze Sache erzählen. Rothacker ist arm. Einige Frauenzimmer von hier, die es wußten und ihn gerne unbekannterweise unterstützen wollten, trugen's mir auf. Die edle Handlung rührte mich. Beschämt nahm ich mir vor, ein Gleiches zu tun. Aber mein Beutel versagte mir damalen meine Freude. Aber – wann ich ihn von liederlicher Gesellschaft abhalte, dachte ich, wann ich ihn in seinen Arbeiten unterstütze, ihm soviel als mir möglich im Wissenschaftlichen beibringe (da *Lehren* ja ohnehin einst meine Hauptbeschäftigung werden soll) – gefällt's dem lieben Gott nicht ebensowohl, dachte ich, als Unterstützung mit Geld oder Kleidungsstücken? – Das übrige werden Sie aus dem Brief sehen. Das aber muß ich noch hinzusetzen, daß Rothacker damals in der schlechtsten Gesellschaft war – daß der Prälat seine Streiche dem Vater schrieb, daß er auf seines Vaters drohende Ermahnungen ihm alles mit reuigem Herzen bekannte, mit den Worten, daß er ganz anders geworden seie und dies mir zu danken habe. Aber daß es nur sonst niemand erfährt, liebe Mama! Man würde mich verlachen – daß ich meine Pflichtenerfüllung zur Befriedigung meiner Eigenliebe mißbraucht hätte. – Ihnen schrieb ich's bloß, weil Sie eine so zärtlich besorgte Mutter sind.

Dem lieben, guten Karl laß ich tausendmal danken für sein Überschicktes. – Ich würde ihm und der l. Heinrike schreiben, wann ich nicht noch ein halb Dutzend Briefe zu beantworten hätte. Leinen Tuch werden Sie vielleicht schon fortgeschickt haben, wann dieser Brief hinaufkommt. Ich muß eilen.

      Ihr gehorsamster Sohn
        Hölderlin

Ein guter Freund bittet mich, ich möcht ihm eine buchsbäumene Flöte, mit Horn garniert, beim Wohlhaupter bestellen. Sind Sie so gütig und besorgen Sie es. Schreiben Sie mir, ob wir ins Unterland reisen. Wann nichts draus wird, so hab ich schon alles bestellt – ich kann mit Renzen, Bilfingern und Hiemern in dem Unterboihinger Gefährt fahren – doch so, daß ich immer wieder nein! sagen kann.

20. AN DIE MUTTER

[Maulbronn, um den 11. März 1788]

Liebste Mama!

Also in acht Tagen sind wir beieinander, es sei nun in Nürtingen oder im Unterland. Bestellungen weiß ich keine mehr zu machen. Ich glaube, wir werden, wann wir reisen, eine Reise haben wie auch einmal an Ostern. Ich bin auf alle Fälle gerüstet. Wann Sie mir sagen lassen, oder schreiben, Sie bleiben in Nürtingen, so fahr ich in dem Unterboihinger Gefährt bis nach Boihingen – und Sie kommen mir entgegen – kommen Sie aber ins Unterland, so erwarte ich Sie am Dienstag nach dem Palmtag in Schwieberdingen, im Ochsen. Freilich hab ich mich in Ansehung der Kleidungsstücke ganz auf die Reise gerüstet, z. E. daß ich keine Schuhe mitnehme. Wir haben wirklich Schnee, bei dem aber demohngeachtet nicht so übel zu reisen wäre.

Ich freue mich, bald in den Armen der Meinigen zu sein. An alles tausend Grüße.

Ihr
gehorsamster Sohn
Hölderlin

21. AN IMMANUEL NAST

[Maulbronn,
kurz nach dem 18. April 1788]

Lieber Bruder!

Da leg ich meinen Ossian weg und komme zu Dir. Ich habe meine Seele geweidet an den Helden des Barden, habe mit ihm getrauert, wann er trauerte über sterbende Mädchen.

Und so – war ich gestimmt – um etlich Augenblicke ganz für Dich zu sein.

Lange, lange schon ist's freilich, daß wir nichts mehr voneinander hören – und denke, Bruder, die ganze Vakanz war ich kaum eine Meile von Dir und konnte – unmöglich hin – nicht auf einen halben Tag. Da saß ich ganze vier Wochen am Totenbette meiner Tante in Gröningen und lernte dulden – von ihr! und jetzt, Bruder, jetzt ist sie tot!

O Bruder! sie soll so ganz mein seliger Vater gewesen sein, ich hab ihn nie gekannt, ich war drei Jahr alt, als er starb, aber ein herrlicher Mann muß er gewesen sein, wenn er war wie sie. Wann sie so unter den unaussprechlichsten Schmerzen trauernd zum Himmel sah und sie in todesnahen Stunden die Sprache verlor und ich für sie betete – und sie dann schnell wieder aus ihrem Röcheln aufwachte und staunte, daß sie noch auf der Erde sei – Bruder! Bruder! da ließ sich viel lernen! Und als ich wieder hieher reiste und auf Nimmersehen von ihr Abschied nahm und sie sagte: „Wann wir uns auf dieser Welt nimmer sehen, so finden wir uns in jener" – oh! diese Worte vergeß ich nie! Es ist des Menschen seligster Gedanke, der Gedanke an die Ewigkeit –. Wenn ich oft so düster zu meiner Louise komme und über Menschen klage – und mir für die Zukunft bange wird – da mahnt sie mich an die Ewigkeit – und das sind selige Stunden.

Meine Gedichte sind wirklich auf der Wanderschaft; wann sie wieder ohne blutige Köpfe nach Haus kommen – und sie ihr HE. Papa Hölderlin nicht aus väterlicher Vorsicht wieder ein halb Jahr ins Pult einsperrt (denn es sind gar zu dumme Jungen), nun ja! wann dies nicht ist, sollen sie auch nach Leonberg marschieren.

Auf Pfingsten, Bruder – wann Dir Dein Hölderlin lieb ist – wann Du ihn noch mal sehen willst (am nächsten Herbst muß ich geradenwegs nach Haus und dann nach Tübingen) – lieber, lieber Bruder! im Namen aller Maulbronner Lieben bitt ich Dich, komme! Deine verehrungswürdige Freundin bitt ich – sag's ihr nur, ich bitte gehorsamst, daß sie ihrem Nast sage, er möchte seinen Freund doch nicht so umsonst hoffen lassen.

Sei so gut und schick mir den Pfeffel und „Brutus und Cäsar"...

O wann Du nur gewiß kommst! Nur diesmal lasse mich nicht vergebens hoffen. – Ich bin ja

Dein
Hölderlin.

22. AN LOUISE NAST

[Maulbronn, gegen Ende April 1788]

Was wir doch für Menschen sind – Liebe! Ich meine, dieser Augenblick, da ich bei Dir war, sei seliger gewesen als alle, alle Stunden, da ich bei Dir. Unaussprechlich wohl war mir's, als ich so oben am Berg ging und Deinen Kuß noch auf meinen Lippen fühlte. – Ich blickte so heiß in die Gegend, ich hätte die ganze Welt umarmen mögen – und noch, noch ist's mir so!

Deine Veilchen stehen vor mir, Louise! Ich will sie aufbewahren, solang ich kann.

Weil Du den „Don Carlos" liest, will ich ihn auch lesen, auf den Abend, wenn ich ausgeschafft habe.

Ich mache wirklich über Hals und Kopf Verse – ich soll dem braven Schubart ein Paket schicken.

Auf meinen Spaziergängen reim ich allemal in meine

Schreibtafel – und was, meinst Du? – an Dich! an Dich! Und dann lösch ich's wieder aus. Dies hatt ich eben getan, als ich vom Berg herab Dich kommen sah.

O Liebe! an Gott und an mich denkst Du in Deinem Stübchen? Bleibe Du so, wann Du schon vielleicht die einzige unter Hunderten bist.

Kommt Deine Jfr. Schwester Wilhelmine heut? Hast Du ihr das Briefchen geschickt? oder gibst Du's ihr erst? Ich höre, sie befinde sich besser. Ich soll Bilfingern auch ein Briefchen schicken – aber ich seh, es ist unmöglich bis morgen.

Wann ich nur immer so zufrieden bliebe, wie ich jetzt bin. Doch – ich liebe Dich ja unter jeder Laune fort – mein Zustand ist also doch nicht der schlechteste. Denke recht oft an mich. Du weißt's – ich bleibe unzertrennlich

      Dein
       Hölderlin.

23. AN DIE MUTTER

[Maulbronn, um den 10. Juni 1788]

Liebste Mama!

Hier ein Stück meines Reistagebuchs. Sie müssen eben vorliebnehmen mit dem Gesudel, ich schrieb's oft halb im Schlaf, eh ich zu Bette ging. Ich denke noch immer mit Vergnügen an die, obschon kurze, fünftägige, doch weite Reise. Ich reise von Mannheim aus noch weiter nach Frankenthal – wie Sie nächstens hören werden. Also tausend Dank, liebste Mama, für das mir gemachte Vergnügen. Ich habe Ihnen versprochen, alles aufzuschreiben – hier ist es.

In Bruchsal Zeche – – – – – – – – – – – –	43 cr.
Fahrlohn über den Rhein – – – – – – – – –	8 cr.
Zu Rheinhausen Zeche – – – – – – – – – –	7 cr.

Wieder Fahrlohn über den Rhein -------	24 cr.
In der Mannheimer Comedie --------	48 cr.
Dem Mannheimer Perruquier --------	24 cr.
Zu Frankenthal zahlt ich die Zeche ------	1 f. 58 cr.
Zu Speyer Trinkgeld -----------	36 cr.
Dem Speyrer Perruquier ----------	24 cr.
Von Speyer zurück nahm ich ein Pferd -----	1 f. 30 cr.
In Bruchsal für den Mann Zeche -------	15 cr.
Für das Pferd im Hinabreisen ---------	2 f.
Mit Kleinigkeiten -------------	1 f.
Summa	10 f. 17 cr.

Blum zahlte auf der Reise die meiste Zeche, wie Sie sehen werden – ich kam also herrlich davon. Wenn ich nur auch mündlich erzählen könnte! Sagen Sie dem lieben Karl, in der Fortsetzung komme viel vor von großen Schiffen, mit Segeln und Mastbäumen. Er soll sich nur recht freuen. – Denken Sie, liebste Mama, ich war nicht ganz wohl, eh ich abreiste, nahm noch den Abend vorher Arznei zu mir – habe mich aber so gesund gereist, daß mir's jedermann ansieht. Ich habe noch viel zu tun. Ich schließe also mit der Versicherung, daß ich sei

Ihr
gehorsamster Sohn
Hölderlin.

Montags, den 2ten Juni, reist ich ab. Es war ein schöner, belebender Morgen. Mein Herz erweiterte sich in all den Erwartungen des, das ich sehen und hören werde. Noch nie war mir so wohl, als da ich, eine halbe Stunde von hier, den Berg hinunterritt – und unter mir Knittlingen lag, und weit hinaus die gesegneten Gefilde der Pfalz. Mit dieser Heiterkeit setzte ich meinen Weg fort durch Brettheim, Diedelsheim, Gondelsheim, Heidelsheim, und jetzt war ich in Bruchsal. Ich hatte im Sinn, mich im Rückweg aufzuhalten – wartete folglich bloß im Wirtshaus auf Vetter Blumen. Ich wartete bis eins, es kam kein Blum, wartete bis zwei, bis drei – noch nicht! Jetzt war ich ärgerlich. Gefallen hatte mir's in Bruchsal ohnehin nicht, unter dummen Pfaffen und steifen Residenzfratzen – mein Pferd hatt ich nur auf diesen Tag gemietet, der Weg nach Speyer war lang, die Zeit kurz, die Straße mir unbekannt. Was war zu tun?

Ich schickte den Mann, den ich bei mir hatte, um das Pferd zurückzunehmen, nach Haus, setzte mich aufs Pferd, und flugs Speyer zu!

Von Bruchsal aus hatte ich zwar keine Chaussee mehr, aber doch breiten, guten Sandweg. Ich passierte meist dicke, schauerliche Waldungen, so daß ich außer meinem Weg kaum drei Schritte weit um mich sehen konnte. So dick habe ich in Wirtemberg noch keine Wälder gesehn. Kein Sonnenstrahl drang durch. Endlich kam ich wieder ins Freie, nachdem ich Forst, Hambrücken und Wiesenthal passiert hatte. Eine unabsehbare Ebene lag vor meinen Augen. Zur Rechten hatte ich die Heidelberger, zur Linken die französische Grenzgebirge. – Ich hielt lange still. Der neue, unerwartete Anblick einer so ungeheuren Ebene rührte mich. Und diese Ebene war so voll Segens. Felder, deren Früchte schon halb gelb waren – Wiesen, wo das Gras, das noch nicht abgemäht war, sich umneigte – so hoch, so reichlich stand es – und dann der weite, schöne, blaue Himmel über mir – –. Ich war so entzückt, daß ich vielleicht noch dort stände mit meinem Roß, wann mir nicht gerade vor mir das fürstlich-bischöfliche Lustschloß Waghäusel in die Augen gefallen wäre.

Ich wollte eben darauf zureiten, weil ich es auch in meiner Marschroute hatte – von wo aus ich dann über Lußheim gekommen wäre – aber man wies mich links nach Oberhausen, weil's dahin näher ist. Von dem Lustschloß kann ich also nichts sagen, als daß es im Wald liegt, eine Kapelle und noch etlich Gebäude um sich hat, weiter aber nichts Sehenswürdiges, keine Gärten, keine Hohenheimer Wildnisse oder was ich sonst da erwartet hätte. Vor Oberhausen bemerkte ich erst die Domkirche in Speyer, ob ich sie schon bald nach Bruchsal hätte sehen können, so groß ist die Ebene – so ungeheuer hoch ist diese Domkirche. Ich glaubte, ich werde jetzt keine Viertelstunde mehr haben, und freute mich schon aufs *Abendessen* in Speyer, aber ich hatte mich gewaltig betrogen. Von Oberhausen kam ich nach Rheinhausen. Hier mußte ich über den Rhein fahren, mußte aber ziemlich lange warten, bis die Schiffer vom jenseitigen Ufer herüberkamen, weil die Überfahrt gewöhnlich eine halbe Stunde lang dauert. Aber so gerne hab ich noch nie gewartet als damals. Die Zeit wurde mir gar nicht lang.

Man stelle sich vor – ein Strom, der dreimal breiter ist als der Neckar, wo er am breitesten ist – dieser Strom von oben herab an beiden Ufern von Wäldern beschattet – und weiter hinab die Aussicht über ihn so lang, daß einem der Kopf schwindelte – das war ein Anblick – ich werd ihn nie vergessen, er rührte mich außerordentlich. – Endlich kamen die Schiffer herüber. Man fährt in Booten über, welche so groß sind, daß zwei Gefährte mit Pferden und noch Leute genug darin Platz haben. Nach Verfluß einer halben Stunde war ich am speyrischen Ufer. Ich fragte bei Vorübergehenden, wo ungefähr die Frau Blumin wohnte – und wurde von einem, der sie kannte, in HE. Pfarrer Mayers Haus gewiesen. Weil sich der Tag neigte, mußte mein Rößlein noch all seine übrige Kräfte aus den steifen Füßen zusammennehmen – ich dachte – ich und es könnten uns ja jetzt bald Abendessen und Nachtruhe herrlich schmecken lassen. Und so – war ich in den Speyrer Toren. Langweilig wurde mir das ewige Umherreiten in den Gassen, bis ich HE. Pf. Mayers Haus endlich fand.

Ich wurde mit stürmischer Freude von der Rike und Blumen, von der Frau Blumin und deren Tochter, der Pf. Mayerin, und Pf. Mayer mit außerordentlicher Höflichkeit aufgenommen. Genug für diesen Tag!

d. 3ten Juni

Der Blum und die Rike hatten schon vor meiner Ankunft auf diesen Tag eine Reise nach Heidelberg vorgehabt. Es wurde also ausgemacht, daß ich mein Pferd durch des Blumen Kutscher, der wieder zurück nach Markgröningen sollte, weil sie sich noch länger aufhalten – hinaufschicken sollte und mit ihnen fahren, wo Blum kutschierte. – – Ich mußt also schon wieder morgens um 4 Uhr aus den Federn – und um 5 Uhr saß ich zu gutem Glücke meiner matten Glieder – im Cariol. Wir schifften wieder über den Rhein – und in ein paar Stunden waren wir in den berühmten kurfürstlich-pfälzischen Lustgärten von *Schwetzingen*.

Beschreibung ist hier wenig. Man muß die Pracht – die außerordentliche Schönheiten der Kunst – die ausgesuchte Gemälde, die Gebäude, die Wasserwerke usw. selbst gesehen haben – wenn man sich einen Begriff davon machen will. Doch eins muß ich nennen. Es ist hier eine türkische Moschee (Tempel) angelegt, die mancher, der sie sieht unter den vielen Schönheiten, vielleicht vergißt, aber mir gefiel sie am besten. Das Ganze ist, was Hohenheim und die Solitude miteinander – meinem Begriff nach. Von Schwetzingen nach Heidelberg hatten wir drei Stunden lang schnurgerade Chaussee – und auf beiden Seiten alte, eichengleiche Maulbeerbäume. Ungefähr um Mittag kamen wir in Heidelberg an. Die Stadt gefiel mir außerordentlich wohl. Die Lage ist so schön, als man sich je eine denken kann. Auf beiden Seiten und am Rücken der Stadt steigen steile, waldichte Berge empor, und auf diesen steht das alte, ehrwürdige Schloß –. Ich stieg auch hinauf und machte eine Wallfahrt zu dem berühmten Heidelberger Faß, dem Symbol so manches Zechers, dem Bonmot so manches Trinklieds. Es ist *wirklich* so groß, daß man oben ganz bequem herumtanzen kann. Es sind Schranken auf ihm, daß man ohne Gefahr darauf gehen kann. Aber das kann ich versichern, daß ein Fall von seiner Höhe mir ebenso unangenehm wäre als aus meinem Klosterfenster. Merkwürdig ist auch die neue Brücke daselbst. Nachmittags reisten wir noch nach – Mannheim. Wir hatten herrlichen Weg am Neckar hinab. Kaum waren wir ausgestiegen, so gingen wir ins Schauspiel. Schöner, gebildeter, vollkommener kann man sich nichts denken als das Mannheimer Nationaltheater. – Nach dem Schauspiel sah ich noch das Zeughaus, wo Kanonenkugeln wie Steinhaufen aufgebeugt sind, wo ich zum erstenmal Granaten, Bomben, Kanonen usw. sah – und dann die Jesuiterkirche! das prächtigste Gebäude, das ich auf meiner Reise fand. Die Stadt ist beinahe zweimal größer als Stuttgart. Das fürstliche Schloß sieht man aus den meisten Gassen. Die Gassen sind ganz gerade – alles ist eben. Die Gebäude machen jedesmal ein großes Viereck. Das Kaufhaus ist so ungeheuer groß, daß mich ein Gang um dasselbe herum beinah eine halbe Viertelstunde kostete. Am Abendessen kam ich neben einen Grafen von Styrum zu sitzen. Es ist ein Bruder vom Bischof in Bruchsal. Ich war nur eine Stunde um diesen Mann, aber ich werd ihn bis zum Grabe verehren. Er ist General und in seines Herrn, des Königs von Frankreich Diensten grau geworden. Er unterhielt sich mit mir, wie mit seinem Bruder – erzählte mir von seinen Schlachten, seinen Gefahren, seinen Siegen, seinen Niederlagen – ich hätte bald vergessen, daß dieser Mann Graf Styrum und ich Student Hölderlin wäre, und wär ihm um den Hals gefallen, so viele Liebe gegen ihn flößte mir dieser Greis ein. Er ist mir am verehrungswürdigsten unter allen Leuten, die ich auf meiner Reise kennenlernte.

Den 4ten Juni
Die Fortsetzung folgt.

Mittwoch, den 4. Juni

Ich blieb noch bis morgens 10 Uhr in Mannheim, in welcher Zeit ich den Hofkammerrat Dillenius, einen Oncle von meinem Märklin, besuchte und sehr viel Höflichkeit genoß. – Ich machte noch einen flüchtigen Strich durch die vornehmste Gassen der Stadt, besahe das Schloß und das Bollwerk, und überall fand ich Paläste, die mich mit Staunen erfüllten. Unterdessen hatten meine Gefährten sich reisefertig gemacht, ich sprang in die Chaise und trennte mich ungern von einem Ort, in welchem ich noch so viel Merkwürdiges sehen, noch so manchen neuen Begriff mir hätte erwerben können. Wir mußten über fünf Brücken, bis wir auf die Straße kamen; die, die über den eigentlichen Rhein ging, war ungeheuer lang und eine Schiffbrücke. Hier waren große Boote an Ankern befestigt und so aneinandergereiht, auf diesen stand die Brücke. Wann nun Schiffe kommen, so sind Maschinen, mit welchen man die Brücke an verschiedenen Orten öffnen kann. Das aber, was meine Augen am meisten auf sich zog, waren die kurfürstliche Schiffe, die am Ufer standen. Vom Wasser an bis ans Verdeck (also den Boden ungerechnet) mochten sie ungefähr einen kleinen Stock hoch sein, ihre Länge aber betrug sich sicher auf 24 Schuhe, der Mastbaum ragte einen großen Stock über das Verdeck hinaus – und eine Menge von Tauen (Seilen) hing daran herab, mit welchen man den Mastbaum herablassen und aufrichten, das Segeltuch einziehen und ausbreiten konnte. Ganz vorn war ein Zimmer, mit grünen Läden, und überhaupt das ganze Schiff war gelb und rot angestrichen. So waren zwei da, ganz gleich, nur daß das Schiff der Kurfürstin ein wenig kleiner war als Theodors (des Fürsten) selbst.

Wir kamen durch die schönste Alleen nach Oggersheim, wo der Kurfürstin ihr Sitz ist. Ich kam hier in das nämliche Wirtshaus, in welchem sich der große Schiller lange aufhielt, nachdem er sich aus Stuttgart geflüchtet hatte. Der Ort wurde mir so heilig – und ich hatte genug zu tun, eine Träne im Auge zu verbergen, die mir über der Bewunderung des großen genialischen Dichters ins Auge stieg. Von dem Lustschloß der Kurfürstin kann ich nichts Eigentliches sagen – ich sah nichts – als Häuser und Gärten, dann Schiller ging mir im Kopf herum. Um Mittag kamen wir zu Frankenthal an. Nach dem Essen gingen wir zuerst in die Gegelische Buchdruckerei, dann in die Porzellanfabrike, wo ich im Magazin sehr schöne Arbeit antraf – von da aus in die Seidenfabrike – wo mir's auch sehr wohl gefiel – von da aus zum Kanal, das ein sehr sehenswürdiges Werk ist. Beschreiben kann ich hier nicht, weil ich selbst ein dunkeln Begriff davon habe.

Am nämlichen Nachmittag fuhren wir noch nach Speyer zurück – und so hatt ich die meiste merkwürdige Städte der Pfalz in kurzer Zeit gesehen. Morgen seh ich mich in Speyer um.

Donnerstags, d. 5. Juni

Mein erster Gang war morgens zur Domkirche. Dies ist eines der merkwürdigsten Gebäude, die ich auf meiner Reise sah, und das einzige, das ich recht genau und mit gehöriger Muße besah. Wann man vorn am großen majestätischen Portal eingeht, so sieht man vor sich ein leeren Platz von einer ziemlichen Länge bis an große Staffeln hin und von ungewöhnlicher Höhe, die durch prächtige, einfache Säulen von den Nebengebäuden getrennt wird. Über den Staffeln aber steht ein großer, ganz marmorner Altar, welcher so hoch ist, daß auch wieder Staffeln daran gebaut sind, und auf welchem 5 brennende Lichter in güldenen Leuchtern stehen. (Die Leuchter stehen pyramidenmäßig, und der längste mag sicher eine Elle messen.) Neben dem Altar standen auf beiden Seiten Kirchstühle und in den zwei Ecken neben den Kirchstühlen wieder zwei Altäre, von gleicher Pracht wie der erste. Ganz hinten im Chor stand der Thron des Bischofs von Bruchsal, das Prächtigste, was man sich vorstellen kann, und auf beeden Seiten des Throns herunter die Stühle der Domherrn, welche alle vergoldet sind. Und so nehme man das ganze riesenmäßige Gebäude zusammen, man stelle sich unten ans Portal hin und denke sich – wie oben herab der Thron und die prächtige Stühle schimmern – und der Marmor-Altar, wie er mit seinen Lichtern so erhaben dasteht – und oben das unermeßliche Gewölbe – – ich hielte mich eine Stunde darin auf und könnte beinahe noch bisher jeden

Tag eine Stunde darin gewesen sein, ohne Langeweile gehabt zu haben.

Von da aus ging ich zum Rat Boßler – und besahe seine Musikalienhandlung. Es gefiel mir da auch sehr wohl. Doch eil ich zu einem interessanteren Gegenstande. Ich hatte vormittags so ziemlich mich in Speyer umgesehen. Nachmittags wollt ich also ins Freie, um da in der Gegend umher mein Auge zu weiden. Ich lief den ganzen Nachmittag beinahe im ganzen Speyrer Bezirk umher, ohne was zu finden, das meine Aufmerksamkeit besonders an sich gezogen hätte. Es ging schon gegen Abend, als ich auf den sogenannten Gran kam (wo die Waren der Schiffe ausgeladen werden). Ich glaubte neugeboren zu werden über dem Anblick, der sich mir darstellte. Meine Gefühle erweiterten sich, mein Herz schlug mächtiger, mein Geist flog hin ins Unabsehliche – mein Auge staunte – ich wußte gar nimmer, was ich sah, und dastand ich – wie eine Bildsäule.

Man denke sich, der majestätischruhige Rhein, so weit her, daß man die Schiffe kaum noch bemerkte – so weit hinaus, daß man ihn fast für eine blaue Wand ansehen könnte, und am gegenseitigen Ufer dicke, wilde Wälder – und über den Wäldern her die dämmernde Heidelberger Gebirge – und an der Seite hinab eine unermeßliche Ebene – und alles so voll Segen des Herrn – und um mich alles so tätig – da lud man Schiffe aus – dort stießen andere ins Meer, und der Abendwind blies in die schwellende Segel – – ich ging gerührt nach Haus und dankte Gott, daß ich empfinden konnte, wo Tausende gleichgültig vorübereilen, weil sie entweder den Gegenstand gewohnt oder Herz wie Schmer haben.

Den Abend brachte ich bei einem Glas Bier noch sehr vergnügt zu – ich konnte den Leutchen ansehen, daß sie mich gerne noch länger bei sich gehabt hätten.

Freitags, d. 6. Juni

Da wär ich nun wieder im Kloster. Es war mir noch nie so eng, ich möcht als gerne meine Kirche fürs Dom, meine

Mauren für Paläste, meine Seen für den Rhein und meinen dunkeln Schlafboden für fürstliche Alleen ansehen. Nur noch kürzlich die Geschichte des heutigen Tages. Der Blum und die Rike begleiteten mich mit der Chaise bis nach Oberhausen, von wo aus ich mir ein Pferd bis hieher nahm. Um 12 Uhr war ich in Bruchsal, kehrte aber diesmal bei Frau Bas Vogtin ein, weil mir's im Wirtshaus so gar nicht gefallen hatte und ich die ehmalige Jfr. Bas Nikolain auch wieder sehen wollte. Sie freute sich sehr, auch wieder was von Ihnen zu hören, und war außerordentlich höflich und freundschaftlich gegen mich. Um 3 Uhr reist ich wieder weiter. Und so kam ich noch bei hellem Tag hieher, und so hätte dann meine Reisebeschreibung ein Ende.

24. AN IMMANUEL NAST

[Maulbronn,
wohl am 6. September 1788]

Lieber Bruder!

Bis in 14 Tagen bin ich bei Dir! keinen Tag früher – oder später! Ich reite mit Elsnern bis auf den Mittag nach Höfingen und von da aus nach Leonberg. Aber gleich den andern Tag drauf *muß* ich wieder fort. Du begleitst mich (eher laß ich nicht nach) bis in mein Nürtingen, wenn's auch nur auf etlich Tage wär, und dann geh ich wieder mit Dir nach Stuttgart zurück, wo Bilfinger unsrer wartet und Dich bis Leonberg zurückbegleitet. Ist's so recht – Lieber? Ich halte Wort, und wann's der Kaiser selbst wäre, der mich zurückhalten wollt.

Also ungefähr nachmittags um 2 Uhr in 14 Tagen bei Dir! Ha! Bruder! Nur die Wonne des ersten Umarmens ließ ich mich Tagereisen kosten. Du kannst mich nicht so lieb haben als ich Dich – nein! unmöglich! das wäre eine unverzeihliche Eitelkeit von mir – wenn ich's glauben wollte. Ich will Dir sagen – ich habe schon manchmal von Mutter und Geschwistern, und die hab ich, der Himmel weiß es! so lieb – und da hab ich schon manchmal Abschied genommen – aber so sauer ward mir keiner noch als der von Dir. Zu Landbek und Hiemer wollen wir miteinander selbst – wenn wir in Stuttgart sind. O Bruder! Bruder! warum mir's wirklich so wohl ist? – weil ich vorgestern etwas vollendet hab, davon mir so manches Dutzend Tage lang der Kopf glühte. –

Ich seh's, 's ist doch auch gut – daß mir in der Welt so alles krumm über den Weg läuft – ich bleibe da brav vor mich – und genieße echtere Freuden und habe nicht nötig, mich über so viele Dummheiten zu ärgern.

Ich will nur sehen, wenn Du und Landbek Freunde sind! Euch bringt auf meine Ehre niemand mehr auseinander! Stell Dir einen schönen – sanften – zärtlichen Maler von 20 Jahren und Deiner Größe vor, und Du hast ihn. Und mein Hiemer – ist eben ein lustiger Dichter! ganz bon homme. Und ich bin auf Gottes Welt weiter nichts als eben

Dein
Hölderlin.

TÜBINGEN
1788–1793

25. AN LOUISE NAST

[Tübingen,
kurz vor dem 19. Januar 1789]

Das war ein Brief von Dir, liebe Seele! hättst Du mich sehen können, wie ich Tränen der innigsten Freude weinte auf dieses neue Zeichen Deiner so unaussprechlich süßen, beglückenden Liebe, wie ich in dem Augenblick so innig fühlte, was ich an Dir habe, wie meine Tage wieder so heiter, so ruhig hinfließen. O Mädchen! Auch in der Trennung ist Deine Liebe Seligkeit, auch dieses Sehnen ist Wonne Deinem Jüngling – dann jeder Augenblick sagt mir, daß Du Dich ebenso nach mir sehnst, daß Dir diese etlich Jahre ebenso lange werden als mir. Und nur noch eilf Wochen bis Ostern, Liebe? Freilich ist's lächerlich, nur noch eilf Wochen – aber wir wollen uns eben so trösten – und dann – o Louise! Louise! dann –. Ich kann sie nicht nennen, all die Seligkeit, die meiner in Deinen Armen wartet – der Buchstabe ist eben Buchstabe, und da laß ich Dich's lieber fühlen, wie diese Erwartung mein Herz erhebt –. Und Du erinnerst Dich noch der lieben Worte unsers letzten Besuches? Sie sind Dir tief in die Seele eingegraben? O Louise! sie sind mein einziger Gedanke in der Einsamkeit, meine einzige Beschäftigung in den seligen, Dir geweihten Stunden.

O und Dein Traum? – Herrliches, liebes Mädchen, wie bin ich so glücklich! Um wieviel glücklicher wär ich, wann ich in Deinen Armen mein ganzes wonnerfülltes Herz vor Dir ergießen könnte. Es ist mir so wohl, wann ich daran denke, wie ich oft so geduldig und doch so voll der innigsten Sehnsucht an jenem Plätzchen wartete, bis ich die Teure am Fenster sah, und wie er mich entzückte, der Gedanke, daß Du in der ganzen lieben Welt auf nichts blickest als auf Deinen Hölderlin, daß nur ich in dieser Brust wohne – Louise! Louise! Und wann ich Dich aus Deinem Hause dem Kreuzgang zugehen sah – es ist mir noch alles so lebendig – der schöne, majestätische Gang, das liebevolle Auge nach mir heraufblickend – und die Erwartung der seligen Stunde auf Deinem Gesichte so ganz ausgedrückt – und wie uns Erd und Himmel schwanden in der Stille und Dämmerung! – – Und die gute Heinrike ist wirklich bei Dir? Möchte doch all die Freundschaft, die sie uns erwiesen hat, ihr tausendfach in ihrer neuen Lage vergolten werden. Sie wird mit ihrer heitern gefälligen Seele sich und ihren Gatten gewiß beglücken. Und Du erinnerst Dich auch noch der glücklichen Zeiten in Leonberg – denkst Du noch an all die selige Stunden? die Stunden der feurigsten, süßesten Liebe? O Louise! ist's dann nimmer möglich, an irgendeinem Orte bei guten Leuten so nah um Dich zu sein? Verdien ich's nicht noch? so beglückt zu werden – –. Doch wieder ewige Plane! – 's wird Dir aber auch so gehen, liebe Seele! Die Tage, die ich in Leonberg zubrachte, waren zu schön, als daß ich sie mir nicht noch oft wiederträumen sollte. O nur der Abschied! – – Es goß so eine süße Wehmut über meine ganze Seele und begleitete mich den ganzen Weg über. Nur, als ich die Berge um Nürtingen sahe, und der Wald vor Leonberg so nach und nach sich hinter mir verlor – da stürzten mir Tränen des bittersten Schmerzens aus den Augen – ich mußte lange hinstehen. – Der übrige Teil meiner Reise wurde mir noch einmal so sauer als zuvor. –

Deinen Jfr. Schwestern tausend Komplimente – auch an Jfr. Käufelin, und ich laß ihr zum neuen Jahre einen flinken Pinsel wünschen.

Schlaf wohl, liebes Mädchen! Liebe mich, wie bisher. Ich bin ewig

Dein
Hölderlin.

26. AN DIE MUTTER

[Tübingen, um Ende April 1789]

Es schmerzt mich äußerst, liebe Mama! daß ich Sie so traurig und niedergeschlagen – und zwar über mich und mein Betragen – sehen muß. Was das Vergangne anbetrifft, so bitt ich Sie, liebste Mama! tausend-tausendmal um Vergebung und habe auch, da ich vorgestern zu Gottes Tisch ging, ihm insonderheit jenes abgebeten.

Was meine gegenwärtige Lage betrifft, so kann ich Sie versichern, daß ich meine Tage ganz heiter und mit meinem Schicksal zufrieden verlebte, wenn Ihre Traurigkeit mir nicht ebensoviel düstere Stunden machte. Ich bitte, so teuer ich kann, ich beschwöre Sie bei Ihren Pflichten, als Mutter und als Christin, die Sie bis auf den Punkt der allzugroßen Traurigkeit so gewissenhaft erfüllen – heitern Sie sich auf, genießen Sie des schönen Frühlings, erfreuen Sie sich an dem hoffnungsvollen Grün, das Gott unsern Feldern und Bäumen wieder geschenkt hat.

Ich habe noch einige Sachen, z. E. meine Flöte, etliche Bücher usw. in Nürtingen. Sein Sie doch so gütig, und schicken Sie mir sie.

Daß ich bei Schubart war und daß er mich so freundschaftlich, mit solcher väterlichen Zärtlichkeit, aufnahm, werden Sie schon wissen. Er erkundigte sich auch viel nach meinen Eltern, fragte mich, ob ich auch zu den oft großen Ausgaben eines Poeten gehörig unterstützt werden könne – und als ich's ihm mit ja beantwortete, empfahl er mir so inständig, Gott, so hoch ich könnte, dafür zu danken, daß ich ganz gerührt darüber wurde. O es wär eine Freude, so eines Mannes Freund zu sein. Einen ganzen Vormittag bracht ich bei ihm zu.

Dem Maientag wohnten wir Nürtinger Studenten eben auch gerne bei, aber weil erst die Vakanz ausging, mögen wir keine Körbe holen.

Ich muß in die Lektion; leben Sie wohl, liebste Mama, und lieben Sie

Ihren gehorsamsten Sohn
Hölderlin.

27. AN DIE MUTTER

[Tübingen,
kurz vor dem 25. November 1789]

... Erlaubnis. Werde also an nämlichem Tage in der Chaise zurückkehren. Sie sehen, liebste Mama, meine körperliche und Seelenumstände sind verstimmt in dieser Lage; Sie können schließen, daß der immerwährende Verdruß, die Einschränkung, die ungesunde Luft, die schlechte Kost, meinen Körper vielleicht früher entkräftet als in einer freiern Lage. Sie kennen mein Temperament, das sich, eben weil es Temperament ist, schlechterdings nicht verleugnen läßt, wie es so wenig für Mißhandlungen, für Druck und Verachtung taugt. O liebe Mama! mein seliger Vater pflegte ja so oft zu sagen, seine Universitätsjahre seien seine vergnügtesten gewesen; soll ich einst sagen müssen: Meine Universitätsjahre verbitterten mir das Leben auf immer? Ist meine Bitte Schwachheit, so haben Sie Mitleiden mit mir; ist meine Bitte vernünftig und überlegt, o so lassen Sie uns nicht durch allzuängstliche Zweifel an der Zukunft abgehalten werden, einen Schritt zu tun, der Ihnen vielleicht im späten Alter noch so viele Freuden macht. Ich habe noch viele Gründe, die ich lieber mündlich sage. Leben Sie inzwischen wohl. Empfangen Sie mich wie sonst, liebe Mama! Ich bin gewiß, sobald ich sehe, daß entweder Ihre Gegengründe triftiger sind oder Ihr Herz zu sehr dagegenkämpft,

Ihr
gehorsamer Sohn
Hölderlin.

Hier der lieben Rike das versprochene Liedchen. Für das Überschickte danke ich gehorsamst. Meine Wäsche bring ich mit.

28. AN NEUFFER

Lieber Bruder! [Nürtingen, im Dezember 1789]

Nach langer Zeit unterhalt ich mich wieder einmal mit Dir; ich hätte Dir oft von Tübingen aus geschrieben, aber die Verdrüßlichkeiten, die Schikanen, die Ungerechtigkeiten, die ich leiden mußte, machten mich auch für die Freundschaft gleichgültig. In der Tat, Lieber! mein Schicksal beginnt in meinen Augen abenteuerlich zu werden; wenn nichts wäre, als daß ich gerade den Tag zuvor, ehe Du ankommst, meinen Fuß wund stoßen und, weil ich schon auf den folgenden Tag Reiserlaubnis hatte, auf vier Wochen abreisen muß, ohne Dich zu sehen. Wärest Du doch in Tübingen gewesen! all dies wäre nicht geschehen. Ich würde nicht Ursache bekommen haben, mehr als jemals auf meine Dimission zu dringen, würde meiner Mutter nicht lästig sein, würde mit meinem Mißmut nicht mir selbst beschwerlich sein. O Bruder! daß ich *so* erfahren muß, wie viel Du mir bist! – Auch sieht es ziemlich unpoetisch in meinem Kopfe aus. Was ich aufs Papier hervorzwang, waren kurze Ausgießungen meiner Laune, die ich nach etlich Tagen nimmer ansehen mochte. Über die schöne Melodie hab ich gleich nach der Vakanz ein Liedchen gemacht. Damals war's mir freilich noch heller ums Auge. In einigen glücklichen Stunden arbeitete ich an einer Hymne auf Kolomb, die bald fertig, freilich auch viel kürzer als meine andern ist. Shakespearn hab ich auch eine gelobt. Was hältst Du davon? Dieser Tage bekomm ich ein herrliches Buch – Sammlung altteutscher Geschichten – unter die Hände. 's soll von Bürger sein. Und siehe! Lieber, da war mir eine frohe Stunde bereitet. Ich fand den großen Gustav mit so viel Wärme, so viel Verehrung geschildert – von seinem Tode so schätzbare Nachrichten, daß ich mir's heilig vornahm, sobald ich nach Tübingen zurückkomme, die Feile wieder an meine Papiere zu legen und insonderheit in der Hymne auf seinen Tod all meine wen'gen Kräfte zusammenzunehmen. Das Urteil unsers teuren Vorgängers über die Hymnen auf Gustav leuchtete mir plötzlich als so treffend ein, als mir noch nichts vorkam. Stäudlin ist wahrlich ein herrlicher Mann. Wenn meine Mutter noch den Rat einiger einsichtsvoller Männer gehört hat und dieser nach meinem Wunsch ausschlägt, so werd ich ihn bald auch im Brotstudium zum Muster nehmen können. Ich sag's nur Dir und bitte mir auch Deinen Rat aus. Überhaupt, lieber Bruder, bitt ich Dich um unserer Freundschaft willen, schreibe mir so oft und soviel als möglich. Du vermagst alles über meine Grillen und Launen und wie die Plaggeister alle heißen. Einen Gruß an M. Hoffmann, und ich wolle der Ritterstube nächstens einen Transport Kartoffeln schicken, wie ich versprochen habe. Lebe wohl, Herzensbruder!

Dein
Hölderlin

29. AN DIE MUTTER

[Tübingen, Anfang 1790]

Beste Mutter!

Sie werden bald erraten, warum ich diesmal an Sie schreibe. Ich glaube, der Brief wird Ihnen nicht unangenehm sein.

Ich habe mich entschlossen, von nun an in der Lage zu bleiben, in der ich bin. Der Gedanke, Ihnen unruhige Stunden zu machen, die ungewisse Zukunft, die Vorwürfe, die ich von denen lieben Meinigen verdiente und die ich mir in redlichem Maße selbst machen würde, wann mich die Hoffnung getäuscht hätte, der Rat meiner Freunde, das ekle Studium der Juristerei, die Alfanzereien, denen ich mich beim Advokatenleben ausgesetzt hätte, und von der andern Seite die Freuden einer ruhigen Pfarre, die Hoffnung auf gewisse bäldere Bedienstigungen, die Vorstellung, den Seinigen zulieb vier Jährchen hindurch bei Beschwerlichkeiten gleichgültig zu sein und über Narrheiten zu lachen, all dies bewog mich endlich, Ihnen, liebe Mama, zu folgen. Elternrat beruhigt immerhin. Geh es, wie es will, hab ich doch diesen Trost!

Überdies hab ich Freunde in meinem Kloster, die ich schwerlich irgendwo finden würde. Mein Neuffer tut seine Pflicht redlich, wann die Grillen sich einstellen. Und diese können sich kaum noch einstellen, wann ich nicht beschäftigt bin. Ich hoffe, es soll alles noch gut gehen. Der schwarze Rock darf also wohl gemacht werden. Schicken Sie nur das Tuch hieher, wann Sie's nicht inkommodiert. Die runde Weste macht mir keine Verantwortung. Heute abend hat Fischer das erstemal gepredigt. Übers Jahr, so Gott will, werd ich auch die Kanzel betreten. Vielleicht gefall ich mir bis dorthin noch besser in der Geistlichen-Uniform.

Für das Überschickte dank ich herzlich. Ich will sehen, ob ich der l. Rike das nächstemal nicht eine Einladung zur Fr. Bas Schwabin schreiben kann. Man muß sie nur aufs Kapitel bringen. Warum die Jfr. F. ihre Briefe gern in meine eingeschlossen hätte, seh ich nicht ein. (Dies der l. Rike!)

Daß Gentner genesen ist, freut mich herzlich. Bilfinger hat schwerlich ein Kleid zu verkaufen. Er trug auf die Letzte immer ein einziges grobes Kleid.

Hier die schwarze Wäsche.

30. AN LOUISE NAST

[Tübingen, um Ende Januar 1790]

Liebe, gute Louise!

Noch nie fühlte ich den Wert Deiner edlen Seele stärker, sah nie meinen Abstand von Dir deutlicher als bei Deinem letzten l. Brief. O könnt ich zu Deinen Füßen den trüben

Augenblick Dir abbitten, den ich Dir vielleicht durch meine trübsinnige Laune machte, könntest Du sehen, wie unwürdig Deiner so unbeschreiblich edeln Liebe ich mich in dem Augenblick fühle, wann ich daran denke, daß meine Grillen die Achtung, die ich ewig für Dich habe, und haben soll, so unverzeihlich beiseit setzten. Louise! Louise! liebes, herrliches Mädchen! Und Du antwortest mir mit dieser himmlischen Güte? Liebst mich noch ebenso heiß? Tröstest mich so zärtlich über meiner freilich ziemlich traurigen Lage? Täglich, täglich neue Beweise – wie viel ich an Dir habe – je öfter ich den Brief lese, desto schätzbarer wird er mir – kein Wort Deiner Liebe entging mir, keine Silbe, die mich so ganz in Dein schönes Herz sehen ließ. O lieber Gott! was müssen das für selige Tage sein, da wir auf ewig vereint so ganz füreinander leben – Louise – was werd ich da an Dir haben. – Du wirst mich aufheitern in trüben Stunden, Du wirst mir die Lasten, die ich zu tragen habe, versüßen, Du wirst mich mit der Welt versöhnen, wann ich beleidigt bin, Du wirst mir alles, alles sein. – Oh! ich bin so glücklich! Ich verspreche Dir von nun an, süßes, liebes Mädchen – von nun an – wann ich wieder so feindselig schreibe, will ich nimmer Dein Hölderlin sein. Was ich diesen Nachmittag für eine selige Stunde hatte! Ich wollte Deinen letzten Brief wieder lesen – bekam aber einen ältern in die Hand – und dann wieder einen andern – bis ich endlich alle gelesen hatte – auch den allerersten, liebe Seele! *Sie haben mein ganzes Herz*, schriebst Du damals, und o Gott! ich hab es noch, nach so vielen Prüfungen, die über Dich ergangen sind, nach so vielen Leiden, die Du um mich ausstehen mußtest, hab ich es noch, dieses teure Herz, und nicht wahr, liebe Louise! ich werd es ewig behalten? – Ich mußte innhalten, der Gedanke, daß ich Dein Herz habe, und die Erinnerung an all die Wonne der Vergangenheit machte mich ganz weich – es wäre Dir ja auch so gegangen – bei diesen Gedanken. – Meine l. Rike ist jetzt schon fünf Tage hier. Ich gehe häufiger aus als sonst. Sie sagte mir neulich, daß sie die Jfr. Weberin auch in der wochentlichen Gesellschaft kennengelernt habe und daß sie bald gute Freundinnen zusammen geworden seien. So gern ich dem guten Mädchen dankte, daß sie so viel Teil an unserm Schicksal nahm und an Jfr. Böhmin die schlechte Freundschaft der Jfr. Duttenhoferin schrieb (dann von daher weißt Du's vermutlich), so kennst Du ja die Welt, man nennt es indiskret, wann unsereiner mit Personen Deines Geschlechts, die ihm unbekannt sind, etwas über Komplimentereien schwätzt, und dann müßt ich Gelegenheit suchen, sie zu sprechen, und da weißt Du ja, daß ich's nicht gern tue. Ich kann aber der Duttenhoferin ohnmöglich mehr ein gutes Gesicht machen – deswegen geh ich lieber so bald nimmer hin. Neulich mußt ich meine Schwester dahin begleiten – ich saß wie auf Kohlen, bis ich wieder weg war. Übrigens denk ich diesmal wie Bilfinger, daß man sich nichts drum zu kümmern hat. Mögen's die hiesigen Mädchen meinetwegen wissen – welche Dich kennen, müssen allemal denken, er ist glücklich! Und das schmeichelt meinem Stolz noch obendrein. Hier meinen Schattenriß! Es sollte mir leid tun, wann ich wieder so schlecht getroffen wäre. Lebe wohl, liebe Louise! und vergiß nie

Deinen
Hölderlin.

31. AN LOUISE NAST

[Tübingen,
Frühjahr 1790]

Dank! tausend Dank, liebe Louise, für Deinen zärtlichen, tröstenden Brief! Er hat mich wieder froh gemacht. Ich glaube wieder an Menschenglück. Die Blumen machten mir unbeschreibliche Freude. Ich schicke Dir den Ring und die Briefe hier wieder zurück. Behalt sie, Louise! wenigstens als Andenken jener seligen Tage, wo wir so ganz für uns lebten, daß uns kein Gedanke an die Zukunft trübte, keine Besorgnis unsere Liebe störte. Und weiß Gott! Louise! ich muß offenherzig sein – es ist und bleibt mein unerschütterlicher Vorsatz, Dich nicht um Deine Hand zu bitten, bis ich einen Deiner würdigen Stand erlangt habe. Unterdessen bitt ich Dich, so hoch ich kann, gute, teure Louise! Dich nicht durch Dein gegebnes Wort, bloß durch die Wahl Deines Herzens binden zu lassen. Du wirst es für unmöglich halten, gute Seele, einen andern zu lieben, wie Du mir schon so oft bezeugt hast – aber so mancher liebenswerte Jüngling wird indessen Dein Herz zu gewinnen suchen, so mancher achtungswürdige Mann um Deine Hand Dich bitten, ich will heiter Dir Glück wünschen, wann Du einen würdigen wählst, und Du wirst dann erst einsehen, daß Du mit Deinem mürrischen, mißmutigen, kränkelnden Freunde nie hättest glücklich werden können. Sieh! Louise! ich will Dir meine Schwachheit gestehen. Der unüberwindliche Trübsinn in mir – aber lache mich nicht aus – ist wohl nicht *ganz*, doch *meist* – unbefriedigter Ehrgeiz. Hat dieser einmal, was er will, dann, und bälder nicht, werd ich ganz heiter, ganz froh und gesund sein. Du siehst jetzt den eigentlichen Grund, warum ich den freilich zu raschen Vorsatz faßte, unser Verhältnis *äußerlich* anders stimmen zu wollen. Ich wollte Dich nicht binden, weil es ungewiß ist, ob jener mein ewiger Wunsch jemals erfüllt, ob jemals dieser – eben menschliche – Ehrgeiz befriedigt wird, ob ich also jemals ganz heiter, ganz froh und gesund werden kann. Und ohne dies würdest Du nie ganz glücklich mit mir sein. Unsre Liebe könnte die nämliche bleiben, aber desto mehr müßten Dich meine böse Launen, meine Klagen über die Welt, und was der Torheiten mehr sind, die mir zur *andern Natur* worden sind, diese würden Dich desto mehr schmerzen, je stärker Du mich liebtest und je stärker sonst in guten Stunden meine Liebe zu Dir wäre. Aber treulos kann ich nie werden. Und wirst auch Du nie. Denn das ist nicht treulos, wann Du auf Bitten Deines Geliebten, der aus Überzeugung, daß er Dich nie so glücklich hätte machen können als der Würdigere – Dich bittet! wann Du alsdann den Würdigern wählst! Das ist nicht treulos! Du würdest immer noch, als beglückende Gattin eines andern, an den Freund Deiner Jugend denken, und Deine vorherige Liebe zu ihm würde bloß durch den Gedanken eingeschränkt werden, wegen seiner unbezwinglichen drückenden Schwachheiten würdest Du nie ganz glücklich mit ihm haben sein können. Und so würdest Du gewiß nie treulos! Und ich würde denken, meine Liebe ist nicht für diese Welt! und mich Deines Glückes freuen, wollte mir sogar getrauen, Dich an der Seite Deines Gatten zu sehen – und Euer beider Freund zu sein.

Ich weiß schon, Liebe, was Du mir darauf antworten wirst. Ich hätte vielleicht auch gar nichts davon geschrieben, wann ich Dir gern nur einen einzigen Zug in meinem Charakter verbergen möchte. Lebe wohl, teures, einziggeliebtes Mädchen! Ewig

Dein
Hölderlin

32. AN DIE MUTTER

[Tübingen,
wohl um Ende April 1790]
Liebste Mama!

Weil ich das letztemal nicht geschrieben habe, so will ich's jetzt tun. Es dürfte aber wohl noch eine andre Ursache dabei sein, warum ich schreibe, nämlich – was ich schon lange nicht mehr getan habe, Sie um Geld zu bitten. Ich muß Ihnen nur gestehen, ich behielt einige Konto, z. E. den für den Hut, vor mich, um Ihnen nicht so viel Ausgaben zu machen und in der gewissen Hoffnung, sie von meinem Taschengeld zu zahlen, und mir sonst abzubrechen, daß ich Ihnen nicht beschwerlich fallen müßte. Allein – wieviel unerwartete Ausgaben ich hatte, wieviel mir noch von 30 f.

übrigblieb, wissen Sie, ich gab die letzten 8 f. vollends für Konto aus, weil Sie sagten, Sie wollen gleich den nächsten Botentag darauf mir die unvermeidlichste Ausgaben ersetzen. Aber nötigere Ausgaben hinderten Sie, mir das gütige Versprechen zu halten. Stellen Sie sich vor, liebste Mama! wie ich mich behelfen mußte! Die ganze 8 Tage, da der Markt war, schloß ich mich ein, um ja nicht in Versuchung zu kommen, Geld auszugeben und solches zu entlehnen, allein unvermeidliche Verlegenheiten zwangen mich, etwas zu entlehnen. Die 3 f. also, die ich neulich erhielt, waren auch nimmer zu meinem Gebrauch, und ich mußte neulich wieder von einem guten Freund entlehnen, als mich der Rheinwald von Urach besuchte und bei mir über Nacht blieb. – Ich bin offenherzig gewesen, liebe Mama! Zürnen Sie mir nicht! Der Gedanke, daß Sie mit mir zufrieden wären, hielt mich bisher allein, daß ich nicht in den alten Lebensüberdruß fiel. Daß ich in der Lokation um die zwei Stuttgarter, Hegel und Märklin, hinuntergekommen bin, schmerzt mich eben auch ein wenig. Wie gut haben's andre, die ununterbrochen durch solche Schulfüchsereien in ihren Studien fortmachen können! – Und daß ich von einer Person, die mir so teuer war, über meine Veränderung, die sie *selbst für nötig einsah* und die mich tausend Kämpfe kostete, Vorwürfe hören muß, daß ich denken muß, du machst dem Mädchen traurige Tage – o liebe Mama! so viel hab ich doch nicht verdient!! – Aber hab ich doch ein gutes Gewissen und weiß mich unter meinen Büchern zu trösten, und das ist herrlich! Ich wäre vielleicht schon oft auf Irrwege gekommen, wenn mein Los nicht wäre, mehr zu dulden als andere.

Ich weiß, Sie stimmen hierin vollkommen mit mir überein; denn wenn ich dulden will, darf ich nur Ihrem Beispiel folgen. Freilich ist's mir auch angeboren, daß ich alles schwerer zu Herzen nehme, aber ich danke Gott dafür, es bewahrt vor Leichtsinn. Werden Sie nicht ungehalten über meinen Brief, liebste Mama! Aber es wäre in keinem Fall recht gewesen, wenn ich weniger vom Herzen weg geschrieben hätte. Leben Sie wohl, liebste Mama! Grüßen Sie den guten Karl.

Ihr
gehorsamster Sohn
Hölderlin

Den Bilfinger bedaure ich. Noch mehr seine Eltern. HE. Prof. Seiffert ist wirklich hier.

33. AN DIE MUTTER

[Tübingen,
bald nach dem 15. Juni 1790]

Liebste Mama!

Wie sehr mich Ihr gütiger Brief gefreut hat, kann ich Ihnen nicht beschreiben. Das Überschickte soll wohl angewandt und die Ausgabenberechnung auch allmählich in Aufnahme gebracht werden.

Rümelin ist zu bedauren. Und ich möchte die Behandlung gerade in seiner Lage, gerade als er im Ernste sich besserte, wohl etwas mehr als strenge nennen. Überhaupt ist's unbeschreiblich, unter welchem Drucke das Stipendium wirklich ist. Doch lassen sich derlei Sachen besser erzählen, wenn ich diesen Sommer einmal einen kleinen Besuch in Nürtingen mache. Übrigens kann ich Sie versichern, daß ich mit meinen Freunden, besonders Neuffer und Magenau, so zufrieden hinlebe als möglich. Wir sitzen fleißig an unsren Schreibepulten, nicht weil wir müssen, sondern weil die Freude des Studierens mit jedem Tage, den ich weiter fortrücke, auch größer wird. Und da sind wir so wenig als irgend jemand Mißhandlungen ausgesetzt. Wir drei haben auch ein weiteres Feld vor uns als jeder andre, weil die Muse gleich ein saures Gesicht macht, wenn ihre Söhne einzig und allein auf dem philosophischen und theologischen Altare opfern. Und überdies hab ich noch besonders Kandidatengeschäfte. Dies erinnert mich, daß ich Sie bitte, liebe Mama! mich nicht vergessen zu lassen, in einem der nächsten Botentage Ihnen die Liste der Ausgaben, die ich zu Ende dieses Sommers als *Kandidat* haben werde, zuzuschicken. Es ist so gewöhnlich, und ich halte es für gut, weil Sie sich doch einigermaßen darnach einrichten.

Der Brief an die l. Rike ist auf der Stelle, da ich ihn bekam, durch den Boten, der eben abgehen wollte, nach Reutlingen promoviert worden.

Leben Sie wohl.

Ihr gehorsamster Sohn
Fritz

34. AN DIE MUTTER

[Tübingen,
wohl Mitte August 1790]

Liebste Mama!

Für das Überschickte dank ich gehorsamst. Daß ich mit den Kleidern fürlieb nehme, ist meine Schuldigkeit. Haben Sie doch der Ausgaben ohnehin so viele mit mir. Ich will Ihnen einstweilen die Magisteriumsausgaben überhaupt schreiben, so wie ich sie mir von Fischer habe sagen lassen.

In den Fiskus – die Kasse, die den HE. Professoren in die Ficke fällt – nämlich für das Magistrieren 30 f. Für Disputieren 30 f., wovon ein Karolin HE. Prof. Bök, unter dem ich disputiere, das übrige dem Buchdrucker und Buchbinder gehört. Für die Kollegien, die zum Teil dieses halbe Jahr teurer bezahlt werden müssen, weil man sie uns einzig liest, beinahe wieder 30 f. Die Nebenausgaben, z. E. das Essen im Wirtshaus, das jedesmal, nachdem wir des Vormittags sogenannte Theses verteidigt haben, gebräuchlich und auch notwendig ist, weil wir nicht zu unsrem Klosteressen können, getraue ich mir mit 11 f. zu bestreiten. Ich bitte Sie recht, liebe Mama, daß Sie den Brief einem Manne, der die Affäre auch mitgemacht hat, oder sonst genau weißt, vorzeigen; er mag Sie überzeugen, daß ich unmöglich weniger brauchen kann. Freilich ist's ärgerlich, da die ganze Sache so unnütz ist. Meinetwegen könnten alle Magisters- und Doktors-Titel, samt hochgelahrt und hochgeboren, in Morea sein.

Es freut mich, daß Camerer so gut für mich sorgen wollte wegen den Schnallen; allein ich sehe nicht ein, warum ich den Handel hätte nicht eingehen sollen. Des Märklin Schnallen waren kaum 14 Tage getragen. Wägen 8 Lote wie meine alten. Diese *mußten* umgegossen werden. Ich wollte sie ebenso gießen lassen wie Märklins, und der Silberarbeiter forderte 4 f. Märklin sah bei dem Silberarbeiter andere Schnallen, die mir zu affektiert gewesen wären; er wollte diese; er offerierte mir also den Handel. Meine Schnallen nahm der Silberarbeiter um 10 f. an. Die ich jetzt habe, kosteten vor 14 Tagen den Märklin 16 f., und für die neue, die er jetzt trägt, mußt er zu meinen alten noch 9 f. aufgeben. Und daß ich gut Silber bei meinen neuen Schnallen habe, bürgt mir die Probe. Ich sehe also nicht ein, daß der Handel etwa unklug gewesen wäre. Ich konnte wegen der Eile neulich die Sache nicht so umständlich schreiben.

Hier folgt die schwarze Wäsche. Der l. Rike schreib ich nächsten Botentag. Ihr Brief ist ja ohnedies erst halb zu Ende. Ich bin

Ihr

gehorsamster Sohn

Fritz.

34a. AN DIE MUTTER

[Tübingen, zweite Hälfte August 1790]

Liebste Mama!

Über Ihre Reise mußt ich staunen; wenn sie nur Ihrer Gesundheit nicht schadet. Gefreut hat mich die Nachricht, daß Sie gutes Gehör bei Schelhas hatten. Ich will die Disputationen an ihn adressieren. Heute laß ich sie vom Buchdrucker zum Buchbinder bringen. Nach Nürtingen werd ich ungefähr 14 oder 15 schicken müssen. Nächste Woche werd ich disputieren. Sollten Sie also auch die ganze Summe zusammenbringen, so wollt ich Sie gehorsamst gebeten haben, mir das Karolin für HE. Prof. Bök zu schicken. Und wann Sie das Geld für die Thesesschmäuse nicht für überflüssig halten, so wär es auch allenfalls Zeit dazu. Den Buchbinder und Buchdrucker zahlt man gewöhnlich auch gleich. Doch das überlaß ich Ihrem Belieben.

Sein Sie versichert, liebe Mama! soviel mir's gegeben ist, will ich streben, Ihnen die vielen Bemühungen und Inkommoditäten, die Sie meinetwegen haben, durch Freude zu ersetzen. Ich habe noch vieles zu tun im Sinn. Ich darf's Ihnen als Sohn ohne Schein der Unbescheidenheit sagen, daß anhaltendes Studieren besonders der Philosophie mir bald zum Bedürfnis geworden ist. Wenn ich hie und da kleine Verdrüßlichkeiten habe, so geh ich nur desto inniger und aufmerksamer zu meinen Büchern. Hab ich keinen Lohn dafür, werd ich vielleicht noch manchmal im Leben verkannt und zurückgesetzt, nun! ich wollte ja keinen Lohn. Meine Arbeit belohnte sich durch sich selbst. –

Die l. Rike soll mir doch auch das nächstemal wieder schreiben. Hier die Stammblättchen für den l. Karl. Zu meinem Schattenriß soll er mir ein eigenes Blättchen schicken. Ich habe mich schon zeichnen lassen. Der l. Frau Großmama tausend Grüße.

Ihr

gehorsamster Sohn

Hölderlin

Die praktische Logik soll mein Karl Tag und Nacht lesen. Ich habe sie schon vor einigen Jahren von einem andern mit *großem* Nutzen gelesen. Ich laß ihn recht bitten, sich eine Mühe zu nehmen, die gar bald in Vergnügen übergehen werde.

35. AN NEUFFER

Lieber Bruder! [Tübingen, 8. November 1790]

Warum ich Dir so lange nicht geschrieben habe, hat Dir gewiß längst geahndet. – Leider! leider! aus bösem Gewissen.
Video meliora proboque
Deteriora sequor.

Doch so ganz schlimm steht's eben nicht. Aus Gelegenheit einer Auktion, wo ich freilich keinen Beruf hatte, kam ich ihr nahe – erst kalte Blicke – dann versöhnliche – dann Komplimente – dann Erinnerungen und Entschuldigungen –! So war's von beiden Seiten. Seelenvergnügt ging ich weg, nahm mir aber doch bei kälterem Blute vor, wie zuvor den Zurückhaltenden zu spielen, und bin bisher meinem Vorsatz getreu gewesen – das heißt – im Durchschnitt! Ein andersmal gehn wir mehr ins Detail. Ich bin zum Stoiker ewig verdorben. Das seh ich wohl. Ewig Ebb und Flut. Und wann ich mir nicht immer Beschäftigung verschaffte – oft aufzwänge, so wär ich wieder der alte. Du siehst, Herzensbruder! „mein beßres Selbst willig" – wirst mir also verzeihen, wirst mich leiten, wo es not ist, aufheitern, wo es not ist. – Mit den Büchern und Markknochen hab ich noch nicht Wort gehalten. Leibniz und mein Hymnus auf die Wahrheit hausen seit einigen Tagen ganz in meinem Capitolium. Jener hat Einfluß auf diesen. Hältst Du es der Mühe wert, so will ich den Gesang an die Unsterblichkeit umarbeiten. Zu Deinem Maro allen Segen Apolls! Du kannst am Abend ein artiges „Vixi" sprechen, wenn Du Deine Tage so verlebst, wie Du mir schriebst. Schicke mir Deine neue Gedichte – oder Fragmente oder Plane davon. Du machst mir dann ein heiteres Stündlein mehr.

Reußens Gedicht auf Abels Abschied hat hin und wieder gute Stellen, wie mir deucht. Tausend Grüße dem Stäudlinischen Haus. Hast Du den Helvetius gekauft? – Von Kind,

Magenau, Breitschwerdt, Wieland und vielen andern herzliche Grüße.

Weißt Du nichts von Stäudlins Almanach, welche Gedichte er dazu spendet und wer sonst sein Scherflein beiträgt? Kannst Du mir nichts von Schubart erzählen? –

Lebe wohl. In nächster halben Stunde wird uns der Durchlauchtige heimsuchen. Lebe wohl, lieber Bruder!

Dein
Hölderlin

36. AN DIE SCHWESTER

[Tübingen,
Mitte November 1790]

Guten Morgen, liebe Rike!

Diesmal muß ich vor Dir zuschanden werden. Mein Kopf ist vom langen Nachtwachen so schwer diesen Morgen, daß ich alle Mühe habe, etwas auf das Papier zu bringen, geschweige, daß dieses Etwas so voll guter heller Laune werden sollte, wie Dein lieber Brief war. Daß Du die Verlegenheit der harten Köpfe im Briefschreiben, in der ich wirklich wieder bin, auf Dich anwendest, tut mir wehe. So sollst Du's nimmer machen, Schwesterlein!

Heute haben wir großen Markttag. Ich werde, statt mich von dem Getümmel hinüber- und herüberschieben zu lassen, einen Spaziergang mit Hegel, der auf meiner Stube ist, auf die Wurmlinger Kapelle machen, wo die berühmte schöne Aussicht ist.

Wie mir's auf meiner Stube gefalle? Herrlich, liebe Rike. Mein Repetent ist der beste Mann von der Welt. Das Zimmer ist eins der besten, liegt gegen Morgen, ist sehr geräumig und schon auf dem zwoten Stockwerk. Sieben von meiner Promotion sind drauf. Ich darf Dir nicht erst sagen, daß das angenehmer ist als 6 andere Unbekannte. Und die wenigen andern sind auch brave Leute, darunter Breyer und Schelling.

Dem l. Karl zur Betretung des bürgerlichen Rednerstuhls meinen Glückwunsch. So sei Demosthenes und Cicero dagestanden vor ihrem Volke. Nur daß die Szene etwas weitläufiger gewesen sei. Er soll nur ein rechter Mann werden, der l. Karl. *Denken* und schaffen, in jedem Augenblicke, wo seine Natur es vermag. Höre, Rike! es ist ein wunderlich Ding: *Der Wunsch, was zu lernen, kann jeden andern Wunsch verschlingen!* Glaube mir das.

Lebe wohl. Für das Überschickte tausend Dank. Lebe wohl, l. Rike!

Dein
zärtlicher Bruder
Fritz

Wenn Du noch mehrere von meinen Papieren findst, so schick sie mir doch! Es fehlen mir noch einige.

37. AN DIE SCHWESTER

[Tübingen,
23. oder 30. November 1790]

Liebe Rike!

Da mach ich mich auf in meinem düstern Stüblein, setze mich ans Fenster, blicke gegen Morgen, meinem lieben Nürtingen zu, und schreibe – um gute Botschaft zu bringen. Fürs erste kann Dir als gute Botschaft gelten, weil Du mich so lieb hast, daß ich, ohngeachtet meines eingeschlossenen Lebens, das ich immer ziemlich getreulich beobachte, meinem Vorsatze gemäß, von dem ich Dir oft vorsagte, daß ich demohngeachtet auch am Körper brav gedeihe und selten Runzeln auf der Stirne trage, denn Runzeln müssen doch für Tränlein gelten, wenn sich keine Tränlein mehr einstellen wollen, die einem einst so leicht waren. Fürs zweite heiß ich das gute Botschaft, daß ich die l. Mama versichern kann, Sie dürfe sich nicht nur für jetzt keine Sorge machen wegen meiner Börse, sondern Sie sei auf diesen Winter der Mühe beinah ganz überhoben, mir Zuschuß zu schicken. Ich bin bei einem Berner Edelmann, namens von Fellenberg, zum Unterricht im Lateinischen und Griechischen vorgeschlagen worden und werde monatlich 5 f. bekommen. Er ist sehr artig und in meinem Alter. Studiert hier unter der Aufsicht eines Hofmeisters mit vier andern Edelleuten aus der Schweiz.

Die liebe Mama ist also einigermaßen schadlos gehalten von wegen ihrer unvermuteten Ausgabe. Den guten Karl bedaur ich, daß er so bald ein bitter Kräutlein im Schreiberstande findet. Sag ihm, ich habe ein Kräutlein gefunden, das jenes bittre ganz vergessen mache. Es sei – Beschäftigung des denkenden Geistes. – Ob wir nicht zu dem Ende kleine Aufsätze wechseln wollten, mein Karl und ich? – Ob er mir nicht in glücklichen Stunden die Frage auseinandersetzen wolle: *Wie gelangt man zur wahren Zufriedenheit?* Ich will auch einen kleinen Aufsatz drüber machen und dann, wenn Karl den seinen mir geschickt hat, ihm auch den meinen kommunizieren. Oder sollte ihm eine andre Materie gerade geläufiger sein, er soll sie wählen, ohne Rücksicht auf meinen Vorschlag, und ich will dann auch seine Materie wählen. Mir ist äußerst viel dran angelegen, daß der liebe Karl meinen Plan gutheißt. Ich hoff es. Ich erwarte bald einen Aufsatz.

     Dein
      zärtlicher Bruder
       Fritz

Den Markt über kam ich selten aus dem Zimmer. Also auch nicht nach Reutlingen. Die Fischerin, ihre Schwester und ihren Schwager sprach ich *hier* doch. Letzten Samstag kam auch Camerer hieher und ging gestern, als am Montag, wieder zurück. Viele Empfehle von ihm!

38. AN DIE SCHWESTER

Liebe Rike!
[Tübingen,
Anfang Dezember 1790]

Verzeih! ich bin verschlafen. Habe kaum noch zu etlichen Zeilen Zeit. Ich bin ärgerlich über mich, daß ich Deinen lieben Brief so kurz abfertigen muß. Du nimmst mir's nicht übel, Rike! Ein guter Schlaf ist doch auch gesund.

Sage der l. Mama, Sie möchte unbesorgt sein, ich werde meinen Informatorsstand so einzurichten suchen, daß mehr Vorteil als Schaden herauskommen solle. Die l. Mama frägt mich, wer mich so empfohlen hat? – Einer von meiner Promotion, *M. Klüpfel*, schlug mich bei HE. Kanzler, der die Bestellung in Kommission hat, vor, und der Vorschlag ward in Gnaden angenommen.

Du wirst dem Anfang meines Aufsatzes nicht viel Geschmack abgewinnen können; ich wählte zuweilen geflissentlich Ausdrücke, die nur in der sogenannten Gelehrtensprache oder höchst selten anderswo vorkommen, um den l. Karl damit bekannt zu machen. Ich bin begierig, was er mir drüber sagt. Meinem Plan nach füll ich vielleicht noch 2 Briefe an ihn damit aus. Auf einmal konnt ich unmöglich den ganzen Aufsatz ausarbeiten, weil ich mir so gar wenig übrige Zeit dermalen abgewinnen kann. Und so hätt ich das Hauptsächlichste beantwortet.

Lebe wohl, liebe Rike!

Dein
zärtlicher Bruder
Fritz

39. AN DIE SCHWESTER

[Tübingen, etwa Mitte Dezember 1790]

Liebe Rike!

Dein lieber Brief ist nicht so kurz ausgefallen, als Du anfangs dachtest. Aber freilich durch eine traurige Neuigkeit. Der Klein dauert mich unbeschreiblich. Wie doch der Mensch durch einige falsche Richtungen so ganz unglücklich werden kann. Hier geht es wirklich still und ruhig zu. Oder vielmehr nur bei mir. Man kann sich in kurzer Zeit schnell ändern. Hätte ich es mir bälder zur Natur gemacht, für mich zu leben, ich würde manchem Verdrusse nicht ausgesetzt gewesen sein.

Ich hoffe, mein lieber Karl werde mir das nächstemal desto mehr schreiben, weil er mich diesmal hat leer ausgehen lassen.

Von Eßlingen bekam ich vorige Woche 7 f. 20 cr. Ich mußte aber bald 2 f. für ein Buch, das ich vorigen Sommer gekauft hatte, und 2 f. 24 cr. HE. Repetent Conz für ein Kollegium, das ich vorigen Sommer bei ihm gehört hatte, davon abgeben. Das, was mir die liebe Mama schickte, war also dennoch wohl angelegt. Ich mache dafür meine gehorsamste Danksagung. So wie auch für das andre Überschickte.

Was macht unser Vetter Majer in Denkendorf? Gefällt's ihm im Kloster?

Wirst über die Feiertäge immer zu Hause bleiben?

Meine Wäsche hab ich zusammengesucht. Und schicke sie hier. Alle andre, die ich noch habe, ist frisch gewaschen.

Neuffer ist nun auch wieder hier. Er empfiehlt sich. Mir ist's sehr lieb, daß ich ihn wieder um mich habe.

Ich wollte mich schon einigemal nach der l. Frau Großmama erkundigen. Vergaß es aber jederzeit. Schreibe mir, ob sie wohl ist. Ich bin

Dein zärtlicher Bruder

Fritz.

Dürft ich mir nicht die Rapiere ausbitten, die ich zurückließ. Ich habe eines davon entlehnt und möcht es wieder heimgeben.

40. AN DIE MUTTER

[Tübingen,
wahrscheinlich 7. Februar 1791]

Liebe Mama!

Silberne Schnallen hab ich bisher nach vielem Suchen nicht finden können. Ich werde aber demohngeachtet die Hoffnung nicht aufgeben, da Ihnen, aus dem Tone Ihrer Äußerungen gegen mich zu schließen, so viel daran liegt. Den Argwohn, daß ich Ihre Briefe nicht lese, verdien ich schwerlich. Und was das kurze Briefschreiben anbetrifft, so sah ich schon sehr viele Briefe an Eltern schreiben, die sehr entfernt und gewiß auch ihren Söhnen lieb waren, und doch faßte man sich gewöhnlich sehr kurz.

Ich werde gewiß Ihre Liebe nie nach der Länge der Briefe messen. Der l. Karl schreibt mir auch lange schon nimmer, fragt auch nicht, warum ich ihm nicht schreibe, sollt ich deswegen glauben, er liebe mich minder als zuvor? Verzeihen Sie, liebe Mama! wann ich etwas schreibe, was nicht recht ist.

Sie haben ganz recht, daß die Reise nach Nürtingen sich nicht wohl schicken werde. Ich würde ohnehin auch nachmittags erst ungerne weggelassen werden und dann doch den andern Tag wiederkommen müssen. Überdies wüßt ich nicht, wie ich mich schicklich kleiden möchte auf den Ball, wo mehrere, auch vermutlich viele Tübinger, worunter manche vielleicht eben nicht meine und auch schwerlich Ihre Approbation haben, kommen werden. – Das schien mir komisch, daß die l. Rike meine, bloß um den Raum auszufüllen, hingeschriebene Possen so ernsthaft beantwortete. Geld hab ich freilich keins. Mußte sogar einiges entlehnen. Das wird Sie schwerlich wundern, liebe Mama! wenn Sie berechnen, was allenfalls für Lichter, Holz, Papier, auch Tobak und zuweilen ein Gemüs, wenn mir das Klosteressen den Magen umkehren würde, und dann vielleicht alle Sonntage ein Trunk Weins und was die Sachen alle sein mögen, den Monat durch auf die Person komme. – Nächsten Sonntag werd ich wieder predigen; wo ich mit meinem Ökonomus das Mittagsessen selbst bestreiten muß und es gewöhnlich ist, auch etwas Wein und Gebacknes dazu zu nehmen. Wollen Sie nicht so gütig sein und nächsten Montag etwas zum Gewöhnlichen hinzulegen, daß ich's dann dem Wirte bezahlen kann. Wenn Sie meine letzte Predigt noch bei der Hand haben, bin ich so frei, Sie gehorsamst darum zu bitten. Ich habe keine Abschrift davon, so wie ich sie Ihnen geschickt habe. Leben Sie wohl, liebe Mama! Fahren Sie fort, auch bei kleinen Nachlässigkeiten zu lieben

Ihren
gehorsamen Sohn
Fritz.

41. AN DIE MUTTER

[Tübingen,
wahrscheinlich 14. Februar 1791]

Liebste Mama!

Sie haben mich ganz beschämt mit Ihrer Güte. Ich bin noch so weit hinter Ihnen zurück im Guten, und Sie geben mir so viele Gelegenheit, Ihnen nachzuahmen. Verzeihen Sie, liebe Mama! wenn mir ein Wort in meinem vorigen Briefe entfallen ist, das der kindlichen Ehrfurcht zuwider sein mag. – Mit der Verleugnung der Reise nach Nürtingen ist es mein ganzer Ernst. Ich könnte doch in der kurzen Zeit meines Aufenthalts selten recht um Sie sein, und auf längere Zeit bekomme ich doch keine Erlaubnis. Wenn's aber möglich ist, komm ich noch diesen Monat. – Hier haben Sie meine gestern (als am Sonntage) abgelegte Predigt. Ich war diesmal ein wenig weitläufiger als in meiner ersten. Ich führte gerne eine Materie aus, deren genaue und richtige Erkenntnis mir täglich wichtiger wird. Derjenige Teil derselben, in welchem gesagt wird, *ohne Glauben an Christum finde*, wenn man die Sache genau prüfe, *gar keine Religion, keine Gewißheit von Gott und Unsterblichkeit statt*, ist es, womit ich mich seit einiger Zeit anhaltender als sonst beschäftige. Ich glaube, es gibt viele gute Christen, die nicht von jenem Satze nach seinem ganzen Umfange überzeugt sind, nicht als ob sie nicht glauben, wenn der Satz ihnen entwickelt wird, sondern weil sie nicht in Lagen kommen, wo sie die ganze Notwendigkeit der *christlichen* Religion von *jener* Seite kennenlernen. Erlauben Sie, liebe Mama! daß ich Ihnen sage, wie ich nach und nach dahin gebracht wurde. Ich studierte denjenigen Teil der Weltweisheit, der von den *Beweisen der Vernunft* für das Dasein Gottes und von seinen Eigenschaften, die wir aus der Natur erkennen *sollen*, handelt, mit einem Interesse dafür, dessen ich mich nicht schäme, wenn es gleich auf einige Zeit mich auf Gedanken führte, die Sie vielleicht unruhig gemacht hätten, wenn Sie sie gekannt hätten. Ich ahnete nämlich bald, daß jene *Beweise der Vernunft* fürs Dasein Gottes, und auch für Unsterblichkeit, so unvollkommen wären, daß sie von scharfen *Gegnern* ganz oder doch wenigstens nach ihren Hauptteilen würden umgestoßen werden können. In dieser Zeit fielen mir Schriften über und von *Spinoza*, einem großen edeln Manne aus dem vorigen Jahrhundert, und doch *Gottesleugner* nach strengen Begriffen, in die Hände. Ich fand, daß man, wenn man genau prüft, mit der *Vernunft*, der *kalten*, vom Herzen verlassenen Vernunft, auf seine Ideen kommen *muß*, wenn man nämlich alles erklären will. Aber da blieb mir der Glaube meines Herzens, dem so unwidersprechlich das Verlangen nach Ewigem, nach Gott gegeben ist, übrig. Zweifeln wir aber nicht gerade an dem am meisten, was wir *wünschen* (wie ich auch in meiner Predigt sage)? Wer hilft uns aus diesen Labyrinthen? – Christus. Er zeigt durch *Wunder*, daß er das ist, was er von sich sagt, daß er Gott ist. Er lehrt uns Dasein der Gottheit und Liebe und Weisheit und Allmacht der Gottheit so deutlich. Und er muß wissen, daß ein Gott und was Gott ist, denn er ist aufs innigste verbunden mit der Gottheit. Ist Gott selbst.

Das ist seit einem Jahre der Gang meiner Erkenntnisse von der Gottheit.

Meiner lieben Rike und Karln, der mir doch auch wieder etwas schicken soll, tausend Grüße. – Es soll mich freuen, wenn der liebe Oncle Pfarrer in Löchgau wird. Vielleicht ist dies das Plätzchen, wo ich einmal etliche ruhige Vikariatsjahre leben kann. – Für das Überschickte bezeige ich meinen tausendfachen Dank...

Ich bin

> Ihr
> gehorsamster Sohn
> Fritz.

42. AN DIE SCHWESTER

[Tübingen,
vermutlich gegen Ende März 1791]

Liebe Rike!

Du hast einen guten Anfang gemacht in unserer endlich erneuerten Korrespondenz. Meiner ist um ein gut Teil schlimmer. Ich muß Dir heute ziemlich flüchtig schreiben, aus dem simplen Grunde, weil ich, der strengen Kälte wegen, das Bette länger gehütet habe wie sonst und nun der Bote bald geht. Gelegentlich die Neuigkeit, daß vorgestern auf der Alb Schnee und gestern ebendaselbst so starker Hagel gefallen ist, daß die von hier mehrere Stunden entfernte Berge ganz weiß erschienen. Deine Reisebeschreibung hat mir viele Freude gemacht, noch viel mehr die Nachricht, daß Du mich diesen Sommer besuchen willst. Der HE. Helfer hat also lieb Schwesterchen ins Auge gefaßt? – Ich verarg's ihm gar nicht. Wollt ihm Dich recht herzlich gönnen, wenn er ein braver Mann ist und *Du Neigung zu ihme hättest*. Denn das trau ich Dir zu, liebe Rike! daß

Deine Neigung von *Überlegung* regiert wird, daß Du Herz und Verstand, und auch Glücksumstände, nicht nur Jugend und Wohlgestalt in Anschlag nimmst bei einer Wahl. Nun weiß ich freilich einen Mann, den Du länger kennst als den HE. Helfer, den Du folglich besser beurteilen kannst; und da kann ich wenigstens Dir nicht Unrecht geben, wenn Dein Herz dem, den Du besser kennst, den Vorzug so lange gibt, bis die Sache sich entscheidet, ob eine Verbindung mit ihm unmöglich oder möglich ist. Der gute Doktor muß doch bald wissen, ob und in wieviel Jahren er einen Dienst zu hoffen hat, und bis dahin kann Dich die l. Mama gar wohl um sich brauchen. Ist eine Trennung notwendig, so findet sich gewiß irgendein Biedermann, mit dem Du glücklich sein wirst.

Für das Überschickte mache der l. Mama meinen gehorsamsten Dank!
Dein
zärtlicher Bruder
Fritz

Mein Magisterhemd trag ich wirklich.

43. AN DIE SCHWESTER

[Tübingen,
wahrscheinlich Ende März 1791]
Liebe Rike!

Das freut mich, daß Dir mein Brief gefallen hat. Ich sprach, wie ich dachte. Und das ist eben nicht das sicherste Mittel, Deinem Geschlechte zu gefallen. Und sieh! liebe Rike! hätt ich ein Reich zu errichten, und Mut und Kraft in mir, der Menschen Köpfe und Herzen zu lenken, so wäre das eines meiner ersten Gesetze: Jeder sei, wie er wirklich ist. Keiner rede, handle anders, als er denkt und ihm's ums Herz ist. Da würdest Du keinen Komplimentenschnack mehr sehen, die Leute würden nimmer halbe Tage zusammensitzen, ohne ein *herzliches* Wort zu reden – man würde gut und edel *sein*, weil man nimmer gut und edel *scheinen* möchte, und dann würd es erst Freunde geben, die sich liebten bis in Tod, und – ich glaube auch bessere Ehen und bessere Kinder. *Wahrhaftigkeit!* Gottlob! Schwester! daß wir Geschwister Anlage genug zu dieser herrlichen Tugend von unserer teuren Mutter geerbt haben. –

Die Unterlassungsgründe, die Du mir geschrieben hast, sind triftig genug.

Um mich werd ich immer weniger besorgt, wenn ich der Zukunft denke, denn täglich werd ich mehr überzeugt, daß kein Mensch leicht durch gute Tage übermütiger, durch schmale Kost aus der Hand des Glücks hingegen bräver wird als ich. Und da ist mein höchster Wunsch – in Ruhe und Eingezogenheit einmal zu leben – und Bücher schreiben zu können, ohne dabei zu hungern.

Lach mich nicht aus, Schwesterlein! Die Brüder Josephs – ohne Dich im geringsten damit zu vergleichen – ich sage, weiland die Brüder Josephs nannten ihn einen *Träumer* – und der Knabe wurde doch noch ein rechter Mann! Also um mich bin ich, in Ansehung einstiger Bedienstungen – und einstigen Heuratens und Haushaltens wenig besorgt, wenn's nur Euch gut geht, Ihr Lieben! die l. Mama gesund und froh unter uns lebt und Du einen braven Mann und wenig Hauskreuz dazu kriegst und der gute Karl so glücklich wird, wie er's verdient und verdienen kann!

Adieu, Schwesterlein! Komm bald hieher!

     Dein
      zärtlicher Bruder
       Fritz

Nun setz ich mich wieder, um die Predigt zu machen, die ich morgen mittag abzulegen habe. Ich bin diesmal aufgelegt, recht vom Herzen weg zu reden, und da wird's leicht gehen. Vom Neuffer ans ganze Haus eine herzliche Begrüßung!

44. AN DIE MUTTER

Liebste Mama! [Tübingen, Anfang April 1791]

Der Überrock ist wirklich recht gut ausgefallen. Mit den Knöpfen hat es wohl noch bis Montag Verzug. Die l. Rike fährt doch hieher mit der Jfr. Gokin? – Im Schwabischen Haus ist sie schon angekündet. HE. Geheimrat, der bis Mittwoch wieder abreist, fragte mich, ob meine Schwester nicht bald auch wieder hieher komme? und ich sagte ihm, auf den Donnerstag meiner Abreise, welches er sehr gütig aufnahm. Meinen Dornenstock hab ich vermutlich in Nürtingen. Sollte er sich finden, so bitt ich gehorsamst, mir ihn zu schicken, weil er mir ein unentbehrliches Meuble ist. Ich hab im Sinne, 3 Hemder, 3 Schnupptücher und 3 Paar Strümpfe (wegen dem Verreißen) mitzunehmen, in einem kleinen Felleisen. Weil wir unsrer dreie (ich und Hiller, den Sie kennen, und Memminger) reisen, so kann uns von einem Hauptort zum andern ein Mann, der uns die Wäsche trägt und den Weg zeigt, nicht viel kosten. Sollte aber die Sache mir zu teuer sein, so nehm ich das Nötigste zu mir und lasse das übrige, bis zu meiner Zurückkunft, in Schaffhausen bei meinen Landsmänninnen. Die Frau Zieglerin wird mir vermutlich auch einen Brief mitgeben. Und wenn Sie meinen, es schicke sich, so wollt ich Sie gehorsamst gebeten haben, mir von HE. Spezial oder HE. Helfer einige Adressen nach Zürch oder auch nach Schaffhausen, Konstanz, Winterthur auszubitten. An Stäudlin will ich morgen deswegen schreiben. Auch zu HE. Kanzler will ich deswegen gehen. Ich denke, man muß eine Reise, die man vielleicht taglebens nimmer macht, benutzen, so gut man kann.

Ich habe vor einiger Zeit ein Hemd vom Nürtinger Fischer entlehnt. Sollte es sich unter der Wäsche, die Sie wirklich unter Händen haben, befinden, so bitte ich gehorsamst, mir es bezeichnet zu schicken.

Leben Sie wohl, liebe Mama!

Ihr gehorsamster Sohn
Fritz

45. AN DIE MUTTER

[Tübingen,
wahrscheinlich Mitte Juni 1791]

Liebste Mama!

Ich kann nun nebst Ihnen vermutlich auch meine liebe Basen und, so wie ich an Ostern der *fahrende Ritter* war, das irrende Fräulein, Schwester Rike, bewillkommen – leider nur schriftlich! Ich hätte sehr gewünscht, auf einige Tage nach Nürtingen zu kommen, wenn ich hätte hoffen können, Erlaubnis zu bekommen.

Die Neuigkeit, die Sie mir schreiben, *beruhigt* mich sehr – aus Gründen, die Sie werden wohl erraten können. Alte Liebe rostet nicht! Das gute Kind dachte immer noch an mich, wie ich mehrmalen erfuhr – und hätte mich meine 21jährige Klugheit nicht geleitet, so wär ich vielleicht manchem Rezidiv ausgesetzt gewesen. Freilich gesteh ich auch mitunter, daß mir die Nachricht auf einige Augenblicke das arme Herzchen pochen machte! Doch das gehört nicht hieher! Bei Gelegenheit muß ich Ihnen sagen, daß ich seit Jahr und Tagen fest im Sinne habe, nie zu *freien*. Sie können's immerhin für Ernst aufnehmen. Mein sonderbarer Charakter, meine Launen, mein Hang zu Projekten und (um nur recht die Wahrheit zu sagen) mein Ehrgeiz – alles Züge, die sich ohne Gefahr nie ganz ausrotten lassen – lassen mich nicht hoffen, daß ich im ruhigen Ehestande, auf einer friedlichen Pfarre glücklich sein werde. Doch das ändert vielleicht die Zukunft.

Verzeihen Sie, daß ich so in den Tag hinein plaudere! Meine 21jährige Klugheit ist eben noch sehr oft unklug!

Von dem überschickten Gelde sind mir noch 3 Gulden übrig, die ich sorgfältig verwalte. Bis nächsten Botentag, wo das Sümmchen vermutlich alle sein wird, will ich Ihnen die Rechenschaft vorlegen.

Mein Weingeld zieh ich immer ein. Hab es bisher zuweilen an eine unschuldige Freude, zuweilen an ein gutes Buch verwendet. Diesen Sommer soll es aber bloß für nötige Ausgaben gebraucht werden.

Wegen dem Stipendium will ich mein Möglichstes tun.

Hier schick ich Wäsche. Verzeihen Sie, daß ich mich habe zum zweitenmal an das weiße Halstuch mahnen lassen.

46. AN DIE MUTTER

[Tübingen, wahrscheinlich im November 1791]

Liebe Mama!

Ich danke Ihnen recht von Herzen für die gütige Teilnahme, mit der Sie sich nach meinem Zustand erkundigen. Leid ist's mir aber, daß Sie meine Briefe dazu veranlassen mußten. Es redlich zu sagen, so ist's mir nicht immer wohl. So sehr ich mich verwahre, so hab ich doch morgens manchmal Kolik und dann öfters nachmittags Kopfweh. Und dann hat das innere Leben seine jugendliche Kraft nimmer. Ich bin wenig traurig und wenig lustig. Ich weiß nicht, ob dies der Gang des Charakters im allgemeinen ist, daß wir, sowie wir dem männlichen Alter uns nahen, von der alten Lebhaftigkeit verlieren, oder ist mein Studium oder – mein Kloster schuld. Doch das hätt ich nicht schreiben sollen. Am Ende sind's Grillen. Mich tröstet die Hoffnung mit der Zukunft, und auch die Gegenwart läßt mich an Freuden nicht leer. Ich denke, es soll alles noch gut gehen. – Grützmann hat Erlaubnis bekommen auf vier Tage. Ich dachte neulich nicht daran, daß man schlechterdings einen Brief von Haus muß vorzeigen können. Möchten Sie nicht die Güte haben und bis nächsten Botentag einige Zeilen besonders an mich schreiben – ungefähr: Sie wünschten mich wegen einer weitläufigen Angelegenheit gern auf einige Tage zu sprechen, und die Veränderung würde vielleicht meiner wankenden Gesundheit zuträglich sein. –

Es würde mich sehr freuen, wann ich auch wieder auf einige Zeit mich mit Ihnen mündlich unterhalten könnte, liebe Mama! – Den lieben Geschwisterigen viele Grüße!

Ihr
gehorsamster Sohn
Fritz

Für das Überschickte meinen gehorsamsten Dank!

47. AN NEUFFER

Tübingen, d. 28. Nov. 91

Lieber Bruder!

Tausendmal hab ich's mir seit Deinem letzten Brief gesagt, daß Du noch der alte seiest, nachsichtig und gut bei all meinem Undank und meiner Liederlichkeit. Daß ich ein so nachlässiger Schuldner bin, konntest Du leichter entschuldigen mit der lyrischen Unordnung unsrer Ökonomie; daß ich aber keine Zeile schrieb, wie und wo sich mein Schifflein drehe, das war wieder eine schwere Aufgabe für Deine Verträglichkeit, denn das mußtest Du wissen, daß ich Deiner Teilnahme bedürfe und daß es öde sein müsse um mich und in mir, das mußte Dich ärgern, daß ich zu faul war, mir eine frohe Stunde zu machen und mich zu erleichtern bei Dir. Bruder! mir ist, seit ich wieder hier bin, als hätten meine Lieben meine beste Kraft mit sich fort, ich bin unbeschreiblich dumm und indolent. Selten gibt's lucida intervalla. Und wann ich denke, wie ihr jetzt aufwacht, Du und unser Magenau, und so stark werdet durch Freude und Liebe, wie ich so voll Stolzes und Muts war in den Götterstunden, die ich drunten feierte bei Dir, daß ich ein ganz andrer Mensch sein könnte, wenn meine Lage nicht wäre, die eben gerade für mich am wenigsten ist, dann möcht ich freilich weit weg aus dieser Lage.

Aber so ist's nun einmal! Ganz will ich doch nicht erlahmen.

Mein Herzensmädchen hält mich eben immer noch in süßen Banden, entfernt sie mich schon von ihr. Aber königlich wird's mir vergütet, wenn ich 14 Tage und länger darben mußte. So war's gestern. Ich bin des täglich gewisser, daß Lieb und Freundschaft die Fittiche sind, auf denen wir jedes Ziel erschwingen.

Mit dem Hymnus an die Menschheit bin ich bald zu Ende. Aber er ist eben ein Werk der hellen Intervalle, und die sind noch lange nicht klarer Himmel! Sonst hab ich noch wenig getan; vom großen Jean-Jacques mich ein wenig über Menschenrecht belehren lassen und in hellen Nächten mich an Orion und Sirius und dem Götterpaar Kastor und Pollux geweidet, das ist's all! Im Ernst, Lieber! ich ärgre mich, daß ich nicht bälder auf die Astronomie geraten bin. Diesen Winter soll's mein Angelegentlichstes sein.

Deine Aufträge hab ich nach besten Kräften besorgt. Der Adlerwirt hätte mich bald in Hitze gebracht. Er habe die Anweisung schon an Uhland abgegeben, sagte er, würde Dir aber dennoch das Geld zuschicken, wär er sonst bezahlt worden nach der Vakanz. Ich bot meiner Suada auf, und da kam endlich nach pro und contra das Resultat heraus, daß er Dir, wenn es möglich sei, den Anteil[1], den Du ihm für dieses Jahr am Stipendium versprachst, Dir zuschicken und bis zu gelegnerer Zeit warten wolle. Mit der Kaffeeaffäre bin ich noch nicht im reinen. Ich sagte der Sch., daß ich ihr in Deinem Namen 4 f. 42 cr. zu geben habe, sie brachte mir aber beiliegende Rechnungen und prätendiert 14 f. 24 cr. Gib mir nur die nötige Verhaltungsregeln, die Canaille soll Dich nicht betrügen. Tu es aber nur bald, Lieber! solange Du Dich noch ganz der Sache erinnerst. – Saltus dithyrambicus! Der schwäbische Almanach ist noch nicht rezensiert. Magenau hat mir gestern einen herrlichen Brief geschrieben. Wie

---

[1] Oder vielleicht machen die 20 f. das ganze Stipendium aus? Um Mißverstand zu vermeiden.

ein Kind hab ich mich gefreut darüber! – Wenn Du willst, Lieber! so wollen wir schriftlich unsre Verse rezensieren, wie in der güldnen Zeit unsers Bundes! Hältst Du was drauf, so sei so gut und rede mit Magenau drüber, wenn er zu Dir kommt! Ich will ihm indes auch schreiben. – Daß ich noch im Kloster bin, ist Ursache die Bitte meiner Mutter. Ihr zulieb kann man wohl ein paar Jahre versauren.

Schicke mir bald Gedichte von Dir! Da genießen sich doch unsre Seelen noch besser als in Briefen. Gelt, Lieber!

Dein
Hölderlin

Hier die Bücher für Deinen HE. Bruder!
Tausend Grüße und Empfehlungen in Stuttgart von mir!

48. AN DIE SCHWESTER

[Tübingen,
zwischen 5. und 10. Dezember 1791]

Liebe Rike!

Danke für mich der Vorsehung! Sie hat groß Unglück von mir und andern abgewendet.

Letzten Samstag nach 9 Uhr abends ging Feuer aus im Kloster. Es war auf dem alten Bau in einer entlegenen, lange gar nicht gebrauchten Kammer, die voll Stroh lag. Aller Wahrscheinlichkeit nach fiel ein Funke von vorübergehendem Licht hinein (denn die Kammer hatte keine Türe), und so hatte sich eine Rauchwolke über dem Kloster versammelt, die den Türmer aufmerksam machte, ehe wir was wußten. Plötzlich wird von einem Franzosen, der unser *Feurio* nicht auszusprechen wußte, ganz ungeheuer geschrien an einem Zimmer auf dem alten Bau, wo ich gerade Besuch machte – wir hinaus – und die Treppe mit ihm hinab, denn was er wollte, wußten wir noch nicht – aber kaum waren wir die Treppe hinunter, so sahen wir schon am Ende des

Ganges, den wir erreicht hatten, Feuer zu der Kammer herausschlagen.

Wir sprangen drauf los, die Flammen hatten schon die Balken ergriffen, und durch Feuer und Rauch war schon mein guter Rothacker und einige andere vor uns hineingedrungen, warfen eine Türe auf das brennende Stroh und raumten den übrigen Quark vollends heraus. Natürlich hielten wir andern uns nicht lange auf, sondern sprangen um Wasser, denen, die im Feuer standen, wenigstens soviel möglich zu helfen. Keine Gefäße hatten wir nicht außer Bouteillen, wir schrien um Hülfe – sie kam von denen in der Stadt, die das Feuer vor uns bemerkt hatten. Man bedurfte meiner nimmer so notwendig, als mir das Einpacken notwendig war. Ich trug alles auf mein Schlafzimmer zusammen, das auf dem neuen Bau ist und in HE. Prokurators Garten geht, wo ich das Notwendigste ins Bette packen und so in den Garten werfen wollte. Denn vor Gedränge, dacht ich, würde man bald nicht zum Tor hinaus können mit Bagage, und es war zu befürchten, daß der Brand äußerst schnell sein werde. Bald wurde gerufen, daß es vorbei seie. Der Rauch war aber in dem Stocke, der gerade über dem Feuer lag, lange so stark, daß man vermutete, das Feuer liege im Fußboden verborgen, und überall aufbrach, und da sich nichts zeigte, Wächter stellte die ganze Nacht durch.

Ich gestehe, daß ich minder erschrocken war, als ich mir von derlei Unglück vermutet hätte; vielleicht war aber die große Gesellschaft, die gleiches Schicksal mit mir hatte, daran schuld. Keiner gab nur einen Laut von Jammer oder Schrecken von sich, außer daß freilich ein ungeheures Feuriogeschrei wegen dem Wassermangel gegen die Stadt hin schallte.

Gottlob, daß es so ging! –

Für das Überschickte danke ich gehorsamst. Das Päckle von der Jfr. Kühnin konnt ich nicht finden. Und nun hab ich noch eine Bitte an die liebe Mama, die mir nicht gar leicht vom Herzen geht. Ich habe nämlich dem Buchhändler den

Konto à 13 fl. noch nicht bezahlt und hätte einige notwendige Bücher zu kaufen, die ich doch, solange ich ihm schuldig bin, nicht wohl kommen lassen kann. Wann also die l. Mama das Geld entbehren könnte! – Es ist mir außerordentlich leid, daß ich beinahe jedes halbe Jahr einmal der lieben Mama auf diese Art lästig sein muß. Rede Du auch ein gutes Wort, liebe Rike! Ich bin das Geld nicht auf liederliche Art schuldig geworden. – Nun muß ich schleunig abbrechen.

Dein

zärtlicher Bruder

Fritz

Zur Nachricht:

Jfr. Nastin in Maulbronn ist mit einem Bruder ihres verstorbenen Schwagers versprochen, wie ich höre.

49. AN DIE SCHWESTER

Liebe Rike! [Tübingen, um Ende Februar 1792]

Tausend Dank für Deinen lieben Brief! Du hattest eben nicht nötig, die Eile zu entschuldigen, mit der Du ihn schriebst.

Ich freue mich jetzt nur desto mehr auf meine Osterferien, da ich wieder so lebhaft erfahren habe, daß es eben bei den lieben Meinigen am besten zu wohnen ist. Ziemlichen Frost hatten wir unterwegs. Schaden hat mir aber die Reise im geringsten nicht angetan. Im Gegenteil find ich sie meiner Gesundheit sehr zuträglich. Christlieb macht noch seine Danksagung. Wenn mir recht ist, hat der liebe Karl mir einen Auftrag gegeben. Worin er aber bestand, weiß ich nimmer. Das Tischmesser hab ich auch nimmer gefunden.

Camerer hätte seinen Umweg wohl machen können. Über acht Tagen werd ich wohl etwas Bestimmtes schreiben können wegen unserer Statuten. Mir sollte leid tun, wenn sie so eingerichtet wären, daß kein vernünftiger Mensch, ohne seiner Ehre zu vergeben, sie eingehen, und wenn wir nicht dagegen wirken könnten, denn in diesem Falle – bin ich fest entschlossen, mir eine andre Lage auszufinden, und sollt ich auch mein Brot im Schweiße meines Angesichts verdienen müssen. Gott weiß, wie lieb mir die Meinigen sind und wie sehr ich wünsche, nach ihrem Gefallen zu leben, aber unmöglich ist's mir, mir widersinnische, zwecklose Gesetze aufdringen zu lassen und an einem Orte zu bleiben, wo meine besten Kräfte zugrunde gehen würden. Ich hoff es zur Vorsehung, daß es mir anderwärts auch in Zukunft gut gehen werde, wenn ich nur tue, was ich kann, ein Mann zu werden, insonderheit da bis zu der Zeit, wo ich eine geistliche Bedienstung zu hoffen habe, vermutlich die Regierungsform sich ändert. Denn wenn Prinz Wilhelm (als Protestant) auf den Thron kommt, ist die Vergebung der geistlichen Ämter seiner Willkür ausgesetzt, wie die der weltlichen. – Ich bin bei weitem nicht der einzige, der diesen Entschluß gefaßt hat. Der größte und beste Teil unserer Repetenten und Stipendiaten will fort, in jenem Falle. Und wär ich auch der einzige – ich will dennoch alles anwenden, meine Ehre und meine Kräfte zu retten. Ich wollte viel geben, wenn ich mir eitle Sorge machte – aber ich fürchte –. Die neueren Nachrichten lauten gar nicht gut. Georgii allein protestierte wider des Herzogs Einfälle, wurde aber überstimmt, und so soll die Sache nächstens vor sich gehen. Die Sache ist gewiß wichtig. Wir müssen dem Vaterlande und der Welt ein Beispiel geben, daß wir nicht geschaffen sind, um mit uns nach Willkür spielen zu lassen. Und die gute Sache darf immer auf den Schutz der Gottheit hoffen.

Lebe wohl, liebe Rike! Daß nur die liebe Mama sich nicht zu viel Sorge macht! Ich darf an das nicht gedenken, wenn ich nicht mutlos werden will. Der Kampf zwischen kindlicher Liebe und Ehrgefühl ist gewiß ein schwerer Kampf. Lebe wohl!

                        Dein zärtlicher Bruder
                                    Fritz

50. AN NEUFFER

[Tübingen,
nach Mitte April 1792]

Wär ich doch noch bei Dir, Bruder meiner Seele! Aber so sitz ich zwischen meinen dunklen Wänden und berechne, wie bettelarm ich bin an Herzensfreude, und bewundre meine Resignation. Du und die holde Gestalt erscheinen mir wohl in hellern Stunden. Aber die lieben Gäste finden eben keinen gar freundlichen Wirt. Mit meinen Hoffnungen bin ich fertig geworden, wie ich's wollte. Glaube mir, die schöne Blume, die auch Dir blüht, die schönste im Kranze der Lebensfreuden, blüht für mich nimmer hienieden. Freilich ist's bitter, solche Schönheit und Herrlichkeit auf Erden zu wissen und seinem Herzen, das oft stolz genug ist, sagen zu müssen, sie ist nicht dir bestimmt! Aber ist's nicht töricht und undankbar, ewige Freude zu wollen, wenn man glücklich genug war, sich ein wenig freuen zu dürfen? Lieber Bruder! ich habe den Mut verloren, und so ist's gut, nicht zu viel zu wünschen. Ich hänge mich an alles, wovon ich glaube, daß es mir Vergessenheit geben könne, und fühle jedesmal, daß ich verstimmt und unfähig bin, mich zu freuen wie andre Menschenkinder. Ich denke tausendmal, wenn ich nur Dich um mich hätte, es sollte bald ahders werden. Du kannst Dir nicht vorstellen, wie ich oft die alten herrlichen Tage vermisse, die wir hier zusammen lebten. – Ich will Dich aber nicht weiter plagen mit meinen Grillen. Du hast ein so schönes Leben, daß es Sünde ist, es auch nur auf solche Art zu unterbrechen. Wergo weckte in mir das Andenken an meine kurzen Freuden neu auf. Ich hatte eine kindische Freude an dem lieben Griechen. Caffro hatte hier großen Beifall. Ich hatte bei dieser Gelegenheit auch wieder Verdruß, der aber zu unbedeutend ist, um weiter davon zu sprechen. Es sieht doch manchmal lumpig aus in der Menschen Herzen! –

In meinem Hymnus an die Freiheit setzt ich aus Nachlässigkeit in eine Strophe ein Wort, das nicht hingehört, es heißt

> Um der Güter, so die Seele füllen,
> Um der angestammten Göttermacht,
> Brüder ach! um unsrer Liebe willen,
> *Brüder!* Könige der Endlichkeit! erwacht!

Das „Brüder!" in der letzten Zeile macht 2 Silben zuviel. Sage doch dem lieben Doktor, daß er es wegstreicht. Wahrscheinlich ist der Druck des Gedichts noch nicht im reinen. Es liegt mir viel daran, eine solche gemeine poetische Sünde nicht vor die Augen des Publikums kommen zu lassen.

Wenn Du unter Deinen Freunden und Freundinnen bist, so denke, wie's dem armen Jungen in Tübingen so wohl wäre, wenn er auch da wäre, und sage, wo Du kannst, und willst, meine Grüße. Die Noten schick ich, sobald sie abgeschrieben sind. Ich werde wahrscheinlich einen recht dummen Brief dazu schreiben. Das geht in einem hin. Sie mag ohnehin keinen schmeichelhaften Begriff von mir bekommen haben. Ich benahm mich immer so linkisch. Wenn ich an die vergeßne Begleitung beim Abschied denke, möchte ich mir eins vor die Stirne geben. Aber wie gesagt, mit meinen kindischen Hoffnungen bin ich fertig. Und so soll mich's nicht grämen, lachte sie auch überlaut über den kranken Poeten. Aber dazu ist ihre Seele zu sanft und gut. Bei Gott! ich werde sie ewig ehren. Der Adel und die Stille in ihrem Wesen kontrastiert ziemlich zu den Geschöpfen hier und anderswo, die überall bemerkt und immer witzig sein und ewig nichts als lachen wollen. – Nicht wahr, Lieber? ich habe nun lange Briefe schreiben gelernt? Was mag die Ursache sein? – Schreib mir auch genau, wie Dir's geht. Wahrscheinlich gibt dies alsdann das Licht zu meinem Dunkel ab.

Dein
Hölderlin

Rothacker läßt Dich grüßen.

51. AN DIE SCHWESTER

[Tübingen,
19. oder 20. Juni 1792]

Liebe Rike!

Ich weiß nicht, was am Ende aus unserer Korrespondenz werden wird. Da gehn mir immer tausend Dinge durch den Kopf, womit ich Dich zu meinem Bedauren nicht unterhalten kann. Ich glaube, das ist das Glück und Unglück der Einsamkeit, daß alles, was man liest oder verfaßt, mehr in der Seele verarbeitet wird; aber das ist dann freilich schlimm, wenn was anders zu tun ist, daß die unzeitigen Gäste, die Gedanken ans Gelesene oder Verfertigte, denen, die hergehörten, den Platz versperren. –

Nun wird's bald sich entscheiden zwischen Frankreich und den Östreichern. In der Elbischen Zeitung heißt es zwar schon, die Franzosen seien total geschlagen – aber wohlgemerkt!! die Nachricht ist von Koblenz aus, dem man nie ganz glauben darf, sobald die Nachricht vorteilhaft lautet für die Östreicher. Und was die Nachricht zu einer wahrscheinlichen Lüge macht, ist, daß gestern in der Straßburger Zeitung die Nachricht, vom 15ten Juni datiert, eingeloffen ist, Luckner und Lafayette, 2 französische Generäle, haben die östreichische Armee ganz eingeschlossen und hoffen, die Östreicher zu zwingen, sich auf Gnad und Ungnade zu ergeben.

Es muß sich also bald entscheiden. Glaube mir, liebe Schwester, wir kriegen schlimme Zeit, wenn die Östreicher gewinnen. Der Mißbrauch fürstlicher Gewalt wird schröcklich werden. Glaube das mir! und bete für die Franzosen, die Verfechter der menschlichen Rechte.

Verzeih, daß ich Dich so unterhalte. Aber ich habe ja die Jfr. Stäudlin zur Vorgängerin. Ich gestehe, daß mir ihr Brief äußerst gefiel.

Die Zeit, wenn ich meinen Kurmonat nehme, wird dadurch bestimmt, wann Prof. Flatt auf einen Monat zu lesen aufhört. Über 8 Tagen werd ich das gewiß wissen und dann sichere Nachricht geben.

Für das Überschickte meinen gehorsamsten Dank. Adieu, liebe Rike!

Dein
zärtlicher Bruder
Fritz

52. AN DIE SCHWESTER

[Tübingen, um Anfang September 1792]

Liebe Rike!

Tausend Glück zu Deiner künftigen Lage! – Wenn Du so glücklich dabei bist, als Du's verdienst, und gewiß *ihn* glücklich machen wirst, so wird's gut gehen. Ich hörte indes tausend Gutes von dem Manne. Im Innersten gerührt, las ich, was Du mir schriebst. Behalt mich eben noch lieb, meine teure Rike! bei frohen Tagen und der Liebe Deines künftigen Gatten. Du bist am Ziele. Wer weiß, wo der Wind mein Schifflein noch herumbläst? Ich bin's versichert, daß ich bei unsrer teuren Mutter und bei Dir, Schwester meines Herzens, immer noch einen Port finde! O ich hab indessen oft an Dich gedacht. Es war doch nicht recht, daß ich nicht blieb. Aber ich wäre immer eine unbedeutende Person dabei geblieben. Freut sich doch die liebe Mama auch Deines Schrittes unter den Sorgen, die freilich ihr zärtlich Herz treffen mögen? Der Himmel weiß, wie es mein herzlichster, festester Vorsatz ist, die lange Mühe, die sie mit mir haben muß, durch Freude einigermaßen zu vergüten. Ach! ich sehne mich recht nach den Herbstferien, wie wir uns noch beisammen freuen wollen! An die Trennung wollen wir nicht denken, bis es sein muß. Du wirst bleiben, wie Du immer warst. Und Entfernung trennt ja die Herzen nicht.

Meinen kleinen Liebling, das Eichhörnchen, hätt ich freilich auch gerne wiedergesehen. Es tut dem Herzen so weh, wenn etwas in der Natur untergeht! Ich will ihm eine Grabschrift machen, ich gesteh es, ich bin kindisch wehmütig geworden über den Tod des guten Tierchens. Es freut mich, daß der l. Karl seinen Überrest soviel möglich aufbewahrt.

Ich bekam das Paket erst heute um 10 Uhr, mußte drauf in die Lektion, und jetzt nach dem Essen will der Bote plötzlich fort. Es ist mir also unmöglich, meine schwarze Wäsche noch einzupacken. An Hemdern wird's mir beinahe fehlen in nächster Woche, wegen der jetzigen Hitze. Leb wohl, Liebe! Tausend Grüße und Danksagungen Euch allen!

Das nächstemal mehr.

Dein
Fritz

Über 8 Tagen soll die Wäsche *gewiß* folgen.

53. AN DIE MUTTER

[Tübingen,
um den 10. September 1792]

Liebe Mama!

Sie werden also zum voraus ein wenig daran gewöhnt, ohne die liebe Rike zu sein! – Übrigens der Teil vom nächsten Jährchen, den Sie ohne sie zubringen werden, wird schnell vorüber sein. Und dann haben Sie ja auf ein halb Jahr wenigstens 2 Buben im Hause – dann geht der ältere ein wenig in die Welt, und wer weiß, wie bald der fahrende Ritter umkehrt. Ich hab es ja noch immer gezeigt, wie wohl mir der Mama Brot schmeckt, und da ist leicht geschehen, daß man draußen das Heimweh kriegt, zumal wenn einen die liebe Mama so gerne behält und vielleicht kaum fortläßt. An den guten Camerer hab ich indes schon manchmal gedacht. Ich glaub übrigens, er wird sich gescheider benehmen, als ich wahrscheinlich an seiner Stelle tun würde. Des lieben Oncles Genesung freut mich von Herzen. Ich lege den Brief meines HE. Schwagers und das Konzept vom Brief an ihn bei. Zu allem Glück hatt ich gerade kein Papier, und der Brief mußte doch den Tag drauf schnell geschrieben werden, sonst würd ich ihn nicht konzipiert haben, also der l. Mama nicht damit dienen können. Wahrscheinlich wird's Ihnen ziemlich unleserlich vorkommen. Ich denke aber, Sie werden meinen Silberdruck meist gewohnt sein. Die Wäsche will ich einpacken. Es wird wahrscheinlich noch Zeit sein, daß ich Ihnen ein Muster von der Weste schicke (ein guter Freund muß es noch von Haus beschreiben), Sie schicken es dann zu Rapp in Stuttgart, der ganz gewiß von der Gattung hat, wie ich höre, und schreiben ihm, er soll den Zeug geradezu hieher schicken, wenn es Ihnen nicht beschwerlich ist. Dürft ich um meinen Rock bitten? Ich möchte gerne den Kragen ändern lassen.

Für das übersandte Geld mache ich Ihnen meine gehorsamste Danksagung.

Ihr
gehorsamster Sohn
Fritz

Hier auch der Zeug von hier. Das einzechte Muster kostet 20 cr., die andern 18 cr.

54. AN NEUFFER

[Tübingen,
bald nach dem 14. September 1792]

Lieber Bruder!

Da hast Du den Brief. Noch ist's mir wunderbar im Kopf und Herzen von den verschiednen Empfindungen, die mich unter dem Schreiben zufälligerweise heimsuchten. Schön ist's nicht, daß Du jetzt gerade Rache nimmst und nicht schreibst! Ich las neulich im Propheten Nahum; der sagte von den assyrischen Burgen und Festen, sie seien wie überreife Feigenbäume, so daß einem die Früchte ins Maul fallen, wenn man sie schüttle. Und ich war scherzhaft genug, es so ganz für mich auch auf mich anzuwenden. Meiner Treu! lieber Bruder! ich glaube, man dürfte nimmer viel schüttlen, so stände der junge Baum nackt da mit dürren Zweigen. Ich habe hier schlechterdings keine Freude. Da sitz ich fast jede Nacht auf unsrer alten Zelle und denk an den mancherlei Verdruß des Tages und bin froh, daß er vorüber ist! Weil ich mich nicht in die Narren schicke, schicken sie sich auch nicht in mich. Wie gut ist's dem braven Autenrieth gegangen. Freilich ist's für die Lebenden traurig, wenn so eine gute Seele in der Hälfte der Jahre dahinmuß! Das Stipendium ekelt mich nur noch mehr an, seit ich die hirn- und herzlosen Äußerungen wieder hörte über seinen Tod und über die andern Neuigkeiten in der Welt. Man trägt sich hier mit einer fürchterlichen Sage über Schubart im Grabe. Du magst's wahrscheinlich wissen. Schreibe mir doch davon. Du glaubst nicht, wie ich so sehnlich immer einem Briefe von Dir entgegensehe. Es wäre doch auch einmal wieder eine Freude. Du kannst Dir denken, daß es unter solchen Umständen mir schwer wird, so selten an das sanfte, schöne Wesen zu denken, als ich mir vornahm. Ich habe sie nur ganz leise um ihre Freundschaft gebeten. Weiter kann ich nichts wollen. Meine liebe Rike schrieb mir heute auch, daß sie recht lustig in Stuttgart gewesen sei. Das gute Kind ist ganz unvermutet Braut geworden. Wir wollen uns recht freuen, lieber Bruder! wenn's ihr gut geht. – Von ihrer neuen Freundin, Breyerin, schreibt sie ganz begeistert. Hast Du wohl was verlauten lassen? Sie hat die Anmerkung gemacht, es wundre sie gar nicht, wenn ein so sanfter Charakter und so großer Verstand einen Mann oder Jüngling feßle. – Aber das Wort *feßlen* ist doch ein hartes Wort! Meinst Du wirklich, daß es anwendbar sei auf den armen Schelm?

Du wirst lachen, daß mir in diesem meinem Pflanzenleben

neulich der Gedanke kam, einen Hymnus an die *Kühnheit* zu machen. In der Tat, ein psychologisch Rätsel! – Es ist schon tiefe Nacht. Schlaf wohl, lieber Bruder! Du träumst wahrscheinlich schon. So wünsch ich Dir heiterers Erwachen, als ich gewöhnlich habe. Schreib doch bald, Lieber! Tue Dein möglichstes, daß ich auch ein paar Silben kriege von ihr!

Dein
Hölderlin

55. AN DIE MUTTER

[Tübingen, zweite Hälfte November 1792]

Es freut mich unendlich, liebe Mama! daß Sie so zärtlichen Anteil an der Heiterkeit nehmen, die Sie in meinen Briefen finden. Meine Jugendhitze schlug den Weg der Melancholie ein. Nun die Hitze ein wenig verflogen scheint, bleibt auch, will ich hoffen, das Grillenfangen aus. Man verdirbt sich manche edle Stunde mit fruchtlosen Wünschen und Träumen. Und werden diese nicht erfüllt, so ist vollends Feuer im Dache. Eins ist aber übrig, das Sie mir nicht billigen werden. Ich kann es kaum von mir erlangen, in so manche Gesellschaft, worin aufgenommen zu sein ich für hohe Ehre achten sollte, wie die Leute meinen, in so manche Gesellschaft mit ihren Torheiten und Alfanzereien mich zu schicken. Dies will aber ja nicht heißen, liebe Mama, als ob ich meine Visiten nicht pflichtschuldigst abstattete. Die Gesellschaften, von denen ich redete, betreffen meist die jüngere Welt.

Um aber von meinem Tun und Wesen abzukommen, will ich die kindliche Bitte an Sie tun, liebe Mama! wegen dem Kriege sich nicht zu viel Sorge zu machen. Warum sollen wir uns mit der Zukunft plagen? Was auch kommen mag, so arg ist's nicht, als Sie vielleicht fürchten mögen. Es ist wahr, es ist keine Unmöglichkeit, daß sich Veränderungen auch bei uns zutragen. Aber gottlob! wir sind nicht unter denen, denen man angemaßte Rechte abnehmen, die man wegen begangner Gewalttätigkeit und Bedrückung strafen könnte. Überall, wohin sich noch in Deutschland der Krieg zog, hat der gute Bürger wenig oder gar nichts verloren und viel, viel gewonnen. Und wenn es sein muß, so ist es auch süß und groß, Gut und Blut seinem Vaterlande zu opfern, und wenn ich Vater wäre von einem der Helden, die in dem großen Siege bei Mons starben, ich würde jeder Träne zürnen, die ich über ihn weinen wollte. Rührend ist's und schön, daß unter der französischen Armee bei Mainz, wie ich gewiß weiß, ganze Reihen stehen von 15- und 16jährigen Buben. Wenn man sie ihrer Jugend wegen zur Rede stellt, sagen sie, der Feind braucht so gut Kugeln und Schwerter, um uns zu töten, wie zu größern Soldaten, und wir exerzieren so schnell als einer, und wir geben unsren Brüdern, die hinter uns im Gliede stehn, das Recht, den ersten von uns niederzuschießen, der in der Schlacht weicht. Aber der Bote will fort. Leben Sie wohl, liebe Mama!

Ihr
gehorsamster Sohn
Hölderlin

56. AN NEUFFER

[Nürtingen,
vermutlich um den 31. März 1793]
Lieber Bruder!

Hat je meine Bitte etwas bei Dir gegolten, so laß es jetzt! Komm zu mir. Ich habe Deiner so nötig. Meine Mutter erwartete Dich ganz zuverlässig mit mir und hat mir aufgegeben, Dich jetzt wieder einzuladen. Der Gentner sollte es auch tun. Ich glaub aber, er hat's vergessen. Einige Tage kannst Du doch Deinen Geschäften und Deinen Freuden abbrechen.

An D. Stäudlin meinen Empfehl. Ich habe seine Kommission ausgerichtet. Hofrat Bilfinger woll ihm eine Partie von der Ehescheidung zuweisen.

Hast Du die Lebretin auch unterdes gesehen? oder gesprochen? Schreib mir doch.

Inliegenden Brief schickst Du so bald möglich an die Bardili in Expeditionsrat Jägers Haus bei der Spitalkirche. Leb wohl, Lieber. Komm fein gewiß.

Dein
Hölderlin

57. AN NEUFFER

[Tübingen,
wahrscheinlich im Mai 1793]

Ich versprach Dir, lieber Bruder! diesmal gewiß zu schreiben. Ich habe gut Wort halten. Du bist mir wieder so lieb geworden, alter Herzensfreund! Sieh! ich dank es meinem Schicksal tausendmal, daß es Dich mir wiedergab, gerade da, wo all meine schönen Hoffnungen zu welken anfingen. Unser Herz hält die Liebe zur Menschheit nicht aus, wenn es nicht auch Menschen hat, die es liebt. Wie oft sagten wir's uns, daß unser Bund ein Bund sei für die Ewigkeit. Das hatt ich alles vergessen, ich Tor! Wahrlich, ich bin ein kleiner Mensch, daß Kindereien Dich mir entleiden konnten. Im Grunde war's aber doch kein so armseliger Zwist. Du warst verändert; Deine Herzensangelegenheiten machten Dich so unbestimmt; Du kanntest Dich selbst nicht; wie sollt ich Dich kennen als den, der meine erste Freundschaft und dessen Freundschaft mir lieber als meine erste Liebe war? Du mußtest der wieder werden, der Du in der glücklichen Zeit unserer gemeinschaftlichen Freuden und Hoffnungen und Beschäftigungen warst, sonst war's geschehen um unsere Freundschaft. Aber gottlob! ich kenne Dich wieder. Und ich glaube, wir danken es meist der wohltätigen Liebe.

Dein Intermezzo mit der Hafnerin taugte nichts. Sie kam mit *Rößlin* nach Nürtingen. Der Kummer plagt sie nicht. Das sei Dir zum Troste gesagt. Sie war sehr lustig mit Rößlin. Es gab mitunter ziemlich alberne Späße. Überhaupt gefiel sie mir ganz und gar nicht. Ihre Natur mochte gut sein. Aber die liebe Natur ist durch Leidenschaft und Gefallsucht erbärmlich verhunzt. Etwas Witz, und Sinnlichkeit die Fülle! das ist's, was hinter der artigen Oberfläche sein Wesen treibt, und weiter überall nichts.

Nun bist Du freilich auf besserem Wege. Gib nur auch zuweilen Nachricht aus Deinem Paradiese. Hier zu Land ist's wüst und leer, und dürre, wie es im Sommer dürre wird. Sela.

Meine Herzenskönigin ist ja noch bei Euch drunten. Ich vermisse das gute Mädchen recht oft.

Stäudlins Hiersein war für mich ein Festtag. Freilich hätt es noch größern Jubel abgegeben, wenn ein gewisser alter Kamerad sich hätte auf einen Tag aus dem seligen Zauberkreise losmachen können, in den er mit Leib und Seele gebannt ist.

Si magna licet componere parvis oder umgekehrt! So bannen mich die leidigen Finanzen auch in einen Zauberkreis – in meine einsame Stube. Ich muß mich ziemlich menagieren. Schlag vier bin ich morgens auf und koche meinen Koffee selbst, und dann an die Arbeit. Und so bleib ich meist in meiner Klause bis abends; oft in der Gesellschaft der heiligen Muse, oft bei meinen Griechen; jetzt gerade wieder in HE. Kants Schule. Leb wohl, lieber Bruder! Das nächstemal schick ich Dir vielleicht ein Fragment meines Romans zur Beurteilung. Bist Du neugierig, so kannst Du den lieben Doktor inzwischen fragen. Ich las ihm etwas vor daraus.

                                              Dein
                                              Hölderlin

58. AN DEN BRUDER

[Tübingen, Anfang Juli 1793]

Cotta schrieb aus Frankreich, wie ich von Stuttgart aus erfuhr, den 14ten Julius, den Tag ihres Bundesfestes, werden die Franzosen an allen Enden und Orten mit hohen Taten feiern. Ich bin begierig. Es hängt an einer Haarspitze, ob Frankreich zu Grunde gehen soll oder ein großer Staat werden.

Wirklich hab ich 9 Bogen meiner Produkte für unser künftiges Journal vor mir liegen. Kommt es zustande, so werden mir die neun Louisdore wohltun. [Leider werde er zur Bezahlung von Schulden und den Ausgaben beim Abschied beinahe 100 Tlr. brauchen. Er solle es der Mama beibringen. Seit einiger Zeit habe er gewiß ökonomisch gelebt.]

59. AN DEN BRUDER

[Tübingen, gegen Mitte Juli 1793]

[Der Bruder solle das mögliche tun, daß er in Frieden von seinen Philistern abziehen könne. Trotz der Krankheit seiner Börse lebe er Göttertage, die nur der Gedanke ans nahe Scheiden, die Sorge wegen seiner Schulden und seiner künftigen Lage verbitterten. Er solle das mögliche tun, um die böse Summe zusammenzubringen. 30 fl. sollte er einige Wochen vor seinem Abschied haben.]

60. AN NEUFFER

[Tübingen, zwischen 21. und 23. Juli 1793]

Du hast recht, Herzensbruder! Dein Genius war mir sehr nahe diese Tage her. In der Tat, ich fühlte das Ewige Deiner Liebe zu mir selten mit solcher Gewißheit und stillen Freude. Sogar Dein Wesen hat mir Dein Genius seit einiger Zeit mitgeteilt, wie ich glaube. Ich schrieb unsrem Stäudlin von manchem seligen Stündchen, das ich jetzt habe. Sieh! das war's, daß Deine Seele in mir lebte. Deine Ruhe, Deine schöne Zufriedenheit, mit der Du auf Gegenwart und Zukunft, auf Natur und Menschen blickst, diese fühl ich. Auch Deine kühnen Hoffnungen, womit Du auf unser herrliches Ziel blickst, leben in mir. Zwar schrieb ich an Stäudlin: Neuffers stille Flamme wird immer herrlicher leuchten, wenn vielleicht mein Strohfeuer längst verraucht ist; aber dieses vielleicht schreckt mich eben nicht immer, am wenigsten in den Götterstunden, wo ich aus dem Schoße der beseligenden Natur oder aus dem Platanenhaine am Ilissus zurückkehre, wo ich, unter Schülern Platons hingelagert, dem Fluge des Herrlichen nachsah, wie er die dunkeln Fernen der Urwelt durchstreift, oder schwindelnd ihm folgte in die Tiefe der Tiefen, in die entlegensten Enden des Geisterlands, wo die Seele der Welt ihr Leben versendet in die tausend Pulse der Natur, wohin die ausgeströmten Kräfte zurückkehren nach ihrem unermeßlichen Kreislauf, oder wenn ich trunken vom sokratischen Becher und sokratischer geselliger Freundschaft am Gastmahle den begeisterten Jünglingen lauschte, wie sie der heiligen Liebe huldigen mit süßer, feuriger Rede und der Schäker Aristophanes drunter hineinwitzelt und endlich der Meister, der göttliche Sokrates selbst, mit seiner himmlischen Weisheit sie alle lehrt, was Liebe sei – da, Freund meines Herzens, bin ich dann freilich nicht so verzagt und meine manchmal, ich müßte doch einen Funken der süßen Flamme, die in solchen Augenblicken mich wärmt und erleuchtet, meinem Werkchen, in dem ich wirklich lebe und webe, meinem „Hyperion" mitteilen können und sonst auch noch zur Freude der Menschen zuweilen etwas ans Licht bringen.

Ich fand bald, daß meine Hymnen mir doch selten in dem Geschlechte, wo doch die Herzen schöner sind, ein Herz gewinnen werden, und dies bestärkte mich in meinem Entwurfe eines griechischen Romans. Laß Deine edlen Freundinnen urteilen aus dem Fragmente, das ich unsrem

Städlin heute schicke, ob mein Hyperion nicht vielleicht einmal ein Plätzchen ausfüllen dürfte unter den Helden, die uns doch ein wenig besser unterhalten als die wort- und abenteuerreichen Ritter. Besonders ist mir an dem Urteil der Person gelegen, die Du nicht nennst. Ich hoffe, das Folgende soll sie und andere mit einer harten Stelle über ihr Geschlecht, die aus der Seele Hyperions heraus gesagt werden mußte, versöhnen. Urteile selbst auch, lieber Bruder! Den Gesichtspunkt, aus dem ich dieses Fragment eines Fragments angesehen wünschte, hab ich in dem Briefe an Städlin sogar mit langweiliger Weitläufigkeit ausgeführt. Ich wünschte Dir das Wesentlichste davon diesmal noch schreiben zu können. Aber die Zeit wird wohl nicht hinreichen. Nur so viel. Dieses Fragment scheint mehr ein Gemengsel zufälliger Launen als die überdachte Entwicklung eines festgefaßten Charakters, weil ich die *Motive* zu den Ideen und Empfindungen noch im Dunkeln lasse, und dies darum, weil ich mehr das Geschmacksvermögen durch ein Gemälde von Ideen und Empfindungen (zu ästhetischem Genusse), als den Verstand durch regelmäßige psychologische Entwicklung beschäftigen wollte. Natürlich muß sich aber doch am Ende alles genau auf den Charakter und die Umstände, die auf ihn wirken, zurückführen lassen. Ob dies bei meinem Roman der Fall ist, mag die Folge zeigen.

Vielleicht hab ich gerade das uninteressanteste Fragment gewählt. Übrigens mußten die notwendigen Voraussetzungen, ohne die das Folgende noch weniger genossen werden kann als das ganze zweite Buch ohne das erste noch unvollendete, diese notwendigen Voraussetzungen mußten eben auch dastehen. – Was Du so schön von der terra incognita im Reiche der Poesie sagst, trifft ganz genau besonders bei einem Romane zu. Vorgänger genug, wenige, die auf neues, schönes Land gerieten, und noch eine Unermeßlichkeit zur Entdeckung und Bearbeitung! Das versprech ich Dir heilig, wenn das Ganze meines Hyperions nicht dreimal besser wird als dieses Fragment, so muß er ohne Gnade ins Feuer.

Überhaupt, wenn nicht die Nachwelt meine Richterin wird, wenn ich das mir nicht bald mit prophetischer Gewißheit sagen kann, so reiß ich, wie Du, jede Saite von meiner Leier und begrabe sie in den Schutt der Zeit. Dein Lied hat mir sehr, sehr wohlgetan, besonders die letzte Strophe. Nicht wahr, lieber Bruder! diese letzte Strophe gehört zu denen, wo man den verhüllten Gottheiten der Philosophie den Schleier lüpft? Um was ich Dich am meisten beneide, ist, wie ich Dir, glaub ich, schon oft sagte, Deine lichtvolle Darstellung. Ich ringe darnach mit allen Kräften. Aber noch ein freundlicher Gesicht hätte der liebe Gast, Dein Lied, bekommen, wär es in Gesellschaft Deines Hymnus gekommen. Ich möchte fast glauben, Du machest es mit diesem Hymnus, wie mancher Schalk in den Kampfspielen getan haben mag. Er ließ sich nicht sehen, bis der Gegner recht sicher in die Bahn trat, und demütigte den armen Buben mit seinem unerwarteten Siege dann um so mehr. Komme nur! Ich bin auf alles gefaßt. Ich schickte meinen Hymnus unsrem Stäudlin. Das zaubrische Licht, in dem ich ihn ansah, da ich mit ihm zu Ende war, und noch mehr, da ich ihn Euch mitgeteilt hatte an dem unvergeßlichen Nachmittage, ist nun so ganz verschwunden, daß ich mich nur mit der Hoffnung eines baldigen bessern Gesangs über seine Mängel trösten kann. – Wie steht's dann eigentlich mit dem Journale? – Hast Du schon an Matthisson geschrieben? – Ich noch nicht. Hier mein Hesiod.

Ach! Du hast freilich recht, daß es eine köstliche, fruchtbare Zeit sein müßte, wenn wir wieder zusammen leben könnten, wie ehmals. Ich werde mein möglichstes tun, um bald bei Dir zu sein. Und nun lebe wohl!

Dein
Hölderlin

Das Paket an Stäudlin lag schon fertig da, als diesen Morgen Dein lieber Brief ankam. Darf ich Dich bitten, es ihm zu bringen?

61. AN DEN BRUDER

[Tübingen, zweite Hälfte Juli 1793]

Daß Marat, der schändliche Tyrann, ermordet ist, wirst Du nun auch wissen. Die heilige Nemesis wird auch den übrigen Volksschändern zu seiner Zeit den Lohn ihrer niedrigen Ränke und unmenschlichen Entwürfe angedeihen lassen. Brissot dauert mich im Innersten. Der gute Patriot wird nun wahrscheinlich ein Opfer seiner niedrigen Feinde. Nun genug vom Staatswesen.

[Er solle der Mutter in seinem Namen tausendmal dafür danken, daß sie sein Bekenntnis mit solcher Nachsicht aufgenommen.]

62. AN DEN BRUDER

[Tübingen, Mitte August 1793]

[Klagt über seine verdrießlichen Geschäfte.] Glaube mir, es ist nicht so arg, an den Fronkarren der löblichen Schreiberei gespannt zu sein, als an der Galeere der Theologie zu seufzen.

Ich konnt es wohl denken, daß Dir Hemsterhuis gefallen werde. Das nächstemal schick ich Dir den zweiten Teil.

Willst Du nicht auch den furchtbaren Lehrer der Despoten, Machiavell, lesen? Seine ganze Schrift beschäftigt sich mit dem Problem, wie ein Volk am leichtesten zu unterjochen sei. Ich traue Dir's zu, daß seine fürchterlichen Grundsätze Dich nicht verderben würden.

Schiller (Verfasser des „Carlos") wird nächsten Winter in Heilbronn zubringen, mein teurer Matthisson ist schon wieder im Lande. Er braucht eine Kur im Wildbad.

Glaubst Du, ich werde auf den Winter eine kleine Gesellschaft zusammenbekommen, die ich im Griechischen informieren könnte? Ich hätte große Lust dazu!

63. AN DIE MUTTER

[Tübingen, im August 1793]

Liebste Mama!

Ich wollte heute auf eine Stunde nach Nürtingen reiten, um Ihnen persönlich zu danken für Ihre Güte und mütterliche Vorsorge, so großen Jubel machte Ihr lieber Brief. Aber Geschäfte verhindern mich. Glauben Sie, liebe Mama, täglich lern ich mehr den Geist und das Herz kennen und ehren, dem ich alles im Grunde danke, was ich bin. Mir ist's oft so deutlich und lebendig, wenn ich wieder so einen herzlichen, weisen Brief gelesen habe, daß wenige solch eine Mutter haben wie ich, und sehen Sie, dies ist mein Ahnenstolz – dies ist mir unendlich mehr, als wenn meine Mutter sich Baronessin von p. p. schriebe. – Es ist keine Rede davon, daß Sie nur einen Heller von Ihrer Haushaltung für mich abbrechen sollen. Und auch von demjenigen, das ja auch doch eigentlich ganz in Ihrer Disposition steht, werd ich verhältnismäßig nur sehr wenig brauchen, da ich bis dahin auf ungefähr hundert Taler eignes Verdienst rechnen kann. Glauben Sie, liebe Mama, daß es gewiß kein Schwindelgeist ist, der mich einen solchen Bestimmungsort auf eine kleine Zeit wählen läßt. Ich habe mehrere sehr reelle Ursachen. Ich habe, wenn ich mich recht erinnere, Ihnen schon einige derselben angeführt und will es bald mündlich ausführlich tun. Viel Geld brauchen Sie in keinem Fall auf einmal aufzutreiben. Ich brauche weiter nichts als die nötigste Kleidung und etwas Taschengeld, die Reise und p.p. zu bestreiten. Ich weiß gewiß, daß ich mit wenigem Geld mehr lerne, mich wesentlicher ausbilde als mit vielem. Weder Jena noch die Schweiz haben Krieg zu befürchten. Sollte der Krieg uns näher kommen, welches mir aber unwahrscheinlich ist, so ist natürlich, daß ich meine Familie nicht verlasse und bleibe. Ich sehe nicht, daß ich viel Geld nötig hätte nach Blaubeuren. Für das übersandte mache ich Ihnen meine gehorsamste Danksagung.

Das Unglück des HE. Kellers geht auch mir nahe. Er ist leider! wieder ein Opfer schlechter Regierung. Der verdammte Diensthandel p. p.! Da haben Sie ganz aus meinem Herzen gesprochen, liebe Mama! daß es oft recht schwer ist, wenn einem die Hände so gebunden sind. Wenn man seiner Brüder Not mit ansehen muß und doch mit aller Mühe nicht abhelfen kann, das ist bitter! – Dieser große Stoff ist auch der gewöhnlichste Inhalt meiner Predigten an das Volk. Sie können glauben, daß ich da aus warmem Herzen spreche. Oft denk ich, wenn ich wieder von meiner Kanzel herunter bin, hast du nur ein Fünkchen mehr Menschenliebe und herzliche, tätige Teilnehmung erweckt, so bist du ein glücklicher Mensch. O wenn ich sonst keinen ausgebreiteten Nutzen stiften kann in der Welt, so bleibt mir doch dies, mit brüderlichem Herzen einst eine Gemeinde zu belehren und zu ermahnen. Nochmal tausend Dank! edle, teure Mutter!

Ihr
gehorsamer Sohn
Fritz

Mein Fuß ist geheilt, aber um die Haut stärker zu machen, muß ich noch ein Pulver darauf streuen.

Den Brief, den ich einschließe, bekam ich gestern von der l. Rike. Ich lege auch den meinigen bei.

64. AN DIE MUTTER

Liebe Mama!

[Tübingen, um Anfang September 1793]

Ich bedaure herzlich, daß Ihnen mein Brief Unruhe verursacht hat. Sie dürfen versichert sein, daß ich alles anwenden werde, daß Sie die Freude, die ich Ihnen zu machen mich unablässig bestreben werde, nicht mehr so teuer zu stehen kommt wie bisher. An HE. Oncle hab ich noch nicht geschrieben. Ich muß gestehen, daß ich an die Umstände der lieben Schwester gerade da nicht dachte und überhaupt nicht wußte, ob Sie in der Vakanz noch in Blaubeuren sein würden oder nicht und ob Sie von jetzt an droben bleiben. Ich bitte Sie recht sehr, liebe Mama, bei der l. Rike nichts davon zu berühren und ihr zu sagen, daß ich mit Anfang der nächsten Woche ihr schreiben und mich melden werde als Gast in der Vakanz.

Kann ich eine gute Hofmeisterstelle bekommen, so bescheid ich mich gerne so lange mit meinem Jenaischen Projekt, bis ich vielleicht selbst (wenigstens) die Hälfte des Erforderlichen zusammengehofmeistert – und zusammengeschrieben habe. Freilich ist's eine ziemlich unfeine Rolle, die ich zu Nürtingen spielen werde, wenn ich mich, Ihrem gütigen Vorschlage nach, bis auf weiteres zu Hause aufhalten sollte. Ist man auch nicht untätig, so sagen die Leute doch, er verzehrt seiner Mutter das Brot und nützt ihr auf der Welt nichts. Auch muß ich fürchten, wenn ich zu lange keinen Platz bekomme, das Konsistorium möchte mich beim Kopf kriegen und mich auf irgendeine Vikariatstelle zu einem Pfarrer hinzwingen, der keinen freiwilligen Vikar bekommen kann. Ich will aber mit allen Kräften mich um eine Hofmeisterstelle bewerben. Ändern sich dann bis auf Ostern die Umstände bei Ihnen, liebe Mama, daß es vielleicht noch möglich wäre – so werd ich immerhin noch Ihre Gütigkeit benützen können. Des l. Karls Brief hat mich auch sehr gefreut. Ich werd ihm bis nächsten Botentag dafür danken. – Verzeihen Sie also, liebe Mama! wenn ich mich in meinem letzten Brief zu hart ausgedrückt habe, und lieben Sie mit Ihrer bisherigen Liebe

Ihren
gehorsamen Sohn
Fritz.

Meine Bettzieche ist ziemlich schwarz.

65. AN DEN BRUDER

[Tübingen,
erste Hälfte September 1793]

Das war brav, lieber Karl, daß Du mir auch einmal wieder schriebst. Daß Du teilnehmen würdest an meiner Freude über die neue Bekanntschaft, konnt ich vermuten. Ich werd's auch nie vergessen, wie lieb wir uns hatten, als Buben und als Jünglinge. Sieh! lieber Karl, das dacht ich auch, als Du über Mangel eines Freundes klagtest. Ich kenn es wohl, dieses Erwachen des jugendlichen Herzens, ich habe sie auch gelebt, die goldnen Tage, wo man sich so warm und brüderlich an alles anschließt und wo einem doch die Teilnahme an *allem* nicht genügt, wo man *eines* will, *einen* Freund, in dem sich unsere Seele wiederfinde und freue. Soll ich Dir's gestehen, ich bin bald über diese schöne Periode hinaus. Ich hange nicht mehr so *warm* an *einzelnen* Menschen. *Meine Liebe ist das Menschengeschlecht*, freilich nicht das verdorbene, knechtische, träge, wie wir es nur zu oft finden, auch in der eingeschränktesten Erfahrung. Aber ich liebe die große, schöne Anlage auch in verdorbenen Menschen. Ich liebe das Geschlecht der kommenden Jahrhunderte. Denn dies ist meine seligste Hoffnung, der Glaube, der mich stark erhält und tätig, unsere Enkel werden besser sein als wir, die Freiheit muß einmal kommen, und die Tugend wird besser gedeihen in der Freiheit heiligem erwärmenden Lichte als unter der eiskalten Zone des Despotismus. Wir leben in einer Zeitperiode, wo alles hinarbeitet auf bessere Tage. Diese Keime von Aufklärung, diese stillen Wünsche und Bestrebungen einzelner zur Bildung des Menschengeschlechts werden sich ausbreiten und verstärken und herrliche Früchte tragen. Sieh! lieber Karl! dies ist's, woran nun mein Herz hängt. Dies ist das heilige Ziel meiner Wünsche und meiner Tätigkeit – dies, daß ich in unserm Zeitalter die Keime wecke, die in einem künftigen reifen werden. Und so, glaub ich, geschieht es, daß ich mit etwas weniger Wärme an einzelne Menschen mich anschließe. Ich möchte ins Allgemeine wirken, das Allgemeine läßt uns das Einzelne nicht gerade hintansetzen, aber doch leben wir nicht so mit ganzer Seele für das Einzelne, wenn das Allgemeine einmal ein Gegenstand unserer Wünsche und Bestrebungen geworden ist. Aber dennoch kann ich noch Freund eines Freundes sein, vielleicht kein so *zärtlicher* Freund wie ehmals, aber ein treuer, tätiger Freund. Oh! und wenn ich eine Seele finde, die, wie ich, nach jenem Ziele strebt, die ist mir heilig und teuer, über alles teuer. Und nun, Herzensbruder! jenes Ziel, *Bildung, Besserung des Menschengeschlechts*, jenes Ziel, das wir in unserm Erdenleben nur vielleicht unvollkommen erreichen, das aber doch um so leichter erreicht werden wird von der bessern Nachwelt, je mehr auch wir in unserem Wirkungskreise vorbereitet haben – jenes Ziel, mein Karl! lebt, ich weiß es, vielleicht nur nicht so klar, auch in Deiner Seele. Willst Du mich zum Freunde, so soll jenes Ziel das Band sein, das von nun an unsre Herzen fester, unzertrennlicher, inniger vereinigt. Oh! es gibt viele Brüder, aber Brüder, die *solche* Freunde sind, gibt's wenige. Lebe wohl. Der lieben Mama tausend herzliche Grüße.

Dein
Fritz

Matthissons Gedichte hab ich weggeliehen. Hier etwas anders. *Die Unterredung des Marquis Posa mit dem König* darin ist mein Leibstück (pag. 259).

66. AN DIE MUTTER

[Tübingen,
wohl Mitte September 1793]

Liebe Mama!

Tausend Dank für Ihre Lieb und Güte auch dieses halbe Jahr! – So sehr ich mich freue, die lieben Meinigen nun bald wieder um mich zu haben, so macht mich doch zuweilen die so schnell und doch oft so langsam verschwundne Zeit etwas ernsthaft. Ich soll mich nun bald vollkommen ausgebildet haben zu meiner künftigen Bestimmung, und doch bleibt mir so viel zurück. Glauben Sie, liebe Mama! so zufrieden ich wirklich meist mit der Welt bin, so bitter unzufrieden bin ich oft mit mir. Oh! was ich mir vor ungefähr 6 Jahren für Vorstellungen machte von dem, was ich in meinen jetzigen Jahren sein werde. Ist es Glück oder Unglück, daß mir die Natur diesen unüberwindlichen Trieb gab, die Kräfte in mir immer mehr und mehr auszubilden? –

Gestern hab ich in die französische Schweiz geschrieben an Seiz, daß ich ihm von diesen Ostern über 2 Jahre zu Dienst stehe. Find ich aber mein Auskommen in Jena, so bleib ich lieber dort, als Hofmeister oder was ich sonst leisten kann, um Ihnen, liebe Mama! von jener Zeit an keine Mühe mehr zu machen.

Meine Strümpfe, die zuweilen ein wenig schadhaft waren, ließ ich hier ausbessern, weil ich die bessern nicht indessen tragen wollte, bis ich die zerrißnen wieder von Nürtingen bekäme. Ich glaube nicht, daß ich noch neue brauche. In der Prokuratur sagte man mir neulich, man habe gehört, mein Schwager und meine Schwester leben wie Engel zusammen. Wie mich das freute, liebe Mama! und wie mich's freuen wird, das Glück der guten Leute mit anzusehn, und dann auch Ihre Freude, die Sie haben werden – und nicht wahr, liebe Mama! diese Ihre Freude wird auch zum Teil eine Äußerung der Liebe sein, die Sie zu mir haben? –

Leben Sie wohl, bis Sie mündlich grüßen wird unter tausend Freuden

Ihr
gehorsamer Sohn
Fritz

Die liebe Frau Großmama ist doch wieder ganz wohl? Mein gehorsamstes Kompliment!

67. AN NEUFFER

[Nürtingen,
im ersten Drittel des Oktober 1793]
Lieber Bruder!

Verzeih, daß ich so lange zögerte mit dem Danke für die Befriedigung meiner Neugierde. Wie ich Dir aber schon oft sagte, ich schreibe nicht gerne, wenn ich wenig oder nichts habe, was ich aus meinem Kopf und Herzen dem Freunde mitteilen könnte. Und da bin ich wirklich bettelarm, lieber Neuffer! – Wenn nur der Mensch nicht so periodisch wäre! oder ich wenigstens nicht unter die ärgsten gehörte in diesem Punkt!

Ich denke aber, es soll bald anders werden. Ein paar Stunden, wo ich Dich um mich hätte, könnten, glaub ich, viel Gutes stiften. Schaden würde auch ein recht langer Brief nichts. – Ich zähle die Augenblicke, bis ich erfahre, daß und wenn ich in die Welt hinaus darf. Ich bin hier so tätig als möglich. Aber es will nichts gedeihen. Auf Bürgers und Vossens Almanach bin ich äußerst begierig. Könntest Du sie mir nicht diese Woche auftreiben; sie sollten den nächsten Botentag wieder zurückfolgen. Schreib mir auch von Deinen Beschäftigungen und Freuden, lieber Bruder! Ich will nicht neidig werden, so groß auch für jetzt die Versuchung dazu für mich sein dürfte.

Weißt Du nicht, wie bald ungefähr unser Examen anfängt? Möchtest Du so gut sein und mir meinen Termin schreiben? Ich predige soviel möglich auf den umliegenden Dörfern, um mich, solang ich noch Zeit habe, zu üben.

Sei doch so gut und frage bei Stäudlin an, ob er glaube, das Reisgeld verstehe sich von selbst, oder ob ich darum anfragen solle, wenn etwas aus meiner Stelle werden sollte. Es sollte mich recht freuen, auch ein paar Worte von dem teuern Freunde zu lesen; es versteht sich aber, daß es mit seiner Kommodität geschehen müßte. Sobald ich Nachricht von meiner Stelle habe, bin ich bei Euch, Ihr Lieben!

Mein einziger Genuß ist wirklich Hoffnung und Erinnerung.

Schreib mir's doch, wenn Du früher das Nähere von dem Schicksale der Deputierten Guadet, Vergniaud, Brissot p. p. hörst. Ach! das Schicksal dieser Männer macht mich oft bitter. Was wäre das Leben ohne eine Nachwelt?

Gute Nacht, Herzensbruder! Laß doch bald etwas von Dir hören!

Dein
Hölderlin

68. AN NEUFFER

[Nürtingen,
um den 20. Oktober 1793]

Lieber Neuffer!

Du scheinst mich vergessen zu haben; sonst hättst Du mich in meinem einförmigen Leben schon lange mit einem Besuch oder wenigstens mit einem Brief getröstet. In meinem Kopf ist's bälder Winter geworden als draußen. Der Tag ist sehr kurz. Um so länger die kalten Nächte. Doch hab ich ein Gedicht an

„die Gespielin der Heroen,
Die eherne Notwendigkeit",

angefangen.

Warum ich *schreibe* und nicht, wie ich vorhatte, selbst nach Stuttgart komme auf einige Tage, das wollt ich Dir eigentlich sagen.

Ich bin mit meiner Hofmeisterstelle schlimm daran. Ich habe noch keine entscheidende Antwort und kann mich also auch nicht darauf rüsten und ausstaffieren. Meine Mutter hätte mir noch manches vorher zu besorgen, und ich bin so neugierig als sie, denn die Ungewißheit meiner künftigen Lage macht mir eben keine gute Laune.

Weil ich zugleich meine Kleidung in Stuttgart besorgen

möchte, kann ich nicht bälder hinunter, als bis die Antwort da ist. Und da möcht ich Dich bitten, lieber Bruder! daß Du Dich nach Empfang des Briefes bei Stäudlin erkundigest, ob er noch nichts Bestimmtes weiß, und im Fall Du etwas erfährst, mich lieber gleich durch den zurückgehenden Boten benachrichtigest; aber auch im andern Fall könntest Du ein Werk der Barmherzigkeit tun, wenn Du mir, so bald Dir immer möglich ist, mit einem Briefe einmal wieder eine recht frohe Stunde machtest.

Ein freundlich Wort von einem Freunde ist jetzt mehr Bedürfnis für mich als je.

Laß mich nicht vergebens hoffen! Tausend Grüße an Stäudlin, und andere Freunde!

Dein
Hölderlin

WALTERSHAUSEN, JENA, NÜRTINGEN
1794–1795

69. AN DIE MUTTER

Liebste Mama! Coburg, d. 26. Dez. [1793]

Diesen Abend kam ich ganz wohl hier an. Ich konnte es meinem Herzen nicht versagen, Sie kurz davon zu benachrichtigen, um so mehr, da ich wegen dem schlechten Wege etwas verspätet worden bin. Freitags kam ich erst aus Stuttgart weg. In Nürnberg mußt ich mich bis Dienstag aufhalten. Und gestern abends, am Mittwoch, reist ich von Erlang ab. Demungeachtet hatt ich bis jetzt nicht nötig, meinen Koffer aufzuschließen.

Von hier reis ich morgen früh mit Extrapost ab und werde morgen mittags in Waltershausen sein. Den Postwagen kann ich nicht wohl mehr von hier aus benützen.

Ich hatte, soviel mir die Trennung von den lieben Meinigen erlaubte, mitunter sehr vergnügte Stunden, besonders in Nürnberg und Erlangen. Das Weitere das nächstemal.

Ich gehe nun gutes Muts meiner Bestimmung entgegen. Sein auch Sie gutes Mutes, liebe Mama! Schließen Sie von meiner glücklich geendigten Reise auf ferneres Glück!

Nochmal tausend Dank für alles Liebe und Gute! Allen den lieben Meinigen, in Löchgau und Blaubeuren, und meinem Herzensbruder tausend Grüße! Wie oft hab ich nicht an alle die Lieben und an Sie, teure Mutter! mit Dank und auch freilich mit Wehmut gedacht!

Mit nächstem Botentage schreib ich von Waltershausen und hoffe dann bald fröhliche Nachrichten von Ihnen zu erhalten.

Leben Sie indes wohl, liebe Mama! Ewig

Ihr gehorsamer Sohn
Hölderlin

70. AN STÄUDLIN UND NEUFFER

Waltershausen, d. 30. Dez. 1793
Neuffern mitzuteilen!

Teuren Freunde!

Ich habe mich nun im Innern des Hauses und der Menschen, die ich vor mir habe, und auch draußen in meinen Tannenwäldern und auf meinen Bergen umgesehen, soviel es seit letztem Freitag, wo ich abends ankam, möglich war; und so kann ich Euch außer den unfruchtbaren Nachrichten von meiner dumpfen Postwagenreise noch einiges mitteilen, das mehr Bezug auf meine jetzige und künftige Existenz hat. Ich muß Euch aber voraus sagen, daß Ihr mir's wohl recht zu danken habt, daß ich jetzt schon schreibe. Ich wecke so das mit Mühe eingeschläferte Andenken an Euch und alles Teure, an die ganze liebe Vergangenheit in mir, und dies läßt mich eben keine glückliche Rolle spielen. Über meine Reise von Stuttgart bis Nürnberg kann ich Euch nichts sagen. Ich schloß meist die Augen und ließ Euch, und was mir sonst lieb ist, vor mir erscheinen. In Nürnberg lebt ich auf. Mit HE. Ludwig wurd ein Rechtes gespaßt und getumultuiert. Zum Journal will er nur wenig beitragen, weil ihm seine „Englischen Blätter" soviel zu schaffen machen. Er verspricht, einen Verleger für das Journal aufzubringen, wenn er, wie er sich ausdrückte, eine recht beträchtliche Anzahl von Mitarbeitern aufweisen können werde. Sein Mund ist leibhaftig die Posaune des Egoismus. Übrigens war ich, wie gesagt, recht vergnügt mit ihm. Dienstags (denn Sonntags kam ich in Nürnberg an) fuhr ich nach Erlang hinüber und feierte da den Christtag in der Universitätskirche, wo Prof. Ammon eine herrliche, schön und hell gedachte Predigt hielt, womit er wenigstens zehen Scheiterhaufen und Anathemas verdiente. Mittwoch abends reist ich wieder von Erlangen ab, kam spät nach Mitternacht in Bamberg an, auf einem verdammt kalten und unsichern Wege, wo man uns wegen den Diebsbanden in den Wäldern einen Husaren entgegenschickte. Von Bamberg bis Coburg, wo ich Donnerstag abends ankam, hatt ich den ganzen Tag über das himmlische Tal, das von der Itze durchflossen wird, vor und hinter mir. (Im Vorbeigehen: In ganz Franken bemerkt ich zu meinem großen Verdrusse, wie Ihr denken könnt, laute Unzufriedenheit mit der wohltätigen preußischen Regierung. Es sollen in den fränkisch-preußischen Landen nächstens 60 000 Mann ausgehoben werden; auch im Nürnberger Gebiete. Denn Preußen hat ein *altes Recht* auf den Nürnberger Distrikt. In Nürnberg haben die Grobschmiede *St. Antoine* zu deutsch ediert, Obst und Fleisch taxiert und den Patriziern etwas vom Aufhängen zu verstehen gegeben. In Coburg haben die Bürger bei einem Brande die Miliz geprügelt p.p.p.) In Coburg reist ich Freitag morgens um 3 Uhr mit Extrapost ab und kam abends hier an, traf an HE. *Major* von Kalb (der in französischen Diensten war und unter Lafayette den Amerikanischen Krieg mitmachte), den humansten, gebildetsten Mann, eine Freundin der Frau von K., die noch mit zwei Kindern in Jena ist, meinen künftigen Zögling, einen schönen, guten Buben, aber *auch noch den Hofmeister* an, der, wie das ganze Haus, noch kein Wort von meiner Ankunft wußte und mich ungeachtet seines klugen, edlen Benehmens in große Verlegenheit setzte. Sprechen Sie doch mit Schiller über dieses, lieber Doktor! Der Major tröstet mich, so gut er kann, über die gespannte Lage. Das übrige nächstens. Tausend Empfehlungen an meine edlen Freundinnen und Freunde! Ewig

Euer
Hölderlin

Das Gedicht an das Schicksal hab ich beinahe zu Ende gebracht während der Reise. – Meine Adresse ist: M. H. Hofmeister bei HE. Major von Kalb in Waltershausen bei Meinungen.

Gegen den Pfarrer und Verwalter hier bin ich ein Zwerge puncto der Bouteillenhälse, *die Sie,* lieber Doktor, *so gerne herunterschlugen!!*

71. AN DIE MUTTER

Liebste Mama!

Waltershausen,
d. 3. Jan. 1794

Trost und Freude von oben zum neuen Jahre! Tausend Dank für alle Liebe im alten und den andern vergangnen Jahren!

Morgen sind's acht Tage, daß ich hier ankam. Und in Wahrheit! noch nicht einer war mir unangenehm. Der HE. Major von Kalb, der gebildetste, gefälligste Mann von der Welt, empfing mich wie einen Freund; und hat sich noch nicht geändert bisher. Die Frau von Kalb ist noch in Jena. Meinen Kleinen muß man liebhaben, so ein guter, gescheider, schöner Bube ist er. Meine Lebensart ist folgende: Morgens zwischen 7 und 8 Uhr wird mir mein Koffee aufs Zimmer gebracht, wo ich dann mir selbst leben kann bis 9 Uhr. Von 9 Uhr bis 11 geb ich Unterricht. Nach zwölf wird zu Mittag gespeist. (NB: Weil Sie mich wegen der sächsischen Kochkunst so bedauerten, muß ich Ihnen sagen, daß hier eine Wiener Köchin ist und der Tisch gar schön besetzt.) Nach dem Essen kann ich, wie auch nachts, bei dem Major bleiben oder nicht, mit dem Kleinen ausgehen oder nicht, arbeiten oder nicht, wie ich will. Von 3 bis 5 Uhr geb ich wieder Unterricht. Die übrige Zeit ist mein. Auch nachts wird hier gespeist; und ich vergesse unsern Neckarwein leicht bei dem trefflichen Biere, das, wie von mir, auch von der Herrschaft getrunken wird. Ich fühle mich auch ganz gesund dabei. Meine Reise wird mir, wie ich gelegenheitlich hörte, bezahlt. Die Gegend ist sehr schön. Das Schloß liegt über dem Dorfe auf dem Berge, und ich habe eines der angenehmsten Zimmer. Auch sind die Menschen hier, soviel ich sie bisher kennenlernen konnte, recht guter Art. Mit dem Pfarrer besonders bin ich schon recht gut Freund. Ich möchte unter solchen Umständen in keine Stadt. Die Pferde des Majors kann ich benützen, wann ich will. Er liebt die Ruhe sehr, verreist selten und hat immer wenig Gesellschaft. „Ich habe mich lange genug unter Menschen, zu Land und zu Meer herumgetummelt", spricht er, „jetzt ist mir Weib und Kind, und Haus und Garten um so lieber." Er war noch vor drei Jahren in französischen Diensten und hat unter Lafayette den Amerikanischen Krieg mitgemacht. Er hat im Gesichte viel Ähnliches mit HE. Hofrat in Nürtingen (dem und dessen ganzen Hause Sie mich empfehlen).

Die vergnügteste Zeit meiner Reise hatt ich in Nürnberg. Stäudlin gab mir eine Adresse an den Legationssekretär Schubart mit. Nürnberg ist ein ehrwürdiger Ort mit seinen gotischen Palästen und emsigen Einwohnern und liegt recht freundlich da auf der weiten Ebne, die rings mit Tannenwäldern bekränzt ist. Ich lernte auch in der Lesegesellschaft und auf einem Lusthause sehr kultivierte Menschen kennen. In Erlang hatt ich mit meinem Landsmann und Vetter, einem Sohne des Leibmedikus Jäger in Stuttgart, einen recht vergnügten Christtag. Hörte auch da eine köstliche, schön und hell gedachte Predigt von Prof. Ammon. Nach Blaubeuren und Löchgau schreib ich nächste Woche. Tausend herzliche Grüße und Empfehlungen. Meinem lieben Karl einen schönen guten Morgen!

Ihr
Fritz

Überall in Nürtingen tausend Empfehlungen!

Meinen Brief von Coburg aus haben Sie, wie ich hoffe, jetzt bekommen.

Meine Adresse ist: An M. Hölderlin, Hofmeister bei HE. Major von Kalb in Waltershausen bei Meinungen.

Frei bis Nürnberg.

72. AN DIE SCHWESTER

Waltershausen bei Meiningen,
d. 16. Jenner 94

Verzeih, teure Schwester! daß ich Dir mein tägliches Andenken an Dich, den HE. Schwager und Deine Kleinen noch nicht schriftlich bezeugte. So klein aber hier meine Gesellschaft ist, so war ich immer durch hundert Umstände so zerstreut, daß ich kaum Ruhe genug finden konnte, an die l. Mutter zu schreiben. Von Coburg aus, auf der Reise noch, schrieb ich ihr das erstemal; den Freitag nach dem neuen Jahre wieder; habe aber noch keine Antwort. Wenn ich morgen wieder vergeblich warten müßte, so würd es mir doch Sorge machen. Sei so gut und schicke auch diesen Brief nach Nürtingen. Ich bin gewiß, daß fröhliche Nachrichten von hier aus ihr nicht ungelegen kommen. – Ich kann mich gut in meine Lage schicken. Daß sie also nicht schlimm ist, kannst Du Dir leicht denken, da ich im Punkt der Zufriedenheit mit Recht ein wenig bei Dir im Mißkredit bin. Hätt ich auch auf der Welt keine Freude, so würde mich mein lieber Junge schadlos halten. Könnt ich ihn nur einmal im Jahre Dir produzieren! Er ist ganz dazu geschaffen, um nach humanern Grundsätzen der Erziehung gebildet zu werden. Mein Major ist ein recht guter Mann, gebildet auf dem Meere und im Kriege und im Umgange mit den besten Köpfen unsers Zeitalters in Deutschland, Frankreich und Amerika. Und doch soll er, wie die Leute sagen, nur ein Zwerg am Geiste sein gegen die Majorin, die noch in Jena ist. „Sie erzeigen der Menschheit einen Dienst durch die Bildung eines echten denkenden Menschen" – schrieb sie mir in einem Briefe, den ich aufbewahren werde – „Sie erzeigen der Menschheit einen Dienst, und mir ist es vorbehalten, Ihnen die Dankbarkeit zu äußern, die sie Ihnen schuldig ist."

(Mein Kleiner lärmt so um mich herum, aus Freude, daß er heute von mir ein fleißiger, guter Junge genannt wurde, daß ich beinahe zu keinem Gedanken kommen kann. Ich kann Dir nicht helfen, liebe Rike! Stören mag ich ihn nicht.)

Der Pfarrer hier ist ein Mann nach meinem Herzen, und tränken wir hier nicht Bier statt Wein, so wäre sicher auf Erden kein vertrauter Paar als er und ich. Freilich wird mein teurer HE. Schwager sich ein wenig wundern, wie zwei so heterogene Geschöpfe zusammentaugen, wenn ich ihm sage, daß er ein großer Diplomatiker ist. Er würde aber gewiß auch Geschmack finden an dem Biedermanne.

Die zuvorkommende, herzliche Gefälligkeit, womit mich überall hier die Leute aufnahmen, hat mich überhaupt, wie mir scheint, geselliger gemacht, als ich je war. Auch stehn mir mancherlei Belustigungen zu Dienste, wenn ich Gebrauch davon machen will. Ich kann mit dem Major auf die Jagd, wenn ich will, hab aber bisher wohlweislich noch keinen Hasen geschossen. Vielleicht lern ich's doch noch. Die Gegend hier ist trefflich. Die Gesellschafterin der Majorin, eine Witwe aus der Lausitz, ist eine Dame von seltnem Geist und Herzen, spricht Französisch und Englisch und hat soeben die neuste Schrift von Kant bei mir geholt. Überdies hat sie eine sehr interessante Figur. Daß Dir aber nicht bange wird, liebe Rike! Für Dein reizbares Brüderchen, so wisse 1) daß ich um 10 Jahre klüger geworden, seit ich Hofmeister bin, 2) und vorzüglich, daß sie versprochen und noch viel klüger ist als ich. Verzeihe mir die Possen, Herzensschwester! Das nächstemal was Gescheideres! Ewig Dein

Fritz

Überall tausend Grüße!

Bitte ja den l. Karl zu grüßen.

In Deinem Hause versteht sich's von sich selbst. Nächstens werd ich HE. Schwager schreiben.

NB: Der Major, der große Bekanntschaften in der politischen Welt hat, versichert aufs gewisseste, daß wir bis Ostern Friede haben werden.

73. AN DIE MUTTER

Waltershausen, 23. Jan. 94

Ich bin jetzt hier *zu Hause*, liebste Mutter! Meine Gesundheit scheint sich bei der hiesigen Lebensart eher zu verstärken, als nur in irgend etwas zu leiden. Wenn ich wegen meines Berufs dem Geiste etwas abbrechen muß von seiner gewohnten Nahrung, so darbt der Körper um so weniger. – Ihre Besorgnisse wegen des Kriegs scheinen mir, wie ehmals, auch jetzt noch etwas zu groß zu sein. Wenn wir auch nicht Friede bekämen bis Ostern, welches doch sehr wahrscheinlich ist, so scheint es überhaupt nicht, als wollten sich die Franzosen weit von ihrem Vaterlande entfernen. Der Major kündete mir schon an, sobald sie gänzlich über den Rhein herüber wären, müßt ich mit meinem Fritz nach Jena, weil auch ihm in diesem Falle etwas bange wäre. – Ich bin jetzt gerade Herr im Hause. Der Major ist verreist und die gnädige Frau noch in Jena. Die Briefe, die sie mir schreibt, zeugen von ebenso vielem Verstande als Herzensgüte. Ich lebe ganz ohne allen Zwang, den Etikette und Stolz sonst einem auflegt in meiner Lage. In der Gegend konnt ich mich wegen der Witterung und wegen Geschäften noch nicht viel umsehen. Übrigens werd ich nächsten Sonntag eine kleine Exkursion machen nach Königshofen, einer Stadt im Würzburgischen 2 Stunden von hier, um da ein paar Landsleute und Universitätsfreunde, den Sekretär Troll und Hofmeister Kleinmann, die beede 6 Stunden weit von hier bei HE. von Wöllwarth in Birkenfeld angestellt sind, zu sprechen. Die Schwaben haben sich überall bald aufgespürt. – Mein Reisgeld wird mir wahrscheinlich erst von der Frau Majorin ausbezahlt. Ehe sie angekommen ist, mag ich nicht sollizitieren.

Ihren lieben Brief bekam ich gestern, am 22sten. Er war also nicht viel über 8 Tage unterwegs. Nach Löchgau würd ich gern auch schreiben, wenn mir noch so viel Zeit übrig wäre. Ich muß Ihnen zum voraus sagen, liebe Mama, daß

Sie sich nicht daran stoßen, wenn meine Briefe oft etwas lange ausbleiben, oft auch sehr flüchtig geschrieben sind. Ich erfahre es oft nur eine Stunde vorher, daß ein Bote nach Meinungen abgeht. Regelmäßig geht keiner. Tausend Herzensgrüße an Karln, nach Löchgau und Blaubeuren. Ewig

Ihr
Fritz

74. AN DIE GROSSMUTTER

Ich kann Sie, meine verehrungswürdige Großmutter! jetzt um so eher von meiner Lage unterhalten, da mir nun Land und Leute etwas bekannter sind. Mein erstes aber ist, daß ich Ihnen sage, wie unvergeßlich mir die Liebe der Meinigen ist, und besonders die Ihrige. Tausendmal sind Sie mir gegenwärtig, und ich danke Ihnen im Geiste für jeden sprechenden Beweis Ihrer Güte und freue mich dann der unaussprechlichen Freude, womit wir uns einst wiedersehen werden. Wir werden uns gewiß wiedersehen, liebe verehrungswürdige Großmutter! Möcht ich ganz ein würdiger Enkel von Ihnen werden! Ich kann so manches Gute, das meine Jugend von Ihnen und den l. Meinigen genoß, nicht besser vergelten, als wenn ich meine Pflicht tue in meinem Wirkungskreise. Es fordert mich auch alles dazu auf. Mein lieber Zögling hängt an mir wie an einem Vater oder Bruder. Ich dachte mir nie die Seligkeit, die in dem Geschäfte eines Erziehers liegt. Das kleinste Gute, das ich in ihm pflanze, wird durch seine großen Folgen eine Unendlichkeit von Segen. Dieser Gedanke stärkt mich unendlich in meinen Bemühungen. Auch wird mir mein Geschäft von allen Seiten erleichtert. Ich lebe ganz ohne Zwang und finde überall entgegenkommende Freundschaft. Ich lebe zwar ziemlich einsam, aber ich finde dies gerade günstig für die Bildung des Geistes und Herzens. Der Menschen, mit denen ich umgehe, sind wenige, aber es sind verständige und gute Menschen.

Das Örtchen, wo ich für jetzt lebe, ist zwar etwas entfernt von Städten und ihren Neuigkeiten und Torheiten, aber seine Lage ist sehr angenehm, und das Schloß steht auf einem der schönsten Hügel des Tals, und auch der Garten ums Haus herum gibt mir schon jetzt manche frohe Stunde, und wenn ich ausfliegen will, habe ich nordwärts 5 Stunden von hier im Sächsischen – Meinungen, im Würzburgischen 8 Stunden von hier Schweinfurt usw. Gotha liegt ungefähr eine Tagreise von hier, jenseits der Thüringer Gebirge, die hier einen sehr schönen Prospekt geben. Bis Ostern werd ich wohl eine kleine Reise dahin machen und dann auch Friemar aufsuchen.

Die wenigen Nachrichten, die ich von meiner Reise geben konnte, werden Ihnen wohl schon mitgeteilt worden sein. Der Prediger hier im Orte ist ein Biedermann; wir leben recht als Freunde zusammen. Mit Anfang der nächsten Woche werd ich auch einmal wieder die Kanzel betreten. Die wenige Fertigkeit, die ich hatte, würde sich wieder verlieren, wenn ich mich nicht übte, und das wünscht ich doch nicht.

Sie sind doch immer wohl, und alle die Lieben in Löchgau? Ich bin recht begierig auf neue Nachrichten von Ihnen. Den letzten Brief der l. Mutter erhielt ich erst am 18ten. Die Weile war mir ziemlich lange geworden. Um so größer war die Freude, da der längsterwartete endlich erschien. Ich bin verdrießlich, daß ich schon enden und überhaupt den Brief so eilig schreiben muß. Wenn mir's einmal weniger an Zeit gebricht, will ich das Versäumte einholen. An HE. Oncle und Frau Tante, Frau Helferin, die l. Bäschen und an Louis tausend, tausend Grüße und Empfehlungen. Leben Sie wohl, liebe Großmutter! Ewig

Ihr
gehorsamer Enkel
Hölderlin

Waltershausen, d. 25. Febr. 1794

Tausend Herzensgrüße an Sie, liebe Mutter, und die Lieben in Blaubeuren und den lieben Karl – auch nach Markgröningen! Ich adressierte den Brief an Sie, weil mir diesmal die Zeit gebricht, mehr zu schreiben. Er ist eigentlich für die l. Großmutter, wie Sie sehen werden.

75. AN NEUFFER

[Waltershausen, wahrscheinlich Anfang April 1794]

Lieber Bruder!

Ich glaube, die Stunde, in der ich Dir schreibe, ist gerade so eine, wie man sie haben muß, um an Herzensfreunde zu schreiben. Es muß uns ein rechtes Bedürfnis werden, sich einer Seele, die einem eigen angehört, mitzuteilen, und ist's der Mühe wert, zu schreiben.

Es war gar nicht brüderlich von mir, daß ich Dich und mich mit Zweifel und Unglauben plagte, weil Du nicht gleich schriebst. Ich kannte Dich ja. Du hast wohl etwas Lieberes, als ich Dir sein kann. Aber darum bleibst Du doch nicht weniger mein, wie Du es anfangs warst und sein konntest.

Verhältnisse des innern und äußern Lebens, unsre Geister und Herzen, wie das Schicksal, haben einen Bund zwischen Dir und mir gestiftet, der schwerlich je zerreißen kann. Wir lernten uns so ganz kennen, in unsern Schwächen und Tugenden, und blieben doch Freunde. Der Zauber der Neuheit ist längst bei uns verschwunden. Die schöne Täuschung, wo man in den ersten Stunden und Tagen des Findens *alles* gefunden zu haben meint, da wo man doch nur etwas finden kann, findet nimmer statt zwischen Dir und mir, und doch blieben wir Freunde.

Wir ringen um *einen* Preis und blieben doch Freunde. Wir verkannten uns und blieben doch Freunde. Lieber! was wollen wir mehr, um zu glauben, daß unser Bund ewig ist und – daß wir keine kleinen Seelen sind?

Es ist sonderbar; ich habe, seit wir uns fanden, so manche Metamorphose in meinem Innern erlitten, so manches, woran ich mit all meiner Liebe hing, Ideen und Individuen, die mich damals über alles interessierten, haben ihre Bedeutung für mich verloren, neue Ideen, neue Individuen rissen mich hin, aber Dir ist mein Herz treu geblieben. Ich muß also doch wohl nicht so wandelbar sein, wo wahrer Wert mein Herz einmal gewann. Von Deiner Seite wundert mich dies weniger. Dein treuer, beharrlicher Sinn ist die Wurzel all Deines Glücks und Deines Werts. Deswegen ist mir's auch so klar, daß Du einst glücklicher und größer sein wirst als ich.

Du bist auf dem rechten Wege, Bruder! Du lässest die Köpfe der andern in ihrer Erschütterung und gehest *Deinen* Gang. Es ist eine große Kunst, interessanten Gegenständen nicht sein ganzes Herz hinzugeben, wenn sie andre, die man schon im Herzen hat, verdringen würden. Dies ist Deine Kunst. Du verschließest keinem Dinge, das schön und gut und groß ist, Dein Herz, aber räumst ihm auch nur so viel Platz ein, als dazu gehört, daß es neben andern bestehen kann. Wohl Dir! Ich wollt, ich könnt es auch. Friedsames innres Leben ist doch das Höchste, was der Mensch haben kann.

Daß Du auch Deinem Virgil so ganz treu bleibst, freut mich unaussprechlich. Der Geist des hohen Römers muß den Deinen wunderbar stärken. Deine Sprache muß im Kampfe mit der seinigen immer mehr an Gewandtheit und Stärke gewinnen. Der Dank für Deinen Kampf wird freilich ein Dank deutscher Nation sein, indolenten Angedenkens! Aber Freunde erringst Du Dir gewiß. Überdies scheinen mir unsere Leute in diesen letzten Jahren doch etwas mehr an Teilnehmung an Ideen und Gegenständen, die außer dem Horizonte des *Unmittelbarnützlichen* liegen, gewöhnt worden zu sein; man hat jetzt doch mehr Sinn für Schönes und Großes als je; laß das Kriegsgeschrei verhallen, und die Wahrheit und Kunst wird einen seltnen Wirkungskreis erleben. Freilich ließe sich auch manches dagegen sagen.

Und was ist's, wenn auch wir armen Schelme vergessen werden oder nie ganz ins Andenken kommen, wenn's nur mit den Menschen überhaupt besser wird, wenn die heiligen Grundsätze des Rechts und der reineren Erkenntnis ganz ins Andenken kommen und ewig nimmer vergessen werden.

Mich beschäftigt jetzt beinahe einzig mein Roman. Ich meine jetzt mehr Einheit im Plane zu haben; auch dünkt mir das Ganze tiefer in den Menschen hineinzugehn. Das Gedicht für Deine Selma schick ich wahrscheinlich über 8 Tage. Der Botentag überraschte mich, ehe ich eine kleine Verbesserung damit vornehmen konnte. Ich muß Dich zum voraus um Deine Nachsicht bitten, lieber Bruder! Es wird Dir unbegreiflich scheinen, daß man Deine Selma so schlecht besingen könne, oder doch so mittelmäßig. Hier inzwischen eine Kleinigkeit für Dich. Sie ist das Produkt einer fröhlichen Stunde, wo ich an Dich dachte. Du sollst einmal etwas Besseres haben. Du kannst das kleine Ding ja mir halb zur Strafe, halb zum Lohn in die „Einsiedlerin" transportieren, oder wohin Du willst. –

An Neuffer. Im März 1794

Noch kehrt in mich der süße Frühling wieder,
Noch altert nicht mein kindischfröhlich Herz,
Noch rinnt vom Auge mir der Tau der Liebe nieder,
Noch lebt in mir der Hoffnung Lust und Schmerz.

Noch tröstet mich mit süßer Augenweide
Der blaue Himmel und die grüne Flur,
Mir reicht die Göttliche den Taumelkelch der Freude,
Die jugendliche freundliche Natur.

Getrost! es ist der Schmerzen wert, dies Leben,
Solang uns Armen Gottes Sonne scheint,
Und Bilder beßrer Zeit um unsre Seele schweben,
Und ach! mit uns ein freundlich Auge weint. –

Hölderlin

Meinen herzlichsten Dank, daß Du mir mit dem Gelde so brüderlich aushalfst. Hier folgen die 2 Karoline zurück. Schreibe mir, sobald Dir's möglich ist. Lebe wohl.

Von Magenau hab ich vergessen zu schreiben. Ich begreif ihn nicht. Aber Du mußt ihn doch nicht ganz wegwerfen, lieber Bruder! Vielleicht findst Du einmal wieder eine beßre Seite in ihm auf.

76. AN SCHILLER

[Waltershausen, um den 20. März 1794]

In einer Stunde, worin die Nähe eines großen Mannes mich sehr ernst machte, versprach ich, der Menschheit Ehre zu machen in meinem jetzigen, durch die Folgen so ausgebreiteten Wirkungskreise. Ich versprach es *Ihnen.* Ich lege Ihnen Rechenschaft ab.

Meinen Zögling zum *Menschen* zu bilden, das war und ist mein Zweck. Überzeugt, daß alle Humanität, die nicht mit andern Worten Vernunft heißt oder auf diese sich genau bezieht, des Namens nicht wert ist, dacht ich, in meinem Zögling nicht frühe genug sein Edelstes entwickeln zu können. Im schuldlosen Naturstande konnt er jetzt schon nimmer sein, und war auch nimmer drin. Das Kind konnte nicht so gehütet werden, daß aller Einfluß der Gesellschaft auf seine erwachenden Kräfte abgeschnitten worden wäre. Wenn es also möglich war, es jetzt schon zum Bewußtsein seiner sittlichen Freiheit zu bringen, es zu einem der Zurechnung fähigen Wesen zu machen, so mußte dies geschehen. Nun hat es zwar für jetzt, wie mir scheint, für die erweiterten moralischen Verhältnisse schwerlich eigentliche Rezeptivität, aber doch gewiß für die engern, worunter das des Freundes zum Freund in meinem Falle das einzige anwendbare war.

Ich suchte nicht seine Gunst. Daß er um die meinige sich nicht bewarb, sucht ich auch zu verhüten, und die Natur bedurfte hier keines großen Widerstandes. Ich folgte aber dem Zuge meines Herzens, der in guten Stunden mich recht innig mit der fröhlichen, regsamen und bildsamen Natur des Knaben verbrüderte. Er verstand mich, und wir wurden Freunde. An die Autorität dieser Freundschaft, die unschuldigste, die ich kenne, sucht ich alles, was zu tun oder zu lassen war, anzuknüpfen. Weil aber doch jede Autorität, woran des Menschen Denken und Handlen angeknüpft wird, über kurz oder lange große Inkonvenienzen mit sich führt, wagt ich allmählich den Zusatz, daß alles, was er tue und lasse, nicht bloß um seinet- und meinetwillen zu tun oder zu lassen sei, und ich bin sicher, wenn er mich hierin verstanden hat, so hat er das Höchste verstanden, was not ist.

Hierauf gründen sich die Mittel zu meinem Zweck in näherer oder entfernterer Beziehung. Mit einem Detail will ich Ihnen nicht lästig sein. Die tiefe Achtung gegen Sie, mit der ich aufwuchs, mit der ich so oft mich stärkte oder demütigte, die mich auch jetzt in meiner und meines Zöglings Bildung nicht lässig werden läßt, diese Achtung läßt mich nicht zu geschwätzig werden.

Unendlich wird diese Achtung verstärkt durch Ihre Güte, der ich meine gegenwärtige, in so mancher Rücksicht günstige Lage danke.

Die seltne Energie des Geistes, die ich an der Frau von Kalb bewundere, soll, wie ich hoffe, dem meinigen aufhelfen, um so mehr, da alles beiträgt, mich zu heitrer Tätigkeit zu stimmen. Könnt ich doch die mütterlichen Hoffnungen dieser edlen Dame realisieren!

Sie ist seit einer Woche hier. Sie trug mir einen Empfehl an Sie auf, mit der Versicherung, nächstens zu schreiben.

Wie sie mir sagte, hätt ich das Glück haben können, einige Monate um Sie zu sein. Ich fühle tief, was ich verscherzte. So viel hab ich durch meine Schuld noch nie verloren. Lassen Sie mir meinen Glauben, edler großer Mann! Ihre Nähe hätte Wunder gewirkt in mir. Warum muß ich so arm sein und so viel Interesse haben um den Reichtum eines Geistes? Ich werde nie glücklich sein. Indessen ich muß wollen, und ich will. Ich will zu einem Manne werden. Würdigen Sie mich zuweilen eines aufmerksamen Blicks! Der gute Wille des Menschen ist doch nie ganz ohne Erfolg.

Ich nehme mir die Freiheit, ein Blatt beizulegen, dessen Unwert in meinen Augen nicht so sehr entschieden ist, daß ich es mir zur offenbaren Insolenz anrechnen könnte, Sie damit zu belästigen, dessen Schätzung aber ebensowenig hinreicht, mich aus der etwas bangen Stimmung zu setzen, womit ich dieses niederschreibe.

Sollten Sie das Blatt würdigen, in Ihrer „Thalia" zu erscheinen, so würde dieser Reliquie meiner Jugend mehr Ehre widerfahren, als ich hoffte.

Ich bin mit der wahrsten Hochachtung

Ihr
ergebenster Verehrer
M. Hölderlin.

77. AN NEUFFER

[Waltershausen, gegen Mitte April 1794]

Hier, lieber Bruder! hast Du das Kind des Frühlings und der Freundschaft, das Liedchen an Deine Selma. Freilich sollte ein solcher Vater und eine solche Mutter eher einen Adon, wie Bürgers hohes Lied, als einen solchen armen Schelm erzeugen. Übrigens bin ich zufrieden, wenn nur eine ganz kleine Spur seines Vaters und seiner Mutter merkbar ist in ihm.

Ich bin sehr neugierig, einmal wieder etwas von Dir zu lesen. – Schiller ist ja krank? Die Nachricht hat mich sehr traurig gemacht. Mein Gedicht an das Schicksal wird wahrscheinlich diesen Sommer in der „Thalia" erscheinen. Ich kann es jetzt schon nimmer leiden. Überhaupt hab ich jetzt nur noch meinen Roman im Auge. Ich bin fest entschlossen, von der Kunst zu scheiden, wenn ich mich auch hierüber am

Ende auslachen muß. Übrigens komm ich jetzt so ziemlich von der Region des Abstrakten zurück, in die ich mich mit meinem ganzen Wesen verloren hatte. Ich lese auch jetzt nur bei dürftiger Laune. Meine letzte Lektüre ist Schillers Abhandlung „Über Anmut und Würde" gewesen. Ich erinnere mich nicht, etwas gelesen zu haben, wo das Beste aus dem Gedankenreiche und dem Gebiete der Empfindung und Phantasie so in *eines* verschmolzen gewesen wäre. Wenn nur dieser hohe Geist noch einige Dezenne unter uns bliebe! – Lebe wohl, Lieber! Tausend Grüße an unsern Stäudlin! Introduziere mein Liedchen so gut als möglich bei Deiner Selma, daß sie nicht zürnt. Bitte auch die andern Guten alle, mein, so gut es möglich ist, zu gedenken.

Dein
Hölderlin

Der Schuster, bei dem Du mir Schuhe machen ließest, fordert Bezahlung von meiner Mutter. Es wäre mir sehr leid, wenn ich mich irrte und das Geld nicht noch vor meiner Abreise ihm geschickt hätte. Erinnerst Du Dich nimmer?

78. AN DIE MUTTER

[Waltershausen, erste Hälfte April 1794]

Endlich, liebe Mutter! kann ich den Wunsch, mich mit Ihnen zu unterhalten, einmal wieder befriedigen. Ich bin glücklich, wenn es Ihnen und den lieben Meinigen allen so gut geht wie mir. Ich bin gesunder als je, tue, was ich zu tun habe, mit Lust und finde für das wenige, was ich tun kann, eine Dankbarkeit, die ich nie erwarten konnte. Meine Lage ist in der Tat sehr günstig; im freundschaftlichen Umgange mit guten, geistreichen Menschen, bei ungestörter Tätigkeit, bei wohltätigen Freuden des Geistes und Herzens, bei der zuvorkommenden Gefälligkeit, womit man die kleinste

Bequemlichkeit, die ich wünsche, mir verschafft, bei den Aussichten auf eine meiner Bildung noch günstigere Lage müßte ich wirklich großen Geschmack am Klagen finden, wenn ich jetzt nicht Sie versicherte, daß ich sehr zufrieden bin.

Meine Zeit ist geteilt in meinen Unterricht, in die Gesellschaft mit meinem Hause und in eigne Arbeiten. Mein Unterricht hat den besten Erfolg. Es ist gar keine Rede davon, daß ich auch nur *einmal* die gewaltsame Methode zu brauchen nötig hätte, eine unzufriedene Miene sagt meinem lieben Fritz genug, und nur selten braucht er mit einem ernsten Worte bestraft zu werden. Wenn wir in Gesellschaft zusammen sind, wird meist vorgelesen, abwechslungsweise, bald von Herrn, bald von der Frau von Kalb, bald von mir, und über Tische oder auf Spaziergängen oft in Ernst und Scherze, wie es jedem gelegen ist, davon gesprochen. Wenn ich aber über einer eignen Arbeit etwas zerstreut bin und Gesichter schneide, so weiß man schon, wie's gemeint ist, und ich brauche nicht unterhaltend zu sein, wenn ich nicht in der Laune bin. Daß dies ganz nach meinem Sinne ist, können Sie sich denken. Die Zeit, die mir zu meiner eignen Beschäftigung übrigbleibt, ist mir jetzt teurer als je, ich werde wahrscheinlich nächsten Winter in Weimar im Zirkel der großen Männer, die diese Stadt in sich hat, zubringen. Ich werde da außer meinem Zöglinge noch einen Sohn von dem Konsistorialpräsident *Herder* unterrichten und in dessen Hause logieren. Auch mit Goethe und Wieland will mich die Frau von Kalb, die von allen diesen die vertrauteste Freundin ist, bekannt machen. Nächsten Sommer werd ich dahin abreisen und den jungen Herder hieher abholen und dann mit diesem und meinem Fritz auf den Herbst vielleicht auf lange Zeit ohne die Eltern nach Weimar ziehen. Auch werd ich nächstens im Namen der Frau von Kalb nach Nürnberg reisen, wenn die Person, die ich dort sprechen solle, nicht schon abgereist ist.

Heute haben wir den Herzog von Meinungen zu Gaste, und ich soll, wie die Majorin sagt, mit ihm Bekanntschaft machen. Vielleicht kann ich auch den Abend, ehe der Brief mit dieser Gelegenheit fort muß, noch etwas von ihm schreiben.

Mittags

Ich suchte mit guter Gelegenheit auf einige Augenblicke wegzukommen, um mich noch soviel möglich mit Ihnen zu unterhalten. Sie können denken, welch ein Kontrast es ist, sich an den Herd der Mutter hinzudenken – unmittelbar nach solchen Paradestunden. Der Gedanke an meine Heimat tut mir jetzt unaussprechlich wohl, so gut mir's unter diesen Menschen ergeht. Ich finde überall, daß ein Prophet in seinem Vaterlande wenig gilt und in der Ferne zuviel! Ich muß oft lachen, wenn ich daran denke, wie ich sonst so scheu und bescheiden war und jetzt, notgedrungen, um nicht für einen Pinsel zu gelten, mir eine Grâce geben muß, sollt es auch nur sein, um dem Hause keine Schande zu machen. Machen Sie sich immer lustig über diese Bekehrung, liebe Mutter! Mein schwäbisches Herz soll, hoffentlich, auch unter solchen Umständen bleiben, wie es war. – Nur *eine* Stunde möcht ich einmal wieder um Sie sein, nur *eine*! und um meinen Karl und meine Schwester und die andern Lieben. Überallhin tausend Grüße und Empfehlungen!

Der Herzog von Meinungen kontrastiert gar sehr zu den andern Menschen aus dieser Region. Er ist ein Mann von ungefähr 30 Jahren, aber noch ein Jüngling an Jovialität und Mitteilungsgabe. Er ist sehr populär. Er trägt abgeschnittene Haare und scheint überhaupt auf das eigentliche Zeremonienwesen wenig zu halten. –

Nächste Woche schreib ich auch an HE. Schwager. Ich würde Sie bedauern, liebste Mutter, wenn Sie auf Ostern die Gesellschaft des HE. Schwagers und der lieben Rike entbehren müßten. Mein Karl soll mir doch auch schreiben. Ich denke tausendmal an ihn. Ich hoffe nicht, daß er sein Versprechen, als Freiwilliger die Flinte zu tragen, soll halten müssen. Ich habe auch hier schon von ihm gesprochen, von seinem Fleiß und allen seinen Anlagen zum brauchbaren Manne. Ich gehe immer mit dem Gedanken um, ihm ein angenehmeres und seiner Bildung günstigeres Plätzchen zu verschaffen. Was hat er jetzt für Pläne? Wird er wohl nach Markgröningen kommen? – Jetzt noch eine Kommission! Sie mag Ihnen wohl nicht ganz angenehm sein, aber ich konnte sie nicht wohl ablehnen. Die Frau Majorin wünschte sechs Maße Kirschengeist aus Schwaben zu haben. Sie will Ihnen das Geld für den Kirschengeist sowohl als für den Transport zustellen, der Kirschengeist müßte aber freilich von einer guten Sorte sein. Hier kann man keinen haben. Die Frau Majorin will Ihnen nächstens selbst schreiben, wie sie sagte. Ich bedaure, daß das Papier schon voll ist.

Leben Sie wohl, liebste Mutter!

Ewig Ihr
Fritz

79. AN DIE MUTTER

Waltershausen, d. 20. Apr. 1794
Liebste Mutter!

Ich eile, Sie zu versichern, daß ich bei gesundem Leibe und frohem Mute auch dermalen noch in Waltershausen festangesessen bin. Ich kann nicht ganz begreifen, daß mein letzter Brief noch nicht angekommen gewesen sein soll, ehe Sie den Ihrigen schrieben. Es wäre mir sehr leid, wenn er verlorengegangen wäre und Sie inzwischen auf eine Nachricht von mir hätten warten müssen. Auch hab ich darin von manchem geschrieben, was ich jetzt wegen Kürze der Zeit nicht wiederholen kann. Das einzige, was ich wiederholen muß, ehrenhalber! ist, daß ich eine Kommission habe von der Frau von Kalb, Sie zu bitten, daß Sie 6 Maße Kirschengeist für sie aufkaufen. Sie will das Portogeld nebst dem übrigen zurückschicken, sobald sie den Preis weiß.

Möcht ich doch jetzt nur ein paar Stunden unter meinen

Lieben in Nürtingen sein! HE. Schwager und die liebe Rike sind wohl jetzt da. Tausend Grüße. Im Geiste bin ich oft dort.

Am Ostermontage hab ich auch wieder gepredigt. Ich sage das Ihnen, liebste Mutter! weil ich weiß, daß es Ihnen so höchst tröstlich ist.

Mein lieber Fritz lag beinahe 3 Wochen lang krank. Jetzt aber ist er beinahe vollkommen hergestellt. Und seine Maladie, ein Rheumatism, der ihm in die Glieder zog, läßt nirgends keine Spur zurück. Ich war manchmal sehr um ihn bekümmert. Die junge schöne Seele hat meine ganze Liebe.

Ich sah nirgends einen schönern Frühling als hier. Sind die Felder in meinem Vaterlande auch so voll unendlichen Segens? Es sollte mich recht freuen für die guten Schwaben.

Ich lege hier die Antwort auf den Brief bei, den ich in dem Ihrigen eingeschlossen bekam. Ich kann und mag jetzt nicht wohl an eine Veränderung meiner Lage denken. Schreiben Sie mir doch recht viel das nächstemal von den lieben Blaubeurer Gästen. Ich wünschte sehr oft einen regelmäßigen Botentag zu haben. Ich werde immer überrascht und kann das, was ich schreiben wollte, nicht mehr schreiben.

Ich finde jetzt, daß die Sorgen und Grillen doch auch für etwas gut sind. Seit ich keine mehr habe, beginn ich dick zu werden.

Daß die liebe Frau Großmama nicht wohl ist, bedaur ich recht sehr. Ich hoffe auch von dieser Seite das nächstemal erfreuliche Nachrichten zu hören. Verzeihen Sie, liebe Mutter! daß ich diesmal so im Hui! schreibe. Das nächstemal will ich's gutzumachen suchen. Ewig

Ihr
Fritz

80. AN DEN BRUDER

Waltershausen bei Meiningen,
d. 21. Mai 1794

Lieber Bruder!

Das war brav, daß Du mir einmal Deine Existenz und Dein brüderliches Andenken kund tatest. Ich dachte schon oft indes an Dich, seit der Stunde, wo wir uns auf dem Felde schieden und so lange nicht scheiden konnten.

Jetzt scheint mir die Entfernung immer so himmelweit, und ich meine oft, ich müßte geschwind einen Flug zu Euch Lieben wagen. Aber bis dahin mögen wir wohl noch um manchen Tag älter werden.

Ich zweifle, ob ich meine gegenwärtige Lage so schnell verlassen werde. Ich habe Muße zur Selbstbildung, auch Veranlassung von außen, und wenn die Tage gut sind, gelten mir meine übrigen Beschäftigungen für Erholungsstunden. Es ist noch ungewiß, ob ich nächsten Winter nicht sowohl in Weimar als in Jena zubringen werde. Beides ist mir, wie Du Dir denken kannst, höchst angenehm. Hier leb ich sehr still. Ich erinnere mich nur weniger Perioden aus meinem Leben, die ich immer so mit gleicher Fassung und Ruhe zugebracht hätte.

Du weißt es, Bruder! welch ein Wert *darin* liegt, daß man sich durch nichts zerstreut. Du hast dieses Glück auch. Genieß es! Wenn einem auch nur *eine* Stunde vom Tage übrigbleibt zu freier Tätigkeit des Geistes, wo man seine angelegentlichsten, edelsten Bedürfnisse besorgen kann, so ist's viel, wenigstens genug, um sich für die übrige Zeit zu stärken und zu erheitern.

Bruder! halte Dein besseres Selbst empor, und laß es durch nichts niederdrücken, durch nichts! Es liegt mir sehr viel daran, zu wissen, welche Richtung Dein Geist nimmt. Sei so gut, Lieber, und benachrichtige mich, sooft Du kannst, davon. Von meinen eignen Beschäftigungen will ich Dir nächstens Rechenschaft geben. Ich habe jetzt etwas unter den Händen, wovon ich nicht sprechen mag, bevor es im reinen ist.

Kannst Du die neuesten Stücke von Schillers „Thalia", oder *Ewalds* „*Urania*" oder auch der schwäbischen „Flora" auffinden, so siehe nach meinem Namen und denke meiner! Es sind aber meist Kleinigkeiten, die Du dort finden wirst. Meine einzige Lektüre beinahe ist *Kant* für jetzt. Immer mehr enthüllt sich mir dieser herrliche Geist.

Es freut mich sehr für Euch, daß die liebe Frau Großmama da ist. Tausend herzliche Empfehlungen. Sie ist doch wieder ganz wohl? Daß meine kleine Nichte so wacker gedeiht, war auch eine recht angenehme Nachricht für mich.

Nach Blaubeuren will ich schreiben. Die liebe Mutter wird von der Frau von Kalb gebeten, mit dem Kirschengeist zu warten, bis die heurigen Kirschen gereift sind, und es dann in Krügen und einem Kästchen zu schicken. Mein Fritz ist wieder ganz wohl und macht mir immer viel Freude. Ich fand nicht leicht so ein gutes Kind.

Behüt Euch Gott! Ihr Lieben!

Euer
Fritz

Was macht mein guter Hiemer?

81. AN DEN SCHWAGER BREUNLIN

Völkershausen, am Pfingstfeste 94

Sie erlaubten mir, teuerster Herr Schwager! Ihnen zuweilen von mir Nachricht zu geben. Ich hätt es wohl früher getan, wenn ich nicht immer gehofft hätte, Gelegenheit zu finden, Sie von etwas Interessanterem, als ich selbst bin, zu unterhalten.

Bei meiner einsamen Lage aber, die ich doch in mancher Rücksicht sehr günstig finde, muß ich jetzt dennoch die Nachrichten auf meine eigne Existenz einschränken.

Diese lauten nun für meine teilnehmenden Freunde ziemlich gut. Ich finde täglich mehr, daß es das Schicksal gar nicht übel mit mir gemeint hat, da es mich in den engen Zirkel versetzte, in dem ich lebe. Man kommt mit seinen Gedanken und Gesinnungen eher ins reine, wenn die Gegenstände um einen nicht zu mannigfaltig sind.

Überdies ist mein Leben doch nichts weniger als einsiedlerisch. Wie Sie sehen, bin ich jetzt auf einer kleinen Reise begriffen. Das ganze Haus ist hier bei der sehr zahlreichen, zum Teil interessanten v. Steinischen Familie auf Besuch. Die Lage des hiesigen Guts ist die angenehmste von der Welt, in der Nachbarschaft des Rhöngebirges, das Franken vom fuldischen Lande trennt.

Ich werde morgen eine kleine Exkursion aufs Rhöngebirge und ins Fulderland vornehmen, wovon ich mir manche frohe Stunde verspreche. Ich muß doch einmal wieder mich selbst und die Welt in voller Unabhängigkeit genießen.

Ich hoffe dann wieder um so wirksamer mein Tagewerk zu besorgen. Meine eignen Beschäftigungen sind itzt sehr konzentriert, zum Teil aus freier Neigung, zum Teil, weil doch meine Zeit etwas beschränkt ist. Ich teile mich jetzt, was das Wissenschaftliche betrifft, einzig in die Kantische Philosophie und die Griechen, suche wohl auch zuweilen etwas aus mir selbst zu produzieren. Durch günstige Zufälle ist mir's möglich gemacht worden, meine Kleinigkeiten in Herders „Briefen" für die Humanität, Schillers „Thalia", auch Ewalds „Urania" aufzustellen. Gute Gesellschaft hab ich da größtenteils.

Fürchten Sie aber ja nicht, daß ich dadurch versucht werden möchte, über der bis jetzt ziemlich unbedeutenden Mitteilung meines Selbsts die mir noch so nötige Kultur zu versäumen. Nie war dies weniger der Fall als jetzt.

Zuweilen möcht ich doch auch einige Tage unter den Meinigen leben. Meine liebe Schwester und Sie, teuerster Herr Schwager! sind mir in zu lebhaftem Angedenken, als daß ich mich nicht sehr oft nach Blaubeuren wünschen sollte;

auch dacht ich um Ostern manch liebes Mal an Nürtingen und seine lieben Gäste.

Ich bin sehr begierig, recht viel von der Entwicklung des vielversprechenden kleinen Vetters zu hören. Wir haben auch so ein junges Genie im Hause, ein Töchterchen des HE. v. Kalb, die mich sehr oft an den lieben Christian erinnert. Ihre Kleine wird Ihnen jetzt wohl auch viele Freude machen. –

Haben Sie die Güte, teuerster HE. Schwager, meine l. Mutter von meinem fortdaurenden Wohlsein zu benachrichtigen, weil ich diese Woche, vielleicht auch die nächste, nimmer werde schreiben können. Ich hoffe, bald nach meiner Rückkehr nach Waltershausen auch wieder Nachricht von den lieben Meinigen zu bekommen. Verzeihen Sie, teurer HE. Schwager! ich mußte so im Fluge schreiben, und doch mocht ich's nimmer länger anstehn lassen. Ich hoff es ein andermal gutzumachen. Überall in Blaubeuren viele Empfehlungen! Meiner lieben Schwester und den Kleinen tausend Grüße! – Ewig

Ihr
ergebener Freund und Diener
Hölderlin

82. AN DIE MUTTER

Waltershausen, d. 1. Jul. 94
Liebste Mutter!

Ich fürchte fast, daß Ihnen mein langes Stillschweigen diesmal besonders sehr ungelegen gewesen sein möchte. Sie werden aber aus dem Briefe, den ich an HE. Schwager schrieb, gesehen haben, was zum Teil die Ursache davon war. Überdies gesteh ich Ihnen, daß mir ein Teil Ihres Briefes es beinahe unmöglich machte, ihn unmittelbar auf den Empfang zu beantworten, wiewohl ich im Grunde, was diesen Fall betrifft, längst entschlossen war. Ich sahe längst, daß ich meine Bildung so gut als aufgeben müßte, wenn ich jetzt schon eine feste häusliche Lage wählen sollte. Sie werden mir vielleicht, wie in manchen Fällen, das Beispiel anderer entgegensetzen, die sich glücklich schätzen würden, eine so frühe Versorgung zu finden, wie es die Leute nennen. Aber es ist, wie ich glaube, weder Unbescheidenheit noch Träumerei, wenn ich für mein Wesen, soweit ich seine Bedürfnisse kenne, *für jetzt noch* eine Lage notwendig halte, in der ich mehr Möglichkeit vor mir sehe, an mannigfaltigen Gegenständen, ohne die Einschränkungen eines fixierten bürgerlichen Verhältnisses, meinen Geist und mein Herz zu nähren. Liebe Mutter! es ist Pflicht, seinen eigentümlichen Charakter zu kennen, sei er nun gut oder schlimm, und soviel möglich sich in Umständen zu erhalten oder sich in solche zu versetzen zu suchen, welche gerade diesem Charakter günstig sind. Überdies ist es ganz gegen meine Grundsätze, auf solchem Wege in eine Stelle der bürgerlichen Gesellschaft einzutreten. Wäre es in meinem Falle auch nur ein böser Schein, so will und soll ich, vorzüglich in einer solchen Angelegenheit, auch diesen meiden.

Ich bin, aus den angeführten Gründen, gewiß, daß Sie meinen nach wiederholter unbefangener Überlegung gefaßten Entschluß billigen, um so mehr, da ich Sie bei dieser Gelegenheit versichere, daß ich niemals einen Weg zu meiner künftigen Wirksamkeit wählen werde, wo ich Ihnen auf irgendeine Art zur Last fallen oder gar Unehre machen könnte. Sie sagen mir, daß Sie die Lebretin bedauren. Ich denke aber, wenn sie mir im Ernste gut ist, so kann sie nichts wünschen, was wider meinen Charakter ist. War es ihr aber nur so halb Ernst, nun, so wird sie sich trösten, und ich muß mich auch zu trösten suchen. Sosehr ich wünsche, ein solches Verhältnis, so sonderbare Seiten es auch in meinen Augen immer hatte, nie zu brechen, so getraue ich mir doch nicht, sie geradeheraus zu bitten, mir zulieb einem Glück zu entsagen; denn das wird es, wie ich hoffe, doch für sie sein.

Ich überlasse dies Ihnen, liebe Mutter, wenn Sie anders zu irgendeiner Entscheidung – oder sagen Sie, was Sie vielleicht schon gesagt haben, ich sei verreist und schreibe nicht. – Gottlob! so hätt ich den schwierigen Punkt von der Brust weg. Sie können glauben, daß es meinem törichten Herzen schwer wurde, so vernünftig zu schreiben, denn ich bin, wenn ich die Sache genau besehe, doch unruhig, nicht um meinetwillen, sondern um ihretwillen. Ich muß aufhören. Schreiben Sie bald, liebe, ewigteure Mutter! auch, wenn Sie wollen, der Frau von Kalb. Von meiner Reise hab ich Ihnen noch gar nichts erzählt. Aber nächsten Botentag schreib ich dem l. Karl, und dann soll's geschehen.

Gesund bin ich immer. Auch mein ökonomischer Zustand ist gut. Die Motion auf dem Rhöngebirge und im Fulderlande ist mir sehr gut bekommen. Übrigens, so gern ich durch die Welt streiche, ist mir mein sorgenfreies, stilles Waltershausen doch auch lieb. – Tausend Empfehlungen an die l. Frau Großmama; dem l. Karl schreib ich gewiß mit nächstem. Sein Brief hat mich außerordentlich gefreut, besonders die Nachricht von seiner jetzigen so gut gewählten Lektüre. Behalten Sie mich lieb, teuerste Mutter!

Ihr
Fritz

83. AN NEUFFER

[Waltershausen,
um den 10.–15. Juli 1794]

Lieber Bruder!

Mit jedem Briefe von Dir wird mir die gegenseitige Mitteilung unsers Wesens und seiner Zustände unentbehrlicher. Mit wahrem Anteil bedaur ich den Unfall, der Deine edle Geliebte und mit ihr Dich traf. Ihr werdet da erst ganz gefühlt haben, was Ihr einander seid. Es ist der innerste Wunsch meines Herzens, daß dieses schöne Band sich erhalte in dieser seltnen Innigkeit. Wenn ich mir träume, daß mir wohl auch einmal ein solches Weib werden könnte und mein häuslicher Herd recht nahe bei Dir und Deinem Röschen wäre, so kann ich wohl manchmal dem ewigen Sehnen von einer Stelle der Welt zur andern, von einer Wirksamkeit zur andern seine gehörige Schranke setzen oder vielmehr es besser verstehen, um so mehr, da ich so klar sehe, aus meiner jetzigen Lage, wie ein enger, stiller Gesichts- und Wirkungskreis, wenn man nur einmal ganz vertraut mit ihm geworden, unsere Kräfte in unablässiger Tätigkeit, und eben weil die Mannigfaltigkeit von Gegenständen nicht ermüdet und zerstreut, uns um so stärker und reiner erhält, wie auch da manche schöne Freude, die man bei flüchtigem Vorübereilen nicht bemerken könnte, verborgen liegt. Übrigens, wie es das heilige Schicksal will! Wir können nicht Berge zu Talen und Tale zu Bergen machen. Aber wir können uns auf dem Berge des weiten Himmels und der freien Luft und der stolzen Höhe und im Tale der Ruhe und Stille freuen und mit den Lieblichkeiten und Herrlichkeiten, die wir von oben herab übersehen hätten, um so vertrauter werden. Noch besser! Gibt's auf dem Berge für uns zu tun, so klimmen wir hinauf, können wir pflanzen und bauen im Tale, so bleiben wir da.

Verzeih das, lieber Bruder! Aber man kann so einen zufälligen Gedanken nicht leicht schnell wieder verlassen, wenn er ein wenig gleichartig ist mit unserem Wesen, und geratet so ins Schwätzen hinein. – Zu der Stelle Deines Briefs, wo Du über Unfruchtbarkeit Deines Geistes Dich äußerst, schreib ich Dir eine Stelle aus Herders „Tithon und Aurora" ab: „Was wir Überleben unsrer selbst nennen, ist bei bessern Seelen nur Schlummer zu neuem Erwachen, eine Abspannung des Bogens zu neuem Gebrauche. So ruhet der Acker, damit er desto reicher trage; so erstirbt der Baum im Winter, damit er im Frühlinge neu sprosse und treibe. Den Guten verlässet das Schicksal nicht, solange er sich nicht selbst verläßt und unrühmlich an sich verzweifelt. Der

Genius, der von ihm gewichen schien, kehrt zu rechter Zeit zurück, und mit ihm neue Tätigkeit, Glück und Freude. *Oft ist ein Freund ein solcher Genius!*" Mach mir die Freude, Lieber, und schreibe bald, daß ich zum Teil Dir so was gewesen sei.

Deine Übersetzung des „Catilina" interessiert mich um so mehr, da ich noch von vorigem Jahre, wo ich ihn las, mit ihm bekannt bin. Es ist recht ein Geschäft zu seiner Zeit. Du hast recht, das Übersetzen ist eine heilsame Gymnastik für die Sprache. Sie wird hübsch geschmeidig, wenn sie sich so nach fremder Schönheit und Größe, oft auch nach fremden Launen bequemen muß. Aber, sosehr ich Dich bewundere, daß Du mit solcher Beharrlichkeit das Mittel zu Deinem Zwecke vorbereiten kannst, so werd ich Dir doch einen Fehdebrief schicken, wenn Du nach Vollendung beider Arbeiten, die Du jetzt unter den Händen hast, eine neue der Art anfängst. Die Sprache ist Organ *unseres* Kopfs, *unseres* Herzens, Zeichen *unserer* Phantasien, *unserer* Ideen; *uns* muß sie gehorchen. Hat sie nun zu lange in fremdem Dienste gelebt, so, denk ich, ist fast zu fürchten, daß sie nie mehr ganz der freie, reine, durch gar nichts als durch das Innre, so und nicht anders gestaltete Ausdruck unseres Geistes werde. Ich würde mich gerne näher darüber erklären, lieber Bruder! wenn ich jetzt durch den abgehenden Boten nicht getrieben würde. – Diesen Nachmittag wurd ich im Schreiben durch die Majorin unterbrochen. Sie sah, daß ich an Dich schrieb, und trug mir auf, Dir recht herzlich zu danken für Deinen Gruß, Dir zu schreiben, daß sie an die Fortdauer unserer Freundschaft, mehr als bei irgendeiner, glaube, nach allem, was sie von uns wisse, denn wenn einmal Wesen zu diesem Zweck sich die Hand reichen, daß sie durch Anteil an allem, was Geist und Gemüt interessiere, an allem, was das Sein erhöhe, erweitere, verherrliche, sich stärken und emporhelfen, dann seien sie auf ewig verbunden, denn ihre Liebe seie, wie der Fortschritt ihrer Vervollkommnung, unendlich. Dies ist beinahe wörtlich, was sie sagte. Ferner: –

wenn Deiner gedacht werde, so dürfen ja auch in diesem Gespräche die Unzertrennlichen nicht geschieden werden, und so begleite Dich immer auch Röschen – sie möchte den Menschen sehen, der sich nicht freue über eine solche, in unsern Tagen so seltne Liebe usw. Ich glaube, Du kannst aus diesen Worten, die ich getreu ausrichtete, einen Teil ihres Wesens ahnden. – Mein Junge ist recht guter Art, ehrlich, fröhlich, lenksam, mit gut zusammenstimmenden, auf keine Art exzentrischen Geisteskräften und vom Köpfchen bis auf die Füße bildschön. Ich würde Dir gerne auch noch etwas von mir, von meinem Roman, meinen kantisch-ästhetischen Beschäftigungen, einer Reise übers Rhöngebirge ins Fulderland, die ich neulich machte, und sonst von manchem erzählen, wenn ich nicht genötiget wäre zu schließen. Weißt Du nicht, ob Stäudlin mein Gedicht an die Kühnheit in die „Urania" geschickt hat? Ich wünschte es zu wissen, um vielleicht andern Gebrauch davon zu machen.

Dein
Hölderlin

Sei so gut, schicke beiliegenden Brief in Hegels Haus und grüße bei Gelegenheit die Heglin, sag ihr, auch Hesler empfehle sich ihr, und wenn ich nicht übereilt worden wäre, würd ich mir die Freiheit genommen haben, ihr selbst zu schreiben. Ob ich das bei andern Briefen an ihren Bruder tun dürfe?

84. AN HEGEL

Waltershausen bei Meiningen,
d. 10. Jul. 1794

Lieber Bruder!

Ich bin gewiß, daß Du indessen zuweilen meiner gedachtest, seit wir mit der Losung – Reich Gottes! voneinander schieden. An dieser Losung würden wir uns nach jeder Metamorphose, wie ich glaube, wiedererkennen.

Ich bin gewiß, es mag mit Dir werden, wie es will, jenen Zug wird nie die Zeit in Dir verwischen. Ich denke, das soll auch der Fall sein mit mir. Jener Zug ist's doch vorzüglich, was wir aneinander lieben. Und so sind wir der Ewigkeit unserer Freundschaft gewiß. Übrigens wünscht ich doch oft, Dir nahe zu sein. Du warst so oft mein Genius. Ich danke Dir sehr viel. Das fühl ich erst seit unserer Trennung ganz. Ich möchte Dir wohl noch manches ablernen, auch zuweilen etwas von dem Meinigen mitteilen.

Das Briefschreiben ist zwar immer nur Notbehelf; aber doch etwas. Deswegen sollten wir es doch nicht ganz unterlassen. Wir müssen uns zuweilen mahnen, daß wir große Rechte aufeinander haben.

Ich glaube, daß Du Deine Welt in mancher Rücksicht für Dich ziemlich tauglich finden wirst. Ich habe aber nicht Ursache, Dich zu beneiden. Für mich ist meine Lage gleich gut. Du bist mehr mit Dir selbst im reinen als ich. Dir ist's gut, irgendeinen Lärm in der Nähe zu haben; ich brauche Stille. An Freude fehlt es mir auch nicht. Dir gebricht sie nirgends.

Deine Seen und Alpen möchte ich wohl zuweilen um mich haben. Die große Natur veredelt und stärkt uns doch unwiderstehlich. Dagegen leb ich im Kreise eines seltnen, nach Umfang und Tiefe und Feinheit und Gewandtheit ungewöhnlichen Geistes. Eine Frau von Kalb wirst Du schwerlich finden in Deinem Bern. Es müßte Dir sehr wohltun, an diesem Strahle Dich zu sonnen. Wäre unsere Freundschaft nicht, Du müßtest ein wenig ärgerlich sein, daß Du Dein gutes Schicksal mir abtratest. Auch sie muß beinahe denken, daß sie verloren habe bei meinem blinden Glücke, nach allem, was ich ihr sagte von Dir. Sie hat mich schon sehr oft gemahnt, an Dich zu schreiben; auch jetzt wieder.

Frau von Berlepsch war ja oder ist noch in Bern; auch Baggesen. Schreibe mir doch, wenn Du kannst, recht viel von beiden. – Stäudlin hat mir bis jetzt nur *einmal* geschrieben; auch Hesler nur *einmal*. Ich glaube, wir haben viel zu tun, wenn uns der letztere nicht schamrot machen soll. Ich hoffe immer, auf irgendeinem Wege ihn bald zu sehn zu bekommen.

Ist Mögling in Bern? – Tausend Grüße an ihn. Ihr werdet manche frohe Stunde zusammen haben.

Schreibe mir doch recht viel, was Du jetzt denkst und tust, lieber Bruder! –

Meine Beschäftigung ist jetzt ziemlich konzentriert. Kant und die Griechen sind beinahe meine einzige Lektüre. Mit dem ästhetischen Teile der kritischen Philosophie such ich vorzüglich vertraut zu werden. Neulich machte ich eine kleine Exkursion übers Rhöngebirge hinein ins Fulderland. Man glaubt auf den Schweizerbergen zu sein, den kolossalischen Höhen und reizenden fruchtbaren Tälern nach, wo die zerstreuten Häuserchen am Fuße der Berge, im Schatten der Tannen, unter Herden und Bächen liegen. Fuld selbst hat auch eine recht liebliche Lage. Die Bergbewohner sind, wie überall, etwas barsch und einfältig. Übrigens mögen sie manche gute Seite haben, die unsere Kultur vertilgt hat.

Schreibe mir doch bald, lieber Hegel! Ich kann Deine Mitteilung unmöglich ganz entbehren.

Dein
Hölderlin

d. 14.

In Eile muß ich hinzusetzen, daß ich beiliegendes Blatt, auf Ehre! erst seit einigen Tagen bekommen. Ich bin sehr ärgerlich über die Impertinenz eines Juristen von Hildburghausen, dem Hesler die Briefe um Ostern mitgab und der sie wahrscheinlich erst vor einigen Wochen nach Meinungen schickte, von wo ich sie, ohne zu wissen durch welche Gelegenheit, bekam. Denn daß sie von Hildburghausen kommen, schließ ich aus einem Briefe, den ich gestern von Heslern erhielt und wo er seine Empfindlichkeit gegen mich zu äußern scheint, da er doch die Sache hätte zuvor prüfen sollen. Wie gesagt, der Fall verdrießt mich im höchsten Grade, besonders da ich im Punkte der Liederlichkeit von alten Zeiten her Dir etwas zu viel bekannt bin. Übrigens wäre diese Liederlichkeit zu *schlecht* für mich, und ich habe mein Ehrenwort gegeben. Zu Deiner Beruhigung muß ich hinzusetzen, daß ich Heslers Wappen kenne und daß es unversehrt war an meinem Briefe. Schreibe mir bald. Über Heslers Briefe schreib ich Dir, sobald es nur möglich ist.

85. AN DIE MUTTER

Waltershausen bei Meiningen,
d. 30. Jul. 1794

Liebste Mutter!

Ich denke, etwas sei Ihnen lieber als gar nichts, und schreibe in Eile einige Zeilen, um Ihnen durch gar zu langes Stillschweigen keine Sorge zu machen. Ich glaubte, diese Woche würde noch ein Bote nach Meiningen gehen; da ich aber eben höre, daß dies erst bis Montag der Fall ist, so muß ich noch, so gut ich kann, die Gelegenheit benützen, die ich jetzt habe. Dennoch will ich aber bis Montag, wenn ich anders nicht verhindert werde, Ihre beiden lieben Briefe eigentlicher beantworten, auch wahrscheinlich von der Frau v. Kalb, die sich sehr freut über Ihren Brief und Ihnen inzwischen dafür durch mich danken läßt, eine Antwort beizulegen haben.

Was mir jetzt mein Andenken an die l. Meiningen etwas verdüstert, ist der Gedanke, daß Sie sich so sehr viele und zu große Sorge machen werden über den Krieg. Die Franzosen werden nie so weit ins Innre von Deutschland vorzudringen suchen. Und für das Leben und den nötigen Unterhalt hat unsre ganze liebe Familie gewiß in keinem Falle zu sorgen.

Ich werde wahrscheinlich nächste Woche wieder etliche Tage verreisen. Es ist dies sehr nötig für mich, weil ich in meiner Einsamkeit beinahe gezwungen bin zu immerwährender sitzender Beschäftigung und so leicht etwas Hypochondrie sich einnistet, wenn man nicht auch zuweilen wieder den Geist und den Körper lüftet.

Dem lieben Karl wollt ich immer schreiben, aber ich wartete immer, bis ich recht gut aufgelegt wäre, und so verging die Zeit. Die Reise ins Fulderland hab ich allein und zu Fuße gemacht.

Daß in den Briefen, *die ich eingeschlossen bekomme,* das Datum immer um ein paar Monate früher angesetzt ist, als der Brief wirklich geschrieben ist, ärgert mich. Denn das weiß ich doch gewiß, daß der Brief nirgends ein paar Monate liegenbleibt. Ich kann so eine Falschheit nicht leiden, und auch die Briefe sind etwas leer. Es ist aber übrigens gut, daß ich so zuweilen durch die Erinnerung an meine alten Torheiten, die doch auch ihr Gutes hatten, vor neuen gewarnt werde, wiewohl in diesem Eremitenleben die Gelegenheit gänzlich mangelt. Ich kann also, wenn es sein muß, gar wohl treu bleiben.

Nur viele Neuigkeiten, liebe Mutter! So manches unverdiente Leid mir angetan wurde in meinem Vaterlande, so nehm ich an allem, was daher kommt, doch immer mehr den wärmsten Anteil. Und ich spreche sicher von meinen Freunden und Bekannten mehr als sie von mir; daß ich von den l. Meinigen dieses nicht gesagt haben will, versteht sich von selbst. Ich habe meinem Zögling die Zeit abgebrochen, in der ich dieses schrieb; Sie können sich also denken, daß ich unmöglich weitläufiger sein kann. Und hiemit bis auf mehreres Adieu. Tausend Grüße und Empfehlungen der l. Frau Großmama, meinem Karl und den Lieben allen.

        Ewig
         Ihr
          Fritz

86. AN DEN BRUDER

Waltershausen, d. 21. Aug. 1794

Ich bin Dein Schuldner von lange her, lieber Bruder! Aber in dem Vertrage, den unsere Herzen gestiftet, steht ja nicht geschrieben, daß wir miteinander viele Worte machen und recht lange Briefe schreiben sollen, sondern daß wir Männer werden und nur unter dieser Bedingung uns gegenseitig als Brüder anerkennen wollen. Unter rastloser Tätigkeit reift man zum Manne, unter dem Bestreben, aus Pflicht zu handeln, auch wenn sie nicht viel Freude bringt, auch wenn sie eine sehr kleine Pflicht scheint, wenn sie nur Pflicht ist, reift man zum Manne; unter Verleugnung der Wünsche, unter Entsagung und Überwindung des selbstsüchtigen Teils unseres Wesens, dem es nur immer recht bequem und wohl sein soll, unter stillem Harren, bis ein größerer Wirkungskreis sich auftut, und unter der Überzeugung, daß es auch Größe sei, seine Kräfte auf einen engen Wirkungskreis einzuschränken, wenn Gutes dabei herauskömmt und kein größerer Wirkungskreis sich auftut; unter einer Ruhe, die keine Schwachheit der Menschen empört und kein eitler Prunk derselben, keine falsche Größe, keine vermeintliche Demütigung in Verwirrung setzt, die nur durch Schmerz und Freude über das Wohl oder Weh der Menschheit, nur durch das Gefühl eigner Unvollkommenheit unterbrochen wird, reift man zum Manne; unter dem unablässigen Bestreben, seine Begriffe zu berichtigen und zu erweitern, unter der unerschütterlichen Maxime, in Beurteilung aller möglichen Behauptungen und Handlungen, in Beurteilung ihrer Rechtmäßigkeit und Vernunftmäßigkeit schlechterdings keine Autorität anzuerkennen, sondern selbst zu prüfen, unter der heiligen, unerschütterlichen Maxime, sein Gewissen nie von eigner oder fremder Afterphilosophie, von der stockfinstern Aufklärung, von dem hochwohlweisen Unsinne beschwatzen zu lassen, der so manche heilige Pflicht mit dem Namen Vorurteil schändet, aber ebensowenig sich von den Toren oder Bösewichtern irremachen zu lassen, die unter dem Namen der Freigeisterei und des Freiheitsschwindels einen denkenden Geist, ein Wesen, das seine Würde und seine Rechte in der Person der Menschheit fühlt, verdammen möchten oder lächerlich machen, unter all diesem und vielem andern reift man zum Manne. Wir müssen große Forderungen an uns machen, Bruder meines Herzens! Wollten wir sein wie die Armseligen, denen es so wohl ist in dem Bewußtsein ihres kleinen Werts? Glaube mir, mir wird sonderbar zumut, wenn ich der Hoffnungen gedenke, die man sich vom folgenden Jahrhundert macht, und die verkrüppelten, kleingeisterischen, rohen, anmaßlichen, unwissenden, trägen Jünglinge dagegenstelle, deren es überall so viele gibt und die alsdann ihre Rolle spielen sollen. Die wenigen, die noch eine Ausnahme machen, müssen sich ermuntern und unterstützen. Noch etwas! Es ist jetzt not, daß man sich sagt: Sei klug, sprich nichts, so wahr es auch ist, wenn du sicher bist, es wird kein Zweck dadurch erreicht. Opfre nie dein Gewissen der Klugheit auf. Aber sei klug. Es ist ein goldner Spruch: Werft eure Perlen nicht vor die Schweine. Und was du tust, tue es nie in der Hitze. Überdenke kalt! und führe mit Feuer aus! – Ich bin gewiß, daß Du mit mir darin einig bist, daß Brüder so miteinander sprechen müssen. Beigelegter Brief ist von der Majorin an unsere liebe Mutter. Es ist ein Beweis, wie selten man seine Schuldigkeit tut, bei der Erziehung, wenn ein Erzieher, der im allgemeinen nach Überzeugung und Gewissen handelt, bei tausend Fehlern, die er macht, als etwas Seltnes betrachtet wird.

Letzten Sonntag war ich auf dem Gleichberge, der sich eine Stunde von Römhild über die weite Ebene erhebt. Ich hatte gegen Osten das Fichtelgebirge (an der Grenze von Franken und Böhmen), gegen Westen das Rhöngebirge, das die Grenze von Franken und Hessen, gegen Norden den Thüringer Wald, der die Grenze von Franken und Thüringen macht, gegen mein liebes Schwaben hinein, südwestlich, den Steigerwald zum Ende meines Horizonts. So studiert ich am liebsten die Geographie der beiden Halbkugeln, wenn es sein könnte! Schreibe mir doch auch recht viel von Deinen Beschäftigungen, von den sorglichen oder freudigen Tagen der lieben Mutter, von den Umständen aller der teuren Unsrigen, von meinen Bekannten, von H., B., G. etc., kurz von allen, die Du kennst und die mich nur einigermaßen interessieren können. Grüße mir alle bei Gelegenheit recht herzlich! –

Daß Robespierre den Kopf lassen mußte, scheint mir gerecht und vielleicht von guten Folgen zu sein. Laß erst die beiden Engel, die Menschlichkeit und den Frieden, kommen, was die Sache der Menschheit ist, gedeihet dann gewiß! Amen.

Dein
Fritz

87. AN NEUFFER

Waltershausen, d. 25. Aug. 94

Könnt ich Dir helfen, Freund meiner Seele! Gott weiß es! ich gäbe mein Leben gerne darum. Meine Freude ist hin, ich werde mitten unter dem, was mich umgibt, von Deinem Grame gemahnt, und ich weiß nicht, wie ich's ertragen könnte, wenn nicht Du Dich wenigstens rettetest.

Lieber! Du mußt, Du wirst Deinen Geist emporhalten, es komme, was da will. Du gehörst der Menschheit, Du darfst sie nicht verlassen. Durch große Freude und großen Schmerz reift der Mensch zum Manne. Eine Zukunft, wie der Held im Kampfe sie erwarten kann, wartet Deiner. Du wirst nicht gefühllos durchs Leben gehn, das königliche Bewußtsein, namenlosen Schmerz bezwungen zu haben, wird Dich geleiten, Du wirst Dich emporringen in die Region des Unvergänglichen, Du wirst unter den Menschen bleiben und Mensch sein, aber ein göttlicher Mensch.

Lieber! Unvergeßlicher! Du gehörst auch mir. Unter

allem, woran mein Herz hing mit Hoffnung einer Dauer, dauerte mir bisher einzig der Bund mit Dir. Ich weiß keine Seele, an die ich glaubte wie an Dich. Ich war noch nie so reich wie Du. Ich war nie glücklich durch Liebe, weiß nicht, ob ich es je werden werde, aber ich war oft unaussprechlich glücklich durch Dich und hofft es immer mehr zu werden auf diesem Wege. Kennst Du mich nimmer, bin ich Dir nichts mehr, mein Bruder? Laß uns zusammen aushalten in dieser finstern Zone, zusammen wirken, und nur vom Siege unser Herz nähren. Ich schwöre Dir's, zunächst der Menschheit soll nichts auf Erden ein Recht auf mich haben wie Du, ich werde Dein sein, wie Deine Seele, und wenn ich vor keinem Sterblichen mich beuge, so will und werd ich's ewig vor Dir. Welten erobern, Staaten einreißen und aufbauen wird mir nie so groß dünken, als solchen Schmerz zu überwinden.

Gönne mir den Trost meines Lebens und Dir den Triumph aller Triumphe! Ich lasse Dich nicht. Ich werd es ohne Ende Dir zurufen, und ich würd es sagen, wenn ich von Deiner und ihrer Leiche käme: Der Schmerz kann mich zu Boden werfen, aber überwältigen kann er mich nicht, sobald ich will.

Laß sie vorangehn, wenn es so sein soll, auf dem unendlichen Wege zur Vollendung! Du eilst ihr nach, wenn Du auch noch Jahre hier verweilst. Der Schmerz wird Deinen Geist beflügeln, Du wirst mit ihr gleichen Schritt halten, Ihr werdet verwandt bleiben, wie Ihr es seid, und was sich verwandt ist, findet sich doch wohl wieder.

Und wirst Du mich anhören? Ich hoffe noch. Es wird mir durch den Tod ihres Vaters, durch Euer Verhältnis, das bei tausend Seligkeiten doch gewiß auch manchen stillen Kummer herbeiführt, wahrscheinlich, daß vielleicht diese scheinbare Schwindsucht die Wirkung eines tief leidenden Gemüts sein könnte. Ist es das, so kann ich ruhiger sein.

Ich beschwöre Dich, schreibe mir mit nächstem Posttage wieder, so wenig es auch sein mag, nur wie es steht mit ihr und Dir. Wird es nicht anders: so hält mich schlechterdings nichts, ich eile und komme und bitte Dich auf den Knien, Dein zu schonen. Gelingt mir gar nichts, so hoff ich doch durch ein paar herzliche Tage Deinen Gram in etwas zu unterbrechen, und auch das ist mir schon Grundes genug, zu kommen.

O mein Neuffer! wär ich schon bei Dir! Ich habe keine Ruhe. Könnt ich doch mit nächstem Briefe von Dir etwas heitrer werden. Vergiß nicht, daß Du es bist, der leidet, und daß ich es bin, der mit Dir trägt. Des Himmels Segen über die duldende Heilige!

Ewig
Dein
Hölderlin

Ich benützte in Eile die nächste Gelegenheit und schreibe Dir über Würzburg. Du wirst auch gerne haben, wenn Dein Brief früher hieher kömmt. Adressiere ihn deswegen nach Waltershausen bei Neustadt an der Saale. Über Würzburg.

88. AN NEUFFER

Waltershausen bei Meiningen,
d. 10. Oct. 94

Ich war Dir schon um einige Tagereisen näher als gewöhnlich, auf einem Kalbischen Gute auf dem Steigerwalde, in der Gegend von Bamberg, und erwartete da Deinen letzten Brief, der mich trotz aller Protestationen bestimmt hätte, zu Dir zu eilen und Dir zu zeigen, daß Du *noch* etwas Treues in der Welt hättest, wenn dieser Brief nicht so fröhlich und herrlich gelautet hätte. Ich bekam ihn sehr bald, ich hatte vor meiner Abreise von hier überall dafür gesorgt, daß er mir eilends nachgeschickt wurde. Das Opfer war also nicht groß, lieber Bruder, da ich beinahe schon halbwegs war und mich die Natur mit ein Paar rüstigen Beinen versehen hat. Aber da kam der Brief, und das weiß nur ich, wie sehr mich das freute, daß Du mich nicht brauchtest. Es war eine von den Stunden, worin uns die Freude auf Monate stärkt. Der Wunsch liegt tief und ewig in meiner Seele, daß diese schöne Liebe bestehen möge, mit allen Seligkeiten und allen Tugenden, die sie gibt, mit all ihren Blüten und Früchten. Sie kömmt mir immer vor, wenn ich das Zeitalter dagegenhalte, wie eine Nachtigall im Herbste. – Das kannst Du mir glauben, lieber, guter Bruder! daß die Ungleichheit, in der ich von dieser Seite mehr durch Schicksal als durch mein eignes Wesen gegen Dir stehe, mich gar nicht hindert, die ganze Schönheit und den ganzen Wert dieses Verhältnisses mit Freude und Achtung zu erkennen. Ich sage nicht umsonst mit Achtung, denn ohne das, dem Achtung gebührt, ohne Adel und Festigkeit des sittlichen Menschen könnte sicher ein solches Verhältnis nicht bestehen. Etwas hab ich doch auch; den Bund mit Dir: Er wird bestehen, mit seinen Blüten und Früchten, wie der Bund Deiner Liebe. Es ist mir damit sehr Ernst, lieber Neuffer! Ich bin zu sehr überzeugt, ich werde alle Tage in meiner Überzeugung zu sehr bestätigt, daß man eine solche Freundschaft nicht auf jeder Straße findet, als daß ich die unsrige nicht ewig festhalten sollte. Es ist beinahe mein einziger Trost, wenn ich Trost bedarf, daß doch mein Herz mit *einem* Wesen in einem daurenden Verhältnisse steht, daß ich doch *ein* Gemüt kenne, worauf ich trauen kann. Daß ich dieses Trostes bedarf, wirst Du mir gerne glauben, weil Du, wie ich, weißt, wie die meisten es recht gut mit sich meinen, mit andern hingegen, wenn sie könnten, es größtenteils ungefähr halten möchten wie mit ihren Töpfen und Stühlen; man hütet sich wohl, sie zu zerbrechen, solange man sie braucht oder solange sie nicht aus der Mode sind; – und daß ich mich nicht zerbrechen lasse, versteht sich; daß ich nur so lange mich brauchen lasse, bis ich mich selbst besser brauchen kann, versteht sich auch; aber das ist doch sehr wenig.

Mein jetziger äußerer Beruf wird mir oft sehr schwer. Dir

kann ich es wohl sagen. Ich schwieg indes auch gegen Dich, weil ich besonders Dir nur zu viel Veranlassung gab, in mir einen Unmut über alles zu vermuten, das nicht versilbert und vergoldet ist, einen ewigen Jammer darüber, daß die Welt kein Arkadien ist. Über diese kindische Feigheit bin ich aber so ziemlich weg. Aber ich bin ein Mensch. Ich muß doch wohl gewissenhaften, oft sehr angestrengten Bemühungen Erfolg wünschen. Es muß mir also wehe tun, wenn dieser Erfolg beinahe gänzlich mangelt durch die sehr mittelmäßigen Talente meines Zöglings und durch eine äußerst fehlerhafte Behandlung in seiner frühern Jugend und andere Dinge, womit ich Dich verschonen will. Daß mir das wehe tut, wäre an sich nicht sehr bedeutend, aber daß mich das unvermeidlich in meinen andern Beschäftigungen stört, scheint mir nicht so unbedeutend. Es wäre Dir wohl auch sehr unangenehm, wenn Dir eine Hälfte des Tags über einem Unterrichte verginge, wobei Du nichts gewännest als etwas Geduld, und die andere Hälfte sehr oft durch die Erfahrung, daß der andere nichts dabei gewinnt, beinahe unnütz für Dich gemacht würde. – Übrigens such ich mich emporzuhalten, so gut es geht, und wenn mir nur die Sonne in meine Fenster scheint, steh ich meist heiter auf und benütze dann, so gut ich kann, ein paar Morgenstunden, die einzigen, wo ich eigentlich Ruhe habe. Die meisten vergingen mir diesen Sommer über meinem Roman, wovon Du die fünf ersten Briefe diesen Winter in der „Thalia" finden wirst. Ich bin nun mit dem ersten Teile beinahe ganz zu Ende. Fast keine Zeile blieb von meinen alten Papieren. Der große Übergang aus der Jugend in das Wesen des Mannes, vom Affekte zur Vernunft, aus dem Reiche der Phantasie ins Reich der Wahrheit und Freiheit scheint mir immer einer solchen langsamen Behandlung wert zu sein. Ich freue mich übrigens doch auf den Tag, wo ich mit dem Ganzen im reinen sein werde, weil ich dann unverzüglich einen andern Plan, der mir beinahe noch mehr am Herzen liegt, den Tod des Sokrates, nach den Idealen der griechischen

Dramen zu bearbeiten versuchen werde. Lyrisches hab ich seit dem Frühling noch wenig gedichtet. Das Gedicht an das Schicksal, das ich noch zu Hause anfing, vorigen Winter beinahe ganz umänderte und um Ostern in einem Briefe an Schiller einschloß, scheint dieser sehr gut aufgenommen zu haben nach dem, was er mir sagte in der Antwort auf meinen letzten Brief, wo ich ihm das Fragment von Hyperion schickte. Er hat es für einen Almanach bestimmt, wovon er künftig der Herausgeber sein wird, und ich will ihm auf sein Begehren noch einiges dazu schicken. Es wird von der Fruchtbarkeit meiner Natur abhängen, ob ich für den Reinhardischen „Almanach" und die „Akademie" und das Conzische „Museum" Dir etwas werde schicken können, ich möchte Dir nicht gerne Schande machen, es wäre auch sehr liederlich, wenn ich Dein brüderliches Anerbieten so belohnen wollte, mit flüchtigen Produkten möcht ich also Dich nicht gerne belästigen. Vielleicht kann ich Dir einen Aufsatz über *die ästhetischen Ideen* schicken; weil er als ein Kommentar über den „Phädrus" des Plato gelten kann und eine Stelle desselben mein ausdrücklicher Text ist, so wär er vielleicht für Conz brauchbar. Im Grunde soll er eine Analyse des Schönen und Erhabnen enthalten, nach welcher die Kantische vereinfacht und von der andern Seite vielseitiger wird, wie es schon Schiller zum Teil in seiner Schrift „Über Anmut und Würde" getan hat, der aber doch auch einen Schritt weniger über die Kantische Grenzlinie gewagt hat, als er nach meiner Meinung hätte wagen sollen. Lächle nicht! Ich kann irren; aber ich habe geprüft, und lange und mit Anstrengung geprüft. – Jetzt bin ich an einer Umarbeitung meines Gedichts an den Genius der Jugend. – Wahrscheinlich werd ich mit Anfang des Novembers nach Jena abreisen. Man sieht, daß mein physisches Ich, mit meinen andern Kräften, etwas Not leidet in meiner Lage, und schickt mich auf ein halb Jahr mit meinem Zögling, dem es auch in einigen Rücksichten nötig ist, dahin, um mich zu behalten. Ich will sehen, wie es gehn wird. Genuß erwart und will ich wenig; aber etwas soll es, wie ich denke, zu meiner Bildung beitragen. Tausend Dank für den gütigen Gruß von Deinem edeln Mädchen; ich erwidre ihn von ganzer Seele. Dein Gedicht machte mir viele Freude, die vorletzte Strophe besonders als Poesie und als Erguß Deines Herzens. Die Majorin läßt Dich grüßen. Dein Gruß habe sie recht sehr gefreut! Ich muß aus Mangel an Zeit schließen, ehe ich es will.

Dein
Hölderlin

Schreibe mir doch auch was von Gotthold. Ist Hiller nach Amerika? Hat wohl die Heglin meinen Brief ihrem Bruder geschickt? Was machen die andern guten schönen Kinder? Du glaubst nicht, wie lieb mir itzt Neuigkeiten aus Euren Gegenden und Zirkeln sind.

89. AN NEUFFER

Jena, d. Nov. 94

Ich bin nun hier, wie Du siehst, lieber Bruder! und ich habe Ursache, mich darüber zu freuen, nicht sowohl, weil ich hier bin, als weil mich mein Hiersein in dem Glauben bestätiget, daß es uns leicht wird, etwas durchzusetzen, sobald wir nur nicht ans Ziel getragen sein, sondern mit eignen Füßen gehen wollen und es nicht achten, wenn zuweilen ein hartes Steinchen die Sohle drückt. Ich weiß gar wohl, daß es ein größer Ziel gibt und größere Mühe, mehr Arbeit und mehr Gewinn; aber zu großen Dingen hat man in dieser Welt auch selten mehr als kleine Beispiele.

Ich habe jetzt den Kopf und das Herz voll von dem, was ich durch Denken und Dichten, auch von dem, was ich pflichtmäßig, durch Handeln, hinausführen möchte, letzteres natürlich nicht allein. Die Nähe der wahrhaft großen Geister und auch die Nähe wahrhaft großer, selbsttätiger, mutiger Herzen schlägt mich nieder und erhebt mich wechselsweise, ich muß mir heraushelfen aus Dämmerung und Schlummer, halbentwickelte, halberstorbne Kräfte sanft und mit Gewalt wecken und bilden, wenn ich nicht am Ende zu einer traurigen Resignation meine Zuflucht nehmen soll, wo man sich mit andern Unmündigen und Unmächtigen tröstet, die Welt gehen läßt, wie sie geht, dem Untergange und Aufgange der Wahrheit und des Rechts, dem Blühen und Welken der Kunst, dem Tod und Leben von allem, was den Menschen, als Menschen, interessiert, wo man dem allem aus seinem Winkel mit Ruhe zusieht und, wenn's hoch kömmt, den Forderungen der Menschheit seine negative Tugend entgegenstellt. Lieber das Grab, als diesen Zustand! Und doch hab ich oft beinahe nichts anders im Prospekt. Lieber alter Herzensfreund! in solchen Augenblicken vermiß ich oft recht Deine Nähe, Deinen Trost und das sichtbare Beispiel Deiner Festigkeit. Ich weiß, daß auch Dich zuweilen der Mut verläßt, ich weiß, daß es allgemeines Schicksal der Seelen ist, die mehr als tierische Bedürfnisse haben. Nur sind die Grade verschieden. Eine Stelle, die ich heute in dem Vorberichte zu den Wielandschen sämtlichen Werken zufällig ansah, brennt mir noch im Herzen. Es heißt da: die Muse Wielands habe mit dem Anfange der deutschen Dichtkunst angefangen und ende mit ihrem *Untergange*! Allerliebst! Nenne mich einen Kindskopf! aber so was kann mir eine Woche verderben. Sei's auch! Wenn's sein muß, so zerbrechen wir unsre unglücklichen Saitenspiele und *tun*, was die Künstler *träumten*! Das ist mein Trost. – Nun auch was von hier. Fichte ist jetzt die Seele von Jena. Und gottlob! daß er's ist. Einen Mann von solcher Tiefe und Energie des Geistes kenn ich sonst nicht. In den entlegensten Gebieten des menschlichen Wissens die Prinzipien dieses Wissens und mit ihnen die des Rechts aufzusuchen und zu bestimmen und mit gleicher Kraft des Geistes die entlegensten, kühnsten Folgerungen aus diesen Prinzipien zu denken und trotz der Gewalt der Finsternis sie zu schreiben und vorzutragen, mit einem Feuer und einer Bestimmtheit, deren Vereinigung mir Armen ohne dies Beispiel vielleicht ein unauflösliches Problem geschienen hätte – dies, lieber Neuffer! ist doch gewiß viel und ist gewiß nicht zu viel gesagt von diesem Manne. Ich hör ihn alle Tage. Sprech ihn zuweilen. Auch bei Schiller war ich schon einige Male, das erstemal eben nicht mit Glück. Ich trat hinein, wurde freundlich begrüßt und bemerkte kaum im Hintergrunde einen Fremden, bei dem keine Miene, auch nachher lange kein Laut etwas Besonders ahnden ließ. Schiller nannte mich ihm, nannt ihn auch mir, aber ich verstand seinen Namen nicht. Kalt, fast ohne einen Blick auf ihn begrüßt ich ihn und war einzig im Innern und Äußern mit Schillern beschäftigt; der Fremde sprach lange kein Wort. Schiller brachte die „Thalia", wo ein Fragment von meinem „Hyperion" und mein Gedicht an das Schicksal gedruckt ist, und gab es mir. Da Schiller sich einen Augenblick darauf entfernte, nahm der Fremde das Journal vom Tische, wo ich stand, blätterte neben mir in dem Fragmente und sprach kein Wort. Ich fühlt es, daß ich über und über rot wurde. Hätt ich gewußt, was ich jetzt weiß, ich wäre leichenblaß geworden. Er wandte sich drauf zu mir, erkundigte sich nach der Frau von Kalb, nach der Gegend und den Nachbarn unseres Dorfs, und ich beantwortete das alles so einsilbig, als ich vielleicht selten gewohnt bin. Aber ich hatte einmal meine Unglücksstunde. Schiller kam wieder, wir sprachen über das Theater in Weimar, der Fremde ließ ein paar Worte fallen, die gewichtig genug waren, um mich etwas ahnden zu lassen. Aber ich ahndete nichts. Der Maler Meyer aus Weimar kam auch noch. Der Fremde unterhielt sich über manches mit ihm. Aber ich ahndete nichts. Ich ging und erfuhr an demselben Tage im Klub der Professoren, was meinst Du? daß *Goethe* diesen Mittag bei Schiller gewesen sei. Der Himmel helfe mir, mein Unglück und meine dummen Streiche gutzumachen, wenn ich nach Weimar komme. Nachher speist ich bei Schiller zu Nacht, wo dieser mich soviel möglich tröstete, auch durch seine Heiterkeit und seine Unterhaltung, worin sein ganzer kolossalischer Geist erschien, mich das Unheil, das mir das erstemal begegnete, vergessen ließ. Auch bei Niethammer bin ich zuweilen. Das nächstemal mehr von Jena. Schreibe mir itzt auch bald, lieber Bruder!

                              Dein
                              Hölderlin

Meine Adresse ist: an − − im Vogtischen Garten.

90. AN DIE MUTTER

Jena, d. 17. Nov. 94

Da bin ich nun, liebste Mutter, höre Lektionen, besuche Schiller, auch zuweilen einen öffentlichen Zirkel, und bin sonst zu Hause in mancherlei Arbeit vergraben. Die Hälfte des Tages, die ich meinem Kleinen opfern muß, geb ich freilich hier um so ungerner weg, da ich durch manches zu eigener Tätigkeit bestimmt werde, was in Waltershausen mir nicht vorkommen konnte. Die Reise aus Franken hieher mußt ich zu meinem Verdrusse mit dem Postwagen machen, und es wurde mir dadurch unmöglich gemacht, Friemar, das auf der Seite von Gotha liegt, aufzusuchen. Ich hörte aber von einem Pastor aus der Gegend, der mit mir fuhr, daß er zwar nicht in Friemar selbst, aber in einem benachbarten Dorfe Leute kenne, die sich Heyns nennten. Ich mache die Rückreise ganz sicher zu Fuße und werde schlechterdings sie nicht anders als über Friemar machen. Von meiner Reise weiß ich Ihnen nichts zu sagen, als daß Schmalkalden, eine hessische Stadt, nichts weniger als eine moderne Gestalt, übrigens eine außerordentliche Industrie hat; daß es ein königlicher Anblick ist, den man auf der Höhe des Thüringer Waldes genießt, wo man hinter sich einen großen Teil von Franken, mit seinen Bergen und Wäldern, vor sich die großen Ebenen von Sachsen hat und in der dunkeln Ferne das Harzgebirge. Die glücklichen Menschen in den Tälern des Thüringer Walds, die mit unsern Schwarzwäldern ihren Wohlstand und ihre Geradheit und Gesundheit gemein haben, möchte man beneiden, wenn man nicht denken könnte, daß man unter den Leiden des kultivierten Lebens auch mehr vielleicht fördert und nutzt. Hindurch durch die Nacht müssen wir einmal, und glücklich der, der auch mithilft und arbeitet. Gotha ist ein hübscher Ort, aber ein luxuriöses Völkchen mag es da sein. Doch will ich niemand Unrecht tun und gerne gestehen, daß mein Urteil nur flüchtig und äußerst unzuverlässig ist. Erfurt ist enorm groß, aber menschenleer. Der Koadjutor von Dalberg ist die Seele dieses Orts; sonst möcht er auch so ziemlich seelenlos sein; er ist merkwürdig durch die vielen schönen Gesichter, die man da sieht. Von Weimar sag ich nichts, bis ich einmal drüben gewesen bin und hoffentlich mehr gesehen, mehr gehört und gewonnen habe als bei der flüchtigen Durchreise. Hier wohne ich in einem Garten, in der Vorstadt, habe ein paar hübsche Zimmer, gute Kost (was man in Jena gute Kost nennt) und habe den Vorteil, daß mein Hausherr Buchhändler ist und ein großes Leseinstitut hat, wo ich immer das Neueste aus der ersten Hand auf einige Tage bekommen kann. Doch lassen meine Geschäfte mich diese Gelegenheit meist nur über Tisch und nach Tisch benutzen. Fichtes neue Philosophie beschäftigt mich itzt ganz. Ich hör ihn auch einzig und sonst keinen. Schiller behandelt mich sehr freundschaftlich. Auch Paulus nahm mich höflich auf. In seinem Hause war ich noch nicht; man tut besser, die Professoren, mit denen man nicht ganz gut bekannt ist, da aufzusuchen, wo sie einmal ihre Zeit der Gesellschaft bestimmt haben, d. h. in den öffentlichen Zirkeln, deren es hier genug gibt und wo man auf einen ziemlich guten Ton lebt, besonders männlicherseits, denn soviel ich die Damen mit eigenen Augen und durch Hörensagen kennenlernte, haben sie etwas Zuvorkommendes, das nichts weniger als Grazie, und etwas Zurückstoßendes, das nichts weniger als Würde ist. Übrigens

besuch ich diese Zirkel äußerst selten, wenn ich muß und will. Mit Hesler komm ich manchmal zusammen. Die Gegend von Jena ist trefflich...
Meine Adresse ist: an – – – im Vogtischen Garten.

91. AN DIE MUTTER

Jena, d. 26. Dez. 94

Ich bedaure von Herzen, liebe Mutter! daß Ihnen das lange Stillschweigen Sorge machte. Doch hab ich den Trost, daß es gänzlich ohne meine Schuld geschah. Ich schrieb noch vor meiner Abreise von Waltershausen, entschuldigte mich mit einer Reise in die Gegend von Bamberg, auf ein Kalbisches Gut, daß ich Ihren Brief, der den Kirschengeist und die Strümpfe, wofür ich herzlich danke, begleitete, nicht bälder beantwortet hatte, meldete Ihnen meine nahe Abreise nach Jena und mein Vorhaben, auch meine Verwandten in Friemar zu besuchen (denn daß noch eine Heynische Familie da ist und im Wohlstande lebt, weiß ich jetzt gewiß), und Sie werden finden, daß ich mich in meinem letzten Briefe, den ich von hier aus schrieb, auf jenen, der allem nach verlorengegangen ist, bezog. Ich muß Sie recht sehr bitten, liebe Mutter! daß Sie doch nie die Ursache von einem langen Ausbleiben meiner Briefe in irgendeinen Unfall setzen; ich verspreche Ihnen heilig, daß ich gerade dann am schleunigsten von mir Nachricht geben werde, wenn ich irgendwo Ihrer mütterlichen Teilnahme bedürfte. Bei der Abhängigkeit, in der ich lebe, könnte es oft kommen, daß unvorhergesehene Veränderungen in meiner Lage mich den Ort, wohin Sie zunächst zu schreiben hätten, nicht genau bestimmen, auch von mir selbst keine bestimmte Nachricht mich geben ließen, und in diesen und ähnlichen Fällen glaubt ich fast besser zu tun, wenn ich so lange wartete, bis ich sichre Nachricht geben könnte. In einem solchen Falle bin ich beinahe jetzt. Meine Herrschaft findet den Aufenthalt auf dem Lande jetzt plötzlich zu langweilig, und weil in jeder Stadt mein Zögling ebensogut wie hier beraten scheint, wenn es nur eine Stadt ist, so fallen die Gründe, warum er hieher geschickt wurde, weg, und ich bin genötigt, Jena wider all mein Vermuten nächste Woche schon wieder zu verlassen, werde mich in Weimar, wo sich die Majorin, die uns abzuholen gekommen ist, noch einige Wochen aufhält, auch noch umsehen und dann wahrscheinlich nach Nürnberg abreisen. Ich bedaure, daß Ihre Freude über die Glückssterne, die mir aufzugehen schienen, so kurz ist; ich bin übrigens resigniert und froh, daß ich meine kurze Zeit hier so gut als möglich anwandte. Ich fand auch Freunde unter den hiesigen Professoren, besonders interessierte sich Schiller für mich. Auch Niethammer benahm sich recht brav gegen mich. Ich finde beim Abschiede, daß ich bei einem längeren Aufenthalt noch manches Angenehme und Vorteilhafte hätte erfahren können. Ich gestehe Ihnen, daß ich aus manchen *reellen* Gründen entschlossen war, mein Verhältnis zu verlassen und zu versuchen, ob ich mich nicht hier soutenieren könnte; ich erklärte es der Majorin, die meine Gründe triftig finden mußte, und die Sache wäre beinahe abgetan gewesen, wenn nicht Schiller einen glücklichen Mittelweg ausgefunden und mich bewogen hätte, mich dahin zu erklären, daß, wenn meine Bedenklichkeiten, die auch er gültig fand, bis Ostern nicht wegfallen, das Verhältnis aufgehoben sein sollte. Da diese Bedenklichkeiten vorzüglich meinen Zögling betreffen, so werden Sie es selbst gut finden, wenn ich sie nicht ohne Not auseinandersetze. Glauben Sie, liebe Mutter! daß der jugendliche Übermut, wenn er je meine Handlungen bestimmte, jetzt gewiß mich nimmer leitet. Ein froher Gedanke ist's mir, daß ich Ihnen bald um vieles näher bin und vielleicht einmal auf einige Tage mein Vaterland und die Meinigen wiedersehen kann, ehe sie sich's versehen. – Es tut mir auch weh, meine guten Landsleute, besonders Heslern und Camerern von Sondelfingen, der hier seine medizinischen Studien fortsetzt, so bald wieder zu verlassen. –

Ein merkwürdiger Zug in meiner Lebensgeschichte! Ich sprach kein süßes Wort mit irgendeiner hiesigen Dame. Meine eingeschränkte Zeit ließ es mir auch nicht zu, die schönen und lustigen Zirkel zu besuchen. Einmal war ich schuldigerweise bei Madame Paulus, wo ich mich aber lieber an den Professor hielt, weil er in der Tat in theologischer Rücksicht ein interessanter Mann ist. Ich sage das auf die lieben wohlgemeinten Ermahnungen. – Ich schreibe Ihnen, noch eh ich eine Antwort von Ihnen bekomme, noch einmal von Weimar aus. Ich bin itzt wegen der nahen Abreise etwas zerstreut. Was macht mein Karl? Er soll mir doch verzeihen, daß ich im Briefschreiben so nachlässig bin. Denkt er denn auch noch oft an mich? Und wie geht's den andern Lieben? Ihnen und der Frau Großmama für das Weihnachtsgeschenk herzlichen Dank! Auch ein gutes neues Jahr! Nach Blaubeuren und Löchgau tausend Empfehlungen!

Ihr
Fritz

Mit dem Kirschengeist haben Sie große Ehre eingelegt. Ich soll Ihnen dafür und für Ihren Brief recht sehr danken.

Ich hätte beinahe einen wichtigen Punkt vergessen. Sie fragen mich, ob ich nicht Lust hätte zur Pfarre in Neckarshausen? Ich gestehe, daß es mir sehr schwer werden würde, jetzt schon von meiner Wanderschaft und meinen Beschäftigungen und kleinen Planen zurückzukehren und mich in ein Verhältnis einzulassen, das doch, soviel Ehrwürdiges und Angenehmes es hat, mit meinen jetzigen Beschäftigungen und mit dem Fortgange meiner Bildung zu unvereinbar ist, als daß es nicht eine mißliche Revolution in meinem Charakter bewirken müßte. Auch ferne ist man sich nahe, liebe Mutter! Die Bequemlichkeit, die ich freilich auf einer Pfarre mehr fände als in meiner jetzigen Lage, wird mir im dreißigsten Jahre desto besser bekommen. Auch möcht ich einen Versuch nicht wagen, der mich mit Leuten, die mich nicht kennen und nie kennen werden, in ein Supplikantenverhältnis setzt. Hätt ich's nötig, so würde die letzte Rücksicht zu unbedeutend sein, um mich davon abzuhalten. Meiner Freundin in Tübingen schreib ich heute noch. Ich gesteh Ihnen, daß ich nach allem, wie ich sie beurteilen *muß*, nicht wünschen kann, ein engeres Verhältnis mit ihr geknüpft zu haben oder noch zu knüpfen. Ich schätze manche gute Eigenschaft an ihr. Aber ich glaube nicht, daß wir zusammentaugten. Und so schreib ich *ohne irgendeine Ursache* als aus der einzigen, weil ich indessen oft unbefangen über ihren Charakter und ihr ehmaliges Benehmen gegen mich nachdachte. Nicht, als wär es je schlimm gewesen, aber es war nicht so, um mich zu einer unwiderruflichen Wahl bestimmen zu können.

Leben Sie recht wohl.

Haben Sie die Güte, den beigelegten Brief zu versiegeln. Er bedarf, glaub ich, keiner Adresse.

92. AN DIE MUTTER

Jena, d. 16. Jan. 1795

Wundern Sie sich nicht, liebste Mutter! daß ich jetzt, da Sie mich vielleicht, meinem letzten Briefe nach, schon in Nürnberg vermuteten, wieder von hier aus schreibe.

Ich denke, diese Überraschung soll Ihnen, wenn ich mich näher erklärt habe, nicht sehr unangenehm sein.

Ich bin auf meine Kosten hier, ohne daß ich genötigt wäre, Ihnen vorderhand auf irgendeine Art lästig zu sein. – Ich war aus guten Gründen nie ganz offenherzig gegen Sie über mein bisheriges Verhältnis. Ich dachte, die Schwierigkeiten und innigen Leiden, die ich in ungewöhnlichem Grade auf meiner Laufbahn traf, durch beharrliche und zweckmäßige Bemühung zu überwinden, und vermutete nicht, daß endlich der Schritt nötig sein werde, bei welchem ich nicht wohl vermeiden kann, manches, worüber ich bisher schwieg, gegen

Sie zu äußern, weil ich Ihnen von meiner getroffenen Veränderung Rechenschaft geben muß. Daß mein Zögling bei einer mittelmäßigen Naturanlage noch im höchsten Grade unwissend war, als ich seine Bildung begann, war freilich nicht angenehm, doch eben kein Grund, seine Bildung nicht alles Ernstes vorzunehmen, und ich tat dies, wie Gott mein Zeuge ist, wie auch seine Eltern es erkennen, mit aller Gewissenhaftigkeit, nach meiner besten Einsicht.

Daß aber eine gänzliche Unempfindlichkeit für alle vernünftige Lehre, womit ich auf seine verwilderte Natur wirken wollte, in ihm war, daß hier weder ein ernstes Wort Achtung, noch ein freundliches Anhänglichkeit ans Gute hervorbrachte, war für mich freilich eine bittere Entdeckung. Ich suchte die Ursache dieser beinahe fortdauernden Verstocktheit in der Prügelmethode, welche vor meiner Ankunft allem nach bis zum höchsten Exzeß gegen ihn ausgeübt wurde. Oft schien es, als hätt ich ihn aus seinem Schlafe geweckt, er war offen, verständig, und es schien keine Spur seiner Roheit mehr an ihm zu sein, und in seinen Kenntnissen machte er an solchen Tagen unbegreiflich schnelle Schritte. Ich wurde vergöttert, als hätt ich Wunder getan an dem Kinde, mein ehrlicher Pfarrer in Waltershausen drückte mir so herzlich die Hand und gestand mir, daß er nach allen Versuchen, die auch er mit dem Kinde gemacht hätte, verzweifelt hätte und durch mich beschämt wäre, und auch die Ungebildetern im Dorfe und Hause fühlten die glückliche Metamorphose, die mit dem Kinde vorgegangen war. Das machte mich froh und mutig. Aber ebenso schnell und unvermutet fiel er auch wieder in die höchste Stumpfheit und Trägheit zurück. Sein Vater hatte mich, freilich mit zu großer Schonung gegen mich, auf ein Laster aufmerksam gemacht, wovon zuweilen Spuren an dem Kinde bemerkt worden waren. Der Zustand seines Gemüts und Geistes machte mich endlich noch aufmerksamer, und ich entdeckte leider! zum Teil auch durch sein Geständnis, mehr, als ich fürchtete. Ich kann mich unmöglich deutlicher gegen Sie erklären. Ich ließ ihn keinen Augenblick beinahe von der Seite, bewachte ihn Tag und Nacht aufs ängstlichste, sein Körper wie seine Seele schien sich zu erholen, und ich hoffte wieder. Aber er wußte am Ende meiner Aufmerksamkeit doch zu entgehen, und seine Verstocktheit, die Folge jenes Lasters, stieg besonders zu Ende des Sommers zu einem Grade, der mir beinahe auch meine Gesundheit, alle Heiterkeit und so auch meinen Geisteskräften ihre gehörige Tätigkeit raubte. Ich bot allen Mitteln auf, um zu helfen, umsonst! Ich erklärte mehrere Male offenherzig meinen Gram über alle fehlgeschlagene Maßregeln, bat um Rat, um Unterstützung, man tröstete mich und bat mich, auszuharren, solange mir's möglich wäre. Um mich einigermaßen für so manche verlorene bittre Stunde zu entschädigen, auch um den Knaben zu zerstreuen und durch Tanzstunden p.p. in mehr Bewegung zu setzen, schickte man uns nach Jena. Durch unsägliche Mühen, fast beständiges Nachtwachen, und die dringendsten Bitten und Ermahnungen und durch gerechte Strenge gelang mir's, auf einige Zeit das Übel seltner zu machen, und so waren die Fortschritte in der moralischen und wissenschaftlichen Bildung wieder recht schön. Aber es hielt nicht lange, die ganze Unmöglichkeit, auf das Kind reell zu wirken und ihm zu helfen, griff meine Gesundheit und mein Gemüt auf das härteste an. Das ängstliche Wachen bei Nacht zerstörte meinen Kopf und machte mich für mein Tagwerk beinahe unfähig. Inzwischen kam die Majorin. Das edle Weib litt sehr viel über ihr Kind, auch über mich. Schiller und sie bat mich, es nur *einmal* noch zu versuchen. Auch der Major suchte mich und sich zu trösten und schrieb, ich möchte eben ausharren, solang ich könnte. Wir reisten nach Weimar ab, und da dort das Übel mit jedem Tage bei dem Kinde trotz der Bemühungen der Ärzte und meiner fortdauernden Anstrengung zu-, meine Gesundheit, mein Mut, meine Heiterkeit mit jedem Tage abnahm, wie es notwendig war, erklärte mir die Majorin, daß sie mich nun nicht länger könne leiden sehn, sie wollte nicht, daß ich ohne Nutzen zu Grunde ginge, riet mir, hieher zu gehn und mich hier zu halten, solang ich könnte, versprach mir, ihren ganzen Einfluß zu meinem künftigen Glücke aufzubieten, und versah mich mit Geld für ein Vierteljahr. Bei meiner eingeschränkten Lebensart denk ich mit 7 Karolinen ganz gut bis Ostern auszureichen. Schiller nimmt sich meiner recht herzlich an. Werd ich mit einer Arbeit, die ich schon seit Jahren unter den Händen habe, bis Ostern fertig, so werd ich auch dann Ihnen nicht lästig sein. Ich bin itzt in einer Periode, die auf mein ganzes künftiges Leben wahrscheinlich sehr entscheidend ist. Auch Herder, den ich einmal in Weimar besuchte, interessiert sich sehr für mich, wie mir soeben die Majorin schreibt, und läßt mir sagen, ich möchte ihn doch, sooft ich nach Weimar käme, besuchen. Dies wird auch ziemlich oft geschehen; ich mußt es der Majorin versprechen, beim Abschiede; sie will in Weimar bleiben und hat nur einen Hauslehrer für ihren Sohn angenommen. Eben weil sie in Weimar blieb, war ihr auch ein Hofmeister nicht mehr so notwendig. Sie will Ihnen nächstens schreiben. Auch den großen Goethe sprach ich drüben. Der Umgang mit solchen Männern setzt alle Kräfte in Tätigkeit. – Mein Plan ist itzt, bis nächsten Herbst hier noch Stunden zu hören, auch mit eignen Arbeiten *Leib* und Seele zu nähren und dann entweder hier Kollegien zu lesen oder um eine neue Hofmeisterstelle in der Schweiz oder sonst mich umzusehen oder auch als Gesellschafter mit einem jungen Manne zu reisen. Freilich dependieren alle diese Dinge nicht ganz von mir. Insoferne sie von mir dependieren, such ich mir durch Fleiß und Erhaltung meiner Kräfte den Erfolg zu sichern, und was das andere betrifft, hoff ich auf ein gutes Schicksal und gute Menschen. Erhalten Sie mir meinen Mut durch Ihre gütige Teilnahme an meinem Schicksal! Lassen Sie sich, liebste Mutter! durch keine ungegründete Sorge in den Hoffnungen stören, die Sie von mir gewiß hegen, weil eine Mutter schwerlich je aufhören wird, von ihrem Sohne etwas zu hoffen! Gönnen Sie mir den ungestörten Gebrauch meiner Kräfte, der mir seit meiner frühen Jugend jetzt beinahe zum ersten Male zuteil wird! Glauben Sie, daß ich nicht aus kindischen Motiven meine sparsame Mahlzeit, die ich des Tages *einmal* genieße, einer reichen Tafel und sogar für jetzt dem Herde meiner Heimat vorzog. Dafür fühl ich auch jetzt schon neue Kraft und neuen Mut in mir! Nur das, guter Gott! nur das möcht ich erringen, daß meine Mutter von Herzensgrunde sagen könnte, es war an ihm keine Mühe und Sorge vergebens! – Leben Sie wohl! Grüßen Sie alle die lieben Meinigen! Ich will itzt wieder öfter schreiben. Meine bisherige unruhige Lage machte es mir beinahe unmöglich. Schreiben Sie mir doch so bald nur möglich. Ich sehne mich recht sehr nach einem Briefe von Ihnen. Und so eine herzliche Freude, die ich dann habe, gönnen Sie mir gewiß. Leben Sie wohl.

Ihr

Fritz

Mit neuen Kleidern war ich versehen, ehe ich hieher kam. Für mein Logis zahl ich bis Ostern 5 Taler. Für Kost wöchentlich 14 Groschen. Der Krug Bier kostet mir täglich 3 cr. und das Frühstück ungefähr 6 cr. Ich wohne – *neben dem Fichtischen Hause*, so können Sie mein unbekanntes Logis auf der Adresse bezeichnen.

93. AN NEUFFER

Jena, d. 19. Jenner 95

Ich habe Dir viel zu schreiben, lieber Bruder! – Ich habe Dir vorerst zu sagen, daß ich mein bisheriges Verhältnis verlassen habe und nun als unabhängiger Mensch hier lebe. Du fühlst wohl mit mir, daß ich meinen Mut zu diesem Schritte ziemlich zusammennehmen mußte. Du gibst mir Deinen Segen dazu, das weiß ich. Ich hätt ihn schwerlich getan, wenn zu dem gerechten Wunsche, einmal einen ernstlichen Versuch mit mir zu machen, nicht die besondern Umstände meiner bisherigen Lage gekommen wären. Ich schrieb Dir noch vor meiner Abreise von Waltershausen, wie sehr ich durch mein Erziehersgeschäft in meiner Selbstbildung gestört würde. Ich litt mehr, lieber Neuffer! als ich schreiben mochte. Ich sah, wie sich das Kind mit jedem Tage mehr verdarb, und konnte nicht helfen, wahrscheinlich hätt es auch ein vollkommnerer Erzieher nicht gekonnt. Wir kamen hieher, ich verleugnete beinahe meine Wünsche, den hiesigen Aufenthalt zu benützen, ganz, nur um das Äußerste an meinem Zöglinge zu versuchen; ich wagte meine Gesundheit durch fortgesetztes Nachtwachen, denn das machte sein Übel nötig, und ich wollte auch so den verlornen Tag zum Teil ersetzen, oft schien es mir zu gelingen, aber es folgten nur traurigere Rezidive, und ich fing auch an, auf eine gefährliche Art an meinem Kopfe zu leiden durch das öftere Wachen, wohl auch durch den Verdruß. In diesen trüben Tagen überraschte mich Dein Brief, und er tat mir unaussprechlich wohl, so sehr Deine Glückwünsche zu meiner damaligen Empfindung kontrastierten. Schillers Umgang hielt mich auch noch empor. Zu Ausgange des Dezember kam die Majorin hieher, uns abzuholen, weil sie unvermutet sich entschlossen hatte, in eine Stadt zu ziehen, und so unsern hiesigen Aufenthalt nimmer notwendig fand. Wir reisten nach Weimar ab, und ich hätte da manche goldne Stunde besser genossen, wenn nicht meine Gesundheit und mein Gemüt so hart angegriffen gewesen wäre.

Ich kam zu Herdern, und die Herzlichkeit, womit mir der edle Mann begegnete, machte auf mich einen unvergeßlichen Eindruck. Seine Darstellungsart verleugnet sich auch in seinem Gespräche nicht. Doch glaub ich auch eine Simplizität an ihm zu bemerken und eine Leichtigkeit, die man im Verfasser der Geschichte der Menschheit nicht vermuten sollte, wie mich dünkt. Ich werde wohl noch öfter zu ihm kommen. Auch mit Goethen wurd ich bekannt. Mit Herzpochen ging ich über seine Schwelle. Das kannst Du Dir denken. Ich traf ihn zwar nicht zu Hause; aber nachher bei der Majorin. Ruhig, viel Majestät im Blicke, und auch Liebe, äusserst einfach im Gespräche, das aber doch hie und da mit einem bittern Hiebe auf die Torheit um ihn und ebenso bittern Zuge im Gesichte – und dann wieder von einem Funken seines noch lange nicht erloschnen Genies gewürzt wird – so fand ich ihn. Man sagte sonst, er sei stolz; wenn man aber darunter das Niederdrückende und Zurückstossende im Benehmen gegen unsereinen verstand, so log man. Man glaubt oft einen recht herzguten Vater vor sich zu haben. Noch gestern sprach ich ihn hier im Klub. Auch mit Maler Meyer, seinem beständigen Gesellschafter, einem einfachen ehrlichen Schweizer, aber strengen Künstler unterhielt ich mich in Weimar und hier recht fröhlich. – Hast Du Goethens neuen Roman, ,,Wilhelm Meister", gelesen? – Nur Goethe konnt ihn schreiben. Besonders wirst Du Dich über das Ständchen vor Marianens Hause und das Gespräch über die Dichter freuen. – Aber ich vergesse meine eigne Geschichte. Ich hatte schon bei unserer Abreise von hier der Majorin erklärt, und diese hatte es Schillern gesagt, dass ich Lust hätte, zu bleiben. Die Majorin und Schiller baten mich zu dringend, die Probe noch *einmal* zu machen, da jetzt Ärzte mitwirkten, als dass ich nicht hätte dadurch bestimmt werden sollen. Da aber die Sache in Weimar nicht besser wurde und da ein Hofmeister für den Kleinen auch nicht so sehr Bedürfnis ist, weil er da sonst Unterricht haben kann, und im übrigen ohnedies meine Hülfe und Aufsicht lange nicht hinreichend ist bei den jetzigen Umständen, so erbot sich die Majorin von selbst, meinem Jammer ein Ende zu machen, ich nahm sie beim Worte, sie wollte aber nicht, dass ich so plötzlich ginge, ich stellte ihr vor, dass ich meiner Gesundheit so bald möglich Ruhe schaffen, auch mein unterbrochnes Kollegium bei Fichte noch hören möchte, und sie gab endlich nach, versah mich noch mit Gelde auf ein Vierteljahr, will sonst alles tun, um mir einen längern Aufenthalt hier möglich zu machen, bat mich, ja alle Monate ein paarmal hinüberzukommen, und zeigte noch beim Abschiede ihren ganzen edlen Sinn und ihre, wie ich doch glauben muß, herzliche Freundschaft für mich. – Ich wollte Dir Rechenschaft von meinem Schritte geben und war darum so umständlich. Ich arbeite jetzt den ganzen Tag vor mich. Gehe nur abends in Fichtes Kollegium und, sooft ich kann, zu Schillern. Er nimmt sich meiner recht treulich an. Wie es ferner wird, weiß ich selbst nicht. Es fehlt mir hier nichts als Du, mein Bruder! Wenn werden wir uns wiedersehn? Glaube mir, ich fühle oft, daß ich an nichts so unveränderlich hänge wie an Dir. Ich finde das nirgends, was Du mir bist. Und hab ich in meinem Leben wahr aus dem Grunde des Herzens gesprochen, so ist es jetzt. Ich möcht auch oft bei Dir sein, um Dich, soviel ich könnte, zu erheitern. Daß diese edle Liebe so trübe Tage haben soll! Grüße Dein Röschen, sag ihr, daß ich ein recht fröhliches Fest feiern wolle, wenn ich ihre völlige Genesung erfahre. Auch sonst solltest Du Deinen alten Mut nicht fahrenlassen, lieber Bruder! Ich ängstige mich auch oft genug. Aber Du gabst mir doch sonst so ein gut Beispiel. Ein Stück Deiner „Äneide" wirst Du in der neusten „Thalia" finden. Schillers neues Journal, die „Horen", werden in dieser Art das erste Werk in Deutschland sein. Ich bitte Dich, das, was Du mir von der ernsten Satire schreibst, ja nicht aufzugeben. Schiller sagt auch, man müsse jetzt das Publikum recht in Indignation setzen, um darauf zu wirken. Er sprach mit Teilnahme von der Rastlosigkeit, womit Du an Deiner „Äneide" arbeitest. Zeigte mir auch die Episode von „Nisus und Euryalus" in Conzens Journal. Laß Dich doch durch Voß nicht abschröcken. Tritt kühn heraus, und laß die Leute sich wundern über den Menschen, der sich mit Vossen messen wollte. Desto besser für Dich! Willst Du mir Gedichte schicken für den künftigen Schillerischen Almanach? Ich begreife nicht, wo er die, die ich ihm noch in Schwaben in Deinem Namen gab, hingebracht haben könnte, und vermute, daß er sie für den Almanach spart. Er hat mir aufgegeben, Dich zu grüßen.

Woltmann, der hier seit kurzem Professor der Geschichte und, wie Du Dich erinnerst, Verfasser einiger Gedichte im Bürgerischen Almanach ist, lernte ich gestern auch kennen. Er ist ein leichtes, zierliches Wesen – ganz im Göttinger Stile. – Auch Niethammer, der sehr freundschaftlich gegen mich ist, läßt Dich grüßen.

Du fragst mich, wie es sich mit meiner Tübinger Geschichte verhalte? Wie immer. Ich sagte Dir noch vor meiner Abreise, wenn ich mich recht erinnere, daß ich mit dem guten Kinde manche frohe Stunde gehabt, auch freilich manche bittre, daß ich aber, sowie ich sie näher hätte kennenlernen, eine engere Verbindung nie hätte wünschen können. Ich hab ihr vor kurzem noch geschrieben, so wie man aber in der Welt manche Briefe schreibt. Guter Gott! es waren selige Tage, da ich, ohne sie zu kennen, mein Ideal in sie übertrug und über meine Unwürdigkeit trauerte. Könnten wir doch ewig jugendlich bleiben. Schreibe mir doch die Gründe, die Dich zu der Frage bestimmten. Hier lassen mich die Mädchen und Weiber eiskalt. In Waltershausen hatt ich im Hause eine Freundin, die ich ungerne verlor, eine junge Witwe aus Dresden, die jetzt in Meinungen Gouvernante ist. Sie ist ein äußerst verständiges, festes und gutes Weib und sehr unglücklich durch eine schlechte Mutter. Es wird Dich interessieren, wenn ich Dir ein andermal mehr von ihr sage und ihrem Schicksal.

Ich wurde diesen Mittag durch Besuch verhindert, Dir zu schreiben, und muß jetzt eilen. Schreibe mir, wenn Du kannst, diesmal unmittelbar nach dem Empfang meines Briefs. Ich sehne mich ungewöhnlich nach einer Zeile von Dir. Erhalte mir einen Teil Deines Herzens! Ich kann ihn nie entbehren, im Leben nie!

Ewig
Dein
Hölderlin

Noch eine Bitte! Könntest Du nicht meine Mutter besuchen und, wenn Du finden solltest, daß sie mit der Veränderung meiner Lage nicht ganz zufrieden wäre, sie beruhigen. Ich will alles tun, um ihr nicht lästig zu werden, und lebe deswegen auch sehr sparsam, esse des Tags nur *einmal* ziemlich mittelmäßig und denke bei einem Kruge Bier an unsern Neckarwein und die schönen Stunden, die ihn heiligten. Leb wohl, Lieber!

94. AN HEGEL

Jena, d. 26. Jenner 95

Dein Brief war mir ein fröhlicher Willkomm bei meinem zweiten Eintritt in Jena. Ich war zu Ende des Dezember mit der Majorin von Kalb und meinem Zögling, mit dem ich zwei Monate allein hier zugebracht hatte, nach Weimar abgereist, ohne so eine schnelle Rückkehr selbst zu vermuten. Das mannigfaltige Elend, das ich durch die besondern Umstände, die bei meinem Subjekte stattfanden, im Erziehungswesen erfahren mußte, meine geschwächte Gesundheit und das Bedürfnis, mir wenigstens einige Zeit selbst zu leben, das durch meinen hiesigen Aufenthalt nur vermehrt wurde, bestimmte mich noch vor meiner Abreise von Jena, den Wunsch, mein Verhältnis zu verlassen, der Majorin vorzutragen. Ich ließ mich durch sie und Schillern überreden, den Versuch noch einmal zu machen, konnte aber den Spaß nicht länger als 14 Tage ertragen, weil es unter anderem auch mich beinahe ganz die nächtliche Ruhe kostete, und kehrte nun in vollem Frieden nach Jena zurück, in eine Unabhängigkeit, die ich im Grunde jetzt im Leben zum ersten Male genieße und die hoffentlich nicht unfruchtbar sein soll. Meine produktive Tätigkeit ist itzt beinahe ganz auf die Umbildung der Materialien von meinem Romane gerichtet. Das Fragment in der „Thalia" ist eine dieser rohen Massen. Ich denke bis

Ostern damit fertig zu sein, laß mich indes von ihm schweigen. *Den Genius der Kühnheit*, dessen Du Dich vielleicht noch erinnerst, hab ich, umgearbeitet, mit einigen andern Gedichten in die „Thalia" gegeben. Schiller nimmt sich meiner sehr an und hat mich aufgemuntert, Beiträge in sein neues Journal, die „Horen", auch in seinen künftigen Musenalmanach zu geben.

Goethen hab ich gesprochen, Bruder! Es ist der schönste Genuß unsers Lebens, so viel Menschlichkeit zu finden bei so viel Größe. Er unterhielt mich so sanft und freundlich, daß mir recht eigentlich das Herz lachte und noch lacht, wenn ich daran denke. Herder war auch herzlich, ergriff die Hand, zeigte aber schon mehr den Weltmann; sprach oft ganz so allegorisch, wie auch Du ihn kennst; ich werde wohl noch manchmal zu ihnen kommen; Majors von Kalb werden wahrscheinlich in Weimar bleiben (weswegen meiner auch der Junge nicht mehr bedurfte und mein Abschied beschleuniget werden konnte), und die Freundschaft, worin ich besonders mit der Majorin stehe, macht mir öftere Besuche in diesem Hause möglich.

Fichtens spekulative Blätter – Grundlage der gesamten Wissenschaftslehre – auch seine gedruckten Vorlesungen über die Bestimmung des Gelehrten werden Dich sehr interessieren. Anfangs hatt ich ihn sehr im Verdacht des Dogmatismus; er scheint, wenn ich mutmaßen darf, auch wirklich auf dem Scheidewege gestanden zu sein, oder noch zu stehn – er möchte über das Faktum des Bewußtseins in der *Theorie* hinaus, das zeigen sehr viele seiner Äußerungen, und das ist ebenso gewiß und noch auffallender transzendent, als wenn die bisherigen Metaphysiker über das Dasein der Welt hinauswollten – sein absolutes Ich (= Spinozas Substanz) enthält alle Realität; es ist alles, und außer ihm ist nichts; es gibt also für dieses absolute Ich kein Objekt, denn sonst wäre nicht alle Realität in ihm; ein Bewußtsein ohne Objekt ist aber nicht denkbar, und wenn ich selbst dieses Objekt bin, so bin ich als solches notwendig beschränkt, sollte es auch nur in der Zeit sein, also nicht absolut; also ist in dem absoluten Ich kein Bewußtsein denkbar, als absolutes Ich hab ich kein Bewußtsein, und insofern ich kein Bewußtsein habe, insofern bin ich (für mich) nichts, also das absolute Ich ist (für sich) nichts.

So schrieb ich noch in Waltershausen, als ich seine ersten Blätter las, unmittelbar nach der Lektüre des Spinoza, meine Gedanken nieder; Fichte bestätiget mir...

Seine Auseinandersetzung der Wechselbestimmung des Ich und Nicht-Ich (nach seiner Sprache) ist gewiß merkwürdig, auch die Idee des *Strebens* p.p. Ich muß abbrechen und muß Dich bitten, all das so gut als nicht geschrieben anzusehen. Daß Du Dich an die Religionsbegriffe machst, ist gewiß in mancher Rücksicht gut und wichtig. Den Begriff der Vorsehung behandelst Du wohl ganz parallel mit Kants Teleologie; die Art, wie er den Mechanismus der Natur (also auch des Schicksals) mit ihrer Zweckmäßigkeit vereiniget, scheint mir eigentlich den ganzen Geist seines Systems zu enthalten; es ist freilich dieselbe, womit er alle Antinomien schlichtet. Fichte hat in Ansehung der Antinomien einen sehr merkwürdigen Gedanken, über den ich aber lieber Dir ein andermal schreibe. Ich gehe schon lange mit dem Ideal einer Volkserziehung um, und weil Du Dich gerade mit einem Teile derselben, der Religion, beschäftigest, so wähl ich mir vielleicht Dein Bild und Deine Freundschaft zum Konduktor der Gedanken in die äußere Sinnenwelt und schreibe, was ich vielleicht später geschrieben hätte, *bei guter Zeit* in Briefen an Dich, die Du beurteilen und berichtigen sollst...

95. AN DIE MUTTER

Liebste Mutter! Jena, d. 22. Febr. 1795

Nehmen Sie den innigsten Dank meines Herzens für Ihre seltne unveränderliche Güte. Es war eine der schönsten Stunden meines Lebens, die mir Ihr letzter Brief gab. Ihr Herz, das mir ewig ein Muster bleiben wird, ist in jeder Zeile so unverkennbar, und es ist der schönste Lohn für mich, wenn ich einst dieses Herz erfreuen kann durch Früchte, die der Pflege würdig waren. Ich glaub es Ihnen gerne, daß Ihnen die unüberdachten Äußerungen meines vorletzten Briefes unangenehm sein mußten. Verzeihen Sie, entschuldigen Sie mich mit meiner damaligen gedrückten Lage. Glauben Sie, liebste Mutter! daß es in manchen Rücksichten das beste war, daß ich mich nicht, wie es beinahe geschehen wäre, von der Majorin erbitten ließ und blieb. Selbst die jetzigen Zeitumstände, die Sie wünschen ließen, daß ich mein Verhältnis fortgesetzt hätte, sind mitunter ein Grund, der meine Veränderung rechtfertigt. Auch könnten meine Aussichten für jetzt nicht günstiger sein. – – – Schiller nimmt sich meiner so wahrhaft väterlich an, daß ich dem großen Manne neulich selbst gestehen mußte, ich wüßte nicht, wie ich's verdiente, daß er so sehr sich für mich interessiere. Er gibt ein neues Journal heraus, mit andern Mitarbeitern, unter welchen *jetzt* aufzutreten ich mich ohne den größten Übermut nicht für würdig halten konnte. Für den Bogen werden ihm 5 Louisdor bezahlt. Nun fragte er mich neulich, wie es mit meinem hiesigen Aufenthalt stehe? Ich sagt ihm, daß ich von Ihnen einen recht freundlichen Brief bekommen hätte, der mich hoffen ließe, daß ich wohl bis auf den Herbst würde bleiben können. Dann sagt' er mir: „Wir müssen sehen, wie wir es machen, daß Sie Ihrer Familie so wenig als möglich lästig sind", sprach manches im allgemeinen und sagte mir endlich, ob ich nicht ungefähr das und das für seine „Horen" (sein Journal) ausarbeiten möchte, *von 4 Bogen könnt ich bequem ein halb Jahr leben.* Nun kömmt's darauf an, ob mir's gelingt, etwas zu liefern, was taugt, und so würd ich bis zu Ende des nächsten halben Jahres eine ziemliche Einnahme haben, vielleicht noch früher. Die Arbeit, die ich bisher unter den Händen hatte, geht mir gut vonstatten. Es wäre freilich zu viel Glück, wenn er diese aufnähme. Ich muß aber zweiflen, weil sie 2 Bände stark wird und er doch nicht gerne ein Bruchstück nehmen wird, auch deswegen nicht wohl das Ganze aufnehmen kann, weil in seinem vorigen Journale, wo er es weniger genau nahm, schon ein Bruchstück davon gedruckt ist, also ein Teil der Arbeit von ihm zum zweiten Male aufgetischt werden müßte. Übrigens werd ich ihm auf sein Begehren die Arbeit, wovon nach Ostern der erste Band fertig sein wird, vorlegen. Ich habe indes durch einen Freund bei einem Verleger die Anfrage tun lassen, unter welchen Bedingungen er geneigt wäre, das Manuskript anzunehmen. Ich machte zur Bedingung, daß ich nach Empfang des Manuskripts, und nicht erst, wenn das Buch gedruckt wäre, bezahlt würde, denn sonst würde ich das Geld erst bis zu Ende des nächsten halben Jahrs bekommen, und erwarte baldige Antwort. Auch wär ich geneigt, eine neue Hofmeisterstelle bei Justizrat Brun in Kopenhagen, wo ich eine Reise nach Italien und in die Schweiz machen könnte, anzunehmen, wenn, indes ich von hier aus vorgeschlagen werde, nicht ein anderer mir zuvorgekommen ist und Sie, liebste Mutter, es gutheißen. In jedem Falle versichere ich Sie, daß ich überhaupt keine günstige Hofmeisterstelle abweisen werde. Die Hoffnungen, die mir vielleicht in Jena erfüllt werden könnten, verderb ich mir durch eine temporäre Entfernung nicht. Auch sind diese Hoffnungen mir eben nicht so sehr ans Herz gewachsen. Es würde mir auch wohltun, in mein Vaterland zurückkehren zu können, auf einen Posten, der meiner Natur nicht unangemessen wäre. – O meine Mutter! Sie fragen, ob ich Sie lieb habe; könnten Sie in mein Herz sehen! Ich bin gewiß, daß mir diese innige Anhänglichkeit an Sie bleiben wird, solang ich das Gute lieben werde. Ich denke so manchen lieben Abend, wenn ich ausruhe von meiner Arbeit: Säßest du jetzt am Tische neben den Deinigen! Das goldne Wiedersehn! – Sie fragen mich, wie weit Nürnberg von Jena und Jena von Waltershausen und von Weimar entfernt wäre. Von Nürnberg mag Jena wohl sechzig Stunden entfernt sein, von Waltershausen dreißig, nach Weimar hat man vier Stunden. Nächste Woche will ich wirklich, wenn ich nicht verhindert werde, zu Fuße hinüber! Das Wetter hinderte mich indes. Ich bin gottlob jetzt so gesund, als ich es lange nicht war. Ich packte mich immer wohl ein während der Kälte, um nicht so viel Holz zu brauchen. Es ist hier ziemlich teuer und meist von Tannen. Jetzt haben wir heitere Tage. Meine Barschaft reicht wohl noch bis nach den Osterfeiertagen hin. Sollt ich bis dahin kein Geld vom Buchhändler bekommen, so würd ich bitten, liebste Mutter, wenn es Ihnen nicht zu ungelegen wäre, mir sieben bis zehn Karolin zu schicken. Ich gebe Ihnen zugleich mein Ehrenwort, daß ich dann nie um einen Heller mehr Sie berauben will, daß ich schlechterdings, weil ich es für Pflicht halte, das Geld nicht nehmen werde ohne Ihre Versicherung, daß ich *es als einen Teil dessen, was ich künftig von Ihnen empfangen werde,* anzusehen habe; auch versichere ich Sie, daß ich es Ihnen schreiben will, sobald ich hoffen kann, vom Buchhändler schon nach Ostern Geld zu erhalten, wo ich dann vorderhand Ihnen nicht lästig zu sein genötigt wäre, und daß ich nicht um so viel gebeten hätte, wenn ich nicht noch einen kleinen Posten in Meiningen zu bezahlen hätte. – –

Ich weiß eine ganz gute Gelegenheit, wie Sie mir das Geld werden ohne Porto schicken können. Ich will Ihnen davon das nächstemal schreiben. Schreiben Sie mir auch bald wieder, liebste Mutter! Es ist immer ein Festtag für mich, wenn ich von Ihnen einen Brief bekomme. Dem lieben Karl dank ich tausendmal für seinen Neujahrswunsch. Wenn er nur zu Ihren Briefen mir zuweilen eine Linie hinzusetzen möchte, würd es mich freuen. Schreiben Sie mir auch das nächstemal

etwas Spezielles von meiner lieben Rike. Glauben Sie wohl, daß sie mir noch so gut ist wie sonst? Bleibt die l. Frau Großmama noch lange bei Ihnen? Ich wünsch es sehr. Tausend Empfehlungen an sie und die andern Lieben, auch meinen Freunden in Nürtingen. – Camerer von Sondelfingen wohnt mir gegenüber. Wir sitzen manchmal abends ein Stündchen beieinander. – Mein bißchen Schreiberei in Schillers „Thalia" trägt mir manchen freundlichen Gruß und manche höfliche Einladung ein. Es freut mich immer, wenn so ein ganz fremder Mensch nach meinem Namen fragt und den Büchermacher zum Koffee bittet, den ich mir dann recht gut schmecken lasse. Halten Sie dies nicht für Unbescheidenheit, liebste Mutter! Ich wollt Ihnen damit nur sagen, daß mir's gut gehe. Ich kann aber demungeachtet meine Eingezogenheit nicht verlassen, und will auch nicht. Nun hab ich Ihnen genug vorgeschwatzt. Leben Sie wohl! Behalten Sie mich immer in freundlichem Angedenken, liebste Mutter! Ewig
Ihr
dankbarer Sohn
Hölderlin

[Legt einen Brief der Kalb an die Mutter bei.]

96. AN DIE MUTTER

Jena, d. 12. März 95

Es wird mich Verleugnung kosten, liebste Mutter! den Brief diesmal so abzukürzen, wie ich es wohl genötiget sein werde; aber es würde mich auch ebenso schwer ankommen, Ihren goldnen lieben Brief nicht sogleich zu beantworten, so wenige Zeit mir dazu noch übrig ist. Sie sind besorgt um mich, teure Mutter! und ich habe keine Sorge, als Ihnen süße Tage zu machen, so wahr Sie einzig sind und Ihre Güte! Es ist der erste meiner Wünsche, diese Güte vergelten zu können; werd ich's je können? Ich hab es mir heilig geschworen, von nun an nicht müde zu werden im Fortschritte zu reinem Guten und Wahren, und in diesem Fortschritte bin ich *einer* Hülfe gewiß. Sie kennen diese. Es ist mein fester, ernster Glaube, wie der Ihrige, der Vater der Geister und der Natur versagt keiner redlichen Bemühung seinen Beistand. Wenn wir dahin trachten und ringen, wohin ein göttlicher Trieb in der Tiefe unserer Brust uns treibt, dann ist alles unser! Selbst der Widerstand ist ein Werkzeug der ewigen Weisheit, uns fest und stark zu bilden im Guten. – Ich lebe sehr stille, ganz nach meinem Wunsche. Ein Besuch bei Schillern, der ohne Aufhören mich mit Freundschaft und recht väterlicher Güte überhäuft, gibt mir mehr Genuß und Stärkung als jede andere Gesellschaft. Er hat an Cotta in Tübingen in meinem Namen geschrieben, ob er mein Werkchen in Verlag nehmen wolle, und ich erwarte alle Tage Antwort. Auch meine sonstige Lebensart läßt mich sehr zufrieden. Ich finde, daß man sehr glücklich sein kann bei eingeschränkten Verhältnissen. Auch kann ich Sie versichern, liebste Mutter! daß ich bei meiner Arbeit immer dafür sorge, daß ich auch für den andern Tag Kräfte und Heiterkeit übrigbehalte. Auch hänge ich nicht leidenschaftlich an dem Gedanken, hier mich etablieren zu können. Glauben Sie, daß es mich einen großen Kampf kosten würde, wenn ich eine Lage erwählen sollte, die mich nötigen würde, einen großen Teil meines künftigen Lebens ohne Ihren Umgang, liebste Mutter! und entfernt von den andern lieben Meinigen zuzubringen. Und wir leben ja, wie mein Karl schrieb, nicht um zu glänzen, wir leben, um wohlzutun. – Wie mich die Briefe gefreut haben! Mein Bruder ist ein edler Mensch. O meine Mutter! hätten Sie nichts als diesen reingesinnten strebenden Jüngling zum Sohne, Sie wären reicher als Tausende. Wie soll es meinem Herzen ein Fest werden, ihn wiederzusehen! Ich muß ihm viel schreiben. Ich bin sein Schuldner von langer Zeit. Sie werden erlauben, daß ich das nächstemal den Brief an ihn richte. Auch meiner lieben Rike will ich schreiben. Es ist einer meiner schönsten Tage, den ich heute hatte bei Empfang all der herzlichen Briefe! Meine Schwester meinte es herzlich gut, daß sie mir riet, ans liebe Vaterland mich zu halten. Ich werd auch wohl nicht ewig ausbleiben. – Ob Schiller die Vokation angenommen hat oder nicht, weiß ich selbst nicht. Er erklärte sich nicht deutlich, und so geradezu fragen konnt ich auch nicht. Es ist mir aber wahrscheinlich, daß er hier bleiben wird, weil er von neuem sich ein Haus gemietet hat. – Wenn ich eine Hofmeisterstelle nehme, so muß sie sehr günstig sein. Niethammer war auch, seit er sich in Jena aufhält, eine Zeitlang in Gotha Hofmeister, und er wurde bei seiner Rückkehr nur um so besser aufgenommen.

Leben Sie wohl, beste Mutter! Tausend Grüße und Empfehlungen an alle! Ewig

Ihr
gehorsamer Sohn
Fritz

97. AN DEN BRUDER

Jena, d. 13. April 1795

Ich bin Dein Schuldner von lange her, lieber Bruder. Aber die Freude, die Du mir durch die mannigfaltigen Äußerungen Deines brüderlichen reinen Herzens machtest, läßt sich in keinem Falle durch Worte vergelten. Überhaupt weiß ich nicht, wie ich so viele Liebe verdienen soll, die ich von allen den teuren Meinigen erfahre.

Die Güte unserer lieben Mutter beschämt mich so unendlich. Wäre sie auch nicht unsere Mutter und widerführe diese Güte nicht mir, ich müßte doch ewig mich freuen, daß eine solche Seele auf Erden ist. O mein Karl! wie sehr wird unsere Pflicht uns erleichtert! Es müßte kein menschlich Herz in uns sein, wenn die Teilnahme einer solchen Mutter uns nicht unendlich stärkte in unserem geistigen Wachstum. – Ich glaube, Du bist auf dem rechten Wege, lieber Bruder!

In Deinem Herzen ist das uneigennützige Gefühl der Pflicht, Dein Geist entwickelt sich dieses Gefühl mit Hülfe anderer edeln Geister, deren Schriften Deine Freunde sind, das Gefühl Deines Herzens wird reingedachter, unbestechlicher Grundsatz, der Gedanke tötet es nicht, es wird gesichert, befestiget durch den Gedanken. Auf diesen Gedanken der Pflicht, d. h. auf den Grundsatz: der Mensch soll immer so handeln, daß die Gesinnung, aus der er handelt, zum Gesetz für alle gelten könnte, und er soll so handeln, lediglich weil er soll, weil es das heilige, unabänderliche Gesetz seines Wesens ist (wie jeder finden kann, der sein Gewissen, das Gefühl jenes Gesetzes, das sich bei einzelnen Handlungen äußert, mit unparteiischem Auge prüft), also auf jenes heilige Gesetz unserer Moralität gründest Du die Beurteilung Deiner Rechte; jenem heiligen Gesetze immer näher zu kommen, ist Dein letzter Zweck, das Ziel all Deines Bestrebens, und dieses Ziel hast Du mit allem gemein, was Mensch heißt; was nun als Mittel notwendig ist zu jenem höchsten Zweck, alles, was Dir unentbehrlich ist zur nie vollendeten Vervollkommnung Deiner Sittlichkeit, darauf hast Du ein Recht; das Unentbehrlichste ist hiebei natürlich Freiheit des Willens (Wie könnten wir Gutes tun, wenn wir das Gute nicht wollen könnten? Was aus Zwang geschieht, ist nicht die Handlung eines guten Willens, also nicht gut im eigentlichen Sinn, vielleicht nützlich, aber nicht gut, vielleicht legal, aber nicht moralisch.); und so kann durchaus keine Deiner Kräfte auf eine Art eingeschränkt werden, wodurch sie minder oder mehr zu Deiner Bestimmung untauglich gemacht würde, und so auch kein Produkt Deiner Kräfte, und sooft Du eine solche Einschränkung Deiner Kräfte oder ihrer Produkte nicht zulässest, so oft behauptest Du ein Recht, sei es mit Worten oder mit der Tat. Natürlich hat also jeder Mensch gleiche Rechte *in diesem Sinne*; keinem, er sei, wer er will, wenn er nur Mensch ist, kann der Gebrauch seiner Kräfte oder ihrer Produkte auf eine Art streitig gemacht werden, die ihn mehr oder weniger hinderte, seinem Ziele, der höchstmöglichen Sittlichkeit, näher zu kommen. –

Weil aber dieses Ziel auf Erden unmöglich, weil es in keiner Zeit erreicht werden kann, weil wir uns nur in einem unendlichen Fortschritte ihm nähern können, so ist der Glaube an eine *unendliche* Fortdauer notwendig, weil der *unendliche* Fortschritt im Guten unwidersprechliche Forderung unsers Gesetzes ist; diese unendliche Fortdauer ist aber nicht denkbar ohne den Glauben an einen Herrn der Natur, dessen Wille dasselbe will, was das Sittengesetz in uns gebietet, der also unsere unendliche Fortdauer wollen muß, weil er unsern unendlichen Fortschritt im Guten will, und der, als der Herr der Natur, auch Macht hat, wirklich zu machen, was er will. Natürlich ist dies menschlich von ihm gesprochen, denn der Wille und die Tat des Unendlichen sind eines. Und so gründet sich auf das heilige Gesetz in uns der vernünftige Glaube an Gott und Unsterblichkeit, auch an die weise Lenkung unserer Schicksale, insofern sie nicht von uns abhängig sind; denn so gewiß der höchste Zweck höchstmögliche Sittlichkeit ist, so notwendig wir diesen Zweck als den höchsten annehmen müssen, so notwendig ist uns der Glaube, daß die Dinge, da wo unseres Willens Macht nicht hinreicht, sie gehen, wie sie wollen, dennoch zu jenem Zwecke zusammen wirken, d. h. von einem heiligen, weisen Wesen, das die Macht hat, wo die unsrige nicht hinreicht, zu jenem Zwecke eingerichtet seien. Ich sehe, daß ich noch manches zu sagen hätte, aber ich breche ab, weil ich Dir auch gerne, so gut es sich mit wenigen Worten tun läßt, eine Haupteigentümlichkeit der Fichteschen Philosophie mitteilte. Es ist im Menschen ein Streben ins Unendliche, eine Tätigkeit, die ihm schlechterdings keine Schranke als immerwährend, schlechterdings keinen Stillstand möglich werden läßt, sondern immer ausgebreiteter, freier, unabhängiger zu werden trachtet; diese ihrem Triebe nach unendliche Tätigkeit ist beschränkt; die *ihrem Triebe nach* unendliche *unbeschränkte* Tätigkeit ist in der Natur eines Wesens, das Bewußtsein hat (eines Ich, wie Fichte sich ausdrückt), notwendig, aber auch die *Beschränkung* dieser Tätigkeit ist einem Wesen, das Bewußtsein hat, notwendig, denn wäre die Tätigkeit nicht beschränkt, nicht mangelhaft, so wäre diese Tätigkeit alles, und außer ihr wäre nichts; litte also unsere Tätigkeit keinen Widerstand von außen, so wäre außer uns nichts, wir wüßten von nichts, wir hätten kein Bewußtsein; wäre uns nichts *entgegen*, so gäbe es für uns keinen *Gegenstand*; aber so notwendig die Beschränkung, der Widerstand und das vom Widerstande bewirkte Leiden zum Bewußtsein ist, so notwendig ist das Streben ins Unendliche, eine dem Triebe nach grenzenlose Tätigkeit in dem Wesen, das Bewußtsein hat, denn strebten wir nicht, unendlich zu sein, frei von aller Schranke, so fühlten wir auch nicht, daß etwas diesem Streben entgegen wäre, also fühlten wir wieder nichts von uns Verschiedenes, wir wüßten von nichts, wir hätten kein Bewußtsein. – Ich habe mich so deutlich gemacht, als mir nur immer möglich war, bei der Kürze, mit der ich mich ausdrücken mußte. Zu Anfang dieses Winters, bis ich mich hineinstudiert hatte, machte mir die Sache manchmal ein wenig Kopfschmerzen, um so mehr, da ich durch Studium der Kantischen Philosophie gewöhnt war, zu prüfen, ehe ich annahm. – Niethammer hat mich auch gebeten, an seinem Philosophischen Journale mitzuarbeiten, und so habe ich diesen Sommer über ein ziemlich Stückchen Arbeit vor mir. Mein Werkchen, von dem ich schon schrieb, hat Cotta in Tübingen, auf Schillers Veranlassung, in Verlag genommen; wieviel er mir bezahlen wird, soll, so will es Schiller, ausgemacht werden, wenn Cotta hieher kömmt, welches ungefähr in 14 Tagen geschehen wird. Ich hoffe, unserer lieben guten Mutter nun nicht so leicht mehr beschwerlich fallen zu müssen. Ich dank ihr für das Überschickte mit allem Danke meines Herzens; ich werd es nie vergessen, daß ich in meiner jetzigen Lage mit solcher Güte unterstützt wurde.

Schiller wird wohl hier bleiben. Wahrscheinlich laß ich mich nächsten Herbst, wenn ich bleibe, hier examinieren.

Das ist die *einzige* Bedingung, die mir die Erlaubnis gibt, Vorlesungen zu halten. Um den Professorstitel ist's mir nicht zu tun, und die Professorsbesoldung ist hier nur bei sehr wenigen beträchtlich. Viele haben gar keine. – Ich habe noch einiges von einer kleinen Lustreise zu erzählen, die ich machte, weil das Bedürfnis einer Bewegung nach dem beständigen Sitzen den Winter über sehr groß bei mir war und ich gerade noch ein paar französische Taler übrig hatte. Aber ich spare es für einen Brief an meine liebe Rike. – Die schöne versprochene Weste werd ich mit großem Dank annehmen. Vielleicht nimmt es aber die liebe Mutter nicht ungütig, wenn ich das Geständnis tue, daß ich noch unverarbeiteten Westenzeug – ein Geschenk, das ich in Waltershausen mitnahm, im Koffer habe, hingegen Beinkleider notwendig brauche. Nicht wahr, Lieber! ich bin etwas indiskret? Ich muß der lieben Rike nächsten Mittwoch schreiben, heute reicht die Zeit nicht mehr hin.

Lebe wohl, tausend herzliche Grüße an alle.

98. AN DIE SCHWESTER

Liebe Schwester! Jena, d. 20. Apr. 95

Ich danke Dir herzlich für Deine Teilnahme, für Dein fortdauerndes Andenken. Du wirst mir gerne glauben, daß man viel vermißt in der Entfernung, wenn einem die Heimat so unentbehrlich gemacht worden ist wie mir, durch so viele Liebe und Güte. Ich könnt es auch schwerlich über mich gewinnen, so lange wegzubleiben, wenn mich nicht zuweilen ein Gruß oder ein Brief entschädigte. Übrigens geht mir es recht gut, und ich glaube, daß mein hiesiger Aufenthalt in keinem Falle ohne Nutzen ist. Es wäre meine Schuld, wenn er zwecklos für mich wäre. – Diesen Winter über hab ich mich ziemlich müde gesessen, ich glaubte, es wäre nötig, meine Kräfte wieder ein wenig anzufrischen, und es ist mir gelungen durch eine kleine Fußreise, die ich nach Halle, Dessau und Leipzig machte. Man kann sich mit etlichen Talern und ein paar gesunden Füßen unmöglich mehr verschaffen, als ich auf dieser Reise fand. Die Gegenden sind zwar durchaus platt, meist sandig und im Verhältnisse mit unserem Vaterlande ziemlich unfruchtbar. Aber auch sie wurden mir merkwürdig durch das Schlachtfeld von Roßbach, wo ich auf meinem Wege nach Halle vorüberkam, und durch das von Lützen, wo der große Gustav Adolf fiel – es war mir sonderbar zumut, wie ich an dem erbärmlichen Steine stand, womit man ihn ehren will! – Und die Gegend von Dessau ist sehr verschönert durch geschmackvolle Anlagen, die der Fürst überall machte.

In Halle war mir das Waisen- und Erziehungshaus das Merkwürdigste. Die Simplizität seines Äußern freute mich. Von dem Geiste, der da in der Erziehung herrscht, kann ich, als Augenzeuge, nur so weit urteilen, als ich bei einer öffentlichen Prüfung der Waisenkinder und andern Zöglinge bemerken konnte.

Da herrschte ganz die kleinliche, spielende, pedantische und doch kindische Manier der Pädagogen, die eine Weile so großen Lärm machten. Es ist freilich schwer, gegen das Kind in Belehrung und Behandlung sich so zu äußern, wie es der Menschheit würdig ist und wie man einen edlen männlichen Geist und keinen egoistischen, faden, arbeitscheuen Schwächling aus ihm zu bilden hoffen kann, also mit reinen Begriffen und strengen, aber gerechten Forderungen, und doch darüber nicht zu vergessen, daß man es mit einem Kinde zu tun hat; aber es ist doch auch zu arg, im Wesentlichen kindisch, in Nebensachen pedantisch zu sein, kleinliche Begriffe so vorzutragen, daß das Kind kein Wort versteht von dem feierlichen Bombaste, und armselige Forderungen so wichtig zu nehmen, als ob an ihnen das Heil der Welt läge.

In Dessau war mein erstes, daß ich den neuen Kirchhof besuchte. Es liegt wirklich recht viel Menschlichkeit und Schönheit in der Idee, die da ausgeführt ist. Gleich das edle

Portal, wo oben auf der Kuppel die Hoffnung – eine rührende, fast durchaus gut gearbeitete Gestalt – auf ihren Anker sich lehnt und auf den beiden Seiten des Eingangs zwei Jünglinge mit ausgelöschter Fackel in Nischen stehn – machte mir eine seltne Freude. Dann geht man fort in einer Allee, wo einem unter Blumen und Gesträuchen die Gräber zur Seite stehn, und an der Mauer herum sind Grüfte, wo die, welche schon eines beherbergen, mit weißen Marmorplatten geschlossen sind, die meist durch ihre simple, herzvolle Aufschrift sich sehr von unsern gotischen Grabsteinen unterscheiden. Das jetzige dessauische Schulgebäude war mir deswegen interessant, weil es der Fürst zu diesem Gebrauche einräumte und sein Sohn daneben in einem Hause wohnt, das so ganz demütig sich ausnimmt neben dem Palaste. Die Stadt ist schön.

Die Gärten von Luisium und Wörlitz, wo ich einen herrlichen Tag zubrachte, beschreib ich Dir ein andermal, weil ich wieder nach meiner leidigen Gewohnheit den Brief zu spät anfing.

In Leipzig macht ich die interessante Bekanntschaft des Prof. Heydenreich und Buchhändlers Göschen. Ich wurde von beiden sehr gut aufgenommen; überhaupt kommt den feinen Sitten der Leipziger nichts gleich, was ich in diesem Punkte bis jetzt bemerken konnte.

Ich machte die ganze Reise in 7 Tagen und fühle nun, daß sie mir sehr gesund und zuträglich war.

Gerne hätte ich sie gegen einen Besuch vertauscht bei Dir, Liebe! und meinem verehrungswürdigen HE. Schwager, dem ich mich empfehle und mit einem unendlich langen metaphysischen Briefe drohe. Du hättest es mir wohl auch gegönnt, daß ich mich die Ostertage über mit Dir und Deinen lieben Gästen gefreut hätte. Tausend Grüße an unsre teure Mutter! Könnt ich doch so vieler Güte wert werden, die ich so unaufhörlich von ihr erfahre! Überall, wo ich noch bekannt bin, meine Empfehlungen! Der Dem. Fehleisen sage für ihren gütigen Gruß meinen besten Dank. – Deinen lieben

Kleinen wünsch ich alles Gedeihen! Lebe wohl, liebe Schwester! Dieser Brief soll für keinen gelten. Diesen Sommer schreib ich gewiß Dir öfter, und so Gott will, sehn wir uns nächsten Herbst wenigstens auf einige Tage; ich habe mich überzeugt, daß ich mit sehr wenigem sehr weit kommen kann.

Dein
Fritz

Ich habe mein Logis verändert und wohne in einem sehr angenehmen Gartenhause über der Stadt. Aber schreibe im Schillingischen Brückentor.

99. AN NEUFFER

Jena, d. 28. Apr. 95

Lieber Bruder!

Ich hoffte immer auf eine recht gute Stunde, wo ich Dir einmal wieder mich ganz und alle die kleinen Schicksale, die mich in Bewegung erhalten, mitteilen wollte. Aber ich glaube wohl, daß ich mir diese Freude bis dahin werde sparen müssen, wo wir uns wiedersehn. Ich hätt auch wohl bälder geschrieben, wenn mich nicht eine vergnügliche Reise in meiner glücklichen Einförmigkeit unterbrochen hätte. Ich war zu Ende des Winters nicht ganz gesund, aus Mangel an Bewegung, vielleicht auch, weil ich die Nektar- und Ambrosiakost, die man in Jena findet, noch nicht genug ertragen konnte; ich half mir durch einen Spaziergang, den ich über Halle nach Dessau, und von da über Leipzig zurück, machte. Ich kann Dich nicht mit Reisebeobachtungen plagen, ich mochte das Wesen nie recht leiden, wahrscheinlich, weil ich keine Gabe dazu habe, ich bin meist mit dem Totaleindruck zufrieden und denke auch da, wo mir etwas aufstößt, es sei mißlich, so im Vorübergehen ein Urteil zu fällen. Besonders ist unsereinem nicht zu trauen, der alle Tage, die Gott gibt, durch eine andre Brille sieht, die ihm, wer weiß woher? aufgesetzt wird. Bei Heydenreich und Göschen war ich recht vergnügt. Heydenreich scheint ein feiner, kluger Mensch zu sein und alle Erfahrungen der Welt gemacht zu haben. Göschen hat bei einer in seiner Lage seltnen Kultur des Verstandes und Geschmacks eine noch seltnere Herzlichkeit und Unbefangenheit übrigbehalten.

Jetzt genieß ich den Frühling. Ich lebe auf einem Gartenhause, auf einem Berge, der über der Stadt liegt und wovon ich das ganze herrliche Tal der Saale überschaue. Es gleicht unserem Neckartale in Tübingen, nur daß die jenischen Berge mehr Großes und Wunderbares haben. Ich komme beinahe gar nicht unter die Menschen. Zu Schillern mach ich immer noch meinen Gang, wo ich itzt meist Goethen antreffe, der sich schon ziemlich lange hier aufhält. Schiller läßt Dich grüßen und um einige Gedichte in seinen Almanach bitten. Du möchtest sie nur mir schicken. Ich freue mich unendlich, daß Du Dich wieder fühlst, Dein letzter Brief machte den vorhergehenden schamrot; ich nehme die Freude, die Dir Heyne machte, als wäre sie mir widerfahren. – Wir wollen mit Eigensinn aushalten, nicht wahr, Lieber? wir wollen uns durch keine Not der Welt aus dem Wege treiben lassen, den uns unsere Natur wies. Ich begreife jetzt, wie Du so gerne übersetzen magst. Schiller hat mich veranlaßt, Ovids „Phaëthon" in Stanzen für seinen Almanach zu übersetzen, und ich bin noch von keiner Arbeit mit solcher Heiterkeit weggegangen als bei dieser. Man ist nicht so in Leidenschaft wie bei einem eigenen Produkte, und doch beschäftiget die Musik der Versifikation den Menschen ganz, der andern Reize, die so eine Arbeit hat, nicht zu gedenken. – Für das erste Bändchen meines Romans hat mir Cotta in Tübingen 100 fl. bezahlt. Ich mochte nicht weiter fordern, um mich keinem Jüdeln auszusetzen. Schiller hat mir den Verlag besorgt. Skandalisiere Dich ja nicht an dem Werkchen! Ich schreib es aus, weil es einmal angefangen und besser als gar nichts ist, und tröste mich mit der

Hoffnung, bald mit etwas anderem meinen Kredit zu retten.

Diesen Sommer wenigstens werd ich ganz in Ruhe und Unabhängigkeit leben. Aber wie der Mensch ist! es fehlt ihm immer etwas, auch mir – und das bist Du, vielleicht auch ein Wesen, wie Dein Röschen ist. Es ist sonderbar – ich soll wahrscheinlich nie lieben als im Traume. War das nicht bisher mein Fall? Und seit ich Augen habe, lieb ich gar nicht mehr. Es ist nicht, als wollt ich mich von alten Bekanntschaften lossagen – gelegenheitlich! Du wolltest mir einmal von der Lebretin schreiben, tue es doch! – aber halte das gegen Deine Liebe und ihre Freuden und Schmerzen und bedaure mich! Ist Dein gutes edles Mädchen wieder ganz gesund? Ihr müßt himmlische Tage untereinander haben. Es ist doch das einzige, was von Glück auf Erden sich findet, das Glück, zu lieben, wo man sich achtet und erprobt hat. Ich glaube, Du wirst mich frömmer und teilnehmender finden, wenn wir einmal wieder beisammen sind und Du mir wieder halbe Nächte lang von Deinem Röschen erzählst.

Gott erhalte sie und Dich so, wie Ihr seid! – Wie geht es Dir sonst, lieber Bruder? Wir sind zu wenig umständlich in dem, was wir uns voneinander sagen. Aber ich glaube, es ist so mit allem Briefschreiben. Nächsten Herbst komm ich sicher, wär es auch nur auf einige Tage. Ich muß einmal wieder erwarmen bei Dir und meiner lieben Familie. – Lieber Bruder! ich wollte Dir allerlei schreiben, aber ich bin in einen Ton hineingekommen, aus dem ich für heute schwerlich mehr herauskäme. Ich würde mich nur wiederholen, würde mich auch vielleicht zu sehr erweichen. Nächstens mehr!

Dein
Hölderlin

100. AN NEUFFER

Jena, d. 8. Mai 95

Ich will es versuchen, lieber, armer Bruder! ob ich mich so weit sammeln kann von meinem Schmerz, um Dich zu schonen in dem Deinigen. Ich gestehe Dir, es überwältiget mich auch, und ich weiß nicht, was ich Dir sagen soll, wenn ich das edle, unersetzliche Wesen vor Augen habe, das für Dich lebte, und mir sagen muß: Das ist Tod! O mein Freund! ich begreif es nicht, das Namenlose, das uns eine Weile erfreut und dann das Herz zerreißt, ich habe keinen Gedanken für das Vergehen, wo unser Herz, das Beste in uns, das einzige, worauf zu hören noch der Mühe wert ist, mit allen seinen Schmerzen um Bestand fleht – der Gott, zu dem ich betete als Kind, mag es mir verzeihen! ich begreife den Tod nicht in seiner Welt – Lieber! Du solltest mir heilig sein in Deiner Trauer, ich sollte die traurige Verwirrung, in der ich über allem bin, die der Schmerz über Dein Schicksal mir erst recht fühlbar machte oder – ich weiß es selbst nicht – erst bewirkte, ich sollte sie verschweigen vor Dir. Ich bin ein leidiger Tröster. Ich tappe herum in der Welt wie ein Blinder und sollte dem leidenden Bruder ein Licht zeigen, das ihn erfreute in seiner Finsternis. Nicht wahr, Lieber! Du lerntest etwas Bessers in der Schule Deiner Geliebten? Nicht wahr, Du wirst sie wiederfinden? O wenn wir auch nur darum da wären, um eine Weile zu träumen und dann zum Traum eines andern zu werden – hasse mich nicht um dieser armseligen Worte willen, Du bist von jeher der Natur treu geblieben, Dein reiner, unverwirrter Sinn wird Dich trösten, die Heilige wird nicht für Dich dahin sein, und daß Du die lieben Worte nicht mehr hörst, worin der edle Geist sich Dir offenbarte, und sie nicht mehr vor Dir steht in ihrer wandellosen Liebenswürdigkeit – mein Bruder! kann Dein Herz den Trost ertragen, womit ich das meinige gerne beruhigen möchte – ihr Geist wird Dir in jeder Tugend, jeder Wahrheit wieder begegnen, Du wirst sie wiedererkennen in jeder Größe und Schönheit, worin uns dann doch die Welt zuweilen erfreut. Wie schwach ich vor Dir erscheinen muß! Ich sehe Deinen Brief wieder an, der mir ewig heilig sein soll, ich finde, wie Du mir sagst, daß sie, sie Dich geleiten werde durchs ganze Leben, daß ihre stete Gegenwart Dich erhalten werde, so wie Du bisher um sie lebtest in der Höhe und Reinigkeit – wie gönn ich der lieben Seligen den ewigen Frühling über ihrem Grabe, den Frühling Deines Herzens! Denn ich hoff es zu Dir und dem Segen, womit das Andenken an sie Dich lohnen wird, der bessere Teil Deines Herzens wird nie altern; Du wirst Dich mit jedem Tage freuen können, ihrer würdiger, ihr ähnlicher geworden zu sein.

Eure Liebe war einzig, ein Wunder in der jetzigen herzlosen, kleinen Welt. Ist sie nicht eine Liebe für die Ewigkeit? Glaube mir, Freund meiner Seele, Du wirst mir künftig manchmal sagen, wenn ich Deines Werts mich freue und Dir sage, daß Du der einzige seiest, der mich die Dürftigkeit des Lebens vergessen lasse, dann wirst Du mir sagen, das dank ich ihr! sie half mir empor aus der Gleichgültigkeit, die uns das Leben gibt, in ihr erschien mir mehr, als die meisten nur glauben, mehr, als Tausende sind, sie gab mir Glauben an mich, sie ging mir voran im Leben und im Tode, und ich ring ihr nach durch die Nacht hindurch. – Herzensbruder! ich halte mich an Dich, ich mache den Gang mit Dir, ich teile den Schmerz mit Dir, ich will auch seine Früchte mit Dir teilen; Du hast recht, unser Leben sei die Melodie über ihrem Grabe, eine bessere, als unser armes Saitenspiel ihr geben kann – wunderbar! Mein Schmerz war wirklich unaussprechlich, ich hatte nichts als Tränen und mußte mir Gewalt antun, um Dir die wenigen armen Worte zu sagen, und den ersten Trost schöpft ich wieder aus Deinem Briefe – könnte Dir der meinige etwas sein! O könnten wir uns überhaupt mehr sein! Die Entfernung von Dir ist mir jetzt dreifach schmerzlich. Ich habe Dir neulich geschrieben, daß ich auf den Herbst kommen wollte. Ist's möglich, so komm ich bälder. Wärest Du hier, so möcht ich wohl bleiben. Aber so halt ich es wohl schwerlich aus. Wir gehn nun beede so verarmt in der Welt herum, wir haben beede nichts, als was wir uns sind, außer dem, was eine bessere Welt in und über uns uns ist, mein Neuffer! und wir sollten nur so halb füreinander leben? Ich komme bald; Du sollst mich dann auf ihr Grab führen. Guter Gott! ein solches Wiedersehn hofft ich nicht. – Könntest Du mich nicht abholen, lieber Bruder! oder noch früher mich besuchen? Es wäre Dir gewiß gut. Du würdest überall Freunde finden. Tu es doch, wenn es irgend tunlich ist. Ich schreibe Dir mit nächstem Posttag wieder. Kannst Du es über Dich gewinnen, so tue es auch bald. Es leiden viele mit Dir und mir. Wir wollen leiden, wie sie gelitten hätte an unserer Stelle. Erhalte Dich der Welt und mir! Leb wohl, Guter, Edler!

Dein
H.

101. AN DIE MUTTER

Jena, d. 22. Mai 95

Ich fühlte heute recht sehr, liebste Mutter! wie mir Ihre gütigen Briefe zum Bedürfnis geworden sind. Ich weiß nicht, ob mir die Zeit, seit ich nichts mehr von Ihrer Hand sah, nur diesmal so ungewöhnlich lange vorkömmt oder ob Sie mich wirklich etwas länger als sonst harren lassen; schon eine Woche lang tröstete ich mich immer über meine Besorgnisse, ob Sie gesund sein möchten, ob Ihnen nicht vielleicht etwas in meinem letzten Briefe mißfallen haben möchte, mit der Hoffnung, daß ich heute gewiß einen Brief erhalten würde. Aber ich hoffte umsonst. Verzeihen Sie, liebste Mutter! daß ich dies äußerte. Ich weiß gewiß, daß ich nun nie mehr auf Ihre lieben Briefe so lange schweige, wie es oft der Fall war. Ich nehm es für eine gerechte Strafe. – Hat vielleicht die Reise nach Blaubeuren Sie verhindert? Wenn nur dies die Ursache wäre!

Ich lebte, seit ich Ihnen zum letzten Male Nachricht von mir gab, wie ich immer lebte, seit ich hier bin, zufrieden mit meiner Eingezogenheit und zuweilen fröhlich, wenn ich glaube, es sei mir etwas gelungen an meiner Arbeit. Aber man findet doch immer bald wieder, wie schülerhaft man in manchem ist, und es ist gut, daß man dies so findet, man wird dadurch in Tätigkeit erhalten. Auch bin ich gesünder, als man sich von der hiesigen Lebensart es versprechen kann.

Nun eine Hauptsache! – Es ist mir diese Woche eine Hofmeisterstelle von einem Frankfurter angetragen worden, dem ein hiesiger Studierender mich bekannt machte während seines Aufenthalts in den dortigen Gegenden, wo er seine Ferien zubrachte. Dieser Frankfurter hat die Kommission von einem holländischen Kaufmann, der sich in Offenbach, eine Stunde von Frankfurt, aufhält, ihm für einen Erzieher zu sorgen. Der Frankfurter rühmt das Haus des Kaufmanns, schreibt, es wären 4 Söhne zu unterrichten und in Aufsicht zu haben, der vorige Erzieher hätte tausend Gulden bekommen, der künftige würde wohl nicht weniger bekommen, alles hätte man frei und auf ein achtungsvolles Betragen zu rechnen. Man wollte nur inzwischen bei mir anfragen, ob ich vielleicht geneigt wäre, die Stelle anzunehmen, um sich dann über die bestimmteren Bedingungen zu vereinigen. Weil die Sache in jedem Falle wieder rückgängig gemacht werden kann und ich doch noch gestern Antwort geben mußte, habe ich inzwischen mit Ja geantwortet und warte nun auf bestimmtere Nachricht, vorzüglich aber auf Ihre Entscheidung. Diesen Sommer würde ich wohl bequem hier leben können, ohne Ihnen lästiger zu sein, als ich es schon war, Cotta in Tübingen wird mir bis auf den September 100 fl. auszahlen für ein unbedeutendes Manuskript, das er von mir in Verlag nahm; ob das aber bis nächsten Winter ebenso der Fall wäre, kann ich nicht mit Gewißheit sagen, weil ich den Erfolg meiner Arbeit nicht beurteilen kann. Öffnet sich mir eine günstigere Aussicht, als so eine Tausendguldenhofmeisterstelle ist, so werd ich freie Hand haben, auch jene zu ergreifen. Haben Sie die Güte, liebste Mutter! mir bald darüber zu schreiben ohne alle Rücksicht auf irgendeine Neigung, die Sie bei mir voraussetzen könnten. Ich kann es Ihnen versichern, daß ich schlechterdings nur das Klügere zu wählen Lust habe. Ich habe mich schon so oft überzeugt, wie heilsam es für mich war, Ihrem mütterlichen Rate zu folgen. Ich möchte ihn nicht leicht in dieser Sache entbehren. – Sie würden dann wohl auch nicht zürnen, liebste Mutter, wenn ich den Weg über meine Heimat machte. Sehr beträchtlich wäre ja der Umweg nicht. Ich ginge des Tags 8 Stunden; menagierte mich, wie ich's indes gelernt habe; die Freude des Wiedersehens wäre ja ein paar Tagereisen wert. Wie tausendmal habe ich mir schon Ihren Empfang geträumt! Man lernt sehr, sehr viel in der Fremde, liebste Mutter! Man lernt seine Heimat achten. Wie ein Kind erzähle ich oft meinem Freunde von meinem Hause, wie mir's da immer so wohl ging, von meiner Mutter und Großmutter – und meinen Geschwistern. Tausend Herzensgrüße an all die Lieben. Schreiben Sie doch bald. Ich denke immer, ich werde schon mit Anfang nächster Woche einen Brief von Ihnen erhalten. Vielleicht enthält dieser schon etwas, woraus ich auf Ihre Meinung von der Veränderung meiner Lage schließen kann.

Ewig Ihr
Fritz

102. AN SCHILLER

Nürtingen bei Stuttgart,
d. 23. Jul. 1795

Ich wußte wohl, daß ich mich nicht, ohne meinem Innern merklichen Abbruch zu tun, aus Ihrer Nähe würde entfernen können. Ich erfahr es itzt mit jedem Tage lebendiger.

Es ist sonderbar, daß man sich sehr glücklich finden kann

unter dem Einfluß eines Geistes, auch wenn er nicht durch mündliche Mitteilung auf einen wirkt, bloß durch seine Nähe, und daß man ihn mit jeder Meile, die von ihm entfernt, mehr entbehren muß. Ich hätt es auch schwerlich mit all meinen Motiven über mich gewonnen, zu gehen, wenn nicht eben diese Nähe mich von der andern Seite so oft beunruhiget hätte. Ich war immer in Versuchung, Sie zu sehn, und sah Sie immer nur, um zu fühlen, daß ich Ihnen nichts sein konnte. Ich sehe wohl, daß ich mit dem Schmerze, den ich so oft mit mir herumtrug, notwendigerweise meine stolzen Forderungen büßte; weil ich Ihnen so viel sein wollte, mußt ich mir sagen, daß ich Ihnen nichts wäre. Aber ich bin mir dann doch zu gut bewußt, was ich damit wollte, um mich nur leise darüber zu tadeln. Wär es Eitelkeit gewesen, die so ihre Befriedigung suchte, die von einem großen Manne, wenn er einmal dafür anerkannt ist, einen freundlichen Blick erbettelt, um sich mit der unverdienten Gabe über die eigne Armseligkeit zu trösten, der der Mann ziemlich indifferent ist, wenn er nicht für ihre kleinen Wünsche taugt, hätte mein Herz zu so einem beleidigenden Hofdienste sich erniedriget, dann freilich würd ich mich recht tief verachten. Aber ich freue mich, daß ich so gewiß mir sagen kann, daß ich den Wert des Geistes, den ich achte, soweit ich ihn ermessen kann, in mancher guten Stunde rein empfand und daß mein Streben, ihm recht viel zu sein, im Grunde nichts anders war als der gerechte Wunsch, dem Guten und Schönen und Wahren, sei es unerreichbar oder erreichbar, sich mit seinem Individuum zu nähern; und daß man nicht gerne dabei einzig sein Richter ist, ist gewiß auch menschlich, gewiß natürlich.

Es ist sonderbar, daß ich Ihnen diese Apologie gab. Aber eben darum, weil diese Anhänglichkeit in der Tat mir heilig ist, such ich sie in meinem Bewußtsein von allem, was durch eine scheinbare Verwandtschaft sie entwürdigen könnte, zu sondern, und warum sollt ich mich über sie nicht vor Ihnen äußern, wie sie vor mir erscheint, da sie doch Ihnen angehört? Nur alle Monate möcht ich zu Ihnen und mich bereichern auf Jahre. Ich suche übrigens mit dem, was ich von Ihnen mitnahm, gut hauszuhalten und zu wuchern. Ich lebe sehr einsam und glaube, daß es mir gut ist. Von meinem Freunde Neuffer lege ich Ihnen einige Gedichte bei. Er will sich die Freiheit nehmen, Ihnen mit noch einem aufzuwarten, sobald er, wie er noch wünscht, es durchgearbeitet hat.

Erlauben Sie es, so schick auch ich noch ein paar Gedichte nach.

Bei dem, was ich beilege, betrübte es mich oft, daß das erste, was ich auf Ihren unmittelbaren Antrieb vornahm, nicht besser werden sollte. Ich bin mit ewiger Achtung

Ihr
Verehrer
M. Hölderlin.

103. AN JOHANN GOTTFRIED EBEL

Nürtingen, d. 2. Sept. 95
Mein verehrungswürdiger Freund!

Sie haben mir große Freude gemacht durch Ihre gütige Zuschrift. Das Glück, unter Menschen zu leben, die meine Bedürfnisse und Überzeugungen mit mir teilen, wird für mich mit jedem Tage seltner; um so mehr muß ich es dem danken, der mich glauben läßt, er finde einen Teil seines Wesens in mir.

Sie haben die Güte, sich nach dem Ausgang meiner Reise zu erkundigen. Er war größtenteils sehr unterhaltend für mich, denn er war größtenteils das Echo von dem, was Sie mir in den paar guten Stunden mitgeteilt hatten.

Ich darf es Ihnen wohl sagen, daß ich die schönen Tage, die ich mir von Ihrem Umgange verspreche, nicht leicht anderswo zu finden hoffe und daß ich von keinem andern möglichen Verhältnisse den Gewinn für mein Innres erwarte, den ich den seltnen Menschen danken würde, mit denen mich vielleicht Ihre Freundschaft und mein guter Wille in Beziehung bringt. Sie sehen also, daß ich vollen Grund hatte, mich indes frei zu erhalten. – Grausam fehlgeschlagene Bemühungen hätten mich vielleicht bestimmt, mich mit Erziehung nimmer so leicht zu beschäftigen, wenn ich nicht glaubte, daß es unerlaubt und unzweckmäßig wäre, einzig auf sich zurückzuwirken, und daß in unserer jetzigen Welt die Privaterziehung noch beinahe das einzige Asyl wäre, wohin man sich flüchten könnte mit seinen Wünschen und Bemühungen für die Bildung des Menschen. So sehr wirkten mir in meinem vorigen Verhältnisse die Menschen und die Natur entgegen.

Befürchten Sie deswegen nicht, mein teurer Freund! daß ich von mir oder dem Kinde Wunder erwarte! Ich weiß zu gut, wie viele Inkonvenienzen jede Verfahrungsart in der Erziehung besonders hat und wie sehr oft bei mir die Ausführung unter dem Plane bleibt, um Wunder von mir zu erwarten. Ich weiß zu gut, daß die Natur nur stufenweise sich entwickelt und daß sie den Grad und den Gehalt der Kräfte unter die Individuen verteilt hat, um von dem Kinde Wunder zu erwarten. – Ich glaube, daß die Ungeduld, womit man seinem Zwecke zueilt, die Klippe ist, woran gerade oft die besten Menschen scheitern. So auch in der Erziehung. Man möchte so gerne in sechs Tagen mit seinem Schöpfungswerke zu Ende sein; das Kind soll oft Bedürfnisse befriedigen, die es noch nicht hat, und vernünftige Dinge anhören und fassen, ohne Vernunft! Und das macht dann die Erzieher, weil sie auf dem rechten Wege ihre Absicht nicht erreichen, tyrannisch und ungerecht, das macht den Erzieher und den Zögling gleich elend.

Ich bin gewiß, daß hier, wie überall, Gerechtigkeit das erste Gesetz ist, das man zu befolgen hat, und ich bin sehr geneigt, zu glauben, daß hier, wie überall, eine durchgängige, **bis** ins kleinste Detail konsequente Gerechtigkeit auch die beste Klugheit ist.

Ich würde deswegen von meinem Zöglinge nicht eher ein (im strengen Sinne) vernünftiges Verfahren fordern, bis er Vernunft hätte, bis er einmal zum Bewußtsein oder Gefühl seiner höhern und höchsten Bedürfnisse gekommen wäre. Würd ich aber von ihm nicht eher Vernunft fordern, bis er sie hätte, so würd ich von ihm *gar nichts fordern*, bis er einmal mir das Recht gegeben hätte, ihn als vernünftiges Wesen zu betrachten. Denn was ich von ihm *fordern* würde, würd ich nur um der *Vernunft* willen fordern, oder wie man das höchste Prinzip, aus dem der Mensch handeln soll, sonst nennen und darstellen will. (Denn das werden Sie mit mir voraussetzen, daß man vernünftigerweise, wenn man etwas von dem Kinde fordert, nicht an das Prinzip des Handelns appelliert, wie es in irgendeinem philosophischen Systeme dargestellt ist, sondern wie es dem Kinde nach seinen Jahren und seiner Individualität sich darstellen kann.)

Rousseau hat recht: la première et plus importante éducation est, de rendre un enfant propre à être élevé.

Ich muß das Kind aus dem Zustande seines schuldlosen, aber eingeschränkten Instinkts, aus dem Zustande der Natur heraus auf den Weg führen, wo es der Kultur *entgegenkömmt*, ich muß seine Menschheit, sein höheres Bedürfnis erwachen lassen, um ihm dann erst die Mittel an die Hand zu geben, womit es jenes höhere Bedürfnis zu befriedigen suchen muß; ist einmal jenes höhere Bedürfnis in ihm erwacht, so kann und muß ich von ihm *fordern*, daß es dieses Bedürfnis ewig lebendig in sich erhalten und ewig nach seiner Befriedigung streben soll. Aber darin hat Rousseau unrecht, daß er es ruhig abwarten will, bis die Menschheit im Kinde erwacht, und indes sich größtenteils mit einer negativen Erziehung begnügt, nur die bösen Eindrücke abhält, ohne auf gute zu sinnen. Rousseau fühlte die Ungerechtigkeit derer, die das Kind, wo nicht mit dem Flammenschwert, doch mit der Rute aus seinem Paradiese, aus dem glücklichen Zustande seiner Tierheit herausjagen wollten, und geriet, wenn ich ihn anders recht verstehe, auf das entgegengesetzte Extrem. Wenn das Kind von einer andern Welt umgeben wäre, als die gegenwärtige ist, dann möchte Rousseaus Methode zweckmäßiger sein. Mit dieser andern, bessern Welt muß ich das Kind umgeben, sie ihm nicht aufdringen; ohne alle Prätension, wie die Natur ihm entgegenkömmt, muß ich ihm die Gegenstände zuführen, die groß und schön genug sind, sein höheres Bedürfnis, das Streben nach etwas Besserem, oder wenn man will, seine Vernunft in ihm zu erwecken. Ich glaube, daß die Geschichte besserer Zeiten diese Welt des Kindes werden kann, wenn sie mit *Auswahl* und einer *Darstellung* behandelt wird, wie sie dem Kinde überhaupt und dem Individuum angemessen ist, das ich vor mir habe, z. B. die römische Geschichte mit dem lebendigen Detaile des Livius und Plutarchs. Ich würde aber das Kind nie fragen, ob es das Gesagte behalten hätte, denn es wäre ja nicht um die Geschichte, sondern um ihre Wirkungen aufs Herz zu tun, und sobald das Kind die Geschichte als ein Mittel zur Gedächtnis- oder auch Verstandesübung betrachten müßte, so würde die beabsichtigte Wirkung wegfallen.

Weil ich aber in dieser Periode, wie gesagt, nichts *fordern* möchte von meinem Zöglinge und es doch notwendig scheint, ihm einen Unterricht zu geben, den er später nicht gerne anhören würde, so müßte ich die Triebe, die schon da und zu diesem Zwecke hinreichend sind, in Anspruch nehmen, wie den Nachahmungstrieb, den Neuigkeitstrieb p. p. Ich glaube, daß nicht leicht ein Kind ist, dem nicht auch einfiele, was wohl hinter seinen Bergen liegen möchte. Wenn die Geographie nicht, wie gewöhnlich, so eine tote papierne Geographie ist, wenn die Karte mit zweckmäßig bearbeiteten Reisebeschreibungen belebt wird, so wird sich dieser Unterricht ohne Forderung und Zwang, wie ich glaube, dem Kinde mitteilen lassen. Wenn das Kind täglich bemerken kann, wie die Arithmetik ein wesentlicher Bestandteil nützlicher Beschäftigungen ist, so wird es auch wohl gerne so etwas treiben, und ich gestehe, daß ich auf diesen Artikel des Unterrichts viel rechne, weil er dem Lehrlinge, wie Mathematik überhaupt, ein Bild strenger Ordnung mehr wie etwas anderes gibt. Das Kind eine Sprache systematisch zu lehren möchte sehr schwerhalten, wenn es geschehen sollte, noch ehe das Kind fähig ist, auf einen freigewählten Zweck hin sich anzustrengen, wo also Zwang und ungerechte Forderungen nicht leicht zu vermeiden wären. Doch kann man sich ja gesprächsweise mit einer Sprache so ziemlich familiarisieren. Das würde wohl zuerst mit der französischen der Fall sein. – Zwang würd ich nur da gebrauchen, wo ihn das Vernunftrecht überall behaupten muß, wo der Mensch sich selbst oder andern unerlaubte Gewalt antun wollte.

Ich würde Ihnen nicht lästig gewesen sein mit diesen Äußerungen, wenn ich nicht für notwendig hielte, daß Sie und Ihre edeln Freunde vor allem mit meiner Denkart in diesem Geschäfte bekannt würden. Und doch hab ich für diese Absicht viel zuwenig gesagt. Von dem Willen zeugen die Worte so selten. Aber doch darf ich es Ihnen sagen, wie ich von mir hoffe, daß ich mich ebenso rein und treu, wie die edeln Eltern, für ihre guten Kinder interessieren würde. An Kräften würd es mir wohl auch nicht immer fehlen, wenn ich nur des Tags ein paar Stunden zur ruhigen Bildung und Pflege meines eignen bedürftigen Wesens gewinnen könnte. So und in der Gesellschaft der Gebildetern, die mich aufnähmen, würd ich mich für meine Zöglinge erheitern und stärken. –

Sollten Sie einen Erzieher für die andere Familie wünschen, so würd ich Ihnen einen jungen Gelehrten, der sich jetzt in der Schweiz aufhält und der beinahe mein Ideal sein könnte in diesem Verhältnisse, so wie ich mir ihn darin denke, vorschlagen. Ich vermute, daß er zu haben wäre. – Haben Sie die Güte, mich Ihren verehrungswürdigen Freunden zu empfehlen. Mit wahrer Achtung

Ihr
Freund
M. Hölderlin

104. AN SCHILLER

Nürtingen bei Stuttgart, d. 4. Sept. 95

Sie verzeihen, verehrungswürdiger Herr Hofrat! daß ich den Beitrag, wozu Sie mir die Erlaubnis gaben, so spät und so ärmlich gebe. Maladie und Verdruß hinderten mich, das, was ich wünschte, auszuführen. Vielleicht zürnen Sie nicht, wenn ich Ihnen dies in einiger Zeit zuschicke. Ich gehöre ja – wenigstens als res nullius – Ihnen an; also auch die herben Früchte, die ich bringe.

Das Mißfallen an mir selbst und dem, was mich umgibt, hat mich in die Abstraktion hineingetrieben; ich suche mir die Idee eines unendlichen Progresses der Philosophie zu entwickeln, ich suche zu zeigen, daß die unnachläßliche Forderung, die an jedes System gemacht werden muß, die Vereinigung des Subjekts und Objekts in einem absoluten – Ich oder wie man es nennen will – zwar ästhetisch, in der intellektualen Anschauung, theoretisch aber nur durch eine unendliche Annäherung möglich ist, wie die Annäherung des Quadrats zum Zirkel, und daß, um ein System des Denkens zu realisieren, eine Unsterblichkeit ebenso notwendig ist, als sie es ist für ein System des Handelns. Ich glaube, dadurch beweisen zu können, inwieferne die Skeptiker recht haben und inwieferne nicht.

Es ist mir oft wie einem Exulanten, wenn ich mich der Stunden erinnere, da Sie sich mir mitteilten, ohne über den trüben oder ungeschliffnen Spiegel zu zürnen, worin Sie Ihre Äußerung oft nimmer erkennen konnten.

Ich glaube, daß dies das Eigentum der seltnen Menschen ist, daß sie geben können, ohne zu empfangen, daß sie sich auch „am Eise wärmen" können.

Ich fühle nur zu oft, daß ich eben kein seltner Mensch bin. Ich friere und starre in dem Winter, der mich umgibt. So eisern mein Himmel ist, so steinern bin ich.

Auf den Oktober werd ich wahrscheinlich eine Hofmeisterstelle in Frankfurt beziehen.

Ich würde mich über mein Geschwätz vielleicht damit vor Ihnen entschuldigen, daß ich es einigermaßen für Pflicht hielte, Ihnen von mir Rechenschaft zu geben; aber so würd ich mein Herz verleugnen. Es ist beinahe mein einziger Stolz, mein einziger Trost, daß ich Ihnen irgend etwas und daß ich Ihnen von mir etwas sagen darf. Ewig

Ihr
Verehrer
Hölderlin

105. AN NEUFFER

[Nürtingen, wohl im Oktober 1795]

Du beschämst mich, Lieber! Ich erwartete einen Verweis über meine Trägheit, daß ich so selten wie immer ans Briefschreiben komme, und fand diesen Beweis Deiner Teilnahme an mir, Deines tätigen Andenkens.

Das Verhältnis, von dem Du mich benachrichtigest, wäre mir in mehr als einer Rücksicht sehr erwünscht. Die Menschen, unter denen ich leben, die Beschäftigungen, die ich finden würde, wären sicher von Gewinn für mich.

Inwiefern ich mit dem, was ich für Erziehung denken und tun kann, zureiche zu diesem Posten, kann ich noch nicht entscheiden, bis ich das Detail der Bildung, die der junge Mensch genießen soll, kenne.

Möchtest Du vorerst fragen, ob das Nähere in der Sache noch so lange könnte aufgeschoben werden, bis ich Antwort von Frankfurt haben werde auf meine Anfrage, die ich da zu machen habe. Daß ich dies tun muß, wirst Du aus dem beigelegten Briefe sehn.

Ich werde sehen, daß ich so bald möglich bestimmtere Nachricht von mir geben kann. Ich muß gestehen, daß ich nicht ohne Resignation dieser schönen Hoffnung entsagen würde.

Das Verhältnis, das mich bestimmte, das Anerbieten, das mir diesen Sommer in Stuttgart gemacht wurde, auszuschlagen, dieses bizarre Verhältnis, das Du kennst, würde mir wohl diesmal Ruhe lassen. Auf meinen letzten, gewiß rechtlichen, ehrlichen Brief, den ich nach Tübingen schrieb, hab ich noch keine Antwort, und es war noch einige Tage vor meiner Abreise ins Unterland, daß ich schrieb. Wohl mir, wenn ein guter Gott mein Herz befreit!

Wie geht Dir's, lieber Bruder! Ich wünsche Dir oft im stillen die Ruhe und die Tätigkeit, wobei Du gedeihen kannst.

Hast Du Schillers Gedicht in den „Horen" gelesen? Schreibe mir doch Dein durchgängiges Urteil darüber. Du darfst mich nicht schonen. Die Trunkenheit, womit ich davon sprach, war noch kein Urteil. Eben das scheint mir die Sache des Geschmacks zu sein, daß er die unwillkürliche Sensation, die man bei einem Kunstgegenstande erfährt, hinterher untersucht und bestätiget oder für zufällig erklärt und verwirft.

Mit meinem spekulativen Pro und Kontra glaub ich immer näher ans Ziel zu kommen.

Ich habe mein glücklich müßig Leben so gut genützt als möglich. – Es geht uns wie den jungen Rossen. Wie wir zusammen unsern Weg anfingen, flogen wir oder glaubten doch zu fliegen, und jetzt wär es oft beinahe not, daß man Sporen und Peitsche brauchte. Freilich werden wir auch so ziemlich mit Stroh gefüttert. – Wir wollen aber doch das Beste hoffen.

Leb wohl, Lieber! Schreibe mir bald wieder. Darf ich Dich bitten, mich HE. Prof. Ströhlin zu empfehlen?

Dein
Hölderlin

106. AN JOHANN GOTTFRIED EBEL

[Nürtingen,]
d. 9. Nov. 95

Mein verehrungswürdiger Freund!

Ich verschob es von einer Woche zur andern, Ihnen von mir Nachricht zu geben. Ich mußte, wenn ich die Wahrheit schreiben wollte, Ihnen von der Verlegenheit sagen, in der ich mich sehe, und das konnte nicht wohl geschehen ohne einen Schatten von Indiskretion. Da mich endlich die Not treibt, tröst ich mich mit Ihrer gütigen Aufforderung, es Ihnen zu melden, wenn ich zur Veränderung meiner Lage veranlaßt werden sollte. Es ist Ihnen wohl unbekannt, wie sehr wir württembergischen Theologen von unserm Konsistorium dependieren; unter anderem disponieren diese Herrn auch über unsern Aufenthalt. Weil ich nun nicht gerade in einer öffentlichen Beschäftigung begriffen bin, so muß ich erwarten, mit nächstem, besonders, da die Weihnachtsfeiertage heranrücken, zu einem Pfarrer geschickt zu werden, um ihn zu unterstützen, wenn ich nicht indes oder doch unmittelbar nach diesem Termin irgendein ander legitimes Verhältnis eingehe. Nun ist mir zwar seit kurzem wieder eine Erzieherstelle in Stuttgart angetragen worden; Sie mögen aber selbst urteilen, wie sehr es mich Verleugnung kosten würde, den Hoffnungen zu entsagen, zu denen Sie mich berechtigten.

Ich gestehe, daß ich nicht ohne Resignation Ihnen dieses Geständnis tue. So groß die Versuchung für mich ist, zu wünschen, daß ich bald um Sie und Ihre edeln Freunde sein möchte, daß ich wenigstens mich davon vergewissern könnte, so ganz ist es doch wider meinen Sinn überall, dem Freunde Ungeduld zu zeigen, wo er mit Recht in seiner Wahl zögert, noch mehr, wie hier der Fall sein könnte, zu prätendieren, daß er mir anderweitige, wesentlichere Rücksichten aufopfere.

Ich bitte Sie recht sehr, edler Freund, daß Sie dies indes

von mir glauben, bis Sie vielleicht sich näher überzeugen. Haben Sie einen Trost für mich, so erfreuen Sie mich recht bald!

Es würde mir auch sehr wehe tun, meinen Sinclair nicht zu sehen. Sie werden mit mir überzeugt sein, daß eine so frühe Reife des Verstandes, wie sie diesem Menschen eigen ist, und noch mehr eine so unbestechliche Reinigkeit des Gemüts, in unsrer Welt ein seltner Fund ist.

Es sollte mir so gut bekommen, einmal wieder Nahrung für mein Inneres zu finden. Hierzuland ist der Boden nicht gerade schlimm, aber er ist ungepflügt, und die Steinhaufen, die ihn drücken, hindern auch den Einfluß des Himmels, und so wandl ich meist unter Disteln oder Gänseblumen.

Leben Sie wohl! Empfehlen Sie mich dem edeln Hause, das vielleicht mich aufnimmt.

Haben Sie die Güte, mir auch ein Näheres von Ihren literarischen Arbeiten und anderem, womit Ihr Geist mit Teilnehmung sich beschäftiget, mitzuteilen, wenn ich Sie nicht bald genug sehen sollte. Könnt ich Ihnen auch nichts zurückgeben als den Beweis, daß ich Sie gefaßt hätte, so wär es ja doch nicht umsonst. Sie wissen, die Geister müssen überall sich mitteilen, wo nur ein lebendiger Othem sich regt, sich vereinigen mit allem, was nicht ausgestoßen werden muß, damit aus dieser Vereinigung, aus dieser unsichtbaren streitenden Kirche das große Kind der Zeit, der Tag aller Tage hervorgehe, den der Mann meiner Seele (ein Apostel, den seine jetzigen Nachbeter so wenig verstehen als sich selber) *die Zukunft des Herrn* nennt. Ich muß aufhören, sonst hör ich gar nicht auf.

                Ihr
                wahrer Freund
                Hölderlin

Tausend herzliche Grüße an Sinclair, wenn Sie ihn sprechen sollten, ehe der Brief an ihn, mit dem ich diesmal nur zur Hälfte fertig wurde, nach Homburg kömmt.

107. AN HEGEL

Stuttgart, d. 25. Nov. 95

Du tust mir Unrecht, Lieber! wenn Du mein Stillschweigen meiner Nachlässigkeit zuschreibst; ich werde bis jetzt von den Frankfurtern hingehalten, wegen dem Kriege, wie sie schreiben; ich wartete von einer Woche zur andern, um Dir bestimmte Nachricht zu geben, und habe noch jetzt keine, weder in Deiner Sache noch in meiner eignen.

Übrigens müßt ich Dich wohl in jedem Falle in Frankfurt entbehren, weil das Kind 4 Jahre alt ist und Du eben nicht sehr geneigt scheinst, Dich damit zu belästigen. – Du fragst mich wegen der Repetentenstelle? Du willst Dich durch meinen Entschluß bestimmen lassen? Lieber! da tuest Du Dir Unrecht. Ich habe vorerst die Prätension gar nicht zu machen, tauge schlechterdings nicht dazu, sowenig als in irgendein Verhältnis, wo man verschiedne Charaktere, verschiedne Situationen vor sich hat, und dann hab ich leider! noch ganz besondere Gründe, die ich meinen ehemaligen Tübinger Torheiten danke. Aber für Dich wär es wohl Pflicht, insofern Du den Totenerwecker in Tübingen machen könntest; freilich würden die Totengräber in Tübingen ihr möglichstes gegen Dich tun. Wenn ich denke, Du könntest vergebens arbeiten, so halt ich's freilich für Verrat, den Du an Dir selbst begehest, wenn Du Dich mit dem armseligen Volke befassen willst. Ob es aber einen bessern Wirkungskreis für Dich gibt, unter Deinen Schweizern oder unter unsern Schwaben, das ist freilich eine schwere Frage. Vielleicht könntest Du ein Reisegeld bekommen, von hier aus, und das wäre nicht das Schlimmste. Wenn ich nicht bald eine gelegne Hofmeisterstelle finde, so mache ich wieder den Egoisten, suche für jetzt keine öffentliche Beschäftigung und lege mich aufs Hungerleiden.

Renz wird wohl Repetent werden, wie ich höre. Ihr könntet ein schönes Leben zusammen führen. Lege nur nicht Deine literarischen Beschäftigungen beiseite. Ich dachte schon, eine Paraphrase der Paulinischen Briefe nach Deiner Idee müßte der Mühe wohl wert sein.

Das nächstemal mehr. Ich möchte, das Briefeschreiben ginge zwischen uns einmal, wenigstens auf einige Zeit, zu Ende. Wenn wir uns nicht sprechen, so ist, wenigstens von meiner Seite, wenig Vorteil für Dich dabei.

Leb wohl.

Dein

Hölderlin

Fichte ist wieder in Jena und liest diesen Winter über das Naturrecht. Sinclair ist jetzt in Homburg bei seinen Eltern. Er läßt Dich herzlich grüßen; er ehrt Dein Andenken wie immer. Grüße mir Mögling!

108. AN NEUFFER

[Nürtingen, Anfang Dezember 1795]

Lieber Bruder!

Gerne hätt ich Dir neulich auch geschrieben, wie ich den Brief, den ich dem Seiz ausdrücklich versprochen hatte, in Dein Haus adressierte. Aber die Zeit gebrach mir. Ich bin überhaupt wie ein hohler Hafen, seit ich wieder hier bin, und da mag ich nicht gerne einen Ton von mir geben. Das Unbestimmte meiner Lage, meine Einsamkeit und der Gedanke, daß ich hier allmählich ein lästiger Gast sein möchte, drückt mich nieder, und so wird mir meine Zeit fast unnütz.

Überdies bin ich noch nicht ganz gesund.

Ich weiß mir nicht zu helfen, wenn ich bis Sonntag keinen Brief von Frankfurt erhalte. Denn ich zweifle, ob mich unsere Herren in Stuttgart werden in Ruhe lassen, und soviel ich Dich verstehen konnte, wird aus der Stelle in Ströhlins Hause schwerlich etwas.

Wär ich doch geblieben, wo ich war. Es war mein dummster Streich, daß ich ins Land zurückging. Jetzt find ich hundert Schwierigkeiten, nach Jena zurückzugehn; man konnte mir keine Gewalt antun, wenn ich blieb, jetzt müßt ich Wunderdinge hören, wenn ich wieder hin wollte.

Hast Du indes an Deinen Gedichten gefeilt? Ich wünschte mir Deine Geduld. Ich war in meinem Leben nicht so impatiens limae wie jetzt. Aber wenn man sich niemand mitteilen kann, wenn man immer nur sein Machwerk vor sein eignes Auge halten muß, ist's kein Wunder. Es nützt sich am Ende alles ab. Das Gute fühlt man nicht mehr, und das Schlechte übersieht man.

Ich schäme mich, daß ich Dich so mit meinem Unmut plage. Aber wenn ich mit Gewalt von meinem armen Individuum abstrahieren wollte, schrieb' ich eine Dissertation und keinen Brief. Das ist das Gute und Schlimme in der Freundschaft, daß man sich immer gibt, wie man ist, daß man die bösen Tage zweimal fühlt, weil man davon sprechen darf, so auch die bessern.

Darf ich Dich bitten, mir mit dem zurückgehenden Boten den Kasimir, das Muster von meinem Kleide, auch das Papier zu schicken, wo ich die Requisita des HE. Stähle draufschrieb und das ich auf Deinem Tische liegen ließ. Sollte sich das Muster und das Papier verloren haben, so sei so gut und suche das eine von Landauer und das andere vom Schneider wieder zu bekommen.

Leb wohl!

Wo möglich, schick ich Dir die versprochne Elegie in ein paar Wochen. Jetzt hab ich wieder zu Kant meine Zuflucht genommen, wie immer, wenn ich mich nicht leiden kann.

Dein
Hölderlin

109. AN JOHANN GOTTFRIED EBEL

Nürtingen,
d. 7. Dez. 95

Mein verehrungswürdiger Freund!

Ich nehme Ihre gütige Einladung mit Dank an. Ich hoffe, Sie und Ihre edeln Freunde noch näher überzeugen zu können, wie sehr ich es schätze, daß mir möglich gemacht worden ist, was ich wünschte.

Ich hoffe, mit nächster Woche abreisen zu können. Ich bin zwar schon einige Zeit nicht ganz wohl, aber, allem nach, wird es wenigstens keine Woche mehr dauern.

Es ist viele Güte von Ihnen, daß Sie sich um eine Wohnung für mich bemühen wollen. Sollte es mir möglich werden, in Ihre Nähe zu kommen, so wäre es mir dreifach angenehm, oder könnt ich doch vielleicht über Tisch Ihre Gesellschaft gewinnen? Sollten Sie auch hierin sich für mich bemühn und Bestellung machen, so würd ich bitten, daß Sie nur für einen Mittagstisch sorgten. Ich esse, solange bloß von *meinem* Willen die Rede ist, abends nicht.

Versichern Sie Ihre Freunde zum voraus, daß sie Schlacken genug, natürliche und unnatürliche, ursprüngliche und zufällige, von mancher schlimmen Lage mir aufgedrungene Untugenden an mir bemerken werden, daß ich aber Mut und Willen genug habe, auch durch ihr Mißfallen belehrt, gebessert zu werden. Ich war wirklich willens, eh ich noch hoffen konnte, auf diese Art geprüft, gekannt zu werden, alles, was ich an mir bekämpfe, was ich besonders als Erzieher an mir bekämpfen würde, geradezu zu nennen, wenn ich nicht auf der andern Seite hätte denken müssen, es scheine, als wolle man seine Untugenden zur Tugend machen und Nutzen ziehen aus seiner Schwachheit, wenn man ein offen Geständnis wage.

Ich breche ungern jetzt schon ab. Aber ich bin jetzt gerade von andern Beschäftigungen zu sehr zerstreut, gedrängt, als daß ich mich länger Ihnen mit Ruhe mitteilen könnte, und ich werde mich ja schadlos halten. Glauben Sie, ich weiß das Glück zu schätzen, mich nun bald in Ihrem und Ihrer Freunde Umgang bereichern zu können.

Leben Sie indes wohl. Versichern Sie Ihre edeln Freunde von all dem, was Sie mir in der Seele lesen mögen.

Ihr
wahrer Freund
Hölderlin

Wollen Sie die Güte haben, diesen Brief an Sinclair zu schicken?

110. AN NEUFFER

[Nürtingen,
wohl 7. Dezember 1795]

Lieber Bruder!

Ich werde nächste Woche nach Frankfurt abreisen. Ich hätte die Trennung selbst so nahe nicht geglaubt. Laß uns schweigen davon!

Ich bin itzt so überhäuft, zerstreut, wie Du, von andern Beschäftigungen. — Darf ich Dich bitten, mir diesmal den Zettel vom Schneider zu schicken? Ich muß bis zu Ende der Woche die Kleider noch haben und konnt ihm das Futtertuch noch nicht schicken. Sei so gut und bitt ihn, sie doch inzwischen zu schneiden. Ich käme in große Verlegenheit. Bitte Landauern, ihm ohne weiteres das Tuch zu dem Kleide zu geben.

Auch möcht mir Landauer einen Curé besorgen. Das Maß wird wohl dazu nicht nötig sein. Die Schuhe werden wohl fertig sein.

Es ist erbärmlich, daß ich Dir jetzt solche Dinge schreiben muß; ich werde mich wohl noch einen Tag in Stuttgart aufhalten, und da wollen wir noch vom Herzen zum Herzen

sprechen. Schreibe mir, an welchen Tagen der Postwagen nach Heilbronn abgeht. Ärgre Dich nur nicht über die kleinen unleidlichen Sorgen, die ich Dir mache. Ich muß schließen.
                                         Dein
                                          Hölderlin

III. AN IMMANUEL NIETHAMMER

Mein verehrungswürdiger Freund!
                                Löchgau, d. 22. Dez. 95

Ich hätte Dir immer so vieles sagen mögen und habe Dir nie nichts gesagt. Ich hoffte Dir manches schreiben zu können und habe Dir noch nichts geschrieben. Aber das weißt Du, ohne daß ich es sage und schreibe, wie sehr ich das Verdienst in dem Manne ehre, der sich nur meinen Freund nannte, da er doch auch mein Lehrer war, und wie herzlich ich mich darüber freue, daß dieses Verdienst mit jedem Tage allgemeiner, gerechter anerkannt wird.

Deine Güte für mich läßt mich hoffen, daß ich die Bitte, die ich jetzt an Dich mache, nicht vergebens mache.

Mein Freund und Vetter, Majer von Löchgau, findet es zweckmäßiger, seinen Aufenthalt in Tübingen, wo er ein Jahr im Stipendium zugebracht hat, mit dem glücklichen Jena zu verwechseln.

Dein Unterricht, Deine Teilnahme würde ihn unendlich sichern und fördern in seiner künftigen Bildung.

Er wird nicht unempfänglich sein für das, was Du ihm sein könntest; er hat Talente, und sein guter Wille wird auch da überwinden, wo die Wissenschaft Dornen hat.

Versag ihm nicht die gütige Aufnahme, deren schon mancher sich erfreut hat, und laß Dich mit meinem unendlichen Dank und dem glücklichen Erfolg, den Deine Teilnahme an ihm haben wird, begnügen; denn das weiß ich wohl, daß die Taten des Geistes unbelohnbar sind. Ich beneid ihn um Deine Gegenwart; ich habe oft das Heimweh nach Jena.

Gerne möcht ich mich durch Briefe entschädigen, wozu mich Deine Güte berechtigte, aber es wird mir schwer, mich da mitzuteilen, wo ich mit mir selbst noch nicht einigermaßen im reinen bin, und so muß ich einsam bleiben, wider meinen Willen.

Ich reise jetzt zu einer Hofmeisterstelle nach Frankfurt (zu Bankier Gontard), und wenn ich da Ruhe und Zeit genug gewinnen kann, so mach ich mir vielleicht bald die Freude, mich über einiges von Dir zurechtweisen zu lassen.

Schelling ist, wie Du wissen wirst, ein wenig abtrünnig geworden von seinen ersten Überzeugungen. Er gab mir diese Woche viele Empfehlungen an Dich auf. –

Überall, unter allen, die Dich kennen, fand ich die Achtung, auch die Teilnahme an Deinem Glück, die man Dir schuldig ist, und man trug mir auf, Dich, wenn ich könnte, davon zu versichern.

Es ist sehr günstig für meinen Vetter, daß er schon jetzt eben diese Achtung mit mir teilt.

Er ist um so glücklicher, Dein Schüler zu sein und unter Deinen Augen zu leben.

Ich schließe sehr ungern; aber ich bin etwas beeilt.

Ganz der Deinige
M. Hölderlin

FRANKFURT
1796–1798

112. AN DIE MUTTER

Frankfurt,
den vorletzten Dez. 95
Liebste Mutter!

Ich kann Ihnen noch nichts von meiner hiesigen Lage sagen. Nehmen Sie damit vorlieb, daß ich Sie von meiner glücklichen Ankunft versichern kann; ich bin gesünder, als ich von Ihnen ging, wennschon die Reise diesmal beschwerlicher und langwieriger als gewöhnlich war.

Ich fühle nun erst den Wert der glücklichen, ruhigen Tage, die ich bei Ihnen genoß. Oft bin ich noch in Gedanken bei Ihnen, bei meinem Karl – ich kann nicht danken, kann es auch nicht vergelten, kann mir es auch nicht selbst geben, find es auch nicht mehr anderswo, was ich von dem Herzen meiner Lieben empfing.

Mein Karl soll eben seine Einsamkeit ertragen, wie ich sie auch ertragen will. Es ist doch besser, in der Schreibstube einsam zu sein, als unter dem unbedeutenden Lärme der Menschen, die einen nichts angehn.

Unser Vetter schickte sich recht gut in die Entfernung. Er war meist heiter und ruhig und klug, menagierte sich auch, wie ich. Letzten Dienstag, den Tag nach unserer Ankunft, reiste er ab. Der Abschied wurd uns freilich noch schwer. Meine besten Wünsche und Hoffnungen begleiten ihn.

Ich schreibe noch diese Woche meiner lieben Schwester und meinem Karl, und dann kann ich vielleicht mehr von mir sagen.

Ich könnte von hier aus alle Tage schreiben. Die Post geht alle Tage.

Lassen Sie mich doch recht genau wissen, wie Sie leben! Werden Sie nur heiter, liebste Mutter! Ich werfe mir's sonst vor, ich denke, wenn Sie mehr Freude an mir hätten, fühlten Sie das Unangenehme des Lebens weniger. Wenn nur Ihre Gesundheit sich auch bald befestiget. Ich hoffe, die Reise nach Blaubeuren soll auch das Ihrige tun.

Hat das Schicksal meines Karls sich noch nicht entschieden?

Ich freue mich innigst, recht bald etwas von ihm selber zu hören.

Nun will ich auch noch, meinem Versprechen gemäß, an HE. Oncle schreiben. Sie können denken, wie die guten Leute auf Nachrichten warten.

Leben Sie wohl! Ich suche mich damit zu trösten, daß ich doch bald wieder schreiben kann. Es ist freilich ein trauriger Trost! Ich brauche guten Mut und such ihn mir zu geben, so gut ich kann. Aber ich fühl es wohl, ich bin so stark nicht mehr wie vor 2 Jahren. Damals hofft ich noch Ersatz von der Welt für den Verlust derer, die meinem Herzen näher sind.

Leben Sie recht wohl! Leb wohl, lieber Karl!

Euer
Fritz

Meine Adresse ist für jetzt noch
an M. Hölderlin
in Frankfurt am Main,
in der *Stadt Mainz* abzugeben.

113. AN PFARRER MAJER

Frankfurt,
den letzten Dez. 95

Verehrungswürdiger Herr Oncle!

Es freut mich unendlich, daß ich Ihnen für Ihre Güte, Ihre Teilnahme doch etwas geben kann – gute Nachricht; und ich weiß, wie viel dies für Sie ist.

Wir kamen bei aller Beschwerlichkeit und Langsamkeit der Reise doch glücklich und gesund letzten Montag hier an.

Ich kann Ihnen sagen, daß mein Freund die bittre Entfernung mit einem Mut ertrug, den ich an ihm bewundere, da ich sein Gemüt, seine Liebe für seine Familie kenne und da ich an meinem eignen Herzen erfahre, wie viel er verlor.

Am Morgen des Tags nach unserer Ankunft reiste er ab.

Es war für uns beede eine traurige Stunde. Doch hatt ich den Trost, daß mein Freund, wenigstens soviel von ihm selbst abhängt, seine Reise so glücklich, *so nach allen Teilen erwünscht*, fortsetzen würde, wie sie angefangen war. Daß wir, unter anderem, auch gut ökonomisierten, mag Ihnen beweisen, daß mein lieber Vetter mit 2 Karolinen und einer Kleinigkeit drüber bis hieher ausreichte; er setzte mich auf diese Art außerstand, ihm einen Beweis meiner Dienstfertigkeit zu geben.

Was mich weiter über seine Reise beruhigt, ist, daß er bei dem besten Wetter, in einem *bedeckten* Postwagen und nur in Gesellschaft eines einzigen, sehr artigen Mannes, eines Frankfurter Professionisten, abreiste und so wahrscheinlich jetzt in Eisenach angekommen sein wird, von wo aus er nur noch 2 kleine Tagreisen hat. Seine Äußerungen während der Reise, in Augenblicken, wo wir uns gegenseitig ganz, *ohne irgendeinen Schatten von Zwang*, vor uns öffneten, die Mitteilung seiner Überzeugungen und Wünsche bestätigte mich immer mehr in den fröhlichen Hoffnungen, die ich schon zuvor hegte.

Von mir kann ich noch nichts Bestimmtes sagen. Heute werd ich nähere Bekanntschaft mit meinen Leuten machen.

Gestern abends besuchte mich mein künftiger Zögling, und ich habe für jetzt allen Grund, zu glauben, daß er mich in nicht geringem Grade schadlos halten wird für die traurige Zeit, die mir mein ehemaliger machte. Haben Sie die Güte, dies meiner Mutter zu schreiben. Ich hatte schon den Brief an sie geschlossen, ehe der Kleine bei mir war.

Tausend Grüße und Empfehlungen im ganzen teuren Zirkel der Meinigen, und besonders Trost und Hoffnung für die beiden verehrungswürdigen Müttern in Ihrem Hause. Ewig

Ihr ergebenster

M. H.

114. AN DEN BRUDER

Frankfurt am Main,
d. 11. Jan. 96

Ich kann Dir jetzt nicht schreiben, wie ich wünschte, lieber Karl! Ich möcht es nicht gerne einen Tag länger anstehen lassen, Nachricht von meiner Lage zu geben, und habe doch eben jetzt keine Stunde, wo ich unzerstreut mein Innres Dir mitteilen könnte. Davon, von *mir*, im eigentlichen Verstande, brauchst Du auch für jetzt noch keine Nachricht; denn es hat sich in diesem Sinne nichts verändert, wird sich auch, der Hauptsache nach, wie ich meine, nicht leicht etwas ändern; aber um mich ist indes manches vorgegangen, wovon das Neueste ist, daß ich nun wirklich mein Verhältnis angetreten, daß ich, nach meinem, freilich noch nicht festen, unwiderruflichen Urteil, die besten Menschen zu Freunden und an den Kindern dieser Menschen Zöglinge habe, wie man sie wohl nicht leicht wieder finden dürfte, wenn man Unbefangenheit, reine Natur, ohne Roheit, sucht, daß ich in keinem Stücke geniert bin bei meinem Verhältnis, jährlich 400 fl. und alles frei habe.

Von sehr interessanten Menschen, die ich kennenlernte, besonders während meines Aufenthalts in Homburg, bei Sinclair, der Dich grüßen läßt, von mancher Freude, mancher Bemerkung, überhaupt von meinem bisherigen mannigfaltigen Leben geb ich Dir vielleicht ein andermal Rechenschaft.

Ich denke an Dich in stillen Augenblicken, ich fühle, daß

wir immer mehr Freunde werden. Lieber! Freundschaft ist ein großes Wort, faßt sehr viel in sich.

Was macht die liebe Mutter? Ich freue mich über mein gutes Schicksal, weil ich denke, daß es zu ihrer Erheiterung beitragen wird. – Gerne schrieb' ich noch an meine teure Schwester, aber ich habe heute nicht einen Augenblick mehr übrig. Sie soll doch ja nicht glauben, als wär es Mangel an der brüderlichen Liebe, die sie gewiß immer in mir gefunden haben wird. Ich habe dieser Tage etliche Briefe zu schreiben, und der an meine Schwester wird der erste sein. Sollten Briefe an mich angekommen sein oder ankommen, so sei so gut, sie mir so bald als möglich zuzuschicken. Pakete schickst Du mir unfrankiert.

Ich wohne noch in der *Stadt Mainz*, einem Gasthofe, weil mein Zimmer in Gontards Hause noch nicht ganz zurechtgemacht ist. Adressiere die Briefe dahin.

Leb wohl, lieber Bruder! Laß uns einander treu bleiben!

Dein
Hölderlin

115. AN NEUFFER

Frankfurt am Main,
d. 15. Jan. 96

Lieber Bruder!

Ich hätte Dir nicht wohl ohne Zerstreuung schreiben können, wenn ich nicht bis jetzt gewartet hätte; auch jetzt noch wirst Du die Folgen des Umherirrens, des unsteten, geteilten Interesses, das einem so eine Lage unwillkürlich gibt, an mir finden. Ich weiß wohl, daß es einmal Zeit wäre, mich weniger durch Neuheit beunruhigen zu lassen; aber ich mußte wieder finden, daß, bei aller Vorsicht, das Unbekannte für mich sehr leicht mehr wird, als es wirklich für mich sein kann, daß ich bei jeder neuen Bekanntschaft von irgendeiner Täuschung ausgehe, daß ich die Menschen nie verstehen lerne, ohne einige goldne kindische Ahndungen aufzuopfern.

Ich weiß, daß ich in Deinen Augen nichts verliere durch dieses demütigende Geständnis.

Glaube übrigens deswegen nicht, als wäre meine neue Lage nicht so, daß man nicht gewissermaßen damit zufrieden sein könnte.

Ich lebe, wie es scheint, unter sehr guten und wirklich, nach Verhältnis, seltnen Menschen; sie könnten wohl noch mehr sein, ohne daß ich das Obige zurücknehmen müßte.

Du verstehst mich gewiß, wenn ich Dir sage, daß unser Herz auf einen gewissen Grad immer arm bleiben muß. Ich werde mich auch wohl noch mehr daran gewöhnen, mit wenigem fürlieb zu nehmen und mein Herz mehr darauf zu richten, daß ich der ewigen Schönheit mehr durch eignes Streben und Wirken mich zu nähern suche, als daß ich etwas, was ihr gliche, vom Schicksal erwartete. Du hast wohl recht mit Deiner treuen Lehre, die Du mir manchmal gabst, daß man deswegen die fröhlichen Stunden des Lebens nicht von sich weisen soll, daß auch das Lachen, was doch sicher kein hohes Glück ist, gut sei für den Menschen; aber Du fühlst wohl auch, daß sich das nicht leicht lernt; es ist Naturgabe, die ich gewiß nicht verwerfen würde, wenn ich sie hätte. –

Es war für mich Bedürfnis, Lieber! Dir das mitzuteilen, was gerade mein Gemüt beschäftigte, und so wirst Du nicht zürnen, daß ich nicht von was anderem sprach.

Die Bedingungen, unter denen ich mein Verhältnis einging, sind vorteilhaft genug. Ich kann mit durchgängiger Ungebundenheit leben, brauche meinem Zögling, der schon mein ganzes Herz gewonnen hat durch seine reine, freie Unbefangenheit, nur den Vormittag zu widmen und bekomme jährlich 400 fl., bei dem, daß ich alles frei habe.

Für *Seiz* konnt ich noch nichts Bestimmtes ausmachen. Wenigstens hat mir Dr. Ebel bis jetzt noch nichts auf meine Fragen geantwortet, das für oder wider unseres Freundes und mein Interesse entschiede. Ebel wird, wie er mir heute sagte, nächster Tage selbst an Seiz schreiben. Lebe wohl.

Dein
Hölderlin

Grüße alle meine Freunde von mir. Hofrat Jung läßt Dich grüßen.

116. AN DEN BRUDER

[Frankfurt,]
d. 11. Febr. 96

Lieber Bruder!

Ich danke Dir ganz herzlich für die brüderliche Teilnahme an meinem Schicksale, wie auch unserer lieben Mutter. Du hast mich in bösen Tagen gesehn und Geduld mit mir gehabt, ich wollte nun auch, Du könntest die fröhlichere Periode mit mir teilen.

Es war auch Zeit, daß ich mich wieder etwas verjüngte; ich wäre in der Hälfte meiner Tage zum alten Manne geworden. Mein Wesen hat nun wenigstens ein paar überflüssige Pfunde an Schwere verloren und regt sich freier und schneller, wie ich meine.

Deus nobis haec otia fecit. Du wirst mir das gönnen, Lieber! wirst nicht gerade deswegen denken, daß meine *alte Liebe* rosten werde über meinem neuen Glück. Aber Glück wirst Du meine Lage auch nennen, wenn Du selbst siehst und hörst, und das kann ich, wenigstens, was die Reisekosten und Logis und Kost in Frankfurt betrifft, sehr bald und sehr leicht möglich machen.

Von weiteren Planen sprech ich mit Dir, wenn ich mehr in dieser Rücksicht mich umgesehen habe. Ich war schon wieder in Homburg, auf Sinclairs dringendes Bitten. Er geht wahrscheinlich an den Berliner Hof, um da als Geschäftsmann von der Pike auf zu dienen, betrachtet dies aber nur als eine nicht unzweckmäßige Vorübung zu besseren Tagen. Er läßt Dich herzlich grüßen.

Ich bedaure Dich, Lieber! daß Deine zum Teil wirklich alberne Lage Dir böse Launen abnötigt. Vergiß Dich in Ideen: das ist freilich ein kurzer Rat, ein kalter Trost, aber gewiß Deiner und meiner würdig. Glaube, mein Karl! daß ich alles für Dich tun werde, was ich kann, und denke, daß Du doch in hiesiger Gegend Menschen hast, die Dich zu schätzen wissen. Werde nur nicht müde. – Ich arbeite jetzt einzig an den philosophischen Briefen, deren Plan Du kennst, um sie an Prof. Niethammer zu schicken, der mich an mein Versprechen mahnte und mich um Aufsätze bat in dem Briefe, den Du mir überschicktest.

Weißt du nichts Neues von meinem Roman? Hat Schiller noch nichts an mich geschickt?

Sei doch so gut, mir meine Flöte, sicher gepackt, zu schikken. Sie muß noch in Nürtingen liegen.

Was macht denn unser guter Fripon? Das Tier liegt mir sonderbar am Herzen, das macht, daß er mir Freude machte in Stunden, wo ich über die Menschen trauerte. Es ist ein herzlich tröstend Gefühl, die Verwandtschaft, in der wir stehen mit der weiten frohen Natur, zu ahnden und soviel möglich zu verstehen. Auf den Sommer werd ich mich wohl auch einmal auf Botanik legen. Über meine Erziehungsgeschäfte und über ihre Freuden ein andermal.

Der lieben Mutter nochmal tausend Dank für ihre guten mütterlichen Äußerungen. Schreib mir auch von ihr, von ihrer Gesundheit, ihrer Gemütsstimmung.

Dein
Fritz

117. AN IMMANUEL NIETHAMMER

Frankfurt am Main,
d. 24. Februar 1796

Mein verehrungswürdiger Freund!

Ich verschob es von einem Tag zum andern, Dir von mir Nachricht zu geben. Ich würde wohl auch noch länger mit dem Brief, den ich Dir schulde, zuwarten, wenn ich von Dir nicht an mein Versprechen gemahnt würde. Du tust dies so sanft, daß ich ordentlich beschämt bin. Du fragst mich, wie ich mich in meiner neuen Lage fühle und ob ich mit den Aufsätzen, die ich Dir noch in Jena zu schreiben versprach, bald zu Ende kommen werde.

Die neuen Verhältnisse, in denen ich jetzt lebe, sind die denkbar besten. Ich habe viel Muße zu eigener Arbeit, und die Philosophie ist wieder einmal fast meine einzige Beschäftigung. Ich habe mir Kant und Reinhold vorgenommen und hoffe, in diesem Element meinen Geist wieder zu sammeln und zu kräftigen, der durch fruchtlose Bemühungen, bei denen Du Zeuge warst, zerstreut und geschwächt wurde.

Aber der Nachhall aus Jena tönt noch zu mächtig in mir, und die Erinnerung hat noch zu große Gewalt, als daß die Gegenwart mir heilsam werden könnte. Verschiedene Linien verschlingen sich in meinem Kopf, und ich vermag sie nicht zu entwirren. Für ein kontinuierliches angestrengtes Arbeiten, wie es die gestellte philosophische Aufgabe erfordert, bin ich noch nicht gesammelt genug.

Ich vermisse Deinen Umgang. Du bist auch heute noch mein philosophischer Mentor, und Dein Rat, ich möge mich vor Abstraktionen hüten, ist mir heute so teuer, wie er mir früher war, als ich mich darein verstricken ließ, wenn ich mit mir uneins wurde. Die Philosophie ist eine Tyrannin, und ich dulde ihren Zwang mehr, als daß ich mich ihm freiwillig unterwerfe.

In den philosophischen Briefen will ich das Prinzip finden, das mir die Trennungen, in denen wir denken und existieren, erklärt, das aber auch vermögend ist, den Widerstreit verschwinden zu machen, den Widerstreit zwischen dem Subjekt und dem Objekt, zwischen unserem Selbst und der Welt, ja auch zwischen Vernunft und Offenbarung – theoretisch, in intellektualer Anschauung, ohne daß unsere praktische Vernunft zu Hilfe kommen müßte. Wir bedürfen dafür ästhetischen Sinn, und ich werde meine philosophischen Briefe „Neue Briefe über die ästhetische Erziehung des Menschen" nennen. Auch werde ich darin von der Philosophie auf Poesie und Religion kommen.

Schelling, den ich vor meiner Abreise sah, ist froh, in Deinem Journal mitzuarbeiten und durch Dich in die gelehrte Welt eingeführt zu werden. Wir sprachen nicht immer akkordierend miteinander, aber wir waren uns einig, daß neue Ideen am deutlichsten in der Briefform dargestellt werden können. Er ist mit seinen neuen Überzeugungen, wie Du wissen wirst, einen besseren Weg gegangen, ehe er auf dem schlechteren ans Ziel gekommen war. Sag mir Dein Urteil über seine neuesten Sachen.

Empfiehl mich allen, bei denen ich in freundlichem Andenken bin, und erhalte mir Deine Freundschaft, die mir so teuer war. Es wäre der schönste Lohn für mich, wenn ich Dich bald durch Früchte erfreuen könnte, von denen ich sagen werde, daß ihr Reifen durch Deine Pflege und Wartung mitbefördert worden ist.

Dein
Hölderlin

118. AN NEUFFER

Frankfurt, im März 96

Lieber Bruder!

Ich wunderte mich nicht, daß Du so lange nicht schriebst. Ich weiß ja, wie das geht; man möchte gerne dem Freunde etwas sagen, was man nicht gerade eine Woche später zurücknehmen muß, und doch wiegt uns die ewige Ebb und Flut hin und her, und was in der einen Stunde wahr ist, können wir ehrlicherweise in der nächsten Stunde nicht mehr von uns sagen, und indes der Brief ankommt, den wir schrieben, hat sich das Leid, das wir klagten, in Freude, oder die Freude, die wir mitteilten, in Leid verwandelt, und so ist's mehr oder weniger mit den meisten Äußerungen unsers Gemüts und Geistes. Die Augenblicke, wo wir Unvergängliches in uns finden, sind so bald zerstört, der Unvergängliche wird selbst zum Schatten und kehrt nur, zu seiner Zeit, wie Frühling und Herbst, lebendig in uns zurück. Das ist's, warum ich wenigstens nicht gerne schreibe.

Du willst Rat für Dein Herz von mir, Lieber! Du mußtest beinahe voraussehn, daß ich dazu nicht der Mann war. Wär ich weise genug, um die mächtige Stimme der Natur nicht zu achten, so könnt ich Dir wohl eine gutgemeinte altkluge Predigt schicken; wär ich töricht genug, um dem unbedachtsamen Zuge des Herzens das Wort zu reden, so würd ich Dir vielleicht noch einen größern Gefallen tun. Aber ich bin, leider oder gottlob! keines von beiden.

Ich kann Dir nichts sagen, als was ich Dir schon einmal sagte: Findest Du, daß das liebliche Geschöpf für Dich, und nur für Dich gemacht, das heißt, unter allem, was lieben kann, Deinem Wesen am nächsten ist, dann lache der Klugheit ins Angesicht und wag's im Namen der heiligen Natur, vor der das Menschenwerk, die bürgerlichen Verhältnisse, so wenig gelten als unsre Regeln von Schicklichkeit und Anstand vor den Kindern.

Ist es aber bloß ein Behelf Deines verlassenen Herzens, ist es bloß die Armut des Lebens, die das Schicksal Dich fühlen ließ, daß Du so hohen Wert in dieses Wesen legst, ist es mehr ein Kind der Not, mehr von zufälligen Umständen Dir abgedrungen, als die reine unvermischte Äußerung Deines Innersten, dann freilich würd ich um Dich trauern, wenn Du dennoch *Dich*, die künftigen Blüten und Früchte Deines Geistes, Deine ewig jugendliche ruhige Heiterkeit,

die häuslichen Freuden, die Dich vielleicht anderswo erwarteten, und vielleicht noch manches andre aufs Spiel setztest.
Laß Dich das nicht irremachen, lieber alter Freund! Denke, daß hierin eigentlich keiner dem andern etwas sagen kann, daß ich also, im Grunde genommen, auch nichts gesagt habe.
Mir geht es so gut wie möglich. Ich lebe sorgenlos, und so leben ja die seligen Götter.

Daß Schiller den „Phaëthon" nicht aufnahm, daran hat er nicht unrecht getan, und er hätte noch besser getan, wenn er mich gar nie mit dem albernen Probleme geplagt hätte; daß er aber das Gedicht an die Natur nicht aufnahm, daran hat er, meines Bedünkens, nicht recht getan. Übrigens ist es ziemlich unbedeutend, ob ein Gedicht mehr oder weniger von uns in Schillers Almanache steht. Wir werden doch, was wir werden sollen, und so wird Dein Unglück Dich sowenig kümmern wie meines.

Sei glücklich, Lieber! und nehm es geduldig an, wenn bei großer Freude großer Schmerz ist! –

Für die Nachricht von der Lebretin dank ich Dir; ich hätt es auch nicht um sie verdient, wenn sie nicht gut von mir gedacht hätte.

Dein
Hölderlin

119. AN DEN BRUDER

Frankfurt, d. März 96

. . .

Mir geht's noch immer gut; ich bin gesund und habe keine Sorgen, und das ist ja genug, um wenigstens sein Tagwerk ungestört auszuüben.

Du willst, schreibst Du mir, mit Ästhetik Dich beschäftigen. Glaubst Du nicht, daß die *Bestimmung* der Begriffe ihrer *Vereinigung* vorausgehen müsse und daß demnach die untergeordneten *Teile* der Wissenschaft, z. B. Rechtlehre (im reinen Sinn), Moralphilosophie p. p. müssen studiert werden, ehe man an die cacumina rerum geht? Glaubst Du nicht, daß man, um die Bedürftigkeit der Wissenschaft kennenzulernen und so ein Höheres über ihr zu ahnden, müsse zuvor diese Bedürftigkeit eingesehn haben? Man kann freilich auch von oben hereinsteigen, man muß es insofern immer, als das reine Ideal alles Denkens und Tuns, die undarstellbare, unerreichbare Schönheit uns überall gegenwärtig sein muß, aber in seiner ganzen Vollständigkeit und Klarheit kann es doch nur dann erkannt werden, wenn man durchs Labyrinth der Wissenschaft hindurchgedrungen und nun erst, nachdem man seine Heimat recht vermißt hat, im stillen Lande der Schönheit angekommen ist.

[Doch wolle er ihm damit nur Stoff zum Nachdenken geben. Um alle Autorität abzulehnen, gestehe er ihm offenherzig, daß er diesen Punkt wirklich noch nicht reiflich genug überdacht habe.

Hatte einen Besuch von einem Vetter Breunlin gehabt, der nach Wetzlar ging.]

120. AN COTTA

Frankfurt, d. 15. Mai 1796

Ihre gütige Zuschrift hat mich bestimmt, den „*Hyperion*" noch einmal vorzunehmen und das Ganze in *einen* Band zusammenzudrängen; es war, indes ich Ihnen das Manuskript geschickt habe, dieser Wunsch einigemal in mir entstanden; die Verzögerung des Drucks und Ihre Äußerung über die Ausdehnung des Werks waren mir also keineswegs unangemessen; natürlich muß ich nun aber auch den Anfang, den Sie schon haben, abkürzen, um ein Verhältnis in die Teile zu bringen; ich muß Sie daher bitten, mir das Manuskript so bald möglich zu schicken, weil mein Konzept mir zum Teil verlorengegangen ist. Ich schicke es Ihnen nach einigen Wochen sicher zurück, und in ungefähr 2 Monaten auch das übrige. Die Bogenzahl muß nun freilich notwendig um ein beträchtliches sich vergrößern. Ich habe aber ja mit Ihnen überhaupt nicht nach Bogen gerechnet und kann mich bei meinen jetzigen Umständen auch so mit den ausgemachten 100 Gulden begnügen. Wollen Sie mir für die neue Mühe die Freude machen und das Buch überhaupt auf Schreibpapier und mit saubern lateinischen Lettern drucken lassen, so würd ich Ihnen recht sehr danken. Ich habe die sichre Hoffnung, daß Ihnen die Sache nicht ganz liegenbleibt, wenn ich anders von den einzelnen Urteilen, die mir über ein Fragment des Buchs, das noch in der „Thalia" eingerückt ist, zu Ohren gekommen sind, auf die Aufnahme des Publikums überhaupt schließen darf. Haben Sie die Güte, mir das, was ich Ihnen für die überschickten Teile des Plutarch schuldig bin, wie das vorigen Sommer empfangene Karolin vom Ganzen abzuziehen und dieses unter der bekannten Adresse nach Nürtingen zu schicken. Ich bin mit aller Hochachtung

Ihr
ergebenster Diener
M. Hölderlin.

121. AN DEN BRUDER

Frankfurt,
d. 2. Jun. 1796

Lieber Bruder!

Dein letzter Brief hat mir unendliche Freude gemacht. Goethe sagt irgendwo: „Lust und Liebe sind die Fittiche zu großen Taten." – So ist's auch mit der Wahrheit; wer sie liebt, wird sie finden; wessen Herz sich über den ängstlichen, egoistischen Gesichtskreis erhebt, in dem die meisten heranwachsen und den wir leider! auf dem Fleck Erde, der uns zur Ruh und Wanderung gegeben ist, fast überall wieder finden, wessen Gemüt nicht borniert ist, dessen Geist ist es gewiß auch nicht im eigentlichen Sinne.

Dein Streben und Ringen macht Deinen Geist immer stärker und gelenker, lieber Karl! Du scheinst mir tiefer zu gehen und nach mehr als *einer* Seite Dich zu richten.

Dies ist denn auch die wahre Gründlichkeit, nämlich: vollständige Kenntnis der Teile, die wir begründen und in *eins* zusammen begreifen müssen, und tiefe, bis ans äußerste Ende des Wissens durchdringende Kenntnis des Begründenden und Begreifenden. Die Vernunft, kann man sagen, *legt den Grund*, der Verstand *begreift*. Die Vernunft legt den Grund mit ihren Grundsätzen, den *Gesetzen* des *Handelns* und *Denkens*, insofern sie bloß bezogen werden auf den *allgemeinen* Widerstreit im Menschen, nämlich auf den *Widerstreit des Strebens nach Absolutem und des Strebens nach Beschränkung*. Jene Grundsätze der Vernunft sind aber selbst wieder begründet durch die Vernunft, indem sie von dieser bezogen werden auf das Ideal, den höchsten Grund von allem; und das *Sollen*, das in den Grundsätzen der Vernunft enthalten ist, ist auf diese Art abhängig vom (idealischen) Sein. Sind nun die Grundsätze der Vernunft, welche *bestimmt* gebieten, daß der Widerstreit jenes allgemeinen, sich entgegengesetzten Strebens soll *vereiniget* werden (nach dem Ideal der Schönheit), sind diese Grundsätze im allgemeinen ausgeübt an jenem Widerstreit, so muß jede Vereinigung dieses Widerstreits ein Resultat geben, und diese Resultate der allgemeinen Vereinigung des Widerstreits sind dann die allgemeinen Begriffe des Verstandes, z. B. die Begriffe von Substanz und Akzidens, von Wirkung und Gegenwirkung, Pflicht und Recht etc. Diese Begriffe sind nun dem Verstande eben das, was der Vernunft das Ideal ist; so wie die Vernunft nach dem Ideale ihre Gesetze, so bildet der Verstand nach diesen Begriffen seine Maximen. Diese Maximen enthalten die Kriterien und Bedingungen, unter welchen irgendeine Handlung oder ein Gegenstand jenen allgemeinen Begriffen muß unterworfen werden. Z. B. ich habe das *Recht*, eine Sache, die nicht unter der Disposition eines freien Willens steht, mir zuzueignen. Allgemeiner Begriff: *Recht*. Bedingung: Sie steht nicht unter der Disposition eines freien Willens. Die dem allgemeinen Begriffe unterworfene Handlung: Zueignung einer Sache.

Ich schreibe Dir dieses hin, wie man sich eine flüchtige Zeichnung oder sonst etwas in den Brief legt, zu einer viertelstündigen Unterhaltung.

Daß Dir Dein Schicksal oft schwer aufliegt, das glaub ich Dir gerne, liebes Herz! Sei ein Mann und siege. Die Knechtschaft, die von allen Seiten auf unser Herz und unsern Geist in früher Jugend und im Mannesalter hineindringt, die Mißhandlung und Erstickung unserer edelsten Kräfte gibt uns auch das herrliche Selbstgefühl, wenn wir dennoch unsere besseren Zwecke durchführen. Ich will auch das Meinige tun. Eine andere Stelle kann und will ich Dir nicht verschaffen. Du brauchst jetzt schlechterdings Muße; Du mußt Dir selbst leben können, ehe Du für andere lebst. Aus dieser Rücksicht schlag ich Dir, gegen meine sonstigen Äußerungen, nach reiferer Überlegung vor, daß Du eine Universität besuchst. Wenn mich mein wankelmütiges Schicksal in meiner gegenwärtigen Lage erhält, kann ich zu Ende des nächsten Winters ganz gut 2oo fl. entbehren; die schick ich Dir, und Du gehst nach Jena und kannst, wie ich glaube, jedes Jahr auf dieselbe Summe, wohl auch auf etwas mehr, bei mir rechnen, und den kleinen Zuschuß, dessen Du noch benötigt sein dürftest, wird Dir unsere liebe Mutter nicht versagen. Danke mir nur nicht, meine Überzeugung gebietet es mir, und die Erfüllung eines Gebots läßt ja nicht wohl eine andere Vergeltung zu als die, daß wir unseren Zweck erreichen. Und wie könnten wir daran zweifeln, lieber Bruder!

Von *wichtigen* Bekanntschaften in dem Sinne, wie Du es meinst, kann ich Dir leider! wenig oder gar nichts schreiben.

Laß die Welt ihren Gang gehn, wenn er nicht aufgehalten werden kann, wir gehn den unsern.

Ich hoffe diesen Sommer mehr zu tun als bisher. Der Trieb, aus unserm Wesen etwas hervorzubringen, was zurückbleibt, wenn wir scheiden, hält uns doch eigentlich einzig ans Leben fest.

Freilich sehnen wir uns oft auch, aus diesem Mittelzustand von Leben und Tod überzugehn ins unendliche Sein der schönen Welt, in die Arme der ewigjugendlichen Natur, wovon wir ausgegangen. Aber es geht ja alles seine stete Bahn, warum sollten wir uns zu früh dahin stürzen, wohin wir verlangen.

Die Sonne soll uns doch nicht beschämen. Sie gehet auf über Bösen und Guten; so können ja auch wir eine Weile unter Menschen und ihrem Tun und in unserer eigenen Schranke und Schwachheit verweilen. – Für Deinen Freund H. will ich sorgen, wenn es möglich ist. Sinclair, den ich erst neulich wieder besuchte, läßt Dich herzlich grüßen. Er trauert, wie wir.

Fichte hat ein Naturrecht herausgegeben, diesen Augenblick bekomm ich es vom Buchhändler, kann es also noch nicht beurteilen. Übrigens glaub ich Dir dennoch mit gutem Grunde raten zu können, daß Du es kaufst.

Tausend Grüße an unsere liebe Mutter und übrigen Verwandten und Freunde!

Leb wohl, mein Karl!

Dein
Hölderlin

Cotta hält mich unangenehmerweise auf. Hoffentlich wird er das Geld geschickt haben oder bald schicken, wenngleich jetzt erst mit dem Druck meines Buchs angefangen wird.

122. AN DEN BRUDER

Frankfurt,
[wohl Ende Juni und 10. Juli 1796]

Du bist glücklich, mein Karl, durch das, was Du Dir selbst bist, und ich wollte, Du sähest das ein wie ich. Du würdest weniger den Mangel empfinden, der von außen Dich umgibt. Sieh! deswegen finden auch die meisten Menschen überall wunderschöne Dinge, wundergroße, wundererfreuliche Dinge, weil sie alles, was ihnen begegnet, an ihrer innern Armut und Beschränktheit messen, weil sie so gar nicht verwöhnt sind durch sich selbst. Weil sie sich selbst zum Sterben Langeweile machen, dünkt's ihnen überall so amüsant, und weil sie fühlen, es sei so eigentlich nicht so sehr der Mühe wert, daß sie das Glück begünstige, sind sie auch so äußerst dankbar gegen dieses und nennen auch höflicherweise das weise und gerechte Schicksal *gnädig*.

(Bei Gelegenheit! Ich möchte doch wissen, was eigentlich Gnade wäre?) – Aber wenn Du schon Dir selbst sehr viel bist, so bedarfst Du deswegen auch der rechten Pflege für Dein Herz und Deinen Geist. Genuß der Wahrheit und der Freundschaft! Könnt ich ihn so voll und stark und rein Dir geben, als Du es wert bist! Aber *einer* ist nicht *alles*, und ich bin ohnedies wie ein alter Blumenstock, der schon einmal mit Grund und Scherben auf die Straße gestürzt ist und seine Sprößlinge verloren und seine Wurzel verletzt hat und nun mit Mühe wieder in frischen Boden gesetzt und kaum durch ausgesuchte Pflege vom Verdorren gerettet, aber doch hie und da noch immer welk und krüpplig ist und bleibt. Ich werde deswegen ganz gewiß, solang ich lebe, allem aufbieten, um, soweit es von mir abhängt und Du meiner bedürfen magst, Dein Leben auch anderwärts Dir angenehm, d. h. den Bedürfnissen Deines edlern Wesens angemessen zu machen.

Ich kann unmöglich glauben, daß unsere teure Mutter den soliden Gründen, die ich ihr vorlegen werde, ihren Beifall versagen und ihren Willen und Segen Dir nicht zu einer Reise nach Jena geben wird.

Du wirst die Wahrheit finden und doch wenigstens einen ganzen Freund, wie ich hoffe! Den Plan zu Deinem Studium möcht ich zuvor von Dir selbst hören, um ganz in Beziehung auf Deinen eigentümlichen Wunsch und Charakter meinen Vorschlag zu machen. Es läßt sich im allgemeinen vieles plaudern, aber um nützlich zu sein, müssen wir einander auch auf das, was jeder besonders ist und hat, aufmerken.

An Aussichten kann es Dir zur rechten Zeit nicht fehlen. Du magst ein Fach ergreifen, welches Du willst, so bin ich gewiß, daß Du es darin nicht bei der Mittelmäßigkeit wirst bewenden lassen, und Männer, die im Kameralfach oder in der Rechtspflege und -wissenschaft mehr als mittelmäßig, sind eben ihrer Seltenheit wegen jetzt überall zum Lehrstuhl oder zum Geschäftsleben äußerst gesucht.

In jedem Falle kannst Du Hofmeister werden, so gut wie ich, und glücklich sein und all die Lumpereien des politischen und geistlichen Württembergs und Deutschlands und Europas auslachen, so gut wie ich.

d. 10. Jun.

So weit hatt ich neulich geschrieben. Jetzt bin ich auf frappante Art unterbrochen. Die kaiserliche Armee ist jetzt auf ihrer Retirade von Wetzlar begriffen, und die Gegend von Frankfurt dürfte demnach zunächst einen Hauptteil des Kriegsschauplatzes abgeben. Ich reise deswegen mit der ganzen Familie noch heute nach Hamburg ab, wo sich Verwandte meines Hauses befinden. HE. Gontard bleibt allein hier. Es wird wichtige Auftritte geben. Man sagt, die Franzosen seien in Württemberg. Ich hoffe, die Sache wird wenigstens denen, die mich da zunächst angehn, nicht sehr viel reelles Übel bringen. Sei ein Mann, Bruder! Ich fürchte mich nicht vor dem, was zu fürchten ist, ich fürchte mich nur vor *der Furcht.* Sage das der lieben Mutter. Beruhige sie! Wär ich nicht auf diese Art pflichtmäßig nützlich, ich käme zu Euch. Mut und Verstand braucht jetzt jeder. Hitze und Ängstlichkeit sind jetzt nicht mehr gangbare Münzen.

Lebt wohl, Ihr Lieben alle!

Euer
Fritz

123. AN NEUFFER

Frankfurt,
[wohl Ende Juni und 10. Juli 1796]

Hätt ich Dich doch bei mir, lieber Bruder! daß wir uns einmal wieder Freude machen könnten mit unsern Herzen. Die Buchstaben sind für die Freundschaft wie trübe Gefäße für goldnen Wein. Zur Not schimmert etwas durch, um ihn vom Wasser zu unterscheiden, aber lieber sieht man ihn doch im kristallnen Glase.

Ich möchte wissen, wie Dir's jetzt gerade geht. Ich wollt, es ginge Dir wie mir. Ich bin in einer neuen Welt. Ich konnte wohl sonst glauben, ich wisse, was schön und gut sei, aber seit ich's sehe, möcht ich lachen über all mein Wissen. Lieber Freund! es gibt ein Wesen auf der Welt, woran mein Geist Jahrtausende verweilen kann und wird, und dann noch sehn, wie schülerhaft all unser Denken und Verstehn vor der Natur sich gegenüber findet. Lieblichkeit und Hoheit, und Ruh und Leben, und Geist und Gemüt und Gestalt ist *ein* seliges Eins in diesem Wesen. Du kannst mir glauben, auf mein Wort, daß selten so etwas geahndet und schwerlich wieder gefunden wird in dieser Welt. Du weißt ja, wie ich war, wie mir Gewöhnliches entleidet war, weißt ja, wie ich ohne Glauben lebte, wie ich so karg geworden war mit meinem Herzen, und darum so elend; konnt ich werden, wie ich jetzt bin, froh, wie ein Adler, wenn mir nicht dies, dies Eine erschienen wäre und mir das Leben, das mir nichts mehr wert war, verjüngt, gestärkt, erheitert, verherrlicht hätte mit seinem Frühlingslichte? Ich habe Augenblicke, wo all meine alten Sorgen mir so durchaus töricht scheinen, so unbegreiflich wie den Kindern.

Es ist auch wirklich oft unmöglich, vor ihr an etwas Sterbliches zu denken, und eben deswegen läßt so wenig sich von ihr sagen.

Vielleicht gelingt mir's hie und da, einen Teil ihres Wesens in einem glücklichen Zuge zu bezeichnen, und da soll Dir keiner unbekannt bleiben. Aber es muß eine festliche, durchaus ungestörte Stunde sein, wenn ich von ihr schreiben soll. –

Daß ich jetzt lieber dichte als je, kannst Du Dir denken. Du sollst auch bald wieder etwas von mir sehen.

Was Du mir mitteiltest, hat Dir herrlichen Lohn gewonnen. Sie hat es gelesen, hat sich gefreut, hat geweint über Deinen Klagen.

O sei glücklich, lieber Bruder! Ohne Freude kann die ewige Schönheit nicht recht in uns gedeihen. Großer Schmerz und große Lust bildet den Menschen am besten. Aber das Schustersleben, wo man Tag für Tag auf seinem Stuhle sitzt und treibt, was sich im Schlafe treiben läßt, das bringt den Geist vor der Zeit ins Grab.

Ich kann jetzt nicht schreiben. Ich muß warten, bis ich weniger mich glücklich und jugendlich fühle. Leb wohl, treuer, geprüfter, ewiglieber Freund! Könnt ich ans Herz Dich drücken! Das wäre jetzt die wahre Sprache für Dich und mich!

Dein
Hölderlin

d. 10. Jun.

Ich reise heute noch nach Hamburg ab, wegen dem Kriege... Leb wohl, mein Bruder! Die Zeit dringt mich. Ich schreibe, wo möglich, Dir bald wieder.

124. AN SCHILLER

Kassel, d. 24. Jul. 96

Ich bin so frei, verehrungswürdiger Herr Hofrat, Ihnen einen kleinen Beitrag zur künftigen Blumenlese zu schicken. Lieber hätt ich ihn gebracht und mich wieder Ihrer Nähe gefreut. Sie sind gesünder, wie man mir sagt, und das ist ein Trieb mehr für mich, zu Ihnen zu wallfahrten und Sie zu sehn. Aber bis dahin muß ich wenigstens noch einige Monate geduldig sein. Ich bin jetzt auf der Flucht mit der Familie, bei der ich seit vorigem Winter in Frankfurt sehr glücklich lebe. Es sind wirklich seltne Menschen, unter denen ich bin, und um so schätzbarer für mich, weil ich sie so zu rechter Zeit fand, weil einige bittere Erfahrungen mich wirklich gegen Verhältnisse aller Art hatten mißtrauisch gemacht.

Ich wollte Ihnen einmal wieder in meiner ganzen Bedürftigkeit erscheinen, wollte Sie um Ihre Meinung fragen über manches, was mich jetzt beschäftigt, und wollte durch allerhand Umwege ein paar freundliche Worte mir von Ihnen erbeuten, aber ich bin genötigt, abzubrechen.

Wollen Sie die Güte haben, mich der Frau Hofrätin zu empfehlen?

Ganz der
Ihrige
M. Hölderlin

125. AN DEN BRUDER

Kassel, d. 6. Aug. 96

Ich hoffe, mein Karl, daß es wegen der Posten jetzt möglich ist, Dir einmal wieder Nachricht zu geben und dann auch solche wieder von Dir zu erhalten; denn Du kannst Dir leicht denken, daß es in mancher Rücksicht für mich großes Bedürfnis ist, die besondern Umstände von den großen Begebenheiten, die sich bei Euch zugetragen haben, und besonders alles, was meine teure Familie dabei betrifft, genau zu wissen.

Ich würde mich wohl mehr mit beunruhigenden Wahrscheinlichkeiten plagen, wenn nicht die Phantasie auch in den Rheingegenden mit dem Kriege vertrauter würde.

Unsere gute Mutter bedaur ich herzlich und bin besorgt für sie, weil ich weiß, wieviel sie unter solchen Umständen durch ihren Sinn und ihre Demut leidet.

Dir, mein Karl, kann die Nähe eines so ungeheuern Schauspiels, wie die Riesenschritte der Republikaner gewähren, die Seele innigst stärken.

Es ist doch was ganz Leichters, von den griechischen Donnerkeulen zu hören, welche vor Jahrtausenden die Perser aus Attika schleuderten über den Hellespont hinweg bis hinunter in das barbarische Susa, als so ein unerbittlich Donnerwetter über das eigne Haus hinziehen zu sehen.

Freilich seht Ihr auch nicht unentgeltlich dem neuen Drama zu. Doch, mein ich, seid Ihr noch so ziemlich gut hinweggekommen. Eben heute las ich in der Zeitung, daß General Saint-Cyr über Tübingen, Reutlingen und Blaubeuren den Österreichern nachgeeilt sei, und bin dadurch in Unruhe gesetzt wegen unserer lieben Schwester und ihrem Hause; auch bin ich bange wegen der Condéischen Untiere, die noch die Erde verunreinigen und so häßlich unter Euch hausen. Schreibe doch nach Empfang dieses Briefs auf der Stelle, lieber Karl! Meiner Lage fehlt nichts als Ruhe über die Meinigen. Ich lebe seit drei Wochen und drei Tagen sehr glücklich hier in Kassel. Wir reisten über Hanau und Fuld – ziemlich nahe bei dem französischen Kanonendonner, doch noch immer sicher genug, vorbei. Ich schrieb Dir an dem Tage meiner Abreise, daß wir nach Hamburg gingen, aber der hiesige Ort ist in so mancher Rücksicht interessant für Mad. Gontard, daß sie beschloß, sich einige Zeit hier aufzuhalten, da wir hier angekommen waren. (Sie läßt die l. Mutter und Dich grüßen und rät Euch, Eure Lage so heiter als möglich anzusehen.) Auch HE. Heinse, der berühmte Verfasser des „Ardinghello", lebt mit uns hier. Es ist wirklich ein durch und durch trefflicher Mensch. Es ist nichts Schöners als so ein heitres Alter, wie dieser Mann hat.

Wir haben auch hier seit einiger Zeit unsre Schauspiele, nur daß sie friedlicher waren als die Eure. Der König von Preußen war bei dem hiesigen Landgrafen auf Besuch und wurde ziemlich feierlich bewirtet.

Die Natur, die einen hier umgibt, ist groß und reizend. Auch die Kunst macht einem Freude; der hiesige *Augarten* und der *Weiße Stein* haben Anlagen, die unter die ersten in Deutschland gehören. Auch haben wir Bekanntschaft mit braven Künstlern gemacht.

Die Gemäldegalerie und einige Statuen im Museum machten mir wahrhaft glückliche Tage.

Nächste Woche reisen wir ins Westfälische, nach Driburg (ein Bad in der Nähe von Paderborn) ab. Ich lege Dir die Adresse bei, unter der ich Deinen Brief sicher erhalte. Wird es Friede, so sind wir mit Anfang des Winters in Frankfurt.

Leb wohl, mein Karl! Gib keine Deiner rechtmäßigen Hoffnungen auf! Schreibe mir bald und viel und genau und ja auch dabei aus Deinem Herzen.

Grüße unsere gute Mutter und all die lieben Unsrigen tausendmal und versichere sie meiner herzlichen Teilnahme.

Dein
Fritz

126. AN DEN BRUDER

Frankfurt, d. 13. Okt. 96

Ich bin Dir nun wieder um ein gut Teil näher als vor einiger Zeit und fühl es. Meinen letzten Brief erhieltst Du aus Kassel. Von da reisten wir in das deutsche Böotien, nach Westfalen, durch wilde, schöne Gegenden, über die Weser, über kahle Berge, schmutzige, unbeschreiblich ärmliche Dörfer und noch schmutzigere, ärmlichere holperige Wege. Dies ist meine kurze und getreue Reisebeschreibung.

In unserem Bade lebten wir sehr still, machten weiters keine Bekanntschaften, brauchten auch keine, denn wir wohnten unter herrlichen Bergen und Wäldern und machten unter uns selbst den besten Zirkel aus. Heinse reiste und blieb mit uns. Ich brauchte das Bad ein wenig und trank das köstliche, stärkende und reinigende Mineralwasser und befand und befinde mich ungewöhnlich gut davon. Was Dich besonders freuen wird, ist, daß ich sagen kann, daß wir wahrscheinlich nur eine halbe Stunde von dem Tale wohnten, wo *Hermann* die Legionen des Varus schlug. Ich dachte, wie ich auf dieser Stelle stand, an den schönen Maitagnachmittag, wo wir im Walde bei Hardt bei einem Kruge Obstwein auf dem Felsen die „Hermannsschlacht" zusammen lasen. Das waren doch immer goldne Spaziergänge, Lieber, Treuer! Sie sollen, wie ich hoffe, noch schöner sein, wenn wir einmal wieder beisammen sind. Ich wünschte der lieben Mutter ernstliche Meinung zu vernehmen über meinen Vorschlag, den ich diesen Sommer zu Verbesserung Deiner Lage tat.

Wir wollen sie nicht bestürmen; sie wird uns genau die ökonomischen Gründe sagen, die sie bestimmen, wenn sie gegen unsere Meinung ist.

Philosophie *mußt* Du studieren, und wenn Du nicht mehr Geld hättest, als nötig ist, um eine Lampe und Öl zu kaufen, und nicht mehr Zeit als von Mitternacht bis zum Hahnenschrei. Das ist es, was ich in jedem Falle wiederhole, und das ist auch Deine Meinung.

Professoren und Universitäten kannst *Du* freilich im *Notfall* entbehren, aber ich möchte Dir denn doch gönnen, lieber Junge! daß Du Dich weniger leiden müßtest, um Dein edelstes Bedürfnis zu befriedigen.

Es sollte mich so herzlich freuen, einmal in Dir den Denker und Geschäftsmann, wie es sich gehört, vereint zu sehen.

Geht es nicht nach Jena, so soll es wenigstens nach Frankfurt gehn. Du sollst Dich einmal tüchtig mit mir freun. Ich schicke Dir vor den Weihnachtsfeiertagen (denn gerade um diese Zeit wird's völlig ruhig auf den Straßen sein), also vor den Weihnachtsfeiertagen schick ich Dir das Reisegeld, Du kaufst Dir einen warmen Mantel, setzest Dich auf den Postwagen, bleibst einige Tage hier, besuchst den lieben Sinclair in Homburg, und dann geht's rüstig wieder in die Amtsstube, ohne irgendeinen Aufwand.

Das, im Falle Du nicht nach Jena gehst!

Mir geht es gut. Du wirst mich weniger im revolutionären Zustand finden, wenn Du mich wiedersiehst; ich bin auch sehr gesund. Ich schicke Dir hier ein Stückchen Kasimir zu einer Weste. Unsere Messe ist diesmal sehr leer. Wenn nur Württemberg und meine teure Familie auch jetzt vor neuen Ungelegenheiten gesichert ist! Ich mag nicht viel über den politischen Jammer sprechen. Ich bin seit einiger Zeit sehr stille über alles, was unter uns vorgeht.

Grüße alles! die teure Mutter und Schwester und Großmama und alle andern in Löchgau und Blaubeuren besonders!

Wenn's der lieben Mutter nicht unbequem ist, bitt ich sie, auch ein wenig das nächstemal an mich zu schreiben. Mich verlangt, auch einmal etwas von ihr zu sehen; sie ist doch wohl und ist mir noch gut?

Dein
Fritz

127. AN HEGEL

Frankfurt, d. 24. Okt. 96

Liebster Hegel!

Endlich geht es denn doch einmal.

Du erinnerst Dich, daß ich zu Anfang des Sommers von einer äußerst vorteilhaften Stelle schrieb und daß es mein ganzer Wunsch um Deinet- und meinetwillen wäre, daß Du hieherkämst, zu den braven Leuten, von denen die Rede war.

Kriegsunruhen waren wohl die Hauptursache, warum ich

so lange keine Antwort bekam. Ich war auch den ganzen Sommer über in Kassel und Westfalen, also vollends außerstande, Dir einige Nachricht hierüber zu geben.

Vorgestern kömmt HE. Gogel ganz unvermutet zu uns und sagt mir, wann Du noch frei seiest und Lust zu diesem Verhältnis hättest, würd es ihm lieb sein. Du würdest zwei gute Jungen zunächst zu bilden haben, von 9–10 Jahren, würdest durchgängig ungeniert in seinem Hause leben können, würdest, was nicht unwichtig ist, ein eignes Zimmer bewohnen, wo Du Deine Buben nebenan hättest, würdest mit den ökonomischen Bedingungen sehr zufrieden sein; von ihm und seiner Familie soll ich übrigens nicht zu viel Gutes schreiben, weil gespannte Erwartung immer schlecht befriediget würde, wollest Du aber kommen, so stehe sein Haus Dir alle Tage offen.

Nun der Kommentar! Weniger als 400 fl. bekömmst Du schwerlich. Das Reisegeld wird Dir bezahlt werden, wie mir, und Du kannst wohl auf 10 Karoline rechnen. Alle Messe wirst Du ein sehr beträchtlich Geschenk bekommen. Und alles wirst Du frei haben, etwa Friseur, Barbier, und was sonst Kleinigkeiten sind, ausgenommen. Du wirst sehr guten Rheinwein oder französischen Wein über Tisch trinken. Du wirst in einem Hause wohnen, das eines der schönsten in Frankfurt ist und auf einem der schönsten Plätze in Frankfurt steht.

Du wirst an HE. und Frau Gogel anspruchlose, unbefangene, vernünftige Menschen finden, die, soviel sie Beruf zum geselligen Leben haben, durch ihre Jovialität und ihren Reichtum, doch größtenteils sich selbst leben, weil sie, und besonders die Frau, mit den *Frankfurter Gesellschaftsmenschen* und ihrer Steifigkeit und Geist- und Herzensarmut nicht sich befassen und verunreinigen und ihre häusliche Freude verderben mögen.

Glaube mir, durch das letztere ist alles gesagt! Endlich, Lieber, laß mich auch das Dir ans Herz legen. – Ein Mensch, der unter ziemlich bunten Verwandlungen seiner Lage und seines Charakters dennoch mit Herz und Gedächtnis und Geist Dir treu geblieben ist und gründlicher und wärmer als je Dein Freund sein wird und jedes Interesse Deines Wesens und jede Angelegenheit des Lebens willig und freudig mit Dir teilen und dem zu seiner schönen Lage nichts fehlt als Du, dieser Mensch wohnt gar nicht weit von Dir, wenn Du hieherkömmst.

Wirklich, Lieber, ich bedarf Deiner und glaube, daß Du auch mich wirst brauchen können.

Wenn wir einmal auf dem Sprunge sind, Holz zu spalten oder mit Stiefelwachs und Pomade zu handeln, dann laß uns fragen, ob es nicht etwa noch besser wäre, Repetent in Tübingen zu werden. Das Stipendium riecht durch ganz Württemberg und die Pfalz herunter mich an wie eine Bahre, worin schon allerlei Gewürm sich regt. Im Ernste, Lieber, Du darfst Deinen Geist nicht so mutwillig auf eine so unleidliche Probe setzen.

Daß Du Dich auf das, was ich Dir über das Ökonomische gesagt habe, verlassen kannst, muß dadurch Dir bewiesen werden, daß alle hiesigen Kaufleute in dieser Rücksicht beinahe durchaus dasselbe beobachten. Von der Hauptsumme kannst Du ganz sicher sein. Das weiß ich aus sichern Händen. Ich habe HE. Gogel gesagt, ich werde Dich bitten, Du möchtest, in einem Briefe an mich, Deine Gedanken über dieses Verhältnis und Deine Wünsche, soweit Du es für nötig findest, äußern, und das woll ich ihm zu lesen geben. Du kannst also auf diese Art noch alles berichtigen oder, wenn du lieber willst, ohne alles weitere hieherkommen. Laß uns nur jetzt machen, daß die Sache so schnell als möglich vor sich geht. Übrigens sagt mir HE. Gogel, daß er auch im Notfalle noch ein paar Monate warten könne. Ich hätte noch manches Dir zu sagen, aber Deine Hieherkunft muß die Vorrede zu einem langen, langen, interessanten, *ungelehrten* Buche von Dir und mir sein.

Dein
Hölderlin

128. AN HEGEL

Frankfurt, d. 20. Nov. 96

Liebster Hegel!

Die ganze Sache ist ins reine gebracht. Du bekommst, wie ich vorauswußte, 400 fl., hast freie Wäsche und Bedienung im Hause, und die Reisekosten will HE. Gogel vergüten, wenn Du hieher kömmst, oder, wenn Du es nötig finden solltest, Dir den Wechsel nach Bern schicken. Ich schreibe Dir seine eignen Worte, die ich in diesem Augenblick von ihm erfahre.

Wolltest Du den Wechsel nach Bern haben, um anderweitige mögliche Inkonvenienzen zu vermeiden, so schreib es mir mit nächstem, ich will sehen, daß ich es mit Schicklichkeit besorge und ohne Dich im mindesten zu exponieren.

Daß Du erst in der Mitte des Jenners kommst, erträgt HE. Gogel geduldiger als ich; ich wollte, wir hätten heute Neujahrsabend. HE. Gogel hat Deinen Brief gelesen und war, wie ich wohl denken konnte, sehr vergnügt darüber. Wenn Du noch der alte bist, so wirst Du in seinem Charakter und seiner Art, sich zu äußern, sehr viel Beziehung mit Deiner Eigentümlichkeit finden.

Die Materie und Form des Unterrichts wird, wie natürlich, Deiner Einsicht überlassen. Deine Gewandtheit in der französischen Sprache nimmt HE. Gogel wie ein seltnes und bedeutendes Geschenk.

Seine Jungen, 2 an der Zahl, seien gut, sagt er, eines seiner 2 Mädchen, denen Du aber nur gelegentlich hie und da was beibringst, ist etwas hartköpfig. Das kann Dich aber nicht sehr verdrießen. Daß Deutschland in Europa liegt, behält Dir wohl jede. Wer unterhält sich nicht gerne mit so einem guten Ding eine Viertelstunde?

Mit den Jungen wirst Du, sosehr der erste Unterricht unsern Geist oft drücken muß, Dich dennoch lieber beschäftigen als mit Staat und Kirche, wie sie gegenwärtig sind. Auch werden gewöhnlich zum Unterricht im Schönschreiben, Rechnen, Zeichnen, Tanzen, Fechten, oder was sonst Dinge sind, die nicht gerade von uns erwartet werden können, Meister genommen, denen man das Kind ganz wohl anvertrauen kann, so daß Du hinlänglich wirst ausruhn können.

Wir wollen brüderlich Müh und Freude teilen, alter Herzensfreund! Es ist recht gut, daß mich die Höllengeister, die ich aus Franken mitnahm, und die Luftgeister mit den metaphysischen Flügeln, die mich aus Jena geleiteten, seitdem ich in Frankfurt bin, verlassen haben. So bin ich Dir noch etwas brauchbar. Ich sehe, daß Deine Lage Dich auch ein wenig um den wohlbekannten immerheitern Sinn gebracht hat. Siehe nur zu! Du wirst bis nächsten Frühling wieder der alte sein. Was Du von Leiten und Führen sprichst, Lieber, Teurer! das hat mir wehe getan. Du bist so manchmal mein Mentor gewesen, wenn mein Gemüt zum dummen Jungen mich machte, und wirst's noch manchmal sein müssen.

Du wirst Freunde finden, wie man sie nicht überall findet.

Vorige Woche hab ich Sinclair in Homburg besucht. Er freut sich auch unendlich, daß Du kommst. Ich sage Dir, Lieber! Du brauchst nichts als Dein und mein Haus, um recht glückliche Tage zu haben. Der Tag des Wiedersehens wird uns ziemlich verjüngen. Ich komme Dir bis Darmstadt entgegen, wenn sich's nur immer einrichten läßt. Dann nehm ich Dich erst zu mir und freue mich satt an Dir, und dann bring ich Dich dem guten Gogel ins Haus.

Ich habe vorgestern von Dir geträumt, Du machtest noch allerlei weitläufige Reisen in der Schweiz herum, und ich wollte mich totärgern. Nachher hatt ich herzliche Freude an dem Traum.

Leb wohl, lieber Hegel! Schreibe mir bald wieder. Wärst Du nur schon aus dem Bernerbiet weg!

Dein
Hölderlin

129. AN SCHILLER

Frankfurt, d. 20. Nov. 1796
Verehrungswürdigster!

Es macht mich oft traurig, daß ich Ihnen nimmer, wie ich sonst wohl durfte, ein Wort aus meiner Seele sagen kann, aber Ihr gänzlich Verstummen gegen mich macht mich wirklich blöde, und ich muß immer wenigstens irgendeine Kleinigkeit vorschützen können, wenn ich mich dazu bringen soll, meinen Namen Ihnen wieder zu nennen.

Diese Kleinigkeit ist diesmal die Bitte, daß Sie die unglücklichen Verse, die keinen Platz finden konnten in Ihrem diesjährigen Almanache, mir wieder zur Durchsicht geben möchten, denn das Manuskript, das ich Ihnen im August von Kassel aus zuschickte, war das einzige, das ich hatte.

Möchten Sie es doch nicht für verlorne Mühe halten, Ihr Urteil beizusetzen, denn auch hierin kann ich alles leichter ertragen als Ihr Stillschweigen.

Ich erinnere mich noch sehr gut jedes kleinsten Zeichens Ihrer Teilnahme an mir. Sie haben mir auch, da ich noch in Franken lebte, einmal ein paar Worte geschrieben, die ich immer wiederhole, sooft ich verkannt bin.

Haben Sie Ihre Meinung von mir geändert? Haben Sie mich aufgegeben?

Verzeihen Sie mir diese Fragen. Eine Anhänglichkeit an Sie, gegen welche ich oft vergebens anging, wenn sie Leidenschaft war, eine Anhänglichkeit, die noch immer mich nicht verlassen hat, nötigt solche Fragen mir ab.

Ich würde mich darüber tadeln, wenn Sie nicht der einzige Mann wären, an den ich meine Freiheit so verloren habe.

Ich weiß, daß ich nicht ruhen werde, bis ich durch irgend etwas Errungenes und Gelungenes wieder einmal ein Zeichen Ihrer Zufriedenheit erbeute.

Glauben Sie nicht, daß ich feire, wenn ich nicht von meinen Beschäftigungen spreche. Aber es ist schwer, gegen die Niedergeschlagenheit auszuhalten, die einem der Verlust einer Gewogenheit gibt, wie diejenige war, die ich besaß oder mir träumte.

Ich bin verlegen, skrupulös über jedes Wort, das ich Ihnen sage, und doch bin ich sonst so ziemlich, wenn ich andern Menschen gegenüber mich finde, über jugendliche Ängstlichkeit weg.

Sagen Sie mir ein freundlich Wort, und Sie sollen sehen, wie ich verwandelt bin.

Ihr wahrer Verehrer
Hölderlin

130. AN DIE MUTTER

Frankfurt, d. 20. Nov. 96

Liebste Mutter!

Ich schreibe diesmal an Sie, weil ich Ihnen zunächst von dem Entschlusse, zu dem ich mich durch wohlgeprüfte Gründe bestimmt habe, wegen der Präzeptoratstelle, Rechenschaft zu geben schuldig bin. Sein Sie versichert, daß es mich nicht weniger Verlegnung kostet als Sie und meinen Karl, Ihre tägliche Gegenwart und Ihren herzlichen Umgang entbehren zu müssen. Meine Lage ist sehr glücklich, aber wo in der Welt vermißt man gerne seine Mutter und solch einen Bruder und seine Familie? Sie können also wohl glauben, daß es mir nicht so leicht wird, den günstigen, ehrenhaften Ruf meiner guten Mitbürger unbenützt zu lassen. Aber einmal wär es doch nicht dankbar, ein Haus, dem ich bisher nicht einen Zehentteil der schönen Freundschaft, die ich täglich erfahre, vergelten konnte, und meinen hoffnungsvollen Zögling zu verlassen, gerade in einem Zeitpunkte, wo er anfängt, mein Herz und meinen Unterricht eigentlicher zu verstehen. Denn ob ein anderer ihm gerade das sein würde, was ich ihm sein kann, ist ungewiß. Das Kind ist von der Natur beinahe ganz so gemacht, wie ich, soviel ich weiß, aus ihren Händen ging. Ich finde mich tausendmal mit meinen ursprünglichen Eigenheiten in ihm, auch das Kind ahndet in mir ein gleichgeschaffen Gemüt, und das gerade erleichtert mir meine Erziehung so sehr, das gerade scheint mir immer mehr die unumgängliche Bedingung jeder glücklichen Erziehung zu sein.

Ferner müßt ich fürchten, daß meine Gesundheit, von der ich meinen Geist und meinen Charakter so sehr oft abhängig fühlen mußte, leicht wieder ihr gewonnenes Gleichgewicht verlieren könnte in einer Lage, wie die angebotene sein würde. Sie wissen, liebste Mutter, wie ich körperlich und größtenteils darum auch am Gemüte litt, den Sommer über, den ich in Nürtingen zubrachte. Ich bin jetzt völlig hergestellt. Aber würd es wohl so bleiben können bei einem so unruhigen Amte, und würd ich es lange mit dem gehörigen Aufwande von Kräften versehen können? Schulmeistern könnt ich unmöglich, und 40 Knaben nach reinen Grundsätzen und mit anhaltendem belebendem Eifer zu erziehen, ist wahrhaftig eine Riesenarbeit, besonders wo häusliche Erziehung und anderweitige Anstalten so sehr oft entgegenwirken.

Ferner würden die Beschäftigungen, die, durch Natur und Gewohnheit, mir unentbehrliches Bedürfnis geworden sind und ohne welche für mich kein Glück der Erde genießbar ist, diese frohen, wenigstens unschuldigen Beschäftigungen würden beinahe ganz unterbleiben müssen, wenn ich nicht jede Mitternacht zum Tage machen wollte, und das darf und kann ich nicht, wenn ich nicht in einem Jahre fertig sein will.

Das sind, wie ich glaube, drei solide Gründe. Ich könnte noch manches hinzusetzen, aber ich halt es nicht für nötig, da ich weiß, wie sehr Sie alles, was ich bisher gesagt, selbst empfinden.

Wir wollen uns durch Besuche und fröhliche Nachrichten, soviel es möglich ist, für den versagten näheren Umgang schadlos halten. Sie haben, wie ich noch wohl weiß, selbst sehr oft geäußert, daß Sie mir nie entschieden zu einer solchen Lage raten würden.

Danken Sie in meinem Namen überall, wo meiner insofern gedacht wird, recht herzlich! Sagen Sie, daß ich das Andenken meiner Mitbürger zu schätzen wisse und zu verdienen suche.

Dem lieben Karl will ich, wenn es möglich, noch morgen den ersten seiner zwei lieben Briefe besonders beantworten.

Ihnen, liebste Mutter, dank ich innigst für Ihren langen gütigen Brief. Was Sie mir über unsre ökonomischen Verhältnisse sagen, nehm ich mit Bescheidenheit und Überzeugung an. Ich weiß gewiß, Sie werden für unsern Karl, der uns und dem Vaterlande so viel verspricht, in der Folge tun, was Sie können, was auch ich gewissenhaft verspreche. Freuen wird Sie die Nachricht, daß einer meiner schätzbarsten Universitätsfreunde, M. Hegel aus Stuttgart, durch meine Vermittlung wahrscheinlich zu Anfang des nächsten Jahrs als Hofmeister hieher in eine der glücklichsten hiesigen Familien kommen wird. Könnt ich doch meinen Karl auch in die Nähe bringen, auf einige Zeit. Aber das darf ich vor Ihnen nicht laut sagen.

Bleiben Sie nur immer recht gesund und genießen Sie Ihr und Ihrer Kinder Glück mit ungestörtem Herzen.

Grüßen Sie alles von mir! Was macht die liebe Schwester und ihre Familie? Es hat mich unendlich gefreut, daß all die lieben Meinigen in dem rasenden Kriege so unbeschädigt geblieben sind. Leben Sie wohl, liebste Mutter!

Ihr
Fritz

131. AN DEN BRUDER

Frankfurt, d. [21.] Nov. 96

Lieber Karl!

Ich kann diesmal nur das Echo Deines ersten lieben Briefes machen, nur vorerst mein herzlich Ja! sagen zu allem, was Du gesagt, und muß es auf ein andermal ersparen, umständlicher mich über die nötige Geistesbildung und eine zweckmäßige Lage, die jene unterstützen, und die Richtung, die jene nehmen soll, gegen Dich zu erklären.

Du hast äußerst richtig und schön in Deinen geäußerten Gesinnungen das Feuer jugendlicher Tätigkeit, die ins Unendliche geht, mit der Einschränkung derselben auf ein freies häusliches Leben gepaart. Darin bestehet alle Lebensweisheit, daß wir uns nicht zu sehr ausdehnen und nicht zu sehr konzentrieren, und ein Mensch, der bei ausgebreitetem Geiste, doch mit einfachem Herzen seinen eignen Boden pflanzt und seine Kinder erzieht, also der Mensch, der Du sehr leicht werden wirst, scheint mir nach allem, was ich gedacht und erfahren, der glücklichste und der menschlichste, also der vollkommenste Mensch zu sein. Du wirst sicher bald eine Lage finden, wo Du doch ein paar Stunden des Tages wirst Deinen Geist aus der ermüdenden Untätigkeit, in der er freilich durch die meisten bürgerlichen Geschäfte erhalten wird, erheben können.

Wir wollen uns also trösten bis auf bessere Zeit, die Du dann doppelt kräftig und glücklich benützen wirst, weil Du sie durch Entbehren schätzengelernt hast. Es ist auch noch etwas, das Dich trösten muß, nämlich die unleugbare Wahrheit, daß jeder nicht gemeine Kopf die Sphäre, wo er sich findet, sie sei auch, welche sie wolle, zuweilen zu enge finden muß. Ich sage zuweilen! denn er besinnt sich auch wieder und sagt sich, daß ein unendlicher Spielraum die Entwicklung des Geistes wohl noch weniger dürfte begünstigen als ein beschränkter.

Du hast bisher mit Deiner Lage wie ein edler Kämpfer gerungen. Tue es noch eine Weile, und die schlimmste Periode wird überstanden sein.

Über die vorgeschlagene Reise nach Frankfurt sagst Du mir gar nichts.

Über Fichtes Naturrecht will ich Dir das nächstemal schreiben. Ich möchte Dir gerne etwas Gründliches und Vollständiges sagen und habe jetzt nicht Zeit dazu.

Mein „Hyperion" wird wohl bis nächste Ostern auf einmal ganz erscheinen. Zufälle haben seine Erscheinung verzögert.

Sei doch so gut, Lieber! und schicke mir die zwei schwäbischen Almanache, worin meine früheren Gedichte gedruckt sind, ich möchte sie gerne durchfeilen und habe kein Manuskript davon.

Lebe wohl, mein Karl! Nimm vorlieb für diesmal.

Dein
Fritz

132. AN JOHANN GOTTFRIED EBEL

Frankfurt, d. 10. Jan. 97

Mein Teurer!

Ich zögerte bloß deswegen so lange mit einer Antwort auf Ihren ersten Brief, weil ich fühlte, wie viel darauf zu antworten war, und weil mir kein Moment, wo ich Muße hatte, Ihnen zu schreiben, reich genug war, um Ihnen alles zu sagen, was ich wünschte.

Es ist herrlich, lieber Ebel! so getäuscht und so gekränkt zu sein, wie Sie es sind. Es ist nicht jedermanns Sache, für Wahrheit und Gerechtigkeit sich so zu interessieren, daß man auch da sie siehet, wo sie nicht ist, und wenn der beobachtende Verstand vom Herzen so bestochen wird, so darf man wohl sich sagen, daß das Herz zu edel sei für sein Jahrhundert. Es ist fast nicht möglich, unverhüllt die schmutzige Wirklichkeit zu sehen, ohne selbst darüber zu erkranken; das Auge tut wohl, solange es kann, dem Splitter sich zu verschließen, und dem Rauch und Staube, der sich ihm aufdringt, und so ist's auch ein schöner Instinkt des Menschen, manches, was nicht unmittelbar sein Stoff ist, fröhlicher anzusehen. Aber Sie halten denn doch es aus, und ich schätze Sie ebensosehr darum, daß Sie jetzt noch sehen mögen, als darum, daß Sie zuvor nicht ganz so sahn.

Ich weiß, es schmerzt unendlich, Abschied zu nehmen von einer Stelle, wo man alle Früchte und Blumen der Menschheit in seinen Hoffnungen wieder aufblühn sah. Aber man hat sich selbst und wenige einzelne, und es ist auch schön, in sich selbst und wenigen einzelnen eine Welt zu finden.

Und was das Allgemeine betrifft, so hab ich *einen* Trost, daß nämlich jede Gärung und Auflösung entweder zur Vernichtung oder zu neuer Organisation notwendig führen muß. Aber Vernichtung gibt's nicht, also muß die Jugend der Welt aus unserer Verwesung wiederkehren. Man kann wohl mit Gewißheit sagen, daß die Welt noch nie so bunt aussah wie jetzt. Sie ist eine ungeheure Mannigfaltigkeit von Widersprüchen und Kontrasten. Altes und Neues! Kultur und Roheit! Bosheit und Leidenschaft! Egoismus im Schafpelz, Egoismus in der Wolfshaut! Aberglauben und Unglauben! Knechtschaft und Despotism! Unvernünftige Klugheit, unkluge Vernunft! Geistlose Empfindung, empfindungsloser Geist! Geschichte, Erfahrung, Herkommen ohne Philosophie, Philosophie ohne Erfahrung! Energie ohne Grundsätze, Grundsätze ohne Energie! Strenge ohne Menschlichkeit, Menschlichkeit ohne Strenge! Heuchlerische Gefälligkeit, schamlose Unverschämtheit! Altkluge Jungen, läppische Männer! – Man könnte die Litanei von Sonnenaufgang bis um Mitternacht fortsetzen und hätte kaum ein Tausendteil des menschlichen Chaos genannt. Aber so soll es sein! Dieser Charakter des bekannteren Teils des Menschengeschlechts ist gewiß ein Vorbote außerordentlicher Dinge. Ich glaube an eine künftige Revolution der Gesinnungen und Vorstellungsarten, die alles Bisherige schamrot machen wird. Und dazu kann Deutschland vielleicht sehr viel beitragen. Je stiller ein Staat aufwächst, um so herrlicher wird er, wenn er zur Reife kömmt. Deutschland ist still, bescheiden, es wird viel gedacht, viel gearbeitet, und große Bewegungen sind in den Herzen der Jugend, ohne daß sie in Phrasen übergehen wie sonstwo. Viel Bildung, und noch unendlich mehr! bildsamer Stoff! – Gutmütigkeit und Fleiß, Kindheit des Herzens und Männlichkeit des Geistes sind die Elemente, woraus ein vortreffliches Volk sich bildet. Wo findet man das mehr als unter den Deutschen? Freilich hat die infame Nachahmerei viel Unheil unter sie gebracht, aber je philosophischer sie werden, um so selbständiger. Sie sagen es selbst, Lieber! man solle von nun an dem Vaterlande leben. Werden Sie es bald tun? Kommen Sie! Kommen Sie hieher! Ich begreife Sie nicht, wenn Sie nicht hieherkommen. Sie sind ein armer Mann in Paris. Hier ist Ihr Herz sehr, sehr reich, reicher, als Sie vielleicht selbst einsahn, und Ihr Geist darbt, wie ich meine, doch auch nicht. Sie haben Freunde hier, haben noch mehr. Ich wußte nicht, böser Mensch, wie ungenügsam Sie waren. Jetzt weiß ich's. Ich messe die Menschen mit keinem kleinen Maßstab und kenne gewiß Ihr Innerstes, lieber Ebel! und so muß ich sagen, ich begreife nicht, wie Sie unzufrieden sein konnten mit Menschen, oder vielmehr mit *einer* Seele – das gute Mädchen sagte mir neulich, sie wisse keinen vollkommneren Menschen als Ebel, und die Tränen standen ihr in den Augen; aber das sollt ich wohl eigentlich nicht verraten. – Auch sonst werden Sie ganz sich wiederfinden in unserem Zirkel. Hegel ist, seit ich den Brief anfing, hiehergekommen. Sie werden ihn gewiß liebgewinnen.

HE. und Frau Gontard läßt Sie durch mich grüßen. Auch Henry! Leben Sie wohl! Kommen Sie bald.

Hölderlin

Hegel war mit Gogel von hier in ein Verhältnis getreten, eh Ihr letzter Brief ankam. Ich suche aber einen anderen, der Ihnen konvenieren könnte.

133. AN DEN BRUDER

Lieber Karl! Frankfurt, d. 10. Jan. 97

Die Briefe von unserer lieben Mutter und Dir waren des langen Harrens wohl wert. Es freute mich jede Silbe darin.

Daß Deine Lage sich so günstig verändert hat, freut mich besonders. Ich glaube wirklich, daß Blum der Mann ist, Dich zu schätzen und von Dir geschätzt zu werden. Du kennst ihn auch so weit, daß Du hoffen kannst, mit ihm in vernünftigen Gesprächen Deinen Geist, wo nicht zu bereichern, doch zu beleben. Er ist Mathematiker, und es wird Dir sehr wohltun, nach Vollendung des naturrechtlichen Studiums an die Mathematik zu gehen, die, wie Du finden wirst, die einzige Wissenschaft ist, die der *möglichen* wissenschaftlichen Vollkommenheit des Naturrechts an die Seite gesetzt werden kann. Ich beschäftige mich jetzt häufig mit dieser herrlichen Wissenschaft und finde, um es noch einmal zu sagen, daß diese – und die Rechtlehre, wie sie werden kann und muß, die einzigen, in diesem Grade vollkommenen reinen Wissenschaften sind im ganzen Gebiete des menschlichen Geistes. Ich will besonders mündlich mich sehr viel gegen Dich über das Naturrecht und dann auch über die Parallele, in die ich es gesetzt habe, erklären. Aber was mir jetzt eigentlich am Herzen liegt, ist die Hoffnung, Dich wiederzusehen. Ich danke Dir recht sehr, lieber Karl, daß Du mir so meinen Willen tust und kommst. Es soll Dich nicht reuen. Es wird Dein Wesen unendlich befreien, Dich einmal außer den Grenzen von Gesellschaft und Land, worin Du bisher gelebt, zu sehen. Für einen, der so eingezogen lebte wie Du, ist eine Reise nach Frankfurt ein ebenso reichhaltiger Genuß als vielleicht für manchen andern eine durch halb Europa. All meine Freuden, alles, was in meinem Herzen Jugendliches ist, will ich an Dein Herz drücken. Du wirst mich gesundern, ordentlichern Sinnes finden. Für Dein Logis ist gesorgt. Wie gedenkst Du Deine Reise zu machen?

Für jeden Fall schick ich Dir vier Karoline. Ist's nicht genug, so sag es geradeheraus. Für die Rückreise will ich dann schon auch wieder sorgen, wenn es not tut.

Sage der lieben Mutter tausend Dank für ihren gütigen Brief. Ich will das nächstemal an sie schreiben und auch an die liebe Schwester. Jetzt hab ich noch beinahe ein halb Dutzend Briefe zu expedieren. Über meine Arbeiten noch immer kein Wort! Laß mir den Eigensinn, lieber Karl! Ich denke am Ende denn doch Deine brüderliche Teilnahme zu befriedigen.

Sei so gut, Lieber! schreib mir diesmal recht bald wieder, wenn ich schon diesmal so kurzweg schreibe, so geschieht es aus Notwendigkeit.

Dein
Fritz

134. AN DIE MUTTER

[Frankfurt,] d. 30. Jan. 97

Liebste Mutter!

Ich bin glücklich und unglücklich durch Ihre Güte. Ich sollte sie erwidern durch völlige Befriedigung Ihrer mütterlichen Wünsche, und ich könnte doch dies nur auf eine Art, die Ihnen selbst über kurz oder lange unangenehm sein müßte. Wenn Sie meinen Charakter beurteilten, wie ich ihn selber beurteilen muß, so würden Sie ziemlich resigniert sein, wenn ich zwar die Ehre, die mir durch das bewußte Anerbieten geschieht, mit ungeheucheltem Dank annehme, aber das Glück, das ich bei jeder andern Art zu denken und zu empfinden gewiß ergriffen haben würde, nicht benütze.

Liebe Mutter! man begehrt einen tauglichen Menschen. Bin ich denn das, wenn ich ehrlich sein will?

Ist das Alter und die Stimmung, worin ich lebe, tauglich zu irgendeinem festen häuslichen Verhältnis? Wie viele Bedürfnisse, mich zu bilden und zu wirken, hab ich noch, die in einer Lage, wie meine künftige sein würde, unmöglich sich befriedigen lassen würden? Wie viele Forderungen mach ich an den Menschen überhaupt, wie unendlich viele würd ich machen an das Wesen, das ausschließend und daurend mich interessieren sollte? Man muß älter, muß durch mancherlei Versuche und Erfahrungen genügsamer geworden sein, um sich zu sagen: Hier will ich stehenbleiben und ruhn!

Ich bitte, halten Sie dies für keine Grillen, keine Phantasien, wie man gewöhnlich unter meinen Landsleuten derlei Äußerungen zu nehmen pflegt. Es ist kein Unverstand, daß ich hierin der Natur folge und, in jener Rücksicht, mich frei erhalte, solang ich kann; gerade, weil ich mich und jeden, der mir hierin gleicht, besser, als gewöhnlich ist, verstehe, gerade darum folg ich der Natur.

Es wird schon einmal anders werden. Ein ruhiger Ehemann ist eine schöne Sache; nur muß man einem nicht sagen, daß er in den Hafen einlaufen soll, wenn er von seiner Fahrt die Hälfte kaum zurückgelegt hat.

Und dann fühl ich auch mich tüchtiger zum Erzieher als zum Predigtamt. Ich würde schwerlich in den Vortrag, der bei unsern Gemeinden eingeführt und unumgänglich ist, so gut einstimmen und so leicht, als nötig wäre, da ich hingegen ein Amt, wie mein gegenwärtiges ist, würd es auch ausgebreiteter, so ziemlich erfüllen zu können glaube. Das Lehramt ist auch überhaupt, soviel ich sehe, bei den jetzigen Zeiten wirksamer als das Predigtamt. Ich glaube, ich habe Ihnen dies schon in dem letzten Briefe geäußert, auch mündlich, soviel ich mich erinnere.

Auch werden Sie mir nicht verdenken, wenn ich gestehe, daß ich für mein Wesen und seine Bedürfnisse meine gegenwärtige Lage für die angemessenste halte. Der 1. Bruder soll Ihnen bei seiner Zurückkunft sagen, ob es leicht sei, edle Menschen zu verlassen wie diese, bei denen ich lebe, und einen gebildeten Umgang aufzugeben, wie der ist, den ich täglich genieße. HE. und Frau Gontard fühlen ganz mit mir, wie sehr es Ihrem mütterlichen Herzen angelegen sein muß, mich nahe zu haben. Wir haben mit herzlichem Anteil über Ihren lieben Brief zusammen gesprochen. Wir haben Sie gewiß verstanden, liebste Mutter!

Aber Sie verlieren ja gar nichts, wenn ich hier bleibe. Ich hätt in der Entfernung, die Sie mir bestimmten, Sie jährlich einmal besucht. Das kann und will ich auch von hier aus.

Ich hätt Ihnen alle Wochen Nachricht gegeben. Das kann und will ich auch von diesem Tage an von hier aus.

Sie hätten an meinem ökonomischen Zustand Freude gehabt. Das können Sie auch jetzt und mehr!

Ich bin auch so gesund seit langer Zeit noch keinen Winter gewesen, und ich bin gewarnt genug, in dieser Rücksicht ohne Zwang die Lage nicht zu wechseln. Die Eile verbietet mir, alles mögliche auszuführen, was Sie über meinen Entschluß beruhigen und erheitern kann. Geben Sie deswegen Ihre Teilnahme an meinem Wohlsein nicht auf, teuerste Mutter! Machen Sie sich alle guten Hoffnungen von meiner und Ihrer Zukunft! denn ich denke, sie sollen sich erfüllen.

Der lieben Schwester und dem Karl schreib ich morgen und schick ihm zugleich das kleine Reisegeld.

Ewig
Ihr treuer Sohn
Hölderlin

135. AN DEN BRUDER

Frankfurt, d. 4. Febr. 97

. . . .

Es bekümmert mich jetzt manchmal, wenn ich denke, daß ich der lieben Mutter und Dir die schönen Plane so verrücke. Aber das muß Dich ohne weiteres vermuten lassen, daß mein *Innerstes* mich dringt, der angebotnen Lage diesmal auszuweichen, weil ich alle die immertreue Anhänglichkeit an Euch, Ihr Lieben! zu bekämpfen habe und nicht von dieser überwunden werde.

Ich mochte den Punkt, über den Du besonders mich zu beruhigen suchtest, in meinem letzten Briefe nicht berühren, weil ich vermuten konnte, daß der Brief in fremde Hände vielleicht gehen müßte. Du siehest aber selber, lieber Bruder! wie das Dein und mein Herz drücken müßte, wenn wir uns in eine solche innige Verbindung mit einem Wesen wagten, das wir, ohne eine vakante Pfarrstelle oder dergleichen, im Leben vielleicht mit keinem Auge gesehn oder auch bei gelegentlicher Ansicht wahrscheinlich doch wohl nicht als das einzige betrachtet hätten, womit wir einen Bund aufs ganze Leben schließen möchten. Ein solch Verhältnis muß, nach meiner Meinung, nicht einmal *veranlaßt* sein durch eine andre Rücksicht. Es darf in beeden Teilen nicht der leise Wunsch sich regen, daß man sich gefallen möchte, weil es so gerade recht sich schickte. Da ferner schon die *Erklärung* gegeben ist, daß nur ein solcher, der das Mädchen heuratete, den Dienst bekommen sollte, so wär es ungereimt, noch um die Erklärung zu bitten, daß einzig um der eigenen Tauglichkeit willen und sonst aus keiner andern Rücksicht einem die Stelle wäre zuerkannt worden. Und nur bei einer solchen Erklärung könnt ich mich entschließen, einen solchen Dienst zu nehmen, wenn nicht andere Gründe mich bestimmten, überhaupt noch jetzt nicht einen solchen Dienst zu nehmen. Diese andern Gründe hab ich in meinem letzten Briefe genannt.

[Schickt ihm das Reisegeld für die Reise nach Frankfurt.]

136. AN NEUFFER

Mein Teuerer! Frankfurt, d. 16. Febr. 97

Ich habe eine Welt von Freude umschifft, seit wir uns nicht mehr schrieben. Ich hätte Dir gerne indes von mir erzählt, wenn ich jemals stille gestanden wäre und zurückgesehen hätte. Die Woge trug mich fort; mein ganzes Wesen war immer zu sehr im Leben, um über sich nachzudenken.

Und noch ist es so! Noch bin ich immer glücklich wie im ersten Moment. Es ist eine ewige fröhliche heilige Freundschaft mit einem Wesen, das sich recht in dies arme geist- und ordnungslose Jahrhundert verirrt hat! Mein Schönheitssinn ist nun vor Störung sicher. Er orientiert sich ewig an diesem Madonnenkopfe. Mein Verstand geht in die Schule bei ihr, und mein uneinig Gemüt besänftiget, erheitert sich täglich in ihrem genügsamen Frieden. Ich sage Dir, lieber Neuffer! ich bin auf dem Wege, ein recht guter Knabe zu werden. Und was mich sonst betrifft, so bin ich auch ein wenig mit mir zufriedner. Ich dichte wenig und philosophiere beinahe gar nicht mehr. Aber was ich dichte, hat mehr Leben und Form; meine Phantasie ist williger, die Gestalten der Welt in sich aufzunehmen, mein Herz ist voll von Lust; und wenn das heilige Schicksal mir mein glücklich Leben erhält, so hoff ich künftig mehr zu tun als bisher.

Ich denke mir wohl, lieber Bruder! daß Du begierig sein wirst, umständlicher von meinem Glücke mich sprechen zu hören. Aber ich darf nicht! Ich habe schon oft genug geweint und gezürnt über unsere Welt, wo das Beste nicht einmal in einem Papiere, das man einem Freunde schickt, sich nennen darf. Ich lege Dir ein Gedicht an sie bei, das ich zu Ende des vorigen Winters machte.

Den Sommer über hab ich in Kassel und in einem westfälischen Bade, in der Gegend der alten Hermannsschlacht, gelebt, größtenteils in Gesellschaft von Heinse, den Du als Verfasser des „Ardinghello" kennst. Er ist ein herrlicher alter Mann. Ich habe noch nie so eine grenzenlose Geistesbildung bei so viel Kindereinfalt gefunden.

Von meinem „Hyperion" wird der erste Band bis nächste Ostern erscheinen. Zufällige Umstände verzögerten die Herausgabe so lange.

Meine Auswanderung aus Frankfurt und die Zerstreuungen der Reise waren schuld, daß ich nicht zu rechter Zeit in den Schillerschen Almanach etwas schicken konnte. Nächstes Jahr hoff ich auch wieder an Deiner Seite zu erscheinen, Lieber! Das Lied, das ich von Dir darin fand, ist sehr ausgearbeitet. Schreibe mir recht viel von Deinen Arbeiten, Deinem Geschmack, Deiner Stimmung! Wir wollen wieder schneller die Briefe wechseln. Hegels Umgang ist sehr wohltätig für mich. Ich liebe die ruhigen Verstandesmenschen, weil man sich so gut bei ihnen orientieren kann, wenn man nicht recht weiß, in welchem Falle man mit sich und der Welt begriffen ist.

Ich wollte Dir so viel schreiben, bester Neuffer! aber die armen Momente, die ich habe dazu, sind so sehr wenig, um das Dir mitzuteilen, was in mir waltet und lebt! Es ist auch immer ein Tod für unsre stille Seligkeit, wenn sie zur Sprache werden muß. Ich gehe lieber so hin in fröhlichem, schönem Frieden, wie ein Kind, ohne zu überrechnen, was ich habe und bin, denn was ich habe, faßt ja doch kein Gedanke nicht ganz. Nur ihr Bild möcht ich Dir zeigen, und so brauchte es keiner Worte mehr! Sie ist schön, wie Engel. Ein zartes, geistiges, himmlischreizendes Gesicht! Ach! ich könnte ein Jahrtausend lang in seliger Betrachtung mich und alles vergessen bei ihr, so unerschöpflich reich ist diese anspruchslose stille Seele in diesem Bilde! Majestät und Zärtlichkeit und Fröhlichkeit und Ernst und süßes Spiel und hohe Trauer und Leben und Geist, alles ist in und an ihr zu *einem* göttlichen Ganzen vereint. Gute Nacht, mein Teurer! „Wen die Götter lieben, dem wird große Freude, großes Leid zuteil." Auf dem Bache zu schiffen ist keine Kunst. Aber wenn unser Herz und unser Schicksal in den Meersgrund hinab und an den Himmel hinauf uns wirft, das bildet den Steuermann.

        Dein
        Hölderlin

137. AN DIE SCHWESTER

Frankfurt a. M.,
d. 17. Febr. 97

Beste Schwester!

Du hast mir große Freude gemacht mit Deinem Brief. Ich finde es nicht übel, den schönen Genuß, den er mir gab, mir so oft als möglich zu vervielfältigen, und verspreche Dir deswegen, mit strengster Gewissenhaftigkeit jeden Deiner Briefe zu beantworten, und wenn alle Tage einer käme. Dies wird nun nicht der Fall sein, aber ich rechne doch von nun an auf 2 des Monats. Deine Neuigkeiten waren mir alle interessant. Daß Camerer sich meiner noch oft erinnert, freut mich äußerst. Er ist einer von den wenigen Menschen, die mich eigentlich kennen; und das ist ihm sehr leicht geworden, denn er sah mich in Jena fast alle Tage, an Leib und Seele im höchsten Negligé. Mir ist er durch diesen Umgang aufs ganze Leben lieb geworden, und ich freue mich deswegen recht sehr, daß er in Blaubeuren und in Deiner Gesellschaft lebt. Ich glaube, Deine Freundin hat an ihm den Mann gewählt, der ihr einzig angemessen ist. Eine Frau von lebendigem Geist ist am besten beraten durch einen ruhigen, gesetzten Mann, wie Camerer ist.

Ich wünschte jetzt manchmal Deine Felsen und Wälder und Berge und Dein Blautal statt meiner Promenaden um mich zu haben; natürlich müßtest Du auch dabeisein.

Du würdest Deine große Freude haben, wenn Du sähest, wie gut mir's geht und wie ich anfange, immer mehr nach Deinem Sinne zu werden, zufriedner zu sein, mehr Gleichgewicht in mir zu haben.

Wär es nicht möglich gewesen, daß unser Karl in Gesellschaft Deines lieben Mannes hätte zu mir kommen können? Du solltest doch einmal Deine Überredungskunst an ihm versuchen. Ist es jetzt nicht möglich, daß er die freundschaftliche, gesunde Reise macht, so findet sich vielleicht doch noch ein günstigerer Zeitpunkt. Ich darf es ja doch so schnell nicht wagen, zu Euch zu kommen, wenn ich nicht des Heimwehs will verdächtig werden.

Ich glaube, Du wirst es unter den Gründen, die ich genannt, nicht unvernünftig finden, daß ich den bekannten Vorschlag wegen der Pfarrstelle so und nicht anders beantwortet habe. Es sollte mir äußerst leid tun, wenn meine Familie es nicht billigte, daß ich für jetzt, wohl auch für künftig, auf einem solchen Wege mein Glück nicht suche.

Deine lieben Kinder grüße von mir. Sie sollen nur gesund bleiben. Ich glaube, Christian wird Dir immer mehr Freude machen, je mehr es Zeit sein wird, wo sein guter Kopf sich entwickeln muß. Der kleinen Puppenkönigin möcht ich einmal zusehn!

Schreibe mir bald wieder, beste Schwester!

Dein treuer Bruder
Fritz

138. AN DIE SCHWESTER

Frankfurt, d. Apr. 97
Liebste Schwester!

Ich kann mir denken, daß Du unsern Bruder im Geiste hieher begleitet hast; ich wollt, es hätte wirklich geschehen können.

Sein Besuch hat mir sehr heitere Tage gemacht. Ich war weit weniger gesetzt beim ersten Empfang; den armen Jungen hatte der Postwagen so gesetzt gemacht. Er taute mir aber bald auf. Er mußte gleich den andern Tag mit mir nach Homburg hinüber, zu Sinclair, einem ganz vorzüglichen jungen Manne, der mein Freund ist, im gründlichsten Sinne des Worts. Tags darauf ging es von Homburg auf das Gebirge der Gegend, von dessen Spitze wir viele Meilen hinauf den königlichen Rhein und seinen kleinern Bruder, den Main, und die grünen unendlichen Ebenen sahn, die zwischen den beeden Strömen liegen, und Frankfurt mit den lieblichen Dörfern und Wäldchen, die drum herum liegen, und das stolzere Mainz und die herrlichen Fernen, die fränkischen Gebirge und Wälder, den Spessart und das Rhöngebirge auf einer Seite, auf der andern den Hundrücken, weiter hinauf die Berge an der Bergstraße und die im Elsaß und hinter uns die höchsten Gebirgsspitzen in der Gegend von Bonn usw.

Dann ging es herab nach Mainz; das Innere der Stadt konnt uns wenig interessieren; die großen Festungswerke konnte man nicht wohl sehen, ohne sich dem Militär auszusetzen; die Kirchen sind niedergeschossen oder zu Magazinen gemacht, interessante Menschen sind jetzt auch nicht zahlreich da; übrigens freute es doch den Karl, einen meiner Bekannten, den Prof. Vogt, kennenzulernen, der durch seine Schicksale, die durch die entfernte Teilnahme an der Mainzer Revolution veranlaßt wurden, noch mehr aber durch seinen reinen, einfältigen Charakter und seinen Geist und seine Kenntnisse wirklich ein merkwürdiger Mann in meinen Augen ist.

Über die Mainzer Gegend soll Dir Karl selbst etwas sagen. Von Herzen geht's ihm gewiß! Dann blieben wir noch einige Tage hier zusammen, machten kleine Exkursionen und wären wahrscheinlich noch einige Tage länger zusammengeblieben, hätten nicht die Herrn Republikaner uns einen Strich durch die Rechnung gemacht. Wir sahn des Morgens einen kleinen Teil der kaiserlichen Retraite. Ein Zug aus dieser Physiognomie sagte uns genug. Wir beschlossen, daß unser Abschied schon nachmittags darauf geschehen sollte. Ich begleitete den guten Bruder noch eine Stunde weit, und so kamen wir, sehr schnell und sehr schwer, voneinander.

Den zweiten Tag nach Karls Abreise war die französische Kavallerie schon vor unsern Toren, beinahe in demselben Augenblicke, da ein Kurier von Buonaparte an General Hoche hier durchkam und die ganze Stadt mit Friedensjubel erfüllt hatte. Es war eine ganz eigne Situation. – Die Franzosen vor den Toren wollten auf die Friedensnachricht keine Rücksicht nehmen (sie wollten ihrer Ordre folgen, auch die Frankfurter Messe ein klein wenig plündern). General Hoche, an den der Kurier war, war noch nicht gegenwärtig, und so war man einen ganzen Mittag ungewiß, wie es werden würde, denn einen ernstlichen Angriff hätte die kaiserliche Garnison nicht abgewartet. Aber die beederseitigen Generäle kamen denn doch zu einem Waffenstillstand endlich überein; die Franzosen zogen sich hinter die Nidd, ein paar Stunden von hier, zurück, und wir leben jetzt wieder ganz ruhig.

Nächster Woche ziehn wir wahrscheinlich in ein Landhaus bei der Stadt, das HE. Gontard gemietet hat. Das Haus selbst ist trefflich gemacht, und man wohnt mitten im Grünen, am Garten unter Wiesen, hat Kastanienbäume um sich herum und Pappeln und reiche Obstgärten und die herrliche Aussicht aufs Gebirg. Je älter ich werde, ein desto größer Kind bin ich mit dem Frühlinge, wie ich sehe. Ich will mich noch aus allen Herzenskräften an ihm freuen. Laß Dir ihn auch wohl bekommen, liebe Schwester! Man muß alles Beste tun und empfangen, ehe man alt wird.

Wenn Du ein Buch findst, „Hyperion" betitelt, so tue mir den Gefallen und lies es bei Gelegenheit. Es ist auch ein Teil von mir und verkürzt deswegen Dir gewiß einige Stunden. Ich sollte Dir es von Rechts wegen schicken, aber die Exemplare, die ich für mich bestellte, hat die l. Mutter geradezu hieher geschickt, und ich vergaß es, an Cotta deswegen zu schreiben.

Hier ist etwas weniges aus der Messe. Nehme fürlieb!

Was machen Deine lieben Kinder? Ich werde tausend Freude an ihnen haben, wenn ich einmal wieder unter Deinem Dache bin.

Schreibe mir nur immer Deine fröhlichen Neuigkeiten. So ist es mir am liebsten, wenn ich wie mit Augen sehen kann, wie Dir's geht. Je mehr Kleinigkeiten, desto besser!

Das Allgemeine ist in Lehrbüchern recht gut, aber in unsern Briefen wollen wir recht unvernünftig von uns selbst und unsern unwichtigen und wichtigen Angelegenheiten zueinander sprechen. – Du glaubst nicht, wie mir's Freude macht, an Dein häuslich genügsam Wesen zu denken! Es ist nicht übel, wenn man in der Jugend oben hinauswill; aber das reifere Leben neigt sich wieder zum Menschlichen und Stillen.

Lebe wohl, meine Liebe! Einen herzlichen Gruß an Deinen Mann und Deine Kinder; grüße alle Bekannten von mir.

Dein
Fritz

139. AN SCHILLER

Frankfurt, d. 20. Jun. 97

Mein Brief, und was er enthält, käme nicht so spät, wenn ich gewisser wäre von dem Empfang, dessen Sie mich würdigen werden. Ich habe Mut und eignes Urteil genug, um mich von andern Kunstrichtern und Meistern unabhängig zu machen und insofern mit der so nötigen Ruhe meinen Gang zu gehen, aber von Ihnen dependier ich unüberwindlich; und weil ich fühle, wie viel ein Wort von Ihnen über mich entscheidet, such ich manchmal, Sie zu vergessen, um während einer Arbeit nicht ängstig zu werden. Denn ich bin gewiß, daß gerade diese Ängstigkeit und Befangenheit der Tod der Kunst ist, und begreife deswegen sehr gut, warum es schwerer ist, die Natur zur rechten Äußerung zu bringen in einer Periode, wo schon Meisterwerke nah um einen liegen, als in einer andern, wo der Künstler fast allein ist mit der lebendigen Welt. Von dieser unterscheidet er sich zu wenig, mit dieser ist er zu vertraut, als daß er sich stemmen müßte gegen ihre Autorität oder sich ihr gefangen geben. Aber diese schlimme Alternative ist fast unvermeidlich, wo gewaltiger und verständlicher als die Natur, aber ebendeswegen auch unterjochender und positiver der reife Genius der Meister auf den jüngern Künstler wirkt. Hier spielt das Kind nicht mit dem Kinde, hier ist nicht das alte Gleichgewicht, worin der erste Künstler sich mit seiner Welt befand, der Knabe hat es mit Männern zu tun, mit denen er schwerlich so vertraut wird, daß er ihr Übergewicht vergißt. Und fühlt er dies, so muß er eigensinnig oder unterwürfig werden. Oder muß er es nicht? Wenigstens möcht ich mir nicht helfen, wie die schwachen Herrn, die in solchem Falle, wie Sie wissen, gewöhnlich den Weg der Mathematiker einschlagen und durch unendliche Verkleinerung das Unendliche dem Beschränkten gleich und ähnlich machen. Könnte man sich auch die Infamie verzeihen, die man an dem Besten begeht, so ist's dann doch ein gar zu schlechter Trost: $0 = 0$!

Ich nehme mir die Freiheit, Ihnen den ersten Band meines „Hyperions" beizulegen. Sie haben sich des Büchleins angenommen, da es durch den Einfluß einer widrigen Gemütsstimmung und fast unverdienter Kränkungen gänzlich entstellt und so dürr und ärmlich war, daß ich nicht daran denken mag. Ich hab es mit freierer Überlegung und glücklicherem Gemüte von neuem angefangen und bitte Sie um die Güte, es bei Gelegenheit durchzulesen und mich durch irgendein Vehikel Ihr Urteil wissen zu lassen. Ich fühle, daß es unklug war, den ersten Band ohne den zweiten auszustellen, weil jener gar zu wenig selbständiger Teil des Ganzen ist.

Möchten die Gedichte, die ich beilege, doch einer Stelle in Ihrem Musenalmanache gewürdigt werden können! – Ich gestehe Ihnen, daß ich zu sehr dabei interessiert bin, als daß ich ohne Unruhe mein Schicksal bis zur öffentlichen Erscheinung des Musenalmanachs abwarten könnte, und bitte Sie deswegen, etwas übriges zu tun und mir mit ein paar Linien zu sagen, was Sie der Aufnahme wert gefunden haben. Wenn Sie es erlauben, schick ich Ihnen noch eines oder zwei der Gedichte, die voriges Jahr zu spät kamen, umgearbeitet nach.

Ich erscheine freilich, wenn ich so spreche, etwas bedürftig vor Ihnen, aber ich schäme mich nicht, der Aufmunterung eines edeln Geistes zu bedürfen. Ich kann Sie versichern, daß ich mich um so weniger mit eiteln Befriedigungen tröste und daß ich sonst sehr still bin über das, was ich wünsche und treibe. Ich bin mit tiefer Achtung

Ihr ergebenster
M. Hölderlin.

140. AN NEUFFER

Liebster Neuffer!   Frankfurt, d. 10. Jul. 1797

Ich habe Dir lange nicht geschrieben. Es ist auch oft unmöglich. Indes ich Dir sagen will: so ist es! ist es schon anders geworden. Das Schicksal treibt uns vorwärts und im Kreise herum, und wir haben so wenig Zeit, bei einem Freunde zu verweilen, wie einer, mit dem die Rosse davongegangen sind. Aber der Genuß ist auch um so größer, wenn man wieder stille hält und dem vertrauten Herzen zu sagen sucht, woran man ist, und so sich selber wieder sagen lernt, woran man ist. – Du fehlst mir oft, mein Bester! Philosophieren, Politisieren usw. läßt es sich mit manchem. Aber die Zahl der Menschen, denen man sein Schwächstes und sein Stärkstes offenbart, die mag man nicht so leicht verdoppeln. Ich hab es auch fast ganz verlernt, so ganz vertrauend einem Freunde mich zu öffnen. Ich möchte bei Dir sitzen und erst an Deiner Treue wieder recht erwarmen – dann sollt es wohl von Herzen gehn! – O Freund! ich schweige und schweige, und so häuft sich eine Last auf mir, die mich am Ende fast erdrücken, die wenigstens den Sinn unwiderstehlich mir verfinstern muß. Und das eben ist mein Unheil, daß mein Auge nimmer klar ist wie sonst. Ich will es Dir gestehen, daß ich glaube, ich sei besonnener gewesen als jetzt, habe richtiger als jetzt geurteilt von andern und mir in meinem 22sten Jahre, da ich noch mit Dir lebte, guter Neuffer! Oh! gib mir meine Jugend wieder! Ich bin zerrissen von Liebe und Haß.

Aber ich kann Dir nicht gefallen mit derlei unbestimmten Äußerungen. Deswegen bin ich lieber stille.

Auch Du bist glücklicher gewesen, als Du bist. Doch hast Du Ruhe. Und ohne sie ist alles Leben so gut wie der Tod. Ich möchte sie auch haben, mein Lieber!

Du hast die Harfe, wie Du schreibst, eine Zeitlang an der Wand hängen gehabt. Das ist auch gut, wenn man ohne Gewissensbisse es tun kann. Dein Selbstgefühl ruht auch noch auf andrer glücklicher Tätigkeit; und so bist Du nicht vernichtet, wenn Du nicht Dichter bist. Mir ist sonst alles mögliche, was ich allenfalls treiben könnte, verleidet, und die einzige Freude, die ich mir selber gebe, ist die, daß ich mir zuweilen ein paar Zeilen, die ich aus warmer Seele hinschrieb, in dem ersten Augenblicke wohlgefallen lasse; aber wie vergänglich diese Lust ist, weißt Du selber. Meine Amtsgeschäfte haben, ihrer Natur gemäß, ein zu geheimes Resultat, als daß ich meine Kraft in ihnen fühlen könnte.

Willst Du mir nicht schreiben, ob und wie der erste Band von meinem „Hyperion" bei Euch aufgenommen wird und was Dein spezielles Urteil darüber ist?

Ich habe das Gedicht an Diotima, das ich Dir das letztemal schickte, schon für Schillern bestimmt, ich kann es also nicht wohl in dem Langischen Almanache drucken lassen, und weil das Exemplar, das Du hast, das korrekteste ist und ich keine Abschrift davon habe, so bitt ich Dich, im Zutrauen auf Deine Nachsicht, mir eine Kopie davon, sobald Dir nur möglich ist, zu schicken, weil es sonst zu spät sein möchte, es an den Mann zu bringen. Du würdest mir Freude machen, wenn Du etwas von dem Deinen beilegtest.

Lebe wohl, mein Lieber!

Wie immer
Dein
Hölderlin

141. AN DIE MUTTER

Frankfurt, d. 10. Jul. 1797

Liebste Mutter!

Ich habe mit derselben Unruhe auf einen Brief von Ihnen gewartet, mit der Sie mein Stillschweigen aufnahmen. Ich machte mir manchmal Gedanken, hoffte manchmal vergebens und war eben im Begriff, Ihnen zu schreiben, was ich Ihnen und der lieben Schwester zuleid getan hätte, daß ich auf meine gutgemeinten Briefe keine Antwort bekäme – aber Ihr lieber Brief hielt mich hinlänglich schadlos. Ich bin nun auch sehr begierig, was mir die l. Schwester schreibt. Ich habe den Brief, den Sie mir versprechen, noch nicht.

Unser Karl schrieb mir schon von dem Verdrusse, den Ihnen die Veränderung Ihrer Hausmiete macht. Ich wundre mich, daß Sie genötiget werden, auszuziehen, da Sie doch, wo ich nicht irre, es zur Bedingung des Kaufes machten, daß Sie eine gewisse Anzahl von Zimmern, solang es Ihnen dienlich wäre, für Hauszins bewohnen könnten. Und dann wundre ich mich auch, daß Sie nicht lieber das fatale Nürtingen ganz verlassen und sich in Blaubeuren oder Löchgau oder in der Nähe dieser Orte eine Wohnung gemietet haben. Die Beschwerlichkeiten einer solchen Veränderung können gar nicht berechnet werden gegen den günstigen Einfluß, den eine neue, nach Ihrer Einsicht gewählte Lage auf Ihren Körper und Ihren Geist hätte haben müssen.

Ich müßte mich sehr irren, liebste Mutter! wenn nicht in Ihnen noch sehr viel gesunde Kräfte lägen, die sich durch einen guten Mut und frische Luft und einen heitern Blick auf das unschuldige Leben der Natur recht sehr leicht wirksam machen ließen. Oder wollt ich Ihnen raten, soviel Sie könnten, neben Ihrer Arbeit durch Lektüre Ihren Geist zu beschäftigen, weil der sonst aus natürlicher Lebhaftigkeit sich Arbeit und Sorge macht, wo ein anderes vielleicht ruhig wäre. Wollen Sie dies nicht, liebste Mutter! so schreiben Sie recht oft und recht lange Briefe an mich, ich will Ihnen mit gleichem Maße vergelten, und das gäbe doch auch vielleicht Ihrem Gemüt zuweilen eine heitere Richtung.

Ihre Kinder sind jetzt alle auf eignen Füßen, sind gesund, sind alle in Lagen, die man gewiß nicht drückend nennen kann, wenn man die Welt ein wenig kennt und weiß, was drückend ist; von allen sind Sie geliebt und verehrt, von andern Verhältnissen, z. B. mit dem Nürtinger Volke, können Sie sich befreien, wenn Sie nur wollen; an Mitteln, sich das Leben leicht und angenehm zu machen, fehlt es Ihnen nicht, sobald Sie nur sich *Ihren Kindern nicht opfern* und um *dieser willen*, aus einer Tugend, die ich Ihnen nicht vergeben kann, *Ihr teures Leben durch leicht vermeidliche Sorgen sich verkürzen wollen*. Ich wollte, wenn ich mich so weit durch die Welt hindurchgearbeitet und meine Pflicht so redlich erfüllt hätte wie Sie, ich wollte mir ein bequemer Alter machen wie Sie! Ich weiß es, liebste Mutter, daß sich nicht alles vermeiden und daß Ihr zartempfindendes Gemüt sich nicht so leicht abhärten läßt, aber Sie sollten nur nicht in einen geheimen Bund sich mit dem Schmerz einlassen und nicht zu generos ihn in sich walten lassen. – Wenn es möglich ist, besuch ich Sie zu Ende dieses Sommers auf ein paar Tage mit meinem Zögling. Sollten Sie zu enge wohnen, so würd es nicht unschicklich sein, wenn wir, soviel es nötig wäre, im Gasthof logierten. Doch kann ich nichts Gewisses versprechen. Die guten Löchgauer bedaur ich recht sehr! Ich hätte schon lange an HE. Oncle geschrieben, aber ich weiß wahrhaftig! nicht, was ich über meinen Vetter schreiben soll. Die Krankheit hat bei diesem ihren Nutzen vielleicht. Nach Blaubeuren meine herzlichen Grüße! Der l. Frau Großmama meine herzlichsten Wünsche für dauerhaftere Gesundheit! Ewig

Ihr

Fritz

Meinen guten Bekannten gratulier ich zu ihren Präzeptoraten. Ich wollte, ich könnte mich auch zu so etwas entschließen. Man hat doch seinen eignen Herd.

142. AN DEN BRUDER

Lieber Karl! Frankfurt, [im August 1797]

Deine Besorgnisse waren ganz ungegründet. Ich habe Deinen Brief nicht gleich bei der Hand, und die Zeit ist zu kurz, um ihn zu suchen, sonst wollt ich Deine Zweifel Dir umständlich lösen.

Du fragst mich über meine Gemütsstimmung, über meine Beschäftigungen. Die erste ist aus Licht und Schatten gewebt, wie überall, nur daß die Massen oft stärker, abstechender sind bei mir. Meine Beschäftigungen sind um so mehr sich gleich. Ich dichte, unterrichte meine Kinder und lese zuweilen ein Buch. Ich verlasse auch meine Tagesordnung sehr ungern. Wer es nie entbehrt hat, wie ich, der weiß nicht, wie viel ein Tag, wo man so hinarbeitet und ruhigen Gemüts bleibt, wert ist. Den meisten ist das Leben zu schläfrig. Mir ist es oft zu lebendig, so klein auch der Kreis ist, worin ich mich bewege. Es war mir noch vor wenig Jahren unbegreiflich, daß irgendeine Situation, die unsre Kraft zurückhält, in irgendeiner Rücksicht eine günstige genannt werden könne. Jetzt fühl ich manchmal, welch ein Glück darin liegt, wenn ich sie mit andern vergleiche, die uns oft zu viel aus uns entfernen, die für uns das sind, was der Rübsamen für die Äcker, die zu viel Kraft aus uns ziehen und uns für die Folgezeit unbrauchbar machen.

Laß Dein Leben immerhin so unbedeutend bleiben, wie es ist! Es wird noch Bedeutung genug bekommen. Ich wollte Dir manches vorräsonieren. Aber die Nacht ist wunderschön. Der Himmel und die Luft umgibt mich wie ein Wiegenlied, und da schweigt man lieber.

Mein „Hyperion" hat mir schon manches schöne Wort eingetragen. Ich freue mich, bis ich vollends mit ihm zu Ende bin. Ich habe den ganz detaillierten Plan zu einem Trauerspiele gemacht, dessen Stoff mich hinreißt.

Ein Gedicht, „Der Wanderer" betitelt, kannst Du auch

von mir im neuesten Stücke der „Horen" lesen. Einiges wirst Du auch von mir im nächsten Schillerischen Almanach finden.

Ich bin etwas müde, lieber Karl! von den Geschäften des Tags. Sei also so gut und dispensiere mich diesmal von weiteren Äußerungen. Ich schreibe Dir bald wieder, und wacher, und wärmer! Wie immer

Dein
Fritz

143. AN DIE MUTTER

[Frankfurt, im August 1797]

Liebste Mutter!

Es freut mich, daß Sie Veranlassung bekommen haben, an mich zu schreiben. Ich war eben im Begriff, Ihnen Ihren vorletzten lieben Brief zu beantworten, und bin jetzt Ihr doppelter Schuldner. Besondern Anteil nehme ich an der Freude, die Sie haben über den Beifall, womit Blum von unserm Karl spricht. Ich bin gewiß, daß es dem Kopf und dem natürlichen Charakter meines Bruders nur an dem hinlänglichen Wirkungskreise fehlt, um sich auf das vorteilhafteste zu zeigen. Sie dürfen meiner Beurteilung insoweit gewiß trauen, wenn ich Ihnen sage, daß er kein gewöhnlicher Mensch ist und daß er mit etwas mehr Mut und Geduld, was sich aber gar leicht in ihm entwickeln kann, auf eine Stufe sich hinarbeiten kann, die, unter seinen Umständen, nicht jeder erreicht.

Sie fragen mich über mein Verhältnis, meine Bekanntschaften, meine Hoffnungen. Bei allen Schwierigkeiten, die immerhin bei jedem Verhältnisse meiner Art sich häufen, such ich denn doch für jetzt nichts anders; ich weiß auch wohl, daß jede andre Lage, in die ich mich begeben könnte, so wie Sie mich jetzt beurteilen, Ihren völligen Beifall nicht haben könnte, und das mit Recht! denn jedes Amt, *das ich suchen könnte und möchte*, will einen reifen Mann, und der bin ich noch nicht. Das Neueste, was ich Ihnen von meinen Bekanntschaften sagen kann, ist, daß mein Verhältnis mit Schiller, das eine Weile ein wenig unterbrochen schien, durch die angenehmsten Äußerungen von seiner Seite wieder wärmer als je zu leben angefangen hat. Meine Hoffnungen sind sehr unbestimmt, und ich wollte nicht, daß ich andere hätte. Freiheit und Ruhe ist das einzige, was ich suche und brauche, und das hoff ich zu finden. – Ich bedaure, liebste Mutter! daß ich den Besuch im Vaterlande, der Ihnen und mir so innigst freudig wäre gewesen, noch itzt nicht realisieren kann. Ich weiß nämlich nicht, ob ich nicht bis nächste Ostern mit meinem Zöglinge um der französischen Sprache willen nach Genf muß, und weil ich dann doch über Württemberg käme, so wäre eine Reise im Herbste schon leichter zu verleugnen, und in dieser Hoffnung glaub ich den ökonomischen Gründen folgen zu müssen und versage mir den schönen Genuß einstweilen, aber bloß, um ihn aufzuschieben. Meiner lieben Schwester will ich schreiben. Das traurige Schicksal des guten Fehleisens wußt ich schon. Seine Familie bedaur ich äußerst. – Ich wollte, Sie würden von unangenehmen Zufällen, wie die Veränderung Ihrer Wohnung ist, verschont! Nur Ruhe möcht ich Ihnen gönnen, Stille und Ruhe! – Die Kommission besorg ich recht gerne. Ich muß noch so viele Briefe schreiben und bitte Sie deswegen, mich für diesmal zu dispensieren. Tausend herzliche Grüße an meine teure Großmutter von dem ältesten Enkel! Ewig

Ihr
Fritz

144. AN SCHILLER

[Frankfurt, wohl zwischen 15. und 20. August 1797]

Ihr Brief wird mir unvergeßlich sein, edler Mann! Er hat mir ein neues Leben gegeben. Ich fühle tief, wie treffend Sie meine wahrsten Bedürfnisse beurteilt haben, und ich folge um so freiwilliger Ihrem Rat, weil ich wirklich schon eine Richtung nach dem Wege genommen hatte, den Sie mir weisen.

Ich betrachte jetzt die metaphysische Stimmung wie eine gewisse Jungfräulichkeit des Geistes und glaube, daß die Scheue vor dem Stoffe, so unnatürlich sie an sich ist, doch als Lebensperiode sehr natürlich und auf eine Zeit so zuträglich ist wie alle Flucht bestimmter Verhältnisse, weil sie die Kraft in sich zurückhält, weil sie das verschwenderische jugendliche Leben sparsam macht, so lange, bis sein reifer Überfluß es treibt, sich in die mannigfaltigen Objekte zu teilen. Ich glaube auch, daß eine allgemeinere Tätigkeit des Geistes und Lebens nicht bloß dem Gehalte, dem Wesen nach *vor* den bestimmtern Handlungen und Vorstellungen, sondern daß auch wirklich der Zeit nach, in der historischen Entwicklung der Menschennatur die Idee vor dem Begriffe ist, so wie die Tendenz vor der (bestimmten, regelmäßigen) Tat. Ich betrachte die Vernunft als den Anfang des Verstandes, und wenn der gute Wille zaudert und sich sträubt, zur nützlichen Absicht zu werden, so find ich es ebenso charakteristisch für die Menschennatur überhaupt, als es für Hamlet charakteristisch ist, daß es ihn so schwer ankömmt, *etwas* zu tun, aus dem *einzigen* Zwecke, seinen Vater zu rächen.

Ich hatte von je den Brauch, mein überflüssig Räsonnement Ihnen vorzuplaudern, aber ich habe so eine Art von Eingang nötig, um mich eigentlicher an Sie zu adressieren, und Sie sehen den Grund davon und verzeihen's.

Sie werden fragen, wie ich dazu komme, die neue Übersetzung von „Kabale und Liebe", die Ihnen der englische Übersetzer zuschickt, durch meine Hände gehen zu lassen.

Ein Freund von mir, Sekretär Mögling aus Stuttgart, der sich mit dem Württembergischen Prinzen einige Zeit in London aufhielt, besuchte mich bei seiner Rückreise, und weil er weiß, daß ich die Ehre habe, Ihnen bekannt zu sein, gab er mir den Auftrag, oder eigentlich, er wollte mir die Freude lassen, es Ihnen zu überschicken. Der Verleger des Buchs, der es meinem Freunde zunächst zustellte, empfiehlt sich Ihnen ebenfalls und äußert den Wunsch, Ihre neuesten Werke sogleich bei ihrer Erscheinung zu bekommen; er habe es unternommen, eine Übersetzung von all Ihren Schriften zu liefern. Sollt es Ihnen lästig sein, diesen Wunsch selbst zu befriedigen, so würde ich es mir zur Ehre rechnen, *nach Ihrer Disposition* mich mit dem Verleger in Korrespondenz zu setzen.

Ich danke Ihnen innigst für Ihre gütige Aufnahme des „Wanderers" in die „Horen". Glauben Sie, daß ich diese Ehre zu schätzen weiß! Auch freut es mich äußerst, daß Sie den „Äther" Ihres Almanachs würdig gefunden haben. Ihrer Erlaubnis gemäß schick ich Ihnen das Gedicht „An die klugen Ratgeber". Ich hab es gemildert und gefeilt, so gut ich konnte. Ich habe einen bestimmteren Ton hineinzubringen gesucht, soviel es der Charakter des Gedichts leiden wollte. Ich lege Ihnen noch ein Lied bei. Es ist das umgearbeitete und abgekürzte Lied an Diotima, das Sie schon von mir besitzen. Ich nähre die Hoffnung, daß es in dieser Gestalt wohl eine Stelle in Ihrem Almanache finden dürfte.

Sie sagen, ich sollte Ihnen näher sein, so würden Sie mir sich ganz verständlich machen können; von Ihnen bedeutet mir ein solches Wort so viel!

Aber glauben Sie, daß ich denn doch mir sagen muß, daß Ihre Nähe mir nicht erlaubt ist? Wirklich, Sie beleben mich zu sehr, wenn ich um Sie bin. Ich weiß es noch ganz gut, wie Ihre Gegenwart mich immer entzündete, daß ich den ganzen andern Tag zu keinem Gedanken kommen konnte. Solang ich vor Ihnen war, war mir das Herz fast zu klein, und wenn ich weg war, konnt ich es gar nicht mehr zusammenhalten. Ich bin vor Ihnen wie eine Pflanze, die man erst in den Boden gesetzt hat. Man muß sie zudecken um Mittag. Sie mögen über mich lachen; aber ich spreche Wahrheit.

Hölderlin

145. AN DEN BRUDER

[Frankfurt,
um den 20. September 1797]

[Schickt die Briefe, worin die Kinder Karln noch für die Geschenke danken, die er ihnen geschickt. Solche Briefe waren schon liegengeblieben; heute schrieben sie neue hinzu.]

Die schönen Herbsttage tun mir sehr wohl. Ich wohne noch mit meinem Zögling allein im Garten. Die Familie ist wegen der Messe in die Stadt gezogen. Die reine, frische Luft und das schöne Licht, das dieser Jahreszeit eigen ist, und die ruhige Erde mit ihrem dunkleren Grün, auch mit ihrem sterbenden Grün, und mit den durchschimmernden Früchten ihrer Bäume, die Wolken, die Nebel, die reineren Sternennächte – all das ist meinem Herzen näher als irgendeine andre Lebensperiode der Natur. Es ist ein stiller, zärtlicher Geist in dieser Jahreszeit.

Neuffer hat mich richtig besucht. Wir haben einige Tage recht vergnügt zusammen zugebracht. Seine Treuherzigkeit und heitre Laune sind Arznei für unsereinen.

Ich weiß es zu schätzen, lieber Karl, daß Du so fleißig bist in Deinem bestimmten Geschäfte. Nicht sowohl, *was* wir treiben, als *wie* wir etwas treiben, nicht der Stoff und die Lage, sondern die Behandlung des Stoffs und der Lage bestimmen den Wert der Menschenkraft. Es gibt in jeder menschlichen Tätigkeit eine Vollendung, auch unter den Akten. Freilich will der Fisch ins Wasser und der Vogel in die Luft, und so hat unter den Menschen auch einer ein ander Element als der andre. Nur muß man nicht denken, das Homogenste sei immer auch das Angemessenste. Der idealische Kopf tut am besten, das Empirische, das Irdische, das Beschränkte sich zum Elemente zu machen. Setzt er es durch, so ist er, und auch nur er, der vollkommene Mensch.

146. AN DIE SCHWESTER

[Frankfurt, Ende September 1797]
Liebe Schwester!

Ich rechnete seit langer Zeit darauf, den Herbst zum Teil mit Dir, in Deinem Hause, unter Deinen Kindern, Deinen Freunden, besonders auch mit Deinem Manne zuzubringen, mit dem ich lange schon in näherer Beziehung einmal wieder zu leben mich sehnte. Ich freue mich äußerst, seine Bekanntschaft wie von neuem zu machen, wenn ich einmal bei Euch bin. Ich ehre und verstehe Menschen von seinem Charakter immer mehr. Ich möchte manchmal zu ihm können und bei seiner Ruhe und Menschenkenntnis in die Schule gehn.

Du, meine Liebe, bist nun ganz Mutter, hoffende Mutter, und ich teile Dein Glück und Deine Sorgen. Ich weiß nichts Achtungswerteres als eine Frau in Deinen Umständen, und ich demütige mich tief vor Dir, wenn ich mir denke, wie Du jetzt bist. Das ist doch eigentlich schönes Verdienst um die Welt. Das ist das treueste Opfer, das ein lebend Wesen der Natur bringt. Ich freue mich, Liebe, daß Du die schöne Erfahrung schon einmal so glücklich gemacht hast, weil ich hoffen kann, Deine teure Gesundheit werde so wenig darunter leiden, wie ich wünsche.

Wie wär es glücklich gewesen, wenn ich Dich hätte besuchen können! Aber es ging denn doch nicht wohl, weil ich wahrscheinlich auf Ostern verreise. Bis dahin bin ich gewiß bei Dir, und da sollen sich alle frohen Augenblicke erfüllen, mit denen ich manchmal mich unterhalte. Dann gehn wir zusammen in Eurer Felsenregion herum und erinnern uns an die alten vergnügten Tage, dann fahren wir zusammen nach Ulm und Elchingen, zu den geistlichen Herren, deren häßliche Gesichter so zur wunderschönen Gegend kontrastieren, nach Wiblingen, und zu den alten Klosterfrauen, und nach Asch, und auf das kleine Örtchen, das unten an der Blau liegt, wo ich einmal nach einer Kahnfahrt sehr gute Fische gegessen habe usw.

Entschuldige mich, meine Liebe, daß ich Dir noch nichts von unserer Messe schicken kann. Ich habe sie noch gar nicht gesehn. Du mußt Dich eben nicht skandalisieren an den Kleinigkeiten, womit ich Dir meine Ergebenheit bezeuge. Was machen Deine lieben Kinder? Überall meine Grüße und Empfehlungen.

Dein
Fritz

147. AN DEN BRUDER

Mein Teurer! Frankfurt, d. 2. Nov. 97

Es ist mir unendlich viel wert, mein Wesen so wirksam und so freundlich aufgenommen in einer Seele zu finden, wie die Deine ist. Es stillt und besänftiget mich nichts mehr als ein Tropfen lauterer, unverfälschter Liebe, so wie im Gegenteil die Kälte und geheime Unterjochungssucht der Menschen mich, bei aller Vorsicht, deren ich fähig bin, doch immer überspannt und zu unmäßiger Anstrengung und Bewegung meines innern Lebens aufreizt. Lieber Karl! es ist ein so schönes Gedeihn in allem, was wir treiben, wenn es mit gehaltner Seele geschieht und uns das stille, stete Feuer belebt, das ich besonders in den alten Meisterwerken aller Art, als herrschenden Charakter, immer mehr zu finden glaube. Aber wer erhält in schöner Stellung sich, wenn er sich durch ein Gedränge durcharbeitet, wo ihn alles hin und her stößt? Und wer vermag sein Herz in einer schönen Grenze zu halten, wenn die Welt auf ihn mit Fäusten einschlägt? Je angefochtener wir sind vom Nichts, das, wie ein Abgrund, um uns her uns angähnt, oder auch vom tausendfachen Etwas der Gesellschaft und der Tätigkeit der Menschen, das gestaltlos, seel- und lieblos uns verfolgt, zerstreut, um so leidenschaftlicher und heftiger und gewaltsamer *muß der Widerstand* von unsrer Seite werden. Oder *muß* er es nicht?

Das ist's ja eben, was Du auch an Dir erfährst, mein Lieber! Die Not und Dürftigkeit von außen macht den Überfluß des Herzens Dir zur Dürftigkeit und Not. Du weißt nicht, wo Du hin mit Deiner Liebe sollst, und mußt um Deines Reichtums willen betteln gehn. Wird so nicht unser Reinstes uns verunreinigt durch Schicksal, und müssen wir nicht in aller Unschuld verderben? Oh, wer nur dafür eine Hülfe wüßte? Kann man nur tätig sein, kann man nur über irgendeinem Stoffe sich ermüden, so ist vieles gut. Man stellt sich dadurch doch immer einen Schatten des Vollkommnen vors Auge, und das Auge weidet sich von einem Tage zum andern daran. Mit dieser Stimmung las ich ehmals Kant. Der Geist des Mannes war noch ferne von mir. Das Ganze war mir fremd wie irgendeinem. Aber jeden Abend hatt ich neue Schwierigkeiten überwunden; das gab mir ein Bewußtsein meiner Freiheit; und das Bewußtsein unserer Freiheit, unserer Tätigkeit, woran sie sich auch äußere, ist recht tief verwandt mit dem Gefühle der höhern, göttlichen Freiheit, das zugleich Gefühl des Höchsten, des Vollkommnen ist. Auch im Gegenstande selber, mag er noch so fragmentarisch sein, sobald nur irgendeine Ordnung in ihn gebracht wird, ist ein Schatten des Vollkommnen. Wie fände sonst manch schönes weibliches Gemüt in seiner aufgeräumten Stube seine Welt?

Das Gedicht „An den Äther", mit D. unterschrieben, im neuen Schillerischen Almanache ist von mir. Vielleicht bekömmst Du's vors Gesicht und findest einige Befriedigung für Dein Herz darin. – Mache doch einmal einen Gang nach Vaihingen zu Helfer Conz. Es wird Dich sicher nicht reuen, seine Bekanntschaft gemacht zu haben, und ich denke, er wird Dich auch recht liebgewinnen. Versichere ihn meines innigsten Andenkens, und dank ihm in meinem Namen für den schätzbaren Gruß, den er mir durch Neuffer geschickt, und für die freundliche Aufnahme meines „Hyperion". Sag ihm, ich wartete nur die Erscheinung des zweiten Bandes ab, um das Ganze ihm zuzuschicken und über einiges, das mir sehr am Herzen liege, bei Gelegenheit des Büchleins, ihn zu fragen. – Ich bin mit dem gegenwärtig herrschenden Geschmack so ziemlich in Opposition, aber ich lasse auch künftig wenig von meinem Eigensinne nach und hoffe mich durchzukämpfen. Ich denke wie Klopstock:

> Die Dichter, die nur spielen,
> Die wissen nicht, was sie und was die Leser sind,
> Der rechte Leser ist kein Kind,
> Er will sein männlich Herz viel lieber fühlen,
>   als spielen.

Heinse, der Verfasser des „Ardinghello", hat bei Dr. Sömmerring sich sehr aufmunternd über „Hyperion" geäußert.

Das übrige, was in Deinem Briefe zu beantworten ist, beantwort ich *gewissenhaft* das nächstemal und bald. Ich habe jetzt nur so viel zu schreiben. Fürchte nur nicht, irgendeinen Auftrag entgelten zu müssen. Wie müßt ich klein sein! und wie unendlich weniger müßtest Du mir gelten! Dir bleib ich sicher treu. Denn wir sind Brüder, wenn wir's auch nicht heißen.

Dein
Hölderlin

148. AN DIE MUTTER

Frankfurt, d.   Nov. 97

Liebste Mutter!

Wundern Sie sich nicht, wenn ich so lange mit einer Antwort zögerte. Es gibt so manche Stimmungen, wo es notwendig wird zu schweigen. Wenn ich nun geschrieben hätte, in Augenblicken, wo ich fühlte, in den mannigfaltigen Zerstreuungen, denen ich durch mein Verhältnis ausgesetzt bin, sei es fast unmöglich, meinen Charakter zu retten und meine besseren Kräfte, wenn ich da geschrieben hätte und gesagt: So günstig meine Lage scheint, so ungünstig ist sie von mancher Seite für mein wahres Interesse, und ich muß lieber ein stilleres Leben wählen, wenn seine Außenseite auch unangenehmer scheint, als beharren in einer dem Scheine nach sehr angenehmen Situation, wenn diese mein ruhiges Bewußtsein und die ungestörte Tätigkeit meiner Seele mir nicht läßt – wenn ich so geschrieben hätte, wie hätten Sie es aufgenommen? Was hätten Sie geantwortet? Und doch konnt ich sehr gegründete Veranlassung haben, so zu schreiben; von der andern Seite mußte es meinem Gemüt sehr schwer ankommen, Ihnen auf diese Art notwendig eine trübe Stunde zu machen und vor Ihnen als der alte unzufriedne, unstete, ungeduldige, unkluge Mensch zu erscheinen. Mußt ich da nicht mit einem Briefe zaudern, wenn ich Ihnen nicht etwas zum Schein hinsagen wollte, wovon mein Herz nichts wußte, und Sie wissen, dies letztere ist unter uns nicht eingeführt.

Sie fragen, was denn jetzt, im gegenwärtigen Augenblicke, da ich schreibe, meine Gesinnung sei? Wenn ich aufrichtig reden soll, so muß ich Ihnen sagen, daß ich mit mir selbst im Streit bin. Von einer Seite scheint die vernünftige Sorge für meinen Charakter, der unter so manchen widersprechenden Eindrücken, die ich leide, kaum sich aufrecht hält, und das gerechteste Bedürfnis meines Geistes zu erfordern, eine Lage zu verlassen, wo sich immer zwei Partien für und gegen mich bilden, wovon die eine fast mich übermütig und die andre sehr oft niedergeschlagen, trüb und manchmal etwas bitter macht. Das war die ganzen zwei Jahre über mein beständiges Schicksal, und mußt es sein, und ich sah es in den ersten Monaten unwidersprechlich voraus. Das Beste wäre freilich gewesen, sich still und in Entfernung und mit beeden Teilen die Beziehungen so allgemein als möglich zu erhalten. Aber dies geht wohl an, wenn einer sein eignes Haus und keine besondern Verhältnisse hat, wo man oft in häufige Beziehungen geraten *muß*. Sie können es sich denken, daß man in meiner Lage nicht immer seiner Einsicht folgen kann, sofern man diese Lage beibehalten will. Also mehr oder weniger mußt ich mich den ganz verschiedenen Begegnungen aussetzen, die in gewissem Grade jeder hier erfahren wird, der mein Verhältnis hier versucht und sich nicht ganz zur Null zu machen weiß. Nun wiederhol ich, daß ich einerseits sehr überzeugt bin, daß ich mehr oder weniger immerhin an meinem Charakter und an meinen Kräften leiden muß, wenn ich meine 2jährigen Erfahrungen noch länger fortzusetzen genötigt bin, und so scheint die Wahl eines andern, weniger zerstreuenden Verhältnisses meine Pflicht zu sein. Ich würde zum Beispiel weit weniger Kollisionen der genannten Art erfahren, wenn ich, wie Neuffer in Stuttgart, hier oder in Mannheim oder in einer andern großen Stadt in verschiedenen Häusern Unterricht gäbe, und es ist hier schon oft der Fall gewesen, daß ein Hofmeister auf diese Art seine Lage veränderte. Ich würde auch mehr eigne Zeit gewinnen, und das Einkommen würde zu meinem Lebensunterhalt hinreichen. – Aber von der anderen Seite fühl ich auch, daß es überall schwer ist, uns in einem gewissen Grade gut und stark zu erhalten, und daß eine Lage, die man schon kennt und schon handzuhaben ein wenig gelernt hat, immer im allgemeinen einer fremden vorzuziehen ist, wo man wieder von neuem anfangen muß, die Dinge um uns zurechtzubringen. Dann sind auch die Menschen, unter denen ich lebe, doch nicht so, daß ich es über mich bringen könnte, im Unfrieden zu scheiden, und auf eine sanfte Art fortzukommen, hält sehr schwer; wenigstens wüßt ich es für jetzt nicht wohl anzufangen. Dann verlaß ich auch meine Kinder nicht gerne, zum Teil, weil sie mir wirklich lieb sind, und zum Teil, weil ich sie nach und nach gewohnt bin. Dann gibt auch eine Veränderung der Lage eine Störung in meinen Beschäftigungen, die ich jetzt sehr ungern unterbreche. Vorzüglich aber hält mich dies fest, weil ich Sie zu beunruhigen fürchte. Es ist also für itzt nichts anders zu tun, als alle Kunst und alle Vorsicht zu gebrauchen, um die Gesellschaft, worin ich lebe, nicht sehr störend auf mich wirken zu lassen und still und fest auf meinem eignen Wesen zu beruhen. Vorzüglich muß ich eben in Gedanken haben und behalten, daß das Leben eine Schule ist und daß die ruhigen, echtglücklichen Augenblicke auch nur Augenblicke sind. Vielleicht wird's auch nun stiller in unserem Hause; dieses ganze Jahr haben wir fast beständig Besuche, Feste und Gott weiß! was alles gehabt, wo dann freilich meine Wenigkeit immer am schlimmsten wegkommt, weil der Hofmeister besonders in Frankfurt überall das fünfte Rad am Wagen ist und doch der Schicklichkeit wegen muß dabeisein. Amen! ich weiß nicht, wie viele Blätter lang ich Ihnen einmal wieder ein Klagelied gesungen habe. Man muß eben denken, daß man die Ehre, unter die gebildetere Klasse zu gehören, überall mit etwas Schmerz bezahlen muß. Das Glück ist hinter dem Pfluge. Lassen Sie sich aber ja nicht beunruhigen, beste Mutter! Wenn Sie nur nicht sorgen müssen, daß mein Wesen unter meinem Schicksal leidet! und so weit soll es auch nie kommen. Schweigen durft ich nicht ganz. Um mich für jetzt und künftig zu beurteilen, müssen Sie auch von meinen Umständen das Nötige wissen.

Ich schicke Ihnen und der lieben Frau Großmama hier Halstücher, wie ich glaubte, daß sie Ihrer gütigen Vorschrift gemäß sein. Für die l. Schwester gehört das Netz, um die Haare drein zu binden. Es wird hier sehr häufig getragen. Die Art, wie es aufgesetzt wird, wird wohl auch in Blaubeuren bekannt sein. Sie soll eben vorliebnehmen, bis ich etwas Anständigeres für sie gefunden habe. Für HE. Schwager bin ich so frei, ein paar Stücke englisch Leder zu Stiefeln beizulegen. Die Vorschuhe werden von gewöhnlichem Leder gemacht. Er soll mich nur nicht auslachen.

Dem lieben Karl schreib ich geradezu nach Gröningen. Der lieben Schwester schreib ich diese Woche noch. Der lange Brief an Sie, liebste Mutter, hat mir die Zeit weggenommen.

Tausend herzliche Empfehlungen an alle.

                                Ihr
                                ergebenster Sohn
                                    Hölderlin

149. AN DEN BRUDER

[Frankfurt, wohl im Dezember 1797]

Meine Tage sind jetzt meist so ausgefüllt, daß es einigermaßen zu entschuldigen ist, daß ich den Brief an Dich, mein Teurer! so lange nicht weggeschickt. Sei doch so gut und schreibe unserer lieben Mutter, daß ich meine Lage wieder ganz zurechtgebracht und daß ich ruhig lebe und gesünder bin als diesen Sommer; aber ich bitte Dich, mein Lieber! tu es doch gleich. Ich möchte die gute Mutter jetzt keinen Augenblick mehr über mich beunruhigt wissen, denn nach ihrem Charakter war sie dies wahrscheinlich über meinen letzten Brief. Leb wohl, Bester! Schreibe mir bald was Gutes.

150. AN DIE MUTTER

Teure Mutter!   [Frankfurt, Anfang Januar 1798]

Ich bedaure herzlich, daß Sie sich meinetwegen Sorge gemacht haben. Ich hätte deswegen sehr gewünscht, einmal, daß Sie meinen letzten Brief als das, was er wirklich ist, nämlich als eine leidenschaftlose Darstellung des Hofmeisterlebens, wie es mehr oder weniger überall ist, genommen, daß Sie ferner meine Erzählung aus dem Gesichtspunkte betrachtet hätten, daß es mir notwendig war, Ihnen das Wahre meiner Lage zu sagen, weil Sie bei einer möglichen Veränderung meine Maßregeln hätten für grundlos nehmen müssen. Sie können unmöglich wünschen, daß irgendein Mensch *unter jeder Bedingung* ein Verhältnis beibehalte.

Übrigens können Sie versichert sein, daß ich eine Lage, die ich einmal begriffen und soviel möglich mir akkommodiert habe, *ohne Not* niemals verlassen werde. Vorzüglich aber bedaure ich, liebste Mutter, daß Sie die Nachricht von meinem Wohlbefinden, die ich durch den lieben Karl Ihnen unmittelbar auf Ihren vorletzten Brief zu wissen tat, wie es scheint, noch nicht erhalten haben. Wahrscheinlich hat sich der Brief an meinen Bruder verspätet, weil ich ihm ein Paket schickte, das auf dem langsamen Postwagen abgehen mußte. Das war auch der Grund, warum ich mit einem Briefe an Sie so lange zögerte. Ich wollte Ihnen so viel schreiben, daß ich die rechte Stunde niemals finden konnte, und weil ich glaubte, Sie durch den l. Karl beruhigt zu haben, so meint ich, daß ich wohl eine bequeme Stunde abwarten könnte.

Das Glück meiner lieben Schwester ist mir unendlich viel wert, und ebenso hoch schätz ich die schöne Ehre, die mir so neu ist, von so würdigen Eltern zum Paten, zum besondern lebenslänglichen Freunde ihres Kinds berufen zu sein.

Genießen Sie nun ganz der Freude, die Ihrem Herzen der unschuldige Enkel und das häusliche Glück einer schätzbaren Tochter geben muß, und lassen Sie Ihre Ruhe durch keine Gedanken an den Sohn stören, der eben in der Fremde lebt und leben muß, bis seine eigne Natur und äußere Umstände ihm erlauben, auch irgendwo mit Herz und Sinnen einheimisch zu werden.

Lassen Sie, ich bitte Sie, dies Jahr ein Jahr der Ruhe für Sie werden. Sie haben das Ihre in der Welt getan. Sie können zufrieden sein. Sie haben auch so viel, besonders in der letzten Zeit, erfahren, um glauben zu können und lebendig innezuwerden, daß, im Einzelnen wie im Ganzen, mitten in Stürmen ein guter allerhaltender Geist unendlich waltet und lebt, ein Geist des Friedens und der Ordnung, der darum nur in den Kampf einwilliget, in Leiden und Tod, um überall alles durch die Mißtöne des Lebens zu höhern Harmonien zu führen. Das ist auch meines Herzens Glaube, und in diesem Glauben, diesem Sinne wünsch ich Ihnen ein gutes Jahr. Leben Sie recht wohl! Lassen Sie mich mein langes Stillschweigen doch nicht entgelten.

         Ihr
          treuer Sohn
           Fritz

151. AN DEN SCHWAGER BREUNLIN

Frankfurt a. M., d. 10. Jan. 1798
Bester HE. Schwager!

Ich weiß Ihnen nicht genug zu sagen, wie sehr ich es achte, nun durch ein neues schönes Band an Sie geknüpft zu sein. Glauben Sie, es heißt mir recht sehr viel, mich den Paten Ihres lieben Kindes nennen zu dürfen. Sie geben mir ein besonderes Recht, im Geiste teilnehmen zu dürfen an Ihren Vatersorgen und Vaterfreuden, und das ist für mich ein neuer Grund, das Leben zu lieben, daß Sie auf diese Art meinen Sinn auf ein unschuldig Wesen gehöftet haben, das nun dem Schicksal und der lebendigen Welt entgegenwächst. Ich betrachte auch seine Taufe als ein Zeugnis unseres Glaubens an die künftige Menschenwürde des Kindes, unserer Hoffnung, daß das heilige unentwickelte Leben hervorgehn wird zum Gefühle seiner selbst und anderer Wesen, zum Gefühle der lebendigen Gottheit, in der wir leben und sind, zu dem echten Christusgefühle, daß wir und der Vater *eins* sind, und in diesen Gedanken hätt ich gerne das liebe Kind auch mit den andern auf die Arme genommen.

Die brave Wöchnerin mag nun auch ihre Freude haben. Sie ist auch ihres Glücks so wert. Ich wünschte recht sehr, ihr zeigen zu können, wie sehr ich sie schätze und liebe. Ich habe nun auch einen Zug mehr zu einem Besuch in meiner teuern Familie, und sobald ich es nur mit andern Rücksichten, die ich zu nehmen genötiget bin, vereinigen kann, so werd ich meinen Wunsch mir erfüllen.

Dann soll mir auch Ihr Umgang besonders, teuerster HE. Schwager! manche Hoffnung erfüllen. Ich habe das Schicksal so weit ehren gelernt, daß ein tieferfahrener Geist der einzige ist, bei dem ich noch gerne in die Schule gehen möchte. Ich fühle immer mehr, wie unzertrennlich unser Wirken und Leben mit den Kräften zusammenhängt, die um uns her sich regen, und so ist natürlich, daß ich es lange nicht hinreichend halte, aus sich selber zu schöpfen und seine

Eigentümlichkeit, wäre sie auch die allgemeingültigste, blindlings unter die Gegenstände hineinzuwerfen. Wollen Sie mir den Verlust Ihres persönlichen Umgangs zuweilen durch einen Brief ersetzen, so werd ich es zu schätzen wissen.

Ihren vorletzten Brief habe ich noch nicht erhalten. Erlauben Sie mir, zum Zeichen meiner Freude für das Kleine diese Kleinigkeit beizulegen. Rechnen Sie in allem auf mich, was Übereinstimmung mit Ihnen und Ergebenheit für Ihre Familie erfordert.

Meiner lieben Schwester will ich in der nächsten ruhigen Stunde selber noch schreiben. Küssen Sie das liebe Kind in meinem Namen, und die andern dazu.

Ihr
ergebenster Schwager
M. Hölderlin

152. AN DEN BRUDER

Frankfurt, d. 12. Febr.
Abgegangen d. 14. März 1798

Liebster Bruder!

Es beweist mir für Deine gute Natur, daß Du unter allen Deinen Geschäften an echtem innerem Leben doch immer gewinnst, wie ich sehe; von der andern Seite bestätiget Dein Beispiel mich in der Meinung, die ich schon oft zugunsten der mechanischen Arbeit wagte; daß sie weniger tötend sei als eine Wirksamkeit, wo im Objekt und in der Behandlung die Willkür möglicher ist; daß sie den Menschen weniger zerreiße als ein moralisch Geschäft; daß sie uns leidenschaftloser lasse, insofern die Leidenschaft doch wohl vornehmlich durch die Ungewißheit kömmt, in der wir uns befinden, wenn ein unbestimmter Gegenstand uns keine bestimmte Richtung nehmen läßt. Weiß ich nur, was eigentlich zu tun ist, so werd ich's auch mit Ruhe tun; hab ich aber von dem Gegenstande keinen sichern und genauen Begriff, so weiß ich auch nicht, welche Kraft und welches Maß von Kraft ihm anpaßt, und muß ich denn aus Furcht, zuwenig zu tun, zuviel, oder aus Furcht, zuviel zu tun, zuwenig tun, d. h. leidenschaftlich handeln. Lieber Karl! es ist oft wünschenswerter, bloß mit der Oberfläche unsers Wesens beschäftigt zu sein, als immer seine ganze Seele, sei es in Liebe oder in Arbeit, der zerstörenden Wirklichkeit auszusetzen. Aber davon überzeugt man sich nicht gerne in den Stunden des jugendlichen Erwachens, wo alle Kräfte hinausstreben nach Taten und Freuden, und es ist auch wohl natürlich, daß wir gerne uns opfern, daß wir unsern ersten Frieden hingeben für das Glück der Welt und für den ungewissen Ruhm der Nachwelt. Aber zu eilig müssen wir nicht sein, wir müssen zu früh nicht unsre schöne lebendige Natur, die heimatliche Wonne unsers Herzens gegen Kampf und Eifer und Sorge vertauschen, denn der Apfel fällt, wenn er nicht krank ist, erst vom Stamme, wenn er reif ist.

Lieber Karl! ich spreche wie einer, der Schiffbruch gelitten hat. So einer rät nur gar zu gerne, daß man im Hafen bleiben soll, bis die beste Jahreszeit zu der Fahrt vorhanden sei. Ich hatte offenbar zu früh hinausgestrebt, zu früh nach etwas Großem getrachtet, und muß es wohl, solang ich lebe, büßen; schwerlich wird mir etwas ganz gelingen, weil ich meine Natur nicht in Ruhe und anspruchloser Sorgenlosigkeit aufreifen ließ.

Ich schreibe das alles mehr um meinetwillen, weil das Herz mir voll davon ist. Du brauchst diese Predigt nicht sehr.

Shakespeare ergreift Dich so ganz; das glaub ich. Du möchtest auch von der Art etwas schreiben, lieber Karl! Ich möcht es auch. Es ist kein kleiner Wunsch. Du möchtest es, weil Du auf Deine Nation mitwirken möchtest; ich möcht es darum auch, doch mehr noch, um in der Erzeugung eines so großen Kunstwerks meine nach Vollendung dürstende Seele zu sättigen.

Ist es Dein Ernst, als Schriftsteller auf den deutschen Charakter zu wirken und dies ungeheure Brachfeld umzuackern und anzusäen, so wollt ich Dir raten, es lieber in *oratorischen* als poetischen Versuchen zu tun. Du würdest schneller und sicherer zum Zwecke gelangen. Ich wunderte mich schon oft, daß unsere guten Köpfe nicht häufiger darauf geraten, eine kraftvolle Rede zu schreiben, z. B. über den Mangel an Natursinn bei den Gelehrten und Geschäftsleuten, über religiöse Sklaverei p. p. Dir liegen politische und moralische Gegenstände im Vaterlande besonders nah, z. B. Zünfte, Stadtrechte, Kommunrechte p. p. Zu geringfügig sind derlei Objekte gewiß nicht, und Du bist durch Deine Lokalkenntnis dazu berufen, wenigstens für den Anfang. Doch will ich mit dem allem nichts Dir ein- und ausreden.

Ich hoffe, Dich bald zu sehen und zu sprechen. Wenn es nur sich irgend tun läßt, komm ich auf den März zu Euch Lieben. Ich suche Ruhe, mein Bruder! Die werd ich finden an Deinem Herzen und im Umgang mit unsrer teuren Familie. Bester Karl! ich suche nur Ruhe. Halte mich nicht für feig und schlaff. Meine seit Jahren so mannigfach, so oft erschütterte Natur will nur sich sammeln, um dann einmal wieder frisch an eine Arbeit zu gehn.

Weißt Du die Wurzel alles meines Übels? Ich möchte der Kunst leben, an der mein Herz hängt, und muß mich herumarbeiten unter den Menschen, daß ich oft so herzlich lebensmüde bin. Und warum das? Weil die Kunst wohl ihre Meister, aber den Schüler nicht nährt. Aber so etwas sag ich nur Dir. Nicht wahr, ich bin ein schwacher Held, daß ich die Freiheit, die mir nötig ist, mir nicht ertrotze. Aber siehe, Lieber, dann leb ich wieder im Krieg, und das ist auch der Kunst nicht günstig. Laß es gut sein! Ist doch schon mancher untergegangen, der zum Dichter gemacht war. Wir leben in dem Dichterklima nicht. Darum gedeiht auch unter zehn solcher Pflanzen kaum *eine*.

Ich habe unter meinen kleinen Arbeiten noch keine gemacht, während welcher nicht irgendein tiefes Leiden mich störte. Sagst Du, ich soll nicht achten, was mich leiden macht, so sag ich Dir, ich müßte einen Leichtsinn haben, der mich bald um alle Liebe der Menschen brächte, unter denen ich lebe. –

Wie geht es denn in Eurer politischen Welt? Die Landtagsschriften hab ich noch nicht wiederfinden können. Ich hab sie jemand geliehn und weiß nicht mehr, wem. Verzeih es mir, mein Lieber! Ich halte Dich gern auf jede Art dafür schadlos.

Die Briefe, die ich Dir schicken sollte, nach dem Auftrage, den Du hattest, müssen wohl in Nürtingen in Verwahrung liegen. Hier hab ich keine. Ich kenne mein Herz und weiß, daß es so kommen mußte, wie es kam. Ich hab in meiner schönsten Lebenszeit so manchen lieben Tag vertrauert, weil ich Leichtsinn und Geringschätzung dulden mußte, solange ich nicht der einzige war, der sich bewarb. Nachher fand ich Gefälligkeit und gab Gefälligkeit, aber es war nicht schwer zu merken, daß mein erster tieferer Anteil in dem unverdienten Leiden, das ich duldete, erloschen war. Mit dem dritten Jahre meines Aufenthalts in Tübingen war es aus. Das übrige war oberflächlich, und ich hab es genug gebüßt, daß ich noch die zwei letzten Jahre in Tübingen in einem solchen interesselosen Interesse lebte. Ich hab es genug abgebüßt durch die Frivolität, die sich dadurch in meinen Charakter einschlich und aus der ich nur durch unaussprechlich schmerzliche Erfahrungen mich wieder loswand. Das ist die reine Wahrheit, lieber Karl! Mußt Du von mir sprechen, so sieh, wie Du Dir hilfst. Betrüben möcht ich um alles das gute Herz nicht.

Von Deinen Angelegenheiten will ich, wie ich hoffe, bald mündlich mit Dir das Nähere besprechen. In jedem Fall ist's mir ein groß Vergnügen, daß Du so früh Dich zum gründlichen Geschäftsmann bildest.

Die Cisrhenaner werden nächstens, wie man hofft, lebendiger und reeller republikanisch sein. Besonders soll in

Mainz dem militärischen Despotismus, der daselbst jeden Freiheitskeim zu ersticken drohte, nun bald gesteuert werden. Nun leb wohl, mein Lieber! Wie immer

Dein
Fritz

153. AN DIE MUTTER

Frankfurt,
d. 10. März 1798

Liebste Mutter!

Mannigfaltige Geschäfte hindern mich, öfter zu schreiben. Ein Brief, den man in einer übrigen Minute schreibt, ist fast des Botenlohns nicht wert und trägt den Anschein von Kälte und Nachlässigkeit noch mehr als gänzliches Stillschweigen, und zu einem Briefe, wo ich Ihnen deutlicher die Fortdauer meiner kindlichen Gesinnungen bezeugen kann, fehlt mir, wie gesagt, sehr oft Ruhe und Zeit.

Es ist freilich mein eigner Schade. Ich muß auch um so öfter Ihre lieben Briefe, die im wahrsten Sinne meinem ganzen Wesen oft so sehr wohltätig sind, entbehren. Aber vielleicht beglückt mich bald Ihr persönlicher Umgang auf einige Zeit. Die Reise in die Schweiz, die ich mit meinem Zögling machen sollte, scheint unterbleiben zu wollen. Wenigstens wird nichts mehr davon gesprochen, und die Unruhen in jenen Gegenden sind in jedem Falle ein hinlänglicher Grund dagegen.

Aber ich habe vorläufig von einem Besuche gesprochen, den ich meiner Familie zu machen willens wäre, und man hat mir nichts dagegen eingewendet. Die Kosten, die ich, so sehr wie möglich, Ihnen und mir ersparen werde, sind wohl nicht zu teuer gegen das, was ich an meinem Gemüt und meiner Gesundheit dabei gewinnen werde.

Sollte freilich mein Aufenthalt in Frankfurt nicht mehr lange dauern, so würd es unklug sein, meinen kleinen Geldvorrat zu schwächen, weil eine Veränderung in meiner Lage immerhin mit Unkosten verknüpft ist.

Ich bin jetzt wieder gesünder als vor einiger Zeit, wo ich sehr an Nervenkopfweh litt. Der Frühling tut jedem wohl, und es sollte mir durchaus gut bekommen, wenn ich ihn in Ruhe mit meinen Verwandten und Freunden genießen könnte.

Es muß Ihnen viel Freude gemacht haben, bei Ihren kleinen Enkeln in Blaubeuren zu leben. Es ist ein lieber Ort, und Sie müssen in meinem Namen der guten Schwester drohn, daß sie einige Tage mich wird behalten müssen, wenn meine kleine Reise zustande kommen sollte. Länger als 14 Tage könnte mein Besuch im ganzen nicht dauern, weil die Reise beinahe 14 Tage dauert und ich länger als einen Monat nicht wohl aus sein kann. Ob ich meinen Zögling mit mir nehme oder nicht, ist noch nicht ausgemacht. Ich würde auch schon lange wieder nach Blaubeuren geschrieben haben, wenn ich nicht so viel Hindernis hätte.

Würd ich doch Ihnen nicht lästig fallen, wenn ich mich ein paar Tage zu Ihnen einquartierte? Sie haben mir noch gar nicht gesagt, in welcher Gegend ich Ihre neue Wohnung suchen müßte. Ich bin in jedem Falle begierig, zu wissen, wo ich Sie mir vorzustellen habe.

Ich will heute noch nachfragen, wie man das Haarnetz aufsetzt, und dann das Rezept für die liebe Schwester beilegen. Ich hatte das ganz vergessen, sonst hätt ich es schon lange besorgt. – –

Ich hatte eben Gelegenheit, zu fragen, wie das Haarnetz aufgesetzt würde. Da, wo es zusammengezogen wird, kommt es hinten an den Hals; der übrige Teil der Öffnung wird über alle Haare hereingezogen, bis an die Ohren; und über der Stirne steht es ungefähr 2 Finger breit hinter den Haaren zurück. Die hintern Haare werden geflochten oder ungeflochten hinaufgeschlagen, und das Netz geht drüber her, wie eine Schlafhaube, so daß, wenn es zusammengezogen und über der Stirne geknüpft ist, hinten und auf den Seiten keine

Haare herausgehn über das Netz. Dann wird über die Schnur, die das Netz zusammenzieht, noch ein Band gebunden und oben, auf dem Kopf, ein wenig auf der Seite, eine Schlaufe gemacht. Aber ich werde wohl der lieben Schwester das Haarnetz selbst aufsetzen müssen. – Ich will Ihnen bald wieder schreiben, liebste Mutter! Ich bin jetzt gar zu sehr mit Geschäften überhäuft. Leben Sie wohl.

Ihr
Fritz

154. AN NEUFFER

Frankfurt, im März 98
Liebster Neuffer!

Ich mache mir das Vergnügen, Dich mit einem interessanten jungen Manne zusammenzubringen, der von einer Reise durch Deutschland in sein Vaterland, die Schweiz, zurückkehrt und die Stunden, die er in Deinem Umgang zubringen wird, für keine verlorenen halten wird. Es ist HE. Schinz, Kandidat der Theologie aus Zürch. Er wird Dir von Vater Klopstock erzählen, von Jena, Göttingen, Dresden, Berlin p. p. Sei Du so gut und führ ihn dafür zu den Künstlern in Stuttgart und zu den andern, die Dir in literärischer oder politischer Rücksicht oder von seiten ihres gesellschaftlichen Umgangs interessant scheinen. Verzeih mir mein langes Stillschweigen – Maladien, Geschäfte, Zerstreuungen –, und ich hoff es gutzumachen, denn ich komme in einigen Wochen selbst.

Dein
Hölderlin

155. AN DIE MUTTER

Frankfurt,
d. 7. April 1798

Liebste Mutter!

Sie wundern sich vielleicht, einen Brief, statt eines Besuchs, zu erhalten. Aber die Hindernisse, die sich vorfanden, meinen Zögling mitzunehmen, waren auch Hindernisse für mich, denn ich kann mich nicht wohl von ihm trennen, ohne meinen Maximen und meinem Gemüt entgegenzuhandeln. Und gesetzt auch, daß für jetzt meine unausgesetzte Aufsicht nicht so nötig für ihn wäre, so würde ich doch nicht mit ruhigem Herzen abwesend sein, weil es doch möglich wäre, daß er sich vernachlässigte, während ich nicht um ihn wäre.

Daß ich nicht bälder schrieb, müssen Sie sich aus der Unentschlossenheit erklären, in der ich über meine Reise war.

Vielleicht findet sich bald ein günstigerer Zeitpunkt, um meine teuern Verwandten wiederzusehn. Ich bin's gewohnt, auf einen Wunsch zu resignieren, der nicht tunlich ist, und so konnt ich auch, da es die Umstände zu erfordern schienen, ein Projekt aufgeben, mit dem ich mich den Winter über amüsierte.

Sie werden recht vergnügte Feiertage haben. Und ich freue mich in Gedanken mit daran. Wenn nur die Sorgen Sie nicht stören, die Sie sich machen über die Unruhn in Württemberg. Ich denke aber, es soll gut gehn. Wenn nur die württembergischen Herren Deputierten etwas mehr Mut und Geist und weniger Kleinheitssinn und Verlegenheit in Rastatt zeigten, besonders bei Personen, von denen die Entscheidung ausgeht. Aber der Herr gibt's den Seinen schlafend. Es wird auch mit den Unruhen so arg nicht werden. Und wenn die Bauern übermütig werden wollen, und gesetzlos, wie Sie fürchten, so wird man sie schon beim Kopf zu nehmen wissen.

Was meine künftige Versorgung betrifft, dürfen Sie nicht bang sein, liebste Mutter! Ich werde *sicher nie mehr* in den

Fall kommen, Ihnen zur Last anheimfallen zu müssen. Nur muß ich Sie bitten, zu bedenken, daß wir jetzt in einer Zeit sind, wo man nicht mehr aus Liebhaberei oder aus zärtlicher Sorge die oder jene Versorgung als ausschließlich ehrenhaft, reell und passend zu betrachten hat. Hätt ich mich zu nichts gebildet, als mein Brot zu verdienen auf der Kanzel, die ich nicht betreten mag, weil sie zu himmelschreiend entweiht wird, hätt ich zu sonst nichts die Jugendkräfte verwandt, so möcht es bald vielleicht ein wenig mißlich stehn mit meinem Broterwerb. Aber ich denke, es soll so schlimm mit mir nicht werden.

HE. Schwager und der lieben Schwester und an Karl werd ich noch diese Woche schreiben, wenn ich mich zuvor ein wenig auf der Messe umgesehen habe. Und dann sollen auch Sie einen Brief bekommen, liebste Mutter, der weniger flüchtig ist als dieser. Ich werde mir diesmal nach eignem Gefallen etwas von der Messe für Sie suchen; denn Sie sagen mir doch nicht im Ernst, was Ihnen am besten gefällt.

Viele herzliche Empfehlungen an alle!

Ihr
Fritz

156. AN DIE SCHWESTER

[Frankfurt, wohl um den 15. April 1798]

Liebste Schwester!

Ich hätte Dir bälder geschrieben, wann ich nicht von einer Woche zur andern gehofft hätte, Dich zu sprechen. Leider! hat sich dieses vereitelt, und ich hätt es wahrscheinlich vorausgesehen, daß meine Lage mir's verhindern würde, wann mich nicht das Verlangen, Euch wiederzusehen, blind gemacht hätte. Ein Hauptgrund ist der, daß ich mich nicht wohl von allem Gelde entblößen kann, um nicht durch diese

Fessel an mein Verhältnis gebunden zu sein und im Fall einer Veränderung etwas gesammelt zu haben, was für den Anfang wenigstens hinreichte. Da nun noch andre Gründe hinzukamen, z. B. daß ich meinen Zögling nicht hierlassen und doch auch nicht ohne Schwierigkeiten mit mir nehmen konnte, so entschloß ich mich endlich, eine Freude zu verleugnen, mit der ich mich manchmal den Winter über erheitert hatte.

Je länger man getrennt ist, liebste Schwester! um so glücklicher wird die Zeit, wo man einmal wieder einander näher ist, und wir haben ja die schöne Hoffnung, einander immer wieder ganz und gesund zu finden.

Du wirst recht froh sein, den Frühling in Ruhe genießen zu können in Deinem schönen häuslichen und gesellschaftlichen Kreise. Dein Glück ist echt; Du lebst in einer Sphäre, wo nicht viele Reichen und nicht viele Edelleute, überhaupt nicht viel Aristokraten sind; und nur in der Gesellschaft, wo die goldne Mittelmäßigkeit zu Haus ist, ist noch Glück und Friede und Herz und reiner Sinn zu finden, wie mir dünkt. Hier z. B. siehst Du, wenig echte Menschen ausgenommen, lauter ungeheure Karikaturen. Bei den meisten wirkt ihr Reichtum wie bei Bauern neuer Wein; denn gerad so läppisch, schwindlich, grob und übermütig sind sie. Aber das ist auch gewissermaßen gut; man lernt *schweigen* unter solchen Menschen, und das ist nicht wenig.

Ich schicke Dir einen sehr galanten, mit kleinen Riechfläschchen versehenen Fächer aus der hiesigen Messe. Weil ich zu ökonomisch bin, um Dir was Solides zu schicken, muß ich Dir was Närrisches schicken, denn das eine wie das andere will etwas heißen.

Entschuldige mich bei Deinem l. Manne, daß ich noch nicht schreibe; für ihn möcht ich gerne eine Stunde, wo ich mich sammeln kann, und das sind unsre Nebenstunden nicht häufig.

Grüße Deine lieben Kinder. Christian wird nun recht herangewachsen sein. Meine Jfr. Braut Heinrike soll mich rich-

tig ledig finden, wenn sie einmal konfirmiert ist. Der Allerkleinste ist doch wohl gesund und stark?
Lebe wohl, liebe Schwester! Grüße unsere Freunde.

Dein
Fritz

157. AN DIE MUTTER

[Frankfurt,
wohl um den 15. April 1798]

Liebste Mutter!

Sie kommen diesmal ziemlich kurz weg. Ich habe, im Vertrauen auf Ihre Nachsicht, den beiden andern schon geschrieben, und wenn ich nicht warten will, bis wieder die Post geht, so bleibt mir beinahe keine Zeit mehr übrig. Ich habe Ihnen mit einem Herzen voll Freude gedankt für Ihren lieben teilnehmenden Brief. Sie haben schon so viel mir gegeben, geben mir immer noch so viel durch Ihre mütterliche Liebe, könnt ich doch auch mehr beitragen, um Ihnen Ihr teures Leben zu erheitern.

Ich bin sehr besorgt, ob Ihnen das Ausziehn nicht zu unbequem geworden ist. Denken Sie eben, liebste Mutter, in wie manchem Hause ich zum Beispiel aus- und eingezogen bin bis jetzt, und glauben Sie, jeder Wechsel, auch der unbedeutende, bringt Leiden, wenn man nicht mit einer gewissen Ruhe und Stärke ihn ansieht. Ich sehe nun immer mehr, wie viel wir uns durch gewisse Vorstellungen jedes Schicksal erheitern und erleichtern können. In tausend Fällen ist's richtig, daß, wer nicht leiden will, auch niemals leidet. Es ist freilich eine Arbeit, bis man die äußeren Zufälle ein wenig gleichgültiger ansehen gelernt und irgendein Interesse, irgendeine gute Stimmung gewonnen hat, die einem in jedem Falle bleibt. Aber wenn man so weit ist, hat man auch so viel, als nur ein Mensch sich wünschen kann. –

Was macht unsere liebe Frau Großmama? Sie sollten in diesen schönen Tagen recht oft zusammen spazierengehn.

Sie bitten mich um eine von meinen Arbeiten? Ich danke Ihnen recht sehr, daß Sie um meine Schreibereien sich bekümmern mögen. Das nächstemal will ich etwas beilegen.

Sagen Sie mir auch, liebste Mutter, was ich Ihnen von der Messe schicken soll. Ich verstehe mich gar wenig auf derlei Dinge. Aber ich bitte Sie recht sehr, daß Sie mir etwas nennen. Sonst geb ich Ihnen zum Trotz mehr aus und kaufe mehr ein, als ich sollte.

Leben Sie recht wohl!

Ihr
Fritz

158. AN NEUFFER

Frankfurt, Jun. 98

Ich mag Dich keinen Augenblick länger im Zweifel über mich lassen, liebster Neuffer! und schreibe deswegen in aller Eile noch diese paar Worte, ehe die Post abgeht, um Deinen letzten Brief auf der Stelle zu beantworten.

Heigelin sagte mir, Du hättest ihm gesagt, er soll meinen Beitrag zu Deinem Almanach auf seiner Rückreise mit sich nehmen, und weil ich ihn alle Tage erwartete, verschob ich meine Antwort so lange. Manche Leiden haben mich auch indolent gemacht. Vergib, Bester! und laß, um unserer alten Tage willen! mich Dein Herz nicht auch verlieren, denn ich brauch es sehr.

Beiliegenden Brief hab ich schon lang an Dich geschrieben. Der Mereau konnt ich nicht wohl schreiben, weil man sagt, ich habe einen Liebeshandel mit ihr oder wer weiß mit wem? in Jena gehabt. – Ach! Lieber! es sind so wenige, die noch Glauben an mich haben, und die harten Urteile der Menschen werden wohl so lange mich herumtreiben, bis ich am Ende, wenigstens aus Deutschland, fort bin. Nehme vorlieb mit den kleinen Gedichtchen. Wenn's nur möglich ist, schick ich Dir noch ein größeres nach. Ich bin auch, ehe ich wußte, daß ich Dir damit dienen kann, von andern um Gedichte angegangen worden und mußte, weil ich sie versprochen hatte, Wort halten.

Ewig und von ganzem Herzen

Dein
Hölderlin

Sei doch so gut und schreibe mir bald wieder und laß mich etwas von Deiner Arbeit sehn; es war eine große Grille, daß Du dachtest, Dein Almanach habe meinen Beifall nicht. Sein Inhalt kann ja erst das Urteil bestimmen, und ich weiß zum voraus, daß, was von Dir ist, mir gefallen wird.

159. AN SCHILLER

Frankfurt, d. 30. Jun. 1798

Halten Sie es nicht für Unbescheidenheit, daß ich Ihnen wieder einige Gedichte zuschicke; wenn ich schon mich zu der Hoffnung Ihres Beifalls nicht berechtiget finde.

Sosehr ich von mancher Seite niedergedrückt bin, sosehr auch mein eignes unparteiisches Urteil mir die Zuversicht nimmt, so kann ich es doch nicht über mich gewinnen, mich aus Furcht des Tadels von dem Manne zu entfernen, dessen einzigen Geist ich so tief fühle und dessen Macht mir längst vielleicht den Mut genommen hätte, wenn es nicht ebenso große Lust wäre, als es Schmerz ist, Sie zu kennen.

Sie durchschauen den Menschen so ganz. Es wäre deswegen grundlos und unnütz, vor Ihnen nicht wahr zu sein. Sie wissen es selbst, daß jeder große Mann den andern, die es nicht sind, die Ruhe nimmt und daß nur unter Menschen, die sich gleichen, Gleichgewicht und Unbefangenheit besteht. Deswegen darf ich Ihnen wohl gestehen, daß ich zuweilen in geheimem Kampfe mit Ihrem Genius bin, um meine Freiheit gegen ihn zu retten, und daß die Furcht, von Ihnen durch und durch beherrscht zu werden, mich schon oft verhindert hat, mit Heiterkeit mich Ihnen zu nähern. Aber nie kann ich mich ganz aus Ihrer Sphäre entfernen; ich würde mir solch einen Abfall schwerlich vergeben. Und das ist auch gut; solang ich noch in einiger Beziehung bin mit Ihnen, ist es mir nicht möglich, ein gemeiner Mensch zu werden, und wenn schon der Übergang vom Gemeinen zum Vortrefflichen noch schlimmer ist als das Gemeine selbst, so will ich doch in diesem Falle das Schlimmere wählen.

Ihr
wahrer Verehrer
Hölderlin

160. AN DIE MUTTER

Frankfurt, d. 4. Jul. 1798

Liebste Mutter!

Ich vermute, daß Sie jetzt in Gröningen sind, und adressiere deswegen die Briefe an den l. Karl. Sie können wohl glauben, wie nah es mir geht, daß ihm seine Arbeit durch unangenehme Gesundheitsumstände erschwert wird, und ich freue mich recht für ihn, daß Sie ihm auf einige Zeit Ihre Gesellschaft schenken.

Sie haben wohl recht, mein seltnes Briefschreiben ein wenig übel aufzunehmen, und ich will in allem Ernste darauf denken, daß ich mich künftig in einer so schönen Pflicht nicht mehr so häufig durch Geschäfte und Störungen hindern lasse. Ich bin Ihnen so viel schuldig, und ich sollte die kleine Freude, die ich Ihnen durch Briefe machen kann, nicht so sehr wie möglich vervielfältigen? Um das einzige muß ich Sie bitten, liebste Mutter! daß Sie sich nicht wundern, wenn Sie den Ton in meinen Briefen nicht immer gleich lebendig finden; denn es hängt wohl von uns ab, vernünftig zu denken und zu handeln, wenn wir wollen, aber es hängt nicht ab von uns, Empfindungen mitzuteilen. Sie werden das an Ihrem eignen Herzen finden, daß es oft müder und verschloßner, oft lebendiger und zu einer wärmern Äußerung aufgelegter ist, und Sie würden es für einen ungerechten Vorwurf nehmen, wenn man Sie nachlässig oder lieblos nennen wollte, weil Ihr Herz nicht immer wach ist. Und glauben Sie, ich bin oft froh daran, wenn mir's gelingt, verschlossener zu sein und trockner, denn so taugt man besser für die Welt. –

Schreiben Sie mir doch so bald wie möglich wieder, wie sich der gute Karl befindet; wenn er nicht gute Zeit und Lust hat, soll er mir nicht selber schreiben. Seine Briefe machen mir unendliche Freude, aber ich will mich gerne verleugnen, wenn ich diese Freude auf seine Unkosten haben soll. Ist er einmal wieder gesund, so will ich schon strengere Forderungen machen.

Machen Sie sich aber nur nicht zu viel Sorge über die Gesundheit meines lieben Bruders, und hoffen Sie mit mir, daß seine gute Natur sich doch bald helfen muß. Meinen Empfehl an HE. Oberamtmanns!

Ihr
gehorsamster Sohn
H.

Meinen herzlichsten Dank der l. Frau Großmama und Ihnen für die schönen Geschenke!

161. AN DIE SCHWESTER

Liebste Schwester!   Frankfurt, d. 4. Jul. 1798

Ich habe Dir allerlei Dank zu sagen; für das Geschenk aus Deinen Händen, für Deinen Brief, für seine Länge und seinen Inhalt. Ich ging, nachdem ich ihn erhalten und gelesen, mit ihm spazieren und wollt ihn wieder lesen und behielt ihn dennoch in der Tasche, weil ich ihn auswendig wußte und überdies zu viel an Dich und Deine treue Zuneigung zu mir dachte, um in der Ordnung ihn wieder zu lesen. Liebe Schwester! es ist guter Vorteil, den mir mancherlei Erfahrungen geben, daß ich jede Teilnahme um so tiefer schätze. Es geht uns, wie ich's oft bei den Herden auf dem Felde gesehen habe, daß sie zusammenrücken und aneinanderstehn, wenn es regnet und wittert. Je älter und stiller man in der Welt wird, um so fester und froher hält man sich an erprüfte Gemüter. Und das ist auch ganz notwendig, denn das, was man hat, verstehet und ermißt man erst recht, wenn man siehet, wie wenig manches andre ist.

Sage doch nichts, meine Teure! von den Kleinigkeiten, womit ich Dir mein Andenken an Dich und meinen Wunsch, Dir im Größern gefällig zu sein, gerne ausdrücken möchte. Ich bitte Dich, nehm es für das, was es ist, für ein unschuldiges Vergnügen, das ich mir mache, wenn ich mich besinne, was von solchen Dingen sich für Dich schickt, und so in Gedanken mit Dir und den Deinigen umgehn kann.

Wenn Du von Dank sprichst, wie viel Dank bin ich Dir nicht schon langher schuldig. Glaube mir, wer ohne eignen Herd und häufig unter Fremden lebt, der weiß es erst zu schätzen und vergißt es nicht, wenn ihn ein Freund oder Mutter oder Schwester im Hause freundlich aufgenommen hat. Wie manchen freien, frohen Tag hab ich unter Deinem Dache zugebracht? – Liebe Schwester! Du kannst es selbst nicht fühlen, wie viel ein Haus wert ist wie Deines, wo der humane Geist Deines l. Manns und ein Herz wie Deines herrscht. Du bist glücklich und würdest es noch viel mehr fühlen, wenn Du sähest, wie die Prunkwelt freudelos und trostlos ist, nicht nur für unsereinen, sondern auch für solche, die drin leben und viel daraus zu machen scheinen, indes geheimer Unmut, den sie selbst nicht recht verstehen, ihnen an der Seele nagt. Je mehr Rosse der Mensch vor sich vorausspannt, je mehr der Zimmer sind, in die er sich verschließt, je mehr der Diener sind, die ihn umgeben, je mehr er sich in Gold und Silber steckt, um so tiefer hat er sich ein Grab gegraben, wo er lebendig-tot liegt, daß die andern ihn nicht mehr vernehmen und er die andern nicht, trotz all des Lärms, den er und andre machen. Der einzige, den diese traurige Komedie noch glücklich macht, ist der, so zusieht und sich täuschen läßt. Könnt ich doch nur auch recht große Augen machen vor der Herrlichkeit der Welt! Ich wäre glücklicher und vielleicht ein ganz erträglicher junger Mensch! So aber kann man mir nicht imponieren, wenn man mir nicht durch Charakter imponiert und durch Genie, und weil das in der Welt so seltne Dinge sind, so war ich leider! auch so selten in der Welt demütig, wie es sich gehört. Jetzt bin ich's freilich, seit ich etwas mehr gelitten habe, doch ist das die rechte Art nicht. –

Ich muß abbrechen, weil die Post abgeht. Empfiehl mich Deinem l. Manne. Alle Deine Kinder grüße von mir, und jedes, wie es ihm am besten gefällt. Sobald die Jfr. Braut anfängt zu kritzeln, muß eine zärtliche Korrespondenz zwischen uns beeden etabliert werden. –

Viel herzliche Grüße an D. Veiel. Ich freue mich über seinen guten Geschmack, und wenn er glücklich dabei ist, freut es mich noch mehr.

Dein
Fritz

162. AN DEN BRUDER

Frankfurt, d. 4. Jul. 1798

Du hast mir die Briefscheue abgelernt, lieber Karl! Aber ich will Dir ein gutes Beispiel geben und wieder schreiben, ehe ich eine Antwort von Dir habe auf den Brief, den ich ungefähr um Ostern Dir schrieb. Die liebe Mutter schreibt mir, Du seiest nicht wohl und habest dabei sehr viele Geschäfte. Da kann ich mir sehr gut vorstellen, wie ungern Du ans Briefschreiben kommen magst. Man hat oft bei aller

Kraft der Jugend kaum für das Notwendige Gedanken und Geduld genug übrig, so störend und schwächend ist manchmal das Leben, und keine Zeit ist schlimmer in jeder Rücksicht als der Übergang vom Jüngling zum Mann. Die andern Menschen und die eigene Natur machen einem, glaub ich, in keiner andern Lebensperiode so viel zu schaffen, und diese Zeit ist eigentlich die Zeit des Schweißes und des Zorns und der Schlaflosigkeit und der Bangigkeit und der Gewitter, und die bitterste im Leben, so wie die Zeit, die auf den Mai folgt, die unruhigste im Jahr ist.

Aber die Menschen gären, wie alles andere, was reifen soll, und die Philosophie hat nur dafür zu sorgen, daß die Gärung so unschädlich und so leidlich und so kurz, *wie möglich* ist, vorbeigeht. – Schwimm hindurch, braver Schwimmer, und halte den Kopf nur immer oben! Bruderherz! ich hab auch viel, sehr viel gelitten, und mehr, als ich vor Dir, vor irgendeinem Menschen jemals aussprach, weil nicht alles auszusprechen ist, und noch, noch leid ich viel und tief, und dennoch mein ich, das Beste, was an mir ist, sei noch nicht untergegangen. Mein Alabanda sagt im zweiten Bande: „Was lebt, ist unvertilgbar, *bleibt in seiner tiefsten Knechtsform frei*, bleibt *eins*, und wenn du es zerreißest bis auf den Grund, und wenn du bis ins Mark es zerschlägst, doch bleibt es eigentlich unverwundet, und sein Wesen entfliegt dir siegend unter den Händen usw." Dies läßt sich mehr oder weniger auf jeden Menschen anwenden, und auf die Echten am meisten. Und mein Hyperion sagt: „Es bleibt uns überall noch eine Freude. Der echte Schmerz begeistert. Wer auf sein Elend tritt, steht höher. Und das ist herrlich, daß wir erst im Leiden recht der Seele Freiheit fühlen." Leb wohl, Bester, Teurer! Schreib mir bald! Denke, daß ich Dir treu bin, wie Du mir! Oh, bleib nur, wer Du bist! dem Vaterlande zulieb und mir zulieb.

H.

Du bekömmst auch Briefe von meinen Kindern.

163. AN NEUFFER

Frankfurt,
im Aug. 1798

Es freut mich, Bester! daß Du so fürliebgenommen hast mit meinen Kleinigkeiten. In einer Zeit, wo mir das Schicksal, das ich auch im Unglück liebe, diese Liebe vielleicht mit Ruh und Heiterkeit vergelten wird, da will ich auch Dir kräftiger dienen. Du mußt es wissen, daß ich Dir, der mich zuerst das Glück der Freundschaft wahr und gründlich lernte, alles geben will und muß, was Männer von sich fordern können, Geist und Tat und herzliche Gefälligkeit. Mein Teurer! ehrst Du denn die Zeiten unserer wechselseitigen Zärtlichkeit auch so wie ich? – Ich glaube, daß die Menschen, die sich einmal liebten, wie wir uns geliebt, auch eben darum alles Schönen fähig sind und alles Großen, und es werden müssen, wenn sie nur sich recht verstehn und durch den Plunder, der sie aufhält, mutig sich hindurcharbeiten. Ich weiß es wohl, daß ich noch nichts bin, und vielleicht, ich werde nie nichts werden. Aber hebt das meinen Glauben auf? Und ist mein Glaube darum Einbildung und Eitelkeit? Ich denke nicht. Ich werde sagen, daß ich mich nicht recht verstanden habe, wenn hienieden mir nichts Treffliches gelingt. Uns selber zu verstehn! das ist's, was uns emporbringt. Lassen wir uns irremachen an uns selbst, an unserm ϑειον, oder wie Du's nennen willst, dann ist auch alle Kunst und alle Müh umsonst. Drum ist's so viel wert, wenn wir fest zusammenhalten und einander sagen, was in uns ist; drum ist es unser eigner größter Schade, wenn wir uns aus ärmlicher Rivalität p. p. trennen und vereinzeln, weil des Freundes Zuruf unentbehrlich ist, um mit uns wieder eins zu werden, wenn unsre eigne Seele, unser bestes Leben uns entleidet worden ist durch die Albernheiten der gemeinen Menschen und den eigensinnigen Stolz der andern, die schon etwas sind.

Hier noch einige Gedichtchen.
Zu dem, was ich im letzten Briefe Dir versprochen hatte, gebrach es mir an Zeit.

Dein
Hölderlin

164. AN DIE MUTTER

Frankfurt a. M., d. 1. Sept. 98

Liebste Mutter!

Sie können sich denken, wie sehr mich all die lieben Briefe zusammen freuen mußten, die Sie mir neulich zugeschickt. Besonders hab ich Ihnen für Ihre gütige Einladung zu danken. Sie wissen wohl, daß mein Gewinn immerhin größer wäre als der Ihre, wenn ich wieder einmal bei meiner teuren Familie und in Ihrem herzlichen Umgang, liebste Mutter! leben könnte. Sie können also schließen, auf welcher Seite die Verleugnung größer ist. Aber ich habe so sehr gelernt, mich ins Notwendige zu schicken, daß ich mich auch diesmal wieder zu einem Aufschub meines vorgenommenen Besuchs entschließe. Mein lieber Zögling hat den Sommer über viel vom kalten Fieber gelitten, und so war ich genötiget, den Unterricht ihm sparsamer zu geben als gewöhnlich, und muß jetzt alle Zeit gebrauchen, um hereinzubringen, was versäumt ist. Auch meine eigneren Geschäfte haben etwas Not gelitten, weil ich fast den ganzen Tag ihn nicht verließ, solang er krank war, und die Krankheit, wenn sie schon nicht sehr gefährlich ist, doch mein Gemüt und meinen Geist nicht frei ließ. Auch für mich selber bin ich also genötiget, zu Haus zu bleiben. Ich denke, liebste Mutter! daß wir, früher oder später, einmal noch recht glücklich miteinander leben werden.

Glauben Sie, ich freue mich im Geist mit Ihnen, wenn Sie Ihre lieben Gäste bei sich haben, und so geh auch ich nicht leer aus. –

Ich wundre mich, daß man in Tübingen den HE. Bibliothekar Schott zum Professorat befördert hat, weil's doch gewissermaßen nötig ist, daß einer, der auf einem solchen Posten ist, sich auch im Ausland hat bekannt gemacht, weil sonst die Akademie nicht viel von Fremden besucht wird, was zur Bildung der Studierenden und auch zum ökonomischen Bestand der Universität nicht wohl entbehrlich ist. Aus ebendiesem Grunde wundre ich mich, warum man Schelling übergangen hat. Das Alter tut zur Sache nichts; und da sein Ruhm jetzt frisch ist und notwendig noch ein gut Teil steigen müßte, wenn Schelling durch große Aufforderungen getrieben würde, aller seiner Kraft und Wachsamkeit aufzubieten, so hätt er wohl der Universität nicht wenig Ehre gemacht. Über seine Meinungen hab ich selber manchmal mich mit ihm gezankt; aber immer hab ich auch in seinen irrigen Behauptungen einen ungewöhnlich gründlichen und scharfen Geist gefunden. Aber das will ich für den Brief mir sparen, wo ich es versuchen werde, bei HE. Schwager dem jungen Philosophen das Wort zu reden.

Die Geschichte des Harter ist sehr häßlich.

Viele Empfehlungen an die Frau Großmama und nach Blaubeuren. Wie immer

Ihr
treuer Sohn
Fritz

HOMBURG

1798–1800

165. AN DIE MUTTER

Liebste Mutter!

Ihr reines Wohlwollen, das mich auch wieder in Ihrem letzten lieben Briefe so innigst erfreute, auch Ihre zum Teil gerechte Sorge für meine Gesundheit läßt mich hoffen, daß Sie die längstvorbereitete Veränderung meiner Lage nicht mißbilligen werden.

Ich muß Ihnen zuvörderst zeigen, wie sicher und in jeder Rücksicht angemessen meine jetzige Lage ist, und wenn ich dann noch die Gründe nenne, die mich veranlassen mußten, meine vorige Lage zu verlassen, nach langem Harren und vieler Geduld, so werden Sie mehr Ursache zur Zufriedenheit als zur Unzufriedenheit in diesem Briefe finden.

Durch Schriftstellerarbeit und sparsame Wirtschaft mit meiner Besoldung hab ich mir in den letzten anderthalb Jahren meines Aufenthalts in Frankfurt 500 fl. zusammengebracht. Mit fünfhundert Gulden, glaub ich, ist man in jedem Orte der Welt, der nicht so teuer ist wie Frankfurt, wenigstens auf ein Jahr von ökonomischer Seite völlig gesichert. Ich hatte also insofern alles Recht, die Gesundheit und die Kräfte, die durch die anstrengende Verbindung meiner Berufsgeschäfte und meiner eignen Arbeiten sich notwendig schwächten, wiederherzustellen durch eine ruhigere Lebensart, die ich mir nicht ohne Mühe auf diese Art möglich gemacht hatte. – Hiezu kam, daß mein Freund, der Regierungsrat von Sinclair in Homburg, der an meiner Lage in Frankfurt schon lange teilgenommen hatte, mir riet, zu ihm nach Homburg hinüberzuziehen, Kost und Logis um ein Geringes bei ihm zu nehmen und mir *durch ungestörte Beschäftigung endlich einen geltenden Posten in der gesell-*

schaftlichen Welt vorzubereiten. Ich wandte ihm vieles ein, unter anderem auch, daß ich auf diese Art in eine gewisse Dependenz von ihm geriete, die Freunden nicht anständig wäre. Um diesen Einwurf zu heben, besorgte er mir ein Logis und Kost außer seinem Hause, wo ich äußerst angenehm und ungestört und gesund wohne und für die Zimmer, Bedienung und Wäsche jährlich 70 fl. zahle. Für das Mittagessen, welches wirklich im Verhältnis mit seinem Preise außerordentlich gut zubereitet ist, zahl ich täglich 16 cr. Abends bin ich lange gewohnt, nur Tee zu trinken und etwas Obst zu mir zu nehmen; (da ich überflüssig viele Kleider, die freilich in Frankfurt alle notwendig waren, mit mir hieherbrachte, so sehn Sie wohl, wie weit ich mit meinem Geldvorrat hinreichen kann).

Sinclairs Familie besteht aus vortrefflichen Menschen, die mich alle schon längst bei meinen Besuchen mit zuvorkommender Güte behandelten und, seit ich wirklich hier bin, mit so viel Teilnahme und Aufmunterung mich überhäuften, daß ich eher Ursache habe, mich um meiner Geschäfte und um meiner Freiheit willen zurückzuziehn, als zu fürchten, daß ich gar zu einsam leben möchte. Am Hofe hat mein Buch einigermaßen Glück gemacht, und man hat gewünscht, mich kennenzulernen. Die Familie des Landgrafen besteht aus echtedeln Menschen, die sich durch ihre Gesinnungen und ihre Lebensart von andern ihrer Klasse ganz auffallend auszeichnen. Ich bleibe übrigens entfernt, aus Vorsicht und um meiner Freiheit willen, mache meine Aufwartung und lasse es dabei bewenden. Sie trauen mir zu, daß ich dies alles nur insofern erzähle, als es Ihnen angenehm und mir vielleicht im Notfall nützlich ist. Wesentlich ist aber der geistreiche, verständige, herzliche Umgang meines Sinclair. Bei einem solchen Manne ist jede Stunde für den andern Gewinn an Seele und Freude. Sie können sich denken, welchen Einfluß dies auf meine Beschäftigungen und auf meinen Charakter haben muß. Ich erspare es auf ein andermal, der Kürze wegen, Ihnen noch manches zu sagen, was

Sie überzeugen wird, wie sehr dieser Ort und meine gegenwärtige Lage für meine reellsten Bedürfnisse gemacht ist. Nötig war es schlechterdings, mich irgendeinmal in einer unabhängigern Lage für mein künftiges Fach vorzubereiten, und urteilen Sie selbst, ob der Platz, den ich dazu gewählt, angemessener sein könnte. – Ich gestehe Ihnen, ich hätte sehr gewünscht bei allem dem, in meiner vorigen Lage noch länger zu bleiben, einmal, weil es mir unendlich schwer wurde, mich von meinen guten, wohlgeratnen Zöglingen zu trennen, und dann auch, weil ich wohl sah, daß jede Veränderung meiner Lage, auch die notwendige und günstige, Sie beunruhigen würde. Auch hätt ich sicher nicht die Mühe gescheut, die es mir kostete, meine eigenen Arbeiten neben meiner Erziehung zu betreiben, wiewohl ich sagen darf, daß eben das Interesse, das ich für diese Kinder fühlte, mir schlechterdings nicht erlaubte, meine Erziehung mir auf irgendeine Art bequem zu machen. Die Liebe, die sie zu mir hatten, und der glückliche Erfolg meiner Bemühungen erheiterte mich dann auch oft und machte mir das Leben leichter. Aber der unhöfliche Stolz, die geflissentliche tägliche Herabwürdigung aller Wissenschaft und aller Bildung, die *Äußerungen*, daß die Hofmeister auch Bedienten wären, daß sie nichts Besonders für sich fordern könnten, weil man sie für das *bezahlte*, was sie täten, usw., und manches andre, was man mir, weil's eben Ton in Frankfurt ist, so hinwarf – das kränkte mich, sosehr ich suchte, mich darüber wegzusetzen, doch immer mehr und gab mir manchmal einen stillen Ärger, der für Leib und Seele niemals gut ist. Glauben Sie, ich war geduldig! Wenn Sie jemals mir ein Wort geglaubt, so glauben Sie mir dies! Sie werden es für übertrieben halten, wenn ich Ihnen sage, daß es heutzutage schlechterdings unmöglich ist, in solchen Verhältnissen lange auszudauern; aber, wenn Sie sehen könnten, auf welchen Grad *besonders die reichen Kaufleute in Frankfurt durch die jetzigen Zeitumstände erbittert sind,* und wie sie jeden, der von ihnen abhängt, diese Erbitterung entgelten lassen, so würden Sie erklärlich finden, was ich sage. – Ich mag nicht mehr und nicht bestimmter von der Sache sprechen, weil ich wirklich ungern mich entschließe, von den Leuten schlimm zu sprechen. – Diese beinahe täglichen Kränkungen waren es eigentlich, was meine Berufsarbeiten und andere Beschäftigungen unsäglich mir erschwerte und mich für beedes wirklich unnütz gemacht hätte, wenn ich nicht in ebendem Grade Anstrengung aufgewandt hätte, in welchem ich litt. Das konnte jedoch nur eine Weile dauern. Vorigen ganzen Sommer mußt ich beinahe müßig gehen, wenn ich fertig war mit meinen Kindern, weil ich meist zu kränklich oder doch zu müde war zu etwas andrem. – Ich schäme mich, in diesem Tone von mir zu sprechen, und nur Ihnen zulieb, nur, um Sie von der Notwendigkeit einer Veränderung zu überzeugen, kann ich mich dazu verstehn. – Ich mußte mich endlich entschließen zu dem schweren Abschied von den guten Kindern, dem ich so lange und der Himmel weiß! mit wieviel Mühe und Sorge ausgewichen war. Auch um meiner Ehre willen fand ich es nicht schön, so leidend, wie mich meine Freunde sahn, noch länger vor ihnen zu erscheinen. Ich erklärte Herrn Gontard, daß es meine künftige Bestimmung erfodere, mich auf eine Zeit in eine unabhängige Lage zu versetzen, ich vermied alle weitern Erklärungen, und wir schieden höflich auseinander. Ich möchte Ihnen noch gerne von meinem guten Henry viel erzählen; aber ich muß fast alle Gedanken an ihn mir aus dem Sinne schlagen, wenn ich mich nicht zu sehr erweichen will. Er ist ein trefflicher Knabe, voll seltner Anlagen, und in so manchem ganz nach meinem Herzen. Er vergißt mich nie, so wie ich niemals ihn vergesse. Ich glaub auch, einen festen guten Grund in ihm gelegt zu haben, auf den er weiter bauen kann. Es freut mich, daß ich nur drei Stunden von ihm entfernt bin; so kann ich doch von Zeit zu Zeit erfahren, wie es ihm geht. – Ich muß schnell abbrechen, um den Brief noch auf die Post zu bringen. Erfreuen Sie mich bald mit einem gütigen Briefe. Empfehlen Sie mich in Blaubeuren. Ich will auch nächstens dahin schreiben; tausend Grüße an den l. Karl; es soll auch diese Woche noch, wenn's möglich ist, ein langer Brief an ihn abgehn. Wie befindet sich die Frau Großmama? Machen Sie ihr meine herzlichsten Empfehlungen. Ich bin, wie immerhin, mit kindlicher Ergebenheit

    Homburg vor der Höhe,   Ihr
       d. 10. Okt. 1798   Fritz.

Meine Adresse:
M. Hölderlin, wohnhaft bei HE. Wagner, Glaser in Homburg vor der Höhe.

166. AN DIE MUTTER

                            Homburg vor der Höhe,
                               d. 12. Nov. 1798
Liebste Mutter!

Ich danke Ihnen recht sehr, daß Sie die Nachricht von der Veränderung meiner Lage mit diesem gütigen Zutrauen zu mir aufgenommen haben. Ich habe, seit ich hier bin, ruhig im täglichen Umgang mit meinem Freunde Sinclair gelebt. Jetzt reist er in Angelegenheiten des Landgrafen nach Rastatt. Er hat mir den Vorschlag gemacht, ihm auf der Reise und bei seinem Aufenthalt in Rastatt Gesellschaft zu leisten, und da ich dies nach den generosen Anerbietungen meines Freundes beinahe unentgeltlich tun kann, auch in Rastatt meine Beschäftigungen wenigstens einen Teil des Tages ganz ungestört fortsetzen kann, so hab ich es für unvernünftig gehalten, diese Gelegenheit zu meiner Bildung zu vernachlässigen, und bin entschlossen, heute oder morgen mit ihm auf 4 Wochen dahin abzureisen. Wenn das Wetter und der Weg es leidet, mach ich vielleicht von Rastatt aus einen Gang nach Nürtingen und Blaubeuren, um ein paar Tage wieder in dem langentbehrten Wiedersehen meiner teuren Mutter und der lieben Meinigen zuzubringen. Find ich aber, daß der Weg zu weit und die Reisekosten für meine jetzige Ökonomie zu beträchtlich sind, so will ich wenigstens den l. Karl nach Neuenbürg bestellen, wohin wir beide so weit nicht haben werden. Er wird doch wohl in diesem Falle einige Tage seine Geschäfte verlassen können, und HE. Oberamtmann wird auf meine expresse Bitte gerne dareinwilligen. Freilich wird es mir tiefe Verleugnung kosten, Nürtingen und Blaubeuren nicht auch zu sehen. – Ich werde von Rastatt aus an Sie und die l. Schwester und an Karl auch schreiben. Haben Sie die Güte, mich indessen bei meinen lieben Korrespondenten zu entschuldigen.

Sinclair läßt sich Ihnen empfehlen. Er hat sich gefreut, daß Sie das gute Zutrauen zu ihm haben, daß er gute Aufsicht über mich führen werde, er woll es auch pünktlich tun. Ordentlich lustig ist es, daß Sinclairs Mutter gerade mich so zum sorgsamen Geleiter ihres HE. Sohns bestellt, wie Sie den HE. Regierungsrat zu meinem Mentor machen. Es wird auch wirklich wenig Freunde geben, die sich gegenseitig so beherrschen und so untertan sind.

Empfehlen Sie mich der l. Frau Großmama. Es freut mich recht herzlich, daß Sie dieses teuern Umgangs auf den Winter nicht entbehren müssen. Empfehlen Sie mich auch sonst überall.

Ihr
gehorsamster Sohn
Hölderlin

167. AN NEUFFER

Homburg vor der Höhe,
d. 12. Nov. 1798

Liebster Neuffer!

Ich habe meine Lage verändert, seit ich Dir das letztemal schrieb, und habe im Sinne, einige Zeit hier in Homburg zu privatisieren. Es ist etwas über einen Monat, daß ich hier bin, und ich habe indessen ruhig, bei meinem Trauerspiel, im Umgang mit Sinclair und im Genuß der schönen Herbsttage gelebt. Ich war durch mancherlei Leiden so zerrissen, daß ich das Glück der Ruhe wohl den guten Göttern danken darf.

Ich bin sehr begierig auf Nachrichten von Dir und auf Deinen Almanach; ich werde aber wohl noch warten müssen, wenn ich ihn nicht selbst bei Dir hole, nicht, weil ich Dich für nachlässig halte, sondern weil Deine Briefe erst in 4 Wochen mich hier wieder treffen werden.

Mein Freund Sinclair reist nämlich in Angelegenheiten seines Hofes nach Rastatt und macht mir, unter sehr vorteilhaften Anerbietungen, den Vorschlag, ihm dahin Gesellschaft zu leisten. Ich kann dies, durch Sinclairs Generosität, beinahe ganz ohne einen Verlust in meiner kleinen Ökonomie, auch ohne meine Beschäftigungen sehr zu unterbrechen, ins Werk stellen, und es wäre demnach sonderbar gewesen, wenn ich nicht dareingewilliget hätte.

Heute noch oder morgen reisen wir ab.

Vielleicht, daß ich von Rastatt aus einen Gang ins Wirtembergische mache. Sollte dies nicht möglich werden, so würd ich Dich in einem Briefe von Rastatt aus bitten, wenn Dich die Umstände nicht hindern, auf einen bestimmten Tag in Neuenbürg einzutreffen, wo ich dann hinkäme, um Dich einmal wieder von Angesicht zu Angesicht zu haben. Es sollte mir unendlich lieb sein, über alles, was uns gemeinschaftlich interessiert, einmal wieder mit Dir sprechen zu können. – Das Lebendige in der Poesie ist jetzt dasjenige, was am meisten meine Gedanken und Sinne beschäftiget. Ich fühle so tief, wie weit ich noch davon bin, es zu treffen, und dennoch ringt meine ganze Seele danach, und es ergreift mich oft, daß ich weinen muß wie ein Kind, wenn ich um und um fühle, wie es meinen Darstellungen an einem und dem andern fehlt und ich doch aus den poetischen Irren, in denen ich herumwandele, mich nicht herauswinden kann. Ach! die Welt hat meinen Geist von früher Jugend an in sich zurückgescheucht, und daran leid ich noch immer. Es gibt zwar einen Hospital, wohin sich jeder auf meine Art verunglückte Poet mit Ehren flüchten kann – die Philosophie. Aber ich kann von meiner ersten Liebe, von den Hoffnungen meiner Jugend nicht lassen, und ich will lieber verdienstlos untergehen als mich trennen von der süßen Heimat der Musen, aus der mich bloß der Zufall verschlagen hat. Weißt Du mir einen guten Rat, der mich so schnell wie möglich auf das Wahre bringt, so gib mir ihn. Es fehlt mir weniger an Kraft als an Leichtigkeit, weniger an Ideen als an Nuancen, weniger an einem Hauptton als an mannigfaltig geordneten Tönen, weniger an Licht wie an Schatten, und das alles aus *einem* Grunde: Ich scheue das Gemeine und Gewöhnliche im wirklichen Leben zu sehr. Ich bin ein rechter Pedant, wenn Du willst. Und doch sind, wenn ich nicht irre, die Pedanten sonst so kalt und lieblos, und mein Herz ist doch so voreilig, mit den Menschen und den Dingen unter dem Monde sich zu verschwistern. Ich glaube fast, ich bin aus lauter Liebe pedantisch, ich bin nicht scheu, weil ich mich fürchte, von der Wirklichkeit in meiner Eigensucht gestört zu werden, aber ich bin es, weil ich mich fürchte, von der Wirklichkeit in der innigen Teilnahme gestört zu werden, mit der ich mich gern an etwas anderes schließe; ich fürchte, das warme Leben in mir zu erkälten an der eiskalten Geschichte des Tags, und diese Furcht kommt daher, weil ich alles, was von Jugend auf Zerstörendes mich traf, empfindlicher als andre aufnahm, und diese Empfindlichkeit scheint darin ihren Grund zu haben, daß ich im Verhältnis mit den Erfahrungen, die ich machen mußte, nicht fest und unzerstörbar genug organisiert war. Das sehe ich. Kann es mir helfen, daß ich es sehe? Ich glaube, so viel. Weil ich zerstörbarer bin als mancher andre, so muß ich um so mehr den Dingen, die auf mich zerstörend wirken, einen Vorteil abzugewinnen suchen, ich muß sie nicht an sich, ich muß sie nur insofern nehmen, als sie meinem wahrsten Leben dienlich sind. Ich muß sie, wo ich sie finde, schon zum voraus als unentbehrlichen Stoff nehmen, ohne den mein Innigstes sich niemals völlig darstellen wird. Ich muß sie in mich aufnehmen, um sie gelegenheitlich (als Künstler, wenn ich einmal Künstler sein will und sein soll) als Schatten zu meinem Lichte aufzustellen, um sie als untergeordnete Töne wiederzugeben, unter denen der Ton meiner Seele um so lebendiger hervorspringt. Das Reine kann sich nur darstellen im Unreinen, und versuchst Du, das Edle zu geben ohne Gemeines, so wird es als das Allerunnatürlichste, Ungereimteste dastehn, und zwar darum, weil das Edle selber, so wie es zur Äußerung kömmt, die Farbe des Schicksals trägt, unter dem es entstand, weil das Schöne, so wie es sich in der Wirklichkeit darstellt, von den Umständen, unter denen es hervorgeht, notwendig eine Form annimmt, die ihm nicht natürlich ist und die nur dadurch zur natürlichen Form wird, daß man eben die Umstände, die ihm notwendig diese Form gaben, hinzunimmt. So ist z. B. der Charakter des Brutus ein höchst unnatürlicher, widersinniger Charakter, wenn man ihn nicht mitten unter den Umständen sieht, die seinem *sanften* Geiste diese *strenge* Form aufnötigten. Also ohne Gemeines kann nichts Edles dargestellt werden; und so will ich mir immer sagen, wenn mir Gemeines in der Welt aufstößt: Du brauchst es ja so notwendig wie der Töpfer den Leimen, und darum nehm es immer auf und stoß es nicht von dir und scheue nicht dran. Das wäre das Resultat.

Indem ich mir von Dir einen Rat erbitten und deswegen meine Fehler, die Dir freilich in gewissem Grade schon bekannt sind, recht bestimmt darstellen, auch mir selber zum Bewußtsein bringen wollte, bin ich weiter hineingeraten, als ich dachte, und daß Du meine Grübeleien ganz begreifst, so will ich Dir gestehen, daß ich seit einigen Tagen mit meiner Arbeit ins Stocken geraten bin, wo ich dann immer aufs Räsonieren verfalle. Vielleicht veranlassen Dich meine flüchtigen Gedanken zu weiterem Nachdenken über Künstler und Kunst, besonders auch über meine poetischen Hauptmängel und wie ihnen abzuhelfen ist, und Du bist so gut und teilst es mir bei Gelegenheit mit. –

Lebe wohl, liebster Neuffer! Ich schreibe Dir sogleich von Rastatt aus wieder.

Dein
Hölderlin

168. AN DIE MUTTER

Rastatt, d. 28. Nov. 98

Liebste Mutter!

Ich bin vor 8 Tagen hier angekommen und habe indessen manche interessante Bekanntschaft gemacht. Auch die unbekannte Menge von Fremden, die man zu sehen Gelegenheit hat, ist wenigstens mannigfaltig genug an Gesichtern und Mund- und Lebensarten, daß man daran das Auge gewöhnen kann, sich mehr und mehr in die Welt zu finden.

Mit meinem Landsmann, dem Legationssekretarius Gutscher, komm ich häufig zusammen, er erweist mir viel Ehre, und es freut mich, an ihm einen verständigen und aufmerksamen Geschäftsmann zu finden.

Unendlich leid hat es mir getan, daß vorige Woche das Wetter so schlimm war, daß eine Fußreise nach Wirtemberg beinahe unmöglich war. Da ich nun zu Ende der Woche wieder von hier abreise, so muß ich diesmal wieder meine Wünsche verleugnen, und Sie können es sich vorstellen, ob es mir leicht wird. Nächsten Frühling aber, wenn ich mit einer Arbeit, die ich unter den Händen habe, fertig bin, dann versag ich es mir auch nicht länger und lebe ein paar Wochen mit Ihnen und den lieben Meinigen.

Ich hoffe dann auch um so froher mit Ihnen zu sein. Jetzt schwank ich so zwischen Vergangenheit und Zukunft; das heißt, die Niedergeschlagenheit, die mir noch ein wenig von Vergangenem anhängt, läßt mich manchmal nicht, so wie ich möchte, hoffend in die Zukunft sehen, und die Zukunft liegt zu sehr mir noch aus dem Auge, und ich bin meinem gegenwärtigen Ziele noch nicht nahe genug gerückt, um darüber eine demütigende Vergangenheit zu vergessen. –

Meine jetzige Arbeit soll mein letzter Versuch sein, liebste Mutter, auf eignem Wege, wie Sie es nennen, mir einen Wert zu geben; mißlingt mir der, so will ich ruhig und bescheiden in dem anspruchlosesten Amte, das ich finden kann, den Menschen nützlich zu werden suchen, ich will das Streben meiner Jugend für das nehmen, was es so oft ist, nämlich für zufällig entstandenen Übermut, für übertriebene Neigung, aus der Sphäre mich zu entfernen, die mir vorgeschrieben ist durch meine natürlichen Anlagen und die Umstände, in denen ich aufgewachsen bin.

Haben Sie die Güte, Ihren nächsten Brief wieder nach Homburg, wie das letztemal, zu adressieren. Fahren Sie fort, liebste Mutter, mit Ihrem Rat und mit einem freundlichen Worte, wie bisher, mich zu berichtigen und zu erheitern. Empfehlen Sie mich der l. Frau Großmama und überall!

Ihr
gehorsamer Sohn
Hölderlin

Nachschrift:

Es ist mir recht sehr leid, liebste Mutter! daß Sie durch meinen Vorschlag so beunruhiget worden sind; Sie sehen aber selbst, daß ich so ziemlich unschuldig dabei bin, weil ich von der Unsicherheit der Landstraßen in Wirtemberg nichts gehört hatte. Ich bitte Sie, so hoch ich kann, über mich ruhig zu sein und sich das Leben so heiter wie möglich zu machen, da Sie in sich und doch auch in äußeren Umständen so viel Grund finden, die Trauer des Lebens mit Freude zu mischen. Es schlägt auch mich so nieder; ich denke dann immer, daß ich gar nichts sein muß, weil sich andere Eltern oft so viel einbilden auf ihre Kinder.

169. AN DEN BRUDER

Rastatt, d. 28. Nov. 1798

Liebster Karl!

Wir müßten uns fremd geworden sein, wenn wir uns nicht durch die Gleichheit unserer Gesinnungen und unserer Natur unendlich und ewig nahe wären; denn wir haben wirklich diesmal länger als zu irgendeiner Zeit unsere schöne Freundschaft ohne Nahrung gelassen. Aber die Götter, wenn sie schon das Opfer nicht bedürfen, fordern es doch der Ehre wegen. So müssen wir auch der Gottheit, die zwischen mir und Dir ist, doch wieder von Zeit zu Zeit das Opfer bringen, das leichte, reine, daß wir nämlich zueinander sprechen von ihr, daß wir das Ewige, was uns bindet, feiern in den lieben Briefen, die nur darum unter uns so selten sind, weil sie aus dem Herzen und nicht, wie so manches, aus der Feder gehn. Eine lebendige Blume entsteht langsamer als eine Blume von Taft, und so muß auch ein lebendiges Wort sich lang in unserer Brust bewegen, ehe es zum Vorschein kommt, und kann so haufenweise nicht sich geben wie die Sachen, die man aus dem Ärmel schüttelt. Ich will damit nicht sagen, als wären unsere Briefe so was Außerordentliches an Gedanken und an Witz und mannigfaltigen Begriffen und Sachen; aber etwas ist darin, was man das Zeichen aller lebendigen Äußerungen nennen darf, das nämlich, daß sie mehr sagen, als es scheint, weil in ihnen ein Herz sich regt, das überhaupt im Leben niemals alles sagen kann, was es sagen möchte. Oh, Lieber! wann wird man unter uns erkennen, daß die höchste Kraft in ihrer Äußerung zugleich auch die bescheidenste ist und daß das Göttliche, wenn es hervorgeht, niemals ohne eine gewisse Trauer und Demut sein kann? Freilich im Moment des entschiedenen Kampfs ist's etwas anders! Aber davon ist hier, wie Du siehst, nicht die Rede. Ich brauche Dir nicht zu sagen, wie mannigfaltig, seit wir gegeneinander schwiegen, mein Gemüt von den Veränderungen meines Lebens ist erschüttert worden. Daß ich in Homburg lebe und wie? wirst Du aus dem Briefe gesehen haben, den ich an die liebe Mutter schrieb. Bester! wie oft hätt ich Dir gerne geschrieben in den letzten Tagen zu Frankfurt, aber ich verhüllte mein Leiden mir selbst, und ich hätte manchmal die Seele mir ausweinen müssen, wenn ich es aussprechen wollte. In Homburg sucht ich in beständiger Arbeit meine Ruhe wiederzufinden, und wenn ich müde war, lebt ich meist in Sinclairs Gesellschaft. Er hat als treuer Freund an mir gehandelt. Auf seinen Vorschlag bin ich auch mit ihm hiehergegangen. Man findet hier mancherlei Menschen beisammen. Nur ist es schade, daß die diplomatische Klugheit die Gesichter und Gemüter alle in Banden hält und wenig offne gesellschaftliche Äußerung zustande kömmt. Übrigens stechen, trotz der gemeinschaftlichen Vorsicht, der Franzose und Österreicher und Schwabe und Hannoveraner und Sachse etc. noch genug ab.

Ich hätte sehr Dich zu sprechen gewünscht, lieber Karl! Ich hatt auch den Plan, Dich wenigstens nach Neuenbürg oder Pforzheim zu bestellen, aber die Zeit, die ich dazu verwenden wollte, ist unter schlechtem Wetter verstrichen, und diese Woche will ich wieder nach Homburg zurück. Nächsten Frühling, wenn ich mit meiner Arbeit fertig bin, hält mich schlechterdings nichts ab, meinem Herzen einmal den Gefallen zu tun und einige Wochen bei Euch Lieben zuzubringen. Daß ich dann ein paar Meilen weiter zu wandern habe, tut nichts, besonders in den schönen Maitagen. Der frohe, gute, reine Lebensgeist sei mit uns beiden indes und erhalte und fördre uns! –

Der eigentliche Gewinn, den mir bis jetzt der hiesige Aufenthalt gegeben hat, sind einige junge Männer voll Geist und reinen Triebs: *Muhrbeck*, ein Pommeraner, der itzt auf Reisen ist und unter den Menschen und der Natur seine rastlose Seele zu einem kühnen philosophischen Werke beflügelt, wozu er sich jetzt noch Stoff hinwirft; *Horn*, preußischer Legationssekretär, ein echtgebildeter Mensch, mit tiefem Gefühl und großem Interesse bei feiner Sitte und Jovialität, ein denkender Kopf bei richtigem Sinn für Schönheit und Kunst; *v. Pommer-Esche*, ein Schwede – ganz liebenswürdige Ruhe, anspruchlos, glücklich in sich, mannigfaltig gebildet in Wissenschaften und Sprachen, männlichstolz bei hoher Gutmütigkeit, Gestalt und Gesicht in unzerstörter Schönheit; dann auch ein herrlicher Alter, Kriegsrat *Schenk* aus Düsseldorf, intimer Freund von Jacobi, ein reiner, heitrer, edler Charakter, klar und ideenreich; er spricht, oft wie ein Jüngling, in lauterer, froher Begeisterung, wenn besonders von seinem Jacobi die Rede ist, und sieht so freundlich unter uns junge Leute hinein, daß wir so recht eine durch und durch harmonische Familie machen.

Laß nun auch bald wieder etwas von Dir hören, Bester! R. hat mir viel von Dir erzählen müssen, hat mir auch nachher bei seiner Rückkunft ins Wirtembergische geschrieben, daß er Dich besucht, wie ich's ihm aufgetragen, und wie er Dich gefunden. Nicht wahr, Du schreibst mir nun bald? Adressiere Deine Briefe an M. Hölderlin bei HE. Glaser Wagner in Homburg vor der Höhe.

Man hofft hier wieder mehr wie sonst einen baldigen Frieden. Unsern Landsmann, den HE. Legationssekretär Gutscher, sprech ich beinahe alle Tage. Er ist ein verständiger Mann.

Und nun gute Nacht, lieber Karl!

Dein
Hölderlin

170. AN DIE MUTTER

Homburg vor der Höhe,
d. 11. Dez. 1798

Teure Mutter!

Ihr lieber Brief traf mich nicht mehr in Rastatt, und er wurde mir hieher nachgeschickt. Es hat mich herzlich gefreut, daß ich bei meinen Verwandten, wie ich sehen konnte, noch in gutem Angedenken bin, besonders Ihre gütige Vorsorge und Teilnahme, liebste Mutter, hat mich innig gerührt, und Sie können sich denken, wie sehr ich eben dadurch mich in Ihre Nähe gezogen fühlte. Ich mußte, um ruhige Überlegung zu gewinnen, meinen Entschluß über die angebotene Hofmeisterstelle auf den anderen Tag verschieben, und auch dann wollt ich meinem Urteil noch nicht ganz trauen und ein paar Tage noch hingehn lassen, um Ihnen eine reiflich überdachte Antwort geben zu können.

Das Triftigste, was ich Ihnen sagen kann, ist wohl das, daß ich nach Verlauf eines Jahrs schwerlich in Verlegenheit sein werde, wenn nichts anderes sich mir darbietet, eine ähnliche Stelle zu bekommen, denn die Hofmeister, die irgendeinen Anspruch machen können, sind itzt sehr selten zu bekommen, und es entschließt sich mancher, sich auf irgendeine andere Art zu behelfen, ehe er dies in unseren Zeiten so mißliche Verhältnis eingeht und sich alle den Mißverständnissen aussetzt, die jetzt in diesem zweideutigen Stande so unausbleiblich sind; denn ein bestimmtes Amt, wo der Mann sein vorgeschrieben mechanisch Geschäft hat, ist etwas ganz anderes und läßt sich viel leichter im Frieden abmachen als die Kindererziehung, die etwas so Unendliches ist, und das tägliche Leben in einem Hause, wo man gegenseitig die Prätensionen bis aufs Geringste ausdehnen muß, wenn man sich nicht in die Länge zur Last fallen will, und, wie gesagt, die Stimmung, in der sich jetzt beinahe alle Personen finden, die sich Hofmeister halten, ist, bei dem besten Gemüt und der höchsten Vorsicht von beiden Seiten, doch so schwer zu behandeln, daß ein junger Mann wirklich wohltut, sich nicht an diese schwere Aufgabe zu wagen, solang ihm noch ein ander Verhältnis bleibt, woran er sich nicht zu schämen hat und wo er sein mäßiges Auskommen findet. Da sich aber alles lernen läßt und ich nun so ziemlich zu wissen glaube, wie man auch als Hofmeister in den meisten Häusern friedlich leben kann, so würde ich dies Verhältnis weniger als andere fürchten, die es noch nicht erfahren haben und ungeübter und ungeduldiger sind; nur muß ich immer ebensoviel an Lebhaftigkeit des Geistes verlieren, als ich an Zurückhaltung und Geduld in einem solchen Verhältnisse zusetze. Deswegen glaube ich es mir schuldig zu sein, solang ich, ohne andern wehe zu tun, von dieser Seite mich schonen kann, mich zu schonen, um mit lebendiger Kraft ein Jahr lang in den höhern und reinern Beschäftigungen zu leben, zu denen mich Gott vorzüglich bestimmt hat. – Diese letzte Äußerung mag Ihnen auffallen, und Sie werden mich fragen, was denn dies für Beschäftigungen seien? – Aus dem, was Ihnen bisher von meinen Arbeiten in die Hände gefallen sein mag, werden Sie es schwerlich erraten, was mein eigenstes Geschäft ist, und doch hab ich auch in jenen unbedeutenden Stücken von ferne angefangen, meines Herzens tiefere Meinung, die ich noch lange vielleicht nicht völlig sagen kann, unter denen, die mich hören, *vorzubereiten*. Man kann jetzt den Menschen nicht alles geradeheraus sagen, denn sie sind zu träg und eigenliebig, um die Gedankenlosigkeit und Irreligion, worin sie stecken, wie eine verpestete Stadt zu verlassen und auf die Berge zu flüchten, wo reinere Luft ist und Sonn und Sterne näher sind und wo man heiter in die Unruhe der Welt hinabsieht, das heißt, wo man zum Gefühle der Gottheit sich erhoben hat und aus diesem alles betrachtet, was da war und ist und sein wird.

Liebste Mutter! Sie haben mir schon manchmal über Religion geschrieben, als wüßten Sie nicht, was Sie von meiner Religiosität zu halten hätten. O könnt ich so mit einmal mein Innerstes auftun vor Ihnen! – Nur so viel! Es ist kein lebendiger Laut in Ihrer Seele, wozu die meinige nicht auch mit einstimmte. Kommen Sie mir mit Glauben entgegen! Zweifeln Sie nicht an dem, was Heiliges in mir ist, so will ich Ihnen mehr mich offenbaren. O meine Mutter! es ist etwas zwischen Ihnen und mir, das unsre Seelen trennt; ich weiß ihm keinen Namen; achtet eines von uns das andere zu wenig, oder was ist es sonst? Das sag ich Ihnen tief aus meinem Herzen; wenn Sie schon in Worten mir nicht alles sagen können, was Sie sind, es lebt doch in mir, und bei jedem Anlaß fühl ich wunderbar, wie Sie mich ingeheim beherrschen und wie mit unauslöschlich treuer Achtung mein Gemüt sich um das Ihrige bekümmert. Darf ich's Ihnen einmal sagen? Wenn ich oft in meinem Sinn verwildert war und ohne Ruhe mich umhertrieb unter den Menschen, so war's nur darum, weil ich meinte, daß Sie keine Freude an mir hätten. Aber nicht wahr, Sie mißtrauen sich nur, Sie fürchten Ihre Söhne zu verzärteln und zu eigenwillig zu machen, Sie fürchten, daß Ihr mütterlich Gemüt Sie selbst betören möchte und dann Ihre Söhne ohne Leitung wären und ohne Rat, und darum setzen Sie lieber zu wenig Vertrauen in uns und versagen sich aus Liebe die Freude, die der Eltern Eigentum im Alter ist, und hoffen lieber weniger von uns, um nicht zu viel von uns zu hoffen? –

Ich wollte Ihnen schreiben, was für Gründe ich hätte, um die angebotne Stelle abzulehnen, und es ist mir lieb, daß ich bei dieser Gelegenheit einmal wieder ein Wort aus meinem Herzen gesprochen habe. Dies Glück wird einem in der Welt so wenig zuteil, daß man es leicht verlernen könnte.

Dem lieben Karl hab ich von Rastatt aus geschrieben. Nun will ich's auch nicht länger anstehn lassen, nach Blaubeuren zu schreiben. Es bekümmert mich, daß sich mein guter Bruder, der so glücklich zu sein verdient, nun auch in seiner Lage nicht gefallen kann. Mögen Sie mir nicht schreiben, liebste Mutter, was das Unangenehme ist, das ihm darinnen widerfährt? – Es ist schön, daß unsre lieben Verwandten über den Tod des biedern HE. Pfarrers einigermaßen getröstet werden durch das Glück, worin sich meine gute Base Karoline findet. Wünschen Sie ihr herzlich auch in meinem Namen alle Freude, die sie wert ist. Schreiben Sie meinen wahrsten Dank, daß sie bei der Stelle an mich gedacht haben; aber ich könnte wenigstens vor einem halben Jahre nicht abkommen, und so lange würde HE. von Gemming einen Erzieher für seine Kinder wahrscheinlich nicht entbehren wollen. In einem andern Falle hätt ich mich glücklich geschätzt, mit HE. von Gemming in Beziehung zu kommen. Tausend Empfehlungen an die l. Frau Großmama und an alle!

Ihr
Fritz

Meinem alten Freunde Gentner tausend Grüße und Glückwünsche!

171. AN ISAAK VON SINCLAIR

Homburg vor der Höhe,
d. 24. Dez. 1798

Mein Teurer!

Ich habe Dir so lange nicht geschrieben, weil ich nur mit halbem Sinn dabeigewesen wäre, denn bisher hatten mich meine Beschäftigungen, die mir durch die Unterbrechung lieber geworden waren, mehr als gewöhnlich okkupiert. Es ist mir, wie Du oft gesehen hast, sehr leicht, alles liegenzulassen, wenn Du selber vor mir bist, aber da geht es schon langsamer, wenn die allmächtige Gegenwart ihren wohltätigen Zwang nicht ausübt.

Für Deine Briefe danke ich Dir recht sehr. Pommer-Eschens Besuch hat mich äußerst gefreut, weil es mir wirklich ein Gewinn war, diesen in seiner Art so reinen Menschen noch einmal vor Augen zu haben und sein Bild und Wesen noch dauernder in mich aufzunehmen. Dann war es mir auch sehr darum zu tun, daß ich wieder von Euch hören konnte. Ich habe sehr an Glauben und Mut gewonnen, seit ich von Rastatt zurück bin. Ich sehe Dich selbst klarer und fester, seit ich Dich mit meinen neuen Freunden zusammen denke, und Du weißt, wie sehr das solche Verhältnisse, wie unseres ist, sichert, daß man sich begreift und recht bestimmt im Auge hat. Wo einmal der Grund gelegt ist, wie bei uns, und einer den andern voll und tief gefühlt hat, in dem, was er seiner Natur nach bleiben muß, unter allen möglichen Verwandlungen, da darf die Liebe das Erkenntnis nicht scheuen, und man kann wohl sagen, daß in diesem Falle mit dem Verstande der Glaube wachse. Und dann ist's freilich wahr, daß meine Seele bei sich selbst darüber frohlockt, daß es, allen Aposteln der Notdurft zum Trotz, noch mehr als *einen* gibt, wo sich in ihrem edeln Überfluß die Natur noch geäußert, und daß ich, außer Deinem Geist, jetzt auch noch andere rufen kann zum Zeugnis gegen mein eigen zweifelnd Herz, das manchmal auf die Seite des ungläubigen Pöbels treten will und den Gott leugnen, der in den Menschen ist. Sag es ihnen nur, den Deinen und Meinen, daß ich manchmal an sie denke, wenn mir's sei, als gäb es außer mir und ein paar Einsamen, die ich im Herzen trage, nichts als meine vier Wände, und daß sie mir seien wie eine Melodie, zu der man seine Zuflucht nimmt, wenn einen der böse Dämon überwältigen will. Es ist die volle Wahrheit, was ich sage, aber es will mir nicht gefallen, wenn ich über ein paar treffliche Menschen so überhaupt spreche, und ich fühle wohl, ich müßte jedem besonders schreiben, wenn ich mir genugtun wollte.

Ich habe dieser Tage in Deinem Diogenes Laertius gelesen. Ich habe auch hier erfahren, was mir schon manchmal begegnet ist, daß mir nämlich das Vorübergehende und Abwechselnde der menschlichen Gedanken und Systeme fast tragischer aufgefallen ist als die Schicksale, die man gewöhnlich allein die wirklichen nennt, und ich glaube, es ist natürlich, denn wenn der Mensch in seiner eigensten, freiesten Tätigkeit, im unabhängigen Gedanken selbst von fremdem Einfluß abhängt und wenn er auch da noch immer modifiziert ist von den Umständen und vom Klima, wie es sich unwidersprechlich zeigt, wo hat er dann noch eine Herrschaft? Es ist auch gut, und sogar die erste Bedingung alles Lebens und aller Organisation, daß keine Kraft monarchisch ist im Himmel und auf Erden. Die absolute Monarchie hebt sich überall selbst auf, denn sie ist objektlos; es hat auch im strengen Sinne niemals eine gegeben. Alles greift ineinander und leidet, sowie es tätig ist, so auch der reinste Gedanke des Menschen, und in aller Schärfe genommen, ist eine apriorische, von aller Erfahrung durchaus unabhängige Philosophie, wie Du selbst weißt, so gut ein Unding als eine positive Offenbarung, wo der Offenbarende nur alles dabei tut, und der, dem die Offenbarung gegeben wird, nicht einmal sich regen darf, um sie zu nehmen, denn sonst hätt er schon von dem Seinen etwas dazugebracht.

Resultat des Subjektiven und Objektiven, des Einzelnen und Ganzen, ist jedes Erzeugnis und Produkt, und eben weil im Produkt der Anteil, den das Einzelne am Produkte hat, niemals völlig unterschieden werden kann vom Anteil, den das Ganze daran hat, so ist auch daraus klar, wie innig jedes Einzelne mit dem Ganzen zusammenhängt und wie sie beede nur *ein* lebendiges Ganze ausmachen, das zwar *durch und durch individualisiert ist und aus lauter selbständigen, aber ebenso innig und ewig verbundenen Teilen besteht.* Freilich muß aus jedem *endlichen Gesichtspunkt irgendeine der selbständigen Kräfte des Ganzen die herrschende sein*, aber sie kann auch nur als temporär und gradweise herrschend betrachtet werden ...

172. AN DEN BRUDER

[Homburg, Silvester 1798]

...

Sollte Dein Schicksal nicht über kurz oder lange eine günstige Wendung nehmen, so geb ich Dir mein heiligstes Bruderwort, daß ich mit allem, was ich bin und habe, Dir zu Diensten sein werde. Indessen bitt ich Dich, Liebster! so heiter wie möglich Deine Lage anzusehen. Gönne mir die Freude, manche bittre Erfahrung auch in Deinem Namen gemacht zu haben, und fasse mir dies Wort, das ich Dir sagen will, mit Deinem hellsten Geiste auf, und glaub es meiner Liebe: Die Welt zerstört uns bis auf den Grund, wenn wir jede Beleidigung geradezu ins Herz gehen lassen, und die Besten müssen schlechterdings auf irgendeine Art zugrunde gehen, wenn sie nicht noch zu rechter Zeit dahin kommen, daß sie alles, was die Menschen ihnen aus Notdurft und Geistes- und Herzensschwäche antun, in den ruhigen Verstand aufnehmen statt ins gute Gemüt, das auch, wenn es gekränkt ist, von seiner Großmut nicht lassen kann und den armen Beleidigungen der Menschen die Ehre widerfahren läßt, sie hoch zu nehmen. Glaube mir, der hierin gewiß nicht aus Eigendünkel, sondern aus dem tiefen Gefühle seines Mangels und aus manchen trüben Erinnerungen spricht, glaube mir, der ruhige Verstand ist die heilige Ägide, die im Kriege der Welt das Herz vor giftigen Pfeilen bewahrt. Und ich glaube, zu meinem eigenen Troste, daß dieser ruhige Verstand, mehr als irgendeine Tugend der Seele, durch die Einsicht seines Werts und gutwillige, beharrliche Übung kann erworben werden. Wie manches möcht ich Dir oft mit Blut hinschreiben, wenn ich zurücksehe auf die Jahre, die ich wohl zur Hälfte in Gram und Irren verlor und die für Dich noch unverbraucht sind, bester Karl! Es ergreift einen wunderbar, wenn man sich mit saurer Mühe und genauer Not hindurchgerungen hat und denkt, daß es dem andern, den man liebt, nun auch nicht leichter werden soll. Wir fürchten überhaupt das Schicksal viel weniger für uns als für die, die unserm Herzen teuer sind. –

Eben schlägt die Glocke zwölf, und das Jahr 99 fängt an. Ein glückliches Jahr für Dich, Liebster, und alle die Unsrigen! Und dann ein neues großes glückliches Jahrhundert für Deutschland und die Welt!

So will ich mich schlafen legen.

d. 1. Jan. 1799

Ich hatte heute meine gewöhnlichen Beschäftigungen beiseite gelegt und bin in meinem Müßiggange in allerlei Gedanken hineingeraten über das Interesse, das jetzt die Deutschen für spekulative Philosophie und wieder für politische Lektüre, dann auch, nur in geringerem Grade, für die Poesie haben. Vielleicht hast Du einen kleinen lustigen Aufsatz in der „Allgemeinen Zeitung" über das deutsche Dichterkorps gelesen. Dieser war es, was mich zunächst dazu veranlaßte, und weil Du und ich jetzt selten philosophieren, so wirst Du es nicht undienlich finden, wenn ich diese meine Gedanken Dir niederschreibe.

Der günstige Einfluß, den die philosophische und politische Lektüre auf die Bildung unserer Nation haben, ist unstreitig, und vielleicht war der deutsche Volkscharakter, wenn ich ihn anders aus meiner sehr unvollständigen Erfahrung richtig abstrahiert habe, gerade jenes beiderseitigen Einflusses vorerst bedürftiger als irgendeines andern. Ich glaube nämlich, daß sich die gewöhnlichsten Tugenden und Mängel der Deutschen auf eine ziemlich bornierte Häuslichkeit reduzieren. Sie sind überall glebae addicti, und die meisten sind auf irgendeine Art, wörtlich oder metaphorisch, an ihre Erdscholle gefesselt, und wenn es so fort ginge, müßten sie sich am Ende an ihren lieben (moralischen und physischen) Erwerbnissen und Ererbnissen, wie jener gutherzige niederländische Maler, zu Tode schleppen. Jeder ist nur in dem zu Hause, worin er geboren ist, und kann und mag mit seinem Interesse und seinen Begriffen nur selten darüber hinaus. Daher jener Mangel an Elastizität, an Trieb, an mannigfaltiger Entwicklung der Kräfte, daher die finstere, wegwerfende Scheue oder auch die furchtsame, unterwürfig blinde Andacht, womit sie alles aufnehmen, was außer ihrer ängstlich engen Sphäre liegt; daher auch diese Gefühllosigkeit für gemeinschaftliche Ehre und gemeinschaftliches Eigentum, die freilich bei den modernen

Völkern sehr allgemein, aber meines Erachtens unter den Deutschen in eminentem Grade vorhanden ist. Und wie nur der in seiner Stube sich gefällt, der auch im freien Felde lebt, so kann ohne Allgemeinsinn und offnen Blick in die Welt auch das individuelle, jedem eigene Leben nicht bestehen, und wirklich ist unter den Deutschen eines mit dem andern untergegangen, wie es scheint, und es spricht eben nicht für die Apostel der Beschränktheit, daß unter den Alten, wo jeder mit Sinn und Seele der Welt angehörte, die ihn umgab, weit mehr Innigkeit in einzelnen Charakteren und Verhältnissen zu finden ist als zum Beispiel unter uns Deutschen, und das affektierte Geschrei von herzlosem Kosmopolitismus und überspannender Metaphysik kann wohl nicht wahrer widerlegt werden als durch ein edles Paar wie Thales und Solon, die miteinander Griechenland und Ägypten und Asien durchwanderten, um Bekanntschaft zu machen mit den Staatsverfassungen und Philosophen der Welt, die also in mehr als *einer* Rücksicht *verallgemeinert* waren, aber dabei recht gute Freunde und menschlicher und sogar naiver als alle die miteinander, die uns bereden möchten, man dürfe die Augen nicht auftun und der Welt, die es immer wert ist, das Herz nicht öffnen, um seine Natürlichkeit beisammen zu behalten.

Da nun größtenteils die Deutschen in diesem ängstlich bornierten Zustande sich befanden, so konnten sie keinen heilsameren Einfluß erfahren als den der neuen Philosophie, die bis zum Extrem auf Allgemeinheit des Interesses dringt und das unendliche Streben in der Brust des Menschen aufdeckt, und wenn sie schon sich zu einseitig an die große Selbsttätigkeit der Menschennatur hält, so ist sie doch, als Philosophie *der Zeit*, die einzig mögliche.

Kant ist der Moses unserer Nation, der sie aus der ägyptischen Erschlaffung in die freie, einsame Wüste seiner Spekulation führt und der das energische Gesetz vom heiligen Berge bringt. Freilich tanzen sie noch immer um ihre güldenen Kälber und hungern nach ihren Fleischtöpfen, und er müßte wohl im eigentlichen Sinne in irgendeine Einsame mit ihnen auswandern, wenn sie vom Bauchdienst und den toten, herz- und sinnlos gewordenen Gebräuchen und Meinungen lassen sollten, unter denen ihre bessere, lebendige Natur unhörbar, wie eine tief eingekerkerte, seufzt. Von der andern Seite muß die politische Lektüre ebenso günstig wirken, besonders, wenn die Phänomene unserer Zeit in einer kräftigen und sachkundigen Darstellung vor das Auge gebracht werden. Der Horizont der Menschen erweitert sich, und mit dem täglichen Blick in die Welt entsteht und wächst auch das Interesse für die Welt, und der Allgemeinsinn und die Erhebung über den eigenen engen Lebenskreis wird gewiß durch die Ansicht der weitverbreiteten Menschengesellschaft und ihrer großen Schicksale so sehr befördert wie durch das philosophische Gebot, das Interesse und die Gesichtspunkte zu verallgemeinern, und wie der Krieger, wenn er mit dem Heere zusammenwirkt, mutiger und mächtiger sich fühlt, und es in der Tat ist, so wächst überhaupt die Kraft und Regsamkeit der Menschen in ebendem Grade, in welchem sich der Kreis des Lebens erweitert, worin sie mitwirkend und mitleidend sich fühlen (wenn anders die Sphäre sich nicht so weit ausdehnt, daß sich der einzelne zu sehr im Ganzen verliert). Übrigens ist das Interesse für Philosophie und Politik, wenn es auch noch allgemeiner und ernster wäre, als es ist, nichts weniger als hinreichend für die Bildung unserer Nation, und es wäre zu wünschen, daß der grenzenlose Mißverstand einmal aufhörte, womit die Kunst, und besonders die Poesie, bei denen, die sie treiben, und denen, die sie genießen wollen, herabgewürdigt wird. Man hat schon so viel gesagt über den Einfluß der schönen Künste auf die Bildung der Menschen, aber es kam immer heraus, als wär es keinem Ernst damit, und das war natürlich, denn sie dachten nicht, was die Kunst, und besonders die Poesie, ihrer Natur nach ist. Man hielt sich bloß an ihre anspruchlose Außenseite, die freilich von ihrem Wesen unzertrennlich ist, aber nichts weniger als den ganzen Charakter derselben ausmacht; man nahm sie für Spiel, weil sie in der bescheidenen Gestalt des Spiels erscheint, und so konnte sich auch vernünftigerweise keine andere Wirkung von ihr ergeben als die des Spiels, nämlich Zerstreuung, beinahe das gerade Gegenteil von dem, was sie wirket, wo sie in ihrer wahren Natur vorhanden ist. Denn alsdann sammelt sich der Mensch bei ihr, und sie gibt ihm Ruhe, nicht die leere, sondern die lebendige Ruhe, wo alle Kräfte regsam sind und nur wegen ihrer innigen Harmonie nicht als tätig erkannt werden. Sie nähert die Menschen und bringt sie zusammen, nicht wie das Spiel, wo sie nur dadurch vereiniget sind, daß jeder sich vergißt und die lebendige Eigentümlichkeit von keinem zum Vorschein kömmt.

Du wirst verzeihen, liebster Bruder! daß ich so langsam und fragmentarisch mit meinem Briefe bin. Es wird vielleicht wenigen der Übergang von einer Stimmung zur andern so schwer wie mir; besonders kann ich mich nicht leicht aus dem Räsonnement in die Poesie herausfinden, und umgekehrt. Auch hat mich dieser Tage ein Brief von unserer lieben Mutter, wo sie ihre Freude über meine Religiosität äußerte und mich unter anderm bat, unserer teuern 72jährigen Großmutter ein Gedicht zu ihrem Geburtstage zu machen, und noch manches andere in dem unaussprechlich rührenden Briefe so ergriffen, daß ich die Zeit, wo ich vielleicht an Dich geschrieben hätte, meist mit Gedanken an sie und Euch Lieben überhaupt zubrachte. Ich habe auch denselben Abend noch, da ich den Brief bekommen, ein Gedicht für die l. Großmutter angefangen und bin in der Nacht beinahe damit fertig geworden. Ich dachte, es müßte die guten Mütter freuen, wenn ich gleich den Tag darauf einen Brief und das Gedicht abschickte. Aber die Töne, die ich da berührte, klangen so mächtig in mir wieder, die Verwandlungen meines Gemüts und Geistes, die ich seit meiner Jugend erfuhr, die Vergangenheit und Gegenwart meines Lebens wurde mir dabei so fühlbar, daß ich den Schlaf nachher nicht finden konnte und den andern Tag Mühe hatte, mich wieder zu sammeln. So bin ich. Du wirst Dich wundern, wenn Du die poetisch so unbedeutenden Verse zu Gesicht bekommst, wie mir dabei so wunderbar zumute sein konnte. Aber ich habe gar wenig von dem gesagt, was ich dabei empfunden habe. Es gehet mir überhaupt manchmal so, daß ich meine lebendigste Seele in sehr flachen Worten hingebe, daß kein Mensch weiß, was sie eigentlich sagen wollen, als ich.

Ich will nun sehen, ob ich noch etwas von dem, was ich Dir neulich über Poesie sagen wollte, herausbringen kann. Nicht wie das Spiel vereinige die Poesie die Menschen, sagt ich; sie vereinigt sie nämlich, wenn sie echt ist und echt wirkt, mit all dem mannigfachen Leid und Glück und Streben und Hoffen und Fürchten, mit all ihren Meinungen und Fehlern, all ihren Tugenden und Ideen, mit allem Großen und Kleinen, das unter ihnen ist, immer mehr zu einem lebendigen, tausendfach gegliederten, innigen Ganzen, denn eben dies soll die Poesie selber sein, und wie die Ursache, so die Wirkung. Nicht wahr, Lieber, so eine Panazee könnten die Deutschen wohl brauchen, auch nach der politisch-philosophischen Kur; denn alles andre abgerechnet, so hat die philosophisch-politische Bildung schon in sich selbst die Inkonvenienz, daß sie zwar die Menschen zu den wesentlichen, unumgänglich notwendigen Verhältnissen, zu Pflicht und Recht, zusammenknüpft, aber wie viel ist dann zur Menschenharmonie noch übrig? Der nach optischen Regeln gezeichnete Vor- und Mittel- und Hintergrund ist noch lange nicht die Landschaft, die sich neben das lebendige Werk der Natur allenfalls stellen möchte. Aber die Besten unter den Deutschen meinen meist noch immer, wenn nur erst die Welt hübsch *symmetrisch* wäre, so wäre alles geschehen. O Griechenland, mit deiner Genialität und deiner Frömmigkeit, wo bist du hingekommen? Auch ich, mit allem guten Willen, tappe mit meinem Tun und Denken diesen einzigen Menschen in der Welt nur nach und bin in dem, was ich treibe und sage, oft nur um so ungeschickter und ungereimter, weil ich wie die Gänse mit platten Füßen im modernen

Wasser stehe und unmächtig zum griechischen Himmel emporflügle. Nimm mir das Gleichnis nicht übel. Es ist unschicklich, aber wahr, und unter uns gehet so was noch wohl an, soll auch nur mir gesagt sein.

Für Deine aufmunternden Äußerungen über meine Gedichtchen, und manches andre freundliche, kräftige Wort in Deinem Briefe, dank ich Dir tausendmal. Wir müssen fest zusammenhalten in aller unserer Not und unserem Geiste. Vor allen Dingen wollen wir das große Wort, das homo sum, nihil humani a me alienum puto, mit aller Liebe und allem Ernste aufnehmen; es soll uns nicht leichtsinnig, es soll uns nur wahr gegen uns selbst und hellsehend und duldsam gegen die Welt machen, aber dann wollen wir uns auch durch kein Geschwätz von Affektation, Übertreibung, Ehrgeiz, Sonderbarkeit etc. hindern lassen, um mit allen Kräften zu ringen und mit aller Schärfe und Zartheit zuzusehn, wie wir alles Menschliche an uns und andern in immer freieren und innigern Zusammenhang bringen, es sei in bildlicher Darstellung oder in wirklicher Welt, und *wenn* das Reich der Finsternis mit *Gewalt* einbrechen will, so werfen wir die Feder unter den Tisch und gehen in Gottes Namen dahin, wo die Not am größten ist und wir am nötigsten sind. Lebe wohl!

                                          Dein
                                          Fritz

173. AN DIE MUTTER

Homburg, im Jan. 1799
Liebste Mutter!

Ich muß mich schämen, daß ich Ihren 1. Brief, der mir indessen so viele innigglückliche Stunden und Augenblicke gemacht hat, so lange nicht beantwortet habe. Noch denselben Abend, da ich ihn erhalten hatte, schrieb ich größtenteils das nieder, was ich Ihnen für meine teure, ehrwürdige Großmutter beilege, und ich habe es Ihnen recht von Herzen bei mir selber gedankt, daß Sie mich von diesem mir heiligen Geburtstage benachrichtiget haben. Der Brief an Sie sollte tags darauf geschrieben werden, und es wäre mir selber eine Freude gewesen, wenn ich das, was ich beim Empfang des Ihrigen fühlte, Ihnen so bald wie möglich hätte sagen können. Ich wurde aber indessen auf mancherlei Art verhindert. Zeit hätte ich wohl gehabt, aber ich mag Ihnen gerne mit ungestörter Seele schreiben. Es war von keiner Bedeutung, was mich beunruhigte und mir meine reinere Stimmung nicht ließ. Ich sage Ihnen das, damit Sie sich keine Sorge machen. Harte Behauptungen, die ich zu lesen bekam, die freilich sehr gegen mein Gemüt angingen, weil sie gegen meine unentbehrlichsten Überzeugungen waren, das war es größtenteils, was mich in meinem friedlichen Leben unterbrach. Es ist freilich nicht gut, daß ich so zerstörbar bin, und ein fester, getreuer Sinn ist auch mein täglichster Wunsch, und nichts erhält mich mehr in Demut als die Kenntnis meiner Schwäche von dieser Seite und daß ich bei aller meiner ehrlichen Bemühung und Einsicht des Bessern und Glücklichern doch noch immer der alte Empfindliche bin. Ich habe die Hälfte meiner Jugend in Leiden und Irren verloren, die nur aus dieser Quelle entsprangen. Jetzt bin ich wohl geduldiger und laß es niemand entgelten und bin, wenn ich mich nicht irre, gegen andere weniger launisch denn sonst, aber um die innere Reinheit und ruhige Wirksamkeit können mich immer noch Eindrücke bringen, die einen fester Gebildeten vielleicht nicht einen Augenblick störten. Freilich ist es jetzt auch natürlich, daß mich jeder augenblickliche Mißklang stärker trifft, wo ich kaum aus tausendfältiger Unruhe mich herausgerettet habe und nun am Wohllaut des Guten und Wahren und Schönen mich sammeln und stillen mag. Ich verspreche Ihnen und mir, mich immer zu üben, daß ich das, was ich bei ruhigem Sinne so leicht reimen kann, auch beim ersten Eindrucke so aufnehmen lerne. Ich kenne kein größer Glück als bescheidenes Wirken und Hoffen. Das kann aber bei einem leicht gekränkten Sinne nicht bestehen. – Ich suche auch durch mäßige Bewegung und durch Ordnung meinen Körper zu befestigen, weil ich einsehe, daß mitunter auch die Ursache in ihm liegt. Ich bin zwar gesund und jetzt gesunder als sonst und leide am Kopf und in den Eingeweiden nimmer, wie gewöhnlich, aber ich finde doch, daß meine Nerven zu reizbar sind. Ich sage das besonders auch, weil Sie sich mit dieser zärtlichen Teilnahme nach meiner Gesundheit erkundigen. – Daß Sie meine Äußerungen über Religion mit dieser schönsten aller Freuden aufgenommen haben, zeugt mir so ganz von dem Gemüt, das nur im Höchsten seine Beruhigung findet. Ich glaub es Ihnen wohl, teuerste Mutter! wie es Ihnen das Andenken an mich erleichtern und erheitern muß, wenn Sie die besten Gefühle einer Menschenseele in mir wissen und sich daran halten können in den Zweifeln und Sorgen, mit denen sich auch die Besten einander betrachten müssen, und je lieber sie sich sind, je mehr, denn wir kennen ja kaum uns selbst, und so bekannt, als wir uns selber sind, wird uns doch niemals ein anderes. Ich behalte mir's vor, Ihnen bei mehrerer Muße ein vollständiges Glaubensbekenntnis abzulegen, und ich wollte, ich dürfte überall meines Herzens Meinung so offen und rein heraussagen, als ich bei Ihnen kann. Aber die Schriftgelehrten und Pharisäer unserer Zeit, die aus der heiligen lieben Bibel ein kaltes, geist- und herztötendes Geschwätz machen, die mag ich freilich nicht zu Zeugen meines innigen, lebendigen Glaubens haben. Ich weiß wohl, wie jene dazu gekommen sind, und weil es ihnen Gott vergibt, daß sie Christum ärger töten als die Juden, weil sie sein Wort zum Buchstaben und ihn, den Lebendigen, zum leeren Götzenbilde machen, weil ihnen das Gott vergibt, vergeb ich's ihnen auch. Nur mag ich mich und mein Herz nicht da bloßgeben, wo es mißverstanden wird, und schweige deswegen vor den Theologen von *Profession* (d. h. vor denen, die nicht frei und von Herzen, sondern aus Gewissenszwang und von Amts wegen es sind) ebenso gerne wie vor denen, die gar nichts von alldem wissen wollen, weil man ihnen von Jugend auf durch den toten Buchstaben und durch das schröckende Gebot[1], zu glauben, alle Religion, die doch das erste und letzte Bedürfnis der Menschen ist, verleidet hat. Liebste Mutter! wenn unter diesen Zeilen ein hartes Wort ist, so ist's gewiß nicht aus Stolz und Haß geschrieben, sondern nur, weil ich keinen andern Ausdruck fand, wodurch ich mich so kurz wie möglich hätte verständlich machen können. Es mußte alles so kommen, wie es jetzt überhaupt und in der Religion besonders ist, und es war mit der Religion fast so wie jetzt, da Christus in der Welt auftrat. Aber gerade wie nach dem Winter der Frühling kömmt, so kam auch immer nach dem Geistestode der Menschen neues Leben, und das Heilige bleibt immer heilig, wenn es auch die Menschen nicht achten. Und es gibt wohl manchen, der im Herzen religiöser ist, als er sagen mag und kann, und vielleicht sagt auch mancher unsrer Prediger, der nur die Worte nicht finden kann, mit seiner Rede mehr, als andere dabei vermuten, weil die Worte, die er braucht, so gewöhnlich und so tausendfältig gemißbraucht sind. Nehmen Sie indes mit diesen ungeheuchelten Äußerungen vorlieb, bis ich eine Stunde gewinne, wo ich mit meiner ganzen Seele schreiben kann. – Ich stimme ganz mit Ihnen darin überein, liebste Mutter! daß es gut für mich sein wird, wenn ich künftig das anspruchloseste Amt, das es für mich geben kann, mir zu eigen zu machen suche, vorzüglich auch darum, weil nun einmal die vielleicht unglückliche Neigung zur Poesie, der ich von Jugend auf mit redlichem Bemühn durch sogenannt gründlichere Beschäftigungen immer entgegenstrebte, noch immer in mir ist und nach allen Erfahrungen, die ich an mir selber gemacht habe, in mir bleiben wird, solange ich lebe.

---

[1] Glaube kann nie geboten werden, sowenig als Liebe. Er muß freiwillig und aus eigenem Triebe sein. Christus hat freilich gesagt: Wer nicht glaubet, der wird verdammt, d. h., soviel ich die Bibel verstehe, streng beurteilt werden, und das ist natürlich, denn dem bloß pflicht- und rechtmäßig guten Menschen kann nichts vergeben werden, weil er selber alles in die Tat setzt, aber damit ist gar nicht gesagt, daß man ihm den Glauben aufzwingen solle.

Ich will nicht entscheiden, ob es Einbildung oder wahrer Naturtrieb ist. Aber ich weiß jetzt so viel, daß ich tiefen Unfrieden und Mißmut unter anderm auch dadurch in mich gebracht habe, daß ich Beschäftigungen, die meiner Natur weniger angemessen zu sein scheinen, z. B. die Philosophie, mit überwiegender Aufmerksamkeit und Anstrengung betrieb, und das aus gutem Willen, weil ich vor dem Namen eines leeren Poeten mich fürchtete. Ich wußte lange nicht, warum das Studium der Philosophie, das sonst den hartnäckigen Fleiß, den es erfordert, mit Ruhe belohnt, warum es mich, je uneingeschränkter ich mich ihm hingab, nur immer um so friedensloser und selbst leidenschaftlich machte; und ich erkläre mir es jetzt daraus, daß ich mich in höherm Grade, als es nötig war, von meiner eigentümlichen Neigung entfernte, und mein Herz seufzte bei der unnatürlichen Arbeit nach seinem lieben Geschäfte, wie die Schweizerhirten im Soldatenleben nach ihrem Tal und ihrer Herde sich sehnen. Nennen Sie das keine Schwärmerei! Denn warum bin ich denn friedlich und gut wie ein Kind, wenn ich ungestört mit süßer Muße dies unschuldigste aller Geschäfte treibe, das man freilich, und dies mit Recht, nur dann ehrt, wenn es meisterhaft ist, was das meine vielleicht auch aus dem Grunde noch lange nicht ist, weil ich's vom Knabenalter an niemals in ebendem Grade zu treiben wagte wie manches andre, was ich vielleicht zu gutmütig gewissenhaft meinen Verhältnissen und der Meinung der Menschen zulieb trieb. Und doch erfordert jede Kunst ein ganzes Menschenleben, und der Schüler muß alles, was er lernt, in Beziehung auf sie lernen, wenn er die Anlage zu ihr entwickeln und nicht am Ende gar ersticken will.

Sie sehen, liebste Mutter! ich mache Sie recht zu meiner Vertrauten, und ich fürchte nicht, daß Sie mir diese ehrlichen Geständnisse übel auslegen werden. Es gibt so wenige, vor denen ich mich öffnen mag. Warum sollt ich denn mein Sohnsrecht nicht benützen und Ihnen zu meiner Beruhigung meine Anliegen nicht sagen? Und glauben Sie nur nicht, daß ich Absichten dabei habe. Ich mag Ihnen nur gerne mit voller Wahrheit schreiben, und da müssen Sie mich eben haben, wie ich bin. Ich wollte eigentlich sagen, daß ich auch aus dem Grunde wohltun würde, ein recht einfaches Amt inskünftige zu suchen, weil sich ein anderes nicht wohl mit meinen Lieblingsbeschäftigungen reimen ließe. Es hat es mancher, der wohl stärker war als ich, versucht, ein großer Geschäftsmann oder Gelehrter im Amt und dabei Dichter zu sein. Aber immer hat er am Ende eines dem andern aufgeopfert, und das war in keinem Falle gut, er mochte das Amt um seiner Kunst willen oder seine Kunst um seines Amts willen vernachlässigen; denn wenn er sein Amt aufopferte, so handelte er unehrlich an andern, und wenn er seine Kunst aufopferte, so sündigte er gegen seine von Gott gegebene natürliche Gabe, und das ist so gut Sünde und noch mehr, als wenn man gegen seinen Körper sündigt. Der gute Gellert, von dem Sie in Ihrem lieben Briefe sprechen, hätte sehr wohlgetan, nicht Professor in Leipzig zu werden. Wenn er es nicht an seiner Kunst gebüßt hat, so hat er es doch an seinem Körper gebüßt. Muß ich also ein Amt annehmen, wie es denn wohl nicht anders tunlich ist, so glaub ich, eine Pfarrstelle auf dem Dorfe (recht weit von der Hauptstadt und von den hohen geistlichen Herren weg) wird das Beste für mich sein. Und warum nicht lieber in dem Lande, wo Sie sind und die Meinigen, als unter Fremden?

Übrigens ist es mir lieb, wenn es noch einige Jahre ansteht, und wenn ich hier mit dem Buche, an dem ich schreibe, und mit meinem Gelde zu Ende bin, so will ich eben wieder Hofmeister werden. Der schwedische Legationssekretär von Pommer-Esche, dessen Bekanntschaft ich, wie Sie wissen, in Rastatt machte und der mich auf seiner Rückreise neulich hier besuchte, machte mir beim Abschiede das Offert, ob er mir nicht in seiner Gegend (in Schwedisch-Pommern, in der Gegend von Wismar) für eine Hofmeisterstelle sorgen sollte. Sein Vater, der, wenn ich nicht irre, Gouverneur in Stralsund ist, besorgt gewöhnlich für seine Bekannten derlei Stellen. Ich mochte es nicht geradezu ablehnen, um auf alle Fälle einen Ausweg zu haben, besonders da er mir für eine solche Stelle sorgen will, wo ich mit einem jungen Menschen die Universität besuche. Ein Zuwachs an Weltkenntnis (die Kenntnis des deutschen Volks ist besonders jedem, der ein deutscher Schriftsteller werden will, so notwendig wie dem Gärtner die Kenntnis des Bodens) ist ja die einzige Entschädigung, die mir dieses mühsame Verhältnis gewähren kann, und die Entfernung der Gegend, die auf einer Universität jedoch so sehr groß nicht sein würde, scheint mir eher vorteilhaft als nachteilig auf die paar Jahre, wo ich noch nicht auf das ruhige Leben unter den Meinigen rechnen kann. Übrigens bin ich noch nicht entschlossen, und es bieten sich vielleicht indes noch günstigere Gelegenheiten von der Art an. Überhaupt geh ich eine solche Stelle nur unter gewissen festen Bedingungen ein, die mich soviel wie möglich vor Verdruß und Verlegenheiten sichern sollen. Und wenn ich eingesehen habe, daß ein solcher Zustand für mich noch auf einige Zeit notwendig ist, und nicht zu vermeiden, so werd ich wohl auch Geduld und Vorsicht dazu bringen. Als Vikarius würde ich von meinem Pfarrer dependieren, und da ich diese Lage noch gar nicht gelernt habe, würde sie mir wohl nicht leichter werden, und ich müßte überdies größtenteils von Ihrer Unterstützung leben, was ich doch nicht wünsche, da Sie schon so sehr viel für mich getan haben und mein lieber Karl es besser brauchen kann.

Ich schreibe Ihnen das alles, liebste Mutter! weil ich wohl weiß, wie sehr Sie zu wissen wünschen, woran Sie mit mir sind, und Sie werden sich es nicht *zu sehr* zu Herzen nehmen, wenn Sie finden sollten, daß mir das Leben nicht leicht wird, da Sie selbst am besten wissen, daß mit der Jugend das, was man Glück heißt, überall so ziemlich weggeht. Ich wenigstens mache jetzt nicht gerne größere Ansprüche auf die Welt, als daß es mir nicht zu schwer werde, meinem Herzen und meinem Sinne getreu zu bleiben in den Umständen, die mich noch im Leben betreffen können. Sie und die lieben Meinigen möcht ich in jedem Falle noch gerne wiedersehen, ehe ich meinen hiesigen Aufenthalt verändere, von dem ich mich freilich mit vieler Mühe trennen werde.

Ihre lieben Geschenke haben mich so sehr gefreut, daß ich nichts Beßres wußte, als in der Freude zu meinen braven Hausleuten zu laufen und ihnen zu verkündigen, ich hätte auch ein Weihnachtsgeschenk bekommen. Ich danke Ihnen und der lieben Großmama recht herzlich dafür. Es ist mir nur leid, daß meine Ökonomie es mir nimmer so leicht macht wie in Frankfurt, Ihnen auch auf diese Art meine Aufmerksamkeit zu bezeugen. Auch bei meiner teuren Schwester entschuldigen Sie mich, daß ich es für jetzt eben so beim guten Willen bewenden lasse. Sie kennt auch meine Anhänglichkeit an sie und an ihr ganzes Haus zu sehr, als daß es irgendeines Zeichens bedürfte, um ihr diese zu beweisen. Der Brief, den Sie mir von ihr geschickt haben, war mir ein Geschenk mehr. Ich sollt ihr freilich auch längst geschrieben haben, aber da ich nach Rastatt reiste, hofft ich sie vielleicht selber zu sehen, und indessen hatt ich so viel zu tun, um das, was ich während der Reise versäumte, hereinzubringen, daß ich mich nächstens auf ein paar Tage hinsetzen muß, um die Briefe alle zu beantworten, die ich indessen schuldig geblieben bin, und da soll sie unter den ersten sein.

Leben Sie nun wohl, liebste Mutter! Bitten Sie die liebe Frau Großmama, das Blatt als einen kleinen Teil von den frohen und ernsten Empfindungen zu nehmen, mit denen ich im Herzen den ehrwürdigen Geburtstag gefeiert habe.

Meine herzlichen Empfehlungen an alle die Unsrigen.

Ihr
treuer Sohn
Fritz

174. AN DIE SCHWESTER

[Homburg,
Ende Februar und 25. März 1799]

Liebste Schwester!

Ich habe fast das Recht auf Dein Andenken verloren; so lang ist's, daß ich gegen Dich stillgeschwiegen habe. Aber es ist oft so, daß man aus lauter Bedürfnis zu schreiben gar nicht schreibt. Ich will dann immer eine recht gelegene Stunde abwarten, wo es mir von Herzen gehn soll, und darüber versäum ich die Zeit, wo ich vielleicht nicht so ganz unzerstreut von andern Gedanken und Beschäftigungen, aber doch immer so viel geschrieben hätte, daß Du meine unveränderliche Liebe zu Dir daran hättest erkennen mögen.

Ich bin wieder auf eine Zeit zum Einsiedler geworden, wie Du weißt, und ich denke, Du hast es gebilligt, weil Du wohl von mir voraussetzen kannst, daß ich es nicht ohne Gründe tat und daß ich in einer solchen Muße nicht müßig gehe, auch nicht auf Kosten anderer mir einen gelegenen Zustand bereite. Glaube mir, meine Beste! es ist kein Eigensinn, was mir meine Beschäftigungen und meine Lage bestimmt. Es ist meine Natur und mein Schicksal, und dies sind die einzigen Mächte, denen man den Gehorsam niemals aufkündigen darf, und ich hoffe bei diesen Gesinnungen Deiner stillen, treuen Liebe am Ende noch recht würdig zu werden.

Du bist auf alle Fälle glücklicher als der Mensch, der vielleicht nur am Ende seiner Bemühungen mit Gewißheit sagen kann: Ich bin zufrieden. Du lebest von einem Tage zum andern in Befriedigung Deiner besten Wünsche, und Dein häuslich Glück hat wohl nur gerade so viel Sorge, als nötig ist, um täglich Dir das, was Dein ist, desto fühlbarer zu machen. Aber dem einen ist dies, dem andern das beschieden, und ich ehre das, was Du bist und hast, um so eher, weil ich es entbehre. In mancher trostlosen Stunde habe ich mich schon zu Dir gesehnt, um an Deiner Freude mich zu erheitern und in Deiner Liebe zu mir etwas von dem zu empfangen, was Du in Dir hast und um Dich. Ich hatte mir ein recht ruhig Wiedersehen ausgedacht. Aber die stürmischen Zeiten, die vielleicht von unserem Vaterlande nicht mehr ferne sind, werfen sich zwischen unsre lieben Wünsche, und wir würden uns vielleicht unter mancher Unruhe wiedersehen, wenn ich in einiger Zeit zu meiner teuern Familie zurückkäme. Ich mag nicht davon sprechen, wie viel mir der neue Krieg und das übrige Sorge für die Meinigen eingibt. Was mich über Deine Lage tröstet, ist, daß Du nicht allein bist und an die Einsicht und den festen Sinn Deines schätzbaren Gemahls Dich halten kannst in dringenden Fällen, die wir jedoch nicht hoffen wollen.

Was machen Deine lieben Kinder? Ich werde sie kaum noch kennen. Drei Jahre machen so viel bei dem jungen Volke, das an Leib und Seele jeden Tag wächst; und der kleine Fritz, den ich noch gar nicht gesehen habe, wird dann sein, als wär er schon recht lange in der Welt. Grüße sie mir alle recht herzlich, jedes, soviel es mich sich vorstellen kann.

Wie geht es meinen Freunden Veiel und Camerer und meinen andern Bekannten?

Mein hiesiger Umgang schränkt sich meist nur auf zwei Freunde ein, die aber durch ihren Geist und ihre Kenntnisse und Erfahrungen, die sie, in Leid und Freude, in seltnem Grade gemacht haben, so reiche Unterhaltung gewähren, daß wir uns oft einander aus dem Wege gehen müssen, um unsre Gespräche nicht zur Hauptsache werden zu lassen und uns den Kopf nicht zu sehr einzunehmen, weil jeder mehr oder weniger seinen ganzen Sinn, unzerstreut und unberauscht von andern Ideen und Interessen, zu seinem Geschäfte braucht. Der eine dieser Freunde ist Sinclair, den Du schon aus Briefen, die ich an die l. Mutter schrieb, kennen wirst; der andre Professor Muhrbeck aus Greifswald, der sich itzt auf Reisen befindet und, Sinclairn und mir zu Gefallen, einige Monate hier aufhält. Sonst machen die seltnen Schönheiten der hiesigen Gegend mein einzig Vergnügen;

das Städtchen liegt am Gebirg, und Wälder und geschmackvolle Anlagen liegen rings herum; ich wohne gegen das Feld hinaus, habe Gärten vor dem Fenster und einen Hügel mit Eichbäumen und kaum ein paar Schritte in ein schönes Wiestal. Da geh ich dann hinaus, wenn ich von meiner Arbeit müde bin, steige auf den Hügel und setze mich in die Sonne und sehe über Frankfurt in die weiten Fernen hinaus, und diese unschuldigen Augenblicke geben mir dann wieder Mut und Kraft, zu leben und zu schaffen. Liebe Schwester! es ist so gut, als ob man in der Kirche gewesen wäre, wenn man so mit reinem Herzen und offnem Auge Licht und Luft und die schöne Erde gefühlt hat.

Lebe wohl! Schreibe mir nun auch bald. Empfiehl mich überall. Ewig

Dein
treuer Bruder
Hölderlin

Ich hatte diesen Brief schon vor einiger Zeit geschrieben, und er blieb nur liegen, weil ich noch anderes dabei schreiben wollte, woran ich durch Geschäfte und Maladie (eine Gallenkolik, von der ich aber jetzt wieder frei bin) verhindert wurde.

175. AN DIE MUTTER

Homburg vor der Höhe,
[gegen 10. März 1799]

Liebste Mutter!

Ich kann Ihnen diesmal nur wenig schreiben. Ich bin zu sehr okkupiert.

Die Nachricht von dem Unfall, der für Sie und die teure Frau Großmama so gefährliche Folgen hätte haben können, hat mich tief erschüttert. Möge doch alles Unglück so an Ihnen vorübergehn!

Es ist wahrscheinlich, daß der Krieg, der nun eben wieder ausbricht, unser Wirtemberg nicht ruhig lassen wird, wiewohl ich von sicherer Hand weiß, daß die Franzosen die Neutralität der Reichländer, also auch Wirtembergs, so lange wie möglich respektieren werden, weil Preußen sich dafür aufs äußerste verwendet und die Franzosen Ursache haben, einen Krieg mit dieser Macht zu vermeiden. Im Falle, daß die Franzosen glücklich wären, dürfte es vielleicht in unserem Vaterlande Veränderungen geben.

Ich bitte Sie bei aller meiner ungeheuchelten kindlichen Ergebenheit, beste Mutter! nehmen Sie alles Edle, was in Ihrer vortrefflichen Seele liegt, und allen Glauben, der uns über die Erde erhebt, zu Hülfe, um so ruhig wie möglich, mit dem stillen Sinne einer Christin, unsern Zeiten zuzusehn und das Unangenehme, was Sie dabei betrifft, zu tragen. Es könnte mich unmännlich machen, wenn ich denken müßte, daß Ihr Herz den Sorgen unterliege. Denken Sie, daß ich keinen Vater habe, der mir mit Mut im Leben vorangeht, und geben Sie mir in der schönen Gestalt des ruhigen Duldens ein Beispiel des Muts. Ich brauch ihn auch, wenn ich nicht lässig werden will in dem, was meine Sache ist. Daß Sie unter gewissen möglichen Vorfällen kein Unrecht leiden, dafür würd ich mit allen meinen Kräften sorgen, und vielleicht nicht ohne Nutzen. Doch ist alles dies noch sehr entfernt. –

...

176. AN SUSETTE GONTARD

[Homburg, Frühjahr 1799]

Es ist ein unaussprechlicher Dank in mir, Liebe, daß der himmlische Frühling auch mir noch Freude gibt,

177. AN DIE MUTTER

[Homburg,
wohl um den 25. März 1799]

Liebste Mutter!

Es ist mir unendlich leid, daß Sie durch mein Stillschweigen beunruhiget worden sind. Der letzte Brief, den ich von Ihnen erhalten habe, ist vom 17ten Februar. Ich habe mich auch in dem Briefe, den Sie jetzt werden erhalten haben, einigermaßen entschuldiget. Es gehn mir dann auch manchmal über bloßem Nachdenken, in das ich während der Arbeit gerate, Tage hinweg, auch konnt ich mich bisher weniger dem Umgange meiner Freunde entziehn, womit ich müßige Stunden ausfüllte, bin auch sonst immer so in Not mit Briefschreiben, daß es gewiß größtenteils verzeihlich ist, wenn ich oft, sosehr mir manchmal das Gewissen dabei schlägt, einen Brief an Sie von einem Tage zum andern verschiebe.

Glauben Sie nur, liebste Mutter! daß ich überhaupt mein Verhältnis zu Ihnen nichts weniger als leicht nehme und daß es mir oft Unruhe genug macht, wenn ich meinen Lebensplan mit allen Ihren Wünschen zu vereinigen suche und doch oft zu finden meine, daß ich Ihnen vielleicht auf dem gewöhnlichen Wege weniger Sorge und mehr Freude gemacht hätte als auf dem, den ich jetzt gehe, der doch auch für mich der unbequemere, aber meiner Natur der angemeßnere ist. Für Ihre gütige Einladung danke ich Ihnen recht herzlich, und es wird wohl die Zeit noch kommen, wo ich sie endlich einmal benützen kann. Für jetzt werden Sie einen bloßen Besuch selber in meiner Lage, wo ich alle Zeit, wo möglich, meinem Geschäfte widmen muß, für zu kostbar halten. Ich möchte wenigstens so lange hier bleiben, bis ich mit meinem Buche fertig bin, was wohl noch ein halbes Jahr lang dauern kann. Was ich dann weiter vornehme, wird zum Teil von dem Gelingen oder Nichtgelingen meines Buchs, teils auch von andern Umständen abhängen. Nun glaube ich zwar zur Not mit dem Gelde, welches ich noch vorrätig habe, bis dahin auszukommen, doch muß ich Ihnen gestehen, daß durch die enorme Holzteurung und meine drei Wochen lange Maladie, wo ich zwar den Arzt nicht weiter als einmal brauchen mußte, aber meine gewöhnliche Kost nicht brauchen konnte, mein Geldvorrat itzt etwas geringer ist, als ich auf diese Zeit hin gerechnet habe. Ich bin deswegen so frei, Ihr gütiges, mütterlichedles Anerbieten dahin zu benützen, daß ich es mir vorbehalte, Ihnen gegen die Mitte des Sommers hin zu schreiben, ob ich der hundert Gulden notwendig habe oder nicht, doch kann ich Ihnen im reinsten Ernste versichern, daß ich, *um meiner eigenen Ruhe willen*, das Geld nur als *geliehen* annehmen werde. Ich bin es Ihnen schuldig und meinen Geschwistern, so zu handeln. In der gegenwärtigen Zeit möchte ich, auch wenn es unter irgendeinem rechtmäßigen Titel geschehen könnte, Ihre Einkünfte nicht um einen Heller schmälern, solange ich nur noch in der Welt bestehen könnte. Sie werden es deswegen nicht für Kaltsinn nehmen, wenn ich Ihnen nach Verlauf eines Jahrs in Geld oder in natura die Zinsen des Geliehenen schicke; es soll nur ein Zeichen sein, daß das, was ich diesmal mir in unwiderruflichem Ernste ausbedinge, nicht eitle Worte waren, und ich sage es Ihnen zum voraus, liebste Mutter! daß es mir reelle Unruhe machen würde, wenn Sie mir das Geld schickten ohne die expresse Versicherung, daß Sie es in Ihren Papieren als Kapital annotiert hätten. Ich würde mir, wenn Sie es nicht auf diese Art schicklich fänden, kein Gewissen daraus machen, an einem andern Orte mit Ihrem Vorwissen Geld zu entlehnen, da ich sicher bin, für mein Buch doch so viel zu bekommen, daß ich eine solche Summe heimbezahlen könnte. Ich habe in Frankfurt einem guten Freunde, auch sonst, manchmal auf einige Zeit ausgeholfen, und so könnte ich wohl auch einmal von der gegenseitigen Gefälligkeit Gebrauch machen.

Zum Schlusse will ich Ihnen eine Stelle aus der „Jenaer Literaturzeitung" abschreiben, wo meiner gedacht wird. Sosehr ich es bisher vermied, mit meiner kleinen Schriftstellerreputation vor Ihnen großzutun, so darf ich doch in der jetzigen Lage keine Gelegenheit vorbeigehn, wo ich Ihnen etwas Hoffnung geben kann, daß meine gegenwärtige Arbeit eine günstige Aufnahme finden werde, und es wäre kindisch, wenn ich, um den Verdacht der Eitelkeit zu vermeiden, Sie jetzt um eine kleine Freude bringen wollte. Es heißt nämlich in der genannten Zeitung aus Gelegenheit des Almanachs, den Neuffer herausgegeben hat und wozu ich aus Freundschaft einige Kleinigkeiten dazu gegeben habe:

„Den Inhalt des Almanachs möchten wir fast nur auf die Beiträge von Hölderlin einschränken. Die des Herausgebers (Neuffers) sind endlose Reimereien p. p. Vor den übrigen zeichnen sich die Kleinigkeiten von Hillmar und Siegmar vorteilhaft aus, sowie die innigen elegischen Zeilen von Reinhard (dem französischen Gesandten) an seine Gattin über den Abschied von Deutschland. Die prosaischen Aufsätze sind ganz unbedeutend. Hölderlins wenige Beiträge aber sind voll Geist und Seele, und wir setzen gern zum Belege ein paar davon hieher."

Dann werden ein paar Gedichte von mir angeführt; in einem davon hatte ich auf die Arbeit angespielt, die ich jetzt unter den Händen habe; darüber äußert sich der Rezensent noch am Ende:

„Diese Zeilen lassen schließen, daß Hölderlin ein Gedicht von größerem Umfange mit sich umherträgt, wozu wir ihm von Herzen alle äußere Begünstigung wünschen, da die bisherigen Proben seiner Dichteranlagen und selbst das in dem angeführten Gedichte ausgesprochene erhebende Gefühl ein schönes Gelingen hoffen lassen."

Ich muß Sie aber bitten, liebste Mutter! daß Sie, um Neuffers willen, diese Stelle nirgend bekanntmachen. Wollen Sie es dem l. Karl mitteilen, so kann ich es nicht hindern. HE. Schwager in Blaubeuren liest diese Zeitung wohl selbst. – Ich bin recht von Herzen begierig, von meiner guten Schwester auch einmal wieder einen Brief zu bekommen. Karl ist mir einen schuldig; ich will ihm aber demohngeachtet diese Tage wieder schreiben, weil mein letzter gar zu kurz war. Es freut mich unendlich, daß er so sich Ihrer Teilnahme und Bewunderung wert macht. Ich weiß es auch tief zu schätzen, daß ein Mensch von so viel Kopf und innerer echter Bildung doch auch mit solcher Geduld und Geschicklichkeit in seinem Amtsgeschäfte lebt. Sorgen Sie nur nicht! Er wird noch viel werden. Denn am Ende wird es bald die Not erfordern, daß man wahrhaft vorzügliche und taugliche Menschen, wie er ist, hervorsucht.

Die gute Gesundheit, der ich jetzt genieße, macht einen großen Teil meines Glücks aus, und meine Freunde nehmen herzlichen Anteil. „Ach! jetzt seh ich doch einmal wieder Freude in diesem Auge!" rief vor einiger Zeit mein edler Muhrbeck, als er mich ansah. Es war wirklich ein unangenehmer Zustand, in dem ich mich befand. So müßig und kopflos den ganzen Tag dazusitzen, war mir um so schwerer, da ich mich meist nur durch Beschäftigung heiter erhielt.

Ich habe mich wieder mit dem Frühlinge verjüngt und sehe mit neuem Mut und neuen Kräften ins Leben. Übermütig, ungeduldig, unbescheiden kann und will ich nie mehr werden gegen den Lenker meines Schicksals.

Schlafen Sie wohl, liebste Mutter! Mein Stübchen will mir zu kalt werden, von der Nachtluft, und ich will mich zu Bette legen.

Ich freue mich recht auf den Mai. Wir haben hier fast immer noch rauhe Tage. – Übrigens ist es friedlich hier. Diese Gegenden haben, soviel ich wissen kann, wohl nicht wieder vom Kriege zu befürchten. Unendlich freut es mich, daß doch bisher die l. Meinigen verschont geblieben sind.

Ihr
getreuer Sohn
Fritz

d. 18. Apr. 99

So weit hatt ich schon vor einigen Wochen geschrieben. Aber unter anderem wurd ich auch durch die Kriegsnachrichten aufgehalten, deren Ablauf ich abwarten wollte, um Ihnen vielleicht einiges, was darauf Bezug hätte, zu sagen. Freilich war es auch, daß ich malad war, wie Sie aus dem Briefe an die l. Schwester sehen werden, und daß ich dann gerne die Zeit, wo ich mich schmerzenlos fühlte, zu meinem Geschäfte brauchte. Jetzt bin ich wieder völlig gesund, und ich fühle es mit Freude und Dank, sorge auch, wie ich zu Ihrer Beruhigung sagen muß, recht im Ernste für meine Gesundheit.

Es ist mir nicht wohl möglich, liebste Mutter! diesen Frühling nach Wirtemberg zu kommen; da ich diesen Winter nicht alle Zeit zu meiner Arbeit und meinen Studien benützen konnte und mir sehr daran liegt, daß ich meine Unabhängigkeit reell benütze, so will ich mein Geld und meine Zeit noch sparen, so gut ich kann, und wenn ich bis auf einen Punkt hin fertig bin, mir eher eine solche Freude gönnen. Leben Sie wohl. Empfehlen Sie mich der l. Frau Großmama! Herzliche Grüße dem l. Karl!

Ihr
getreuer Sohn
Fritz

178. AN NEUFFER

Homburg, d. 4ten Juni 1799

Lieber Neuffer!

Du kannst sicher auf einige Beiträge von mir rechnen, und ich werde, Deinem Wunsche gemäß, auch etwas Prosaisches liefern. Vielleicht kann ich Dir auch einiges von den Bekannten schicken, mit denen ich umgehe oder korrespondiere. Ich wünsche Deinem zweiten Sohne alles Leben und alle Kraft und Grazie, die ich ihm wünschen würde, wenn er der meinige wäre.

Ich habe im Sinne, eine poetische Monatschrift herauszugeben. Da die Hauptmaterialien für den ersten Jahrgang, soviel ich von eigner Hand dazugeben werde, größtenteils schon fertig liegen und ich, bei meiner jetzigen Lebensart, ganz dem Unternehmen leben kann, so hoff ich es durchzusetzen. Und da ich noch mit niemand in einem bestimmten Vertrage darüber begriffen bin, so bitt ich Dich, HE. Steinkopf davon zu benachrichtigen, ob er es vielleicht für dienlich hält, den Versuch zu machen. Das Journal wird wenigstens zur Hälfte wirkliche ausübende Poesie enthalten, die übrigen Aufsätze werden in die Geschichte und Beurteilung der Kunst einschlagen. Die ersten Stücke werden von mir enthalten ein Trauerspiel, den „Tod des Empedokles", mit dem ich, bis auf den letzten Akt, fertig bin, und Gedichte, lyrische und elegische. Die übrigen Aufsätze werden enthalten 1. charakteristische Züge aus dem Leben alter und neuer Dichter, die Umstände, unter denen sie erwuchsen, vorzüglich den eigentümlichen Kunstcharakter eines jeden. So über Homer, Sappho, Äschyl, Sophokles, Horaz, Rousseau (als Verfasser der „Heloise"), Shakespeare p.p. 2. Darstellung des Eigentümlichschönen ihrer Werke oder einzelner Partien aus diesen. So über die Iliade, besonders den Charakter Achills, über den „Prometheus" des Äschyl, über die „Antigone", den „Ödipus" des Sophokles, über einzelne Oden des Horaz, über die „Heloise", über Shakespeares „Antonius und Kleopatra", über die Charaktere des Brutus und Cassius in seinem „Julius Cäsar", über den Macbeth usw. Alle diese Aufsätze werden soviel möglich in lebendiger, allgemeininteressanter Manier, meistens in Briefform geschrieben sein. 3. Räsonierende, populär dargestellte Aufsätze über Deklamation, Sprache, über das Wesen und die verschiedenen Arten der Dichtkunst, endlich über das Schöne überhaupt. Ich kann mit gutem Gewissen für alle diese Aufsätze, besonders für die letztern, neue, wenigstens noch nicht verbrauchte Ansichten versprechen, und ich glaube manche Wahrheit auf dem Herzen zu haben, die für die

Kunst nützlich und für das Gemüt erfreulich sein mag.
4. werden auch Rezensionen neuer, besonders interessanter poetischer Werke geliefert werden. Ich hoffe Beiträge von Heinse, Verfasser des „Ardinghello", Heydenreich, Bouterwek, Matthisson, Conz, Siegfried Schmid, auch von Dir zu erhalten, wenn Du etwas entbehren kannst.

Der Ton, der durchaus in der Zeitschrift herrschen wird, macht es wohl schicklich, daß der HE. Verleger, wenn er es für gut findet, ihr auch den Titel: Journal für Damen, ästhetischen Inhalts, geben kann. Was den Geist derselben betrifft, so glaub ich wohl sagen zu dürfen, daß er für die Sittenbildung und echte Erheiterung zuträglicher sein dürfte als mancher andere.

Jeden Monat würde ein Stück von 4 Bogen, nicht sehr enge gedruckt, in Oktavform erscheinen. Der HE. Verleger könnte mir aufkünden, wenn er wollte, nur müßte es wenigstens 3 Monate vor einer Messe geschehen.

Die Bestimmung des Honorars überlasse ich seiner Einsicht und Billigkeit. Nur so viel setz ich hinzu, daß ich ganz für das Unternehmen und von ihm leben werde, daß übrigens meine frugale Existenz nicht so teuer zu besolden ist wie die der großen Männer, welche die „Horen" herausgaben. Ich werde allem meinem Mut und Fleiß und meinen Kräften aufbieten, um diese Zeitschrift gangbar und rühmlich zu machen, und ich werde dafür sorgen, daß, wo möglich, jeder Jahrgang wenigstens *ein* größeres poetisches Werk, z. B. ein Trauerspiel oder einen Roman p. p., vollständig enthält.

Sollte sich HE. Steinkopf entschließen, es mit mir zu wagen, so versprech ich ihm gerne, die Aufträge, die von andern Seiten her zur Mitarbeitung für andere Zeitschriften an mich gemacht worden sind, beiseite zu setzen und für seinen Damenkalender wenigstens 4 Bogen von Jahr zu Jahr unentgeltlich zu liefern.

Ich würde es ihm auch freistellen, die Aufsätze der Zeitschrift, die von mir sind, nach Verlauf einiger Zeit besonders abzudrucken, unter den Bedingungen, die mit der zweiten Auflage eines Buchs verbunden sind.

Ich gestehe, daß es mich besonders freuen würde, mit HE. Steinkopf in diese Beziehung zu kommen, als Deinem Freunde und meinem Bekannten, und wenn ich schon nicht voraussetzen darf, daß er das Zutrauen gegen mich hegt, das zu einem solchen Entschlusse erforderlich ist, so wollt ich dennoch ihm von meinem Plane sagen. Findet er ihn vorteilhaft für sich, so war es schicklich von meiner Seite, ihm, mit dem ich schon in Konnexion bin, das Anerbieten zu machen. Dient es ihm nicht, so ist es ebensogut, als hätt ich gegen ihn davon geschwiegen. Empfiehl mich ihm, und gib ihm meinen Brief zu lesen.

Verzeih nur, daß ich Dich zur Mittelsperson mache. Ich würd es nicht getan haben, wenn ich nicht von mir wüßte, daß Du mich in allem, wozu ich Dir dienen kann, bereit fändest. In jedem Falle schick ich Dir die versprochenen Aufsätze. Die prosaischen werden wohl etwas *Allgemeinverständliches,* einfach und nicht allzu trocken Dargestelltes über das Leben und die Charaktere von Thales und Solon und Plato enthalten. Einen eigentlich moralischen Aufsatz zu liefern, für den Damenkalender, würde mir ziemlich schwer, wenn ich nicht aus meinem Herzen und meinen Überzeugungen zuviel oder zuwenig sagen sollte.

Ich bitte Dich recht sehr, mir so bald wie nur möglich Antwort und Nachricht auf diesen Brief zu geben.

Dein
H.

179. AN DEN BRUDER

Homburg, d. 4. Jun. 1799

Mein Teurer!

Deine Teilnahme, Deine Treue wird meinem Herzen immer wohltätiger; auch was Du für Dich selber bist, Dein Fleiß, die glückliche Gewandtheit, womit Dein Geist und

Deine Kraft sich in Berufsgeschäft und freiere Bildung teilt, Dein Mut, Deine Bescheidenheit gibt mir immer mehr Freude. Lieber Karl! mich erheitert nichts so sehr, als zu einer Menschenseele sagen zu können: Ich glaub an Dich! Und wenn mich das Unreine, Dürftige der Menschen oft mehr stört, als notwendig wäre, so fühl ich mich auch vielleicht glücklicher als andre, wenn ich das Gute, Wahre, Reine im Leben finde, und ich darf deswegen die Natur nicht anklagen, die mir den Sinn fürs Mangelhafte schärfte, um mich das Treffliche um so inniger und freudiger erkennen zu lassen, und bin ich nur einmal so weit, daß ich zur Fertigkeit gebracht habe, im Mangelhaften weniger den unbestimmten Schmerz, den es oft mir macht, als genau seinen eigentümlichen, augenblicklichen, besondern Mangel zu fühlen und zu sehen, und so auch im Bessern seine eigene Schönheit, sein charakteristisches Gute zu erkennen, und weniger bei einer allgemeinen Empfindung stehenzubleiben, hab ich dies einmal gewonnen, so wird mein Gemüt mehr Ruhe und meine Tätigkeit einen *stetigeren Fortgang* finden. Denn wenn wir einen Mangel nur unendlich empfinden, so sind wir auch natürlicherweise geneigt, diesem Mangel nur unendlich abhelfen zu wollen, und so gerät oft die Kraft in vorkommenden Fällen in ein unbestimmtes, fruchtlos ermüdendes Ringen, weil sie nicht bestimmt weiß, wo es mangelt und wie dieser, und gerade dieser, Mangel zu berichtigen, zu ergänzen ist. Solang ich keinen Anstoß finde in meinem Geschäft, so gehet es rüstig weg, aber ein kleiner Mißgriff, den ich gleich zu lebhaft empfinde, um ihn klar anzusehen, treibt mich manchmal in eine unnötige Überspannung hinein. Und wie bei meinem Geschäft, so gehet es mir alten Knaben auch noch im Leben, im Umgange mit den Menschen. Daß sich diese von Natur gewiß nicht ungünstige Empfindungsgabe bei mir noch nicht zu einer Fertigkeit des bestimmteren Gefühls gebildet hat, kommt wohl unter anderm auch daher, daß ich zu viel Mangelhaftes und zu wenig Treffliches in Verhältnissen und Charakteren empfunden habe. – Du wirst durchaus finden, daß jetzt die menschlicheren Organisationen, Gemüter, welche die Natur zur Humanität am bestimmtesten gebildet zu haben scheint, daß diese jetzt überall die unglücklicheren sind, eben weil sie seltener sind als sonst in andern Zeiten und Gegenden. Die Barbaren um uns her zerreißen unsere besten Kräfte, ehe sie zur Bildung kommen können, und nur die feste, tiefe Einsicht dieses Schicksals kann uns retten, daß wir wenigstens nicht in Unwürdigkeit vergehen. Wir müssen das Treffliche aufsuchen, zusammenhalten mit ihm, soviel wir können, uns im Gefühle desselben stärken und heilen und so Kraft gewinnen, das Rohe, Schiefe, Ungestalte nicht bloß im Schmerz, sondern als das, was es ist, was seinen Charakter, seinen eigentümlichen Mangel ausmacht, zu erkennen. Übrigens, wenn uns die Menschen nur nicht unmittelbar antasten und stören, so ist es wohl nicht schwer, im Frieden mit ihnen zu leben. *Nicht sowohl, daß sie so sind, wie sie sind, sondern daß sie das, was sie sind, für das einzige halten und nichts anderes wollen gelten lassen*, das ist das Übel. Dem Egoismus, dem Despotismus, der Menschenfeindschaft bin ich feind, sonst werden mir die Menschen immer lieber, weil ich immer mehr im Kleinen und im Großen ihrer Tätigkeit und ihrer Charaktere gleichen Urcharakter, gleiches Schicksal sehe. In der Tat! dieses Weiterstreben, dieses Aufopfern einer gewissen Gegenwart für ein Ungewisses, ein Anderes, ein Besseres und immer Besseres seh ich als den ursprünglichen Grund von allem, was die Menschen um mich her treiben und tun. Warum leben sie nicht wie das Wild im Walde, genügsam, beschränkt auf den Boden, die Nahrung, die ihm zunächst liegt und mit der es, das Wild, von Natur zusammenhängt wie das Kind mit der Brust seiner Mutter? Da wäre kein Sorgen, keine Mühe, keine Klage, wenig Krankheit, wenig Zwist, da gäb es keine schlummerlosen Nächte usw. Aber dies wäre dem Menschen so unnatürlich wie dem Tiere *die Künste*, die er es lehrt. Das Leben zu fördern, den ewigen Vollendungsgang der Natur zu beschleunigen – zu vervollkommnen, was er vor sich findet, zu idealisieren, das ist überall der eigentümlichste, unterscheidendste Trieb des Menschen, und alle seine Künste und Geschäfte und Fehler und Leiden gehen aus jenem hervor. Warum haben wir Gärten und Felder? Weil der Mensch es besser haben wollte, als er es vorfand. Warum haben wir Handel, Schiffahrt, Städte, Staaten, mit allem ihrem Getümmel, und Gutem und Schlimmen? Weil der Mensch es besser haben wollte, als er es vorfand. Warum haben wir Wissenschaft, Kunst, Religion? Weil der Mensch es besser haben wollte, als er es vorfand. Auch wenn sie sich untereinander mutwillig aufreiben, es ist, weil ihnen das Gegenwärtige nicht genügt, weil sie es anders haben wollen, und so werfen sie sich früher ins Grab der Natur, beschleunigen den Gang der Welt.

So gehet das Größte und Kleinste, das Beste und Schlimmste der Menschen aus *einer* Wurzel hervor, und im ganzen und großen ist alles gut, und jeder erfüllt auf seine Art, der eine schöner, der andre wilder, seine Menschenbestimmung, nämlich die, das Leben der Natur zu vervielfältigen, zu beschleunigen, zu sondern, zu mischen, zu trennen, zu binden. Man kann wohl sagen, jener ursprüngliche Trieb, der Trieb des Idealisierens oder Beförderns, Verarbeitens, Entwickelns, Vervollkommnens der Natur belebe jetzt die Menschen größtenteils in ihren Beschäftigungen nicht mehr, und was sie tun, das tun sie aus Gewohnheit, aus Nachahmung, aus Gehorsam gegen das Herkommen, aus der Not, in die sie ihre Vorväter hineingearbeitet und -gekünstelt haben. Aber um so fortzumachen, wie die Vorväter es anfingen, auf dem Wege des Luxus, der Kunst, der Wissenschaft usw., müssen die Nachkömmlinge eben diesen Trieb in sich haben, der die Vorväter beseelte, sie müssen, um zu lernen, organisiert sein wie die Meister, nur fühlen die Nachahmenden jenen Trieb schwächer, und er kömmt nur in den Gemütern der Originale, der Selbstdenker, der Erfinder lebendig zum Vorschein. Du siehest, Lieber, daß ich Dir das Paradoxon aufgestellt habe, daß der Kunst- und Bildungstrieb mit allen seinen Modifikationen und Abarten ein eigentlicher Dienst sei, den die Menschen der Natur erweisen. Aber wir sind schon lange darin einig, daß alle die irrenden Ströme der menschlichen Tätigkeit in den Ozean der Natur laufen, so wie sie von ihm ausgehen. Und eben diesen Weg, den die Menschen größtenteils blindlings, oft mit Unmut und Widerwillen und nur zu oft auf gemeine, unedle Art gehn, diesen Weg ihnen zu zeigen, daß sie ihn mit offenen Augen und mit Freudigkeit und Adel gehen, das ist das Geschäft der Philosophie, der schönen Kunst, der Religion, die selbst auch aus jenem Triebe hervorgehn. Die Philosophie bringt jenen Trieb zum Bewußtsein, zeigt ihm sein unendliches Objekt im Ideal und stärkt und läutert ihn durch dieses. Die schöne Kunst stellt jenem Triebe sein unendliches Objekt in einem lebendigen Bilde, in einer dargestellten höheren Welt dar; und die Religion lehrt ihn jene höhere Welt gerade da, wo er sie sucht und schaffen will, d. h. in der Natur, in seiner eigenen und in der ringsumgebenden Welt, wie eine verborgene Anlage, wie einen Geist, der entfaltet sein will, ahnden und glauben.

Philosophie und schöne Kunst und Religion, diese Priesterinnen der Natur, wirken demnach zunächst auf den Menschen, sind zunächst für diesen da, und nur, indem sie seiner reellen Tätigkeit, die unmittelbar auf die Natur wirkt, die edle Richtung und Kraft und Freude geben, wirken auch jene auf die Natur und wirken mittelbar auf sie reell. Auch dieses wirken jene drei, besonders die Religion, daß sich der Mensch, dem die Natur zum Stoffe seiner Tätigkeit sich hingibt, den sie, als *ein mächtig Triebrad*, in ihrer unendlichen Organisation enthält, daß er sich nicht als Meister und Herr derselben dünke und sich in aller seiner Kunst und Tätigkeit bescheiden und fromm vor dem Geiste der Natur beuge, den er in sich trägt, den er um sich hat und der ihm Stoff und Kräfte gibt; denn die Kunst und Tätigkeit der Menschen, soviel sie schon getan hat und tun kann, kann doch Lebendiges nicht hervorbringen, den Urstoff, den sie umwandelt, bearbeitet, nicht selbst erschaffen, sie kann die schaffende Kraft entwickeln, aber die Kraft selbst ist ewig und nicht der Menschenhände Werk.

So viel über menschliche Tätigkeit und Natur. Ich wollte, ich könnte es Dir so darstellen, wie es mir in der Seele und auch vor Augen liegt, wenn ich um mich herum die Menschen und jedes seine Welt ansehe, denn es gibt mir großen Trost und Frieden, versöhnt mich besonders mit der mannigfaltigen menschlichen Geschäftigkeit und gibt mir ein tiefes Wohlgefallen an allem Fleiße und tiefere Teilnahme an dem Treiben und an den Leiden der Menschen. Du hast nichts Kleines vor, lieber Bruder! wenn Du die Organisation einer ästhetischen Kirche darstellen willst, und Du darfst Dich nicht wundern, soviel ich einsehe, wenn Dir während der Ausführung Schwierigkeiten aufstoßen, die Dir fast unübersteiglich scheinen. Die Bestandteile des Ideals überhaupt und ihre Verhältnisse philosophisch darstellen, würde schon schwer genug sein, und die philosophische Darstellung des *Ideals aller menschlichen Gesellschaft,* der ästhetischen Kirche, dürfte vielleicht in der ganzen Ausführung noch schwerer sein. Mache Dich nur mutig daran; am Höchsten übt sich die Kraft am besten, und Du hast in jedem Falle den Gewinn davon, daß es Dir leichter werden wird, alle andre gesellschaftlichen Verhältnisse in dem, was sie sind und sein können, gründlich einzusehn.

Ich bin so in das Feld unserer Lieblingsgedanken hineingeraten, daß mir keine Zeit mehr übrigbleibt, um auch noch mehr von Dir und mir zu sprechen.

Ich muß ohnedies noch einige Zeit abwarten, um Dir etwas Bestimmteres von mir zu schreiben und wie ich künftig zu leben gedenke und wann ich vielleicht zu Euch kommen kann, Ihr Lieben! – O das sind gute Menschen, rief ich, vor Freude weinend, als ich Eure drei Briefe las.

Zum Schlusse will ich Dir noch eine Stelle aus meinem Trauerspiele, dem „Tod des Empedokles", abschreiben, damit Du ungefähr sehen kannst, wes Geistes und Tones die

Arbeit ist, an der ich gegenwärtig mit langsamer Liebe und
Mühe hänge:
                          O jene Zeit!
Ihr Liebeswonnen, da die Seele mir
Von Göttern, wie Endymion, geweckt,
Die kindlich schlummernde, sich öffnete,
Lebendig sie, die Immerjugendlichen,
Des Lebens große Genien
Erkannte – schöne S o n n e ! Menschen hatten mich
Es nicht gelehrt, mich trieb mein eigen Herz
Unsterblichliebend zu Unsterblichen,
Zu dir, zu dir, ich konnte Göttlichers
Nicht finden, stilles Licht! und so wie du
Das Leben nicht an deinem Tage sparst
Und sorgenfrei der goldnen Fülle dich
Entledigest, so gönnt auch ich, der Deine,
Den Sterblichen die beste Seele gern,
Und furchtlos offen gab
Mein Herz, wie du, der ernsten E r d e sich,
Der schicksalvollen, ihr in Jünglingsfreude
Das Leben so zu eignen bis zuletzt;
Ich sagt ihr's oft in trauter Stunde zu,
Band so den teuern Todesbund mit ihr.
Da rauscht' es anders, denn zuvor, im Hain,
Und zärtlich tönten ihrer Berge Quellen –
All deine Freuden, E r d e ! wahr, wie sie,
Und warm und voll, aus Müh und Liebe reifen,
Sie alle gabst du mir. Und wenn ich oft
Auf stiller Bergeshöhe saß und staunend
Der Menschen wechselnd Irrsal übersann,
Zu tief von deinen Wandlungen ergriffen,
Und nah mein eignes Welken ahnete,
Dann atmete der Ä t h e r, so wie dir,
Mir heilend um die liebeswunde Brust,
Und, wie Gewölk der Flamme, löseten
Im hohen Blau die Sorgen mir sich auf.

Lebe nun wohl, lieber Karl. Schreibe mir, sobald es Deine Geschäfte und die Umstände Dir gönnen wollen.

Dein
Hölderlin

180. AN DIE MUTTER

Homburg vor der Höhe,
d. 18. Jun. 99

Liebste Mutter!

Hätt ich auch sonst nichts, was mich erheitern und mein Gemüt zum Danke und zum Glauben stimmen könnte, so wäre ein Herz wie das Ihrige, diese Güte und Liebe genug. Glauben Sie mir, teure, verehrungswürdige Mutter! Sie sind mir heilig in dieser reinen Teilnahme, und ich müßte ein Mensch ohne Sinn sein, wann ich diese nicht zu schätzen wüßte. Nein! der fromme Geist, der zwischen Sohn und Mutter waltet, stirbt zwischen Ihnen und mir nicht aus. O das sind gute Menschen! mußt ich bei mir selber sagen und vor Freude weinen, da ich die drei lieben Briefe las, von Ihnen und von Schwester und Bruder.

Nehmen Sie es nur nicht für Ungeduld und Weichlichkeit, die meinen Jahren und meinem Geschlecht so übel ansteht – wenn ich klagte, von trostlosen Stunden sprach. Es war weniger mein eigenes Leid, was mich den Trost oft nicht in jeder finden ließ, als die Trauer, die mich manchmal überfallen mußte in meiner gänzlichen Einsamkeit, wenn ich unsere jetzige Welt mir dachte und an die Seltnen, Guten in ihr, wie sie leiden, eben darum, weil sie besser und trefflicher sind. Und dies *muß* ich wohl zuweilen fühlen, denn dies treibt mich eben zu meiner reinsten Tätigkeit. Es ist wunderbar, daß der Mensch nichts weiterbringt, wenn er alles gleichgültig ansieht, und doch auch nichts wirkt und fördert, wenn er sich verkümmert, daß er also, um zu leben und tätig zu sein, beedes in seiner Brust vereinigen muß, die Trauer und die Hoffnung, Heiterkeit und Leid. Und dies ist, wie ich glaube, auch der Sinn des Christen. Und so haben es Sie auch gemeint.

Wie herzlich dank ich Ihnen auch für die lieben Worte von meinem seligen Vater. Der Gute, Edle! Glauben Sie, ich habe schon manchmal an seine immerheitre Seele gedacht und daß ich ihm gleichen möchte. Auch Sie, liebste Mutter! haben mir diesen Hang zur Trauer nicht gegeben, von dem ich mich freilich nicht ganz rein sprechen kann. Ich sehe ziemlich klar über mein ganzes Leben, fast bis in die früheste Jugend zurück, und weiß auch wohl, seit welcher Zeit mein Gemüt sich dahin neigte. Sie werden's kaum mir glauben, aber ich erinnere mich noch zu gut. Da mir mein zweiter Vater starb, dessen Liebe mir so unvergeßlich ist, da ich mich mit einem unbegreiflichen Schmerz als Waise fühlte und Ihre tägliche Trauer und Tränen sah, da stimmte sich meine Seele zum erstenmal zu diesem Ernste, der mich nie ganz verließ und freilich mit den Jahren nur wachsen konnte. Ich habe aber auch in der Tiefe meines Wesens eine Heiterkeit, einen Glauben, der noch oft in voller, wahrer Freude hervorgeht, nur lassen sich zu dieser so leicht nicht Worte finden wie zum Leide. Es hat mich herzlich gefreut, daß Sie mich noch ermunterten, meiner Jugend mich zu freuen. Ich träume mich gerne etwas jünger, als ich bin, bin auch wohl bei allem Ernste und aller Bedachtsamkeit oft noch ein rechter Knabe, zu gutmütig manchmal gegen die Menschen, und das hat immer Empfindlichkeit und Mißtrauen zur Folge. Trösten Sie sich damit, liebste Mutter! daß ich meine Fehler ehrlich und ernst einsehe, und das bringt doch immer zum Vernünftigern.

Ich habe Ihnen eine angenehme Nachricht zu sagen. Ich habe mit Antiquar Steinkopf in Stuttgart den Akkord getroffen, ein Journal herauszugeben, wozu er der Verleger sein will. Monatlich wird ein Stück geliefert werden, die Aufsätze werden größtenteils von mir sein, die übrigen von

Schriftstellern, denen zur Seite zu stehen ich mir zur Ehre rechnen werde. Mein eignes Einkommen mag sich dabei auf 500 fl. jährlich belaufen, und so wäre vom nächsten Jahr an auf einige Zeit meine Existenz auf eine honette Art gesichert. Da ich mir schon ziemlich vorgearbeitet habe, so dürfen Sie nicht fürchten, liebste Mutter! daß mich dieses Geschäft zu sehr belästigen möchte. Steinkopf hat in dem Briefe, worin er sich geneigt zu diesem Unternehmen äußert, es sich ausgebeten, daß ich ihm zuerst die merkantilischen Bedingungen nennen möchte und ihm sagen, wieviel ich für die Besorgung des Journals und meine Aufsätze verlange. Ich werde es ausdrücklich mir ausbedingen, daß mir wenigstens hundert Gulden mit Anfang des Jahres und so halbjährig bis zum Ende ausbezahlt werden, und so glaub ich, da ich noch auf einige Zeit versehen bin, nicht so leicht in den Fall zu kommen, Ihre Güte mißbrauchen zu müssen. Ich will Ihnen im nächsten Briefe noch das Sichere und Bestimmtere über das Journal schreiben. Ich bin so frei, die 100 fl. auf die Art, wie Sie es gutbefunden haben, anzunehmen, und ich werde es im Geiste und in der Tat niemals vergessen.

Wie sehr es mein Wunsch ist, teure Mutter! Sie und alle die Meinigen einmal wiederzusehen, werden Sie leicht sich vorstellen, und wenn ich meine Geschäfte und meine kleine Ökonomie nicht zu sehr derangieren müßte, so möchte ich wohl den Herbst auf ein paar Wochen hinaufkommen. Aber ich fürchte fast, es wird mir vorerst an Zeit gebrechen, und Sie werden sich nicht wundern, wenn ich mich ebenso strenge hierin an meine eignen Gesetze und Vorsätze binde, als wie wenn ich unter der Disposition eines andern stünde. Wenn ich dies nicht täte, so würde mir meine gegenwärtige Unabhängigkeit eher schaden als nützen, und es würde mir am Ende lästig werden, mich in irgendeine Ordnung zu fügen. –

Verzeihen Sie, daß ich so mit einmal abbreche, aber es ist schon etwas spät, und ich mag mich bei den kühlen Abenden nicht gern aussetzen. Meine Gesundheit ist mir wirklich teurer geworden, weil ich sie so zur ungelegenen Zeit auf

eine Weile entbehren mußte und sie notwendig brauche.
Tausend herzliche Empfehlungen an die l. Frau Großmama.
Noch diese Woche schreib ich meiner teuern Schwester. Ich
mochte Sie nur nicht länger auf einen Brief warten lassen.

Ihr
Fritz

Mögen Sie nur das Geld noch ungefähr einen Monat behalten. Ich will so frei sein, Ihnen darum zu schreiben, sobald ich voraussehe, daß ich es in einiger Zeit nötig habe. Jetzt gehet das bare Geld wenigstens nicht sicher.

181. AN FRIEDRICH STEINKOPF

Homburg vor der Höhe,
d. 18. Jun. 1799

[Legt nun weitläuftiger die Idee des Unternehmens auseinander. Darin sagt er unter anderm:

Die echte Popularität beruhe weniger in der Alltäglichkeit des Stoffes als im Leben und der Faßlichkeit des Vortrags.

Als Hauptzweck gibt er an, die streitenden Elemente des Idealischen, Ursprünglichnatürlichen, rein Lebendigen einer-, und des Wirklichen, Gebildeten, Wissenschaftlichen, Künstlichen andrerseits zu versöhnen.]

Ich weiß wohl, man hat dasselbe neuerdings versucht und wohl Sensation, aber keine gründliche Wirkung hervorgebracht, aber nach meiner gründlichsten und genauesten Einsicht hat es an einem Hauptpunkte, nämlich an gehöriger Unparteilichkeit, entweder aus Leidenschaft oder aus Unkunde, gefehlt, man hat wieder übertrieben, hat wieder zu einem Extrem gegriffen, ist unverständlich dadurch und den andern Übertriebenen anstößig geworden. Diese letzte Erfahrung hat aber auch eine reinere Überzeugung hervorgebracht, und ich glaube auf meinem jetzigen Gesichtspunkte nicht allein zu stehen.

Also Vereinigung und Versöhnung der Wissenschaft mit dem Leben, der Kunst und des Geschmacks mit dem Genie, des Herzens mit dem Verstande, des Wirklichen mit dem Idealischen, des Gebildeten (im weitesten Sinne des Worts) mit der Natur – dies wird der allgemeinste Charakter, der Geist des Journals sein.

[Die Poesie soll nicht bloß leidenschaftliche, schwärmerische, launische Explosion, nicht erzwungenes, kaltes Kunststück sein, sondern zugleich aus dem Leben und dem ordnenden Verstande, aus Empfindung und Überzeugung hervorgehen.

Aufsätze über Poesie überhaupt, über Sprache, Deklamation, Dichtarten, über Genie, Empfindung, Phantasie usw., über bestimmte Gedichte und ihre Verfasser] (indem sie den Mann, sein Leben, seine eigene Natur und die Natur, die ihn umgab, zu ahnden geben, lassen sie dem Gedichte als Naturprodukt seine Ehre widerfahren).

[Er schlägt den Titel *Iduna* vor, weil, soviel er sich erinnre, ein Journal den Namen schon geführt habe. Überläßt das aber dem Verleger.]

Vom Erfolge meiner Bemühungen um eine Anzahl von Mitarbeitern, die dem Journal zur Empfehlung dienen können, wie Sie es wünschen, werd ich Ihnen Nachricht geben, sobald er mir durchgängig bekannt ist, und dann zugleich die Ankündigung, die sich darnach richten muß, Ihnen zur Einsicht überschicken. Ich kann Sie indes versichern, daß ich so vielfältig und so zweckmäßig, als ich weiß und kann, mich adressieren werde und daß kein guter Wille und keine Verlegenheit mich verdrießen soll, in die es uns setzt, wenn wir uns an Männer von Bedeutung wenden und einer unbefriedigenden Antwort aussetzen.

Ich werde indessen alle Zeit und alle Kraft dahin verwenden, besonders auch, um dem Trauerspiele die gehörige Feile und Gefälligkeit zu geben, der es, um der Eigenheit seines Stoffes willen, weniger als andere entbehren kann.

[Er will in jedes Monatsheft 3 Bogen liefern à 1 Karolin. Das macht 36 Karolin, und da er wenigstens 50 Karolin jährlich braucht, so fordert er den Rest als Redaktionsgehalt.

Neuffern werde er mit Anfang nächsten Monats die „Emilie" und einige Gedichte von sich und einem jungen Dichter, dessen Produkte nicht ohne Anlage und Glück seien, überschicken.]

182. AN SUSETTE GONTARD

[Homburg,
vermutlich Ende Juni 1799]

Täglich muß ich die verschwundene Gottheit wieder rufen. Wenn ich an große Männer denke in großen Zeiten, wie sie, ein heilig Feuer, um sich griffen und alles Tote, Hölzerne, das Stroh der Welt in Flamme verwandelten, die mit ihnen aufflog zum Himmel, und dann an mich, wie ich oft, ein glimmend Lämpchen, umhergehe und betteln möchte um einen Tropfen Öl, um eine Weile noch die Nacht hindurch zu scheinen – siehe! da geht ein wunderbarer Schauer mir durch alle Glieder, und leise ruf ich mir das Schreckenswort zu: lebendig Toter!

Weißt Du, woran es liegt, die Menschen fürchten sich voreinander, daß der Genius des einen den andern verzehre, und darum gönnen sie sich wohl Speise und Trank, aber nichts, was die Seele nährt, und können es nicht leiden, wenn etwas, was sie sagen und tun, im andern einmal geistig aufgefaßt, in Flamme verwandelt wird. Die Törigen! Wie wenn irgend etwas, was die Menschen einander sagen könnten, mehr wäre als Brennholz, das erst, wenn es vom geistigen Feuer ergriffen wird, wieder zu Feuer wird, so wie es aus Leben und Feuer hervorging. Und gönnen sie die Nahrung nur gegenseitig einander, so leben und leuchten ja beide, und keiner verzehrt den andern.

Erinnerst Du Dich unserer ungestörten Stunden, wo wir und wir nur umeinander waren? Das war Triumph! beede so frei und stolz und wach und blühend und glänzend an Seel und Herz und Auge und Angesicht, und beede so in himmlischem Frieden nebeneinander! Ich hab es damals schon geahndet und gesagt: Man könnte wohl die Welt durchwandern und fände es schwerlich wieder so. Und täglich fühl ich das ernster.

Gestern nachmittag kam Muhrbeck zu mir aufs Zimmer. „Die Franzosen sind schon wieder in Italien geschlagen", sagt' er. "Wenn's nur gut mit uns steht", sagt ich ihm, "so steht es schon gut in der Welt", und er fiel mir um den Hals, und wir küßten uns die tiefbewegte, freudige Seele auf die Lippen, und unsre weinenden Augen begegneten sich. Dann ging er. Solche Augenblicke hab ich doch noch. Aber kann das eine Welt ersetzen? Und das ist's, was meine Treue ewig macht. In dem und jenem sind viele vortrefflich. Aber eine Natur wie Deine, wo so alles in innigem, unzerstörbarem, lebendigem Bunde vereint ist, diese ist die Perle der Zeit, und wer sie erkannt hat und wie ihr himmlisch angeboren eigen Glück dann auch ihr tiefes Unglück ist, der ist auch ewig glücklich und ewig unglücklich.

183. AN NEUFFER

Homburg vor der Höhe, d. 3. Jul. 99

Ich habe nicht ganz Wort gehalten, Lieber! und Du erhältst das Versprochene um eine Woche später, als ich dachte. Ich war genötiget, auf einige Tage zu verreisen, wo ich dann auch unsern braven Jung gesprochen habe, der sich jetzt besonders wohl befindet. Er will mir seinen "Ossian" in das Journal geben. Als Text zum Kommentar mögen einige Stücke vortrefflich dienen.

Ich will Dir bei Gelegenheit, wenn es Dich interessieren sollte, einiges über die Methode und Manier sagen, in der ich die "Emilie" geschrieben habe. Du kannst Dir wohl denken, daß ich bei der Eilfertigkeit, womit ich dabei zu Werke gehen mußte, die Dichtart, die ich schon ziemlich lange projektiert habe, nicht so ausdrücken konnte, wie ich es wünschte und wie es nötig wäre, um die Vorteile fühlbar zu machen, die sie wahrscheinlich hat, besonders bei Stoffen, die nicht eigentlich heroisch sind. Es ist mir gar nicht um den Schein des Neuen dabei zu tun; aber ich fühle und sehe immer mehr, wie wir zwischen den beiden Extremen, der

Regellosigkeit – und der blinden Unterwerfung unter alte Formen und der damit verbundenen Gezwungenheit und falschen Anwendung, schwanken. Glaube deswegen nicht, Lieber! daß ich willkürlich mir eine eigene Form vorsetze und ausklügle; ich prüfe mein Gefühl, das mich auf dieses oder jenes führt, und frage mich wohl, ob eine Form, die ich wähle, dem Ideal, und besonders auch dem Stoffe, den sie behandelt, nicht widerspreche. Freilich kann ich dann im allgemeinen recht haben, aber in der Ausführung um so leichter in Mißtritte geraten, weil ich nur mir selber folge und mich an kein sinnlich Muster halten kann. Aber es ist eben keine andere Wahl; sowie wir irgendeinen Stoff behandeln, der nur ein wenig modern ist, so müssen wir, nach meiner Überzeugung, die alten klassischen Formen verlassen, die so innig ihrem Stoffe angepaßt sind, daß sie für keinen andern taugen. Wir sind es nun freilich gewohnt, daß z. B. eine Liebesgeschichte, *die nichts weiter ist als dies*, in der Form des Trauerspiels vorgetragen wird, die doch bei den Alten ihrem innern Gange nach und in ihrem heroischen Dialog zu einer eigentlichen Liebesgeschichte gar nicht paßt. Behält man den heroischen Dialog bei, so ist es immer, als ob die Liebenden zankten. Verläßt man ihn, so widerspricht der Ton der eigentlichen Form des Trauerspiels, die dann auch freilich überhaupt nicht strenge beibehalten wird, aber deswegen auch ihren eigentümlichen poetischen Wert und ihre Bedeutung bei uns verloren hat. Man will aber auch nur rührende, erschütternde Stellen und Situationen, um die Bedeutung und den Eindruck des Ganzen bekümmern sich die Verfasser und das Publikum selten. Und so ist die strengste aller poetischen Formen, *die ganz dahin eingerichtet ist, um, ohne irgendeinen Schmuck, fast in lauter großen Tönen, wo jeder ein eignes Ganze ist, harmonisch wechselnd fortzuschreiten*, und in dieser stolzen Verleugnung alles Akzidentellen das Ideal eines lebendigen Ganzen so kurz und zugleich so vollständig und gehaltreich wie möglich, deswegen deutlicher, aber auch ernster als alle andre bekannte poetische Formen darstellt – die ehrwürdige tragische Form ist zum Mittel herabgewürdiget worden, um gelegenheitlich etwas Glänzendes oder Zärtliches zu sagen. Was konnte man aber auch mit ihr anfangen, wenn man den Stoff nicht wählte, zu dem sie paßte und mit welchem gepaart sie Sinn und Leben allein behielt. Sie war tot geworden, wie alle andre Formen, wenn sie die lebendige Seele verloren, der sie wie ein organischer Gliederbau dienten, aus der sie sich ursprünglich hervorbildeten, wie z. B. die republikanische Form in unsern Reichstädten tot und sinnlos geworden ist, weil die Menschen nicht so sind, daß sie ihrer *bedürften*, um wenig zu sagen.

So wie nun die tragischen Stoffe gemacht sind, um in lauter großen *selbständigen* Tönen harmonisch wechselnd fortzuschreiten und mit möglichster Ersparnis des Akzidentellen ein Ganzes voll kräftiger, bedeutender Teile darzustellen, so sind die *sentimentalen* Stoffe, z. B. die Liebe, ganz dazu geeignet, zwar nicht in großen und stolzen, festen Tönen und mit entscheidender Verleugnung des Akzidentellen, aber *mit dieser zarten Scheue des Akzidentellen* und in tiefen, vollen, elegisch-bedeutenden und, durch das Sehnen und Hoffen, das sie ausdrücken, vielsagenden Tönen harmonisch wechselnd fortzuschreiten und das Ideal eines lebendigen Ganzen zwar nicht mit dieser angestrengten Kraft der Teile und diesem hinreißenden Fortgang, mit dieser schnellen Kürze, aber geflügelt, wie Psyche und Amor ist, und mit *inniger* Kürze darzustellen, und nun fragt sich nur, in welcher Form sich dieses am leichtesten und natürlichsten und eigentlichsten bewerkstelligen läßt, so daß der schöne Geist der Liebe seine eigne poetische Gestalt und Weise hat.

Verzeihe mir, wenn ich Dir mit diesem unbestimmten Räsonnement Langeweile mache. Ich lebe so sehr mit mir allein, daß ich oft jetzt gerne in einer müßigen Stunde mit einem unbefangenen Freunde schriftlich mich über Gegenstände unterhalten möchte, die mir nahe liegen, und das macht mich dann, wie Du siehest, geschwätziger, als vielleicht dem andern angenehm ist. Ich habe Dir freilich so gut als nichts gesagt und mehr mit mir selber gesprochen als zu Dir.

Es freut mich herzlich, wenn Du Dich immer mehr der Poesie hingibst. Das Zeitalter hat eine so große Last von Eindrücken auf uns geworfen, daß wir nur, wie ich täglich mehr fühle, durch eine lange, bis ins Alter fortgesetzte Tätigkeit und ernste, immer neue Versuche vielleicht dasjenige am Ende produzieren können, wozu uns die Natur zunächst bestimmt hat und was vielleicht unter andern Umständen früher, aber schwerlich so vollkommen gereift wäre. Wenn uns Pflichten, die uns beeden wahrhaft heilig sind, aufrufen, so bringen wir dann auch der Notwendigkeit ein schönes Opfer, wenn wir die Liebe zu den Musen verleugnen, wenigstens auf eine Zeitlang.

Es muß Dir einen glücklichen Abend gemacht haben, da Dein Lustspiel aufgeführt wurde und Du Dich unter den heitern Zuschauern als die erste bewegende Kraft fühltest. Ist es gedruckt, und kann ich es wohl in Frankfurt zu kaufen bekommen?

Ich wünsche Deinem Taschenbuche recht viele glückliche Mitarbeiter. Solltest Du mit einer Anzahl von Beiträgen unzufrieden sein und lieber noch die Lücke durch mich ausgefüllt sehn, so widme ich Dir gerne noch acht Tage, *natürlich nur im Notfall*, sonst wäre dies eine anmaßliche Äußerung von mir. Einige Gedichte von mir schicke ich Dir noch nach mit Beiträgen von noch einem jungen Dichter. Die von Böhlendorff, die ich Dir hier beilege, sind wohl nicht ohne Interesse für Dein Publikum, und Du kannst ja noch eine Auswahl treffen, wenn es Dir gut dünkt.

Sei so gut und sorge dafür, daß die Intervalle, die in dem Manuskript von der „Emilie" zwischen den Jamben gelassen sind, richtig abgedruckt werden.

Stoße Dich nicht an dem Titel; es täte ja not, mehr Vorreden zu schreiben als Gedichte, und wenn ich durch ein paar Worte gewissermaßen solch eine Vorrede ersetzen kann und dem Leser bedeuten, daß dies nur ein Moment aus Emiliens Leben ist und der Dichter überhaupt alle Biographie soviel möglich in einen Hauptmoment konzentrieren muß – warum soll ich es nicht?

So flüchtig ich diesen Versuch geschrieben habe, so darf ich Dir doch sagen, daß ich mir bewußt bin, weniges ohne dramatischen oder allgemeinpoetischen Grund gesagt zu haben.

Gute Nacht, Lieber! Grüße mir HE. Steinkopf! überhaupt meine Freunde und Bekannten in Stuttgart, und tue mir den Gefallen, mir auch einiges von ihnen zu schreiben, und schreibe mir bald wieder!

Hölderlin

184. AN SCHILLER

[Homburg,] d. 5ten Jul. 99

Die Großmut, womit Sie mir immer begegneten, Verehrungswürdigster! und die tiefe Ergebenheit gegen Sie, die in mir nur immer reifer wird, können mir allein so viel Zuversicht geben, daß ich Sie mit einer unbescheidnen Bitte beschwere, und ich würde sie gewiß unterlassen, wenn ich mit Gewißheit voraussähe, daß sie Ihnen einen unangenehmen Augenblick machte. Vielleicht verblindet mich mein Wunsch und die Einsicht, wie wichtig die Erfüllung derselben für mich wäre; ich habe also allen Grund, sie Ihnen zum voraus abzubitten, wenn sie Ihnen wirklich mißfällig sein sollte.

Wäre ich Ihrer Protektion so wert, daß ich ihrer nicht bedürfte, so würde ich Sie nicht darum bitten, oder bedürfte ich ihrer so sehr, daß ich ihrer gar nicht wert wäre, so würde ich Sie auch nicht darum bitten. Aber ich glaube derselben gerade so weit bedürftig und wert zu sein, daß die Bitte um dieselbe zu entschuldigen ist.

Ich habe im Sinne, die literarischen und poetischen Versuche, die ich unter den Händen habe, nach und nach in einem humanistischen Journale herauszugeben und fortzusetzen, und ich würde es lieber abwarten, ob mir nicht endlich ein Produkt gelänge, von dessen Wert und Glück ich gewisser sein könnte, wenn mir die Umstände die ruhige Independenz ließen, die dazu erforderlich wäre. So muß ich Proben geben, die vielleicht mehr etwas versprechen als leisten, und kann vor dem Publikum die Autorität eines bewährten großen Mannes nicht entbehren, wenn ich nicht verunglücken soll, soviel ich mich und die Zeit kenne.

Ich bin deswegen so frei, Sie um einige wenige Beiträge zu bitten, wenn Sie es nicht gegen Ihre Würde finden sollten, dies Zeichen Ihrer Gunst und Güte mir öffentlich zu geben.

Glauben Sie, Verehrungswürdiger! ich ehre Sie zu wahrhaft, als daß mir diese Unbescheidenheit nicht schwer geworden sein sollte. Und ich kann sie nicht gutmachen, wie ich wohl denken möchte, dadurch, daß ich nun, da die gefährliche Bitte herausgesagt ist, freier und unbefangener einmal wieder den Dank ausspreche, den ich Ihnen entgegenbrachte und nicht aussprechen konnte, da ich vor Jahren Sie zum erstenmal sah, und der durch Ihren unvergeßlichen Umgang und indessen durch jedes Zeichen Ihrer Gegenwart in der Welt nur gründlicher geworden ist.

Gibt es irgend noch ein erreichbares würdiges Ziel für mich in der Zukunft, so kann ich erst dann Ihnen recht danken, denn nur der Dank von dem, der Ihrer in einem höheren Grade wert geworden ist, kann Sie erfreuen, und dann könnt ich auch wohl meine unbescheidene Bitte rechtfertigen.

Haben Sie die Güte, auch wenn Sie es für gut finden sollten, mein Vorhaben nicht so eklatant zu begünstigen, mir doch zu antworten, es seie so kurz, wie es wolle, denn wenn Sie schweigen, so muß ich den Tadel meiner Unbescheidenheit über mich nehmen, und dieser möchte strenger ausfallen als irgendeiner, den Sie gegen mich äußern würden.

Sollte es Ihnen gefallen, so würd ich Ihnen das Manuskript des ersten Hefts zur Probe zuschicken.
Ich bin mit wahrster Verehrung
    der Ihrige
     M. Hölderlin

Mein Verleger vereinigt seine Bitte mit mir.
Ich bin so frei, meine Adresse beizusetzen:
 bei Glaser Wagner wohnhaft
  in
   Homburg bei Frankfurt.

185. AN DIE MUTTER

Liebste Mutter!   Homburg, d. 8. Jul. 1799

Ihre gütigen Briefe machen mir immer eine Art von Fest, wenn ich sie empfange, und es ist mir jedesmal dabei, als wenn ich nun zu Hause wäre, bei Ihnen, und Ihre mütterliche Liebe vergegenwärtiget Sie mir und meine liebe Heimat und meine teuern Verwandten so schön, daß mir die Entfernung um vieles erleichtert wird. Wegen meiner Gesundheit können Sie sich nun völlig beruhigen. Ich befinde mich seit geraumer Zeit gänzlich wohl, und ein freudiger Dank für diese gute Gabe, die wir uns selbst allein nicht geben können, geleitet mich bei meinem Geschäfte und in meinen Ruhestunden.

Das Gedichtchen hätte Sie nicht beunruhigen sollen, teuerste Mutter! Es sollte nichts weiter heißen, als wie sehr ich wünsche, einmal eine ruhige Zeit zu haben, um das zu erfüllen, wozu mich die Natur bestimmt zu haben schien. Überhaupt, liebste Mutter! muß ich Sie bitten, nicht alles für strengen Ernst zu nehmen, was Sie von mir lesen. Der Dichter muß, wenn er seine kleine Welt darstellen will, die Schöpfung nachahmen, wo nicht jedes einzelne vollkommen ist und wo Gott regnen läßt auf Gute und Böse und Gerechte und Ungerechte; er muß oft etwas Unwahres und Widersprechendes sagen, das sich aber natürlich im Ganzen, worin es als etwas *Vergängliches* gesagt ist, in *Wahrheit* und Harmonie auflösen muß, und so wie der Regenbogen nur schön ist nach dem Gewitter, so tritt auch im Gedichte das Wahre und Harmonische aus dem Falschen und aus dem Irrtum und Leiden nur desto schöner und erfreulicher hervor. – Ich erkenne es mit herzlichem Dank, edle, gute Mutter! daß Sie mich so auf alle Art aufmuntern, und ich verspreche es Ihnen, Ihr Segen soll nicht ohne Frucht bleiben.

Was die Reise betrifft, zu der Sie mich so gütig einladen, so werden Sie aus dem Briefe an die liebe Schwester sehen, wie sehr ich versucht bin, von Ihrer gütigen Erlaubnis Gebrauch zu machen, und inwieweit mir es möglich sein wird, diesen Wunsch mir zu erfüllen.

Ich habe noch nicht Gelegenheit gehabt, mich genau zu erkundigen, auf welchem Wege Sie mir das Geld ganz sicher zustellen können, ich bitte Sie also meinen nächsten Brief noch abzuwarten, eh Sie es absenden. Eines Weiteren bin ich vorderhand nicht benötigt, auch wenn ich wirklich es sonst möglich machen könnte, zu Ihnen auf einige Wochen hinaufzureisen auf den Herbst. Nehmen Sie nochmal meinen erkenntlichsten Dank dafür! Mich hat es unendlich gefreut, daß Sie mir geschrieben haben, Sie könnten jetzt in so mancher Rücksicht ohne Sorge und in Ruhe sein!

Meine Unpäßlichkeit soll Sie nur ja in keiner Freude stören, die Ihnen in Ihrem Alter, da Sie so viel für uns getan und so manches im Leben gelitten haben, so sehr zu gönnen ist. Ich bin jetzt ja gesund, liebe, teilnehmende Mutter! und kann hoffen, es um so eher zu bleiben, da ich so ruhig und ohne übermäßige Anstrengung und gewaltsame Unterbrechung eine Weile leben darf. Geben Sie meinem Karl auch in meinem Namen die Hand, wenn er zu Ihnen kömmt! Viele Empfehlungen an unsere lieben Verwandten!

Wie gerne würde ich an der Freude teilnehmen, die Ihre lieben Gäste bei Ihnen haben werden, aber die neuesten Zurüstungen zu dem Journal, die ich gar nicht aufschieben darf, um bald der Sache ganz gewiß zu sein, lassen mich jetzt nicht wohl abkommen.

Tausend Empfehlungen an die liebe Frau Großmama. Ich bin wie immer

Ihr
dankergebener Sohn
Hölderlin.

186. AN SCHELLING

[Homburg, im Juli 1799]

Mein Teurer!

Ich habe indes zu treu und zu ernst an Deiner Sache und an Deinem Ruhme teilgenommen, als daß ich es mir nicht gönnen sollte, Dich einmal wieder an mein Dasein zu mahnen.

Wenn ich indessen gegen Dich geschwiegen habe, so war es größtenteils, weil ich Dir, der mir so viel und immer mehr bedeutete, irgendeinmal in einer bedeutenderen Beziehung oder doch in einem Grade des Werts, der Dich auf eine schicklichere Art an unsere Freundschaft mahnen könnte, entgegenzukommen hoffte.

Nun treibt mich eine Bitte früher zu Dir, und Du wirst mich auch in dieser Gestalt nicht verkennen. Ich habe die Einsamkeit, in der ich hier seit vorigem Jahre lebe, dahin verwandt, um unzerstreut und mit gesammelten, unabhängigen Kräften vielleicht etwas Reiferes, als bisher geschehen ist, zustande zu bringen, und wenn ich schon größtenteils der Poesie gelebt habe, so ließ mich doch Notwendigkeit und Neigung nicht so weit von der Wissenschaft entfernen, daß ich nicht meine Überzeugungen zu größerer Bestimmtheit und Vollständigkeit auszubilden und sie, soviel möglich, mit der jetzigen und vergangenen Welt in Anwendung und

Reaktion zu setzen gesucht hätte. Großenteils schränkte sich mein Nachdenken und meine Studien auf das, was ich zunächst trieb, die Poesie, ein, insofern sie lebendige Kunst ist und zugleich aus Genie und Erfahrung und Reflexion hervorgeht und idealisch und systematisch und individuell ist. Dies führte mich zum Nachdenken über Bildung und Bildungstrieb überhaupt, über seinen Grund und seine Bestimmung, insofern er idealisch und insofern er tätig bildend ist und wieder insofern er mit Bewußtsein seines Grundes und seines eigenen Wesens vom Ideal aus und insofern er instinktmäßig, aber doch seiner Materie nach als Kunst und Bildungstrieb wirkt etc., und ich glaubte am Ende meiner Untersuchungen den Gesichtspunkt der sogenannten Humanität (insofern auf ihm mehr auf das Vereinigende und Gemeinschaftliche in den Menschennaturen und ihren Richtungen gesehen wird als auf das Unterscheidende, was freilich ebensowenig übersehen werden darf) fester und umfassender gesetzt zu haben, als mir bisher bekannt war. Diese Materialien zusammen veranlaßten mich zu dem Entwurf eines humanistischen Journals, das in seinem gewöhnlichen Charakter ausübend poetisch, dann auch historisch und philosophisch belehrend wäre über Poesie, endlich im allgemeinen historisch und philosophisch belehrend aus dem Gesichtspunkte der Humanität.

Verzeihe mir diese schwerfällige Vorrede, mein Teurer! aber die Achtung gegen Dich ließ mir nicht zu, Dir mein Vorhaben so ex abrupto zu verkündigen, und es schien, als wär ich Dir gewissermaßen Rechenschaft schuldig von meinen Beschäftigungen, besonders da ich leicht fürchten konnte nach meinen bisherigen Produkten, daß ich das Zutrauen, das Du ehemals in meine philosophischen und poetischen Kräfte zu setzen schienst, jetzt, da ich Dir hätte die Probe geben sollen, nicht mehr in dem vorigen Grade besitze.

Dir, der mit dieser nur zu seltenen Vollständigkeit und Gewandtheit die Natur des Menschen und seiner Elemente durchschaut und umfaßt, wird es ein leichtes sein, Dich auf meinen beschränkteren Gesichtspunkt zu stellen und durch Deinen Namen und Deine Teilnahme ein Geschäft zu sanktionieren, das dienen soll, die Menschen, *ohne Leichtsinn und Synkretismus, einander zu nähern,* indem es zwar die einzelnen Kräfte und Richtungen und Beziehungen ihrer Natur weniger strenge behandelt und urgiert, aber doch mit Achtung gegen jede dieser Kräfte und Richtungen und Beziehungen faßlich und fühlbar zu machen sucht, wie sie innig und notwendig verbunden sind und wie jede einzelne derselben nur in ihrer Vortrefflichkeit und Reinheit betrachtet werden darf, um einzusehen, daß sie einer andern, wenn die nur auch rein ist, nichts weniger als widerspricht, sondern daß jede schon in sich die freie Forderung zu gegenseitiger Wirksamkeit und zu harmonischem Wechsel enthält und daß die Seele im organischen Bau, die allen Gliedern gemein und jedem eigen ist, kein einziges allein sein läßt, daß auch die Seele nicht ohne die Organe und die Organe nicht ohne die Seele bestehen können und daß sie beede, wenn sie abgesondert und hiermit beede aorgisch vorhanden sind, sich zu organisieren streben müssen und den Bildungstrieb in sich voraussetzen. Als Metapher durfte ich wohl dies sagen. Es sollte nichts weiter heißen, als daß das stofflose Genie nicht ohne Erfahrung und die seellose Erfahrung nicht ohne Genie bestehen können, sondern daß sie die Notwendigkeit in sich haben, sich zu bilden und durch Urteil und Kunst sich zu konstituieren, sich zusammen zu ordnen zu einem belebten, harmonisch wechselnden Ganzen, daß endlich die organisierende Kunst und der Bildungstrieb, aus dem sie hervorgeht, auch nicht bestehen können und nicht einmal denkbar sind ohne ihr inneres Element, die natürliche Anlage, das Genie, und ohne ihr äußeres, die Erfahrung und das historische Lernen.

Ich wollte Dir nur den allgemeinsten Charakter des Journals, das, was man seinen Geist nennt, ungefähr berühren. Ich werde versuchen, in dem Vortrag und Ton so allgemein faßlich als möglich zu sein.

Ich hielt es nicht ganz für schicklich, den Plan, den ich mir entwerfen mußte, oder auch die Materialien, die ich bereit habe, Dir bestimmter zu nennen, sosehr ich von der andern Seite versucht war, Dir, soviel es sich vor der Sache selber tun läßt, zu bezeugen, daß mein Projekt nicht ungründlich und leichtsinnig, auch vielleicht mehr zum Glücke gemacht ist als meine bisherigen Produkte und daß ich, soviel ich Deinen Geist und Sinn kenne und ahne, in der Tendenz wenigstens nicht gegen Dich sündigen werde.

Ich will Deine Antwort, der ich mit Hoffnung entgegensehen werde, und Deine Gesinnungen über die Sache abwarten, um dann ausführlicher, wenn Du mich auffordern solltest, mich über den Geist und die Einrichtung des Journals, soweit ich es vor mir selber entwerfen durfte, und über die möglichen und vorhandenen Materialien desselben gegen Dich zu äußern.

In jedem Falle, Freund meiner Jugend! wirst Du mir verzeihen, daß ich mich mit dem alten Zutrauen an Dich gewandt und den Wunsch geäußert habe, Du möchtest durch Deine Teilnahme und Gesellschaft in dieser Sache meinen Mut mir erhalten, der durch meine Lage und andere Umstände indessen vielfältige Stöße erlitten hat, wie ich Dir wohl gestehen darf. Ich werde alles tun, um durch möglichste Reife meiner eigenen Beiträge und durch die gütige Teilnahme verdienstvoller Schriftsteller, mit der ich mir schmeichle, dem Journal den Wert zu geben, dessen es bedarf, wenn Du es vor Deinem Gewissen und dem Publikum sollst verantworten können, daß Du wenigstens Deinen Namen und, wenn Du mehr nicht könntest und möchtest, des Jahres einige Beiträge dazu gegeben hättest. –

Antiquar Steinkopf in Stuttgart, der sich bereitwillig und verständig gegen mich in der Sache geäußert hat und der vielleicht eben, weil er ein Anfänger ist, um so beharrlicher und getreuer in seinem Teile sich verhält, verspricht jedem Mitarbeiter sichere Bezahlung, und ich habe es ihm zur Bedingung gemacht, jedem Mitarbeiter *wenigstens* ein Karolin für den Bogen zu schicken. Wenn ich schon beinahe ganz davon und dafür zu leben gedenke, so glaubt ich dennoch für meine Person nicht weiter fordern zu dürfen, da ich noch als Schriftsteller so ziemlich ohne Glück bin und meine eingeschränkte Lebensart kein größeres Einkommen erfordert. Ich habe es aber seiner Dankbarkeit und Klugheit überlassen, bei den Mitarbeitern, in welchem Grade er will, eine Ausnahme zu machen. – Verzeih, daß ich auch davon spreche. Aber da es zur Sache gehört, so mag die Sache die Schuld tragen, daß sie ohne einen solchen Pendant nicht bestehen kann.

Habe die Güte, mein Teurer! mich wenigstens bald mit irgendeiner Antwort zu erfreuen, und glaube, daß ich wie immer und immer mehr Dich geachtet habe und achte.

Dein
Hölderlin

NS. Mein Verleger vereinigt seine Bitte ausdrücklich mit der meinen.

Meine Adresse ist: bei Glaser *Wagner* wohnhaft in Homburg bei Frankfurt.

187. AN GOETHE

[Homburg, im Juli 1799]

Ich weiß nicht, Verehrungswürdigster! ob Sie sich meines Namens so weit erinnern, daß es Ihnen nicht auffallend ist, einen Brief und überdies eine Bitte von mir zu lesen.

Ihre Verdienste und Ihr Ruhm wären für die Sache, in der ich mich an Sie wende, so förderlich, und die Erinnerung einiger unvergeßlicher Stunden, die mir vor Jahren einmal Ihre gütige Gegenwart gewährte, gibt mir auch so viel Zuversicht, daß ich nicht ganz ohne Hoffnung günstiger Antwort meinen Wunsch Ihnen äußere. Ich habe im Sinne (in Gesellschaft einiger Schriftsteller), ein humanistisches Journal herauszugeben, das vorerst in seinem eigentlichsten Charakter poetisch wäre, sowohl ausübend als belehrend, und dieses letztere würde es sein, indem es über das gemeinschaftliche Ideal der Künste, über das Eigentümliche der poetischen Kompositionen und des poetischen Vortrags allgemeinere Abhandlungen enthielte, sich dann aber auch auf verschiedene Meisterwerke der Alten und Neuern richtete und zu zeigen suchte, wie jedes dieser Werke ein idealisches, systematisches, charakteristisches Ganze ist, das aus lebendiger Seele des Dichters und der lebendigen Welt um ihn hervorging und durch seine Kunst zu einer eigenen Organisation, zu einer Natur in der Natur sich bildete.

[Dann würden sich die räsonierenden Aufsätze aber auch ausdehnen über Kunst und Bildungstrieb und der Charakter der Zeitschrift im allgemeinen der der *Humanität* sein.]

Ich wollte Ihnen nur einigermaßen den Geist und Charakter der Zeitschrift bezeichnen, in der Hoffnung, daß diese wenigstens in ihrer Tendenz nicht gegen Sie sündigen werde.

Wie viel mir daran gelegen ist, dabei durch Ihren Beitritt geehrt zu werden, und wie viel die Sache und das Publikum dadurch gewönne, mag Ihnen meine Unbescheidenheit selbst beweisen. Ich würde auch ohne dieses die Bitte sicher nicht wagen, weil mir eine abschlägige Antwort von Ihnen oder gänzliches Stillschweigen zu viel bedeutet, als daß es mich ruhig lassen könnte. Ich werde alles tun, um durch möglichste Reife meiner eigenen Beiträge und durch die gütige Teilnahme verdienstvoller Schriftsteller, mit der ich mir schmeichle, dem Journale den Wert zu geben, dessen es bedarf,

188. AN DIE SCHWESTER

[Homburg, im Juli 1799]

Teure Schwester!

Ich würde mir es nicht verzeihen, daß ich mit dem Danke für Deinen letzten lieben Brief so lange gezögert habe, wenn ich nicht indes so viele andre Briefe zu schreiben gehabt hätte, die ich unmöglich aufschieben konnte, ohne mich in Verlegenheit zu setzen. Es ist auch nicht sowohl die Zeit, die mir gebrach, denn eine Stunde findet sich doch leicht, aber es wird mir nicht leicht, wenn ich mich in einem Tone beschäftigen mußte, der zwischen uns beiden fremd ist (sosehr es oft für mich Bedürfnis ist), zu der Stimmung zurückzukehren, in der ich gerne an Dich schreibe, und brüderlichere Worte zu finden, als die sind, worin man sich schicklicherweise mit denen unterhalten kann, die uns weniger vertraut sind.

Es ist für mich unendlich erfreulich, daß die schöne Teilnahme zwischen uns beeden sich doch immer gleichbleibt und daß wir immer noch die vorigen füreinander sind, und ich glaube auch, daß sich aus unserer Jugend nichts leicht so lebendig daurend erhält als die Liebe zwischen Geschwistern und Verwandten, und halte mich so gerne daran, als einen teuren Überrest meiner vergangnen Zeit, wenn ich fühle, daß jetzt in mir und um mich so manches anders ist als ehmals. Sosehr mich mein Gemüt auch vorwärts treibt, so kann ich es doch nicht verleugnen, oft mit Dank und oft mit Sehnsucht an die Jugendtage zu denken, wo man noch mehr mit seinem Herzen als mit dem Verstande leben darf und sich und die Welt noch zu schön fühlt, als um seine Befriedigung fast einzig im Geschäft und im Fleiße suchen zu müssen.

Aber ich denke, wenn ich fühle, daß man nicht immer jung sein kann, und denk es oft gerne, daß alles seine Zeit hat und daß der Sommer im Grunde so schön ist wie der Frühling oder vielmehr daß weder der eine noch der andere *ganz* schön ist und daß die Schönheit mehr in allen Lebenszeiten zusammen, so wie sie aufeinanderfolgen, besteht als in einer einzigen. Und wie mit den Lebenszeiten, so ist es auch mit den Tagen. Keiner ist uns genug, keiner ist ganz schön, und jeder hat, wo nicht seine Plage, doch seine Unvollkommenheit, aber rechne sie zusammen, so kommt eine Summe von Freude und Leben heraus! –

Teuerste! ich habe Deinen Brief eben wieder durchlesen und schäme mich jetzt fast, Dir auf Deine gütigen Herzensworte indessen so etwas Allgemeines vorräsoniert zu haben.

Kann ich irgend mein jetziges Geschäft so weit in Gang bringen, daß ich auf den Herbst einige Wochen entbehren kann, und find ich eine schickliche Auskunft, um wieder in meinen hiesigen Aufenthalt zurückzukehren, ohne daß es irgendwo im Vaterland auf eine bedeutende Weise auffällt, so will ich mir es wohl auch gönnen, Gute! in Deiner und Deines lieben Manns Gesellschaft und bei Deinen Kindern und unsern andern teuern Verwandten wieder einmal zu ruhn und zu leben.

Könnt ich nur auch so viel Freude bringen, als ich empfangen werde! Aber was heißt das? Wir sind noch die alten und sehn uns wieder. Das ist genug. Und Du erlaubst mir, in Deiner glücklichen Haushaltung zu leben, als gehört ich auch dazu. – Wenn und wo werd ich denn Dich einmal zu mir zu Gaste bitten, Liebe? Für mich hab ich, was meine Wirtschaft betrifft, genug. Ein paar hübsche kleine Zimmer, wovon ich mir das eine, wo ich wohne, mit den Karten der 4 Weltteile dekoriert habe, einen eigenen großen Tisch im Speissaal, der auch zugleich das Schlafzimmer ist, und eine Kommode daselbst, und hier im Kabinet einen Schreibtisch, wo die Kasse verwahrt ist, und wieder einen Tisch, wo die Bücher und Papiere liegen, und noch ein kleines Tischchen am Fenster, an den Bäumen, wo ich eigentlich zu Hause bin und mein Wesen treibe, und Stühle hab ich auch für ein paar gute Freunde, Kleider die Fülle von Frankfurt her, wohlfeile Kost, die doch gesund ist, einen Garten am Hause, wo der Hausherr mir die Laube vergönnt, schöne Spaziergänge in der Nähe, und mit den Ausgaben geht es seine einfache Ordnung, und nächstens bin ich vielleicht mein eigener Herr mit 500 fl. jährlichem Einkommen, worüber ich Dir das nächstemal das Weitere schreiben will. Das wäre auf eine Weile genug. Und wer weiß, wie weit ich über kurz oder lange ins Bücherschreiben hineingerate und

Glück mache, dann werd ich mich erst glänzend etablieren und Dich einmal zu Gaste bitten.

Beste! verzeih mir das Gewäsche! Ich bin auch so einer in meinem Wesen, von dem man schicklicherweise nur halb im Scherze, halb im Ernste sprechen kann. Ich verspreche Dir übrigens, niemals leichtsinnig in den Tag hinein zu leben und jedes bürgerliche Verhältnis, das sich anbieten sollte, wenn es zu mir paßt und ich zu ihm passe, mit Freuden anzunehmen und mich in ihm festzusetzen. So lange hab ich ja wohl noch Frist, als ich ohnedies ohne eigenen Herd, und ohne ein eigentliches Amt, leben müßte und unserer guten Mutter nicht ganz beschwerlich falle.

Ich kam sehr ungerne daran, da diese gütige Mutter während meiner Universitätsjahre so viel für mich getan hat, ihr gestehen zu müssen, daß ich für dieses Jahr mit dem, was ich von Frankfurt brachte, nicht ganz ausreiche, wie ich dachte, da ich meine Maladie und die fast vierteljährige Veränderung meiner Kost, zu der sie mich nötigte, auch den harten Winter und einige andere Ausgaben nicht voraussehn konnte. Ich habe mir's aber ausdrücklich und mit wiederholtem Ernste ausbedungen, die 100 fl., die sie mir schicken will, und alles übrige, um das ich sie vielleicht im Notfall noch bitten möchte, ja nicht unbemerkt zu lassen und mich nur vor der Zeit, soviel es die Umstände erfordern, auf diese Art auszusteuern. Ich betracht es übrigens immerhin als Großmut von dieser guten Mutter und meinen teuern Verwandten, daß sie mit diesem Zutrauen meine Lage begünstigen, besonders da unser lieber Karl in mancher Rücksicht eher jetzt einen Anspruch auf die Unterstützung der Mutter zu machen hat als ich.

Ich genieße jetzt einer fortdauernden Gesundheit und kann deswegen heiter und tätiger und ruhiger sein, und Du wirst es mir nicht mißdeuten, Beste, wenn ich Dir eben dadurch gestehe, wie sehr mein Gemüt und meine Geisteskräfte von meinem Körper abhingen. Aber eben das machte die Maladie in dem Grade mir unangenehm, daß sie natürlicherweise so sehr mit dem Gemüte zusammenhing, daß der kleinste unangenehme Gedanke sie mir oft plötzlich erneuerte und sie hinwiederum den Kopf mir schwächte und unfähig machte. Mein Wille und meine Geduld konnte nur so weit reichen, daß ich nicht mürrisch wurde und niemand beschwerlich fiel. Verzeih, daß ich Dir nochmal davon gesprochen habe.

Die Luft ist hier am Gebirge um ein ziemliches rauher als in Frankfurt oder bei uns droben. Das ist das einzige, was ich gegen die Gegend und den Ort einzuwenden habe. Verzeih es mir der Himmel! Und der Sommer ist nun auch um so angenehmer.

Du siehst, ich werde fast zu zärtlich, indes ich das zärtliche Schwesterherz unterhalte. Aber das schadet nichts, solang ich nur auch noch etwas anders als dies bin. Ich sag es oft zu einem wilden Freunde, den ich um mich habe: Wir müssen fest und treu und unerbittlich in dem sein, was wir für wahr und gut erkennen, aber einzig und allein von Stahl und Eisen zu sein, stehet uns nicht an, besonders bedanken sich die Poeten dafür.

Jeder Mensch hat doch seine Freude, und wer kann sie ganz verschmähen? Die meine ist nun das schöne Wetter, die heitre Sonne und die grüne Erde, und ich kann diese Freude mir nicht tadeln, sie heiße, wie sie will, ich habe nun einmal keine andre in der Nähe, und hätt ich noch eine andre, so würd ich diese niemals doch verlassen und vergessen, denn sie nimmt niemand nichts und altert nicht, und der Geist findet so viel Bedeutung in ihr; und wenn ich einmal ein Knabe mit grauen Haaren bin, so soll der Frühling und der Morgen und das Abendlicht mich Tag für Tag ein wenig noch verjüngen, bis ich das Letzte fühle und mich ins Freie setze und von da aus weggehe – zur ewigen Jugend!

Grüße Deine lieben Kinder. Du hattest so recht, Teuerste! sie wären echte Tröster für mich, wenn ich ein sauer Gesicht machte und mich anstellte, als wäre nichts als Not und Zwist und Frost und Unrecht in der Welt, als lebte das Leben nicht und als hätt ich und andre Lebendigen kein Herz und keine Seele.

Leb wohl, Teuerste! Grüße mir Deinen verehrungswürdigen Gatten und sag ihm, wie ich oft im Geiste mit ihm lebe und ihn achte.

Wie immer
Dein Bruder
Hölderlin

189. AN NEUFFER

[Homburg, zweite Hälfte Juli 1799]

Ich schicke Dir hier einige Gedichte, lieber Neuffer! Ich wünsche, daß sie Dir nicht unangenehm sein mögen. Da ich die Arbeit, die ich gegenwärtig unter den Händen habe, nicht wohl auf lange unterbrechen kann, so gab ich Dir eben, was ich da liegen hatte und für das Taschenbuch nicht ganz unbrauchbar schätzte. Wenn einige derselben vielleicht zu wenig populär sind, so taugen sie vielleicht für ernstere Leser und versöhnen diese, die leider! oft ebenso aufgelegt sind, unsere gefälligere Produkte zu verdammen, als der entgegengesetzte Geschmack es sich zum Geschäfte macht, alles wegzuwerfen, was nicht pur amüsant ist. Überdies schick ich ja noch eine *Erzählung*, sobald ich weiß, daß das Projekt mit dem Journale nicht fehlschlägt. Du siehest selbst, daß ich im entgegengesetzten Falle so ziemlich genötiget wäre, meine Zeit und meine Produkte zu einem andern Plane zu sparen.

Empfiehl mich unserem Freunde Steinkopf. In jedem Falle wird es mich freuen, durch mein Projekt mit diesem edeln Manne bekannter geworden zu sein. Dank ihm für seinen letzten freundschaftlichen Brief; ich würd ihn eben itzt auch beantworten, da ich aber den Brief an Matthisson, den ich einschließen soll, noch nicht geschrieben, so muß ich es auf den nächsten Posttag verschieben.

Ich freue mich, die kleine Epopée, die Du unter den Händen hast, bald vielleicht zu Gesicht zu bekommen.

Mit Landauer war ich vergnügt. Grüß ihn und dank ihm für seine Freundschaft in meinem Namen noch einmal.

Magst Du in einer müßigen Stunde mir bald wieder etwas schreiben, das mich erheitern kann, so wird es nicht umsonst sein; ein froher Augenblick ist mir so wohltätig zum Geschäfte.

Grüße mir alle meine Freunde, und bitte sie, manchmal an mich zu denken. Ich wollte Dich schon einigemal fragen, ob das Gedicht „Kennst du die Hand" p.p., das ich im Taschenbuche von diesem Jahr gelesen habe, von Bilfinger ist. Es ist gewiß nicht ohne Geschmack und poetische Anlage.

Nun, gute Nacht, Lieber! Empfiehl mich besonders Deinem edlen Freunde, mit dem Du den Tacitus liesest. Die Stunde ist mir unvergeßlich, die ich in seiner Gesellschaft zu Frankfurt zugebracht habe.

Hölderlin

Ich hab es versucht, in eines von Emerichs Gedichten etwas mehr Einfachheit und Harmonie zu bringen. Seine Gedichte enthalten, wie Du finden wirst, zum Teil treffliche Gedanken. Aber auf der einen Seite wechseln die Töne nicht genug, auf der andern stimmen sie nicht genug zu einem charakteristischen Ganzen zusammen, und das ist ihm wohl zu vergeben, denn es ist mehr oder weniger das Schicksal namhafter Dichter unserer Zeit gewesen. Wenn die Fülle von Kraft und Stoff, die ihm, soviel ich ihn kenne, nicht abzusprechen ist, sich einmal organisiert, so kann ein trefflicher Dichter aus ihm werden. Böhlendorff ist ein reisender Kurländer, der sich einige Zeit hier aufhielt, jetzt aber in die Gegend von Jena abgereist ist, um dort mit den großen Schriftstellern nähere Bekanntschaft zu machen.

Mit den andern Gedichten von Emerich kannst Du ja die nötigen Veränderungen noch vornehmen.

190. AN FRIEDRICH STEINKOPF

Homburg vor der Höhe,
d. 23. Aug. 99

...

Ich zögerte nur deswegen mit dem versprochenen Briefe so lange, weil ich von Tage zu Tage hoffte, Ihnen eine vollständige Anzahl von Mitarbeitern nennen zu können. Mit Gewißheit kann ich Ihnen nun folgende sagen:

Conz,
Jung (Verfasser einer Übersetzung des Ossians),
Sophie Mereau,
Heinse (Verfasser des „Ardinghello"),
Prof. Neeb (Verfasser mehrerer interessanter philosophischer Schriften),
Prof. Schelling,
Prof. Schlegel.

Von Ebel und Humboldt in Paris hoffe ich baldige Antwort. So glaube ich auch, daß Lafontaine nicht fehlen wird. Von Matthisson werden Sie schon Antwort haben, da er sich, wie ich höre, in Stuttgart aufhält. An Schillers Teilnahme zweifle ich. Übrigens würde sehr viel auf den Charakter und Gehalt der ersten Hefte ankommen, um vielleicht ihn und andere noch zur Teilnahme zu bestimmen.

[Er wünscht deshalb, ganz prononciert den philosophisch-poetischen Charakter des Journals zu bekennen.]

Haben Sie nun die Güte, mich so schnell, wie nur immer möglich ist, Ihren Entschluß wissen zu lassen, damit ich die Mitarbeiter nicht lange in Ungewißheit lassen muß und meinem Lebens- und Geschäftsplan seine Richtung geben kann. Die Ankündigung schicke ich Ihnen, wenn Sie die Sache, so wie sie steht, vorteilhaft finden sollten, unmittelbar nach Empfang Ihres Briefes.

Da Sie besonders das gütige Zutrauen gegen mich geäußert haben, meine Produkte mit der Zeit vielleicht eigens herausgeben zu können, so werden Sie auch von diesen lieber einen anderen als bloß ephemeren Wert verlangen.

Möchten Sie vielleicht auch HE. Haug zu einigen Beiträgen auffordern? Oder soll ich es tun, wenn es Ihnen gut dünkt? Empfehlen Sie mich ihm, auch HE. Matthisson, wenn Sie ihn sprechen sollten.

Ich lege Ihnen hier ein Manuskript von einem jungen Dichter bei, der sich, wie Sie finden werden, in Schillers Almanach ausgezeichnet hat und auch von Schiller selbst, wie ich weiß, sehr vorteilhaft beurteilt worden ist. Wollen Sie es vielleicht verlegen?

191. AN DIE MUTTER

Liebste Mutter! Homburg, d. 27. Aug. 99

Es sind nun schon wieder zehn Tage vorbei, daß ich auf einen Brief von Ihnen warte, und immer umsonst. Dies ist der vierte seit Anfang des Julius, den ich schreibe, ohne daß ich auf einen hätte Nachricht von Ihnen erhalten. Ich suche alle mögliche Ursachen auf, um mir dieses gänzliche lange Stillschweigen der l. Meinigen zu enträtseln; aber ich finde keine, die mir es ganz erklärte, wenn anders nicht Ihre und meine Briefe verlorengegangen sind. Ich habe aber von Stuttgart indes andre Briefe erhalten, auch Sinclair; und ich muß deswegen denken, daß die Posten doch sicher gehn.

Darf ich Sie bitten, liebste Mutter! mir das Geld jetzt zu schicken; ich habe nicht darauf gerechnet, daß unsre Korrespondenz würde 2 Monate unterbrochen bleiben, sonst hätt ich mich darauf eingerichtet, das Geld länger entbehren zu können; ich habe meinen Hauszins vorausbezahlt, auf dieses Vierteljahr, auch sonst Ausgaben gemacht, die ich hätte noch aufschieben können, und so bin ich wirklich in einiger Verlegenheit, wenn es noch eine Weile anstehn sollte, bis ich das Geld von Ihnen erhalte.

Vor allem aber bitte ich Sie, so gewiß ich Ihrer bisherigen Güte täglich würdiger zu werden suche, mich doch nicht länger in dieser Unruhe über Ihr Befinden zu lassen, die mich wirklich nicht mit den Kräften, die mir nötig sind, mein Tagsgeschäft treiben läßt.

Ich habe schon manchmal nach Verlauf einer Woche von Ihnen Antwort auf meinen Brief erhalten; und wenn Sie diesen Brief erhalten, und ich muß noch länger als anderhalb Wochen umsonst auf Antwort warten, so weiß ich wirklich nicht, wie ich mir aus dieser täglichen Unruhe heraushelfen soll. Ich habe auch dringend an den l. Karl geschrieben, daß er mir doch Nachricht geben möchte von Ihnen, im Fall Sie diesen Brief auch nicht bekämen. Wenn Sie nur wohl sind!

Wie immer

Ihr

getreuer Sohn

Fritz

192. AN DIE MUTTER

Homburg, d. 3. Sept. 99

Tausend Dank, teuerste Mutter! für die Freude, die mir Ihr lieber Brief gemacht hat, da ich nun doch wieder Nachricht von den l. Meinigen habe und in der Ungewißheit wegen Ihnen, liebste Mutter, nicht mehr leben muß.

Ich glaube, nach allem, was ich von dem Gange der Post verstehe, und nach den Erkundigungen, die ich diesen Abend bei dem hiesigen Postmeister eingezogen habe, daß wir wegen des Gelds so ziemlich ruhig sein können. Es ist nämlich sehr möglich, daß der Postwagen seit dem 20sten August noch gar nicht in Frankfurt angekommen ist und daß er indessen irgendwo unterwegs geblieben ist, vielleicht in Heidelberg. Nur, denk ich, muß der Postmeister in Stuttgart durch die Briefpost Nachricht von dem Postwagen erhalten haben, es wird ihm also nicht unmöglich sein, Ihnen Nachricht zu geben, wo das Geld liegt.

Sie können wohl die Anfrage machen, vorerst, ohne daß diese Anfrage schon wie die Forderung um Rechenschaft aussieht; ich werde mich morgen in Frankfurt erkundigen, durch meinen Hausherrn, der dahin geht, ob der Postwagen seit dem 20sten August schon einmal in Frankfurt angekommen ist, woran ich aber zweifle. In jedem Falle will ich Ihnen morgen oder übermorgen wieder schreiben, auch aus dem Grunde, daß Sie um so sicherer wenigstens *einen* Brief von mir erhalten, und da ich Ihnen vielleicht im nächsten Briefe etwas Näheres über die Sache schreiben kann, so bitte ich, noch einige Tage mit dem Briefe an den Postmeister in Stuttgart zu warten. Der Postschein gilt ein ganzes Vierteljahr lang, und ich höre, daß er Sie sicher entschädigen müßte, wenn das Geld verlorenginge. Es kann auch gar nicht fehlen, daß er nicht erfährt, wo und durch wen es verlorengegangen ist; aber ich bin ziemlich ohne Sorge über diese Möglichkeit.

Ich danke Ihnen indessen herzlich, liebste Mutter, für diese gütige Unterstützung, und ich hoffe, daß Sie so bald nicht mehr durch mich in eine solche beträchtliche Ausgabe gesetzt werden. Ich kann mir wohl denken, wie wenig Ihnen bei den itzigen Umständen entbehrlich ist. Bis itzt habe ich meine gewöhnliche Lebensart noch nicht einzuschränken gebraucht, und ich hoffe mit der ansehnlichen Summe, die Sie mir zugeschickt haben, so lange auszureichen, bis sich eine Aussicht auf ein sicheres Auskommen für mich findet.

Mit der Herausgabe meines Journals ist es noch immer nicht entschieden; Schiller schrieb mir neulich, daß er mir zu einer solchen Beschäftigung, die meinen Arbeiten gar zu viel Abhängigkeit geben würde, nicht ganz rate; ich möchte ihm aber etwas Bestimmtes von meiner Lage schreiben, *vielleicht könne er mir etwas vorschlagen, was mehr meinem Wunsche gemäß wäre.* So viel über meine Lage, liebe, teure Mutter. – Sinclair, der diesen Abend bei mir war, dankt Ihnen herzlich für das gegen ihn geäußerte Zutrauen; ich kann sicher im Notfall auf ihn rechnen; auch hat mein braver Hausherr, wie er hörte, daß mir Geld ausgeblieben sei, sich gleich von freien Stücken erboten, mir auszuhelfen, wenn ich seiner benötiget wäre. Die guten Leute sorgen äußerst redlich für mich und sind mir ohne Eigennutz ergeben.

Wie sehr bedaure ich den guten HE. Schwager und meine teure Schwester! So mußte doch meine Sorge nicht ganz ungegründet sein! Ich hoffe für den edlen Mann und meine Schwester und für uns alle.

Ihr

Fritz

Ich hoffe, liebste Mutter, daß Sie in Nürtingen es so ziemlich ruhig behalten werden. Nur die Lage von Blaubeuren beunruhiget mich ein wenig. Aber ist's doch bisher immer noch gut gegangen. Bei uns in Homburg und der Gegend ist es ganz ruhig.

193. AN DIE MUTTER

Homburg, d. 4. Sept. 99

Liebste Mutter!

Eben habe ich das Geld und Ihren schätzbaren Brief vom 15ten August erhalten. Diese gütige Hülfe, und der Muttersegen, womit sie begleitet ist, wird wohl nicht ohne Früchte sein; und ich kann Ihnen keinen besseren Dank sagen, als daß ich das Empfangene dazu verwenden werde, um noch einige Zeit in täglichem Fleiße zu leben, besonders dem Werke, das ich unter den Händen habe, noch alle Vollkommenheit zu geben, die in meinen Kräften liegt; und kann ich auch für diesmal nicht die Aufmerksamkeit meines deutschen Vaterlands so weit verdienen, daß die Menschen nach meinem Geburtsort und meiner Mutter fragen, so will ich es, so Gott will! in Zukunft noch dahin bringen. Denn das ist doch eigentlich der einzige, auch der süßeste Gewinn für alle Verleugnung und alle die liebe Mühe, ohne die der Schriftsteller nichts werden kann, daß er sich und den Namen der Seinigen unter sein Volk und unter die Nachwelt bringt. Und das sind keine Worte, teure Mutter!

Sorgen Sie auch nur für meine Gesundheit nicht! Ich weiß es wohl, der Geist nimmt dem Körper Kräfte, aber er gibt sie ihm auch, und eine einzige Stunde, wo man mit Zufriedenheit nach der Arbeit ausruht, ersetzt vielleicht eine Woche, wo es einem etwas sauer werden mußte. Überdies bin ich jetzt besonders gesund und danke es dem gütigen Himmel, der mir meine Jugendkräfte unter manchem Leide bis hieher soweit noch erhalten hat.

Wäre nur meine gute Schwester außer Sorge und ihr lieber Mann gesund! Oder könnte ich nur denken, daß es nicht gefährlich ist! Schreiben Sie doch ihm und ihr von meiner herzlichen Teilnahme. Dürft ich hoffen, daß Worte von mir den edlen Mann etwas erheitern könnten, so würd ich gerne diese Tage ihm recht viel schreiben. Ich habe ohnedies schon manchmal dieses in Gedanken getan.

Sie haben wohl recht, daß ein paar brüderliche Worte von unsrem Karl schon genug sind, um mir Freude zu machen. Sosehr mich jeder Fortschritt seiner Geistesbildung und jede seiner Überzeugungen und Kenntnisse interessiert, so ehr ich doch das Herz, und meines Bruders Herz zu sehr, als daß mir nicht genügen könnte, was aus diesem kommt. Er wird schon aber etwas öfter ans Briefschreiben kommen, wenn er etwas älter geworden ist, dieser karge Briefschreiber. Sie wissen auch wohl, wie ich's sonst damit hielt. Ohne unzärtlich gegen die Seinigen zu sein, ist man doch in seinen schönen Jahren etwas mehr sich selbst genug. Aber wenn man eine Weile in der kalten Welt hin und her gelebt hat, dann wird man erst einer so treuen Teilnahme, wie die zwischen Eltern und Kindern und Geschwistern ist, recht bedürftig. Wenigstens ist dies meine Erfahrung.

Es freut mich, daß die gute Lebret einen so guten Mann sich wählte, wie Ostertag ist. Sie wird glücklicher mit ihm sein, als sie es mit mir geworden wäre. Wir taugten nicht recht zusammen, und es ist das Traurige bei solchen jugendlichen Bekanntschaften, daß man sich erst kennenlernt, wenn man sich schon gegenseitig attachiert hat. Sosehr ich dies bei meinem letzten Aufenthalt in Wirtemberg fühlte, so war ich doch, wie Sie selber wissen, fest gesonnen, nicht leichtsinnig abzubrechen. Aber sie sah es selbst ein, sie mußte sich auch wohl erinnern, daß sie mir noch in Tübingen Beweise genug gegeben hatte, daß sie sich in mein Wesen nicht recht zu finden wußte und daß wir beede schon damals mehr aus einer gegenseitigen Gefälligkeit als aus wahrer Harmonie die Bekanntschaft fortsetzten. Überdies wollte es sich nicht recht zu meinem Lebensplan und zu den Umständen, unter denen wir leben, schicken, daß ich so frühe Bräutigam sein sollte. So wie ich jetzt mich und *unsere Zeit* kenne, halte ich es für Notwendigkeit, auf solches Glück, wer weiß, wie lange, Verzicht zu tun, und ich weiß aus Erfahrung, daß man auch ein Hagestolzenleben *mit Würde* führen kann. Wenn ich auch Pfarrer würde, so würde ich, wenn es anders nicht ganz gegen Ihre Wünsche wäre, lieber noch unverheuratet leben, und wenn Sie sich zur Hausmutter entschließen könnten oder ich doch in Ihrer Nähe lebte, so wäre dies mir genug. –

Ich hoffe, liebste Mutter! daß der Krieg Sie und die lieben Unsrigen wenigstens nicht in der Nähe beunruhigen wird. Wie unser armes Land unter Abgaben usw. leiden muß, weiß ich freilich nur zu gut, und ich denke jedesmal auch an Sie dabei, denn wenn schon Ihr Einkommen so gering nicht ist, so hält es doch immer schwer, bloß von Zinsen des Kapitals neben den Haushaltungskosten noch so viel andere Ausgaben zu bestreiten, und es ist ein trauriger Trost, daß jetzt die halbe Welt auf diese und noch andere Art leidet. Ich hoffe den Frieden von Herzen und halte ihn auch aus den allgemeinsten Gründen für nötig und heilsam und von unabsehlicher Wichtigkeit. Vielleicht ist er auch so entfernt nicht, als es scheint. Doch ist dies eben eine Vermutung von mir. – Unter den jetzigen Umständen wird es freilich nicht ratsam sein, eine Reise nach Wirtemberg zu machen. Wie sehr es mein Wunsch ist, Sie, liebste Mutter! und die lieben Unsrigen nach so langer Zeit einmal wiederzusehen, können Sie sich wohl denken. Vielleicht finden sich aber bald günstigere Zeiten. Noch muß ich Ihnen sagen, daß Sie, soviel ich mir denken kann, sich keine Unruhe wegen des Konsistoriums machen dürfen. Man weiß wahrscheinlich, daß ich hier privatisiere, und ist so billig, mich ruhig zu lassen, weil man doch erfahren kann, daß ich meine Zeit nicht verschwende. – Der l. Frau Großmama tausend herzliche Empfehlungen.

Ihr
Fritz

194. AN SCHILLER

[Homburg, erste Hälfte September 1799]

Ich kann Ihnen den Dank nicht ausdrücken, Verehrungswürdigster, für die Großmut, womit Sie mir meine unschickliche Bitte beantwortet haben, und ich darf Sie versichern, daß die gütigen Worte, womit Sie mich erfreuten, so gut reeller Gewinn für mich sind als irgendeine andere Hülfe, die ich wünschen konnte. Der Segen eines großen Mannes ist für die, die ihn erkennen oder ahnden, die beste Hülfe, wenigstens bedurft ich diese von Ihnen am ersten. Ich habe lange darin gefehlt, daß ich Ihren Umgang, Ihre gütige Teilnahme immer erst verdienen wollte; ich entzog mich deswegen Ihrer Gegenwart und behielt mir es vor, mich Ihnen einmal zu nähern, wenn ich gerechteren Anspruch auf die Aufmerksamkeit machen könnte, deren Sie mich würdigten, und habe mich durch diesen falschen Stolz um den wohltätigen Einfluß Ihrer Belehrung und Aufmunterung gebracht, deren ich weniger als andre entbehren konnte, weil mein Mut und meine Überzeugungen nur zu leicht durch ungünstige Einwirkungen des gewöhnlichen Lebens geirrt und geschwächt werden.

Den schätzbaren Rat, den Sie mir schon vor einiger Zeit gegeben und in Ihrem letzten Briefe wiederholt haben, ließ ich mir nicht ganz umsonst gesagt sein und suche mich alles Ernsts in dem Tone vorzüglich auszubilden, der, ohne kapriziös zu sein, meiner natürlichen, ungestörten Sinnesart am nächsten zu liegen schien, und ich habe es mir zur Maxime gemacht, erst in irgendeiner Art des Dichtens fest zu werden und Charakter zu gewinnen, ehe ich nach einer Gewandtheit strebe, die nur dessen Eigentum sein kann, der einmal einen sichern Standpunkt *gewonnen* hat. Ich glaubte, jenen Ton, den ich mir vorzüglich zu eigen zu machen wünschte, am vollständigsten und natürlichsten in der tragischen Form exequieren zu können, und habe mich an ein Trauerspiel, den „Tod des Empedokles", gewagt, und eben diesem Versuche habe ich die meiste Zeit meines hiesigen Aufenthalts gewidmet. – Ich gestehe Ihnen, daß ich nicht ohne Beschämung dieses Geständnis tun kann, und Ihnen am wenigsten. So ist mir, seit ich die tragische Schönheit etwas gründlicher erkenne, um nur eines zu nennen, die *Komposition* der „Räuber" in ihrem Wesentlichen, und besonders die Szene an der Donau, als *Mitte* des Gedichts, so groß und tief und ewigwahr erschienen, daß ich schon diese Erkenntnis für verdienstlich hielt und mir längst die Erlaubnis von Ihnen erbitten wollte, meine Gedanken einmal schriftlich auszuführen – und damit haben Sie einst angefangen – edler Meister! – Ihren „Fiesko" habe ich auch studiert und gerade auch wieder den innern Bau, die ganze lebendige Gestalt, nach meiner Einsicht das Unvergänglichste des Werks, noch mehr als die großen und doch so wahren Charaktere und glänzenden Situationen und magischen Farbenspiele der Sprache bewundert. Die übrigen stehen mir noch bevor, und es wird mir wohl nicht leicht werden, den „Carlos" mit Verstand zu lesen, da er lange Zeit die Zauberwolke war, in die der gute Gott meiner Jugend mich hüllte, daß ich nicht zu frühe das Kleinliche und Barbarische der Welt sah, die mich umgab.

Vergeben Sie, Verehrungswürdiger! wenn Sie diese Äußerungen, die wenigstens recht buchstäblich wahr sind, nicht ganz schicklich finden sollten. Aber ich müßte nur ganz gegen Sie schweigen oder mich sehr allgemein gegen Sie äußern, was ich auch gerne gewöhnlich gegen Sie beobachte, wenn ich mir zuweilen eine Ausnahme gönnen darf.

Sie erlauben mir, Ihnen von meiner Lage etwas Genaueres zu sagen. Sie ist so, daß ich sie ohne ziemliche Inkonvenienz wohl nicht mehr länger als einige Monate fortsetzen kann. Ich hatte durch meine kleinen schriftstellerischen Arbeiten und durch das Hofmeisterleben so viel Reichtum gewonnen, daß ich hoffen konnte, wenigstens so lange unabhängig zu leben, bis ich mein Trauerspiel zu einiger Reife gebracht hätte. Aber eine Kränklichkeit, die beinahe den ganzen Winter und noch einen Teil des Sommers dauerte, nötigte mich einesteils, meine frugale Lebensart zu ändern, andernteils benahm sie mir auch von meiner Zeit und meinen Kräften mehr, als dem Plane gemäß war.

die doch auch zu sehr in ihrer eigenen Sache leben, um fortdauernd beizutragen, wenn sie mir auch gleicher wären als Sie, Verehrungswürdigster, und schicklicherweise eher in meine Gesellschaft für gewöhnlich gebeten werden könnten.

195. AN SUSETTE GONTARD

Teuerste! [Homburg, zweite Hälfte September 1799]

Nur die Ungewißheit meiner Lage war die Ursache, warum ich bisher nicht schrieb. Das Projekt mit dem Journale, wovon ich Dir schon, nicht ohne Grund, mit so viel Zuverlässigkeit schrieb, scheint mir scheitern zu wollen. Ich hatte für meine Wirksamkeit und mein Auskommen und meinen dasigen Aufenthalt in Deiner Nähe mit so viel Hoffnung darauf gerechnet; jetzt hab ich noch manche schlimme Erfahrung machen müssen zu den vergebenen Bemühungen und Hoffnungen. Ich hatte einen sichern, anspruchlosen Plan entworfen; mein Verleger wollte es glänzender haben; ich sollte eine Menge berühmter Schriftsteller, die er für meine Freunde hielt, zu Mitarbeitern engagieren, und wenn mir gleich nichts Gutes bei diesem Versuche ahndete, so ließ ich Tor mich doch bereden, um nicht eigensinnig zu scheinen, und das liebe allgefällige Herz hat mich in einen Verdruß gebracht, den ich Dir leider! schreiben muß, weil wahrscheinlich meine zukünftige Lage, also gewissermaßen das Leben, das ich für Dich lebe, davon abhängt. Nicht nur Männer, deren Verehrer mehr als Freund ich mich nennen konnte, auch Freunde, Teure! auch solche, die nicht ohne wahrhaften Undank mir eine Teilnahme versagen konnten – ließen mich bis jetzt – ohne Antwort, und ich lebe nun volle 8 Wochen in diesem Harren und Hoffen, wovon gewissermaßen meine Existenz abhängt. Was die Ursache dieser Begegnung sein mag, mag Gott wissen. Schämen sich denn die Menschen meiner so ganz?

Daß dies nicht wohl der Fall vernünftigerweise sein kann, zeugt mir doch Dein Urteil, Edle, und das Urteil einiger weniger, die mir auch wahrhaft treu in meiner Angelegenheit sich zugesellten, z. B. Jung in Mainz, dessen Brief ich Dir beilege. Die *Berühmten* nur, deren Teilnahme mir armen Unberühmten zum Schilde dienen sollte, diese ließen mich stehn, und warum sollten sie nicht? Jeder, der in der Welt sich einen Namen macht, scheint ja dem ihrigen einen Abbruch zu tun; sie sind dann schon nicht mehr so einzig und allein die Götzen; kurz, es scheint mir bei ihnen, die ich mir *ungefähr* als meinesgleichen denken darf, ein wenig Handwerksneid mitunter zu walten. Aber diese Einsicht hilft mich nichts; ich habe fast 2 Monate unter Zubereitungen zu dem Journale verloren und kann nun, um mich nicht von meinem Verleger länger herumziehen zu lassen, wohl nichts Besseres tun, als ihm zu schreiben, ob er nicht lieber die Produkte, die ich für das Journal bestimmt hatte, geradezu annehmen wolle, was dann freilich in jedem Falle meine Existenz mir nicht hinlänglich sichern würde.

Und so hab ich denn im Sinne, alle Zeit, die mir noch bleibt, auf mein Trauerspiel zu wenden, was ungefähr noch ein Vierteljahr dauern kann, und dann muß ich nach Hause oder an einen Ort, wo ich mich durch Privatvorlesungen, was hier nicht tunlich ist, oder andere Nebengeschäfte erhalten kann.

Verzeih, Teuerste! diese gerade Sprache! Es wäre mir nur schwerer geworden, dann Dir das Nötige zu sagen, wenn ich das, was mein Herz gegen Dich, Liebe, äußert, hätte laut werden lassen, und es ist auch fast nicht möglich, in einem Schicksal, wie das meinige ist, den nötigen Mut zu behalten, ohne die zarten Töne des innersten Lebens für Augenblicke darüber zu verlieren. Eben deswegen schrieb ich bisher

196. AN FRANZ WILHELM JUNG

[Homburg, wohl Anfang Oktober 1799]

[Ist in sehr gedrückter Lage: sein Journalverleger sei wegen des Krieges und anderer Ursachen willen wieder unschlüssig worden.] Ich erwarte nur noch einen Brief von Schiller, der entscheiden wird, ob es Sachsen zu oder nach Hause geht. Ich mag nicht sagen, wie ungern ich diese Gegenden verlasse etc.

197. AN DIE MUTTER

Homburg, d. 8. Okt. 99

Liebste Mutter!

Ich hätte Ihnen bälder geschrieben, wenn ich Ihnen nicht von meiner gegenwärtigen Lage gern eine genauere Nachricht gegeben hätte. Ich wollte deswegen einige Briefe abwarten, die auf meine künftige Existenz Einfluß haben. Bis jetzt kann ich Ihnen aber nur so viel Gewisses sagen, daß ich endlich mit meinem Buchhändler über das Journal im reinen bin, daß es vor sich gehen wird, und daß ich ihm versprochen habe, monatlich einige Bogen zu liefern, deren jeden er mir mit einer Karolin bezahlt, und daß er, wenn er Lust hat, meine Beiträge zu dem Journale nach einiger Zeit besonders zu drucken und herauszugeben, dasselbe mir wieder mit 11 fl. für den Bogen honoriert. Indessen habe ich die eigentliche Herausgabe und ganze Besorgung des Journals, auf Schillers Anraten, abgelehnt, weil mir die Korrespondenz mit andern, die am Journale arbeiten, usw. zu viele Zeit hinwegnehmen würde, als daß ich das, was ich eigentlich schreiben möchte, mit gehöriger Ruhe und Aufmerksamkeit betreiben könnte. Überhaupt hätte mir das mühsame Geschäft der Korrespondenz und des Sammelns von Beiträgen und anderes, was noch mit der ganzen Besorgung des Journals verbunden ist, zu wenig eingetragen, als es mich Zeit gekostet hätte. Weil aber die Einnahme, die ich jetzt für die Beiträge zum Journale habe, doch wohl nicht ganz hinreicht zu einer gesunden Lebensart, so hab ich Schillern *auf seine eigene Veranlassung* geschrieben, daß er mir in seiner Nähe, wenn es möglich, irgendeinen kleinen Posten verschaffen möchte, der mich nicht ganz beschäftigte und noch ein kleines Einkommen zu meinen schriftstellerischen Erwerbnissen mir zugäbe. Ich erwarte alle Tage die Antwort. Es wäre um so mehr nach meinem Wunsche, wenn Schiller meine Bitte realisieren könnte, weil mir sein Umgang so vorteilhaft in mancher Rücksicht ist. Wird aber daraus vorderhand nichts, was ich freilich nicht hoffe, so hätt ich fast im Sinne, nach Stuttgart zu gehen und da einer kleinen Anzahl erwachsener junger Leute Privatvorlesungen zu halten, was, soviel ich auf die Nachfrage erfahren habe, nicht untunlich wäre. Bekomm ich aber von Schiller eine erwünschte Antwort, so bin ich so frei, liebste Mutter! eh ich nach Sachsen abreise, noch einige Zeit bei Ihnen und den lieben Unsrigen zuzubringen. Sollte dies noch diesen Winter geschehn, so kann es Sie nicht stören in Ihrem eigenen Plane. Mein verehrungswürdiger HE. Schwager und meine liebe Schwester werden mich wohl auch auf ein paar Wochen aufnehmen, und dann habe ich ja noch manche Freunde und Bekannte, bei denen ich mich einige Zeit wohl aufhalten darf und muß.

Schicken Sie das Geld nicht weg, von dem Sie sagten. Ich habe meine Rechnung gemacht, habe indes einige Kleinigkeiten eingenommen und bedarf so bald nichts wieder. Im *unvorhergesehenen Notfall* kann ich ohne alle Inkonvenienz mir durch Sinclair aushelfen; dieser will mich ohnedies nicht von hier weglassen und tut deswegen gerne, wenn es nötig sein sollte, für mich etwas. Ich bitte Sie also wiederholt, nichts wegzuschicken. Nehmen Sie für das Empfangene nochmal meinen herzlichsten Dank. Für die Handschuhe, die mich so sehr freuten und auf die ich einen besonderen Wert lege, als ein Zeichen Ihrer Güte, habe ich Ihnen noch gar keinen Dank gesagt. Es war *gewiß* nicht Unachtsamkeit des Herzens, aber wohl des Kopfs.

Ich bin recht sehr begierig auf neue Nachrichten von Ihnen, besonders auch, wie es mit der Gesundheit meines teuern HE. Schwagers geht. Vielleicht mag mir meine gute Schwester auch bald wieder schreiben.

Die Post will bald abgehn. Ich mußte deswegen eilen. Empfehlen Sie mich der l. Frau Großmama und alle den werten Unsrigen.

Wie immer   Ihr erkenntlicher Sohn
                     Fritz

198. AN SUSETTE GONTARD

[Homburg, Anfang November 1799]

Hier *unsern* „Hyperion", Liebe! Ein wenig Freude wird diese Frucht unserer seelenvollen Tage Dir doch geben. Verzeih mir's, daß Diotima stirbt. Du erinnerst Dich, wir haben uns ehmals nicht ganz darüber vereinigen können. Ich glaubte, es wäre, der ganzen Anlage nach, notwendig. Liebste! alles, was von ihr und uns, vom Leben unseres Lebens hie und da gesagt ist, nimm es wie einen Dank, der öfters um so wahrer ist, je ungeschickter er sich ausdrückt. Hätte ich mich zu Deinen Füßen nach und nach zum Künstler bilden können, in Ruhe und Freiheit, ja ich glaube, ich wär es schnell geworden, wonach in allem Leide mein Herz sich in Träumen und am hellen Tage und oft mit schweigender Verzweiflung sehnt.

Es ist wohl der Tränen alle wert, die wir seit Jahren geweint, daß wir die Freude nicht haben sollten, die wir uns geben können, aber es ist himmelschreiend, wenn wir denken müssen, daß wir beide mit unsern besten Kräften vielleicht vergehen müssen, weil wir uns fehlen. Und sieh! das macht mich eben so stille manchmal, weil ich mich hüten muß vor solchen Gedanken. Deine Krankheit, Dein Brief – es trat mir wieder, sosehr ich sonst verblinden möchte, so klar vor die Augen, daß Du immer, immer leidest – und ich Knabe kann nur weinen drüber! – Was ist besser, sage mir's, daß wir's verschweigen, was in unserm Herzen ist, oder daß wir uns es sagen! – Immer hab ich die Memme gespielt, um Dich zu schonen – habe immer getan, als könnt ich mich in alles schicken, als wär ich so recht zum Spielball der Menschen und der Umstände gemacht und hätte kein festes Herz in mir, das treu und frei in seinem Rechte für sein Bestes schlüge, teuerstes Leben! habe oft meine liebste Liebe, selbst die Gedanken an Dich mir manchmal versagt und verleugnet, nur um so sanft wie möglich um Deinetwillen dies Schicksal durchzuleben – Du auch, Du hast immer gerungen, Friedliche! um Ruhe zu haben, hast mit Heldenkraft geduldet und verschwiegen, was nicht zu ändern ist, hast Deines Herzens ewige Wahl in Dir verborgen und begraben, und darum dämmert's oft vor uns, und wir wissen nicht mehr, was wir sind und haben, kennen uns kaum noch selbst; dieser ewige Kampf und Widerspruch im

Innern, der muß Dich freilich langsam töten, und wenn kein Gott ihn da besänftigen kann, so hab ich keine Wahl, als zu verkümmern über Dir und mir oder nichts mehr zu achten als Dich und einen Weg mit Dir zu suchen, der den Kampf uns endet.

Ich habe schon gedacht, als könnten wir auch von Verleugnung leben, als machte vielleicht auch dies uns stark, daß wir entschieden der Hoffnung das Lebewohl sagten,

199. AN DIE MUTTER

Homburg, d. 16ten Nov. 99
Liebste Mutter!

Ich konnte mir wohl denken, daß Sie diesmal mit dem Schreiben etwas zögern müßten, und schickte mich um so lieber darein, weil ich mir Ihre lieben Gäste und Ihre Reise dabei dachte, die Ihnen gewiß zur Freude und Gesundheit dienen wird. Wie gerne nähme ich Anteil in dem glücklichen Kreise, in dem Sie leben, und trüge auch von meiner Seite etwas bei zu dem Vergnügen, das Ihnen der Umgang der Ihrigen gewährt. Ich glaube aber, daß ich Ihrer eigenen Einsicht gehorche, wenn ich wenigstens meinen Besuch noch so lange aufschiebe, bis es in unserem Lande und auf dem Wege wieder etwas ruhiger wird. Ich war diese Tage sehr besorgt um die guten Löchgauer, weil ich vermutete, daß das Treffen zum Teil bei dem Orte selbst oder doch nicht weit davon vorgefallen sein müßte. Nun werden die Unsrigen, wenigstens auf einige Zeit, wieder in Ruhe sein.

Bei uns hier erfährt man den Krieg nur noch durch die Zeitungen, und es ist den Homburgern recht zu gönnen, da dies nach vielen Jahren der erste Winter ist, den sie ohne fremde Tisch- und Hausgenossen und ohne Kriegsunruhe und Kriegslast zubringen. Ich wundere mich oft, wie diese Gegend, die fast der beständige Kriegsschauplatz, mehr oder weniger, gewesen ist, doch sich so schnell erholt und daß die Menschen größtenteils ihr Hauswesen und ihre Lebensart fortführen können wie sonst.

Um auf meine Angelegenheiten zu kommen, so bedaure ich, daß ich Ihnen von meinen Aussichten noch nichts Näheres sagen kann, und es ist mir eigentlich um Ihretwegen unangenehmer als wegen mir, denn wenn ich bei meiner gegenwärtigen Lebensart nicht die unvermeidliche Inkonvenienz erführe, daß sie für den Anfang zu meinem zeitlichen Auskommen nicht hinreicht, so wäre ich auf immer damit zufrieden. Ich bin mir tief bewußt, daß die Sache, der ich lebe, edel und daß sie heilsam für die Menschen ist, sobald sie zu einer rechten Äußerung und Ausbildung gebracht ist. Und in dieser Bestimmung und diesem Zwecke leb ich mit ruhiger Tätigkeit, und wenn ich oft erinnert werde (wie unvermeidlich ist), daß ich vielleicht billiger geachtet würde unter den Menschen, wenn ich durch ein honettes Amt im bürgerlichen Leben für sie erkennbar wäre, so trage ich es leicht, weil ich's verstehe, und finde meine Schadloshaltung in der Freude am Wahren und Schönen, dem ich von Jugend auf im stillen mich geweiht habe und zu dem ich aus den Erfahrungen und Belehrungen des Lebens nur um so entschloßner zurückgekehrt bin. Sollte auch mein Inneres nie recht zu einer klaren und ausführlichen Sprache kommen, wie man dann hierin viel vom Glück abhängt, so weiß ich, was ich gewollt habe – und daß ich mehr gewollt habe, als der Anschein meiner geringen Versuche vermuten läßt, kann auch hoffen, aus manchem, was mir zu Ohren kommt, daß meine Sache auch in einer ungeschickten Ausführung hie und da aus einem ahndenden Gemüte gefaßt und gebilligt werden, daß also in keinem Falle mein Dasein ohne eine Spur auf Erden bleiben wird.

Ich mache Ihnen diese Geständnisse deswegen, liebste Mutter! weil mir daran liegen muß, um meiner eignen Ruhe willen, mich in meinem gegenwärtigen Leben Ihnen so aufrichtig und unparteiisch hinzustellen, wie ich nur immer kann, um so mehr, da Sie durch Ihre gütige Unterstützung mir darin aushalfen bis hieher.

Ich danke Ihnen verbindlichst für das Übersandte. Neuffer wird es wohl noch bis jetzt zurückbehalten haben, wegen der unsicheren Wege. Ich werde es größtenteils zurücklegen können, um es zum Teil zu meiner künftigen Reise zu gebrauchen. Was mich einigermaßen beruhiget über die Unkosten, die ich Ihnen mache, ist, daß ich auch als Vikarius nicht ohne einige Beihilfe leben könnte und daß ich doch eine gute Zeit in dem von dieser Seite vorteilhafteren Hofmeisterleben ausgehalten habe.

Wie freut es mich, daß Sie mit unserem Karl so in jeder Rücksicht zufrieden sein können! Und wie weiß ich es zu schätzen, daß er seine Kräfte so männlich auf die Lage hin anwendet und konzentriert, in der er sich befindet! Ich ehre von Herzen und aus Überzeugung jeden, der sich auf diese Art der Welt nützlich macht, und es tut mir nur oft leid, wenn ich zuweilen sehe, daß die Menschen größtenteils auf der anderen Seite nicht ebenso billig sind und auch einem andern sein Recht widerfahren lassen, der durch die Art seines Geschäfts und seines Treibens in einigem Grade von jedem besondern Wirkungskreise entfernt wird und nur dadurch bestehen kann, daß er mit Mut in seiner Art sich festsetzt und sein Schicksal einsiehet und trägt wie andre das ihrige. Und dies ist der Trost und die Regel meines Lebens, daß kein Mensch in der Wirklichkeit alles sein kann, daß er irgend etwas sein muß und bei den Vorzügen seines Standes und seiner eigentümlichen Lebensart auch das notwendige Mangelhafte tragen, das sie mit sich führt.

Tausendmal danke ich es Ihnen, meine Mutter! daß Sie in dieser Rücksicht mich, der ich überall noch nichts Gemachtes bin, so schonend behandeln, und Sie und die Meinigen alle werden es gewiß gutheißen, daß ich so wenig gleichgültig sein kann, in welchem Lichte ich vor Ihren Augen erscheine.

Ich bitte Sie auch recht sehr, daß Sie sich nicht dadurch

inkommodieren lassen, wenn ich in meinen Briefen zuweilen ins Räsonieren verfalle. Soviel ich die allgemeinere Stimmung und Meinung der Menschen, wie sie jetzt sind, bemerken kann, scheint mir auf die großen gewaltsamen Erschütterungen unserer Zeit eine Denkungsart folgen zu wollen, die eben nicht gemacht ist, die Kräfte der Menschen zu beleben und zu ermuntern, und die eigentlich damit endet, die lebendige Seele, ohne die doch überall keine Freude und kein rechter Wert in der Welt ist, niederzudrücken und zu lähmen. Die Übertreibungen sind nirgends gut, und so ist es auch nicht gut, wenn die Menschen sich vor allem fürchten, was nicht schon bekannt und ausgemacht ist, und deswegen jedes Streben nach einem Vollkommneren, als schon vorhanden ist, für schlimm und schädlich halten. Eben dieses scheint mir jetzt die allgemeinere Stimmung zu sein, und sie liegt mir deswegen so auf dem Herzen, weil sie im Kleinen wie im Großen wirkt und weil sich kein Mensch lossagen kann von dem schädlichen oder günstigen Einflusse der andern.

Wenn ich aber von einer solchen Empfindung den einen Tag mehr behaftet bin als den andern, so muß sie sich auch in meinen Äußerungen mehr oder weniger zeigen, wenn ich mit den Vertrauten meines Herzens spreche.

Aber daß ich es Ihnen nicht zu lange mache, so will ich Ihnen nur noch sagen, daß ich hoffe, Ihnen nach Verlauf eines Monats von dem Besuche, den ich schon so lange hoffe, wie auch von meiner künftigen Existenz etwas Genaueres sagen zu können.

Ich bin wie immer, liebste Mutter!

Ihr
dankbarer Sohn
H.

Eben erfahre ich, daß das französische Direktorium abgesetzt, der Rat der Alten nach St. Cloud geschickt und Buonaparte eine Art von Diktator geworden ist.

200. AN DIE SCHWESTER

Homburg, d. 16ten Nov. 99

Teure Schwester!

Ich durfte mir kaum die Freude gönnen, die mir Dein lieber Brief gab. Es ist für mich so notwendig, mich mit Gelassenheit in meinem Gleise zu erhalten, und Deine gütige, freundliche Einladung war eben nicht gemacht, mich auf die Umstände, die meine Wünsche mir einschränken, aufmerksam zu machen. – Du hast wohl recht, Teure! daß es Zeit wäre, wir sähen einander einmal wieder, und wie ähnlich den Deinigen hierin meines Herzens Gesinnungen sind, wirst Du daraus genug sehn, daß ich Dich so oft von meiner Hoffnung, Dich einmal besuchen zu können, unterhalte. Wenn ich bisher jedesmal Hindernisse fand, so schickte ich mich auch nur darum so geduldig darein, weil ich lernen mußte, mich in manches zu schicken, was ich anders wünschte. So hatt ich es vorigen Winter fest im Sinne, zu kommen, und nahm eigentlich die Anerbietung meines Freundes Sinclair nur deswegen an, weil ich von Rastatt aus die Meinigen zu besuchen dachte. Aber die schlimme Witterung und der Arzt, mit dem ich schon in Rastatt ein wenig zu tun haben mußte, nötigten mich, die Zeit, die ich mir erlaubt hatte, in diesem Orte und meist im Hause zuzubringen, und da ich wieder wohl war, schien es mir zu spät, und ich glaubte wieder zu meinem Geschäfte eilen zu müssen. Ich habe oft einen so langsamen Kopf, daß ich manchmal Tage und Wochen hinbringe, wo andre schneller fertig sind, und so brauche ich viel Zeit und muß sie fast ängstlich sparen. –

Du sagst, ich könnte meine Arbeit ja auch bei Dir treiben. Für den Anfang gewiß nicht, Gute! Ich bin einer solchen Freude zu wenig mächtig, als daß ich, wie es nötig wäre, meine Gedanken beisammen behalten könnte. Ich hatte mir deswegen ausgedacht, wenn mein Journal nur erst ein wenig im Gange wäre, daß ich einige Wochen mit gutem Gewissen müßig gehen könnte, oder wenn ich ohnedies genötiget wäre durch einen Brief von Schillern, meinen gegenwärtigen Aufenthalt zu verlassen, daß ich dann die l. Meinigen besuchen wollte. Solange ich aber keinen bestimmten Posten vor mir sehe, so darf ich, meiner Überzeugung nach, die Arbeit, die mich zum Teil nähren soll, wenigstens nicht eher verlassen, bis sie vollends in Gang gebracht ist. Von Schillern habe ich noch keinen Brief wieder erhalten.

Das Gedeihen Deiner lieben Kinder freut mich herzlich. Eine solche gute Mutter ist's aber auch wert. – Ich muß Dir das einfältige Geständnis machen, daß es mich oft inkommodiert, nicht mehr der reiche Mann in Frankfurt zu sein, um meinen Neffen zuweilen eine kleine Freude machen zu können.

Die bloßen Grüße sind doch keine rechte Sprache, besonders für den kleinen Fritz, der für jetzt besser sehen und betasten kann als sprechen. Aber wenn ich komme, bring ich was Rechtes mit, das sag ihnen.

Meinem Freunde Veiel wünsch ich alles Glück zu seinem neuen Leben.

Am meisten freut es mich, daß Dir die Sorge für Deinen l. Mann vom Herzen genommen ist. Empfiehl mich ihm und versichere ihn meiner fortdauernden Hochachtung.

Erhalte mir Deine Liebe, Teure!

Dein treuer Bruder
H.

201. AN JOHANN GOTTFRIED EBEL

[Homburg, wohl im November 1799]

Mein Teurer!

Sosehr ich mich Ihnen verbunden fühle für Ihr gütiges Versprechen, künftig vielleicht an meinen literarischen Versuchen teilzunehmen, so war die eigentliche Freude, die mir

Ihr Brief gab, doch eine andere. Ich fühlte mehr, als ich sagen mag, dabei, wie viel Sie mir vom ersten Augenblicke waren, wie viel ich entbehrte, seit ich Sie nicht mehr sah.

Je mehr ich die Menschen verstehen und dulden und lieben lerne, in ihren leidenden Gestalten, um so tiefer und unvergeßlicher sind mir die vortrefflichen unter ihnen im Sinne; und ich darf es Ihnen gestehen, daß ich wenige kenne, bei denen ich mit solcher Gewißheit meinem Gemüte folgen kann, wie ich es tue, sooft ich an Sie denke und von Ihnen spreche, und dies geschiehet nicht selten. Wären wir uns näher, um meinetwillen, denn Sie bedürfen meiner nicht oder doch weniger, und ich weiß nicht, ob ich Ihnen nur so viel sein würde, als ich es ehmals zu sein schien. Manche Erfahrungen, die mir nach meiner Sinnesart fast unvermeidlich begegnen mußten, haben mein Zutrauen zu allem, was mir sonst vorzüglich Freude und Hoffnung gab, zum innern Bilde des Menschen und seinem Leben und Wesen so ziemlich erschüttert, und die immer wechselnden Verhältnisse der großen und kleinen Welt, in der ich mich sehe, schrecken mich jetzt noch, da ich wieder etwas freier bin, bis zu einem Grade, den ich nur Ihnen gestehen kann, weil Sie mich verstehen. Die Gewohnheit ist eine so mächtige Göttin, daß wohl keiner ungestraft ihr abtrünnig wird. Die Übereinstimmung mit anderen, die wir so leicht gewinnen, wenn wir bei dem, was einmal da ist, bleiben, dieser Zusammenklang der Meinungen und Sitten erscheint uns dann erst recht in seiner Bedeutenheit, wenn wir ihn entbehren müssen, und unser Herz findet wohl niemals eine rechte Ruhe mehr, wenn wir jene alten Bande verlassen haben, denn es hängt ja nur zu wenig von uns ab, die neuen zu knüpfen, besonders was die feineren und höheren betrifft. Freilich halten dann die Menschen, die sich in eine neue Welt des Schicklichen und des Guten erhoben haben, auch um so unzertrennlicher zusammen.

Wie gerne hätte ich Ihnen volle Rechenschaft gegeben über meine Trennung von dem Hause, das Ihnen und mir so schätzbar war und ist. Aber wie unendlich vieles hätte ich Ihnen sagen müssen! Lieber hätte ich eine Bitte an Sie getan und möchte sie noch tun. Unsere edle Freundin, die ich unter mancher harten Probe nur immer selbständiger im besten Leben, nur immer höher gebildet aus bittern Mißverhältnissen wiedergefunden habe, scheint mir dennoch, um nicht endlich zu vertrauern, eines festen, klaren Worts, das ihren innern Wert und ihren eigenen Lebensgang ihr für die Zukunft versicherte, in hohem Grade zu bedürfen, und mir ist es fast unmöglich gemacht, mich ihr mit Ruhe mitzuteilen. Es wäre eine schöne Hülfe, mein Teurer! wenn Sie dies einmal täten. Eignes Nachdenken oder ein Buch oder woran man sich sonst orientieren mag, ist wohl gut, aber das Wort eines echten Freundes, der den Menschen und die Lage kennt, trifft wohltätiger und irret weniger.

Ihr Urteil über Paris ist mir sehr nahegegangen. Hätte mir ein anderer, der einen weniger großen Gesichtspunkt und nicht Ihr klares, vorurteilsloses Auge hätte, dasselbe gesagt, so hätte es mich weniger beunruhiget. Ich begreife wohl, wie ein mächtiges Schicksal, das gründliche Menschen so herrlich bilden konnte, die schwachen nur mehr zerreißt, ich begreife es um so mehr, je mehr ich sehe, daß auch die größten ihre Größe nicht allein ihrer eigenen Natur, sondern auch der glücklichen Stelle danken, in der sie tätig und lebendig mit der Zeit sich in Beziehung setzen konnten, aber ich begreife nicht, wie manche große, reine Formen im Einzelnen und Ganzen so wenig heilen und helfen, und dies ist's vorzüglich, was mich oft so stille und demütig vor der allmächtigen, alles beherrschenden Not macht. Ist diese einmal entschieden und durchgängig wirksamer als die Wirksamkeit reiner, selbständiger Menschen, dann muß es tragisch und tödlich enden, mit mehreren oder einzelnen, die darinnen leben. Glücklich sind wir dann, wenn uns noch eine andere Hoffnung bleibt! Wie finden Sie denn die neue Generation in der Welt, die Sie umgibt?

202. AN NEUFFER

Homburg, d. 4. Dez. 99

Mein Teurer!

Vor allem bezeuge ich Dir meinen Anteil an dem Tode Deiner guten Mutter, den ich erst durch Dein Gedicht erfahren mußte. Du wußtest, wie sehr ich diese seltne Frau ehrte, und es war deswegen fast nicht recht, daß Du mir nichts davon schriebst. Ich weiß aber selber sehr wohl, wie in manchen Fällen dem Manne das Stillschweigen heilsamer ist als die Mitteilung eines Leids.

Du darfst mir auch wohl glauben, daß ich die ungelegene Veränderung in Deinem Amte mit Dir fühle und daß ich es um so mehr bedaure, da ich Dir so gerne die ungestörte Freude an dem Erfolge Deiner poetischen Beschäftigungen gegönnt hätte. Es ist fast, als müßte man durchaus kein Glück teurer zahlen als das schriftstellerische, besonders der Dichter. Du fragst mich um Rat, lieber Neuffer! Wie gerne sagte ich Dir etwas Sicheres, und wie gerne sorgte ich selber Dir für eine Auskunft! Aber Du weißt es ohne mich, wie sehr ich für meinen Teil Rat und Freundeshülfe bedürfte. Ich gestehe Dir, daß ich nach und nach finde, wie es jetzt fast unmöglich ist, bloß von der Schriftstellerei zu leben, wenn man nicht gar zu dienstbar hierin sein und sein Auskommen auf Kosten der Reputation finden will. Und so bin ich unentschlossen, ob ich über kurz oder lange Vikar oder wieder Hofmeister oder Hausinformator werden will. Das letztere scheint mir fast das Beste. Wenn sich auch ein weniger bescheidner Posten für mich zeigen sollte, so weiß ich nicht, ob ich davon Gebrauch machen sollte, da ich weder gerne die Schriftstellerei dem Amte noch das Amt der Schriftstellerei aufopfern möchte, und darum wählte ich gerne einen Posten, der keinen großen Aufwand von Kräften und nicht zu viel Zeit erforderte. Weißt und findest *Du* etwas Besseres für Dich, so soll es mich gewiß freuen, und ich weiß nicht, ob Du, bei Deinen Konnexionen in Stuttgart, nicht einen erwünschten Ausweg, zum Beispiel eine Reise auf Konsistoriums Kosten, solltest Dir verschaffen können. Dies letztere wäre dann gewiß in jeder Rücksicht nach Deinem Sinne und Deinem Plan.

Fällt mir irgend etwas bei, das mir vorteilhaft für Dich scheint, oder zeigt sich eine Gelegenheit, die ich günstig für Deine Wünsche finde, so teile ich es Dir gewiß mit.

Über Deine neuesten Gedichte sage ich Dir nur so viel, daß sie sich durch treue, phrasenlose Darstellung des innern oder äußern Lebens, das ihnen zum Grunde liegt, auszeichnen. Und Du weißt selbst, wieviel dadurch gesagt ist. Besonders der *Traum* scheint dann auch das Idealisch-Poetische mit Simplizität zu vereinigen. Die Veränderungen im Hymnus „An die Ruhe" gefielen mir besonders durch die Klarheit, die sie bei ihrer Bedeutenheit haben. Wäre ich nur näher bei Dir, daß wir manchmal ein vernünftig Wort zusammen sprechen könnten über unsre edle Kunst! Denn, im Vertrauen gesagt, ich finde immer mehr, wie vorteilhaft und wie erleichternd die wahre Erkenntnis der poetischen Formen für die *Äußerung* des poetischen Geistes und Lebens ist, und ich muß erstaunen, wie wir so umherirren mögen, wenn ich den sichern, durch und durch bestimmten und überdachten Gang der alten Kunstwerke ansehe. Ich will Dir's auch nur gestehn, daß ich ein wenig mit Dir gezürnt habe über die ziemlich leichten Äußerungen, die Du mich diesen Sommer einmal (bei Gelegenheit der „Emilie") hören ließest in betreff der Poesie. Verstehe mich wohl, Lieber! Es war nicht wegen der „Emilie", die auch leichtsinnig genug hingeworfen ist, aus Notwendigkeit und Dienstfertigkeit, es war um der Kunst willen, die Du mir schaltst. Halte mich für einen kalten Theoristen, wenn Du willst. Ich weiß, was ich meine, und bin gänzlich mit Dir einig, wenn Du unsre faden, aus einseitigen Begriffen zusammengeflickten ästhetischen Kompendien ins Feuer haben willst. Gäbe mir nur ein Gott so viel gute Stimmung und Zeit, daß ich ausrichten könnte, was ich einsehe und fühle. –

Wie sehr ich die Progresse Deines Taschenbuchs zu schätzen weiß und wie meine eignen schriftstellerischen Affären stehn, kannst Du aus dem Briefe an unseren Freund Steinkopf hören, wenn Du willst. Ich muß abbrechen; denn es ist schon spät. Laß Dir's bald gut gehn, alter Freund! und tröste Dich indes mit den Musen und, wenn Dir's frommt, auch mit der ungeheuchelten Treue
Deines
H.

Ich bitte Dich, mir die 100 fl. in Wechsel, sobald es nur möglich ist, zu schicken.

203. AN CHRISTIAN GOTTFRIED SCHÜTZ

[Homburg, wohl im Winter 1799/1800]

Nehmen Sie meinen wahrsten Dank, Verehrungswürdiger! für die treuen Bemühungen, womit Sie eine bessere Literatur aufrecht zu halten besorgt sind, und seien Sie versichert, daß ich Ihrer gütigen Einladung durch die besten Kräfte, die ich habe, folgen werde.

Die Gesetze, denen ich mich hiemit unterziehe, sind so rein und genau mir aus der Seele geschrieben, daß ich hoffen darf, es werde mir nicht sehr schwer werden, ihnen zu dienen. Ich glaube, den Sinn derselben gefaßt zu haben, und weiß im allgemeinen nichts mehr hinzuzusetzen. Wollen Sie mir eine Stelle bestimmen bei der Beurteilung poetischer Werke, so glaube ich für diese vielleicht zu taugen, da seit einigen Jahren mein Nachdenken und mein Beobachten fast ausschließlich dahin gerichtet war.

Das innigere Studium der Griechen hat mir dabei geholfen und mir statt Freundesumgang gedient, in der Einsamkeit meiner Betrachtungen nicht zu sicher, noch zu ungewiß zu werden. Übrigens sind die Resultate dieses Studiums, die ich gewonnen habe, ziemlich von andern, die ich kenne, verschieden. Man hat, wie Ihnen bekannt ist, die Strenge, womit die hohen Alten die verschiedenen Arten ihrer Dichtung unterschieden, häufig ganz und gar mißkannt oder doch nur an das Äußerliche derselben sich gehalten, überhaupt ihre Kunst viel mehr für wohlberechnetes Vergnügen gehalten als für eine heilige Schicklichkeit, womit sie in göttlichen Dingen verfahren mußten. Das Geistigste mußte ihnen zugleich das höchste *Charakteristische* sein. So auch die *Darstellung* desselben. Daher die Strenge und Schärfe der *Form* in ihren Dichtungen, daher die *edle* Gewaltsamkeit, womit sie diese Strenge beobachteten bei untergeordneteren Dichtungsarten, daher die Zartheit, womit sie das Hauptcharakteristische vermieden bei höhern Dichtungsarten, eben weil das Höchstcharakteristische nichts Fremdes, Außerwesentliches, darum keine Spur von Zwang in sich enthält. So stellten sie das Göttliche menschlich dar, doch immer mit Vermeidung des eigentlichen Menschenmaßes, natürlicherweise, weil die Dichtkunst, die in ihrem ganzen Wesen, in ihrem Enthusiasmus wie in ihrer Bescheidenheit und Nüchternheit ein heiterer Gottesdienst ist, niemals die Menschen zu Göttern oder die Götter zu Menschen machen, niemals unlautere *Idololatrie* begehen, sondern nur die Götter und die Menschen gegenseitig näher bringen durfte. Das Trauerspiel zeigt dieses per contrarium. Der Gott und Mensch scheint eins, darauf ein Schicksal, das alle Demut und allen Stolz des Menschen erregt und am Ende Verehrung der Himmlischen einerseits und andererseits ein gereinigtes Gemüt als Menscheneigentum zurückläßt. Nach diesen ästhetischen Gesinnungen, die nach ihren Äußerungen und nach den Worten *wollen, sollen* und *können* und wohl zu rechter Zeit gesagt sind, würde ich die poetischen Werke zu würdigen suchen mit unerschütterlicher Gerechtigkeit in der Sache und mit möglicher Schonung der Person des Schriftstellers, auch mit dem Gedanken,

204. AN DIE MUTTER

Homburg, d. 29. Jan. [1800]

Liebste Mutter!

...

Ich habe jetzt ungefähr 400 fl. in vierteljährigen Portionen von meinem Buchhändler *sicher* einzunehmen. [Überdies hat er ihm in Stuttgart ausgewirkt, daß er dort, ohne zu irgendeiner theologischen Funktion genötigt zu werden, sich aufhalten kann, sobald es ihm zuträglich scheine.] ... Wenn ich also mein Journal einige Jahre fortsetze, wie ich es in jedem Falle, um meiner Reputation willen, versuchen würde, und wenn ich in Stuttgart oder hier durch Privatvorlesungen noch einiges verdiene, so kann ich auf ein Einkommen rechnen, das beinahe zureichen wird. Es scheint mir zweckmäßig zu sein, daß ich ohne eigentliche Not die jetzige Art meiner Beschäftigungen und Studien sowenig wie möglich durch eine neue Lebens- und Geschäftsart unterbreche, da ich jetzt erst gewissermaßen eingeschirrt bin und nach manchen Zerstreuungen und Unruhen endlich einige Festigkeit in meinem Tun gewonnen habe. Die Gründe also, die mir in diesem Augenblicke gegenwärtig sind, wären gegen einen Versuch, den ich ohnedies *Ihnen* kaum zumuten möchte. – Nämlich, im Fall er fehlschlüge, so würde dies für meine Ruhe, die mir so teuer ist, und für die Geduld, mit der ich mich unter den menschlichen Verhältnissen sehe, eine fast zu starke Probe sein, denn, wie gesagt, ich fühle, daß ich noch etwas stärker werden muß, um mich derlei Demütigungen auszusetzen, die mir wenigstens auf einige Zeit die Lust und die rechte Kraft, unter den Menschen etwas zu fördern, nehmen würden. Und ich darf Ihnen wohl gestehen, liebste Mutter! daß eben hierauf mein Leibes- und Seelenwohl, wenn ich so sagen darf, in hohem Grade beruht. Der andere Grund wäre, daß ich jetzt einigermaßen geborgen bin auf einige Zeit und daß es uns daran liegen muß, eine Laufbahn, die in keinem Falle sehr ungünstig enden kann, so lange fest zu verfolgen, bis sich irgendein gewisser Erfolg zeigt, und es scheint mir nicht wohl möglich, meine jetzigen Beschäftigungen, die ein so gesammeltes und ungeteiltes Gemüt erfordern, jetzt gerade mit einem Amte zu vereinigen, wo ich mich erst wieder ganz einzugewöhnen und einzustudieren hätte.

Wenn Sie mir erlauben, hinzuzusetzen, daß ich nicht schlimmer als manche andere daran bin, wenn ich ein künftiges Amt mit etwas weniger Vermögen antrete, so scheint es mir wohl der Mühe wert, im Notfall indessen etwas zuzusetzen, soweit mein Einkommen nicht zureicht, besonders da ich, wenn ich gesund bleibe, auch bei einem künftigen Amte meine schriftstellerischen Arbeiten nicht ganz aufzugeben gesonnen bin, die mich freilich nie reich machen, aber auch wohl nicht so ganz ohne Dank bleiben werden.

Übrigens überlasse ich die Sache Ihrer und meines teuern HE. Schwagers Entscheidung, da ich, soviel es die kurze Zeit leiden wollte, meine Meinung gesagt habe, um so mehr, da ich nicht so, wie Sie, imstande bin, zu urteilen, ob es mir, nach den genauern Umständen, möglich sein wird, ohne ein beträchtliches Amt meine Existenz zu sichern. Wenn ich die Ausgaben abrechne, die mir meine Kränklichkeit im vorigen Jahr gekostet hat, so finde ich, daß ich mit 500 fl. so ziemlich ausreiche, und so viel könnte ich wohl in Stuttgart oder hier verdienen. – Sie werden es mir nicht verdenken, daß ich die Sache so einseitig ansehe; was höhere Gründe und Gesichtspunkte betrifft, so glaube ich mit gutem Gewissen behaupten zu dürfen, daß ich den Menschen mit meinem jetzigen Geschäfte wenigstens ebensoviel diene und fromme als im Predigtamte, wenn auch der Anschein dagegen sein sollte. Ich stütze mich hierin nicht bloß auf mein eigenes Urteil, sondern auf den ausdrücklichen und ernstlichen Dank von achtungswürdigen Personen, den sie mir über einige meiner öffentlichen Äußerungen gesagt haben.

Meine Abreise von hier hängt indessen vorzüglich von dem nächsten Briefe ab, den mir mein Buchhändler schreiben wird. Da ich hierin der Not diene, so werden Sie mir es nicht verdenken, wenn ich sage, daß ich hier bleiben oder nach Stuttgart ziehen werde, je nachdem ich dort oder hier ein leichteres Auskommen finde. In jedem Falle muß ich noch bis Ostern bleiben, weil ich meine Arbeiten jetzt unmöglich so weit unterbrechen kann. In ungefähr 14 Tagen kann ich Sie wohl über dieses mit Gewißheit benachrichtigen. Sollte Sinclair, der wahrscheinlich noch diese Woche nach Schwaben abreist, um einen Freund bei der kaiserlichen Armee zu besuchen, nach Blaubeuren kommen, wie er es im Sinne hat, so bitte ich Sie, von meiner wahrscheinlichen Abreise nichts gegen ihn zu erwähnen, wenn er nicht davon anfängt; solang ich nicht ganz entschieden bin, mag ich ihm nichts davon sagen, weil er mich nicht gerne gehen läßt und ich die ganze Sache gerne kalt überdenken und beschließen möchte. Übrigens würde mich der Abschied von diesem Orte nicht wenig kosten, und nur die Aussicht, in meine geliebte Heimat und zu den Meinigen, die ich in der ganzen Welt vermissen würde, zurückzukehren, könnte mir ihn erleichtern. Ich habe hier gute, zum Teil vortreffliche Menschen kennengelernt und genieße mehr Attention und Teilnahme, als ein Fremder erwarten kann, der nichts zu geben hat als hie und da eine ehrliche Meinung. – Um meine Gesundheit dürfen Sie ja nicht bange sein, teuerste Mutter! Ich habe schon seit guter Zeit dieses kostbare Gut ungestört genossen, und es freut mich um so mehr, weil ich immer fürchtete, daß der böse krampfhafte Zustand bleibend werden möchte. Am hiesigen Arzte habe ich dadurch eine gar gute Bekanntschaft gewonnen, es ist ein immer heiterer, treuherziger Mann, der einen wenigstens auf Augenblicke schon durch sein gesundes, menschenfreundliches Gesicht heilen kann. Er ist der Mann für alle Hypochonder. – Der verstorbene Gontard, von dem Sie schreiben, ist ein Oncle der Familie, bei der ich war. Mein lieber Henry ist jetzt in einem Erziehungsinstitute in Hanau. Ich schreibe bloß deswegen so selten von ihm, weil ich nie ohne Wehmut an diesen vortrefflichen Knaben denken kann. Es ist recht gut für ihn, daß er aus Frankfurt weg ist, wo jeder Tag seine wahrhaft edle Natur wo nicht verdarb, doch entstellte. – Das Geld hab ich von Neuffer erhalten und sage Ihnen nochmals meinen herzlichsten Dank dafür. Im Fall einer Abreise würde ich Sie, wenn es ohne Ihre Unbequemlichkeit geschehen könnte, um etwas weniges bitten, nicht sowohl um der Reisekosten willen, die nicht groß sein werden, als weil ich noch einen Konto bei dem Buchhändler in Frankfurt abzutragen habe. Meiner teuren Schwester danken Sie indessen in meinem Namen für ihren lieben Brief. Ich würde ihn noch heute selbst beantworten, wenn es mir nicht gerade ginge, wie es ihr gegangen ist, daß mir nämlich mein guter Freund, der Ofen, zu kalt werden will, und ich muß ja gehorsam sein und meinen dreißigjährigen Leib schonen und pflegen. Die Weste soll mir wohlstehn und wohltun.

Tausend Empfehlungen und Grüße. Wie immer

Ihr
treuer Sohn
Hölderlin

205. AN DIE SCHWESTER

Homburg, d. 19. März [1800]

Meine Teure!

Ich hätte Dir schon eher geschrieben, wenn ich nicht lieber eine Stunde abgewartet hätte, wo ich mit einiger Ruhe und mit stillerem Geiste den Verlust Deines mir unvergeßlichen Gatten denken könnte.

Ich habe ihn gekannt und weiß, wieviel wahrhaft Erhabnes und Ewiges in seinem Gemüte verborgen lag, und eben darum kann ich mir wohl denken, wie er mit dieser Heiterkeit sterben konnte; einer solchen Seele, die, wie die seinige, gewohnt war, das menschliche Leben mit seinen Leiden und Veränderungen mit einem höheren Auge anzusehen und überall mehr auf das Bleibende, auf den Grund unseres Wesens und Lebens zu achten, einem solchen Sinne muß der Tod mehr wie ein kurzer Abschied scheinen als wie eine lange Trennung, und dies muß ihm auch die Entfernung von Dir, Du Gute! und von all den Seinigen erleichtert haben. Mich tröstet der Gedanke, der überall mein bester Trost ist, daß nämlich Gott überall ist und in ihm und durch ihn wir alle jetzt und immer vereiniget sind.

Am meisten trauert mein Herz darüber, daß ich Dich, Beste! nicht mehr im Geleite dieses edlen Lebensgefährten weiß und daß Deine lieben Kinder nur noch eine Mutter haben, die zwar so ganz geschaffen ist, ihnen diesen Verlust zu ersetzen und alles zu sein, was ihre Jugend bedarf, der aber doch bei einem leidenden Gemüte diese teure Sorge schwer sein muß. Liebste Schwester! erhalte Dich nur! für uns alle, denen Du so wahrhaft wert bist! Vertraue Deiner guten Natur, denke, daß Du so viele glückliche Gaben hast, die ganz gemacht sind, um leichter und unzerstörter unter den Begegnissen des Lebens auszudauern! Wie oft habe ich Dich schon um Deine schöne Ruhe und Geduld beneidet, wenn mir es oft schwer wurde auf meinem Wege, und wie sehr ist's immer mein Bestreben, das ganz zu lernen, was Dir angeboren ist! Die Gesellschaft und Unterstützung unsrer guten Mutter wird Dir Trost genug gewähren. Ein so geprüftes Herz, wie das ihrige ist, beruhiget schon durch seine Nähe, und es muß Dir ein stärkender Gedanke sein, Deinen Kindern ebensoviel zu sein, als sie uns war, in unserer Kindheit, da wir das Beste, was wir haben, ihr vorzüglich danken. Auch hast Du sonst gute Menschen um Dich, und der Segen des Himmels, der uns allheilend umgibt, kann Dir, Du reine Seele! nicht fehlen.

Kann ich Dir etwas sein, so brauchst Du es nur zu sagen. Sobald es nur meine Geschäfte irgend zulassen, die gerade jetzt etwas dringender sind, so soll mich nichts abhalten, einmal zu kommen, und ich denke, Liebe! daß ich zu Dir taugen werde, weil ich manches in der Welt zu ertragen gelernt habe und nach mancherlei Erfahrungen die Anhänglichkeit an Dich und die Unsrigen nur gründlicher und ewiger geworden ist. Einen treuen Freund hast Du für Dich und Deine Kinder auf lebenslang an mir, das darfst Du glauben. Sieh! Gute! teure Schwester! dies ist in meinen Augen ein schätzbar Glück, das nur zu selten ist, daß eine solche echte Harmonie und Achtung und Freude unter Geschwistern ist und daß wir eine solche Mutter haben.

Sorge nur für Deine Gesundheit, Liebe! und lebe gerne. Es ist denen wohl zu gönnen, die von uns gehen zur Ruhe und zu neuer Jugend; aber auch dieses Leben ist gut, Gott ist auch hier, und ich glaube, es wird auch hier noch immer besser. Ich möchte Dir noch vieles sagen, was von Trost in mir ist; ich habe so oft erfahren, wie ein Zuruf, der aus dem Heiligtume unserer Seele kam, in tiefer Betrübnis uns beglücken und neues Leben, neue fromme Hoffnung schaffen kann. Eines denke ich besonders oft, daß der Lebendige, der in uns und um uns ist, von Anbeginn in alle Ewigkeiten mächtiger als aller Tod ist, und das Gefühl dieser Unsterblichkeit erfreuet mich oft in meinem Namen und im Namen aller, die da leben und die gestorben sind, vor unseren Augen. Und so ist's mein gewisser Glaube, daß am Ende alles gut ist und alle Trauer nur der Weg zu wahrer, heiliger Freude ist.

Laß mich so abbrechen, Teuerste! Ich schreibe Dir bald wieder! auch unserer lieben Mutter! und dem Bruder! Bleibt nur Ihr mir, Ihr Lieben! erhaltet Euch für mich und für die Unsrigen!

    Dein
     ewigtreuer Bruder
      Hölderlin

206. AN FRIEDRICH EMERICH

[Homburg, im Frühjahr 1800]

Du hast mich noch freundlich genug über mein Stillschweigen zurechtgewiesen, lieber Bruder! und ich bitte Dich für nun und immer, daß Du mir es nie mißdeutest. Solang ich für meine Freunde und alles andre, was mich angeht, mich nicht leichter interessiere, als jetzt der Fall ist, so lange werd ich wohl aus dem natürlichen Instinkt, noch bei mir selber zu bleiben, immer etwas spröde tun müssen. Du glaubst nicht, wie sehr ich von jeher hierin meine Not hatte. Jede Beziehung mit andern Menschen und Gegenständen nimmt mir gleich den Kopf zu sehr ein, und ich habe dann meine Mühe, sobald ich irgendein besonderes Interesse bei mir zum Vorschein und zur Sprache kommen lasse, wieder davon weg und auf etwas anderes zu kommen. Schreibst Du mir, so tönt es so lange nach, bis ich mich mit List oder Gewalt zu etwas andrem bringe, und schreib ich Dir, so ist's noch schlimmer; so bin ich ein schwerfälliger Schwabe.

Du hast also einen mutigen Anfang gemacht mit der Herausgabe Deiner Gedichte. Bei Deinem festen Sinne hast Du auch mehr Recht als ein anderer, vorerst das poetische Spiel ein wenig wie das Glücksspiel zu treiben und im Namen des Genius den Würfel hinzuwerfen. Ich sage damit gar nicht, als hättest Du Deine Besonnenheit nicht auch benützt, Deinen Künstlersinn, dem Du so ziemlich unrecht zu tun scheinst, weil er Dir so treulich und natürlich als ein redlicher Waffenträger im Treffen dient; ich meine, daß Du wohl auch Deinen gründlichen Geschmack zur Hülfe genommen haben wirst, aber ganz sicher bist Du Deiner Sache denn doch nicht. Wer ist dies auch von unsern alten und jungen Dichtern? Und wem würde man es danken, so wie die Sachen jetzt stehen? Wir kalten Nordländer erhalten uns gern in Zweifel und Leidenschaft, damit wir nicht aus lauter lieber Ordnung und Sicherheit uns zum Schneckenleben organisieren.

Aber im Ernste, Lieber! *Du* mußt, wenn eine größere Laufbahn Dich nicht haben will, mit der Poesie rechten Ernst machen. Du scheinst mir die poetische Dreieinigkeit, den zarten Sinn und die Kraft und den Geist, himmlisches und irdisches Element genug in Deiner Natur zu haben, um dieses edle Leben, in einer so edlen Kunst, zu fixieren und der Nachwelt wohlbehalten zu überliefern. Und darum ehr ich den freien, vorurteillosen, gründlichern Kunstverstand immer mehr, weil ich ihn für die heilige Ägide halte, die den Genius vor der Vergänglichkeit bewahrt.

Ich dünke Dir wohl ein rechter Büßender. Aber ich darf zu meiner Entschuldigung sagen, daß ich bei aller scheinbaren Unbedachtsamkeit, mit der meine bisherigen Arbeiten geschrieben sind, doch sehr bedächtig zu Werk ging und daß nicht sowohl die Schuld an mir liegt als in den Einseitigkeiten unsers neuesten Geschmacks, wenn ich wirklich im Zorn und hiemit etwas revolutionär verfuhr. Aber es war wohl für den Anfang gut, und wie gesagt, Du kannst besser als ich so einen Anfang machen. Mein Glück war, daß ich sah, wo ich war, und deswegen meinen Stoff danach einrichtete und wählte.

207. AN DIE MUTTER

Liebste Mutter!   Homburg, d. 23. Mai 1800

Ich war beinahe schon zur Abreise gerüstet, als ich Ihren Brief erhielt. Übrigens hatten die Nachrichten, die Ihnen einige Unruhe verursachten, auch mich in meinem Entschlusse einigermaßen zweifelhaft gemacht. Ich ließ in Frankfurt nachfragen, ob der Postwagen noch ginge, und man hat mir es bejaht. Nun glaube ich, daß in einigen Wochen die Sachen wenigstens für meine Reise nicht hinderlicher sein werden als jetzt, und weil ich ohnedies wahrscheinlich mein Logis nicht gleich würde beziehen können, so will ich, um einen Mittelweg zu treffen, meine Abreise noch so lange anstehen lassen, bis Sie mich benachrichtigen werden, daß mein Logis in Stuttgart so weit eingerichtet ist, daß ich es bei meiner Ankunft beziehen kann. Da ich für meine Geschäfte einige Zeit verlieren mußte, so ist es ohnedies notwendig, daß ich in Stuttgart so bald wie möglich in die Tätigkeit eintrete.

Übrigens bitte ich Sie, daß Sie sich mit den Meubles sowenig wie möglich Mühe und Unkosten machen. Es ist mir erst noch beigefallen, daß sich vielleicht über kurz oder lange doch noch ein angemessener Posten im Ausland mir darbieten könnte, und so sehe ich darin und in andern Rücksichten einen Grund, mich nicht so eigentlich auf ein langes Bleiben einzurichten. Der Bücherkasten ist mir ganz recht. Könnte ich von meiner Gesundheit immer so gewiß sein, wie ich es jetzt bin, so würde ich auch denken, daß ich meine schriftstellerischen Arbeiten immer so ununterbrochen würde fortsetzen können, um davon zu leben. Aber ich finde es denn doch gut, nicht so einzig mich darauf zu verlassen, und so will ich mich eben kurz und gut zu den Nebengeschäften entschließen, die ich in Stuttgart treiben kann. Freilich, wenn ich das Urteil von Männern und Freunden höre über mich und meine Sache, so möcht ich, bei aller Demut, die mir manches auch mißdeuten könnte, doch auch manchmal fragen, warum ich mich in der bürgerlichen Welt so herumbehelfen müsse? Übrigens solang ich keinen andern Weg vor mir sehe, so halte ich den, den ich gehen muß, für den beschiednen und finde mich darein, so gut ich kann.

Ich habe diese Tage eine Freude erlebt, die Ihnen auch Freude machen wird. Ein Kaufmann aus Frankfurt, den ich nur einmal bei meinem dortigen Aufenthalte gesehen hatte, hat mir so unbekannterweise ein Geschenk mit einem Buche gemacht, das auch mehr als eine bloße Attention besagt, da sein Wert wohl wenig unter 100 fl. beträgt. Ich will den edeln Mann noch besuchen und ihm so danken, wie er's verdient.

Mögen Sie die Güte haben und an Landauer schreiben, daß er mir bei HE. Kling in Frankfurt, oder bei wem er sonst mag[1], 6 Karoline anweist. Ich würde Sie nicht bemühn, wenn ich nicht Ihres Kredits bedürfte, und da Sie wohl ohnedies an Landauer schreiben, so find ich es für besser, als wenn ich es ihm schriebe. Das Geld ist nur auf alle Fälle.

Ich wollte, Sie hätten einmal Ruhe mit mir. Es tut mir weher, als ich sagen mag, daß ich Ihnen immer Sorge und Mühe machen muß, besonders da Sie das bißchen Ehre, womit mir bis itzt in der Welt gelohnt worden ist, schon wegen unserer Entfernung nicht ganz mit mir teilen und also fast unbelohnt bleiben müssen.

Ich hoffe, es soll in unserem Lande doch diesmal erträglich hergehen. Tausend Grüße an die liebe Schwester und an alle!

Ich bin in Eile, weil die Post abgehen will.

 Ewig und von Herzen
   Ihr dankbarer Sohn
      Hölderlin

[1] Ich will ihm selbst auch noch schreiben.

STUTTGART,
HAUPTWIL, NÜRTINGEN, BORDEAUX
1800–1804

208. AN DIE MUTTER

[Stuttgart, um Ende Juni 1800]

Liebste Mutter!

Ich danke Ihnen herzlich für Ihren gütigen Brief und die guten Wünsche, die er enthält. Ich werde mich bestreben, von meiner Seite alles zu tun, was mich einer baldigen und dauernden Erfüllung derselben würdig machen kann.

Sie können nicht glauben, mit welchem Gefühle von Dank und Achtung gegen die Meinigen ich meinen Weg hieher ging. Die Teilnahme und Aufmunterung treuer, wohlmeinender Gemüter ist mir auf der Stelle meines Lebens, worauf ich jetzt bin, ein größeres Geschenk als irgend etwas, worauf man sonst großen Wert zu legen Ursache hat.

Mein Logis und die Aufnahme in meines Freundes Hause fand ich ganz nach meinem Wunsche.

Überhaupt haben mich meine alten Bekannten so gutmütig empfangen, daß ich wohl hoffen darf, hier eine Zeit im Frieden zu leben und ungestörter als bisher mein Tagewerk tun zu können.

Ich halte es für ein Glück, daß mir schon das anständige und erwünschte Anerbieten von einem jungen Manne, der in der Kanzlei arbeitet, gemacht worden ist, daß ich ihm Stunden in der Philosophie geben möchte, wofür mir monatlich ein Karolin bezahlt wird.

Sonst habe ich eben manche Ausgabe machen müssen, um mich vollends in meiner kleinen Wirtschaft einzurichten. Besonders habe ich mich nicht gerne entschlossen, mir einen Schreibtisch, der zugleich als Kommode dient, zu bestellen, was doch, als ein anständiges Meuble, mir notwendig schien und von Landauer angeraten wurde, weil ich auf dem kleinen Tischchen nicht wohl mit meinen Papieren in Ordnung bleiben und, wie Sie selbst sehn, ohne Inkommodität meine Kleider und Wäsche p. p. auch nicht immer in dem Koffer behalten kann.

Ich brauche den Schreibtisch nicht gleich zu bezahlen, also sind Sie auch nicht für jetzt gerade dadurch mit neuen Ausgaben belästigt. Wenn es Ihnen aber möglich wäre, noch mit einigen Karolinen mir in einiger Zeit auszuhelfen und mich so vollends sicherzustellen, so werde ich es mit herzlichem Dank annehmen und wohl auf ein Jahr lang Sie, liebste Mutter! unbelästiget lassen können. Haben Sie eben jetzt noch Geduld mit mir! An Fleiß und gutem Mut und gehöriger möglichster Einschränkung soll es nun und nimmer fehlen.

Es betrübt mich genug, da ich andern Menschen und besonders den Meinigen nur Freude machen möchte, daß ich für jetzt nur immer mehr empfangen muß als geben kann.

Tausend Grüße an meine teure Schwester! Ich habe neulich unterwegs ein kleines Gedicht an sie entworfen, das ich ihr nächstens schicken will, wenn es ihr einen vergnügten Augenblick machen sollte. Landauers empfehlen sich Ihnen und der Schwester. Ich hoffe immer noch, daß wir in kurzem Friede haben und von kriegerischen Unruhen befreit sein werden.

Ich habe noch eine ziemliche Quantität weiße Wäsche in meinem Koffer gefunden, Sie dürfen sich also nicht wundern, wenn Sie unter der schwarzen Wäsche manches nicht finden, was zur ganzen Anzahl gehörte. Die Beinkleider bitte ich auszubessern und die kurzen färben zu lassen. Ich will Ihnen im nächsten Briefe schreiben, wieviel ich Hemden p.p. noch hier habe, daß Sie sehen können, wieviel mir fehlt.

Küssen Sie die lieben Kinder in meinem Namen.

      Ewig
         Ihr dankbarer Sohn
              Hölderlin

Der Bücherkasten und Vorhang ist ganz nach Wunsche ausgefallen. Meine Sachen habe ich alle richtig erhalten.

209. AN DIE MUTTER

[Stuttgart,
wohl um den 20. Juli 1800]

Liebste Mutter!

Nur ein paar Worte, um Ihnen herzlichen Dank zu sagen und vorzüglich auch Sie zu versichern, daß eine Anmahnung von Ihnen gewiß von mir nicht, wie wohl sonst der Fall sein konnte, mit Empfindlichkeit mehr aufgenommen werde.

Sie sind ja als Mutter meine natürliche und ewige Freundin, und was ist ehrwürdiger und dem Herzen wohltätiger, als wenn ein treuer Sinn, wie der Ihre, die Sorgen und notwendigen Bedenklichkeiten des Lebens für uns übernimmt.

Glauben Sie nur, wenn ich Sie manchmal stillschweigend ansah und das Alter in Ihrer mir öfters gegenwärtigen Miene bemerkte, da dachte ich im Herzen, so opfert sich eines für das andre, und ja! Sie haben mir, und mir besonders, viele Liebe und manche Kraft geopfert, die sich in Besorgnissen und Bemühungen um mich verzehrte. Und wenn ich Ihnen selten so etwas ausspreche, so ist es nur, weil ich solche Gedanken lieber in mir bewahre, um sie, wo möglich, in einem Leben, das Ihrer würdig ist, zu offenbaren. –

Sie können nun eine Weile wieder, wie ich hoffe, wegen meinen Bedürfnissen ruhig sein. Ich habe ein paar Karolin noch von meinem Verleger einzunehmen, und so wird es mir möglich, nebst dem gütig Zugesandten, den Schreibtisch zu bezahlen und zum Hausgebrauche noch einige Zeit auszureichen. Ich habe auch wieder einen neuen Antrag zu Lektionen von HE. Registrator Gutscher, den ich noch von Rastatt aus kannte, bekommen.

Wahrscheinlich will mich HE. Registrator Frisch vierteljährlich bezahlen, denn ich habe noch nichts von ihm eingenommen, kann aber, wie ich weiß, in jedem Falle auf seine Generosität rechnen.

Der Brief von unsrem Karl ist eigentlich an Sie gerichtet, und ich muß tausendmal um Vergebung bitten, daß ich ihn das letztemal wieder zu schicken vergaß. Ich war damals zu sehr beschäftiget.

An alle herzlichen Gruß!

Sobald es meine Geschäfte erlauben, bin ich so frei, Sie zu besuchen.

Ihr
treuer Sohn
Hölderlin

210. AN DIE MUTTER

[Stuttgart, im Juli 1800]

Liebste Mutter!

Da ich gegenwärtig sehr beschäftigt bin, um vor meinem Besuche in Reutlingen noch mit einigem fertig zu werden, so müssen Sie eben diesmal mit einigen Worten vorliebnehmen. Meinen herzlichsten Dank für Ihre lieben Briefe! Gestern erhielt ich auch noch den, welchen Sie mir zuletzt nach Homburg geschrieben.

Wenn ich denke, wieviel stärker und gesünder ich mich seit der Veränderung meines Aufenthalts fühle und wie sich meine jetzige Lage täglich angemessener für meine Bestimmung und sicherer zu meinem Auskommen bildet, so fühle ich eine Zufriedenheit und Ruhe, die ich lang entbehrte, und ich hoffe, es soll so bleiben und dieser Zustand werde einen festen und frohen Dank gegen die teuern Meinigen und gegen meine Freunde in mir erhalten. Ich habe jetzt drei Anerbieten zu Lektionen, die mir alle angenehm sind.

Meine Feierstunden bringe ich in guter, wohlmeinender Gesellschaft zu, und mein eigenstes Geschäft gehet, wie es scheint, mir jetzt auch leichter und reiner von Herzen.

Unser guter, trefflicher Karl wird nun auch wohl nicht lange mehr in Ungewißheit über seine Lage bleiben.

[Freut sich, daß die Mutter neulich in Nürtingen von keinem militärischen Besuche erschreckt worden. Er hofft, es soll auch vollends so ziemlich leicht für seine Landsleute vorbeigehen.] Man spricht stark von einem baldigen, gründlichen Frieden.
[Sonntag nacht will er bei der Mutter übernachten. Landauer wird mit ihm kommen.]

Ihr
dankbarer und treuer Sohn
Hölderlin

211. AN DEN HERZOG VON WÜRTTEMBERG

Stuttgart, d.   Sept. 1800

[Stipendiarius M. Hölderlin bittet untertänigst, sich einige Zeit als Erzieher hier aufhalten zu dürfen. Nachdem er mit des Herzogs Erlaubnis seit 1794 als Erzieher im Ausland gewesen, wegen fortdauernder Kränklichkeit ins Vaterland zurückgekehrt. Er sei soweit hergestellt und wolle sich bei seinem Freund Landauer, als Erzieher seiner Kinder, aufhalten.]

212. AN EINEN UNBEKANNTEN

[Stuttgart, im Herbst 1800]

Ich bedauerte es, verehrungswürdiger Freund! daß ich Sie neulich nicht antraf, da ich Ihnen

213. AN DEN BRUDER

[Stuttgart, im Herbst 1800]

Liebster Karl!

Buchhalter Frisch ist bis itzt noch nicht aus der Kanzlei nach Hause gekommen; ich werde ihn aber wohl noch nach Tisch fragen können und dann noch Dir eine Antwort schreiben, ehe der Bote abgeht.

Ich denke, da sich die Gelegenheiten zu einem anständigen Posten so Dir zudrängen, daß es Dir nicht fehlen wird. Bist Du doch auch wieder ganz hergestellt? Sei so gut und sage mir im nächsten Briefe doch auch etwas davon.

Ich würde in dieser schönen und großen Zeit und in der Ruhe und Freiheit, die ich habe, wohl sagen können, daß ich wahrhaft lebte, wenn nicht noch alte Leiden in mir zuweilen,

214. AN DIE SCHWESTER

[Stuttgart, im September
oder Anfang Oktober 1800]

Liebste Schwester!

Ich scheine mein gegebenes Wort Dir nicht sehr gewissenhaft zu halten. Wäre es aber möglich gewesen, ich hätte seither sicher alle Wochen wenigstens einmal geschrieben. Ich bin durch das böse malade Jahr, das ich überstanden habe, etwas langsamer in meinem Geschäfte geworden und muß oft mit einem halbmüßigen Nachsinnen manche gute Stunde zubringen, darf mich dann nicht öfter unterbrechen, als es die Not erfordert, und diese trat bisher, wegen der Neuheit meiner Lage, öfter ein, als es künftig geschehn wird. Auch fühl ich mich nach und nach auch wieder stärker zu dem, was ich aus Liebe und Pflicht den Tag durch arbeite und schaffe, kann also künftig leichter und öfter eine Stunde gewinnen, die für Dich gehört.

Daß auch Du Dich gesünder fühlst, ist mit eine Ursache, warum ich heiterer als sonst bin.

Daß Dein Herz in seinem Verluste sich jetzt zuweilen stärker fühlen muß, seit Du stärker wieder geworden bist, verstehe ich wohl, Teuerste!

Lebe nur so ruhig wie möglich hin, und vergegenwärtige Deinem Sinne alles, was Du noch hast, so freundlich und genügsam wie möglich, und laß Dich die zufälligen, leichtvorübergehenden Betrübnisse des Tages nicht irren! Du siehst selbst, wieviel wir beede uns z. B. sind, und doch würde auch bei täglichem Umgang zuweilen eine Stunde kommen, wo wir uns nicht ganz verständen. So ist's mit allem. Die Güter des Lebens scheinen oft ungenießbar bloß darum, weil sie oft eine rauhe Hülse tragen und tragen müssen, aber der Kern ist darum denn doch auch gewährt.

Grüße unsre gute Mutter; Karl hat mich neulich noch vor seiner Abreise zu seinem in der Tat vorteilhaften Posten besucht und mit wahrhaftem Danke gerühmt, wie gütig sie ihm noch aus der Not geholfen habe. Wir Söhne sind ihre großen Schuldner.

Grüße Deine lieben Kinder! Vorzüglich unsere verehrungswürdige Großmutter! und, wenn sie noch bei Euch sind, unsere übrigen schätzbaren Verwandten!

Du siehest, Liebe! daß ich eben wieder pressiert bin.

Ich schicke hier meine schwarze Wäsche und bin so frei, um etwas Kaffee zu bitten.

Dein
treuer Bruder
H.

215. AN DIE SCHWESTER

[Stuttgart,
wohl erste Hälfte Oktober 1800]

Meine Teure!

Ich will Dir nur wieder das Notwendigste schreiben. Wenn es Euch Lieben recht ist, komm ich vielleicht diese Woche, wenigstens auf einige Stunden, zu Euch und bespreche mich weitläufiger.

Landauer scheint sehr zu wünschen, daß ich bleibe, und hat Anstalten gemacht, daß ich vielleicht einige Informationen mehr, also ungefähr 3 Louisdor des Monats erhalte. Ob ich damit so weit reiche, als wir alle wünschen, wäre dann die Frage. Aus der Schweiz hab ich indessen keine Antwort. Der Rat der Meinigen, soviel er, ohne das Herz zu fragen, unparteiisch sein kann, wird mir deswegen willkommen sein, weil ich mit völliger Einstimmung tun möchte, was zu tun ist. Der Himmel weiß! daß ich nur frage, was *notwendig* sei, und daß ich mich in alles Notwendige zu schicken bereit bin. Aber wenn wir dies soviel möglich eingesehen haben, wollen wir auch so getrost und freudig im Geiste untereinander sein, als wir können, in diesem und in allen Fällen.

Nur Glauben und Liebe und Hoffnung soll nie aus meinem Herzen weichen, dann gehe ich, wohin es soll, und werde gewiß am Ende sagen: Ich habe gelebt! Und wenn es kein Stolz und keine Täuschung ist, so darf ich wohl sagen, daß ich in jenen Stücken nach und nach, durch die Prüfungen meines Lebens, fester und stärker geworden bin.

Die Landauer läßt Dich grüßen. Die Mützen, sagt sie, werden wohl nicht ganz so teuer ausfallen.

Herzlichen Gruß an alle!

Dein
treuer Bruder
Fritz

216. AN DIE SCHWESTER

[Stuttgart,
vermutlich Mitte Oktober 1800]

Meine Teure!

Ich werde verhindert, morgen zu kommen; hoffe aber um so sicherer, übernächsten Sonntag Dich und die lieben Unsrigen zu sehen.

Der schöne Herbst bekommt meiner Gesundheit außerordentlich wohl, und ich fühle mich frisch in der Welt, und eine neue Hoffnung, noch eine Weile unter den Menschen das Meinige zu tun, lebt allmählich immer stärker in mir auf.

Auch Du, Beste! bist, wie ich höre, wieder fester auf Gottes Boden. Wir werden wohl noch manche schöne Tage zusammen haben, besonders, wenn der Friede endlich da sein wird, der, wie mir heute ein französischer Offizier sagt, beschlossen sein soll.

Wir haben hier starke Einquartierung. Seid Ihr doch ruhig bisher unter diesen Umständen, meine Lieben?

Grüße unsre teuren Müttern und Deine Kinder!

Dein H.

217. AN DIE SCHWESTER

[Stuttgart, vermutlich Ende Oktober 1800]

Teuerste!

Ich danke Dir und unsern guten Müttern noch einmal von Herzen für die glücklichen Augenblicke, die ich unter Euch zugebracht. Solche Ruhetage sind hienieden der Lohn unseres Lebens.

Dein Brief hat mich sehr bewegt; aber eine wohltätige Ruhe hat mir dann auch der Gedanke gegeben, daß ich mit Dir, Gute! und den Meinigen doch so im Wahrsten und Heiligsten verbunden bin. Dies erhält mein Herz, das am Ende nur zu oft in allzugroßer Einsamkeit seine Stimme verliert und vor uns selber verschwindet. Und was ist alle Weisheit ohne diese kindliche, fromme Stimme in uns?

Den Besuch bei Deiner Freundin will ich morgen machen. Heute bin ich etwas zu müde.

Darf ich Dir raten, daß Du oft ins Freie gehst, diesen schönen Herbst, und unter dem schönen blauen Himmel Frieden und Gesundheit holest?

Ich weiß aus eigener Erfahrung, wieviel dies hilft, und an Begleitung wird es Dir nicht fehlen.

Deine lieben Kinder sind ein Gut für mich. Wieviel mehr werden sie es für Dich sein? Man findet selten solche glücklichgeborne und gutgezogne Geschöpfe, und Du weißt selbst, welch eine schöne und edle Bestimmung es ist, über einen solchen Reichtum zu walten und seinem natürlichen Gedeihen fortzuhelfen.

Grüße sie von mir, wie unsre verehrungswürdigen Müttern!

Dein
treuer Bruder
H.

218. AN DIE SCHWESTER

[Stuttgart, Anfang Dezember 1800]

[Schreibt, daß er mit einer Familie in der Schweiz über eine Hofmeisterstelle in Verbindung stehe. Es müßten gute und gebildete Menschen sein, von dem Sohn des Hauses zu schließen, dessen Bekanntschaft er vor einigen Tagen gemacht habe. Die Lage des Orts kennt er schon ungefähr. Sie ist ganz nach seinem Wunsch. *30 Louis* bekommt er *Salarium*. In einigen Wochen wird die Sache ausgemacht sein.]

219. AN DIE SCHWESTER

[Stuttgart, 11. Dezember 1800]

Meine Teure!

Es war freilich nicht recht, daß ich den unerwarteten Gast nicht ansagte, und ich bitte es Euch und ihm ab. Es kam aber am letzten Samstag, wo ich es hätte tun müssen, so viel zusammen, daß Du die Zerstreuung, in der ich es, redlich zu sagen, vergaß, ziemlich natürlich finden müßtest, wenn Du mich von innen und außen gesehen hättest.

Ich wurde von meinen Freunden fast unbarmherzig bestürmt, um zu bleiben, verschiedene interessante Anträge zu Unterrichtsstunden wurden mir an demselben Tage gemacht, und zugleich sollte ich unter allen den Gängen, die ich zu machen hatte, und in äußerem und innerem Tumult dem Fremden, den ich wirklich liebgewann, eine entscheidende Antwort geben und hatte dann über meine künftige Lage und seine Familie und ihn und mich ihm so manches zu sagen. Ich gestehe Dir, Teure! daß ich meinen Entschluß, sosehr er meinem Herzen widersprach, doch immer mehr mit meinem Herzen zu reimen weiß. Ich habe in mir ein so tiefes, dringendes Bedürfnis nach Ruhe und Stille – mehr als Du mir ansehn kannst und ansehn sollst. Und wenn ich dies in meiner künftigen Lage finde, so erhalte ich mein Herz meinen unvergeßlichen Verwandten und Freunden nur um so wärmer und treuer. Ich kann den Gedanken nicht ertragen, daß auch ich, wie mancher andere, in der kritischen Lebenszeit, wo um unser Inneres her, mehr noch als in der Jugend, eine betäubende Unruhe sich häuft, daß ich, um auszukommen, so kalt und allzunüchtern und verschlossen werden soll. Und in der Tat, ich fühle mich oft wie Eis, und fühle es notwendig, solange ich keine stillere Ruhestätte habe, wo alles, was mich angeht, mich weniger nah und eben deswegen weniger erschütternd bewegt. Hierin liegt für mich, und wie ich glaube, auch für die Meinigen, der Hauptgrund, der mich, wo manches andere auf beiden Seiten gleich war, zu meinem Entschlusse bestimmte. Ich habe Dir freilich nur obenhin gesprochen. Ich will mich mündlich erklären, soviel Du es willst. – Wir bleiben uns, liebe, teure Schwester! und Ihr Verwandte und Freunde meines Herzens alle! Sehr lieb wäre es mir, wenn ich unsern Karl noch sprechen könnte. Schreib ihm dringend. Ich habe ihn lange nicht recht gesprochen. Und es wäre mir sehr gegen mein Herz, schriftlich Abschied nehmen zu müssen von ihm. Er soll mir noch die Freude machen, wenn er *kann.*

Ich will die Feiertage bei Dir und unserer teuern Mutter wenigstens zum Teil zubringen und von Nürtingen aus abreisen, meine Effekten aber, wenigstens die hauptsächlichsten, die ich brauche, von hier aus wegschicken, wenn es die liebe Mutter so gut findet. Ausgaben habe ich hier wenig mehr zu machen. Ein paar Stiefel glaub ich nötig zu haben, das ist alles. Kann mir die liebe Mutter einige Louisdor zum Reisegeld auftreiben, so ist mir es lieber, als wenn ich sie hier entlehne. Die Reisekosten werden mir, versprochenerweise, vergütet, und wohl so reichlich, daß ich das, was ich von Geld mitnehme, heimgeben und von dem übrigen noch eine Weile vorkommende Ausgaben bestreiten kann. Ich bleibe bis zu den Feiertagen vorzüglich wegen meiner Unterrichtsstunden noch hier. – Ich schreibe nächsten Botentag wieder und nicht so eilfertig wie heute. Vergib es! Es ist heute Landauers Geburtstag, und da bin ich den ganzen Morgen hie und da unterbrochen worden und soll jetzt eben zu Tisch. An Landauern sollst Du den Mann finden, der *meine* Bruderstelle in meiner Abwesenheit vertritt. Glaub es! was wir uns sind und was alle unsere Lieben mir sind, ist unveränderlich.

> Dein
> Hölderlin

220. AN DIE SCHWESTER

[Stuttgart,
kurz vor Weihnachten 1800]

Meine Teure!

Es will mir selbst nicht gefallen, daß ich jetzt schon einigemal Dich habe auf Briefe warten lassen müssen. Wie ich die Wäsche schickte, war ich wirklich gehindert durch das Einpacken, dabei zu schreiben, und gestern war ich gerade ausgegangen, als unsre Nürtinger Freunde mich besuchen wollten, und nachher konnte ich sie nirgends erfragen und aufsuchen, um Dir wenigstens ein paar Worte sagen zu lassen.

Auf die Feiertage komme ich gewiß. Nur weiß ich die Zeit nicht genauer zu bestimmen, da ich noch manches auszufertigen habe, ehe ich abreise. Auf das dringende Zureden meiner Freunde habe ich ihnen versprochen, nachher wenigstens noch einen Tag auf Besuch hieherzukommen.

Das Geld, das mir unsre gütige Mutter schickte, kam mir recht gelegen. Ich habe noch einiges einzunehmen, aber auch noch einige notwendige Ausgaben zu machen, und wußte nicht, wie weit ich mit dem Einzunehmenden hinreichen würde, bin also bei meiner Abreise auf alle Fälle gesichert, was mir, wie Du denken kannst, sehr wohltut. Übrigens werde ich auch davon keinen Heller zuviel ausgeben. Danke ihr herzlichst in meinem Namen!

Wegen der Rechnung über Kost und Logis will ich mit Landauern sprechen, daß, im Fall der Not, die Bezahlung bis auf Ostern noch anstehn kann.

Zum Glücke geht mir jetzt so manches durch den Kopf, daß ich den Abschied von meinen hiesigen Freunden nicht so sehr fühle. Einige ruhige Tage bei Euch, Ihr Teuersten! werden mir noch zum Segen auf meine dritte Wanderschaft werden.

Übrigens siehest Du selbst, Liebe! daß meine künftige Lage das Glücklichste ist, was mir, für jetzt, begegnen konnte.

Ich kann Euch auch wohl von Jahr zu Jahr besuchen. In Eile

Dein
Fritz

221. AN DIE MUTTER

[Stuttgart, etwa 21. Dezember 1800]

[Er hat seinen Plan geändert, kommt nach Nürtingen, reist aber nach Stuttgart zurück und von da nach einigen Tagen mit seinen Sachen auf dem Postwagen weiter. – Er legt den Brief von Hauptwil ein, den er eben heute erhalten.]

222. AN DEN BRUDER

[Nürtingen, wohl um Neujahr 1801]

Teurer Karl!

Ich habe Deinen Brief erhalten auf dem Wege von Stuttgart hieher. Landauer schickte mir ihn nach, und so traf er mich unter mancherlei Gedanken, die mir die Abreise aus Stuttgart und die offene Straße und die offene Welt eingab. Ich fühlte den ewigen Lebensmut, der uns, voll liebenden Vertrauens, durch alle Perioden des Daseins oft stillmahnend, oft in seiner vollen frohen Kraft hindurchführt, diesen Geist der Jugend und der Weisheit fühlt ich einmal wieder, recht, wie er erscheinen muß, wenn wir ihn erkennen sollen, und Deine treuen, frommen Abschiedsworte konnten diese Stimmung nur noch reinigen und verschönern. Wie vieles hab ich Dir auf der Stelle, indem ich meines Weges ging, im Geiste geantwortet! Ja! ich darf es sagen, ich war voll mächtigen Trostes für Dich und mich, und ich habe diese Stimme unsers Genius noch nicht vergessen.

Von Stuttgart aus will ich Dir noch einmal schreiben. Ich werde mich noch einige Tage dort aufhalten. Indes begnüge Dich mit diesen flüchtigen Worten und nimm zum Abschiede die stille, aber unaussprechliche Freude meines Herzens in Dein Herz – und laß sie dauern, bis sie nicht mehr so die einsame Freude von Freund und Bruder ist. – Du fragst mich, welche?

Diese, teure Seele! daß unsere Zeit nahe ist, daß uns der Friede, der *jetzt* im Werden ist, gerade das bringen wird, was er und nur er bringen konnte; denn er wird vieles bringen, was viele hoffen, aber er wird auch bringen, was wenige ahnden.

Nicht daß irgendeine Form, irgendeine Meinung und Behauptung siegen wird, dies dünkt mir nicht die wesentlichste seiner Gaben. Aber daß der Egoismus in allen seinen Gestalten sich beugen wird unter die heilige Herrschaft der Liebe und Güte, daß Gemeingeist über alles in allem gehen und daß das deutsche Herz in solchem Klima, unter dem Segen *dieses neuen* Friedens erst recht aufgehn und geräuschlos, wie die wachsende Natur, seine geheimen, weitreichenden Kräfte entfalten wird, dies mein ich, dies seh und glaub ich, und dies ist's, was vorzüglich mit Heiterkeit mich in die zweite Hälfte meines Lebens hinaussehn läßt. – Sei denn noch froh über Deinen unschuldigen, anspruchlosen Lebensgang, Du Guter! Du bist erhalten, gespart; der Sturm gehet hinweg, sei froh, daß Du in sicherer Verborgenheit ihn fern gehört und Deine Seele rein und liebend furchtlos für die bessere Zeit bewahrt hast, und glaube mir, Du wirst die höhere Bestimmung, der Du angehörst, auf Deinem sichern Wege noch erreichen. Vergessen kannst Du jene nicht, sowenig als ich Dich vergessen kann. Wir wollen uns öfters schreiben, auch besuchen, sooft es möglich ist. Ich bin ja von den Meinigen nur drei Tagereisen entfernt. Und wär's auch weiter, Du weißt, wie wir verbunden sind im Lieben und Glauben, Du Edler!

Ewig Dein
Fritz

223. AN DIE SEINIGEN

[Stuttgart,
wahrscheinlich 6. Januar 1801]

Kein Wort von allen Euren treuen Herzensworten, Ihr Guten! soll verloren sein, so wie keiner der gütigen Liebesdienste.

Ich bin wohl hiehergekommen, etwas müde, wie es immer geht, wenn das Herz voll und bewegt ist und die Gedanken mächtiger arbeiten und der Mensch doch auch seinen irdischen Gang gehen soll. Aber könnt ich doch so die Tage meines Lebens immer wandeln zwischen Himmel und Erde, mit Demut und Glauben geteilt, und so den süßen Schlaf, und die Ruhe, die wir hoffen, verdienen!

Ich will nun nimmer den Unmut in mir Meister sein lassen. Der Übermut soll aber auch sich beugen vor dem, was um uns und über uns ist. Gewiß, ich kann es nicht anders glauben, wenn ich das Meinige tue, so werd auch ich auf dieser Erde meine Bestimmung menschenmöglich erfüllen und nach den Prüfungstagen meiner Jugend noch zufrieden sein.

Ich hoffe zu Ende der bevorstehenden Reise so gesund zu sein, wie ich jetzt bin. Die Umstände nötigen mich, noch bis Samstag zu bleiben.

Mein guter Landauer will mich mit den übrigen Freunden noch bis Tübingen auf eine Art geleiten, die mir auf das übrige des Weges wohltun wird. Er sagt mir, daß Sie die Meubles, so bald oder spät Sie es gut finden, hier abholen lassen können.

Findet er einen guten Käufer, so will er den Schreibtisch weggeben.

Ich werde wohl noch einmal schreiben können von hier aus. Es ist mir Bedürfnis, Euch, Ihr Teuersten, sooft ich kann, ein Wort aus dem Herzen zu sagen.

Glauben Sie mir's, meine verehrungswürdige Mutter! und Ihr, gute, teure Geschwister! das Echte, das Unschuldige, das gründliche Herz, das ich in jedem von Euch, wie eine Stimme des Himmels, von Jugend auf, noch eh ich wußte, was es war, erfahren habe und nun erkenne und als den Grund alles Guten und Wahren und Gottähnlichen ehre – dies, dies ist's, was mir unvergeßlich bliebe von Euch, wenn ich auch alles andre Liebe, was eben aus diesen Herzen mir zugut kam, je vergessen könnte!

Grüßen Sie mir alle Freunde.

                              Ihr
                            Hölderlin

224. AN ANTON VON GONZENBACH

[Stuttgart, zwischen 7. und 9. Januar 1801]

Erlauben Sie, daß ich, noch ehe ich es mündlich kann, Ihnen einen aufrichtigen Dank sage für den gütigen Ruf zu einem Verhältnisse und Geschäfte, das so gut und schätzbar für mich sein wird. Sie kommen mir mit so vielem entgegen, was ich achten muß; ich kann Ihnen nur guten Willen und Aufmerksamkeit auf das, was meine Pflicht in Ihrem Hause sein wird, und Offenheit und Treue versprechen; und wenn Sie sagen, daß Sie einen Wert in das, was ich zu leisten habe, legen, so wissen Sie gewiß auch, wieviel Wert und Gutes darin für mich liegt, daß ich in dem Kreise einer Familie leben werde, die sich selbst genug sein kann und die schwerste und schönste aller Tugenden, die, das Glück zu tragen, täglich ausübt. Wär ich auch nur der Zuschauer unter Ihnen, so hätt ich an einem solchen Bilde des Friedens genug. Ich bitte, daß Sie diese Worte nicht für eitel nehmen.

Da Sie, gütigerweise, die Tüchtigkeit zum Amte des Erziehers mir im allgemeinen zutraun, so glaube ich, das Besondere, was für mich zu beobachten sein wird, von einer Unterredung mit Ihnen erwarten zu können.

Den   Jenner hoffe ich abreisen zu können.

Haben Sie die Güte, mich Ihrer verehrungswürdigen Familie zu empfehlen. Ihrem Herrn Sohne wiederhole ich den Dank und werde es ihm wohl oft noch danken, daß er, durch seine Person und seine Begegnung, die Entfernung von den Freunden und Verwandten der Heimat mir erleichtert und mir in diesem Grade es wünschenswert gemacht hat, den Aufenthalt in einem Familienkreise zu verdienen, den er so schön repräsentiert. Mit Treue und Wahrheit

Ihr
ergebener
M. Hölderlin

225. AN DIE SCHWESTER

[Stuttgart,
zwischen 8. und 10. Januar
1801]

Meine Teure!

Nun auch zum letzten Male von hier aus!
Ich bin völlig reisefertig. Alles ist gepackt und bestellt. Gestern habe ich nach Hauptweil geschrieben, und meine ganze Sorge ist nur, unter meinen Freunden mir die nötige Heiterkeit zu erhalten.

Deine teuren, unvergeßlichen Worte sollen mir erst in Hauptweil, wenn ich ruhig sein werde, recht wohltun.

Ich schreibe von Konstanz aus, wenn es auch nur einige Worte sind, bloß, daß wir voneinander wissen. Wir verstehn uns ja so gut, daß auch das einsilbigste und flüchtigste uns das Rechte sagt und die eigentlichste Sprache unserer Treue ersetzt.

Du weißt, wie man oft ruhig und stille sein kann und doch das Herz voll ist. So ist es mir auch jetzt. Ich könnte keine Worte finden für alles, was ich Euch, Ihr Liebsten! täglich und stündlich sagen sollte, und so ist's besser, wenn ich mich bescheide und noch zum Ende so trocken und unbedeutend Abschied nehme.

Lebt eben wohl, Ihr Guten, und bleibet zufrieden und freudig im Geiste, in dem Geiste, der uns auch unter den schmerzlichsten Stunden des Abschieds das ganze Glück verwandter Herzen zu fühlen gibt.

Der heitere Himmel mag uns auch, wenn es so bleiben sollte, aneinander mahnen und trösten. Den Dank für alles, was Ihr mir seid und an mir tatet, will ich nimmer aussprechen, aber treu und lebend in meiner Seele bewahren.

Lebe wohl, Freundin und Schwester! Küsse Deine Kinder! Laß sie Deine Freude sein, wie sie auch die meinige sind. Unsere teure Mutter und unsern braven Bruder laß auch in meinem Namen, weil ich es nicht so nahe kann und weil Dein Herz reich genug ist, die Liebe erfahren, die ihnen und Dir das Leben versüßt und erleichtert und uns Kraft zu allem Guten gibt. Ewig

Dein
Fritz

226. AN DIE SEINIGEN

Konstanz, Mittwoch abends
[14. Januar 1801]

[Es ist wenig über eine Woche, daß er von ihnen Abschied genommen. – Bis Tübingen wurde er von seinen Freunden geleitet. Von da hat er den Weg meist zu Fuße gemacht – über Ebingen und das Hochsträß nach Sigmaringen – ein kürzerer Weg als über Schaffhausen. Von da fuhr er, in 12 Std., mit einem Gefährt an den See, von wo er sich überschiffen ließ und dann in 2 Std. nach Konstanz ging. – Morgen wird er in Hauptwil ankommen (5 Std. von Konstanz).]

227. AN DIE MUTTER

Hauptweil bei Konstanz,
d. 24. Jänner 1801

Teure Mutter!

Lassen Sie die guten Nachrichten, die ich Ihnen von meiner hiesigen Lage sagen kann, den ersten Dank sein für all Ihre gütigen, treuen Sorgen, die Sie besonders während meines Aufenthalts im Lande für mich gehabt haben.

Ich kann in der Tat nicht anders sagen, nach der Überzeugung, die ich mir seit 10 Tagen geben konnte, als daß die zahlreiche Familie, in der ich lebe, aus solchen Menschen besteht, unter denen man mit zufriedener Seele leben muß, so viel unschuldiger Frohsinn ist unter den jüngeren und so ein gesunder Verstand und edle Gutheit unter den älteren. Besonders ist mir der Vater vom Hause ein ehrwürdiger Mann, der für seinen Stand besonders viel gelernt und viel erlebt zu haben scheint und doch eine Einfalt beibehalten hat, die mich äußerst interessiert und unter seinen Kindern (wovon der älteste Sohn verheuratet und auch im Hause mit ist) ein stilles, anspruchloses, aber sehr reelles Ansehn ausübt.

Ich will mich für diesmal nicht weiter in Beschreibungen einlassen; genug, so wie es jetzt steht, bin ich vergnügt, und mein Geschäft ist eingerichtet und gehet gut vonstatten, und ich hoffe, man soll in Jahr und Tagen so zufrieden mit mir sein, wie man es jetzt ist, und Ihr, Ihr Teuersten, sollt immer gute Nachricht von mir hören und einmal über mich recht ruhig sein können. Ich fühle mich auch völlig gesund. Wie soll es mich freuen, nun auch von Euch bald etwas zu hören und Eure Liebe wieder nahe zu fühlen, Ihr Guten! Es ist mir sehr lieb, daß ich voriges Jahr doch einige Zeit in Eurer Nähe gelebt habe; ich war so fremde geworden unter den Menschen und hab es unter Euch erst wieder und vielleicht zum ersten Male ganz gefühlt, wie unter Euch mein Leben lang mir eine Zuflucht für mein Herz bleibt und eine unvergängliche Freude, die mir niemand nehmen kann. Das nächstemal will ich meiner teueren Schwester und meinem Karl besonders schreiben. Den Brief von Konstanz aus werden Sie wahrscheinlich nun erhalten haben. Meine Schuld werd ich, wenigstens zum Teil, abtragen können mit nächstem Briefe. HE. Gonzenbach hat mir schon aufgetragen, ihm die Reisekosten zu nennen, und ich werde ihm, sobald es Gelegenheit gibt, die Rechnung vorlegen.

Ich bin genötiget, schon hier zu schließen. Ich soll in Gesellschaft, und der Brief muß vor Abend fort.

Erhalten Sie mir Ihre Liebe, teure Mutter! und lassen Sie die ruhigen Zeiten, die nun kommen werden, Ihrem Leben recht wohltun. Es stehet Ihnen auch an, die ehrwürdigen Jahre, in welchen Sie jetzt sind, mehr in Feier und Ruhe und Heiterkeit als bisher zuzubringen. Wie vieles haben Sie für uns getan! Und Sie wissen selbst, daß es nicht jedermanns Glück ist, eine solche Mutter und eine solche Tochter und solche Enkel täglich vor Augen zu haben.

Und die abwesenden Söhne sind Ihnen ergeben genug, um so zu leben, wie es vor Ihrem geprüftesten Urteil bestehen kann.

Empfehlen Sie mich meiner verehrungswürdigen Großmutter!

Ewig
Ihr treuer Sohn
Hölderlin

Meine Adresse ist: bei HE. Anton Gonzenbach in Hauptweil bei Konstanz.

Den Brief der Jfr. Schwabin habe ich richtig überliefert. Man erinnerte sich ihrer mit Vergnügen.

228. AN DIE SCHWESTER

Hauptweil bei St. Gallen,
d. 23. Febr. 1801

Teure Schwester!

Ich schreibe Dir und den lieben Unsrigen an dem Tage, da unter uns hier alles voll ist von der Nachricht des ausgemachten Friedens, und da Du mich kennst, brauche ich Dir nicht zu sagen, wie mir dabei zumut ist. Ich konnte auch diesen Morgen, da der würdige Hausvater mich damit begrüßte, wenig dabei sagen. Aber das helle Himmelblau und die reine Sonne über den nahen Alpen waren meinen Augen in diesem Augenblicke um so lieber, weil ich sonst nicht hätte gewußt, wohin ich sie richten sollte in meiner Freude.

Ich glaube, es wird nun recht gut werden in der Welt. Ich mag die nahe oder die längstvergangene Zeit betrachten, alles dünkt mir seltne Tage, die Tage der schönen Menschlichkeit, die Tage sicherer, furchtloser Güte, und Gesinnungen herbeizuführen, die ebenso heiter als heilig und ebenso erhaben als einfach sind.

Dies und die große Natur in diesen Gegenden erhebt und befriediget meine Seele wunderbar. Du würdest auch so betroffen, wie ich, vor diesen glänzenden, ewigen Gebirgen stehn, und wenn der Gott der Macht einen Thron hat auf der Erde, so ist es über diesen herrlichen Gipfeln.

Ich kann nur dastehn, wie ein Kind, und staunen und stille mich freuen, wenn ich draußen bin, auf dem nächsten Hügel, und wie vom Äther herab die Höhen alle näher und näher niedersteigen bis in dieses freundliche Tal, das überall an seinen Seiten mit den immergrünen Tannenwäldchen umkränzt und in der Tiefe mit Seen und Bächen durchströmt ist, und da wohne ich, in einem Garten, wo unter meinem Fenster Weiden und Pappeln an einem klaren Wasser stehen, das mir gar wohlgefällt des Nachts mit seinem Rauschen, wenn alles still ist und ich vor dem heiteren Sternenhimmel dichte und sinne.

Du siehest, Teure! ich sehe meinen Aufenthalt wie ein Mensch an, der in der Jugend Leids genug erfahren hat und jetzt zufrieden und ungestört genug ist, um herzlich zu danken für das, was da ist. Und je friedlicher es in meinem Inneren wird, um so heller und lebender gehet das Angedenken an Euch, Ihr teuern Entfernten! mir auf, und ja, ich darf es sagen, denn ich fühl es zu lebendig, wenn mir noch glücklichere Tage vorbehalten wären, Du und alle unsre Lieben würden nur mir unvergeßlicher sein. Indessen verlasse ich mich darauf, daß ich mit gutem Gewissen lebe und meine Pflicht tue; das übrige, wie Gott will! Und wenn die Zukunft mir nichts Freudiges verspräche, als daß ich von Zeit zu Zeit Dich und die Mutter und den Bruder und Deine Kinder wiedersehen und an Eurem Tische Gast sein kann, so wär es genug.

Daß unsre gütige Mutter mich von meiner Schuld auch diesmal wieder dispensieren will, ist gegen das Ausgemachte. Sie muß mir wenigstens erlauben, daß ich auf irgendeine andere Art noch auch ihr wieder danke als mit diesen Worten, die so leicht von Herzen gehn.

Bleibe nur gesund und sei so gut und berede unsre lieben Mütter diesen Frühling manchmal auch zu einem Gange ins Grüne, bis es ihnen zur Gewohnheit wird; ich habe großen Glauben daran und meine, daß es langes Leben und Stärke dem Geiste bringt.

Entschuldige mich doch bei unserem Karl, daß ich ihm noch nicht geschrieben habe; er weiß ja auch, so gut, wie ich von ihm weiß, daß wir uns immer nahe sind und immer angehören. Freilich muß alles gefeiert werden, was gut und heilig ist, und darum soll auch unser Briefwechsel ja nie zu lange unterbrochen bleiben. Indessen gelten ja die Briefe an Dich auch ihm, wie allen den teuern Unsrigen.

Leb wohl und schreibe mir bald wieder!

Dein
H.

229. AN CHRISTIAN LANDAUER

[Hauptwil,
Mitte bis Ende Februar 1801]

Mein Teurer!

Ich wollte Dir erst schreiben, wenn ich mich hier gesammelt und erst ein wenig umgesehen hätte, und ich darf wohl sagen, daß ich in der gegenwärtigen Lage zu bestehen hoffe.

Der Umgang mit Dir und den übrigen Freunden hat mir einen reellen Gewinn gegeben, den ich immer entbehrte und den ich zu gebrauchen suchen werde. Ich habe bei Euch erst eine rechte Ruhe gelernt, mit der man sich auf den Grund der Seele bei Menschen verläßt, nachdem man sie an echten Zeichen kennengelernt hat. So hält man dann auch fester und treuer am Leben und unter denen, die einen angehn.

Dies kann ich bei den Menschen, unter denen ich jetzt lebe, recht gut anwenden. Sie sind, nach meinem kältesten

Urteil, gerade das, was ich erwarten mochte, solche gründliche Menschen, die gerade so viel Anteil nehmen an Fremdem, als es ihr Herz nicht schwächt und als die Teilnahme und Geselligkeit noch ungezwungen und wahr bleibt.

Eben darum seid Ihr ja mir unvergeßlich, und ich werde in den besten Stunden, die ich hier in Gesellschaft lebe, an Euch gemahnt.

Ich möchte jeden gerne mit eigenem Gruße grüßen und jedem sagen, wie wahrhaft ein schönes Echo aus unserem Zusammensein in Stuttgart mich begleitet, besonders während der Reise mein Morgen- und Abendlied gewesen ist.

Vor den Alpen, die in der Entfernung von einigen Stunden hieherum sind, stehe ich immer noch betroffen, ich habe wirklich einen solchen Eindruck nie erfahren; sie sind wie eine wunderbare Sage aus der Heldenjugend unserer Mutter Erde und mahnen an das alte, bildende Chaos, indes sie niedersehn in ihrer Ruhe und über ihrem Schnee in hellerem Blau die Sonne und die Sterne bei Tag und Nacht erglänzen.

Dann kannst Du wohl auch denken, wie mir jetzt, im Frühlingsanfang, alle Elemente wohltun und wie ich die Augen weide an den Hügeln und Bächen und Seen herum, da dies seit drei Jahren der erste Frühling ist, den ich mit freier Seele und frischen Sinnen genieße.

Teurer Freund! ich habe mich lange mit Täuschungen getragen, die anderen und mir zur Last und vor dem Herrn des Lebens und vor meinem Schutzgeist eine Schande gewesen sind. Ich meinte immer, um im Frieden mit der Welt zu leben, um die Menschen zu lieben und die heilige Natur mit wahren Augen anzusehen, müsse ich mich beugen, und um anderen etwas zu sein, die eigene Freiheit verlieren. Ich fühl es endlich, nur in ganzer Kraft ist ganze Liebe; es hat mich überrascht, in Augenblicken, wo ich völlig rein und frei mich wieder umsah. Je sicherer der Mensch in sich und je gesammelter in seinem besten Leben er ist und je leichter er sich aus untergeordneten Stimmungen in die eigentliche wieder zurückschwingt, um so heller und umfassender muß auch sein Auge sein, und Herz haben wird er für alles, was ihm leicht und schwer und groß und lieb ist in der Welt.

Ich hätte natürlich vom Frieden zuerst angefangen, wenn nicht die ersten Seiten des Briefs, ich glaube, schon vor 14 Tagen geschrieben wären. Was mich vorzüglich bei demselben freut, ist, daß mit ihm die politischen Verhältnisse und Mißverhältnisse überhaupt die überwichtige Rolle ausgespielt und einen guten Anfang gemacht haben zu der Einfalt, welche ihnen eigen ist; am Ende ist es doch wahr, je weniger der Mensch vom Staat erfährt und weiß, die Form sei, wie sie will, um desto freier ist er.

Es ist überall ein notwendig Übel, Zwangsgesetze und Exekutoren derselben haben zu müssen. Ich denke, mit Krieg und Revolution hört auch jener moralische Boreas, der Geist des Neides, auf, und eine schönere Geselligkeit als nur die ehernbürgerliche mag reifen!

Verzeih, mein Teurer! wenn ich Dir mit meinen redseligen Gedanken Langeweile mache. Ich darf ja wohl Dir gegenüber sprechen, als spräch ich mit mir selbst.

Bei den Damen mußt Du mich in gutem Angedenken erhalten, wenn Du großmütig sein willst. Ihr werdet mich auslachen, aber ich muß doch noch besonders danken für die goldnen Stunden der Musik! Die freundlichen Töne ruhen in mir, und sie werden manches Mal erwachen, wenn es friedlich im Innern und um mich still ist.

Grüß also alle Freunde! Ich glaube, sie wissen und fühlen es, ob ich getreu bin. Mit einem um den andern halte ich Gespräche; nein! es verläßt mich von keinem, was mir teuer war, das Bild. Leb wohl!

Dein
H.

230. AN CHRISTIAN LANDAUER

[Hauptwil,
wohl zweite Hälfte März 1801]

Eben, edler, treuer Freund! erhalte ich Deinen zweiten Brief und fühle in Deinem sanften Verweise dreifach, was Du mir bist und bleiben sollst.

Ich bin hier mit den Posten noch nicht bekannt. Überhaupt ist's seit ein paar Wochen ein wenig bunt in meinem Kopfe. Oh! Du weißt es, Du siehest mir in die Seele, wenn ich Dir sage, daß es mich oft um so mächtiger wieder überfällt, je länger ich's mir verschwiegen habe, dies, daß ich ein Herz habe in mir und doch nicht sehe wozu? mich niemand mitteilen, hier vollends niemand mich äußern kann.

Sage mir, ist's Segen oder Fluch, dies Einsamsein, zu dem ich durch meine Natur bestimmt und, je zweckmäßiger ich in jener Rücksicht, um mich selbst herauszufinden, die Lage zu wählen glaube, nur immer unwiderstehlicher zurückgedrängt bin! – Könnt ich einen Tag bei Euch sein! Euch die Hände bieten! – Bester! wenn Du nach Frankfurt kommst, so denk an mich! Willst Du? Ich werde hoffentlich immer meiner Freunde wert sein.

Dein
H.

231. AN DEN BRUDER

[Hauptwil,
wohl zweite Hälfte März 1801]

Mein Karl!

Ich fühle es, wir lieben uns nicht mehr wie sonst, seit langer Zeit, und ich bin daran schuldig. *Ich war der erste, der den kalten Ton anstimmte.* Weißt Du es noch, zu Anfang meines Aufenthalts in Homburg, erinnerst Du Dich der Briefe, die Du mir damals schriebst? Aber ein Unglaube an die ewige Liebe hatte sich meiner bemächtiget. Ich sollte auch dahinein geraten, in diesen furchtbaren Aberglauben an das, was eben Zeichen der Seele und Liebe, aber so mißverstanden ihr Tod ist. Glaub es, Teuerster! ich hatte gerungen bis zur tödlichen Ermattung, um das höhere Leben im Glauben und im Schauen festzuhalten, ja! ich hatte unter Leiden gerungen, die, *nach allem zu schließen*, überwältigender sind als alles andre, was der Mensch mit eherner Kraft auszuhalten imstande ist. – Ich sage Dir dieses nicht umsonst. – Endlich, da von mehr als einer Seite das Herz zerrissen war und dennoch festhielt, da mußt ich veranlaßt werden, nun auch mit Gedanken mich in jene bösen Zweifel zu verwickeln, deren Frage doch so leicht vor klarem Auge zu lösen ist, nämlich, was mehr gelte, das Lebendigstewige oder das Zeitliche. Nur ein zu großes Geringschätzen alles dessen, was notwendig ist, war auch imstande, mich in jenen größeren Irrtum zu verleiten, in welchem ich zu sehr, und wirklich mit einem abergläubischen Ernste, alles Äußerliche, das heißt, alles, was nicht im Gebiete des Herzens liegt, ansah und aufnahm. Aber ich habe so lang fortgemacht, bis ich es recht erfahren hatte; ich habe es auch erfahren und habe mich herausgerissen, um es zu sagen, daß alles hin ist, wenn die Einigkeit, die heilige, die allgemeine Liebe, der die Liebe des Bruders so leicht wird, hin ist. Es ist nur ein Streit in der Welt, was nämlich mehr sei, das Ganze oder das Einzelne. Und der Streit widerlegt sich in jedem Versuche und Beispiele durch die Tat, indem der, welcher aus dem Ganzen wahrhaft handelt, von selber zum Frieden geweihter und alles Einzelne zu achten darum aufgelegter ist, weil ihn sein Menschensinn, gerade sein Eigenstes, doch immer weniger in reine Allgemeinheit als in Egoismus, oder wie Du's nennen willst, fallen läßt.

A Deo principium. Wer dies versteht und hält, ja bei dem Leben des Lebens! der ist frei und kräftig und freudig, und alles Umgekehrte ist Chimäre und zergehet insoferne in Nichts.

Und so sei denn auch unter uns, bei dieser Bundeserneuerung, die gewiß nicht Zeremonie oder Laune ist, a Deo principium.

Wie wir sonst zusammen dachten, denke ich noch, nur angewandter! Alles unendliche Einigkeit, aber in diesem Allem ein *vorzüglich Einiges* und Einigendes, das, *an sich*, *kein Ich* ist, und dieses sei unter uns Gott!

Ich spreche wie einer, der beweisen will, wie wenn der andere nicht glaubte, und das Herz ist mir vom Leben aller Heiligliebenden immer so voll. Was ist dies? Sage mir's! Du fühlst in meine Seele. Ist's *noch* Unglaube? Unglaube an ein schönes Verständnis, wo man auch spricht, und klar spricht, weil man freudig spricht, aber wo man den Freund für ausgemacht ansieht und ihn in jeder Silbe von neuem feiert, aber nicht so dringend ist. Ja! es ist Unglaube: aber nicht an das Herz des andern, sofern es dem Ganzen angehört und insofern es mir gehört. Als wenn wir uns, wir beede, uns nicht lieben müßten, wie wir beede ein Höheres lieben, das doch wohl zweier Brüder und mehr als eines solchen Paares, das Geschwister genug, das eine Welt von Menschen bedarf, um ausgesprochen zu werden und seine Ehre zu haben. Teure Seele! die Guten lassen sich nicht. Sie können nicht, solange sie gut sind und das Ganze, worin sie begriffen sind, gut ist. Es fehlt nur oft am Mittel, wodurch ein Glied dem andern sich mitteilt, es fehlt sehr oft noch unter uns Menschen an Zeichen und Worten. Und siehe! daß wir uns erinnern müssen, daß wir das Versäumte nachholen und sprechen müssen, laut sprechen zueinander, was wir uns sind, für was wir es sind. Ja! wer das Wort mißbraucht, wer Wort verfälschet oder nicht hält, der fehlet wohl sehr, aber gewiß der auch, der es zuwenig braucht. Ich will aber diesmal sonst nichts anderes sagen, als daß wir, wie von neuem, anfangen wollen. Künftig, je mehr wir sprechen und fühlen werden, wie kalt das Wort ist, um so mehr werden wir Seele und Treue hineinzulegen suchen, um so mehr wird alles in uns lebendig werden, was gut ist. Die

Augenblicke dann, wo es uns endlich einmal gelingt, einander etwas Rechtes herausgesagt zu haben, die Augenblicke, wo der Bruder dem Bruder, der Mann dem Mann, die menschliche Seele der menschlichen Seele als Zeuge eines Heiligen und Freudigen so gegenwärtig ist, die sind dann auch aller Hoffnung und alles Erfolges wert.

Hier in dieser Unschuld des Lebens, hier unter den silbernen Alpen, soll mir es auch endlich leichter von der Brust gehen. Die Religion beschäftigt mich vorzüglich. Du, in Jugendkraft und Einsamkeit, in jenem herrlichen Gefühle, worauf sich, wie ein Felsen, alles Himmlische begründet, in dem Gefühle, Deine Pflicht ins Werk zu richten, Du wirst mir auch redlich beistehen. *Ein* Wort der unbefangenen Seele ist so viel, und Du weißt, wie viel es gilt. Vor allem bitte ich Dich, Dich bitte ich darum, daß Du mir über alles, was die Sache näher oder ferner angeht, Deines *Herzens* Meinung sagst und meine Reden brüderlich aufnimmst, um mit eines Bruders Macht mir auch zu sagen: Dies oder das war nicht für mich. Fester Glaube, unverbrüchliche Ehrlichkeit und so die reine, freie Offenheit sei unter uns!

Was wäre das Leben, wenn es solche Blumen nicht hätte! Aber so wahrhaft und vom Himmel herab verbunden, sieht man auch mit Augen eines Höhern und handelt in dem klaren Elemente, das der Geist empfängt und schaffet, auch viel leichter und kräftiger und kommt erst recht mit der Welt aus, und die noch ungeboren sind, die fühlen es künftig auch!

Die goldenen Hoffnungen, mein Karl! verlassen mich nicht, auch Dich nicht.

Lebe wohl! Und schreibe nur bald! Du fühlest ja auch die Freude zum voraus; ich traue Dir es zu und Du auch mir, daß wir uns noch sehr viel sein werden.

Dein Bruder
H.

232. AN SCHILLER

Nürtingen bei Stuttgart,
d. 2. Jun. 1801

Ich hatte mir längst die Hoffnung gemacht, Sie einmal wieder an mich erinnern zu dürfen, Verehrtester! und ich wollte nur zuvor noch einige Papiere ausarbeiten, um Ihnen diese vorzulegen. Sie mußten mich fast aufgegeben haben, und ich dachte, es sollte Ihnen nicht unangenehm sein, zu sehen, daß mich der Druck der Umstände doch nicht ganz überwunden habe und daß ich noch einigermaßen Ihrer alten Großmut würdig lebte und mich fortzubilden suchte. Nun muß ich aber doch bälder schreiben, als ich es wollte. Mein Wunsch, einmal in Jena, in Ihrer Nähe, zu leben, ist mir beinahe zur Notwendigkeit geworden, und da ich für und wider die Gründe erwägt hatte, blieb mir nichts übrig, als mich von Ihnen, ohne dessen Billigung ich nichts tun kann, zu dieser Wahl autorisieren zu lassen.

Ich habe bisher gefunden, daß es mir nicht möglich ist, bei ganz unabhängiger Beschäftigung eine ganz unabhängige Existenz zu gewinnen.

Ich habe deswegen, nur selten unterbrochen, meist als Erzieher gelebt und habe, indes ich doch großenteils meine Pflicht tat, die Unzufriedenheit anderer, wenn ich zu ungeschickt, oder ihr drückend Mitleiden, wenn ich einmal geschickt schien, in hohem Grade erfahren. Sehr oft, Verehrungswürdigster! dankt ich in solchen Lagen Ihnen im Innersten, daß Sie mir eine Freude gegeben hatten in Ihrem Umgang, die noch keine böse Stunde auslöschen konnte in mir. Aber doch war mir allmählich die Geduld zur Leidenschaft geworden, und ich nahm, in zweifelnden Fällen, immer lieber die Richtung dahin, wo es wahrscheinlicher war, daß ich die eigentlichern Zwecke meines Lebens einem fremden Dienste opfern mußte. Nun finde ich und sehe ziemlich klar darüber, daß man wohl eine Auskunft treffen kann, wenn es versagt ist, der nächsten Bestimmung zu leben, daß aber eine falsche Resignation so gut ein schlimmes Ende nehmen muß wie allzugroße Unklugheit. Dies fällt mir jetzt mehr als sonst auf, da ich, ohne andere Dazwischenkunft, genötiget bin, in einigen Wochen als Vikar zu einem Landprediger zu gehn. Es ist nicht, als ob ich nicht auch dieser Sphäre ihren möglichen Wert und ihre Freude gönnte. Aber ich sehe, daß die Beschäftigung und ganze Manier, die einmal zur Bedingung geworden ist in dieser Lage, doch zu sehr mit meiner Äußerungsart kontrastiert, als daß ich über diesem Widerspruche nicht am Ende alle Mitteilungsgabe verlieren müßte.

Ich habe mich seit Jahren fast ununterbrochen mit der griechischen Literatur beschäftiget. Da ich einmal daran gekommen war, so war es mir nicht möglich, dieses Studium abzubrechen, bis es mir die Freiheit, die es zu Anfang so leicht nimmt, wiedergegeben hatte, und ich glaube, imstande zu sein, Jüngeren, die sich dafür interessieren, besonders damit nützlich zu werden, daß ich sie vom Dienste des griechischen Buchstabens befreie und ihnen die große Bestimmtheit dieser Schriftsteller als eine Folge ihrer Geistesfülle zu verstehen gebe.

Auch bin ich veranlaßt worden, besonders über die notwendige Gleichheit notwendig verschiedener höchster Prinzipien und reiner Methoden manches zu denken, was, im ganzen Zusammenhange und mit den rechten Grenzlinien dargestellt, wohl auch einiges Licht über den Bildungskreis und die von ihm ausgeschlossenen Gebiete verbreiten könnte.

Ich bitte Sie recht sehr, Verehrtester! daß Sie dieses notgedrungene Selbstlob mit Ihrer gewohnten Güte lesen und daß Sie nur nicht denken, wenn ich vor Ihnen so gerade und so vieles von mir erzähle, daß ich die Bescheidenheit vor einem Größeren, als ich bin, hätte verleugnen gelernt.

Ich wollte Ihnen nur offen die Gründe nennen, die mich überzeugen, daß es nicht unschicklich wäre, wenn ich nach Jena ginge und da versuchte, den größeren Teil meiner Zeit zu Vorlesungen zu verwenden, die mir, soviel ich weiß, zu halten erlaubt sind.

Ich erwarte nicht gerade eine große Menge von Zuhörern, doch so viele, als bei derlei Vorlesungen gewöhnlich sind. Ich hoffe auch, niemanden damit gerade in den Weg zu treten.

Sollten Sie es widerraten, so bin ich ruhiger auf einem andern Wege und werde sehen, wie ich mich aufrechterhalte.

Sie werden es nicht verschmähen, durch Ihre Teilnahme meinem Lebensgange ein Licht zu leihen, weil ich doch sonst nicht, auf eine eitle Art, ihm eine Bedeutung zu geben suche, die er nicht hat.

Sie erfreuen ein ganzes Volk und sehen das wohl selten. So mag es Ihnen nicht ganz unwert scheinen, in einem, der Sie ganz ehrt, eine neue Lebensfreude, die von Ihnen kam, aufgehen zu sehen.

Ich würde viel, sehr vieles vergessen in dem Augenblicke, wo ich Sie wiedersehen und mit der Ehrfurcht grüßen könnte, mit der ich Ihnen zum ersten Male begegnete. Wahrhaft der

       Ihrige
       Hölderlin

233. AN IMMANUEL NIETHAMMER

[Nürtingen, im Juni 1801]

[Juni 1801 ... In der gleichen Angelegenheit (wie kurz zuvor an Schiller) wendet er sich nun an Niethammer, erwähnt dabei auch seinen Brief an Hofrat Schiller und bittet, es ihm nicht zu verargen, wenn er sich an Niethammers Teilnahme erinnert, deren er sich in früheren Jahren seines Lebens so oft erfreut hat. Er sei entschlossen, nach Jena zu gehen und zu versuchen, über griechische Literatur Vorlesungen zu halten. Dies sei die einzige Tätigkeit, die seinen Intentionen entspräche und von der er sich für sein Leben eine günstige Wendung erwarte. Zu dieser ernsten Entscheidung wolle er Niethammers Rat hören, der, möge er ausfallen, wie er will, ihm in jedem Falle teuer sein werde.]

234. AN DIE SEINIGEN

[Stuttgart,
wohl um Ende Oktober 1801]

Meine Teuern!

Ich habe diesmal so viel Dank zu sagen, daß ich lieber gar nichts sagen möchte als so wenig, wie es wohl jetzt notwendig ist. Glauben Sie, daß ich solcher Herzen gewiß, von solcher Teilnahme und Treue in so manchen Fällen überzeugt und immer überzeugter bin, dies ist ein Glück meines Lebens, das auch der Rede wert und mehr als manches andere ist, das ich entbehren muß und gerne entbehre. Wenn sich meine Lage verändern sollte, so bitte ich Sie, es auch aus dem besten Gesichtspunkte anzusehn. Ich würde eine sorgenlose Existenz bei einer Beschäftigung haben, die mir zur Gewohnheit geworden ist, und hoffentlich finde ich gute Menschen. Ins abhängige Leben muß ich hinein, es sei, auf welche Art es wolle, und Kinder zu erziehen ist jetzt ein besonders glückliches Geschäft, weil es so unschuldig ist.

Ihr
Fritz

235. AN DEN BRUDER

Nürtingen, d. 4. Dez. 1801

Mein teurer Karl!

Ich komme Abschied zu nehmen. Aber laß uns nicht klagen! In solchen Fällen erhalte ich immer lieber den zufriedenen Geist, der das Traurige, Gott zu ehren, verschweigt und auf das Gute siehet.

So viel darf ich gestehen, daß ich in meinem Leben nie so fest gewurzelt war ans Vaterland, im Leben nie den Umgang mit den Meinigen so sehr geschätzt, so gerne zu erhalten mir gewünscht habe!

Aber ich fühl es, mir ist's besser, draußen zu sein, und

Du, mein Teurer! fühlst es selber, daß zum einen wie zum andern, zum Bleiben wie zum Wandern, Gottes Schutz gehört, wenn wir bestehen sollen. Dich erhält in Deiner Art besonders die Geschäftigkeit. Sonst würd es Dir zu enge werden. Mir ist not, vorzüglich, mit der rechten Wahl das Meinige zu tun. Sonst würd ich zu zerstreut dahingerissen.

Laß nur die alte brüderliche Liebe nicht untergehen unter uns. Das ist ein heiliges Glück, wenn bei Verschiedenheit des Lebensgangs die Menschen doch durch solche Bande, wie das unsre ist, zusammengehalten werden. Das ist der größere Sinn, der überall anfeuert und rettet. Und Männerseelen besonders bedürfen es nicht, daß eines dem andern gleiche, wenn die Liebe zwischen ihnen sein soll. Ohne diese Offenheit des Herzens aber ist kein Glück mit ihnen. O mein Karl! vergib mir, daß es rein sei zwischen uns!

Und so leb wohl! Es wird Dir gut gehen bei den Unsrigen, da Du im Deinigen so gut bist. Denk zuweilen auch an mich!

Dein
Hölderlin

236. AN CASIMIR ULRICH BÖHLENDORFF

Nürtingen bei Stuttgart,
d. 4. Dez. 1801

Mein teurer Böhlendorff!

Deine gütigen Worte und Deine Gegenwart in ihnen haben mich sehr erfreut.

Dein „Fernando" hat mir die Brust um ein gutes erleichtert. Der Fortschritt meiner Freunde ist mir so ein gutes Zeichen. Wir haben *ein* Schicksal. Gehet es mit dem einen vorwärts, so wird auch der andere nicht liegenbleiben.

Mein Lieber! Du hast an Präzision und tüchtiger Gelenksamkeit so sehr gewonnen und nichts an Wärme verloren, im Gegenteil, wie eine gute Klinge hat sich die Elastizität Deines Geistes in der beugenden Schule nur um so kräftiger erwiesen. Dies ist's, wozu ich Dir vorzüglich Glück wünsche. Wir lernen nichts schwerer als das Nationelle frei gebrauchen. Und wie ich glaube, ist gerade die Klarheit der Darstellung uns ursprünglich so natürlich wie den Griechen das Feuer vom Himmel. Eben deswegen werden diese eher in schöner Leidenschaft, die Du Dir auch erhalten hast, als in jener homerischen Geistesgegenwart und Darstellungsgabe zu *übertreffen* sein.

Es klingt paradox. Aber ich behaupt es noch einmal und stelle es Deiner Prüfung und Deinem Gebrauche frei: Das eigentliche Nationelle wird im Fortschritt der Bildung immer der geringere Vorzug werden. Deswegen sind die Griechen des heiligen Pathos weniger Meister, weil es ihnen angeboren war, hingegen sind sie vorzüglich in Darstellungsgabe, von Homer an, weil dieser außerordentliche Mensch seelenvoll genug war, um die abendländische *junonische Nüchternheit* für sein Apollonsreich zu erbeuten und so wahrhaft das Fremde sich anzueignen.

Bei uns ist's umgekehrt. Deswegen ist's auch so gefährlich, sich die Kunstregeln einzig und allein von griechischer Vortrefflichkeit zu abstrahieren. Ich habe lange daran laboriert und weiß nun, daß außer dem, was bei den Griechen und uns das Höchste sein muß, nämlich dem lebendigen Verhältnis und Geschick, wir nicht wohl etwas *gleich* mit ihnen haben dürfen.

Aber das Eigene muß so gut gelernt sein wie das Fremde. Deswegen sind uns die Griechen unentbehrlich. Nur werden wir ihnen gerade in unserm Eigenen, Nationellen nicht nachkommen, weil, wie gesagt, der *freie* Gebrauch des *Eigenen* das schwerste ist.

Das hat Dein guter Genius Dir eingegeben, wie mir dünkt, daß Du das Drama epischer behandelt hast. Es ist, im ganzen, eine *echte* moderne Tragödie. Denn das ist das Tragische bei uns, daß wir ganz stille, in irgendeinem Behälter eingepackt, vom Reiche der Lebendigen hinweggehn, nicht daß wir in Flammen verzehrt die Flamme büßen, die wir nicht zu bändigen vermochten.

Und wahrlich! das erste bewegt so gut die innerste Seele wie das letzte. Es ist kein so imposantes, aber ein tieferes Schicksal, und eine edle Seele geleitet auch einen solchen Sterbenden unter Furcht und Mitleiden und hält den Geist im Grimm empor. Der herrliche Jupiter ist denn doch der letzte Gedanke beim Untergange eines Sterblichen, er sterbe nach unserem oder nach antikem Schicksal, wenn der Dichter dieses Sterben dargestellt hat, wie er sollte und wie Du es sichtbar gewollt und im ganzen und besonders in einigen meisterhaften Zügen geleistet hast:

„Ein enger Weg führt in ein dunkles Tal,
Dahin hat ihn Verräterei gezwungen"

und sonst. – Du bist auf gutem Wege, behalt ihn. Ich will aber Deinen „Fernando" erst recht studieren und zu Herzen nehmen und dann vielleicht Dir etwas Interessanteres davon sagen. In keinem Falle genug!

Von mir selber und wie es mir gegangen ist bisher, wieweit ich Dein und meiner Freunde wert geblieben und geworden bin, auch was ich treibe und bringen werde, sowenig es ist, davon will ich mit nächstem Dir aus der Nachbarschaft Deines Spaniens, nämlich aus Bordeaux, schreiben, wohin ich als Hauslehrer und Privatprediger in einem deutsch-evangelischen Hause nächste Woche abreise. Ich werde den Kopf ziemlich beisammenhalten müssen, in Frankreich, in Paris; auf den Anblick des Meeres, auf die Sonne der Provence freue ich mich auch.

O Freund! die Welt liegt heller vor mir als sonst, und ernster. Ja! es gefällt mir, wie es zugeht, gefällt mir, wie wenn im Sommer „der alte heilige Vater mit gelassener Hand aus rötlichen Wolken segnende Blitze schüttelt". Denn unter allem, was ich schauen kann von Gott, ist dieses Zeichen mir das auserkorene geworden. Sonst konnt ich jauchzen über eine neue Wahrheit, eine bessere Ansicht des, das über uns und um uns ist, jetzt fürcht ich, daß es mir nicht geh am Ende wie dem alten Tantalus, dem mehr von Göttern ward, als er verdauen konnte.

Aber ich tue, was ich kann, so gut ich's kann, und denke, wenn ich sehe, wie ich auf meinem Wege auch dahin muß wie die andern, daß es gottlos ist und rasend, einen Weg zu suchen, der vor *allem* Anfall sicher wäre, und daß für den Tod kein Kraut gewachsen ist.

Und nun leb wohl, mein Teurer! bis auf weiteres. Ich bin jetzt voll Abschieds. Ich habe lange nicht geweint. Aber es hat mich bittre Tränen gekostet, da ich mich entschloß, mein Vaterland noch jetzt zu verlassen, vielleicht auf immer. Denn was hab ich Lieberes auf der Welt? Aber sie können mich nicht brauchen. Deutsch will und muß ich übrigens bleiben, und wenn mich die Herzens- und die Nahrungsnot nach Otaheiti triebe.

Grüße unsern Muhrbeck. Wie lebt er? Er erhält sich gewiß. Er bleibt uns. Verzeiht mir den Undank. Ich hatte Euch erkannt, ich sah Euch, aber doch durch eine gelbe Brille. Ich hätte Euch so vieles zu sagen, Ihr Guten! Ihr wohl mir auch. Wo wirst Du künftig bleiben, mein Böhlendorff? Doch das sind Sorgen. Wenn Du an mich schreibst, so adressiere den Brief an Kaufmann Landauer in Stuttgart. Er schickt mir ihn sicher zu. Schreibe mir auch Deine Adresse.

Dein
H.

237. AN DIE MUTTER

Lyon, d. 9. Jenn. 1802

Meine teure Mutter!

Sie werden sich wundern, zu dieser Zeit von Lyon aus einen Brief von mir zu erhalten. Ich war genötiget, länger, als ich vermutete, in Straßburg zu bleiben, wegen meines Reisepasses, und die lange Reise von Straßburg bis hieher wurde durch Überschwemmungen und andere unabwendbare Umstände, die mich aufhielten, noch länger.

Es war ein beschwerlicher und erfahrungsreicher Weg, den ich bis hieher machte, aber auch manche reine Freude hab ich gefunden. Ich kann es nicht verschweigen, daß ich manchmal an Euch, Ihr Lieben, und auch an den gedachte, von dem mir Mut kommt, der mich erhielt bis auf diese Stunde und ferner mich geleiten wird.

Ich weiß es, einsame Beschäftigung macht, daß man in die weite Welt sich schwieriger findet; ich denke aber, Gott und ein ehrlich Herz hilft durch, und die Bescheidenheit vor andern Menschen.

Ich bin noch müde, liebe Mutter! von der langen kalten Reise, und hier ist's jetzt so lebhaft, daß man nur in innigem Angedenken an solche, die uns kennen und wohl auch gut sind, sich selber wiederfindet.

Morgen reis ich nach Bordeaux ab und werde wohl bald dort sein, da jetzt die Wege besser und die Flüsse nicht mehr ausgetreten sind.

Ich muß Ihnen noch sagen, daß mir die Reise über Lyon, als einem Fremden, von der Obrigkeit in Straßburg angeraten worden ist. Ich sehe also Paris nicht. Ich bin auch damit zufrieden.

Ich freue mich, mein ordentlich Geschäft bald anzutreten.

Ich will Ihnen und den andern Lieben von Bordeaux aus, wenn ich in Ruhe bin, noch vieles schreiben.

Grüßen Sie alle, alle herzlich!

Unser Karl wird jetzt in Nürtingen sein. Denken Sie manchmal an mich, wenn Sie des Abends vergnügt zusammen sind. Die liebe Schwester bitt ich, sich der besten Stunden zu erinnern, die wir hatten, und den Kleinen auch zuweilen den Onkel zu nennen.

Tausend Dank für alle Güte und Unterstützung und Teilnahme! Leben Sie wohl!

Ihr treuer Sohn
Hölderlin

238. AN DIE MUTTER

Bordeaux, d. 28. Jenn. 1802

Endlich, meine teure Mutter, bin ich hier, bin wohl aufgenommen, bin gesund und will den Dank ja nicht vergessen, den ich dem Herrn des Lebens und des Todes schuldig bin. – Ich kann für jetzt nur wenig schreiben; diesen Morgen bin ich angekommen, und meine Aufmerksamkeit ist noch zu sehr auf meine neue Lage gerichtet, um mit Ruhe Ihnen einiges Interessante von der überstandenen Reise zu sagen. Überdies hab ich so viel erfahren, daß ich kaum noch reden kann davon.

Diese letzten Tage bin ich schon in einem schönen Frühlinge gewandert, aber kurz zuvor, auf den gefürchteten überschneiten Höhen der Auvergne, in Sturm und Wildnis, in eiskalter Nacht und die geladene Pistole neben mir im rauhen Bette – da hab ich auch ein Gebet gebetet, das bis jetzt das beste war in meinem Leben und das ich nie vergessen werde.

Ich bin erhalten – danken Sie mit mir!

Ihr Lieben! ich grüßt Euch wie ein Neugeborner, da ich aus den Lebensgefahren heraus war – ich warf mir's gleich vor, daß ich im letzten Briefe von Lyon aus unsere teure Großmutter nicht besonders nannte, ich sprach mit Ihnen, liebe Mutter, sahe meiner Schwester Bild und schrieb in meinen freudigen Gedanken einen Brief an meinen Karl in hohem Tone.

Ich bin nun durch und durch gehärtet und geweiht, wie Ihr es wollt. Ich denke, ich will so bleiben, in der Hauptsache. Nichts fürchten und sich viel gefallen lassen. Wie wird mir der sichere, erquickende Schlaf wohltun! Fast wohn ich zu herrlich. Ich wäre froh an sicherer Einfalt. Mein Geschäft soll, wie ich hoffe, gut gehn. Ich will mich ganz dem widmen, besonders von Anfang. Lebet wohl! Von Herzen und mit Treue

der Eure
H.

NS. Der Brief hat sich um einige Tage verspätet. Der Anfang meiner Bekanntschaft, meiner Bestimmung ist gemacht. Er könnte nicht besser sein. „Sie werden glücklich sein", sagte beim Empfange mein Konsul. Ich glaube, er hat recht.

239. AN DIE MUTTER

Bordeaux,
am Karfreitag [16. April] 1802

Meine teure Mutter!

Verkennen Sie mich nicht, wenn ich über den Verlust unserer nun seligen Großmutter mehr die notwendige Fassung als das Leid ausdrücke, das die Liebe in unsern Herzen fühlt. Ich finde, daß man ohne festen Sinn nicht wohl auskommt, ich will der Ratgeber nicht sein für die Meinigen, aber ich meines Orts muß mein so lange nun geprüftes Gemüt bewahren und halten, und die zärtlichen, guten Worte, die, wie Sie wissen, mir zu leicht vom Munde gehen, ich muß sie sparen für jetzt, ich darf nicht Sie und mich noch mehr dadurch bewegen. Das neue, reine Leben, das, wie ich glaube, die Gestorbenen nach dem Tode leben und das der Lohn ist auch für die, die, wie unsere teure Großmutter, ihr Leben lebten in heiliger Einfalt, diese Jugend des Himmels, die nun ihr Anteil ist, nach der so lange ihre Seele sich sehnte, diese Ruhe und Freude nach dem Leiden, wird auch Euer Lohn sein, teure Mutter, teure Schwester; für meinen Bruder und mich ist wohl auch ein edler Tod, ein sicherer Fortgang vom Leben ins Leben aufbehalten, so wie ich glaube, allen den Unsrigen.

Indessen geleite uns ein treuer gewisser Geist, und der Hohe im Himmel gebe, daß wir nicht lässig seien und was wir tun, mit Maß tun, und das Schickliche treffen in dem, was unsere Sache ist!

Mir gehet es so wohl, als ich nur wünschen darf! Ich hoffe

auch das, was meine Lage mir gibt, allmählich zu verdienen und einmal, wenn ich in die Heimat wiederkomme, der wahrhaft vortrefflichen Menschen, denen ich hier verbunden bin, nicht ganz unwürdig zu sein.

Denket, Ihr Lieben, meiner so viel, als Ihr dadurch im Eurigen nicht gestört seid. Meinem Bruder wünsche ich, daß er fortfahre mit Glück, so wie er bisher gedieh in seinem Kreise, seinen Geschäften.

Die guten Kinder werden Euch viele Freude machen, und Ihr seid glücklich, so von lebendigen Bildern der Hoffnung, wie ich von meinen Zöglingen, umgeben zu sein. Grüßet meine Freunde, entschuldiget mich, daß ich nicht schreibe, die weite Entfernung und meine Beschäftigungen raten mir, für jetzt mit Briefen etwas sparsam zu sein. Wir bleiben uns dennoch.

Euer treuer
H.

240. AN CASIMIR ULRICH BÖHLENDORFF

[Nürtingen,
wahrscheinlich im November 1802]

Mein Teurer!

Ich habe Dir lange nicht geschrieben, bin indes in Frankreich gewesen und habe die traurige einsame Erde gesehn, die Hirten des südlichen Frankreichs und einzelne Schönheiten, Männer und Frauen, die in der Angst des patriotischen Zweifels und des Hungers erwachsen sind.

Das gewaltige Element, das Feuer des Himmels, und die Stille der Menschen, ihr Leben in der Natur und ihre Eingeschränktheit und Zufriedenheit, hat mich beständig ergriffen, und wie man Helden nachspricht, kann ich wohl sagen, daß mich Apollo geschlagen.

In den Gegenden, die an die Vendée grenzen, hat mich das Wilde, Kriegerische interessiert, das rein Männliche, dem das Lebenslicht unmittelbar wird in den Augen und Gliedern und das im Todesgefühle sich wie in einer Virtuosität fühlt und seinen Durst, zu wissen, erfüllt.

Das Athletische der südlichen Menschen, in den Ruinen des antiken Geistes, machte mich mit dem eigentlichen Wesen der Griechen bekannter; ich lernte ihre Natur und ihre Weisheit kennen, ihren Körper, die Art, wie sie in ihrem Klima wuchsen, und die Regel, womit sie den übermütigen Genius vor des Elements Gewalt behüteten.

Dies bestimmte ihre Popularität, ihre Art, fremde Naturen anzunehmen und sich ihnen mitzuteilen, darum haben sie ihr Eigentümlichindividuelles, das lebendig erscheint, sofern der höchste Verstand im griechischen Sinne Reflexionskraft ist, und dies wird uns begreiflich, wenn wir den heroischen Körper der Griechen begreifen; sie ist Zärtlichkeit, wie unsere Popularität.

Der Anblick der Antiken hat mir einen Eindruck gegeben, der mir nicht allein die Griechen verständlicher macht, sondern überhaupt das Höchste der Kunst, die auch in der höchsten Bewegung und Phänomenalisierung der Begriffe und alles Ernstlichgemeinten dennoch alles stehend und für sich selbst erhält, so daß die Sicherheit in diesem Sinne die höchste Art des Zeichens ist.

Es war mir nötig, nach manchen Erschütterungen und Rührungen der Seele mich festzusetzen, auf einige Zeit, und ich lebe indessen in meiner Vaterstadt.

Die heimatliche Natur ergreift mich auch um so mächtiger, je mehr ich sie studiere. Das Gewitter, nicht bloß in seiner höchsten Erscheinung, sondern in eben dieser Ansicht, als Macht und als Gestalt, in den übrigen Formen des Himmels, das Licht in seinem Wirken, nationell und als Prinzip und Schicksalsweise bildend, daß uns etwas heilig ist, sein Drang im Kommen und Gehen, das Charakteristische der Wälder und das Zusammentreffen in einer Gegend von verschiedenen Charakteren der Natur, daß alle heiligen Orte der Erde zusammen sind um einen Ort, und das philosophische Licht um mein Fenster ist jetzt meine Freude; daß ich behalten möge, wie ich gekommen bin, bis hieher!

Mein Lieber! ich denke, daß wir die Dichter bis auf unsere Zeit nicht kommentieren werden, sondern daß die Sangart überhaupt wird einen andern Charakter nehmen und daß wir darum nicht aufkommen, weil wir, seit den Griechen, wieder anfangen, vaterländisch und natürlich, eigentlich originell zu singen.

Schreibe doch nur mir bald. Ich brauche Deine reinen Töne. Die Psyche unter Freunden, das Entstehen des Gedankens im Gespräch und Brief ist Künstlern nötig. Sonst haben wir keinen für uns selbst; sondern er gehöret dem heiligen Bilde, das wir bilden. Lebe recht wohl.

Dein
H.

241. AN FRIEDRICH WILMANS

Nürtingen bei Stuttgart,
d. 28. Sept. 1803

Wohlgeborner,
Insonders hochgeehrtester Herr!

Ich danke Ihnen recht sehr, daß Sie an der Übersetzung der Sophokleischen Tragödien den gütigen Anteil genommen haben.

Da ich noch von meinem Freunde Schelling, der sie an das Weimarische Theater besorgen wollte, keine Nachricht habe, so geh ich lieber den sicheren Weg und mache von Ihrem gütigen Anerbieten Gebrauch.

Ich bin es zufrieden, daß der erste Band erst in der Jubilatemesse erscheint, um so mehr, da ich hinlänglichen Stoff habe, eine Einleitung zu den Tragödien vorauszuschicken, die ich wohl diesen Herbst noch ausführen können werde.

Ich hoffe, die griechische Kunst, die uns fremd ist, durch Nationalkonvenienz und Fehler, mit denen sie sich immer herumbeholfen hat, dadurch lebendiger als gewöhnlich dem Publikum darzustellen, daß ich das Orientalische, das sie verleugnet hat, mehr heraushebe und ihren Kunstfehler, wo er vorkommt, verbessere.

Ich werde Ihnen immer danken, daß Sie mit Ihrer gütigen Zuschrift so mich getroffen haben, weil Sie zur Äußerung mir eine Freiheit machen, jetzt, da ich mehr aus dem Sinne der Natur und mehr des Vaterlandes schreiben kann als sonst.

Ich bin mit wahrhaftiger Hochachtung

Euer Wohlgeboren
    gehorsamster Diener
        Friedrich Hölderlin.

242. AN FRIEDRICH WILMANS

Nürtingen bei Stuttgart,
d. 8. Dez. 1803

Verehrungswürdiger!

Sie verzeihen, daß ich mit dem Manuskripte der Sophokleischen Tragödien gezögert habe. Ich wollte, da ich die Sache freier übersehen konnte, in der Übersetzung und den Anmerkungen noch einiges ändern. Die Sprache in der „Antigone" schien mir nicht lebendig genug. Die Anmerkungen drückten meine Überzeugung von griechischer Kunst, auch den Sinn der Stücke nicht hinlänglich aus. Indessen tun sie mir noch nicht genug. Eine Einleitung zu den Tragödien des Sophokles will ich Ihnen, besonders ausgearbeitet, wenn dies Ihnen gefällig ist, das nächste halbe Jahr oder sonst in schicklicher Zeit zuschicken.

Kleine Gedichte in einen Almanach will ich Ihnen unmittelbar nach Absendung dieses Manuskripts aus meinen Papieren aussuchen. Ich habe einiges, was Ihnen vielleicht gefallen wird.

An Schelling hab ich noch nicht geschrieben. Will es aber auch noch diese Woche tun.

Sollte es Ihnen unbequem sein, die Ausgabe dieser Tragödien an Goethe oder an das Weimarische Theater zu schicken, so haben Sie die Güte, mir dieses zu wissen zu tun. Da ich HE. von Goethe persönlich kenne, so wird es nicht unschicklich von mir sein.

Einzelne lyrische größere Gedichte, 3 oder 4 Bogen, so daß jedes besonders gedruckt wird, weil der Inhalt unmittelbar das Vaterland angehn soll oder die Zeit, will ich Ihnen auch noch diesen Winter zuschicken.

Ihre gütige Aufmunterung hat mich sehr gefreut. Ich schätze es als ein wahr und glücklich Geschick, mit Ihnen in Beziehung gekommen zu sein.

Ihr

ergebenster

Friedrich Hölderlin

243. AN FRIEDRICH WILMANS

Nürtingen bei Stuttgart,
d. Dez. 1803

Verehrungswürdiger!

Ich danke Ihnen, daß Sie sich bemüht haben, mir eine Probe von dem Drucke der Sophokleischen Tragödien mitzuteilen. Ich glaube, daß es bei solchen Lettern bequemer für die Augen ist, den Sinn zu finden, da man durch allzuscharfe Lettern leicht versucht wird, bloß auf die Typen zu sehn.

Die Schönheit des Drucks scheint, wenigstens mir, nichts dadurch zu verlieren. Die Linien stehen so in festerem Gleichgewicht.

Ich bin eben an der Durchsicht einiger Nachtgesänge für Ihren Almanach. Ich wollte Ihnen aber sogleich antworten, damit kein Sehnen in unsere Beziehung kommt.

Es ist eine Freude, sich dem Leser zu opfern und sich mit

ihm in die engen Schranken unserer noch kinderähnlichen Kultur zu begeben.

Übrigens sind Liebeslieder immer müder Flug, denn so weit sind wir noch immer, trotz der Verschiedenheit der Stoffe; ein anders ist das hohe und reine Frohlocken vaterländischer Gesänge.

Das Prophetische der Messiade und einiger Oden ist Ausnahme.

Ich bin sehr begierig, wie Sie die Probe einiger größern lyrischen Gedichte aufnehmen werden. Ich hoffe, sie Ihnen auf den Januar zu schicken; und wenn Sie diesen Versuch wie ich beurteilen, werden sie wohl noch bis auf die Jubilatemesse erscheinen können.

Die Einleitung zu den Sophokleischen Tragödien denke ich besonders zu schreiben, allenfalls für die Herbstmesse; es stehet dann in Ihrem Belieben, Verehrungswürdiger! ob Sie davon wollen Gebrauch machen oder nicht.

Von Schelling hoffe ich Ihnen bald eine Antwort zu schicken.

Für die Ausgabe der *„Ansichten"*, wovon Sie mir eine Ankündigung gütigst zuschickten, werd ich in Stuttgart Teilnehmer zu finden suchen. Ich habe daselbst mit einigen Männern Bekanntschaft, die solche Schriften kaufen mögen und anderen sie empfehlen.

Ich empfehle mich Ihnen, mein Teurer! bis zu fernerer Probe meiner Ergebenheit.

Hölderlin

244. AN LEO VON SECKENDORF

Nürtingen, d. 12. März 1804

Mein Teurer!

Ich habe Dich neulich besuchen wollen; konnte aber Dein Haus nicht finden. Ich besorge also den Auftrag, der mir diesen Besuch notwendig machte, schriftlich und schicke Dir eine Ankündigung von pittoresken Ansichten des Rheins; es ist Dir möglich, teil daran zu nehmen und dafür Teilnehmer zu finden. Der Fürst hat sich schon dafür interessiert. Ich bin begierig, wie sie ausfallen werden; ob sie rein und einfach aus der Natur gehoben sind, so daß an beiden Seiten nichts Unzugehöriges und Uncharakteristisches mit hineingenommen ist und die Erde sich in gutem Gleichgewicht gegen den Himmel verhält, so daß auch das Licht, welches dieses Gleichgewicht in seinem besonderen Verhältnis bezeichnet, nicht schief und reizend täuschend sein muß. Es kommt wohl sehr viel auf den Winkel innerhalb des Kunstwerks und auf das Quadrat außerhalb desselben an.

Die Antiken in Paris haben besonders mir ein eigentliches Interesse für die Kunst gegeben, so daß ich mehr darin studieren möchte.

Ich bitte Dich auch, Dich für eine Übersetzung der Sophokleischen Tragödien zu interessieren, die mir derselbige Verleger, Herr Wilmans in Frankfurt, in Verlag genommen hat und die auf Ostern herauskommen wird.

Die Fabel, poetische Ansicht der Geschichte, und Architektonik des Himmels beschäftiget mich gegenwärtig vorzüglich, besonders das Nationelle, sofern es von dem Griechischen verschieden ist.

Die verschiedenen Schicksale der Heroen, Ritter und Fürsten, wie sie dem Schicksal dienen oder zweifelhafter sich in diesem verhalten, hab ich im allgemeinen gefaßt.

Ich wünschte Dich wirklich einmal in Stuttgart zu sehen und Gespräch mit Dir zu haben. Ich schätz es eigentlich, daß wir einen Mann, der so gelehrt ist und so menschlich, unter uns haben. Herrn von Sinclair habe ich es geschrieben.

Ich glaube Dir noch vieles mitteilen zu können. Das Studium des Vaterlandes, seiner Verhältnisse und Stände ist unendlich und verjüngt.

Daß uns die gute Zeit nicht leer von Geiste werde und wir uns wieder selber finden mögen!

Ich denke einfältige und stille Tage, die kommen mögen. Beunruhigen uns die Feinde des Vaterlands, so ist ein Mut gespart, der uns verteidigen wird gegen das andre, das nicht ganz zu uns gehört. Ich empfehle mich Dir untertänig.

Hölderlin

245. AN FRIEDRICH WILMANS

Nürtingen bei Stuttgart,
d. 2. Apr. 1804

Verehrungswürdiger!

Ich habe die Druckfehler des „Ödipus" durchgegangen.

Der rohe Druck hat mir fast besser gefallen, wahrscheinlich, weil die Züge, welche an den Buchstaben das Feste anzeigen, gegen das Modifizierende so gut aushalten in dieser Typographie und dieses im rohen Druck noch bemerkbarer war als im gefeilten. Der Erfinder ist oft verschämt gegen sein Publikum und verlieret über der Galanterie dann das Eigentümliche überhaupt, besonders das Feste, was diese Typographie charakterisiert. Übrigens hat die Typographie in diesem Vorzug nur mehr dem Scheine nach verloren als der Wirklichkeit.

Ist sie bekannter, so geben Sie ihr vielleicht das Rohe des ersten Drucks und lassen es oder geben ihm eine Feile.

Ich sage dies, um Ihnen zu bezeugen, wieweit ich diese Vortrefflichkeit verstehe. Diese allzustrenge Feile schwächet auch nur das Feste dem ersten Scheine nach, und wenn man sich gerad oder mit einer reinen Richtung zu den Seiten davorsetzt, so sieht man die festeren Züge gut.

Ich erwarte nur die Exemplare, um sie an Herrn von Goethe und Herrn von Schiller zu schicken, und an einige andre, die vielleicht eine Teilnahme daran haben.

Der Prinzessin von Homburg möcht ich ein besonderes Exemplar schicken. Ich weiß nicht, ob Sie dazu besonderes Papier wählen wollen.

Ich glaube durchaus gegen die exzentrische Begeisterung geschrieben zu haben und so die griechische Einfalt erreicht; ich hoffe auch ferner, auf diesem Prinzipium zu bleiben, auch wenn ich das, was dem Dichter verboten ist, kühner exponieren sollte, gegen die exzentrische Begeisterung.

Ich freue mich, Ihnen nächstens etwas zu schicken, worauf ich jetzt einen eigentlichen Wert setze.

Ich wünsche, daß die Ideen und Berührungspunkte, welche dieses Buch in Umlauf bringen, so schnell wie möglich sich berühren mögen.

Leben Sie indes wohl, mein Teurer!

Ihr
Freund
Hölderlin

246. AN PRINZESSIN AUGUSTE VON HESSEN-HOMBURG

[Nürtingen, im April oder Mai 1804]

[Fängt an:] Durchlauchtige Prinzessin. Ich schicke Ihnen den ersten Band der Übersetzung der Sophokleischen Tragödien. [Er spricht darin von der Größe der Alten, aber auch von dem] unbegreiflich Göttlicheren unserer heiligen Religion in seiner Originalität [und dem Wert des Vergleichens der antiken und unserer Zustände.]

ANHANG
TÜBINGEN 1806–1843

AN DIE MUTTER

247.

Verehrungswürdige Mutter!

Ich habe die Ehre, Ihnen zu bezeugen, daß ich über den von Ihnen empfangenen Brief recht erfreut sein mußte. Ihre vortrefflichen Äußerungen sind mir sehr wohltätig, und die Dankbarkeit, die ich Ihnen schuldig bin, kommt hinzu zu der Bewunderung Ihrer vortrefflichen Gesinnungen. Ihr gütiges Gemüt und Ihre so nützlichen Ermahnungen sind niemals ohne Äußerung, die mich erfreuet, wie sie mir nützlich ist. Das Kleidungsstück, das Sie hinzugesetzet, ist mir auch sehr gut. Ich muß mich beeilen. Ich wäre so frei, mehreres hinzuzusetzen, wie nämlich solche Aufforderungen zu ordentlicher Aufführung meinerseits, wie ich hoffe, wirksam sein und Ihnen angenehm sein sollen. Ich habe die Ehre, mich zu nennen
                    Ihren
                    ergebensten Sohn
                          Hölderlin.

248.

Liebste Mutter!

Ich ergreife die von Herrn Zimmern mir gütigst angebotene Gelegenheit, mich in Gedanken an Sie zu wenden und Sie noch immer von der Bezeugung meiner Ergebenheit und der Redlichkeit meiner Anhänglichkeit zu unterhalten. Ihre schon so lange mir einleuchtende und klare Gütigkeit, die Fortdauer Ihrer Zärtlichkeit und Ihres mir so wohltätigen moralischen Einflusses sind mir verehrungswürdige Gegenstände, die mir vor Augen schweben, ich mag meine schuldige Ehrerbietung in mir zu verstärken suchen oder ich mag denken, was an dem Angedenken seie, das ich Ihnen schuldig bin, vortreffliche Mutter! Wenn ich Ihnen nicht kann so unterhaltend sein wie Sie mir, so ist es das Verneinende, das in ebenderselben Ergebenheit liegt, die ich Ihnen zu bezeugen die Ehre habe. Meine Teilnahme hat an Ihnen noch nicht aufgehört; so fortdaurend Ihre mütterliche Gütigkeit, so unverändert ist mein Angedenken an Sie, verehrungswürdige Mutter! Die Tage, die Ihnen ohne Schaden an Gesundheit und mit der Gewißheit Ihres Herzens hingehn, der Gottheit wohlzugefallen, sind mir immerhin teuer, und die Stunden, die ich in Ihrer Nähe zugebracht habe, wie mir scheinet, unvergeßlich. Ich hoffe und habe das feste Zutrauen, daß es Ihnen immer recht wohl gehen und auf dieser Welt gefallen werde. Ich habe die Ehre, mich Ihnen zu empfehlen, und nenne mich

   Ihren
    gehorsamsten Sohn
     Hölderlin.

249.

Herr Zimmern erlaubt mir, eine Empfehlung von mir hinzuzusetzen. Ich empfehle mich in Ihr gütiges Andenken. Können Sie, teuerste Mutter! mich bald wieder mit einem Briefe erfreuen, so wird dies an ein dankbares Herz geschehen.

250.

Verehrungswürdige Mutter!

Ich beantworte Ihren gütigen Brief mit vergnügtem Herzen und aus schuldiger Teilnahme an Ihrem Dasein, Ihrer Gesundheit und Fortdauer in diesem Leben. Wenn Sie mich belehren, wenn Sie zu ordentlicher Aufführung, Tugend und Religion mich ermuntern, so ist die Sanftmut einer so gütigen Mutter, das Bekannte und Unbekannte in einem mir so verehrten Verhältnis mir nützlich, wie ein Buch sein soll, und meiner Seele zuträglich wie höhere Lehren. Die Natürlichkeit Ihrer frommen und tugendhaften Seele leidet außer dieser letztern wohl bessere Vergleichungen; ich rechne auf Ihre christliche Verzeihung, teuerste Mutter, und auf mein Bestreben, mich immer mehr zu vervollkommnen und zu bessern. Meine Mitteilungsgabe schränkt sich auf Äußerungen meiner Anhänglichkeit an Sie ein, bis meine Seele an Gesinnungen so viel gewonnen hat, daß sie mit Worten sich davon mitteilen und Sie interessieren kann. Ich nehme mir die Freiheit, mich Ihrem mütterlichen Herzen und Ihrer gewöhnlichen Vortrefflichkeit gehorsamst zu empfehlen. Ich glaube, Fleiß und ein gewöhnliches Fortschreiten im Guten fehlt nicht leicht einen guten Zweck. Ich empfehle mich, verehrungswürdigste Mutter! und nenne mich mit Aufrichtigkeit

Ihren
gehorsamen Sohn
Hölderlin.

251.

Verehrungswürdigste Mutter!

Ich schätze mich glücklich, so viele Gelegenheit zu haben, Ihnen meine Ergebenheit zu bezeugen, indem ich meine Gesinnungen durch Briefeschreiben äußere. Ich glaube sagen zu können, gute Gesinnungen, in Worten geäußert, sind nicht umsonst, weil das Gemüt auch von innerlichen Vorschriften abhängt, die in der Natur des Menschen liegen und die, insoferne sie christlich gelten, durch ihre Beständigkeit und Wohltätigkeit interessieren. Der Mensch scheinet an Zuverlässigkeit, an ein Reineres, das seiner Neigung sich anzupassen scheint, gerne gewöhnt. Dieses Innere scheint auch reich an Kräften, wie es noch überdies zu Besänftigung des menschlichen Gemüts und zur Bildung menschlicher Gemütskräfte beitragen kann. Göttliches, wie dessen der Mensch auch empfänglich ist, ist wunderbar zugegeben einer mehr natürlichen Bemühung, die der Mensch sich gibt. Ich bitte um Vergebung, daß ich mich Ihnen so unrücksichtlich habe mitgeteilt. Sich mit sich selbst zu beschäftigen ist eine Bestimmung, welche, so ernst sie erscheinen kann, doch den Geist des Menschen zur Hülfe hat und der Anlagen des menschlichen Herzens wegen zur Milde im menschlichen Leben und auch soferne zu höherer Empfänglichkeit beitragen kann. Ich muß noch einmal um Vergebung bitten, indem ich abbreche. Ich nenne mich mit aufrichtigster Ergebenheit

Ihren
gehorsamen Sohn
Hölderlin.

252.

Verehrungswürdigste Mutter!

Ich fahre fort, Sie unterhalten zu wollen mit meinen Briefen und Ihre gütige Zuschrift zu beantworten. Ich kann nicht aufhören, Sie zu verehren und Ihre Güte gegen mich und Zärtlichkeit in Ermahnungen zu erkennen. Wie haben Sie recht, mich zu ermahnen, daß ich die Ehrfurcht gegen Herrn Zimmern nicht verlieren und mich immer mehr der Tugend und ordentlicher Sitten befleißigen soll. Ihre gütigen Briefe sind mir auch ein Beweis Ihrer fortdauernden Gesundheit. Ich empfehle mich Ihrer ferneren Güte, verehrungswürdigste Mutter! und nenne mich mit inniger Verehrung

Ihren
gehorsamen Sohn
Hölderlin.

253.

Meine teuerste Mutter!

Ich danke Ihnen herzlichst für die neulichen Äußerungen Ihrer fortdaurenden Güte. Ich bin diese Tage nicht ganz wohl gewesen, bin aber jetzt wieder besser. Das Befinden von Ihnen interessiert mich um so mehr, und ich freue auch mich um so mehr, wenn ich denke, daß Sie sich wohl befinden. Leben Sie immer gerne in Nürtingen, und ist dieser Aufenthalt Ihrer mir so teuren Gesundheit immer zuträglich?

Daß ich Sie so wenig unterhalten kann, rühret daher, weil ich mich so viel mit den Gesinnungen beschäftige, die ich Ihnen schuldig bin. Was Sie sonst meinerseits interessiert, soferne, ist Ihr Befinden, die Ruhe Ihres vortrefflichen Gemüts und Ihre Teilnahme mit dem Gemüte an diesem Leben. Von diesem Ihnen zu reden, will ich mich befleißen, so sehr, als ich Ihnen dieses schuldig bin. Ich habe die Ehre, Sie meiner äußersten Hochachtung zu versichern, und nenne mich

Ihren
gehorsamen Sohn
Hölderlin.

254.

Verehrungswürdigste Mutter!

Ich denke, daß ich Ihnen nicht zur Last falle mit der Wiederholung solcher Briefe. Ihre Zärtlichkeit und vortreffliche Güte erwecket meine Ergebenheit zur Dankbarkeit, und Dankbarkeit ist eine Tugend. Ich denke der Zeit, die ich mit Ihnen zubrachte, mit vieler Erkenntlichkeit, verehrungswürdigste Mutter! Ihr Beispiel voll Tugend soll immer in der Entfernung mir unvergeßlich bleiben und mich ermuntern zur Befolgung Ihrer Vorschriften und Nachahmung eines so tugendhaften Beispiels. Ich setze das Bekenntnis meiner aufrichtigen Ergebenheit hinzu und nenne mich

Ihren
gehorsamsten Sohn
Hölderlin.

Meine Empfehlung an meine teuerste Schwester.

255.

Verehrungswürdigste Frau Mutter!

Ich schreibe Ihnen schon wieder einen Brief. Ich weiß nicht, ob Sie mir den zuletzt geschriebenen beantwortet haben. Ich vermute, daß er beantwortet ist. Nehmen Sie mir, nach Ihrer Güte, diese Behauptung nicht übel. Ich mache Ihnen die aufrichtigsten Wünsche für Ihre Gesundheit. Behalten Sie mich in gütigem Angedenken, und sein Sie versichert, daß ich mich mit Wahrheit nenne

Ihren
gehorsamsten Sohn
Hölderlin.

256.

Verehrungswürdige Mutter!

Es ist mir lieb, wenn Sie recht gesund sind und wenn es Ihnen in allen Stücken wohl geht. Die guten Nachrichten, die Sie mir von Ihnen gegeben haben, haben mich gefreut. Ich habe mir vorgenommen, an Ihrem Wohlbefinden immer wahreren Anteil zu nehmen. Mögen Sie meiner teueren und sehr geschätzten Schwester meine Empfehlung machen. Ich habe ihr noch nicht für die Besuche gedankt, die sie mir hier zu machen die Güte hatte. Ich nenne mich

Ihren gehorsamsten Sohn
Hölderlin.

257.

Teuerste Mutter!

Ich kann nicht anders sagen, als daß ich sehr erkenntlich gegen Ihre ausnehmende gütige Ausdrücke und so klare Erweise Ihrer Güte in meiner Seele mich finde.

Ich muß es eben zu verdienen suchen durch Wohlverhalten und fortdauernde Ehrerbietung gegen Personen, die mir Grundsätze angeben und an deren Grundsätze ich glaube.

Mich auszudrücken ist mir so wenig gegönnt gewesen im Leben, da ich mich in der Jugend gerne mit Büchern beschäftiget und nachher von Ihnen entfernte. Was mir, bei dieser Art von Geständnis, immer geblieben, ist ein herzlicher Glaube an Ihr vortreffliches Herz und den Ernst Ihrer mütterlichen Vorschriften.

Ihr Beispiel, Ihre Ermahnungen zur Verehrung eines höhern Wesens haben mir auch bis hieher genützt, so daß sich das an sich Verehrbare solcher Gemütsgegenstände auch durch Ihr Verwobensein in diesem Leben bekräftiget.

Ich empfehle mich Ihnen insoferne mit desto getrosterem Gemüte und nenne mich

Ihren gehorsamen Sohn
Friederich Hölderlin.

258.

Verehrungswürdigste!

Ich kann Ihnen nicht genug danken für Ihre gütige Zuschrift. Ich finde immer die Zeichen Ihres edlen Herzens und trachte, die sanften Ermahnungen, die Ihnen gefällig, zu befolgen.

Ich muß Ihnen auch herzlich danken für das, was Sie beigelegt und mir zugeschickt haben.

Sie werden die Feiertage vergnügt zugebracht haben.

Ich hoffe, da jetzt die Äußerung gütigst auf Ihrer Seite, so weit, sobald ich über die Empfindungen, die ich Ihnen schuldig, hinaus bin, Ihnen auch einen recht großen Brief schreiben zu können.

Sein Sie von meiner herzlichen Teilnahme an Ihrer kostbaren Gesundheit, Wohlsein und Vergnügtsein des Gemütes und Fortdauer derselben versichert.

Darf ich Sie bitten, mich gehorsamst allen den Ihrigen zu empfehlen.

Ich habe die Ehre, mit völligster Ergebenheit mich zu nennen

    Ihren
     gehorsamsten
      Hölderlin.

259.

Verehrungswürdigste Mutter!

Wenn meine bisherigen Briefe Ihnen nicht ganz gefallen konnten, so kann eine öftere Erweisung einer solchen Aufmerksamkeit die gutwillige Bemühung anzeigen. Es ist oft so, daß die Übung auch diese Gestalt annehmen kann. Was Menschen näher bringt, ist Übung zur Gewohnheit, Annäherung der Gesinnungen und Beziehungen im Zusammenhange der Menschheit. Übrigens sind die näheren Gesinnungen noch andre; Erkenntlichkeit, Religion und Gefühl verpflichtender Beziehungen. Ich empfehle mich ergebenst in die Fortdauer Ihrer Güte und nenne mich

Ihren
gehorsamsten Sohn
Hölderlin.

260.

Verehrungswürdigste Mutter!

Ich danke Ihnen recht sehr für das Überschickte. Was Sie mir geschrieben haben, hat mich recht sehr gefreut. Die Menschen müssen sich im Guten erhalten durch Ermahnung, wie es Ihnen obliegt, und durch die Art, sich zu empfehlen, wie es mir geziemt.

Ich wiederhole das, was ich geäußert habe, und nenne mich

Ihren
gehorsamsten Sohn
Hölderlin.

261.

Verehrungswürdigste Mutter!

Ich schicke mich schon wieder an, Ihnen einen Brief zu schreiben. Was ich Ihnen gewöhnlich geschrieben habe, ist Ihnen erinnerlich, und ich habe Ihnen fast wiederholte Äußerungen geschrieben. Ich wünsche, daß Sie sich immer recht wohl befinden mögen. Ich empfehle mich gehorsamst und nenne mich

Ihren
gehorsamen Sohn
Hölderlin.

262.

Teuerste Mutter!

Ich mache mir eine Freude daraus, Ihnen wiederholtermalen noch einen Brief zu schreiben. Ich wiederhole die Gesinnungen und die Bezeugung von diesen, die ich sonst gemacht habe. Ich wünsche Ihnen recht vieles Gute für immer. Ihre Gesundheit, die mir so schätzbar, wird, meiner Hoffnung und meinen Wünschen gemäß, immer vollkommener und für Sie angemessener sein. Bleiben Sie mir gewogen, teuerste Mutter, und gönnen Sie mir die Fortdauer Ihrer Güte und Ihres Wohlwollens. Ich empfehle mich Ihnen gehorsamst und nenne mich

Ihren
gehorsamen Sohn
Hölderlin.

263.

Verehrungswürdigste Mutter!

Daß ich eine Gelegenheit benützen darf, an Sie zu schreiben, ist mir gar nicht unangenehm. Es sind immerhin Empfehlungen meines von Ihnen abhängigen Wesens und Versuche, mein ergebenes Gemüt Ihrer fortdaurenden Güte zu äußern, was ich für den Inhalt dieser gewiß nicht ohne Ergebenheit geschriebenen Briefe Ihnen versichern möchte. Nehmen Sie es doch nicht übel, daß ich schon abbreche. Ich bin

Ihr
gehorsamster Sohn
Hölderlin.

264.

Verehrungswürdigste Mutter!

Ich habe die Ehre, Ihnen schon wieder einen Brief zu schreiben. Die mannigfaltigen Gütigkeiten, die Sie mir im Leben erwiesen haben, veranlassen mich zum Danke, und jede Art der Höflichkeit, die ich Ihnen erweisen kann, kann einigermaßen als ein Bezeugnis desselbigen dienen. Leben Sie wohl, es war mir eine Ehre, Ihnen schon wieder schreiben zu können. Ich nenne mich

Ihren
gehorsamsten Sohn
Hölderlin.

265.

Verehrungswürdigste Frau Mutter!

Ich mache Ihnen meinen gehorsamsten Dank für die Briefe, die ich von Ihnen erhalten habe, und versichere Sie, daß es mir eine Ehre ist, Ihnen zuweilen die Versicherung meiner Ergebenheit zu machen. Bringen Sie die Zeit vergnügt zu, wie es mein Wunsch ist. Ich empfehle mich Ihnen gehorsamst und nenne mich

Ihren
gehorsamen Sohn
Hölderlin.

266.

Meine verehrungswürdigste Mutter!

Ich nehme mir die Freiheit, mit diesem Schreiben Ihnen die Anzeige meiner fortdauernden Erkenntlichkeit zu machen. Sind Sie von der Ergebenheit meiner Gesinnungen überzeugt. Die Fortdauer innerer Überzeugung, die zur Tugend beiträgt, ist keine geringe Beobachtung. Übrigens bin ich in meinen Verpflichtungen und Überzeugungen nicht veränderlich. Ich nenne mich mit Ergebenheit

                Ihren
                      gehorsamen Sohn
                            Hölderlin.

267.

Verehrungswürdige Frau Mutter!

Ich bitte Sie, daß Sie es nicht ungütig nehmen, daß ich Ihnen immer mit Briefen beschwerlich falle, die sehr kurz sind. Die Bezeugung von dem, wie man gesinnt sei und wie man Anteil nehme an andern, die man verehrt, und wie das Leben den Menschen hingehe, diese Art, sich mitzuteilen, hat eine Beschaffenheit, wo man sich auf diese Art entschuldigen muß. Ich beendige den Brief schon wieder und nenne mich

                Ihren
                      gehorsamsten Sohn
                            Hölderlin.

268.

Meine teuerste Mutter!

Weil HE. Zimmern gütig mir erlaubt, auch zu schreiben, bin ich so frei. Ich empfehle mich Ihrer Güte. Sie werden mich wohl nicht verlassen. Ich hoffe, Sie bald zu sehen. Ich bin von Herzen

                Ihr
                      gehorsamer Sohn
                            Hölderlin.

269.

Verehrungswürdige Mutter!

Ich nehme mir die Freiheit, einen Brief an Sie zu schreiben, wie es fast eine Gewohnheit geworden ist. Es soll mich recht sehr freuen, wenn Sie gesund sind. Ich mache mir eine Freude daraus, von den Gesinnungen zu schreiben, von denen ich sonst geschrieben habe. Ich empfehle mich Ihnen gehorsamst und nenne mich

Ihren
gehorsamen Sohn
Hölderlin.

270.

Verehrungswürdige Mutter!

Ich schreibe Ihnen schon wieder. Das Wiederholen von dem, was man geschrieben hat, ist nicht immer eine unnötige Beschaffenheit. Es ist in dem, wovon die Rede ist, gegründet, daß, wenn man sich zum Guten ermahnt und sich etwas Ernstliches sagt, es nicht sehr übelgenommen wird, wenn man ebendasselbe sagt und nicht immer etwas vorbringt, das nicht gewöhnlich ist. Ich will es bei diesem bewenden lassen. Ich empfehle mich Ihnen gehorsamst und nenne mich

Ihren
gehorsamen Sohn
Hölderlin.

271.

Verehrungswürdigste Frau Mutter!

Ich mache mir ein Vergnügen daraus, Ihre gütige Erlaubnis zu benutzen und das Briefschreiben an Sie so ferne fortzusetzen. Wenn Sie sich wohlbefinden, freuet es mich erstaunlich. Ich werde aber wieder schnell abbrechen müssen.

Ich muß es bei dem bewenden lassen, Ihnen von meinem Wohlbefinden Nachricht gegeben zu haben. Ich empfehle mich Ihrer Güte und Gewogenheit und nenne mich

>Ihren
>>ergebenst gehorsamsten Sohn
>>>Hölderlin.

272.

Teuerste Mutter!

Ich mache Ihnen meinen gehorsamsten Dank für das Überschickte. Nehmen Sie es nicht ungütig, daß ich Ihnen immer noch, wie Sie mich überzeugt haben, auf diese Art lästig bin. Ist es irgend zu sagen möglich, so möchte ich Ihnen bezeugen, wie ich wünsche, Ihnen Ihre viele Sorge um mich und Güte vergelten zu können. Ich wünsche Ihnen überdies gute Gesundheit, teuerste Mutter, und ruhiges Leben und nenne mich

>Ihren
>>gehorsamsten Sohn
>>>Hölderlin.

273.

Verehrungswürdigste Mutter!

Ich nehme mir die Freiheit, Ihnen wiederholtmals zu schreiben. Was ich Ihnen sonst gesagt habe, wiederhole ich mit den Gesinnungen, die Sie von mir wissen. Ich wünsche Ihnen alles Gute. Ich breche schon wieder ab, wie ich Sie um Verzeihung bitte.

Ich empfehle mich Ihnen gehorsamst und nenne mich

>Ihren
>>gehorsamen Sohn
>>>Hölderlin.

274.

Verehrungswürdigste Frau Mutter!

Die vortreffliche Frau Zimmerin ermahnt mich, daß ich möchte es nicht vernachlässigen, Ihnen mit einem Schreiben aufmerksam zu sein und so die Fortdauer meiner Ergebenheit Ihnen zu bezeugen. Die Pflichten, die Menschen sich schuldig sind, zeigen sich vorzüglich auch in einer solchen Ergebenheit eines Sohnes gegen seine Mutter. Die Verhältnisse der Menschen zueinander haben solche Regeln, und die Befolgung dieser Regeln und mehrere Übung in denselben macht, daß die Regeln soferne weniger hart und mehr dem Herzen angemessen scheinen. Nehmen Sie vorlieb mit diesem Zeichen meiner beständigen Ergebenheit. Ich nenne mich

Ihren
gehorsamen Sohn
Hölderlin.

275.

Verehrungswürdigste Mutter!

Ich schreibe Ihnen, so gut ich imstande bin, Ihnen etwas zu sagen, das Ihnen nicht unangenehm ist. Ihr Wohlbefinden und die Beschaffenheit Ihres Gemüts ist mir unveränderlich angelegen. Wenn Sie mit diesem zufrieden sein können, so tun Sie mir einen Gefallen, ich bin Ihnen bekannt, wie ich mit meinen Bitten bin und Ihnen beschwerlich falle. Ich bin

Ihr
gehorsamer Sohn
Hölderlin.

276.

Teuerste Mutter!

Ich bin versichert, daß die Bemühung, Ihre Zufriedenheit zu verdienen, macht, daß die Gütigkeit, mit der Sie immer gegen mich gesinnt gewesen sind, nicht aufhört. Ich muß schon schließen. Sein Sie versichert, daß ich mit nicht endigender Ehrerbietigkeit mich nenne

Ihren gehorsamen Sohn
Hölderlin.

277.

Verehrungswürdigste Mutter!

Ich will Ihnen diesen Brief noch schreiben. Die Nachrichten, die ich von Ihnen erhalte, freuen mich. Ich kann Ihnen sagen, es gibt für mich keine besseren Nachrichten als die, die mir sagen, daß Ihnen es gut geht. Ich muß abbrechen. Ich bin

Ihr gehorsamster Sohn
Hölderlin.

278.

Verehrungswürdige Mutter!

Ich schreibe Ihnen diesen Brief zum Zeichen meiner gewöhnlichen, in solchen Verhältnissen sich benehmenden Gestimmtheit. Es soll mich sehr freuen, wenn ich das mir immer sagen kann, was meine bezeugte und Ihnen bekannte Art, den Menschen, die mich angehen, verständlich zu sein, Ihnen sich erinnerlich gemacht hat. Ich bin

Ihr gehorsamer Sohn
Hölderlin.

279.

Verehrungswürdige Mutter!

Ich danke Ihnen für den erhaltnen Brief. Wie Sie mir geschrieben haben, kann ich mich versichern, daß es mit Ihrer Gesundheit gut geht und daß Sie zufrieden und vergnügt leben. Haben Sie mir sagen gewollt, wie ich mich gegen Sie verhalten soll, so antwort ich Ihnen, daß ich trachte, unveränderlich in gutem Vernehmen mit Ihnen zu bleiben.
Ich nenne mich
Ihren gehorsamsten Sohn
Hölderlin.

280.

Verehrungswürdigste Mutter!

Ich mag es nicht versäumen, einen Brief an Sie zu schreiben. So erfreulich die Gegenwart, so ist doch das Zeichen der Seele, das nicht lebendige, eine Wohltat für die Menschen. Sowenig sich eine Vorzüglichkeit der Seele, wie Güte oder herzliche Mitteilung oder tugendhafte Ermahnung, oft scheint vergelten zu lassen, so ist auch Äußerung der Empfänglichkeit doch etwas in das Leben und seine Erscheinung. Nicht nur die gleich starke Mitteilung, auch Äußerung und Empfindung ist eine Gestalt des Moralischen, ein Teil der Geistes- und Erscheinungswelt. Wie Leib und Seele ist, so ist auch die Seele und ihre Äußerung. Nämlich der Mensch soll sich äußern, aus Verdienst etwas Gutes tun, gute Handlungen ausüben, aber der Mensch soll nicht nur auf die Wirklichkeit, er soll auch auf die Seele wirken. Die moralische Welt, die das Abstrakte mit sich führt, scheint dieses zu erklären. Nehmen Sie mit diesen Äußerungen vorlieb und beglücken Sie ferner mit Ihrer Gewogenheit, verehrungswürdigste Mutter,
Ihren gehorsamen Sohn
Hölderlin.

281.

Verehrungswürdigste Mutter!

Ich schreibe Ihnen schon wieder. Haben Sie die Güte, diesen Brief wie meine sonstigen Briefe aufzunehmen und mich in gutem Gedächtnis zu behalten. Ich empfehle Ihnen mein Inneres aus Ergebenheit und nenne mich

Ihren
gehorsamsten Sohn
Hölderlin.

282.

Geehrteste Frau Mutter!

Ich schreibe Ihnen, wie ich glaube, daß es Ihre Vorschrift und meine Gemäßheit nach dieser ist. Haben Sie Neuigkeiten, so können Sie dieselbige mir mitteilen.
Ich bin

Ihr
gehorsamster Sohn
Hölderlin.

283.

Verehrungswürdigste Mutter!

Ich schreibe Ihnen diesmal einen Brief, so gut ich kann. Ihre Gesundheit soll mich immer sehr angelegentlich angehen. Es soll mich immer freuen, wenn Sie gesund sind und bleiben. Der Zusammenhang mit Ihnen wird mir immer teuer sein. Gönnen Sie mir auch in Zukunft Ihre Gunst und Güte. Ich breche schon wieder ab. Ich empfehle mich Ihrer fortdauernden Liebe und nenne mich

Ihren
gehorsamsten Sohn
Hölderlin.

284.

Verehrungswürdigste Mutter!

Immer muß ich Ihnen versichern, wie Ihre Güte und Ihre innere gute Beschaffenheit mich zum Dank auffordert und zur Bemühung, Ihnen in der Tugend nachzufolgen. Wer andere ermuntern kann zur Tugend und darin weiterbringen, ist auch glücklich, weil er sieht, wie sein Beispiel Gutes befördert und solches wirkt in andern Gemütern. Die Glücklichkeit ist für sich selbst glücklich, sie ist es aber auch durch Betrachtung, sie ist es auch durch die Hoffnung, sich im Guten durch andere unterstützt zu finden. Nehmen Sie mit diesen wenigen Worten vorlieb. Ich bin

Ihr
gehorsamster Sohn
Hölderlin.

285.

Teuerste Mutter!

Ich habe das Vergnügen gehabt, mehrere Briefe von Ihnen zu erhalten. Ihre Güte, etwas von Ihnen wissen zu lassen, überzeugt mich, daß man, so gut man kann, dazu sein muß, dieses Mittel, im verhältnismäßigen Andenken zu bleiben, schätzen muß. Ich habe Ihr Schreiben mit dieser Gesinnung beantworten wollen. Ich mache Ihnen für das Geschickte meine gehorsamste Danksagung. Ich bin

Ihr
gehorsamster Sohn
Hölderlin.

286.

Verehrungswürdigste Frau Mutter!

Ich nehme mir die Freiheit, Ihnen zu wiederholten Malen einen Brief zu schreiben. Die wenige Zeilen, mit denen ich meine Ehrfurcht zu sagen mich bestrebe, werden Ihnen, wie ich hoffe, nicht unangenehm sein, da ich von Ihrer fortdauernden Güte versichert bin. Haben Sie die Güte, mich in fortdauerndem gutem Andenken zu behalten. Ich nehme mir die Freiheit, den Brief zu beschließen. Ich empfehle mich Ihnen und nenne mich

Ihren

gehorsamen Sohn

Hölderlin.

287.

Verehrungswürdige Mutter!

Ich habe die Ehre, Ihnen schon wieder schreiben zu wollen. Die Briefe, die Sie mir geschrieben haben, haben mich immer sehr gefreut. Ich danke Ihnen für die Güte, die Sie mir darin erwiesen. Ich muß schon wieder schließen. Ich versichere Ihnen meine Hochachtung und nenne mich

Ihren

gehorsamsten Sohn

Hölderlin.

288.

Verehrungswürdigste Frau Mutter!

Ich habe die Ehre, Ihnen eben wieder einen Brief zu schreiben. Ihr Wohlbefinden ist mir immer eine Freude, und daß Sie sich meiner in Güte erinnern mögen, ist mir ein Anlaß wahrester Danksagung. Ihre Briefe sind mir ein Zeugnis von Güte und rechter Fortdauernheit in solchen Gemütsbezeugungen gewesen, wie ich die meinigen Ihnen zu erkennen gebe. Ich empfehle mich Ihnen und nenne mich

Ihren
gehorsamsten Sohn
Hölderlin.

289.

Beste Mutter!

Ich bestrebe mich, Ihnen sowenig wie möglich unangenehm zu werden, und schreibe deswegen, sooft ich kann. Ich freue mich, wenn Sie gesund sind und wenn ich mit Ihnen so mich empfinden kann, daß daraus meine Schuldigkeit gegen Sie und meine Überzeugtheit von Ihrem Werte sichtbar ist. Ich wünsche, daß Sie sich immer so unveränderlich erkennen, wie Sie gut sind, und nenne mich

Ihren
gehorsamen Sohn
Hölderlin.

290.

Teuerste Mutter!

Ich beantworte Ihnen den Brief, den Sie neulich geschrieben haben. Nehmen Sie vorlieb mit dem wenigen, das ich Ihnen schreiben kann. Sie können versichert sein, daß ich nicht aufhören werde, den Gesinnungen treu zu sein, die ich zu Ihrer Ehre zu äußern versucht habe. Glauben Sie, die Dankbarkeit gegen das, was Sie mir im Leben Gutes erzeugt haben, ist nicht anders. Ich nenne mich

Ihren
gehorsamsten Sohn
Hölderlin.

291.

Verehrungswürdigste Mutter!

Ich nehme mir schon wieder die Freiheit, Ihnen mit einem Schreiben beschwerlich zu fallen. Es freuet mich recht sehr, wenn es Ihnen immer wohl geht und wenn Sie sich wohl befinden. Die Nachrichten, die ich von Ihnen erhalte, sind mir deswegen angenehm und erfreulich. Ich empfehle mich Ihnen gehorsamst und nenne mich mit wahrer Hochachtung

Ihren
gehorsamen Sohn
Hölderlin.

292.

Verehrungswürdigste Mutter!

Ich danke Ihnen recht sehr für Ihren gütigen Brief.

Es ist mir eine zweifache Freude, Sie so nahe zu sehen und von Ihren Händen ein Zeichen erhalten zu haben.

Sie werden sich indessen recht wohl befunden haben. Die Schwester befindet sich doch wohl. Meinem lieben Fritz empfehle ich auf das beste die Heinrike.

Ich hoffe, recht bald recht viele Freude um Sie zu finden, empfehle mich Ihnen und der Schwester und habe die Ehre, mich zu nennen

Ihren
getreuen Sohn
Hölderlin.

Für die Beinkleider danke ich gehorsamst.

293.

Teuerste Mutter!

Ich bin vielleicht so frei, Ihnen meine Aufwartung zu machen und Sie zu besuchen. Sollte besonders mein Aufenthalt von längerer Dauer sein, so wollte ich bitten, mich nicht gerade als Gast zu nehmen, sondern mit dem vorliebzunehmen, was die Art und Weise wäre, wo ich mich sonst aufhielte. Ich nenne mich mit wahrer Achtung

Ihren
gehorsamsten Sohn
Hölderlin.

294.

Verehrungswürdige Mutter!

Ich will Ihnen immer gerne schreiben, wie Sie wissen werden, wenn ich in den gewöhnlichen Empfindungen meiner Ihnen bekannten Gewordenheit mich so befinde, daß meine notwendige Beschaffenheit, mich verständlich zu machen, so ist, wie sie sein muß. Schreiben Sie mir immer recht vieles, das ich Ihnen mit schuldiger Höflichkeit beantworten muß. Ich bin

Ihr
gehorsamer Sohn
Hölderlin.

295.

Verehrungswürdige Mutter!

Ich habe Ihnen schon lange nicht mehr geschrieben. Es hat mich gefreut, daß Sie in Ihrem letzten gütigen Schreiben mir von Ihrer Zufriedenheit, zu leben, die Sie eher Ursache hätten zu loben, schreiben wollten. Ich mache Ihnen meine

Danksagung für die gütige Nachricht, die Sie mir von Ihrem Wohlbefinden und von Ihrer Ruhe geben wollten, und nenne mich
                Ihren
                      gehorsamsten Sohn
                            Hölderlin.

296.

Teuerste Mutter!

Ich muß Sie bitten, daß Sie das, was ich Ihnen sagen mußte, auf sich nehmen und sich darüber befragen. Ich habe Ihnen einiges in der von Ihnen befohlenen Erklärbarkeit sagen müssen, das Sie mir zustellen wollten. Ich muß Ihnen sagen, daß es nicht möglich ist, die Empfindung über sich zu nehmen, die das, was Sie verstehen, erfordert. Ich bin
                Ihr
                      gehorsamster Sohn
                            Hölderlin.

297.

Teuerste Mutter!

Wenn Sie es nicht ungütig nehmen, schreibe ich wieder an Sie einen Brief. Ich befleißige mich, es an Bezeugung meiner Ihnen gebürigen Ergebenheit nicht fehlen zu lassen. Ich muß schon wieder abbrechen. Ich bin mit Bezeugung meiner gehörigen Empfindung
                Ihr
                      gehorsamster Sohn
                            Hölderlin.

298.

Verehrungswürdigste Mutter!

Mein Briefschreiben wird Ihnen nicht immer viel sein können, da ich das, was ich sage, so sehr, wie möglich, mit wenigen Worten sagen muß und da ich jetzt keine andere Art zu sagen habe. Ich nehme mir die Freiheit, Sie zu bitten, daß Sie sich meiner, wie gewöhnlich, mit Ihrer Gütigkeit annehmen und die guten Gesinnungen, die ich Ihnen schuldig bin, nicht in Zweifel ziehn. Ich nenne mich

Ihren
gehorsamen Sohn
Hölderlin.

299.

Verehrungswürdigste Mutter!

Verzeihen Sie, wenn mein Ihnen ergebenes Gemüt Worte sucht, um damit Gründlichkeit und Ergebenheit erweisen zu wollen. Ich glaube nicht, daß meine Begriffe von Ihnen sehr irren in Rücksicht Ihrer Tugendhaftigkeit und Güte. Ich möchte aber wissen, wie das beschaffen wäre, daß ich mich befleißigen muß, jener Güte, jener Tugendhaftigkeit würdig zu sein. Da mich die Vorsehung hat so weit kommen lassen, so hoffe ich, daß ich mein Leben vielleicht ohne Gefahren und gänzliche Zweifel fortsetze. Ich bin

Ihr
gehorsamster Sohn
Hölderlin.

300.

Verehrungswürdigste Mutter!

Es kommt mir schon sehr lange vor, als hätte ich Ihnen nicht mehr geschrieben. Ich rechne in meiner Beruhigtheit auf Ihr Wohlbefinden und freue mich, daß Sie mich manchmal mit so vieler Güte mit Nachrichten von Ihrem Wohlbefinden erfreut haben. Meine liebe Schwester befindet sich doch auch wohl? Sie darf von eben diesen Wünschen, die ich Ihnen geäußert, versichert sein. Ich schließe den Brief schon wieder und nenne mich

    Ihren
      gehorsamsten Sohn
        Hölderlin.

301.

Liebste Mutter!

Ich muß Ihnen wahrscheinlich diese Tage als in Gnaden so ferne des Papsts gar noch eine Visite machen. Daß diese Besuche nicht getrübt werden, berühr ich schriftlich einen glaublicheren oder unglaublicheren Gegenstand, die soferne wiederholt scheinenden Reden vom Vermögen.

Haben Sie doch die Güte, dieses zusammenzubringen.

    Ihr
      wahrhaft gehorsamer Sohn
        Hölderlin

302.

Verehrungswürdigste Mutter!

Das Zeichen Ihrer Gewogenheit und Güte hat mich zu wahrer Dankbarkeit, wie ich hoffe, veranlaßt. Ihre Wohltätigkeit wird auch in keinem Teile wohl unbelohnt bleiben, wenn ich bedenke, daß jede Tugend gerne ins Ganze sich rechnet und die Tugend überhaupt nicht immer der Harmonie entgegenstehet. Ich werde mich, solange mir Gott das Leben gönnet, immer mehr befleißen, Ihre Güte und Hülfe nicht zu sehr zu meinem Vorteile aufzurufen und desto dankbarer zu werden dadurch, daß ich Ihre Billigung zu verdienen suche und mit Empfindungen Ihnen nicht fehle.

Daß Sie, wie ich vermuten darf, vergnügte Tage zugebracht haben, ist mir selbst eine Freude. Ich empfehle mich Ihnen und allen, die Ihnen angehörig, und bin

Ihr
gehorsamster Sohn
Hölderlin.

303.

Verehrungswürdigste Frau Mutter!

Ich schreibe Ihnen schon wieder einen Brief. Ich habe Ihnen immer vieles Gute zu wünschen. Die Empfindungen, mit denen ich dieses wünsche, sollen diesem gemäß sein. Das Gute und das Wohlbefinden sind wichtige Gegenstände, die man nicht gern entbehrt, wenn man auf das sieht, was den Menschen das Beste ist. Ich nehme mir die Freiheit, schon wieder abzubrechen. Ich nenne mich

Ihren
gehorsamsten Sohn
Hölderlin.

304.

Verehrungswürdigste Frau Mutter!

Ich mache Ihnen meinen gehorsamsten Dank für das Überschickte, fahre fort, mich Ihnen mitzuteilen und Ihnen meines Herzens Ergebenheit zu bezeugen. Ich bitte, daß Sie

mich nie ganz vergessen, verehrungswürdigste Mutter, da
Sie so gütig gegen mich sich äußern und immer in der Regel
Ihres vortrefflichen Lebens Güte haben gegen mich äußern
wollen. Sie werden mir durch die Achtung, die ich Ihnen
schuldig bin, unvergeßlich werden. Mit aufrichtigster Erklärung meiner Ergebenheit und Verehrung nenne ich mich

>   Ihren
>   gehorsamsten Sohn
>   Hölderlin.

305.

Ich bin so frei, mich auf Erlaubnis des gütigsten Herrn
Zimmers gehorsamst zu empfehlen, und nenne mich

>   Ihren
>   gehorsamsten Sohn
>   Hölderlin.

306.

Ich habe ebenfalls die Ehre, mich gehorsamst zu empfehlen, und bin
>   Ihr
>   gehorsamster Sohn
>   Hölderlin.

307.

Verzeihen Sie, liebste Mutter! wenn ich mich Ihnen nicht
für *Sie* sollte ganz verständlich machen können.

Ich wiederhole Ihnen mit Höflichkeit, was ich zu sagen
die Ehre haben konnte. Ich bitte den guten Gott, daß er,
wie ich als Gelehrter spreche, Ihnen helfe in allem und
mir.

Nehmen Sie sich meiner an. Die Zeit ist buchstabengenau und allbarmherzig.

Indessen Ihr
gehorsamster Sohn
Friederich Hölderlin

AN DIE SCHWESTER

308.

Meine verehrungswürdige Schwester!

Ich danke Dir herzlich, daß Du auch, wie unsre gütige Mutter, so viel Anteil nehmen wolltest an mir und mich mit einem so vortrefflichen Schreiben erfreuen. Du bist allein zu Hause; Du hast um so mehr Gelegenheit, der Ruhe Deines Gemüts, die ein Vorzug von Dir ist, nachzuhängen, und die Zurückkunft unsrer lieben, verehrungswürdigen Mutter bringt Dich zu dem Angedenken von allem, was Dir lieb ist an ihr. Es sollte mich recht freuen, Dich auch einmal in Nürtingen wiederzusehen; es freuet mich recht herzlich, daß Du in dem angenehmen Aufenthalte Dich befindest und für Deine mir so teure Gesundheit sorgen kannst und für die Heiterkeit Deines Gemütes. Willst Du die gütige Mühe, Briefe an mich zu adressieren, noch künftig auf Dich nehmen, so will ich mich der Dankbarkeit so ferne befleißigen und erkenntlich sein. Herrn Zimmers unterrichtender Umgang und aufmunternde Güte gegen mich ist mir ein großer Vorteil. Ich empfehle mich in Deine schwesterliche Liebe und nenne mich

Deinen
gehorsamst ergebenen Bruder
Hölderlin.

309.

Teuerste Schwester!

Ich gebe mir, wenn ich schon kein Schreiben von Dir erhalten habe, die Ehre, an Dich zu schreiben. Es ist mir immer eine Freude, von Deinem Wohlbefinden mich erkundigt und von meiner Ergebenheit die Bezeugungen gemacht zu haben. Ich habe die Ehre, Dir von meiner fortdauernden Ehrerbietung die Versicherung zu machen, und nenne mich

     Deinen
      ergebensten Bruder
       Hölderlin.

310.

Teuerste Schwester!

Ich bezeuge Dir mit dieser Zuschrift meine Erkenntlichkeit, daß Du Dich immer mit Briefen nach mir erkundigen willst und mir die Fortdauer Deiner Güte und Deines schwesterlichen Wohlwollens behaupten. Dein Wohlbefinden ist mir eine Veranlassung meiner Teilnahme, und Deine Behauptungen von Gutem bestrebe ich mich mit wahrem Danke anzuerkennen. Ich muß schließen. Ich nenne mich mit wahrhaftiger Ergebenheit

     Deinen
      gehorsamsten Bruder
       Hölderlin.

311.

Teuerste Schwester!

Ich mache Dir meine ergebenste Danksagung, daß Du mir schon wieder schreiben wolltest und mit den Versicherungen Deiner Güte mich zu der schuldigen wahren Ehrerbietung aufgefordert hast. Die Nachrichten, die Du mir von Deinem Wohlbefinden gibst, sind mir angenehm und erfreulich.

Habe die Güte, mich ferner mit Deinem Wohlwollen zu beehren, und sei versichert, daß ich mich mit wahrer Ehrfurcht nenne
                    Deinen ergebensten
                            Bruder
                                Hölderlin.

312.

Teuerste Schwester!

Es ist mir eine rechte Ehre, Dir auch einmal zu schreiben. Ich habe die Briefe, die ich unserer Mutter geschrieben habe, immer mit dem Wunsche geschrieben, Dir sagen zu können, wie sehr ich Dich wahrhaft schätze und wie ich nicht unterlasse, mich zu bestreben, Deiner würdig zu bleiben. Ich will den Brief schließen mit der Versicherung, daß ich mit wahrhafter Hochachtung mich nenne, der ich bin,

                    Dein
                        getreuer Bruder
                                Hölderlin.

313.

Teuerste Schwester!

Es ist mir eine rechte Ehre, Dir zu schreiben und Dich zu versichern, daß mich Deine gütige Zuschrift gefreut hat. – Deine gütigen Äußerungen sind mir immer wert gewesen. Willst Du mir antworten, wenn es Dir gelegen ist, so wird mir diese Zuschrift so wert sein als die gewesenen Zuschriften. Ich habe die Ehre, Dich von meiner wahren Ergebenheit zu versichern, und nenne mich

                    Deinen
                        Dich verehrenden Bruder
                                Hölderlin.

314. AN DEN BRUDER

Teuerster Bruder!

Du wirst es gut aufnehmen, daß ich Dir einen Brief schreibe. Ich bin überzeugt, daß Du es glaubst, daß es ein wahres Vergnügen für mich ist, wenn ich weiß, daß es Dir gut geht und daß Du gesund bist. Wenn ich Dir nur sehr wenig schreibe, so nehme den Brief als ein Zeichen der Aufmerksamkeit von mir an. Ich merke, daß ich schließen muß. Ich empfehle mich Deinem wohlwollenden Angedenken und nenne mich

        Deinen
             Dich schätzenden Bruder
                  Hölderlin.

ANMERKUNGEN

VORBEMERKUNG

Die 247 Briefe Hölderlins aus den Jahren 1785 bis 1804 – inbegriffen die Bruchstücke, Auszüge und Regesten – stellen nur einen Teil der tatsächlichen Korrespondenz des Dichters dar. Der Briefwechsel mit Susette Gontard, Isaak von Sinclair, Hegel und Schelling, Siegfried Schmid, Friedrich Muhrbeck, Elise Lebret, um nur die wichtigsten Adressaten zu nennen, ist ganz bzw. teilweise verlorengegangen.

Etwa die Hälfte der Briefe war undatiert. In den meisten Fällen ist die Datierung von der Forschung seit Litzmann (1890) mit ziemlicher Genauigkeit geleistet worden.

Verzichtet wird auf jegliche Anmerkung zu den 68 Briefen Hölderlins aus der Zeit seiner geistigen Umnachtung. Diese monotonen, formelhaften Sätze zeugen auf erschütternde Weise nur noch von den Trümmern eines früheren Bewußtseins.

Einigen Briefen ist in den Anmerkungen der Hinweis auf „Auszug und Regest Gustav Schlesiers" beigegeben. Schlesier hat – parallel zu Christoph Theodor Schwabs Werk-und-Brief-Ausgabe Hölderlins – Anfang der vierziger Jahre des vorigen Jahrhunderts das Material zu einer Hölderlin-Biographie gesammelt und dabei Einblicke in Briefe von und an Hölderlin erhalten, die später teilweise verlorengingen. Seine Abschriften, Auszüge und Regesten rekonstruieren in relativ verläßlichem Maße einige wesentliche Briefe Hölderlins. (Alle Regesten wurden vom übrigen Text durch einen kleineren Schriftgrad abgehoben.)

In der fortlaufenden Numerierung der Briefe weichen wir von der Großen Stuttgarter Ausgabe etwas ab (7.–19. Brief). Das Notwendige dazu wird in der ersten Anmerkung zu Brief Nr. 7 (S. 523) gesagt.

Dankbar verpflichtet ist dieser Briefband der grundlegenden Arbeit Adolf Becks in der Großen Stuttgarter Ausgabe („Hölderlin, Sämtliche Werke", Band 6/2, Stuttgart 1958, und Band 7/1, Stuttgart 1968). Für die Erschließung des aktuell-politischen Hintergrunds zu einem wesentlichen Abschnitt des Hölderlinschen Lebens gab das umfassende Werk von Heinrich Scheel wertvolle Hinweise (Heinrich Scheel, „Süddeutsche Jakobiner. Klassenkämpfe und republikanische Bestrebungen im deutschen Süden Ende des 18. Jahrhunderts", Berlin 1962), für einige spezielle Fragen die Abhandlung Paul Raabes (Paul Raabe, „Die Briefe Hölderlins. Studien zur Entwicklung und Persönlichkeit des Dichters", Stuttgart 1963).

ERLÄUTERUNGEN

DENKENDORF UND MAULBRONN
1784–1788

9 *Köstlin* – Nathanael Köstlin (1744–1826), Lehrer Hölderlins und Vertreter des schwäbischen Pietismus, seit 1775 Diakon und zweiter Stadtpfarrer (Helfer) in Nürtingen.
als wie meinen Vater – Der Vater Heinrich Friedrich Hölderlin (geb. 1736), Jurist, Klosterhofmeister in Lauffen, war 1772, der Stiefvater Johann Christoph Gok (geb. 1745), Bürgermeister in Nürtingen, Kammerrat, 1779 gestorben.

10 *gefällig gegen den Menschen* – Dativ Plural (vgl. das folgende „ihren"); relativ häufige Konstruktion im 18. Jahrhundert, wenn ein Verhältnis, nicht eine Bewegung gekennzeichnet werden soll.

11 *Mutter* – Johanna Christiane Gok, verw. Hölderlin, geb. Heyn (1748–1828), Tochter eines aus Friemar bei Gotha ins Württembergische eingewanderten Pfarrers. Sie war von 1766 bis 1772 mit Heinrich Friedrich Hölderlin, von 1774 bis 1779 mit Johann Christian Gok verheiratet.
Rede ... am Johannistage – Vesperpredigt am 27. Dezember (dem Namenstag des Apostels Johannes). Bei den sonntäglichen Nachmittagsgottesdiensten mußten die Zöglinge abwechselnd einen Bibeltext lesen und darüber predigen. Den Text der Predigt vgl. Band 2, S. 439.
Cessationen – Freie Zeit zu Privatstudien im Kloster.
HE. Helfer – Nathanael Köstlin.
HE. Klemm – Jeremias Friedrich Klemm (1766–1848), Sohn des Nürtinger Dekans (vgl. die siebente Anm. zu S. 83); er trug sich wie auch der nachfolgend genannte Bilfinger am 4. August 1785 in Hölderlins Stammbuch ein.

11 *HE. Bilfinger* – Rudolf Ferdinand Friedrich Bilfinger (1769–1816), Sohn des Nürtinger Oberamtmanns Hofrat Karl Friedrich Bilfinger (1744–1796), eines der Paten Hölderlins.

die Sachen als sind – Als: schwäbisch für „immer, jeweils".

Geschwisterige – Mundartlich für „Geschwister". Vgl. die Anm. zu S. 35.

Großmama – Großmutter mütterlicherseits, Johanna Rosina Heyn (1725–1802); seit ihrer Verwitwung 1772 wohnte sie vorwiegend bei ihrer Tochter und hatte wesentlichen Anteil an Hölderlins Erziehung.

12 *HE. Harpprecht* – Valentin Christian Heinrich Harpprecht (1762 bis 1840), Sohn des Kameralverwalters Johann Heinrich Harpprecht in Nellingen bei Denkendorf; alte Freunde der Familie Hölderlin.

„Britisches Museo" – Wohl die von dem Literaturhistoriker und Übersetzer Johann Joachim Eschenburg (1743–1820) herausgegebene Zeitschrift „Britisches Museum für die Deutschen".

Nast – Immanuel Gottlieb Nast (1769–1829), Schreiber in Leonberg bei Stuttgart. Der Neffe des Maulbronner Klosterverwalters war seit Ende 1786 mit Hölderlin befreundet.

aufs Kap – Nast dürfte wohl – seiner aussichtslosen Stellung wegen – erwogen haben, sich für das Kapregiment anwerben zu lassen, das Herzog Karl Eugen an die Niederländisch-Ostindische Compagnie verkaufte.

13 *Musik über Brutus und Cäsar* – Von Karl Moor in den „Räubern" (IV, 5) vorgetragener Zwiegesang; die Vertonung ist wahrscheinlich die von Schillers Jugendfreund Rudolf Zumsteeg.

Academiciens – Die Stuttgarter Karlsschüler, insbesondere Hiemer (vgl. die Anm. zu. S. 17).

Amalia von ihrem Karl schwärmen – Amalias Gesang in den „Räubern" (III, 1).

Hesler – Ernst Friedrich Hesler (1771–1822), ein Kompromotionale, der später ebenfalls das Tübinger Stift besuchte, es aber 1791 verließ und in Jena Jura studierte. Dort traf er 1795 wieder mit Hölderlin zusammen.

14 *Bilfinger* – Christian Ludwig Bilfinger (1770–1850), aus Kirchheim unter Teck, Verwandter der Nürtinger Familie (vgl. die Anm. zu S. 11); der „Herzensfreund" war mit Hölderlin, der ihm das Gedicht „An meinen B." widmete, seit langem bekannt.

14 *Efferenn* – Ein Kompromotionale.
Frau Bas Famulussin – Frau des Famulus und Klosterchirurgen; Verwandte von Immanuel Nast.
15 *aufs Kap* – Vgl. die Anm. zu S. 12.
jemand anders – Wohl Louise Nast (1768–1839), die Jugendliebe Hölderlins; Cousine von Immanuel Nast und jüngste Tochter des Maulbronner Klosterverwalters Johann Conrad Nast.
16 *Raufsucht ... um Dich herum* – Die moralische Zucht im Kloster Maulbronn ließ in dieser Zeit sehr zu wünschen übrig.
L. Nast – Der erste Buchstabe kann in der Handschrift als I(mmanuel), aber auch als L(ouise) gelesen werden.
17 *B-r.* – Abkürzung für Bilfinger bzw. für (Heinrike) Brecht, Nasts Maulbronner Freundin.
Dein Amadis – „Der neue Amadis" (1771), komisches Versepos von Christoph Martin Wieland.
Messiassänger – Friedrich Gottlieb Klopstock (1724–1803), dessen biblisches Epos „Der Messias" von 1748 bis 1773 erschien.
Schubarts wütenden Ahasveros – „Der Ewige Jude", lyrische Rhapsodie von Christian Friedrich Daniel Schubart (1739–1791). Schubart war vom Herzog Karl Eugen wegen scharfer Gesellschaftskritik in der „Deutschen Chronik" für zehn Jahre (1777 bis 1787) eingekerkert worden.
muß man vor ... haben – Vor: mundartlich für „vorher".
Hiemer – Franz Karl Hiemer (1768–1822), Karlsschüler, Maler und Schriftsteller; er vermittelte Hölderlin wahrscheinlich den Kontakt zu Schubart. (Die persönliche Bekanntschaft kam allerdings erst im Frühjahr 1789 zustande.) Hiemer malte 1792 das bekannte Pastellbild Hölderlins, das dieser 1792 seiner Schwester zur Hochzeit schenkte; heute hängt es im Schiller-Nationalmuseum in Marbach.
18 *Heinrike Nast* – Leonberger Base Immanuel Nasts; in Louisens und Hölderlins Liebe eingeweiht. Für sie schrieb Hölderlin wohl ein Hochzeitsgedicht, sein erstes gedrucktes Gedicht; es ist verlorengegangen.

7. *An Immanuel Nast* – Der Argumentation Paul Raabes (a. a. O. S. 270 ff.) folgend, bringen wir die nächsten Briefe an Immanuel Nast in einer anderen Reihenfolge als Adolf Beck im 6. Band der Großen Stuttgarter Ausgabe. Die Datierung der dort unter Nr. 19

und Nr. 12 verzeichneten Briefe muß im ersten Fall um ein Jahr, im zweiten um ein halbes Jahr vorverlegt werden. In unserer Ausgabe finden sich die beiden Briefe – nun chronologisch richtig eingeordnet – unter den Nummern 7 und 8. Dadurch ergibt sich eine Umgruppierung bis zum 19. Brief; vom 20. Brief an folgen wir wieder der Numerierung von Adolf Beck.

18 *etwas in die Chronik* – Wohl Selbstironie, nicht ein geplanter Beitrag Hölderlins für Schubarts „Deutsche Chronik".

19 *Ossian* – Legendärer altschottischer Sänger, dessen angebliche Lieder 1760–1763 von dem schottischen Dichter James Macpherson herausgegeben wurden. Tatsächlich handelt es sich um Macphersons meisterhafte Imitationen gälischer Volksdichtung, die anregend auf Herder und den Sturm und Drang gewirkt haben.

Kona – Das Lieblingstal Ossians.

Engelberg – Die schroffe Warte über Leonberg.

Morven – Ossianischer Name für Schottland.

Freund Akademikus – Franz Karl Hiemer.

HE. Vikarius – Christian Ludwig Nast (1763–1847), seit 1786 Vikar im Kloster Maulbronn; Bruder von Louise Nast.

Pantalon – Musikinstrument; ein nach Pantaleon Hebenstreit benanntes verbessertes Hackbrett, Vorläufer des Hammerklaviers.

20 *Märklin* – Jeremias Wilhelm Märklin, ein Kompromotionale.

Verspruch – Bis ins 18. Jahrhundert in der Bedeutung von „Versprechen" gebräuchlich.

21 *Stammbuch* – Ein Eintrag Nasts findet sich in dem erhaltenen Stammbuch nicht; ein zweites ist jedoch erschließbar.

„Brutus und Cäsar" – Vgl. die Anm. zu S. 13.

Wielands „Merkur" – Wieland war von 1773 bis 1810 Herausgeber des „Teutschen Merkur", einer der führenden literarischen Zeitschriften des ausgehenden 18. Jahrhunderts.

22 *11. An die Mutter* – Hölderlins tragischer Berufskonflikt stellt sich hier auf noch verhaltene Weise dar; verschärfter äußert er sich im Herbst 1789 in Tübingen.

Pfarrer von Diefenbach – Seit 1785 war Wilhelm Friedrich Moser Pfarrer in dem Nachbardorf Diefenbach.

einer von den Camerern – Wohl der spätere Advokat Gottlieb Friedrich Camerer (1766–1807).

22 *wirklich* – Schwäbisch für „gegenwärtig".
anhalten – Schwäbisch für „um Urlaub bitten".
die Vorige – Die Zöglinge der vorigen Promotion.
meine Rede – Wohl eine Vesperpredigt (vgl. die zweite Anm. zu S. 11).
Karl – Hölderlins Stiefbruder Karl Gok (vgl. die erste Anm. zu S. 35).
als so allein – Als: schwäbisch für „immer, jeweils".
23 *Dorment* – Schlafsaal und der davorliegende Gang.
Auf, auf, ihr Brüder... – Parodie des Schubartschen Kapliedes: „Auf! auf! Ihr Brüder, und seid stark! / Der Abschiedstag ist da. / Schwer liegt er auf der Seele, schwer! / Wir sollen über Land und Meer / Ins heiße Afrika." Zu Kap vgl. die Anm. zu S. 12.
24 *HE. Prälat* – Johann Christoph Weinland (1729–1788), Vorsteher der Klosterschule Maulbronn seit 1785. Ein abfälliges Urteil über Weinland äußert Hölderlins Freund Magenau (vgl. die Anm. zu S. 67) in seiner Lebensskizze.
als einen vor – Als: schwäbisch für „jeweils, immer".
abgewaschen – Wohl studentisch für „scharf hernehmen".
Rike – Hölderlins Schwester Heinrica. Vgl. die erste Anmerkung zu S. 35.
Chor halten – Vor- und Nachmittagsandacht, bei der die Zöglinge wechselweise aus der Bibel vorlesen mußten.
Dein... Gemälde – Dem Zusatz nach zu urteilen ein Apoll als Gott der Sänger; wohl eine Huldigung an Hölderlins dichterische Bestrebungen.
25 *blinzen* – Neben „blinzeln" im 18. Jahrhundert noch üblich.
26 *Scheiden aus dem Vaterlande* – Vgl. die vierte Anm. zu S. 12.
28 *wirklich* – Schwäbisch für „gegenwärtig".
Deinem... Mädchen – Heinrike Brecht, Nasts Maulbronner Freundin.
29 *plötzlich* – Hier: sofort.
Gedichte vom H. – Franz Karl Hiemer.
Pfeffel – Gottlieb Konrad Pfeffel (1736–1809), vorwiegend Fabel- und Epigrammdichter mit aufklärerisch-pädagogischer Tendenz. Besonders die „Fabeln" (1783) zeigen seine kritisch-progressive Haltung.

30 *Hiemer... Gedichte* – Das Gedicht, wohl im Stil des Sturm und Drang, ist nicht erhalten. Mit Trenk ist wahrscheinlich der österreichische Pandurenoberst Franz von der Trenk (1711–1749) gemeint.

Rezensentendreifuß – Ironische Anspielung auf die delphische Priesterin Pythia, die bei der Verkündigung des Orakels auf einem Dreifuß saß.

31 *des Famulus Sohn* – Christian Reinhard Nast (geb. 1765), Sohn des Klosterfamulus in Maulbronn, Vetter von Immanuel Nast, vermittelte Hölderlins Bekanntschaft mit Louise Nast.

35 *17. An die Geschwister* – Vier Geschwister Hölderlins waren schon im frühesten Kindesalter gestorben. Es blieben zwei: Maria Eleonora Heinrica (Rike) Hölderlin (1772–1850), die 1792 den Klosterprofessor Breunlin (1752–1800) in Blaubeuren heiratete und nach dessen Tode wieder bei ihrer Mutter in Nürtingen wohnte, und der Stiefbruder Karl Gok (1776–1849), der aus wirtschaftlichen Gründen auf das Studium verzichten mußte und sich vom Schreiber bis zum erfolgreichen Hof- und Domänenrat in Stuttgart emporarbeitete. Er verfaßte mehrere Schriften über den Weinbau und die württembergische Frühgeschichte. Das brüderliche Gefühl Hölderlins für ihn war immer sehr herzlich.

Herzog – Karl Eugen von Württemberg (1728–1793).

36 *ich hatte ... als Dichter aufzutreten* – Das Gedicht auf Karl Eugen von Württemberg ist nicht erhalten.

37 *Rothacker* – Ferdinand Wilhelm Friedrich Rothacker (1770 bis 1830), Sohn des Pfarrers Rothacker in Hausen ob Verena; Hölderlin hatte versucht, auf ihn einzuwirken, doch ohne anhaltenden Erfolg.

38 *Wohlhaupter* – Angesehener Instrumentenmacher in Nürtingen.

Renz, Bilfinger und Hiemer – Kompromotionalen; der letzte ein Bruder des Karlsschülers (vgl. die Anm. zu S. 17).

im Unterland – Hölderlin hatte dort Verwandte: in Markgröningen eine Schwester seines Vaters, in Löchgau eine Schwester seiner Mutter, in Klingenberg eine Schwester seiner Großmutter.

Palmtag – Palmarum, Palmsonntag: der letzte Sonntag vor Ostern.

39 *auf der Wanderschaft* – Möglicherweise bei Schubart, doch wahrscheinlicher bei Rudolf Magenau (vgl. die Anm. zu S. 67),

den Hölderlin wohl in Markgröningen kennengelernt hatte und der die Gedichte wenig später in einem Brief freundschaftlich kritisierte.

40 „*Brutus und Cäsar*" – Vgl. die Anm. zu S. 13.

22. *An Louise Nast* – Der Brief ist der einzige erhaltene der heimlichen Korrespondenz zwischen den Liebenden in Maulbronn.

„*Don Carlos*" – Schillers Trauerspiel war 1787 in Buchform erschienen. Vgl. den Brief Nr. 194 (S. 401).

wirklich – Schwäbisch für „gegenwärtig".

Schubart ein Paket schicken – Ob Hölderlin die Gedichte tatsächlich an Schubart sandte, ist nicht bekannt. Zu einer Veröffentlichung in dessen „Chronik" kam es nicht.

42 *Blum* – Johann Friedrich Blum (1759–1843), Schreiber, später Oberamtmann in Markgröningen, der Karl Gok 1797 als Schreiber einstellte. Wohl auf Blums Einladung hin unternahm Hölderlin die Reise vom 2. bis zum 6. Juni, die erste, die ihn über die engere Heimat hinausführte und ihm den Rhein zum großen Erlebnis werden ließ.

43 *in Bruchsal ... unter dummen Pfaffen* – Bruchsal war die Residenz der Fürstbischöfe von Speyer.

44 *Rike ... Pf. Mayer* – Friederike Volmar, die Verlobte von Johann Friedrich Blum; dessen Mutter (die Blumin); deren Tochter Maria Margarethe, verheiratet mit Pfarrer Johann Adam Mayer, dritter Diakon an der evangelischen Kirche in Speyer.

46 *die neue Brücke* – Die von 1786 bis 1788 erbaute Brücke über den Neckar. Vgl. das spätere Gedicht Hölderlins „Heidelberg" (Band 1, S. 382).

Styrum – Wahrscheinlich Ferdinand Graf zu Limburg-Styrum (1701–1791), der im Siebenjährigen Krieg Kapitän in französischen Diensten und nicht ein Bruder des Bischofs von Bruchsal, sondern ein Vetter von dessen Vater war.

Dillenius – David Immanuel Dillenius (geb. 1735), Salineninspektor in Mannheim.

47 *Theodors (des Fürsten)* – Kurfürst Karl Theodor von der Pfalz (1724–1799).

das nämliche Wirtshaus – „Zum Viehhof", die Zufluchtsstätte Schillers und Streichers im Herbst 1782.

48 *Gegelische Buchdruckerei* – Ludwig Bernhard Friedrich Gegel besaß eine der bekanntesten rheinischen Druckereien.

48 *Domkirche* – Der romanische Kaiserdom aus dem 11. Jahrhundert; zu Hölderlins Zeit schon im Zustand des Verfalls.
49 *Boßler* – Heinrich Philipp Karl Boßler (gest. 1812), Musikverleger.
50 *Bas Vogtin* – Frau des Waisenhausverwalters Vogt in Bruchsal (geb. Nicolai) und Verwandte der Mutter Hölderlins.
Elsner – Ein Kompromotionale; sein Vater war Amtmann in Höfingen.
51 *weißt* – Suevismus.
Landbek – Johann Jonathan Christian Landbek (geb. 1763), Karlsschüler, zunächst Maler; spätere briefliche Äußerungen anderer ergeben kein günstiges Charakterbild.
etwas vollendet hab – Nicht mit Sicherheit zu erschließen; vielleicht ist die Hymne „Am Tage der Freundschaftsfeier" gemeint, möglicherweise auch der Abschluß des Marbacher Quartheftes, worin Hölderlin die Gedichte der Klosterjahre gesammelt hatte.

TÜBINGEN

1788–1793

55 *25. An Louise Nast* – Am 21. Oktober 1788 begann Hölderlin sein Studium am Tübinger Stift, das ihm ein Stipendium zur Vorbereitung auf den geistlichen Beruf gewährte (vgl. die Einleitung, Band 1, S. 15 ff.). Von dem wahrscheinlich regen Briefwechsel zwischen Hölderlin und Louise Nast sind nur je drei Briefe erhalten.
56 *die gute Heinrike* – Louisens Leonberger Base Heinrike Nast.
hinstehen – Schwäbisch für „stehenbleiben".
Jfr. Käufelin – Eine der beiden Töchter einer Maulbronner Pfarrwitwe.
57 *mein Betragen* – Was die Vorwürfe der Mutter verursachte, ist nicht bekannt. Vielleicht hatte Hölderlin von Stuttgart aus ohne Wissen der Mutter noch eine Reise zu Louise Nast unternommen.
bei Schubart – Der Besuch in Stuttgart Mitte April war durch Hölderlins Tübinger Freund Neuffer (vgl. die Anm. zu S. 59) vorbereitet worden.
Maientag – Jahrhundertealtes Jugendfest in Nürtingen; nicht unbedingt der 1. Mai.
58 *27. An die Mutter* – Bruchstück. Möglicherweise hat Hölderlins Mutter den ersten Teil des Briefes vernichtet, weil er konkrete

Angaben über Ereignisse und Zustände des Stifts enthielt. Hölderlin mag der Mutter dargelegt haben, daß und warum er aus dem Stift ausscheiden und das Studium der Rechte aufnehmen wolle. Die im Juli ausgebrochene Revolution in Frankreich hatte die Stiftler in ihrem Freiheitsdrang offensichtlich bestärkt, denn der Herzog Karl Eugen hielt bei seinem Besuch am 5. November den Ephorus zu besonderer Strenge den Studenten gegenüber an.

58 *Druck und Verachtung* – Hölderlin mochte dabei wohl auch an die sechsstündige Karzerstrafe denken, die er erhielt, weil er einem Volksschullehrer, der die Stipendiaten nicht grüßte, den Hut vom Kopfe geschlagen hatte. Ein solches Verhalten dürfte aber gewiß nur aus dem allgemeinen Unmut der Studenten zu verstehen sein, denn Hölderlins „Sitten" werden für die Jahre seines Studiums stets als „gut" und „fein" bezeichnet.

mein ... Vater – Hölderlins Vater hatte von 1754 bis 1760 in Tübingen Jura studiert.

das versprochene Liedchen – „Schwabens Mägdelein" (vgl. Band 1, S. 183).

59 *Neuffer* – Christian Ludwig Neuffer (1769–1839), aus Stuttgart stammend, Sohn eines Konsistorialsekretärs und einer griechischen Mutter, war von 1786 bis 1791 im Tübinger Stift. Er schloß mit Magenau (vgl. die Anm. zu S. 67) und Hölderlin einen Dichterbund, der 1790 seine besondere Form in den „Aldermannstagen" – nach dem Vorbild der „Gelehrtenrepublik" Klopstocks und des Göttinger Hains – fand (vgl. die Einleitung, Band 1, S. 18 ff.). Etwa ein Jahrzehnt lang blieb Neuffer – sieht man von den Briefen an die Familie ab – Hölderlins wichtigster Briefpartner, und er war ihm, dem oft Bedrängten, Halt und Zuflucht. Gewiß hat Hölderlin Neuffer überschätzt, besonders anfangs; später war er ihm gegenüber distanzierter und auch objektiver. Ab 1800 verkümmerte die Freundschaft. In seiner Autobiographie von 1829 erwähnt Neuffer den Jugendfreund gar nicht, den Kranken hat er niemals besucht. Als Dichter war er, befangen im schwäbischen Klassizismus, ohne nennenswerte Bedeutung.

Verdrüßlichkeiten – Vgl. die Einleitung, Band 1, S. 17 f., und die ersten beiden Anm. zu S. 58.

was ich aufs Papier hervorzwang – Wahrscheinlich die Gedichte „Zornige Sehnsucht", „An die Ruhe", „An die Ehre", „Einst und jetzt", „Die Weisheit des Traurers".

59 *ein Liedchen* – „Schwabens Mägdelein" (vgl. Band 1, S. 183); die Melodie ist nicht bekannt.
Hymne auf Kolomb – Sie ist nicht erhalten. In der Spätzeit (etwa 1803) nimmt Hölderlin den Stoff abermals auf (vgl. Band 1, S. 526).
meine andern [Hymnen] – Wohl die auf Gustav Adolf und Johannes Kepler.
Shakespeare – Diese Hymne wurde wahrscheinlich nicht ausgeführt.
ein herrliches Buch – Die „Geschichte der Gräfin Thekla von Thurn oder Szenen aus dem Dreißigjährigen Kriege", 1789 erschienen, ist nicht, wie Hölderlin vermutete, von Gottfried August Bürger, sondern von Benedikte Naubert (1756–1819). Nach alter, aber unrichtiger Überlieferung, der auch Hölderlin in seinem Gedicht folgt, wird in diesem Roman Gustav Adolf von Verräterhand ermordet.

60 *unsers teuren Vorgängers* – Wohl der im nächsten Satz genannte Stäudlin, der für Hölderlin „Vorbild" und „Führer" war (in welcher Bedeutung das Wort „Vorgänger" im 18. Jahrhundert neben der noch heute üblichen auch gebraucht wurde).
Stäudlin – Gotthold Friedrich Stäudlin (1758–1796), Kanzleiadvokat in Stuttgart mit regen literarischen Interessen und Beziehungen, Lyriker und als Herausgeber von Almanachen Förderer junger Talente. Hölderlins Bekanntschaft mit ihm, durch Neuffer vermittelt, datiert seit Ostern 1789. Stäudlin veröffentlichte in seinen Almanachen Hölderlins Tübinger Hymnen und verhalf ihm zur Begegnung mit Matthisson (vgl. die erste und die dritte Anm. zu S. 106) und Schiller (Sommer 1793). Nach Schubarts Tod (1791) gab er dessen „Chronik" weiter heraus, die er politisch radikalisierte, weshalb er im Herbst 1793 des Landes verwiesen wurde. Freitod im Rhein 1796.
M. Hoffmann – Karl Theophil Hoffmann (geb. 1768), Sohn eines Pfarrers; im Stift seit 1787. M.: Magister.
Ritterstube – Eine der großen, mit etwa zehn Studenten belegten heizbaren Winterstuben des Stifts. Die Kost war eintönig und oft unzureichend; Kartoffeln waren für die Studenten und auch allgemein in Schwaben noch eine Rarität.
bäldere – Suevismus.

61 *Fischer* – Benjamin Theodor Fischer aus Nürtingen (1769–1846); seit 1787 im Stift, also schon Magister.

61 *Schwabin* – Frau des Apothekers Johann Heinrich Schwab, des Onkels von Gustav Schwab.
Gentner – Karl Christian Friedrich Gentner, seit 1785 im Stift.
auf die Letzte – Mundartlich für „in der letzten Zeit".
62 *meiner ... traurigen Lage* – Vgl. den Brief Nr. 27 an die Mutter und den darauffolgenden an Neuffer.
63 *wochentlichen* – Mundartlich ohne Umlaut.
31. An Louise Nast – Zwischen diesem Brief und dem vorhergehenden muß ein Abstand von etwa zwei Monaten liegen. In diesem Zeitraum sind wahrscheinlich mehrere Briefe gewechselt worden, anders sind der abrupte Unterschied im Ton und die Absage Hölderlins nicht zu erklären.
64 *unbefriedigter Ehrgeiz* – Hölderlin spricht nicht aus, worauf sich dieser Ehrgeiz richtet; jedoch die gleichzeitigen Gedichte verraten, daß es ihm um den „Lorbeer" des Dichters geht. Dennoch können nur die tiefe Verwirrung und der Schmerz über das erzwungene Verbleiben im Stift erklären, wieso Hölderlin zu einer solchen Sophisterei der Argumentation gelangt.
66 *Rheinwald* – Gemeint ist entweder Karl Friedrich Reinwald (1763 bis 1837), Sohn eines Kaufmanns und Kommerzienrates, im Stift 1781–1786, damals Vikar in Fellbach, oder dessen Bruder Heinrich Friedrich (geb. 1769), 1797 Bürgermeister in Urach.
Hegel und Märklin – Hegel und Jakob Friedrich Märklin kamen im Herbst 1788 vom Stuttgarter Gymnasium ins Stift; Hölderlin war in der Rangordnung (Lokation) durch sie vom 6. auf den 8. Platz gekommen.
Person, die mir so teuer war – Louise Nast hatte sich offenbar an Hölderlins Mutter gewandt, die von dem Verlöbnis wußte und es billigte.
67 *Bilfinger* – Er war im September 1789 aus dem Stift geschieden; der Grund ist nicht bekannt. Möglicherweise handelt es sich auch nicht um Hölderlins Freund, sondern um einen Bilfinger aus der Nürtinger Familie.
Seiffert – Wahrscheinlich Karl Felix Seyffer, Tübinger Magister, seit 1789 Professor der Mathematik und Astronomie in Göttingen.
Rümelin – Johann Christian Benjamin Rümelin (1769–1821), Pfarrerssohn; er wurde am 15. Juni aus dem Stift verwiesen, und zwar nicht wegen eines groben Vergehens, sondern gemäß den neuen

Grundsätzen des Herzogs mehr um eines Exempels willen (vgl. die erste Anmerkung zu S. 58).

67 *Magenau* – Rudolf Magenau (1767–1846), Sohn des mit Schubart befreundeten Stadtschreibers in Markgröningen Jakob Friedrich Magenau; von 1786 bis 1791 im Stift, darauf Vikar und Pfarrer. In dem Freundes- und Dichterbund mit Hölderlin und Neuffer war Magenau der derbe, humorige, unspekulative Part. Als Lyriker wenig originell, erwarb er sich Verdienste um die Erforschung der Sagen und Volksbräuche seiner Heimat. Die Freundschaft mit Hölderlin verkümmerte seit der Mitte der neunziger Jahre.

Kandidatengeschäfte – Vorbereitung auf das Magisterexamen zu Ende des Sommers 1790.

68 *Magisteriumsausgaben* – Magisterium: Examen, das nach Beendigung der beiden propädeutischen, im wesentlichen der Philosophie zugeordneten Studienjahre für alle Stiftler verbindlich war. Der gesamte Vorgang, einschließlich der Verteidigung der „Theses", wurde schon damals als veraltet empfunden. Hölderlins Arbeiten zur Vorbereitung auf das Magisterexamen: „Geschichte der schönen Künste unter den Griechen" und „Parallele zwischen Salomons Sprüchwörtern und Hesiods ,Werken und Tagen' ", vgl. Band 2, S. 319–350.

Bök – August Friedrich Bök (1739–1815), Professor der Philosophie, Beredsamkeit und Dichtkunst.

69 *weißt* – Suevismus.

Morea – Im Mittelalter aufgekommener Name für die griechische Halbinsel Peloponnes, die unter der türkischen Fremdherrschaft verödet war.

Camerer – Vermutlich Clemens Christoph Camerer (vgl. die erste Anm. zu S. 81).

34a. An die Mutter – Dieser Brief wurde erst 1954 entdeckt; in der Großen Stuttgarter Ausgabe dem schon ausgedruckten Band 6/1, S. 470 f., angefügt. Wir halten es für zweckmäßig, der leichteren Orientierung wegen die Numerierung der historisch-kritischen Ausgabe beizubehalten.

Schelhas – Ulrich Balthasar Stephan von Schelhas, Edler von Schellersheim (geb. 1742), Ratskonsulent der Reichsstadt Eßlingen; er führte die Stammtafeln zu mehreren vom Eßlinger Rat verwalteten Familienstiftungen für die Universität. Hölderlins Mutter hatte sich wohl um eine finanzielle Beihilfe für das Studium ihres Sohnes bemüht.

69 *Disputationen* – Die Exemplare der gedruckten Dissertation von Hölderlins Lehrer Professor Bök, die Hölderlin, Hegel und zwei andere disputierten und defendierten. („De limite officiorum humanorum seposita animorum immortalitate"; Über die Grenze der menschlichen Pflichten in Absehung von der Unsterblichkeit der Seele.)

70 *Stammblättchen* – Offenbar hatte Karl Gok auch Freunde des Bruders um solche Blättchen für das Stammbuch gebeten.

Schattenriß – Einer der zwei Schattenrisse, die Hölderlin als Magister zeigen (heute in der Württembergischen Landesbibliothek und im Schiller-Nationalmuseum Marbach).

die praktische Logik – Es gibt zwei damals sehr verbreitete populärwissenschaftliche Werke, die Hölderlin gemeint haben könnte: Johann Melchior Gottlieb Beseke, „Versuch einer praktischen Logik oder einer Anweisung, den gesunden Verstand recht zu gebrauchen" (1786), oder Peter Villaume, „Praktische Logik für junge Leute, die nicht studieren wollen" (1787).

71 *Video meliora proboque . . .* – (lat.) Ich sehe das Bessere und halt es für recht und folge doch dem Schlechteren. Ovid, „Metamorphosen", 7, 21.

kam ich ihr nahe – Gemeint ist Marie Elisabethe (Elise) Lebret (1774–1839), die Tochter des Kanzlers der Tübinger Universität. Sie ist die Lyda der Gedichte „Meine Genesung", „Melodie" und „An Lyda" (vgl. Band 1). Die beiderseitige Neigung erhielt sich bis zum Ende der Studienzeit, es kam auch der Gedanke an eine dauernde Bindung auf, doch Spannungen und Enttäuschungen führten die Liebenden auseinander; die Verschiedenheit der Naturen war zu groß. Briefe sind nicht erhalten, müssen aber existiert haben, denn 1798 fordert Elise Lebret sie über Karl Gok zurück.

Leibniz und mein Hymnus auf die Wahrheit – Vgl. Band 1, S. 216, und die einführende Bemerkung zu dem Gedicht.

Capitolium – (lat. caput: Haupt) Scherzhaft für Kopf.

Gesang an die Unsterblichkeit – Vgl. Band 1, S. 210, und die einführende Bemerkung zu dem Gedicht.

zu Deinem Maro – Publius Vergilius Maro (70–19 v. u. Z.), dessen „Äneis" zu übersetzen Neuffer sich sein ganzes Leben bemühte.

71 *„Vixi"* – (lat.) „Ich habe gelebt" (im emphatischen Sinne: mein Leben mit Sinn erfüllt). Hölderlin gebraucht diese Wendung in verschiedenen Varianten als Ausdruck erfüllten Lebens.

Reußens Gedicht auf Abel – Jakob Friedrich Abel (1751–1829), seit 1772 Professor an der Karlsschule und dort Schillers Lehrer, war 1790 nach Tübingen berufen worden. Das Gedicht ist nicht nachzuweisen, der Verfasser war vielleicht der Stuttgarter Staatsrechtler Johann August Reuß.

dem Stäudlinischen Haus – Gotthold Friedrich Stäudlin lebte mit seinen Eltern, einem Bruder und drei Schwestern zusammen in Stuttgart.

Hast du den Helvétius gekauft? – Neuffer sollte ihn von Stäudlin für Hölderlin kaufen. Claude-Adrien Helvétius (1715–1771), französischer materialistischer Aufklärungsphilosoph; Hauptwerke: „De l'esprit" (Vom Geist, 1758) und „De l'homme, de ses facultés intellectuelles et de son éducation" (Vom Menschen, von seinen geistigen Fähigkeiten und seiner Erziehung, 1772). Über dessen Materialismus urteilte Karl Marx: „Er [Helvétius] faßt ihn sogleich in Bezug auf das gesellschaftliche Leben. Die sinnlichen Eigenschaften und die Selbstliebe, der Genuß und das wohlverstandne persönliche Interesse sind die Grundlage aller Moral. Die natürliche Gleichheit der menschlichen Intelligenzen, die Einheit zwischen dem Fortschritt der Vernunft und dem Fortschritt der Industrie, die natürliche Güte des Menschen, die Allmacht der Erziehung sind Hauptmomente seines Systems." (Marx/Engels, „Werke", Band 2, S. 137, Berlin 1962.)

Kind ... Breitschwerdt, Wieland – Kompromotionalen Neuffers.

72 *Stäudlins Almanach* – Der „Musenalmanach fürs Jahr 1792"; von Hölderlin waren darin enthalten die Hymnen „An die Muse", „An die Freiheit" („Wie den Aar ..."), „An die Göttin der Harmonie" und das Gedicht „Meine Genesung". Neben Stäudlin waren von Hölderlins Bekannten vertreten: Neuffer, Magenau, Friedrich Haug, Karl Reinhard, Karl Philipp Conz und Wilhelmine Maisch.

der Durchlauchtige – Herzog Karl Eugen von Württemberg.

mein Repetent – Christian Friedrich Weber (1764–1831), Bibliothekar des Stifts; am 10. Oktober 1790 zum Repetenten befördert.

73 *Breyer* – Karl Friedrich Wilhelm Breyer (1771–1818), später Historiker; Vetter Schellings und Neffe des Helfers Köstlin in Nürtingen.

73 *Schelling* – Er wurde im Herbst 1790 schon mit fünfzehn Jahren ins Stift aufgenommen. Hölderlin kannte ihn von Nürtingen her, wo er die Lateinschule besucht hatte.

Karl – Vermutlich hatte der Stiefbruder Hölderlins bei irgendeiner Gelegenheit als Redner auftreten dürfen.

74 *Fellenberg* – Philipp Emanuel von Fellenberg (1771–1844), Schweizer Pädagoge und Gründer des damals bekannten pädagogischen Instituts in Hofwil bei Bern, das Goethe Anregung zur Pädagogischen Provinz in „Wilhelm Meisters Wanderjahren" gab. Über die Dauer des Unterrichts und die späteren Beziehungen zwischen Hölderlin und Fellenberg ist nichts bekannt. Böhlendorff (vgl. die Anm. zu S. 466) schreibt an Fellenberg am 10. Mai 1799 aus Homburg: „Ich habe hier einen Freund [Sinclair], der Republikaner mit Leib und Leben ist – auch einen andern Freund, der es im Geist und in der Wahrheit ist, die gewiß, wenn es Zeit ist, aus ihrem Dunkel hervorbrechen werden; der letzte ist Dr. Hölderlin, der Verfasser des „Hyperion", einer Schrift, die Epoche zu machen im tiefsten Sinne verdient ... Ihr Verfasser kennt Sie von Tübingen her, schätzt und verehrt Sie und verdient Ihre Freundschaft."

Fischerin – Marie Friederike Fischer, eine Base von Hölderlins Mutter.

Camerer – Wohl identisch mit Camerer in Brief Nr. 34.

75 *Kanzler* – Johann Friedrich Lebret (1732–1807), Kanzler der Universität und Vater von Elise Lebret.

Aufsatz – Er ist nicht erhalten, wie überhaupt der geplante Aufsatz-Austausch mit dem Bruder nicht zustande kam. Später wird der Bruder der Adressat der großen philosophischen Briefe Hölderlins.

76 *wirklich* – Schwäbisch für „gegenwärtig".

Von Eßlingen ... – Wohl Betrag aus einer der Familienstiftungen (vgl. die fünfte Anm. zu S. 69).

Conz – Karl Philipp Conz (1762–1827), Schillers Jugendfreund in Lorch, war Repetent im Stift von 1789 bis 1791 und, nach einigen Jahren als Geistlicher, dort ab 1804 Professor für klassische Literaturen und Beredsamkeit. Als Dichter blieb er weitgehend im Klassizismus befangen, doch hatte er als Verehrer der Griechen großen Einfluß auf den jungen Hölderlin. Das von diesem erwähnte Kollegium war eine Vorlesung im Sommer 1790 über Euripides.

76 *Vetter Majer* – Johann Friedrich Ludwig Majer (geb. 1776), Sohn von Hölderlins Onkel in Löchgau (vgl. die dritte Anm. zu S. 38).
Rapiere – Lange Fechtdegen; vermutlich lernte Hölderlin im Tübinger Ballsaal fechten.
78 *predigen* – Die Magister hatten täglich wechselnd während des Mittagessens zu predigen und kamen etwa alle sechs Wochen an die Reihe. Sehr abfällig äußert sich Magenau darüber: „... die erträglicheren Predigten verderbte der Tumult während des Speisens. Kants Philosophie machte die meisten Köpfe schwindeln, und die Kanzel widertönte von Zeit und Raum und dergleichen."
Ökonomus – Aufsichthabender Student in Küche und Speisesaal.
Predigt – Diese zweite im Stift gehaltene Predigt ist, wie auch die erste und die dritte, nicht überliefert. Erhalten ist dagegen ein Konzept, das vermutlich zur ersten gehört (vgl. Band 2, S. 354).
79 *Beweise der Vernunft für das Dasein Gottes* – Hölderlin meint hier wohl den teleologischen Gottesbeweis der Leibniz-Wolffschen Philosophie, in der von der Zweckmäßigkeit der Welt auf eine zwecksetzende Vernunft, die Weisheit eines Gottes geschlossen wird.
von scharfen Gegnern ... umgestoßen – Hierzu dürfte Hölderlin in erster Linie Kant zählen, für den Gott „bloß Idee ist", „nichts anderes als ein regulatives Prinzip der Vernunft" („Kritik der reinen Vernunft"). Vgl. die Einleitung, Band 1, S. 20 ff.
Spinoza – Über Hölderlins Verhältnis zu Spinoza vgl. den Konspekt „Zu Jacobis Briefen über die Lehre des Spinoza" (Band 2, S. 350 ff.), die einführende Bemerkung zu diesen Exzerpten und die dazugehörigen Anm. sowie die Einleitung, Band 1, S. 22 f.
80 *der liebe Oncle* – Johann Friedrich Ludwig Majer (1742–1817), der wenig später vom Diakon zum Pfarrer befördert wurde.
HE. Helfer – Wohl eine Reisebekanntschaft der Schwester, keinesfalls ihr späterer Gatte, der Klosterprofessor Breunlin.
ihme – Humoristischer Archaismus.
81 *der gute Doktor* – Sehr wahrscheinlich Dr. jur. Clemens Christoph Camerer (1766–1826) aus Reutlingen, den Hölderlin offensichtlich gern als den Mann seiner Schwester gesehen hätte. Beide, Hölderlin und seine Schwester, sind in dessen Stammbuch vertreten (1790 bzw. 1789).
wirklich – Schwäbisch für „gegenwärtig".
82 *die Brüder Josephs* – Vgl. Altes Testament, 1. Moses 37,19.

83 *44. An die Mutter* – Die Reise fand um Ostern (24. April) 1791 statt; die Schweiz galt seit Hallers Gedicht „Die Alpen" als Land der Unschuld und der Freiheit. Die Wanderung der Freunde von Zürich aus schildert das Gedicht „Kanton Schweiz" (vgl. Band 1, S. 231).
Jfr. Gokin – Eine Verwandte von Hölderlins Stiefvater.
HE. Geheimrat – Johann Christoph Schwab (1743-1821), Professor der Logik und Metaphysik an der Karlsschule und dort Lehrer Schillers; Vater von Gustav Schwab, der 1826 zusammen mit Uhland und Kerner die erste Gedichtausgabe Hölderlins veranstaltete.
Hiller – Christian Friedrich Hiller (1769-1817), früh verwaist, studierte zunächst Medizin, dann bis 1793 Theologie. Ihm sind Hölderlins Gedichte „Kanton Schweiz" (1791) und „An Hiller" (1793) gewidmet (vgl. Band 1, S. 231 und S. 258). Es war wohl die Freiheitsbegeisterung, die die sonst sehr unterschiedlichen Charaktere verband. 1793 wollte Hiller nach Amerika auswandern.
Memminger – Friedrich August Memminger (geb. 1770), Student der Medizin seit 1788 in Tübingen, später Arzt in seiner Vaterstadt Reutlingen.
Frau Zieglerin – Wohl die im Hause der Mutter wohnende Witwe des Nürtinger Spitalmeisters Hieronymus Ziegler.
HE. Spezial – Dekan Jakob Friedrich Klemm in Nürtingen, Begründer der ersten Realschule Württembergs.
HE. Helfer – Nathanael Köstlin. Es war üblich, sich Empfehlungen auf eine Reise mitgeben zu lassen, um damit bekannte Persönlichkeiten aufsuchen zu können.
nach Zürch – Dort machten die drei Reisegefährten dem Schriftsteller Johann Kaspar Lavater (1741-1801) ihre Aufwartung; sie trugen sich in sein Fremdenbuch ein. Lavater setzte hinter Hölderlins Namen ein NB (Abkürzung für notabene; lat.: merke wohl!).
HE. Kanzler – Johann Friedrich Lebret.
Fischer – Benjamin Theodor Fischer.
wirklich – Schwäbisch für „gegenwärtig".
84 *meine liebe Basen* – Wohl die Töchter von Hölderlins Onkel Johann Friedrich Ludwig Majer.
der fahrende Ritter – Scherzhafte Anspielung auf Wielands Versepos „Der neue Amadis".

84 *die Neuigkeit* – Der stellvertretende Klosterverwalter Jäger wollte im Sommer 1791 Louise Nast heiraten; es handelte sich um eine Einheirat in das Amt des kranken Vaters von Louise Nast. Die Verbindung kam jedoch nicht zustande. Louise verheiratete sich erst nach dem Tode ihrer Eltern mit dem Amtsschreiber Ludwig.
mitunter – Im älteren Sinn von „zugleich".
bei Gelegenheit – Gemeint ist: bei dieser Gelegenheit.
Weingeld – Der Gegenwert für den zu den Mahlzeiten gehörenden Wein wurde auf Wunsch in bar zurückerstattet.
85 *Stipendium* – Hier nicht vom Stift, sondern der Anteil aus einer Familienstiftung (vgl. die fünfte Anm. zu S. 69).
Grützmann – Christian Philipp Grützmann (1770–1848), Mitstudent aus Nürtingen; seit 1789 im Stift.
86 *Geschwisterige* – Mundartlich für „Geschwister".
als hätten meine Lieben ... – Neuffer und Magenau waren im September aus dem Stift ausgeschieden.
lucida intervalla – (lat.) Etwa: lichte Augenblicke; im weiteren Sinn: gute Stunden.
87 *mein Herzensmädchen* – Elise Lebret.
Lieb und Freundschaft ... – Abwandlung des Zitats aus Goethes „Iphigenie" (Vers 665 f.), das Hölderlin am 12. Februar 1791 Hegel ins Stammbuch schrieb: „Und Lust und Liebe sind die Fittiche / Zu großen Taten".
Jean-Jacques – Jean-Jacques Rousseau, dessen Einfluß auf Hölderlin anhaltend und tiefgreifend war. So schreibt 1798 Karl Gok an den Bruder: „Ich habe schon manchmal Deinen Charakter mit dem Rousseaus verglichen, und ich glaube, Du wirst in dem Wesentlichen selbst die Ähnlichkeit zugestehn müssen, die der Deinige mit dem unseres Lieblings hat. Gerade auch die Liebe zur stillen großen Natur, zur lautersten Wahrheit und zur wahren Freiheit, die jenen großen Mann beseelte, ist auch das Eigentümliche Deines Charakters; aber auch jene Reizbarkeit, die natürliche Folge eines für Empfindung geschaffenen Herzens, die jenem guten Mann so manche Stunde seines Lebens vergällte, ist Dein, und leider auch Dir wird sie noch manchen trüben Augenblick bereiten..." – Über Hölderlins Verhältnis zu Rousseau vgl. auch die im Brief erwähnte „Hymne an die Menschheit", der ein Motto aus dem „Gesellschaftsvertrag" vorangestellt ist (Band 1, S. 234),

ferner die Gedichte „An die Ruhe" (S. 186), „Rousseau" (S. 360) und „Der Rhein" (S. 456) mit den dazugehörigen Anm. sowie die Einleitung, Band 1, S. 23 f.

87 *Uhland* – Ludwig Joseph Uhland, erster Superattendent des Stifts und Verwalter einer Familienstiftung.
ich bot meiner Suada auf – Der Dativ nach „aufbieten" ist im 18. Jahrhundert noch geläufig.
Saltus dithyrambicus – (lat.) Sprung im griechischen Tanzlied. Hier im übertragenen Sinne: Gedankensprung.
der schwäbische Almanach – Vgl. die erste Anm. zu S. 72.

88 *48. An die Schwester* – Der Tag des Brandes im Stift war der 3. Dezember 1791.
ging Feuer aus – Ausgehen: schon zu Hölderlins Zeit in der veralteten Bedeutung von „entstehen".
von einem Franzosen – Das Stift nahm jedes Jahr einige Studenten aus der südlich der Vogesen liegenden, unter französischer Oberhoheit stehenden Grafschaft Mömpelgard (franz.: Montbéliard) auf, die von 1407 bis 1801 zu Württemberg gehörte. In den ereignisreichen Jahren der Französischen Revolution waren gerade diese Studenten oftmals ein revolutionäres Ferment. Leo von Seckendorf (vgl. die Anm. zu S. 478), damals Student der Rechte in Tübingen, berichtet an seinen Vater am 16. Mai 1792 von dem Aufbegehren Mömpelgarder Studenten gegen den Herzog, der sich Anfang der neunziger Jahre wiederholt im Stift aufhielt, um sein „Reformwerk" voranzutreiben.

89 *HE. Prokurator* – Der wirtschaftliche Leiter des Stifts.

90 *Jfr. Nastin* – Louise Nast heiratete erst 1794 (vgl. die dritte Anm. zu S. 84).
Christlieb – Wilhelm Christian Gottfried Christlieb (geb. 1772), Sohn des Obervogts auf Stauffeneck, war von 1790 bis 1792 im Stift und danach Student der Rechte.
Statuten – Die neuen Statuten des Stifts wurden seit November 1789 vorbereitet, aber erst im Februar 1793 veröffentlicht. Der ganze Vorgang wurde von den Studenten kritisch und mißtrauisch beobachtet, denn im wesentlichen war die Reform ein konservativer und autoritativer Versuch des Herzogs, der geschichtlichen Entwicklung entgegenzutreten.

91 *Prinz Wilhelm* – Friedrich Wilhelm Karl von Württemberg (1754 bis 1816), Protestant, Neffe des katholischen Karl Eugen, 1797

Herzog (Friedrich II.), beseitigte als Kurfürst nach jahrelangen Kämpfen 1804 die altwürttembergische Verfassung.
91 *Georgii* – Eberhard Friedrich Georgii (1757–1830), Konsistorialrat; als nachmaliger Landschaftskonsulent auf Reformen im Rahmen der bestehenden Rechte und Gesetze der württembergischen Verfassung bedacht.
92 *die holde Gestalt* – Nicht Elise Lebret, sondern wahrscheinlich eine uns Unbekannte in Stuttgart, die Hölderlin während des Osterbesuches wohl im Hause von Neuffers Freunden und Freundinnen kennengelernt haben mag. (Vgl. aber die vierte Anm. zu S. 98.)

Wergo – Panagiot Wergo (1767–1843), Grieche aus Konstantinopel, Baumwollgroßhändler in Stuttgart, in dessen gastfreundlichem Hause Hölderlin mit Neuffer in den Osterferien verkehrt hatte. Später war sein Haus in Cannstadt ein Mittelpunkt des schwäbischen Geisteslebens.

Caffro – Gioseffo Caffro, italienischer Oboenvirtuose.
93 *dem lieben Doktor* – Gemeint ist Stäudlin, der das überzählige Wort vor dem Druck noch strich.
94 *zwischen Frankreich und ... Östreichern* – Im Februar 1792 hatten die Feudalmächte Österreich und Preußen die erste Koalition gegen Frankreich geschlossen, der 1793 auch England beitrat. Am 20. April 1792 erklärte Frankreich Österreich den Krieg. Die Entscheidung des ersten Kriegsjahres fiel im Herbst: nach der Kanonade von Valmy (20. September) zogen die Preußen sich zurück, am 6. November wurden die Österreicher bei Jemappes (Südbelgien) geschlagen.

Elbische Zeitung – Der von Christian Gottfried Elben (1754–1829), Professor für Geographie an der Karlsschule, gegründete und herausgegebene „Schwäbische Merkur".

Luckner – Nikolaus Graf von Luckner (1722–1794), Offizier in preußischen, dann in französischen Diensten, 1791 Marschall von Frankreich, Oberkommandierender im Elsaß. Er wurde nach dem 10. August 1792 abgesetzt, im Januar 1794 verurteilt und hingerichtet.

Lafayette – Marie-Joseph de Motier, Marquis de Lafayette (1757 bis 1834), Freiwilliger und General im Nordamerikanischen Unabhängigkeitskrieg, 1789 als Adliger in die Generalstände gewählt, schloß sich dem dritten Stand an und war erster Befehlshaber der Nationalgarde. Aus Furcht vor der Weiterentwicklung der Revolution wurde er zum Konterrevolutionär, ließ die Volksdemonstration auf dem Marsfeld zusammenschießen (17. Juli 1791) und ging nach dem Sturm auf die Tuilerien (10. August 1792) mit seinem Stab zu den Österreichern über.

94 *Jfr. Stäudlin* – Vermutlich Lotte Stäudlin, die Schwester von Gotthold Stäudlin.

Prof. Flatt – Johann Friedrich Flatt (1759–1821), Professor der Philosophie seit 1785, der Theologie seit 1792.

95 *Tausend Glück...* – Heinrike Hölderlin verlobte sich Ende August 1792 mit Christoph Matthäus Theodor Breunlin (1752–1800), seit 1785 Klosterprofessor in Blaubeuren. Die Hochzeit fand am 9. Oktober 1792 während der Herbstferien Hölderlins statt. Aus der Ehe gingen zwei Kinder hervor: Heinrike (1793) und Friedrich (1797), dessen Pate Hölderlin wurde. Hölderlins Verhältnis zu seinem achtzehn Jahre älteren Schwager blieb respektvoll distanziert.

96 *auf ein halb Jahr* – Hölderlin meint hier die Zeit nach Beendigung des Studiums im September bis zum Konsistorialexamen im Dezember 1793.

der fahrende Ritter – Vgl. die Anm. zu S. 84.

den guten Camerer – Vermutlich hatte die Mutter im Zusammenhang mit Heinrikens Verlobung von Camerers Enttäuschung geschrieben.

97 *des lieben Oncles* – Pfarrer Majer in Löchgau.

Silberdruck – Feiner Druck mit silbernen Lettern; hier ironisch gemeint.

beschreiben – Altertümlich für „verschreiben", d. h. „kommen lassen".

Rapp – Gottlob Heinrich Rapp (1761–1832), ein als Kunstfreund bekannter Stuttgarter Kaufmann.

den Zeug – Für einen einzelnen Stoff damals noch maskulin.

einzechte – Mundartlich für „einzeln".

Da hast Du den Brief – Ein beigelegter Brief an die „holde Gestalt" (vgl. die Anm. zu S. 92).

Ich las ... im Propheten Nahum ... – Vgl. Altes Testament, Nahum 3,12.

98 *Autenrieth* – Kompromotionale Hölderlins, der im April 1792 vom Stift zur Karlsschule übergewechselt und am 14. September gestorben war.

Neuigkeiten – Es liegt nahe, daß Hölderlin hier die Septemberereignisse in Frankreich meint: die gegen die royalistische Konterrevolution geübte Volksjustiz in den Pariser Gefängnissen, die Wahlen zum Nationalkonvent und vielleicht auch schon die Wende des Krieges nach der Kanonade von Valmy (20. September). Denkbar wäre aber auch eine Anspielung auf Dantons Rede vom 2. September 1792, die mit den berühmten Worten schloß: „. . . die Feinde des Vaterlands. Um sie zu schlagen, braucht es Kühnheit, Kühnheit und abermals Kühnheit – und Frankreich ist gerettet." Der am Ende des Briefes erwähnte Hymnus an die Kühnheit („Dem Genius der Kühnheit"; vgl. Band 1, S. 260) würde durch die obige „Neuigkeit" in ein realgeschichtliches Verhältnis gesetzt. Hölderlins Anteilnahme an den Geschehnissen in Frankreich – wie ganz allgemein die Stimmung der Studenten im Stift gerade um diese Zeit – wird charakterisiert durch drei Einträge im Stammbuch Leo von Seckendorfs (vgl. die Anm. zu S. 478). Hölderlin schrieb, wohl am 12. September 1792, die zweite Strophe seiner „Hymne an die Menschheit" (vgl. Band 1, S. 234) auf Seite 28 ein und setzte über diese und die folgende Seite 29 die Worte: „Ewig – – verbunden!" Vor ihm aber hatten sich auf beiden Blättern am 12. September zwei französische (Mömpelgarder) Studenten wie folgt eingetragen:

(S. 28) La meilleure leçon que j'ai à te donner, c'est de ne plus être aristocrate.
Souviens-toi de ton ami
G. F. Fallot, bon patriote.
Symb.: Mort ou liberté.

(Die beste Lektion, die ich dir zu geben habe, ist, nicht mehr Aristokrat zu sein.
Erinnere dich deines Freundes
G. F. Fallot, eines guten Patrioten.
Symbolum: Tod oder Freiheit.)

(S. 29) Le pays des chimères, est, en ce monde, le seule digne d'être habité.
Egalité!

(Das Land der Chimären ist auf dieser Welt das einzige, das würdig ist, bewohnt zu werden.
Gleichheit!)
So der Eintrag von Bernard.

98 *Sage über Schubart* – Schubart war am 10. Oktober 1791 gestorben; es ging das Gerücht um, er sei lebendig begraben worden.

Breyerin – Vielleicht Auguste Breyer (1770–1806), die Braut Georg Kerners, der 1791 als begeisterter Anhänger der Französischen Revolution nach Frankreich gegangen war. Möglicherweise ist sie die „holde Gestalt" (vgl. die Anm. zu S. 92).

99 *wegen dem Kriege* – Am 21. Oktober 1792 hatten die Franzosen unter Custine Mainz erobert. Seitdem konnte man auf dem rechten Rheinufer, insbesondere in Süddeutschland, den Einmarsch französischer Truppen erwarten. Am 19. November erließ der Konvent ein Dekret, in dem es hieß: Frankreich biete allen Völkern, die frei sein wollten, Brüderschaft und Unterstützung. Diese Botschaft erschien in allen europäischen Sprachen. Hölderlins Sympathie für Brissot, Vergniaud und Guadet (vgl. die Anm. zu S. 107 und zu S. 115) hing wohl wesentlich mit dieser von ihnen proklamierten Befreiung der anderen Völker zusammen, die jedoch von den Girondisten als ein Mittel angesehen wurde, die Revolution in Frankreich selbst zum Stillstand zu bringen. Der Krieg, der in den ersten Monaten auch Niederlagen für Frankreich brachte, beschwor große Gefahren für die Revolution herauf; deshalb hatten auch Marat und Robespierre vor ihm gewarnt und auf die Konterrevolution im eigenen Land hingewiesen.

100 *Sieg bei Mons* – Vgl. die erste Anm. zu S. 94.

56. An Neuffer – Dieser Brief wurde bald nach einem Besuch bei Neuffer in Stuttgart geschrieben; er beendete eine Periode der Verstimmung zwischen den Freunden.

101 *Hofrat Bilfinger* – Vgl. die sechste Anm. zu S. 11.

die Bardili – Christiane Luise Bardili, eine Jugendbekannte aus Markgröningen.

102 *Hafnerin* – Christine Eleonore Hafner (geb. 1772), die Tochter des Pfarrers in Horrheim.

Rößlin – Christoph Heinrich Rößlin, ein Kompromotionale Neuffers und Magenaus.

auf besserem Wege – Neuffers Liebe zu Rosine Stäudlin (1767 bis 1795), einer Schwester Gotthold Stäudlins. An sie richtete Hölderlin (1794) das Gedicht „Freundeswunsch", vielleicht auch schon (1793) „An eine Rose" (vgl. Band 1, S. 273 und S. 258).

102 *meine Herzenskönigin* – Elise Lebret.
Si magna ... – Zitat aus Vergils „Georgica" (4, 176), das richtig lautet: si parva licet componere magnis (um Kleines mit Großem zu vergleichen).
Fragment meines Romans – Erster Hinweis Hölderlins auf seine Arbeit am „Hyperion"; diese Vorform ist nicht erhalten.
den lieben Doktor – Stäudlin.

103 *58. An den Bruder* – Auszug und Regest Gustav Schlesiers.
Cotta – Christoph Friedrich Cotta (1758–1838), älterer Bruder des Verlegers Johann Friedrich Cotta, seit 1788 Lehrbeauftragter für deutsches Staatsrecht an der Karlsschule, begab sich im Juli 1791 als begeisterter Anhänger der Französischen Revolution nach Straßburg und wurde französischer Staatsbürger. Als Publizist, im Stabe Custines in Mainz und als Mitglied des Jakobinerklubs in Straßburg entfaltete er eine rege Tätigkeit.
den 14ten Julius – Jahrestag des Sturms auf die Bastille (1789). Nach einer nicht gesicherten Überlieferung wurde dieser Tag, der 1793 auf einen Sonntag fiel, auch von den Tübinger Studenten, darunter Hölderlin, Hegel, Schelling, durch Errichtung eines Freiheitsbaumes gefeiert.
Es hängt an einer Haarspitze ... – Seit dem Frühjahr 1793 hatte sich die Lage in Frankreich außerordentlich zugespitzt: Im März brach in der Vendée ein konterrevolutionärer Aufstand aus, im April kam es zum Verrat des Generals Dumouriez, Mainz wurde von den Preußen zurückerobert, im Süden drangen die Spanier in Frankreich ein, die englische Flotte blockierte die französischen Häfen. Mitte Juni hatte der konterrevolutionäre Aufruhr 60 von 83 Departements ergriffen. Paris hungerte. Mit dem Aufstand der revolutionären Sektionen von Paris (30. Mai – 2. Juni) brach die Herrschaft der Girondisten zusammen.
wirklich – Schwäbisch für „gegenwärtig".
meiner Produkte – Wohl hauptsächlich die fertigen Teile einer nicht erhaltenen Vorform des „Hyperion".
unser künftiges Journal – Es war von Stäudlin nach dem Verbot seiner „Chronik" geplant, kam aber nicht mehr zustande (vgl. die zweite Anm. zu S. 60).
59. An den Bruder – Regest Gustav Schlesiers.
ich schrieb ... *Stäudlin* – Zu der Sendung an Stäudlin gehörten neben dem „Hyperion"-Fragment das Gedicht „Dem Genius der

Kühnheit" und wohl auch das Stäudlin gewidmete Gedicht „Griechenland".

104 *Ilissus* – Ein kleiner Fluß südlich vom alten Athen.
Platon – Platons (427–347 v. u. Z.) Werk beeinflußte nachhaltig Hölderlins Griechenbild.
Sokrates – Hölderlin empfand für Sokrates (469–399 v. u. Z.), dessen Tod er 1794 in einem Drama zu gestalten beabsichtigte (vgl. Brief Nr. 88, S. 159 f.), die höchste Wertschätzung.
meinem „Hyperion" – Die nicht erhaltene Urfassung (vgl. die sechste Anm. zu S. 102 und die sechste Anm. zu S. 103).
Deine edlen Freundinnen – Hauptsächlich der Kreis um die Schwestern Stäudlins.

105 *die wort- und abenteuerreichen Ritter* – Anspielung auf die gegen Ende des 18. Jahrhunderts zahlreich erschienenen Ritterromane.
Urteil der Person – Gemeint ist wohl Lotte Stäudlin, die auch Gedichte verfaßte.
terra incognita – Neuffer hatte in seinem Brief von den „unentdeckten Gegenden in dem Gebiete der Dichtkunst" gesprochen.

106 *an dem unvergeßlichen Nachmittage* – Am 27. Juni 1793 hatte Hölderlin das Gedicht „Dem Genius der Kühnheit" Neuffer, Stäudlin und Matthisson, die ihn in Tübingen besuchten, vorgelesen. Matthisson hatte Hölderlin in „sympathetischer" Freude umarmt. (So Magenau in seinem Lebensabriß.)
mit dem Journale – Vgl. die siebente Anm. zu S. 103.
Matthisson – Friedrich Matthisson (1761–1831), Lyriker des Sentimentalismus und des Klassizismus in der Nachfolge von Klopstock und Haller, war zu seinen Lebzeiten sehr beliebt.
Hesiod – Griechischer Epiker aus Böotien (um 700 v. u. Z.), der in seinen Werken, u. a. „Theogonie", „Werke und Tage", die Interessen des arbeitenden Volkes vertrat. In seinem zweiten Magisterspezimen hatte Hölderlin die „Werke und Tage" mit Salomons Sprichwörtern zu vergleichen (vgl. Band 2, S. 319).

107 *61. An den Bruder* – Auszug und Regest Gustav Schlesiers.
Marat – Jean-Paul Marat (1744–1793), Gelehrter und Publizist; er war seit 1789 Herausgeber des „Ami du peuple" (Volksfreund) und als revolutionärer Demokrat einer der konsequentesten Führer der Jakobiner. Er forderte vom Beginn der Revolution an die Beseitigung der Monarchie und die Umwandlung Frankreichs in eine Republik. Deshalb wurde er verleumdet und vom Adel und

der Großbourgeoisie gefürchtet und gehaßt, verfolgt und schließlich von der girondistischen Konterrevolutionärin Charlotte Corday ermordet (13. Juli 1793). Über Hölderlins Verhältnis zur Französischen Revolution vgl. Maurice Delorme, „Hölderlin et la Revolution française", Monaco 1958, S. 69, und die Einleitung, Band 1, vor allem S. 29 ff.

107 *Nemesis* – Griechische Göttin, die den Menschen das ihnen zukommende Maß an Vergeltung für Unrecht und Übermut „zuteilt". Ihre Symbole sind Elle und Zügel.

Brissot – Jacques-Pierre Brissot de Warville (1754–1793), Advokat und Journalist, Führer der Girondisten; ursprünglich Mitglied des Jakobinerklubs, wurde er wegen konterrevolutionärer Umtriebe verurteilt und am 31. Oktober 1793 hingerichtet.

62. *An den Bruder* – Auszug und Regest Gustav Schlesiers.

Hemsterhuis – Frans Hemsterhuis (1722–1790), holländischer Philosoph; er bezeichnete sich als Schüler des Sokrates und lehrte die Selbsterkenntnis als Grundlage und die Wahrheit als Ziel der Philosophie. Bei den erwähnten Werken handelt es sich vermutlich um die 1782 in deutscher Übersetzung erschienenen „Vermischten philosophischen Schriften".

Machiavell – Niccolò Machiavelli (1469–1527), italienischer Staatsmann, Diplomat, Schriftsteller und Philosoph. Mit seinem Buch „Il Principe" (Der Fürst) wurde er zum ersten Theoretiker der absolutistischen Staatsform. Er forderte eine straff zentralisierte Monarchie, die letzter Zweck des gesellschaftlichen Lebens sein und ungeachtet moralischer und religiöser Bedenken die Anwendung aller Mittel rechtfertigen sollte.

108 *hundert Taler eignes Verdienst* – Hölderlin hoffte auf Einnahmen durch schriftstellerische Arbeiten, vor allem wohl auf das Erscheinen des Städlinschen Journals (vgl. die siebente Anm. zu S. 103).

weder Jena noch die Schweiz – Hölderlin beabsichtigte, nach Beendigung seines Studiums entweder eine Hofmeisterstelle in der Schweiz anzunehmen oder nach Jena zu gehen, wo er sich Entscheidendes für seine eigene Weiterbildung erhoffte und als freier Schriftsteller seinen Unterhalt zu verdienen gedachte.

109 *Unglück des HE. Kellers* – Es ist unklar, ob hier der Name oder der Beruf (Kameralverwalter) eines Bekannten gemeint ist.

110 *HE. Oncle* – Pfarrer Majer in Löchgau.

110 *Umstände der lieben Schwester* – Hölderlins Schwester hatte am 17. September ihr erstes Kind (Heinrike) geboren.
Jenaisches Projekt – Vgl. die zweite Anm. zu S. 108.
Bettzieche – Mundartlich für „Bettbezug".
111 *die neue Bekanntschaft* – Wohl Matthisson, den Hölderlin am 27. Juni kennengelernt hatte.
113 *wirklich* – Schwäbisch für „gegenwärtig".
Seiz – Wilhelm Friedrich Seiz (1768–1836), im Stift von 1787 bis 1792, war damals Hofmeister in der französischen Schweiz.
Prokuratur – Die wirtschaftliche Leitung des Stifts.
114 *wirklich* – Schwäbisch für „gegenwärtig".
Bürgers und Vossens Almanach – Der „Göttinger Musenalmanach", von Karl Reinhard als Nachfolger Gottfried August Bürgers herausgegeben, und der „Musenalmanach" von Johann Heinrich Voß; in beiden Almanachen (für das Jahr 1794) erwartete Neuffer die Veröffentlichung eigener Arbeiten.
Examen – Gemeint ist das 1793 neu eingeführte (Parade-)Examen vor dem Konsistorium in Stuttgart, das zusätzlich zu dem üblichen in Tübingen veranstaltet wurde; Neuffers Vater als Konsistorialsekretär erfuhr den Termin gewiß rechtzeitig.
115 *Guadet, Vergniaud, Brissot* – Die drei girondistischen Führer waren am 2. Juni 1793 aus dem Konvent ausgeschlossen worden; sie flohen in die Provinz und konspirierten von dort aus mit Royalisten und dem Ausland gegen die Weiterführung der Revolution. Vergniaud wurde mit Brissot am 31. Oktober 1793, Guadet am 17. Juli 1794 hingerichtet.
68. An Neuffer – Durch Vermittlung Stäudlins, der Schiller am 20. September in Ludwigsburg besuchte, erhielt Hölderlin die Hofmeisterstelle im Hause der Charlotte von Kalb in Waltershausen. Ende September hatte Schiller Hölderlin gesprochen und am 1. Oktober die Empfehlung an Frau von Kalb gesandt. Wochen bangen Wartens in Nürtingen vergingen – in dieser Zeit, etwa um den 20. Oktober, wurde der Brief geschrieben –, bis Hölderlin Anfang November die endgültige Zusage erreichte.
ein Gedicht – „Das Schicksal" (vgl. Band 1, S. 269).
116 *Stäudlin* – Auf Stäudlins Anfrage vom 26. Oktober teilte Schiller diesem gleich zu Anfang des November den Bescheid der Frau von Kalb mit. Mitte Dezember brach Hölderlin von Nürtingen, am 20. von Stuttgart aus nach Waltershausen auf.

WALTERSHAUSEN, JENA, NÜRTINGEN
1794–1795

119 *Herzensbruder* – Karl Gok.
120 *Waltershausen* – Etwa 25 km südlich von Meiningen; das Gut befand sich seit 1522 im Besitz der Marschalk von Ostheim.
Menschen, die ich vor mir habe – Charlotte von Kalb, geb. von Ostheim (1761–1843), früh verwaist, wurde 1783 mit Heinrich von Kalb (1752–1806) vermählt, der als Offizier in französischen Diensten stand. Hölderlins Zögling, Fritz von Kalb, war neun Jahre alt.
HE. Ludwig – Ludwig Albrecht Schubart (1765–1811), der Sohn des Dichters Christian Friedrich Daniel Schubart; er war damals preußischer Legationsrat und Herausgeber der „Englischen Blätter" (Band 1–12, Erlangen 1793–1801), deren erste Jahrgänge er fast allein bestritt.
zum Journal – Vgl. die siebente Anm. zu S. 103.
Prof. Ammon – Christoph Friedrich Ammon (1766–1850), zunächst Professor der Philosophie (Kantianer), dann der Theologie; zwischen Rationalismus und Supranaturalismus stehend.
Anathema – Bannfluch wegen Ketzerei.
121 *in Nürnberg ... St. Antoine zu deutsch ediert* – Die Ironie in den vorangegangenen Sätzen und der Vergleich zwischen einem Nürnberger Ereignis (unter Führung der Grobschmiede hatte ein öffentlicher Protest gegen die zunehmende Teuerung stattgefunden) und einem Vorkommnis in Paris macht das radikale Denken Hölderlins und der Freunde in Stuttgart besonders offensichtlich, und zwar zu einem Zeitpunkt, da die Diktatur der Jakobiner schon errichtet war. Der Hinweis auf St. Antoine, eine Pariser Arbeitervorstadt, deren Bewohner maßgeblich am Sturm auf die Bastille beteiligt waren, bezieht sich sehr wahrscheinlich auf ein Ereignis, das der „Moniteur" im Mai 1793 (die Stiftsfreunde lasen sonst nachweislich nur die girondistischen Zeitungen) veröffentlicht hatte: Am 1. Mai erschien eine Abordnung aus St. Antoine vor dem Konvent und unterbreitete Vorschläge, die dem Wohl der Allgemeinheit dienen sollten. Das geschah ultimativ: „Wenn ihr sie nicht annehmt, so erklären wir, die wir die Sache des Volkes retten wollen, euch, daß wir uns zu ihrer Durchsetzung erhoben haben. 10 000 Mann stehen vor der Saaltür."

121 *eine Freundin der Frau von K.* – Die Gesellschafterin Wilhelmine Marianne Kirms, geb. Kemter (geb. 1772), deren Mann, von dem sie getrennt lebte, 1793 starb.
Pfarrer – Johann Friedrich Nenninger (1760–1828), der sich um die Aufzeichnung der Geschichte des Ortes Waltershausen verdient gemacht hat.
123 *HE. Hofrat in Nürtingen* – Oberamtmann Karl Friedrich Bilfinger.
Lesegesellschaft – Lesegesellschaften und -kabinette gab es seit der Aufklärung an vielen Orten; man konnte dort „fast alle existierenden Journale, ... gelehrte und politische Zeitungen" einsehen.
Jäger – Karl Christoph Friedrich Jäger (1773–1828), der von 1790 bis 1793 an der Karlsschule Medizin studierte und danach für einige Zeit auf Reisen ging. Er besuchte höchstwahrscheinlich auf dem Wege von Göttingen nach Leipzig Hölderlin in Jena.
125 *Pfarrer* – Johann Friedrich Nenninger.
Diplomatiker – Urkundenkenner; hier im Hinblick auf die historische Lokalforschung Nenningers.
die Gesellschafterin der Majorin – Wilhelmine Marianne Kirms.
die neuste Schrift von Kant – „Die Religion innerhalb der Grenzen der bloßen Vernunft" (1793).
126 *Besorgnisse wegen des Kriegs* – 1794 dehnte der Krieg sich noch nicht auf das rechte Rheinufer aus; die Friedenshoffnungen allerdings waren verfrüht.
Hofmeister Kleinmann – Wahrscheinlich Samuel Christoph Friedrich Kleinmann (1771–1854), der später Stadtpfarrer in seinem Geburtsort Bönnigheim war.
127 *74. An die Großmutter* – Die Großmutter (vgl. die Anm. zu S. 11) lebte damals vorübergehend bei ihrer zweiten Tochter in Löchgau.
128 *Friemar* – In dem nordöstlich von Gotha gelegenen Dorf war 1712 als Sohn eines Bauern der Großvater Hölderlins geboren, der Pfarrer Johann Andreas Heyn. Die „kleine Reise" ist wohl nicht zustande gekommen.
HE. Oncle – Pfarrer Majer in Löchgau.
129 *nach Markgröningen* – Grüße an Oberamtmann Blum.
etwas Lieberes – Neuffers Braut Rosine Städlin.
130 *Deinem Virgil* – Neuffer arbeitete an einer Übertragung Vergils (vgl. die sechste Anm. zu S. 71).

131 *mein Roman* – „Hyperion"; die Waltershäuser Fassung, die als „Fragment von Hyperion" Ende 1794 in Schillers „Neuer Thalia" erschien (vgl. Band 2, S. 7 ff.).
das Gedicht für Deine Selma – „Freundeswunsch. An Rosine St." (vgl. Band 1, S. 273). Der Name, den Neuffer seiner Braut gab, geht wohl auf das Klopstock-Gedicht „Selmar und Selma" zurück.
die „Einsiedlerin" – „Die Einsiedlerin aus den Alpen. Zur Unterhaltung und Belehrung für Deutschlands und Helvetiens Töchter", eine von Marianne Ehrmann herausgegebene Zeitschrift, in der 1794 (3. Band) das Gedicht erschien.

132 *Magenau* – Er hatte in die Pfarrei Niederstotzingen „eingeheiratet" und damit die Freunde verstimmt.
in einer Stunde – Bezug auf die erste Begegnung Hölderlins mit Schiller Ende September 1793 in Ludwigsburg.

133 *das Glück haben können . . .* – Von einer besonderen Gelegenheit für Hölderlin, „einige Monate" um Schiller zu sein, ist nichts bekannt; vielleicht ist die Zeit Ende 1793 gemeint, als Charlotte von Kalb wünschte, Schiller möge während seines Aufenthaltes in Schwaben auf Hölderlin als ihren zukünftigen Hofmeister einwirken.

134 *ein Blatt beizulegen* – Das Gedicht „Das Schicksal" (vgl. Band 1, S. 269); es erschien in der „Neuen Thalia".
das Liedchen – Vgl. die zweite Anm. zu S. 131.
Adon – Kurzform für Adonis, den schönen Liebling der Aphrodite.
Bürgers hohes Lied – Gottfried August Bürger (1747–1794) rühmt sein Gedicht „Das hohe Lied von der Einzigen" am Ende als seinen „schönsten Sohn" und als „geistigen Adon".
Gedicht an das Schicksal – Vgl. die erste Anm. zu S. 134.
meinen Roman – Vgl. die erste Anm. zu S. 131.

136 *Herzog von Meinungen* – Georg zu Sachsen-Meiningen (1761 bis 1803); er war ein Jugendgespiele der Charlotte von Kalb.

137 *ein Prophet in seinem Vaterlande . . .* – Vgl. Neues Testament, Markus 6,4.
Grâce – (franz.) Anstand, Gefälligkeit.
als Freiwilliger – In Württemberg (wie überhaupt in Süddeutschland) wurde nach den Erfolgen der Franzosen in der Pfalz (Dezember 1793) durch Herzog Ludwig Eugen der Versuch einer

Volksbewaffnung eingeleitet, da die zwangsweisen Rekrutenaushebungen auf vielfachen Widerstand gestoßen waren (vgl. Hölderlins Brief an Stäudlin und Neuffer, Nr. 70, S. 121, in dem er von der „lauten Unzufriedenheit mit der wohltätigen preußischen Regierung" spricht und von den 60 000 Mann, die in den fränkisch-preußischen Landen ausgehoben werden sollen). Doch auch dieses Projekt scheiterte an der Resistenz eines großen Teiles der Betroffenen. Schließlich erkannte die absolutistische Staatsgewalt die immanenten Gefahren einer solchen Volksbewaffnung und sah nach kläglichen Anfängen und deutlichen Mißerfolgen davon ab. (Vgl. Heinrich Scheel, a. a. O., S. 105 ff.) Hölderlins Sympathie für Frankreich spricht hier aus dem Wunsch, daß der Bruder nicht „die Flinte" gegen dieses Land werde erheben müssen.

138 *nach Markgröningen* – Als Schreiber bei Oberamtmann Blum; Karl Gok trat diese Stelle erst 1797 an.

139 *Antwort auf den Brief* – Offenbar hatte die Mutter ein berufliches Anerbieten übermittelt.

140 *unter den Händen* – Gemeint ist der „Hyperion" (vgl. die erste Anm. zu S. 131).

141 *Schillers „Thalia"* – Der Jahrgang 1793, erschienen im November 1794 und um Neujahr 1795, enthielt das „Fragment von Hyperion" und die Gedichte „Das Schicksal", „Dem Genius der Kühnheit", „Griechenland".

Ewalds „Urania" – Die von Johann Ludwig Ewald herausgegebene „Urania" brachte im April 1795 das Gedicht „Griechenland" in einer anderen Fassung (vgl. Band 1, S. 263 und die einführende Bemerkung zu dem Gedicht).

„Flora" – Die seit 1793 erscheinende Cottasche Zeitschrift „Flora" veröffentlichte erst 1801 und 1802 Beiträge von Hölderlin.

Nichte – Vgl. die erste Anm. zu S. 110.

Völkershausen – Dorf bei Ostheim vor der Rhön. Charlotte von Kalb war eine Nichte des dortigen Kammerherrn Dietrich Philipp August von Stein.

142 *kleine Exkursion* – Hölderlin machte die Fußreise allein; er kam gewiß bis nach Fulda, durchquerte also die ganze Rhön in zwei bis drei Tagen.

in Herders „Briefen" – In Herders „Briefen zu Beförderung der Humanität" (1793–1797) stehen keine Beiträge von Hölderlin. Vielleicht hatte Charlotte von Kalb versprochen, eine Beziehung zu Herder herzustellen.

143 *ein Töchterchen* ... – Edda von Kalb (1790–1874), die spätere Berliner Hofdame.

Christian – Breunlins Sohn aus erster Ehe.

was diesen Fall betrifft – Sehr wahrscheinlich hatte die Mutter auf Drängen von Elise Lebret Hölderlin den Vorschlag unterbreitet, „eine feste häusliche Lage", eine Stelle der „Versorgung" – wohl eine Pfarrei – zu akzeptieren, wobei an Protektion durch den Vater Elisens zu denken ist.

145 *Unfall* – Der Vater von Neuffers Braut Rosine Stäudlin war am 21. Mai gestorben.

146 *Herders „Tithon und Aurora"* – Der Aufsatz erschien 1792; zu seiner Bedeutung für Hölderlin vgl. Friedrich Beißner, „Palingenesie", in: „Hölderlin, Reden und Aufsätze", Weimar 1961.

147 *Übersetzung des „Catilina"* – Neben Vergils „Äneis" übersetzte Neuffer auch die Werke des römischen Geschichtsschreibers Sallust (86–35 v. u. Z.); die „Verschwörung des Catilina" erschien allerdings erst 1819.

148 *„Urania"* – Vgl. die Anm. zu S. 141.

die Heglin – Hegels Schwester Christiane, die wohl zu Neuffers Freundeskreis gehörte.

84. An Hegel – Hegel war seit Herbst 1793 Hofmeister bei einem Hauptmann von Steiger, teils in Bern, teils in Tschugg bei Erlach.

Reich Gottes – Das Losungswort der drei Tübinger Freunde Hölderlin, Hegel und Schelling; es konkretisierte sich in ihrem Glauben an die „neue Kirche" und an eine historische Regeneration der Menschheit, machtvoll ausgelöst durch die Ideen und Taten der Französischen Revolution. (Vgl. dazu die Einleitung, Band 1, S. 41 ff.)

149 *Frau von Berlepsch* – Emilie von Berlepsch (1757–1830), empfindsame Lyrikerin und Reiseschriftstellerin.

Baggesen – Jens Baggesen (1764–1826), dänischer Dichter zwischen Aufklärung und Romantik; er war ein Verehrer Kants und Schillers, dem er 1791 die Pension aus Dänemark vermittelte, und ein begeisterter Anhänger der Französischen Revolution.

Hesler – Von ihm waren schon mehrere Dramen erschienen.

150 *Mögling* – Friedrich Heinrich Wolfgang Mögling (1771–1813), ein Kompromotionale Hölderlins und Hegels, war damals Hofmei-

ster in Bern; später machte er am württembergischen Hofe Karriere.
151 *Sorge ... über den Krieg* – Am 26. Juni 1794 siegten die Franzosen unter Jourdan und Kléber bei Fleurus (Belgien) über die Österreicher.
152 *Briefe, die ich eingeschlossen bekomme* – Von Elise Lebret.
153 *stockfinstere Aufklärung* – Hölderlin steht durchaus nicht in einem Gegensatz zur Aufklärung (vgl. den Brief Nr. 65, ebenfalls an den Bruder); das Attribut ist hier vielmehr im Sinne von „platt, borniert" zu verstehen, im Unterschied zu den tiefen und weiten aufklärerischen Gedanken von Kant, Schiller und Fichte.
154 *Werft eure Perlen ...* – Nach dem Neuen Testament, Matthäus 7,6.
Gleichberg – Etwa 12 km nordöstlich von Waltershausen.
155 *H., B., G. etc.* – Vermutlich durch Schwab abgekürzt. H. und B. könnten auf Hiemer und Bilfinger hinweisen.
Robespierre – Er wurde am 28. Juli 1794 hingerichtet. Hölderlins Kommentar ist weitaus nüchterner und zurückhaltender als der anläßlich der Ermordung Marats (vgl. den Brief Nr. 61 und die Anm. dazu).

87. An Neuffer – Neuffer hatte in seinem Brief vom 16. August 1794 Hölderlin mitgeteilt, daß seine Braut (Rosine Stäudlin) „dem Grabe entgegengehe". Sie starb am 25. August 1795 an der Schwindsucht.
157 *auf einem Kalbischen Gute* – Dankenfeld, westlich von Bamberg.
158 *mein ... Beruf* – Hölderlins Verhältnis zu seinem Zögling hatte sich gegen Ende des Sommers sehr verschlechtert. Es stellte sich heraus, daß er sich Illusionen über die Anlagen des Knaben gemacht hatte. Hinzu kommt vielleicht noch, daß die Krise der Überempfindlichkeit, in die Hölderlin in dieser Zeit geraten war und von der auch Charlotte von Kalb Schiller berichtete, ein erstes Anzeichen der späteren Krankheit war. Hölderlin gab seine Stelle am 16. Januar 1795 auf.
159 *über meinem Roman* – Vgl. die erste Anm. zu S. 131.
Tod des Sokrates – Das geplante Drama ist nicht begonnen worden; Hölderlins Beschäftigung mit dem „Hyperion" dauerte noch bis in die Frankfurter Jahre hinein.
160 *für einen Almanach* – Das Gedicht „Das Schicksal" erschien zusammen mit dem „Fragment von Hyperion" Ende 1794 in der

„Neuen Thalia". Schillers erster Musenalmanach war der auf das Jahr 1796.

160 *Reinhardischer „Almanach"* — Der von Gottfried August Bürger begründete „Göttinger Musenalmanach" wurde nach dessen Tode (1794) durch Karl Reinhard fortgeführt.

„Akademie" — „Akademie der schönen Redekünste", eine ebenfalls von Gottfried August Bürger begonnene Zeitschrift.

das Conzische „Museum" — „Museum für die griechische und römische Literatur" (1794/95), herausgegeben von Karl Philipp Conz. Beiträge von Hölderlin enthält keine der drei Zeitschriften.

Aufsatz — Auch dieser Aufsatz kam nicht zustande.

Umarbeitung meines Gedichts... — Aus der 1792 entstandenen „Hymne an den Genius der Jugend" wurde das Gedicht „Der Gott der Jugend", das in Schillers „Musenalmanach für das Jahr 1796" erschien.

161 *Gotthold* — Stäudlin.

die Heglin — Vgl. die Anm. zu S. 148.

89. An Neuffer — Seit Anfang November befand Hölderlin sich in Jena.

162 *Wenn's sein muß...* — In dieser Bereitschaft, vom Wort zur unmittelbaren politischen Tat fortzuschreiten, wurde Hölderlin durch Fichtes Vorlesungen bestärkt. Den gleichen Willen äußert er noch einmal in dem Brief an den Bruder vom 1. Januar 1799 (S. 341).

Fichte — Im Sommer 1794 hatte Fichte seine Lehrtätigkeit in Jena aufgenommen. Er begann mit Vorlesungen „Über die Bestimmung des Gelehrten" (1794 erschienen). Der 1. und 2. Teil der „Grundlage der gesamten Wissenschaftslehre" erschien als Manuskript für seine Zuhörer ebenfalls noch 1794.

163 *Maler Meyer* — Johann Heinrich Meyer (1760—1832), der von Goethe sehr geschätzte Maler und Kunsthistoriker, war seit 1792 Professor am Weimarer Zeicheninstitut.

Klub der Professoren — Vorwiegend jüngere Professoren, die einmal in der Woche abends zusammenkamen. Wenn Goethe in Jena weilte, nahm er oftmals an den Zusammenkünften teil.

164 *Niethammer* — Friedrich Immanuel Niethammer (1766—1848), seit 1793 Professor der Philosophie in Jena; er kannte Hölderlin vom Tübinger Stift her und war für ihn „Freund, Lehrer und philosophischer Mentor".

164 *ich ... höre Lektionen* – Bei Fichte.
Friemar – Vgl. die Anm. zu S. 128.
165 *Dalberg* – Karl Theodor Reichsfreiherr von Dalberg (1744–1817), seit 1772 kurmainzischer Statthalter in Erfurt, wurde 1787 Koadjutor (nächster Mitarbeiter und dezidierter Nachfolger) des Kurfürsten. Von 1802 bis 1810 war er selbst Kurfürst und der letzte Erzbischof von Mainz und als solcher 1806 „Fürstprimas" des Rheinbundes.
mein Hausherr – Johann Gottfried Voigt, ehemals Kandidat der Theologie, übernahm 1788 in Jena ein akademisches Leseinstitut.
Paulus – Heinrich Eberhard Gottlob Paulus (1761–1851), Orientalist und Professor der Theologie.
166 *Friemar* – Vgl. die Anm. zu S. 128.
meine Herrschaft – Über die Entwicklung und Lösung des Dienstverhältnisses vgl. die Anm. zu S. 158.
167 *Nürnberg* – Hölderlin scheint an eine Übersiedlung nach Nürnberg gedacht zu haben, doch sind die Gründe hierfür unbekannt.
Camerer von Sondelfingen – Johann Caspar Camerer (1772–1847), Student der Medizin in Tübingen und Jena; ab 1796 Oberamtsarzt in Blaubeuren.
168 *Madame Paulus* – Vgl. die Anm. zu S. 165.
Neckarshausen – Bei Nürtingen gelegen; die Pfarre unterstand dem Patronat des Nürtinger Spitals.
169 *Freundin* – Elise Lebret.
170 *Pfarrer in Waltershausen* – Johann Friedrich Nenninger.
171 *ich bot allen Mitteln auf* – Der Dativ bei „aufbieten" war im 18. Jahrhundert noch geläufig.
172 *einer Arbeit* – Gemeint ist der „Hyperion".
Hauslehrer – Der Hofmeister war zugleich Hausgenosse.
Sie will Ihnen nächstens schreiben – Am 17. Januar 1795 schrieb Charlotte von Kalb an Hölderlins Mutter u. a.: „Hölderlin muß sich so bilden, daß er einst zum Vorteil des allgemeinen Guten und Schönen mitwirken kann!" An Schiller hatte sie sich am 14. Januar mit Worten gewandt, die intuitiv Hölderlins Wesen erfaßten: „Und Ruhe, Selbstgenügsamkeit – und Stetigkeit werde doch endlich dem Rastlosen. Er ist ein Rad, welches schnell läuft!!"
Mein Plan ist itzt ... – Mit diesen Zeilen will Hölderlin die Mutter offenbar beruhigen; begründete Vorstellungen von der nächsten Zukunft hatte er nicht.

173 *neben dem Fichtischen Hause* – Demnach wohnte Hölderlin vermutlich Unterlauengasse 17.

174 *Verfasser der Geschichte der Menschheit* – Herders philosophisches Hauptwerk „Ideen zur Philosophie der Geschichte der Menschheit" war von 1784 bis 1791 erschienen.

175 *Goethens . . . Roman* – Der erste Band von „Wilhelm Meisters Lehrjahren" erschien Weihnachten 1794. Das Ständchen vor Marianens Haus findet sich im 17. Kapitel des 1. Buches, das Gespräch über die Dichter im 2. Kapitel des 2. Buches.

176 *ein Stück Deiner „Äneide"* – Im letzten Heft des Jahrgangs 1793 der „Neuen Thalia", das erst Anfang 1795 herauskam, befand sich der 1. Teil des 7. Gesanges von Neuffers Übertragung der „Äneis" (vgl. die sechste Anm. zu S. 71).

die „Horen" – Das erste Heft der Zeitschrift erschien Ende Januar 1795.

was Du mir von der ernsten Satire schriebst – Der Brief Neuffers ist verlorengegangen.

Conzens Journal – Vgl. die vierte Anm. zu S. 160. Neuffers Übertragung der Episode von Nisus und Euryalus aus der „Äneis" war 1794 im 1. Stück der Zeitschrift enthalten. Einen Teil ebendieser Episode (Vers 176–318) übersetzte Hölderlin später selbst (vgl. Band 3, S. 231).

Voß – Johann Heinrich Voß (1751–1826), schon berühmt durch seine Homer-Übersetzung, arbeitete auch an einer Übertragung der „Äneis", die 1799 erschien.

Schillerischer Almanach – Schillers erster Musenalmanach war der auf das Jahr 1796.

noch in Schwaben – Ende September 1793 war Hölderlin in Ludwigsburg zum erstenmal Schiller begegnet.

177 *Woltmann* – Karl Ludwig Woltmann (1770–1817), seit 1794 in Jena Professor der Geschichte, hatte in Bürgers Musenalmanachen Gedichte im Stile der Empfindsamkeit veröffentlicht; später war er Mitarbeiter an Schillers „Horen" und Musenalmanachen.

Tübinger Geschichte – Hölderlins Verhältnis zu Elise Lebret.

eine Freundin, die ich ungerne verlor – Wilhelmine Marianne Kirms.

178 *94. An Hegel* – Zwischen dem Brief Hölderlins an Hegel vom 10. Juli 1794 (Nr. 84) und dem vorliegenden muß mindestens noch ein Brief geschrieben worden sein, denn Hegel teilt Schelling im

Januar 1795 mit: „Hölderlin schreibt mir zuweilen aus Jena ... Er hört Ficht'n und spricht mit Begeisterung von ihm als einem Titanen, der für die Menschheit kämpfe und dessen Wirkungskreis gewiß nicht innerhalb der Wände des Auditoriums bleiben werde."

178 *meinem Romane* – Die „Umbildung" des „Hyperion" nahm dann noch weitaus längere Zeit in Anspruch. Die Waltershäuser Fassung war als „Fragment von Hyperion" Ende 1794 in Schillers „Neuer Thalia" erschienen; ebenso die Hymne „Dem Genius der Kühnheit".

179 *Dogmatismus* – Hier: Vorkantische Denkweise, die Absolutes als gegeben annimmt und aus ihm die Erkenntnis ableiten will.

180 *das absolute Ich ist (für sich) nichts* – Das in der Handschrift in Klammern stehende „für mich" wurde in ein „für sich" abgeändert, da es sich offensichtlich um einen Schreibfehler Hölderlins handelt (vgl. Große Stuttgarter Ausgabe, Band 6/2, S. 724). Die fehlenden Zeilen im folgenden Abschnitt des Briefes haben vermutlich einen Widerruf oder doch eine Abschwächung des Verdachtes enthalten, Fichte setze den Dogmatismus fort; denn nach Waltershausen lernt Hölderlin das Fichtesche Denken genauer kennen.

181 *die jetzigen Zeitumstände* – Die Mutter meinte wohl den Fortgang des Krieges, der nach der Eroberung Hollands durch die Franzosen (Januar 1795) den deutschen Ländern wieder näher gerückt war. Warum Hölderlin darin „mitunter" – im älteren Sinne: nebenbei, unter anderem – einen „Grund" für seine „Veränderung" erblickte, ist nicht recht zu verstehen.

„*Horen*" – Zu einer Mitarbeit Hölderlins an den „Horen" kam es in Jena noch nicht.

182 *Die Arbeit ...* – Der „Hyperion".

Freund ... Verleger – Welcher Freund und welcher Verleger gemeint sind, ist nicht bekannt. Um Cotta kann es sich nicht handeln; er wurde erst am 9. März durch Schiller für das Werk interessiert.

Brun – Constantin Brun, Direktor der Königlich Ostindischen Compagnie zu Kopenhagen; seine Frau war die Lyrikerin und Reiseschriftstellerin Friederike Brun (1765–1835), die im Sommer – kurz nach Hölderlins Abreise – anläßlich einer Reise nach Italien durch Jena kam. Wer Hölderlin die Hofmeisterstelle vermitteln wollte, ist unbekannt.

182 *Hoffnungen, die... in Jena erfüllt werden könnten* – Hölderlin dachte dabei vor allem wohl an eine Dozentur.
183 *als einen Teil dessen...* – Behutsames Hindeuten auf das väterliche Erbe.
185 *an Cotta... geschrieben* – In Schillers Brief vom 9. März 1795 heißt es: „Er [der Roman] hat recht viel Genialisches, und ich hoffe auch noch einigen Einfluß darauf zu haben. Ich rechne überhaupt auf Hölderlin für die „Horen" in Zukunft, denn er ist sehr fleißig, und an Talent fehlt es ihm gar nicht, einmal in der literarischen Welt etwas Rechtes zu werden." Cotta bot die geringe Summe von 100 Gulden, wovon er den größten Teil erst nach Erscheinen des ersten Bandes (1797) an Hölderlin auszahlte.
186 *Ob Schiller die Vokation angenommen hat...* – Im Februar und abermals im März 1795 wurde Schiller ein Lehrstuhl an der Universität Tübingen angeboten. Er lehnte beidemal ab.
188 *Forderung unsers Gesetzes* – Da die Handschrift des Briefes nicht erhalten ist, kann ein mögliches Verlesen Schwabs nicht nachgewiesen werden; näher läge die Formulierung: Forderung unsers Geistes.
Es ist im Menschen... – Die folgenden Sätze sind im wesentlichen ein Resümee aus dem dritten Teil der „Wissenschaftslehre".
189 *Niethammer* – Zur Mitarbeit Hölderlins an Niethammers „Philosophischem Journal einer Gesellschaft teutscher Gelehrten" kam es nicht.
mein Werkchen – Gemeint ist der „Hyperion".
Schiller wird wohl hier bleiben – Vgl. die Anm. zu S. 186.
190 *Lustreise* – Möglicherweise von Schwab verlesen aus „Fußreise".
191 *Fußreise* – Sie wurde Ende März/Anfang April unternommen und dauerte sieben Tage.
Roßbach – Am 5. November 1757 siegten hier im Siebenjährigen Krieg die Preußen unter Friedrich II. über französische Truppen und die Reichsarmee.
Lützen – Gustav Adolf fiel am 16. November 1632 in der Schlacht gegen Wallenstein und das kaiserlich-katholische Heer. Schon der achtzehnjährige Hölderlin schrieb eine Hymne auf den Schwedenkönig (vgl. Band 1, S. 179).
der Fürst – Leopold Friedrich Franz von Anhalt-Dessau (1740 bis 1817).

191 *Halle* – In Halle, dem Zentrum des Pietismus, gründete August Hermann Francke (1663–1727) das später berühmte Waisen- und Erziehungshaus.

kindische Manier der Pädagogen – Hölderlins Kritik richtet sich wohl gegen die damals schon allgemein abgelehnte, von dem Erziehungsreformer Johann Bernhard Basedow (1723–1790) begründete Methode der Philanthropisten.

den neuen Kirchhof – Er wurde 1787 unter Leitung von Friedrich Wilhelm von Erdmannsdorf für beide Konfessionen angelegt und streng nach dem Vorbild italienischer Camposanti ausgeführt.

192 *Luisium und Wörlitz* – Das 1774 in der Nähe von Dessau für die Fürstin gestaltete Louisium war eine Gartenanlage, die ganz dem empfindsamen Gefühl der Zeit entsprach. Vgl. auch Hölderlins spätere Ode „An eine Fürstin von Dessau", Band 1, S. 355. – Der östlich von Dessau in den Jahren von 1764 bis 1808 großräumig angelegte Park von Wörlitz ging auf englische Vorbilder zurück; die Baulichkeiten (das klassizistische Schloß, das Gotische Haus, der Gedenkstein für Rousseau) wurden ganz der Landschaft angepaßt.

Prof. Heydenreich – Karl Heinrich Heydenreich (1764–1801), Professor der Philosophie; er wurde von Goethe in dem Xenion „Klingklang" verspottet.

Göschen – Georg Joachim Göschen (1752–1828), Verleger von Klopstock und Wieland, zeitweilig auch von Goethe (Gesamtausgabe 1787–1790) und Schiller.

Dem. Fehleisen – Freundin der Schwester in Blaubeuren.

193 *Gartenhaus* – Es lag wohl am Hausberg jenseits der Saale. Isaak von Sinclair (vgl. die Anm. zu S. 211) schreibt am 26. März 1795 an Franz Wilhelm Jung (vgl. die Anm. zu S. 227) von Hölderlin als einem „Herzensfreund instar omnium" (lat.: wert allen [die er verloren hatte]): „. . . mit diesem strahlenden, liebenswürdigen Vorbild werde ich künftigen Sommer auf einem einsamen Gartenhaus zubringen. Von meiner Einsamkeit und diesem Freund verspreche ich mir viel."

bälder – Mundartlich; die Suevismen in Hölderlins Sprache werden immer seltener.

194 *Goethe* – Er war vom 29. März bis zum 2. Mai in Jena.

Heyne – Christian Gottlob Heyne (1729–1812), Professor der klassischen Philologie in Göttingen, Begründer der modernen Altertumswissenschaft. Auf Grund einiger Teile von Neuffers „Äneis"-Übertragung hatte er diesem geraten, sich nun ganz der klassischen Literatur zu widmen und sich auf eine akademische Lehrstelle vorzubereiten.

194 *Ovids „Phaëthon"* – „Metamorphosen", 2, Vers 1–366 (vgl. Band 3, S. 225). Endgültig fertig wurde die Arbeit erst in Nürtingen, doch nahm sie Schiller dann nicht in den Almanach auf, was Hölderlin auch für gerechtfertigt hielt (vgl. den Brief an Neuffer vom März 1796, S. 232).

Cotta ... 100 fl. bezahlt – Vgl. die Anm. zu S. 185.

196 *das edle, unersetzliche Wesen* – Neuffers Braut Rosine Städlin war am 25. April 1795 an der Schwindsucht gestorben.

197 *Reinigkeit* – Zu Anfang des 19. Jahrhunderts durch „Reinheit" verdrängt.

199 *eine Hofmeisterstelle* – Welches Angebot sich Hölderlin hier eröffnete, bleibt ungewiß; wegen der plötzlichen Abreise von Jena wurden die Verhandlungen wohl auch nicht weitergeführt.

200 *meinem Freunde* – Damit ist wohl Sinclair gemeint, der vermutliche Mitbewohner des Gartenhauses.

102. An Schiller – Ende Mai 1795 hatte Hölderlin Jena verlassen. Die Ursachen für diese plötzliche Abreise werden sich wohl kaum mehr genau bestimmen lassen; Hölderlin selbst läßt sich nur andeutungsweise darüber aus.

202 *was ich beilege* – Sicher die Übertragung von Ovids „Phaëthon".

Ebel – Johann Gottfried Ebel (1764–1830), Arzt, Naturforscher und Schriftsteller, lebte seit 1792 in Frankfurt und war ein Freund der Familie Gontard (vgl. die zweite Anm. zu S. 224). Als begeisterter Anhänger der Französischen Revolution ging er mit offiziellen und inoffiziellen Aufträgen (der Stadt Frankfurt bzw. der Schweiz) in den Jahren von 1796 bis 1802 mehrfach nach Paris. Hölderlin lernte Ebel, der ihm die Hofmeisterstelle im Hause Gontard vermittelte, auf der Heimreise von Jena nach Nürtingen Mitte Juni 1795 in Heidelberg kennen.

203 *den seltenen Menschen* – Vorwegnehmend auf die Familie Gontard bezogen.

grausam fehlgeschlagene Bemühungen – Vgl. dazu vor allem den Brief an die Mutter vom 16. Januar 1795 (S. 170 f.).

Befürchten Sie deswegen nicht ... – Hölderlins neues Erziehungsprogramm stellt nach den Erfahrungen von Waltershausen in vielem einen Gegensatz zu seinem ersten (vgl. den Brief an Schiller um den 20. März 1794) dar. Nannte er dort als Hauptziel die Entwicklung der Vernunft, die Erweckung des Bewußtseins sittlicher Freiheit, so sieht er jetzt seine vordringlichste Aufgabe darin, das Kind mit einer „bessern Welt" zu umgeben. Dabei kommt der Geschichte ein hoher erzieherischer Rang zu.

204 *la première et plus...* – (franz.) „Das erste und wichtigste der Erziehung ist, ein Kind für die Erziehung tauglich zu machen" („Neue Heloise", V. Teil, Brief 3).

205 *Livius* – Titus Livius (59 v. u. Z. – 17 u. Z.); römischer Geschichtsschreiber; sein großes Geschichtswerk „Ab urbe condita" (Seit Gründung der Stadt [Rom]) ist nur teilweise erhalten.

Plutarch – Griechischer Schriftsteller (um 46 bis um 120); er verfaßte eine Sammlung „Paralleler Lebensbeschreibungen" bedeutender Griechen und Römer. Das Werk war von großer Wirkung auf Hölderlin wie auch auf Rousseau.

206 *einen jungen Gelehrten* – Es handelt sich um Hegel.

207 *104. An Schiller* – Schiller hat auf Hölderlins Brief vom 23. Juli wohl nicht geantwortet. Die plötzliche Abreise seines Schützlings und die seinen Erwartungen nicht entsprechende „Phaëton"-Übertragung mochten ihn befremdet haben.

Beitrag – Wahrscheinlich die Gedichte „Der Gott der Jugend" und „An die Natur" (vgl. Band 1, S. 277 und S. 279), die für den „Musenalmanach auf das Jahr 1796" gedacht waren. Das Urteil Wilhelm von Humboldts bestimmte Schiller zur Ablehnung des zweiten Gedichtes, worüber sich Hölderlin in seinem Brief an Neuffer vom März 1796 (S. 232) beklagt.

res nullius – (lat.) herrenlose Sache.

ich suche mir die Idee eines unendlichen Progresses... – Die folgenden Bemerkungen zeugen von der Auseinandersetzung Hölderlins mit Fichte und sind zugleich ein Resümee der Tübinger Gespräche mit Schelling (zwischen dem 21. Juli und 30. August 1795), die schließlich ihren Niederschlag fanden in dem „Systemprogramm des deutschen Idealismus" (vgl. Band 2, S. 441 und die dazugehörige Anm.).

„am Eise wärmen" – Zitat aus Goethes „Wilhelm Meisters Lehrjahre", 2. Buch, 11. Kapitel.

Ich fühle nur zu oft... – Hölderlins seelische Verfassung in jenen Wochen nach der Flucht aus Jena umreißt auch ein rückblickender

Brief Magenaus an Neuffer vom 24. November 1796: „Hölderlin habe ich voriges Jahr bei meinen Eltern gesprochen, gesehen wollt ich sagen, denn er konnt nicht mehr sprechen, er war abgestorben allem Mitgefühl mit seinesgleichen, ein lebender Toter. Er sprach vieles phantastisches Zeug von einer Reise nach Rom, wo gewöhnlich die guten Deutschen sich die Seele verkälten."

207 *Hofmeisterstelle in Frankfurt* – Bei der Familie Gontard (vgl. die zweite Anm. zu S. 224).

208 *Das Verhältnis* . . . – Es handelte sich um eine Erzieherstelle bei dem mit Neuffer befreundeten Professor am Stuttgarter Gymnasium Friedrich Jakob Ströhlin, den Hölderlin jedoch erst 1800 kennenlernte und der ihm das Hofmeisteramt in Bordeaux vermittelte.

Antwort von Frankfurt – Vgl. die Anm. zu S. 210.

209 *das Anerbieten* – Vermutlich ebenfalls eine Erzieherstelle in Stuttgart oder Tübingen, vielleicht auch eine Repetentenstelle im Stift. Hölderlin schlägt das Anerbieten wegen seines „bizarren Verhältnisses" zu Elise Lebret aus.

Schillers Gedicht – Wahrscheinlich „Das Reich der Schatten" (späterer Titel: „Das Ideal und das Leben") im September-Heft der „Horen".

mit meinem spekulativen Pro und Kontra – Hölderlins Gedanken über die Möglichkeit einer Vereinigung von Subjekt und Objekt (vgl. den Brief an Schiller vom 4. September 1795 und den an Niethammer vom 24. Februar 1796).

210 *106. An Johann Gottfried Ebel* – Im Oktober hatte Hölderlin einen „wegen dem Kriege" hinhaltenden Brief von Ebel aus Frankfurt erhalten; die schmerzlich erhoffte Zusage der Familie Gontard (vgl. die zweite Anm. zu S. 224) traf erst Anfang Dezember ein.

211 *Sinclair* – Isaak von Sinclair (1775–1815), Jurist und Schriftsteller. Während seines Studiums der Rechtswissenschaft in Tübingen (1792–1794) hatte er Kontakt mit den Mainzer Klubisten; er hielt die Jakobinerdiktatur für notwendig. Nachdem er im Oktober 1795 wegen der Teilnahme an Studentenunruhen von der Universität verwiesen worden war, trat er 1796 in hessen-homburgische Staatsdienste und nahm 1798/99 als Gesandter am Rastatter Kongreß teil, wobei ihn Hölderlin zeitweilig begleitete. Näheres über Sinclair und seine Freundschaft zu Hölderlin vgl. die einführende Bemerkung zu dem Gedicht „An Eduard", Band 1.

211 *dieser unsichtbaren streitenden Kirche* – Der Begriff spielt im Protestantismus, im Pietismus und noch bei Herder und Kant eine wichtige Rolle. Für die Tübinger Freunde Hölderlin, Hegel und Schelling ist er ihrer Losung vom „Reich Gottes" immanent (vgl. die Anm. zu S. 148). Ende Januar 1795 schreibt Hegel an Schelling: „Vernunft und Freiheit bleiben unsre Losung und unser Vereinigungspunkt die unsichtbare Kirche." Vgl. dazu auch die Einleitung, Band 1, S. 41 ff.

ein Apostel – Im Neuen Testament heißt es bei Paulus im ersten Brief an die Thessalonicher (4,15): „... wir, die wir leben und überbleiben auf die Zukunft des Herrn."

212 *107. An Hegel* – Der letzte Brief an Hegel (Nr. 94) war vom 26. Januar 1795; zwischen diesen beiden erhaltenen Briefen muß eine ganze Reihe verlorengegangener liegen, besonders aus Jena.

von den Frankfurtern – Vgl. die Anm. zu S. 210.

wegen der Repetentenstelle – Im Tübinger Stift kamen die Besten einer Promotion als Repetenten in Frage, die wiederum als Anwärter auf einen Lehrstuhl oder für ein höheres Kirchenamt galten.

meinen ehemaligen Tübinger Torheiten – Gemeint ist das Verhältnis zu Elise Lebret, in deren Nähe Hölderlin keinesfalls leben wollte.

Totenerwecker – Mit Hilfe des Kantschen Kritizismus versuchten die Tübinger Theologen paradoxerweise das alte System des Dogmatismus zu stützen; dagegen richtete sich der Spott und die Opposition der Stiftsfreunde Hölderlin, Hegel und Schelling.

ein Reisegeld – Das Konsistorium vergab an besonders begabte Stiftler ein Stipendium für eine Bildungsreise.

Renz – Karl Christoph Renz (1770–1829), der Primus in Hölderlins Promotion, wurde von Hegel und Schelling als ebenbürtiger Gesinnungsgenosse betrachtet und hochgeschätzt; er wurde 1797 zwar Repetent, schlug jedoch alle Chancen auf eine Karriere aus und wurde Pfarrer.

213 *Paraphrase der Paulinischen Briefe* – Vgl. den Schluß des vorigen Briefes und die dritte Anm. zu S. 211. Hegel hatte die Absicht geäußert, „die Religionsbegriffe" zu behandeln.

Fichte ist wieder in Jena – Fichtes Vorlesungen „Über die Bestimmung des Gelehrten" trafen auch das studentische Ordenswesen bzw. -unwesen. Zunächst schien es, als wären die Studenten von den Fichteschen Gedanken beeindruckt und sogar zur Auflösung ihrer Verbindungen bereit. Doch die eingeleiteten Verhandlungen zogen sich in die Länge, es entstand Mißtrauen und Unmut Fichte gegenüber, schließlich kam es zu Ausschreitungen. Fichte zog sich daraufhin aus Protest auf Wielands Gut nach Oßmannstedt zurück.

213 *Seiz* – Offenbar aus der Schweiz zurückgekehrt, hatte Seiz ebenfalls Interesse an einer Hofmeisterstelle in Frankfurt.
Hafen – Schwäbisch für „Topf".
unsere Herren in Stuttgart – Das Konsistorium.

214 *impatiens limae* – (lat.) ohne Geduld zum Feilen.
Kasimir – Kaschmir, ein Kammgarngewebe.
Landauer – Vgl. die Anm. zu S. 433.
die versprochne Elegie – Sie wurde vermutlich nicht ausgeführt.

215 *mit nächster Woche abreisen* – Hölderlin verließ die Heimat erst nach den Weihnachtstagen, vielleicht nach einer abermaligen Bitte um Aufschub aus Frankfurt.
für einen Mittagstisch – Schon in Jena hatte Hölderlin sparsamkeitshalber „des Tags nur einmal" gegessen (vgl. den Brief an Neuffer vom 19. Januar 1795, S. 178); ebenso hielt er es 1799 in Homburg.

216 *110. An Neuffer* – Nach ihrer Ausgabenliste wandte die Mutter für die Ausstattung des Sohnes 125 Gulden auf.
Curé – Pelzrock.

217 *Vetter Majer* – Ludwig Majer hatte anscheinend das Studium der Theologie mit dem der Philosophie vertauscht.

218 *Bankier Gontard* – Vgl. die zweite Anm. zu S. 224.
Schelling ist . . . – Schelling war im Herbst 1795 aus dem Stift entlassen worden. Über seine Zusammenkunft mit Hölderlin berichtet sein Biograph: „Auf dem Heimweg nach Nürtingen begleitete ihn Schelling; sie sprachen von Philosophie, und Schelling klagte, wie weit er noch darin zurück sei. Da tröstete ihn Hölderlin mit den Worten: ‚Sei du nur ruhig, du bist grad soweit als Fichte, ich habe ihn ja gehört.' " (G. L. Plitt, „Aus Schellings Leben. In Briefen.", Leipzig 1869, 1. Band, S. 71.) Wenn Schelling hier Abtrünnigkeit nachgesagt wird, dann ist vielleicht seine große Nähe zu Fichte gemeint, dem gegenüber Hölderlin sich schon gelegentlich kritisch gezeigt hatte (vgl. die Briefe Nr. 94 und Nr. 104), oder aber Schellings Schrift „Vom Ich als Prinzip der Philosophie oder Über das Unbedingte im menschlichen Wissen" (1796).

FRANKFURT
1796–1798

221 *von meiner hiesigen Lage* – Hölderlin war am 28. Dezember 1795 in Frankfurt eingetroffen. Er wohnte zunächst in einem Gasthof und wurde mit der Familie Gontard (vgl. die zweite Anm. zu S. 224) erst am 31. Dezember näher bekannt.

unser Vetter – Ludwig Majer aus Löchgau, der mit Hölderlin nach Frankfurt gereist war.

222 *das Schicksal meines Karls* – Karl Gok suchte eine befriedigende Anstellung, die er jedoch erst 1797 bei Johann Friedrich Blum fand.

HE. Oncle – Pfarrer Majer, der Empfänger des folgenden Briefes.

223 *mein Freund* – Ludwig Majer, der Sohn des Pfarrers, bei dem Hölderlin die Weihnachtstage verbracht hatte, war mit nach Frankfurt gereist und fuhr von dort aus weiter nach Jena, um Philosophie zu studieren.

mein künftiger Zögling – Vgl. die zweite Anm. zu S. 224.

die traurige Zeit... – Vgl. dazu vor allem den Brief an die Mutter vom 16. Januar 1795 (S. 170 f.).

224 *Müttern* – In der schwäbischen Mundart noch heute übliche schwache Flektion.

die besten Menschen – Die Familie Gontard, deren Vorfahren aus Grenoble stammten. Nach der Aufhebung des Edikts von Nantes (1685) war der Urgroßvater von Hölderlins Brotherrn aus religiösen Gründen ausgewandert und hatte sich in Frankfurt niedergelassen. Als Bankiers und Händler mit englischen Wollwaren waren die Gontards eine der wohlhabendsten Familien Frankfurts. 1795 wurde das Firmenkapital auf 500 000 Gulden geschätzt. Die Familie war reich verzweigt, so daß Madame de Staël 1803 scherzhaft von Frankfurt gesagt haben soll: Alle Welt heißt hier Gontard. Jakob Friedrich Gontard (1764–1843), bei dem Hölderlin als Hofmeister eintrat, war ein Geschäftsmann ohne musischen Sinn; sein Wahlspruch lautete: Les affaires avant tout (franz.: Die Geschäfte vor allem). 1786 heiratete er Susette Borkenstein (1769 bis 1802), die Tochter eines Hamburger Kommerzienrates. Von den vier Kindern der Gontards hatte Hölderlin das älteste, Henry (1787–1816), zu erziehen.

224 *interessanten Menschen* – Vor allem Franz Wilhelm Jung (vgl. die Anm. zum nächsten Brief), wie Sinclair begeisterter Anhänger der Französischen Revolution, und Pfarrer Philipp Jakob Leutwein (1763–1800), ein überzeugter Demokrat, der großen Einfluß auf Sinclair ausübte.

227 *Hofrat Jung* – Franz Wilhelm Jung (1757–1833), Mentor Sinclairs. Seit 1786 war er im Dienst des homburgischen Landgrafen, von dem er sich jedoch 1794 wegen seiner konsequent demokratischen Überzeugung und seiner nach wie vor bejahenden Einstellung zur Französischen Revolution trennte. 1798 trat er in französische Dienste, zog sich jedoch 1802 enttäuscht aus seinem Amte als Polizeikommissar zurück und ging 1806 als Privatmann nach Frankfurt. 1808 gab er eine Übertragung Ossians in drei Bänden heraus.

Deus nobis haec otia fecit – (lat.) Ein Gott hat uns diese glückliche Ruhe gegeben (aus Vergils 1. Ekloge, Vers 6).

Sinclair ... als Geschäftsmann – Sinclair wollte zu weiterer Ausbildung als Diplomat und Staatsbeamter (diese Bedeutung hatte das Wort Geschäftsmann damals noch vorwiegend) nach Berlin, aber er kam nicht dazu, weil sein Stiefvater im März 1796 tödlich verunglückte.

228 *philosophische Briefe* – Vgl. den folgenden Brief an Niethammer, in dem Hölderlin den Plan der Aufsätze umreißt.

Neues von meinem Roman – Hölderlin wartete wohl auf die Druckbogen des „Hyperion".

Schiller – Hölderlin hoffte im „Musenalmanach für das Jahr 1796" einige an Schiller gesandte Arbeiten zu finden (vgl. die erste Anm. zu S. 202 und die zweite Anm. zu S. 207).

Fripon – (franz.) Schelm; hier wahrscheinlich der Name eines Hundes.

229 *Reinhold* – Karl Leonhard Reinhold (1758–1823) popularisierte als Professor in Jena Kants Werke in den „Briefen über die Kantsche Philosophie" (1786/87); er wandte sich später Fichte zu.

fruchtlose Bemühungen – Die gescheiterte Erziehung Fritz von Kalbs, die Hölderlin in eine geistig-seelische Krise geführt hatte.

philosophische Briefe – Der versprochene Beitrag kam nicht zustande, doch mögen in das Fragment „Hermokrates an Cephalus" (vgl. Band 2, S. 365) einige Gedanken davon eingegangen sein. Vgl. auch den Brief an Schiller vom 4. September 1795, S. 207.

230 *Schelling* ... – Er hatte in Niethammers Zeitschrift Anfang 1796 „Philosophische Briefe über Dogmatismus und Kritizismus" veröffentlicht. Vgl. auch die Anm. zu S. 218.

232 *Daß Schiller* ... – Zu Ovids „Phaëthon" vgl. die dritte Anm. zu S. 194. In dem „Musenalmanach auf das Jahr 1796" war lediglich Hölderlins Gedicht „Der Gott der Jugend" enthalten. Die Hymne „An die Natur" hatte Schiller nicht grundsätzlich abgelehnt, sondern sie in seiner Disposition für das 10. Stück der „Horen" vorgemerkt.

119. An den Bruder – Auszug und Regest Gustav Schlesiers.

233 *cacumina rerum* – (lat.) die höchsten Dinge (wörtlich: die Gipfel der Dinge).

234 *Teile des Plutarch* – Hölderlin war Subskribent der bei Cotta seit 1791 erscheinenden Plutarch-Ausgabe von Johann Georg Hutten.

„*Lust und Liebe* ..." – „Iphigenie auf Tauris", Vers 665 f.

237 *Fichte hat ein Naturrecht herausgegeben* – Der 1. Teil der „Grundlage des Naturrechts nach Prinzipien der Wissenschaftslehre" erschien 1796.

238 *122. An den Bruder* – Die Datierung dieses und des folgenden Briefes bereitet einige Schwierigkeiten. Nach der ausführlichen Argumentation von Adolf Beck in der Großen Stuttgarter Ausgabe, Band 6/2, S. 793 ff., möchten wir uns der Meinung anschließen, daß beide Briefe wohl Ende Juni geschrieben wurden, also die beiden von Hölderlin datierten Zusätze jeweils auf den 10. Juli angesetzt werden müßten.

239 *Geschäftsleben* – Vgl. die dritte Anm. zu S. 227.

Die kaiserliche Armee ... – Die französischen Truppen besetzten am 8. Juli 1796 Wetzlar; am 14. Juli kapitulierte Frankfurt. Im Süden hatten die Franzosen unter Moreau am 24. Juni den Rhein überschritten und drangen in Württemberg vor.

240 *es gibt ein Wesen* ... – Das erste briefliche Bekenntnis der Liebe zu Susette Gontard.

242 *einen kleinen Beitrag* – Die Gedichte „An die Unerkannte", „An Herkules", „Diotima" (Mittlere Fassung), „An die klugen Ratgeber". Sie kamen für den „Musenalmanach für das Jahr 1796" zu spät.

125. An den Bruder – Hölderlin befand sich vom 13. oder 14. Juli bis zum 9. August 1796 in Begleitung von Susette Gontard, der

vier Kinder und Marie Rätzer, der Gouvernante der drei Mädchen, in Kassel.
242 *die... großen Begebenheiten* – Vgl. die zweite Anm. zu S. 239. Am 18. Juli schon wurde Stuttgart besetzt, und am 7. August 1796 mußte Württemberg einen Separatfrieden abschließen.
243 *welche... die Perser aus Attika schleuderten* – Nach der Niederlage bei Plataiai (479 v. u. Z.) wurden die Perser endgültig aus Griechenland vertrieben (vgl. dazu auch Hölderlins Gedicht „Der Archipelagus" (Band 1, S. 372).
Susa – Altorientalische Stadt (nördlich der Mündung des Euphrat und Tigris) und Winterresidenz der persischen Könige; Handlungsort der Tragödie des Aischylos „Die Perser", an die Hölderlin hier gedacht haben mag.
Saint-Cyr – Laurent Gouvion Saint-Cyr (1764–1830), französischer General, später Marschall, Staatsmann und Minister.
Condéische Untiere – Louis-Josephe von Bourbon, Prinz von Condé (1736–1818), stellte als fanatischer Gegner der Französischen Revolution ein Emigranten-Korps auf, das auf seiten der Österreicher kämpfte und wegen seiner Untaten beim Volk außerordentlich verhaßt war. Die süddeutschen Bauern setzten sich schließlich zur Wehr, und es kam zu blutigen Auseinandersetzungen. (Vgl. Heinrich Scheel, a. a. O., S. 56 f.)
Heinse – Johann Jakob Wilhelm Heinse (1746–1803), damals Vorleser und Bibliothekar des Mainzer Kurfürsten, war wegen der Kriegshandlungen ebenfalls nach Kassel gegangen. Da er mit der Familie Gontard schon länger bekannt war, begleitete er sie nach Driburg.
244 *König von Preußen* – Friedrich Wilhelm II. hatte den Landgrafen Wilhelm IX. von Hessen-Kassel am 3. August besucht.
der Weiße Stein – Der 1798 (nach Fertigstellung des gleichnamigen Schlosses) in Wilhelmshöhe umbenannte Berg.
Gemäldegalerie – Die Galerie enthielt damals 236 Gemälde, darunter waren Meisterwerke von Rubens, Rembrandt und Claude Lorrain.
Museum – Das Museum Fridericianum, dessen Skulpturenabteilung damals wertvolle Originale aus der Antike neben zahlreichen Abgüssen und Kopien besaß. Vermutlich machte Heinse, der ein einfühlsamer Kunstkenner war, für die Frankfurter den Cicerone.

244 *Böotien* – Das mittelgriechische Land Boiotia war in der klassischen Zeit des griechischen Altertums (5.-3. Jh. v. u. Z.) in seiner wirtschaftlichen Entwicklung hinter den anderen Staaten zurückgeblieben, und seine Bewohner galten als rückständig und ungebildet.

245 *Hardt* – Dorf bei Nürtingen.

die „Hermannsschlacht" – Das Drama von Klopstock: „Hermanns Schlacht. Ein Bardiet für die Schaubühne" (1769).

Geschäftsmann – Vgl. die dritte Anm. zu S. 227.

246 *Kasimir* – Kaschmir, ein Kammgarngewebe.

über den politischen Jammer – Diese summarische Äußerung Hölderlins steht im Gegensatz zu seiner Freude über die „Riesenschritte der Republikaner" (vgl. den vorhergehenden Brief). Die sich zurückziehenden Franzosen zeigten zum ersten Male deutlich – und das mag für Hölderlin eine tiefe Enttäuschung gewesen sein –, daß sie nicht mehr die Soldaten der Revolution, nicht mehr die Jakobinerarmeen von 1794 waren, sondern die Repräsentanten einer Republik, die bewußt einen bourgeoisen Eroberungskrieg führte. In dem Brief an die Mutter vom 20. November 1796 spricht Hölderlin sogar von einem „rasenden Kriege".

247 *HE. Gogel* – Johann Noë Gogel (1758–1825), Frankfurter Weingroßhändler, der eine ansehnliche Kunstsammlung besaß. Hegel trat seine Stelle als Erzieher im Januar 1797 bei ihm an.

248 *Repetent in Tübingen* – Hegel hatte eine Zeitlang die Absicht, Repetent im Stift zu werden.

250 *Bernerbiet* – Biet: schweizerisch für „Gebiet".

251 *129. An Schiller* – Hölderlin hatte auf seine Briefe an Schiller, die er seit seinem Weggang aus Jena geschrieben (Nr. 102, 104, 124), keine Antwort erhalten. Auf den vorliegenden Brief antwortete Schiller sofort. Hölderlin seinerseits schrieb erst am 20. Juni 1797 wieder an Schiller.

die unglücklichen Verse – Vgl. die erste Anm. zu S. 242. Schiller scheint die Gedichte nie zurückgeschickt zu haben.

252 *über jugendliche Ängstlichkeit weg* – Diese Selbstcharakteristik findet ihre Parallele in einer Bemerkung Goethes (Brief an Schiller vom 23. August 1797), der Hölderlin in Frankfurt gesprochen hatte: „... er ist wirklich liebenswürdig und mit Bescheidenheit, ja mit Ängstlichkeit offen."

Präzeptoratstelle – An der Nürtinger Lateinschule.

254 *unsre ökonomischen Verhältnisse* – Sicher hatte die Mutter Hölderlin deutlich gemacht, daß ein Studium Karl Goks aus materiellen Gründen nicht möglich sei.
in dem rasenden Kriege – Vgl. die zweite Anm. zu S. 246.
255 *Fichtes Naturrecht* – Vgl. die Anm. zu S. 237.
256 *Mein „Hyperion"* – Ostern 1797 erschien nur der erste Band des „Hyperion", der zweite kam im Herbst 1799 heraus.

die zwei schwäbischen Almanache – In Stäudlins „Musenalmanach fürs Jahr 1792" und in der „Poetischen Blumenlese fürs Jahr 1793" waren die meisten der Tübinger Hymnen Hölderlins erschienen.

132. An Johann Gottfried Ebel – Der Brief ist die Antwort auf ein Schreiben Ebels von Ende Oktober 1796 aus Paris.

258 *das gute Mädchen* – Margarete Gontard (1769–1814), die Schwester Jakob Friedrich Gontards. Aus Standesgründen widersetzte sich die Familie Gontard einer Verbindung mit Dr. Ebel.

259 *Daß Deine Lage...* – Noch war Karl Gok in Nürtingen, doch trat er nach Ostern, unmittelbar nach dem Besuch in Frankfurt, seine Stelle als Schreiber bei Johann Friedrich Blum an.

260 *das bewußte Anerbieten* – Ein erneuter Vorschlag der Mutter, wobei es sich um eine Pfarrstelle mit notwendiger Einheirat ziemlich weit entfernt von Nürtingen gehandelt haben muß.

262 *135. An den Bruder* – Auszug und Regest Gustav Schlesiers.
die schönen Pläne – Vgl. die Anm. zu S. 260. Wahrscheinlich hatte der Bruder Näheres über die in Frage kommende Pfarrerstochter geschrieben.

264 *Freundschaft mit einem Wesen...* – Susette Gontard, Hölderlins Diotima.

ein Gedicht an sie – Die jüngere Fassung der Reimhymne „Diotima" (vgl. Band 1, S. 290), die Hölderlin am 10. Juli zurückforderte.

in einem westfälischen Bade – Bad Driburg, östlich von Paderborn.

265 *Das Lied... von Dir* – „Sonnenuntergang im Walde", in dem „Musenalmanach für das Jahr 1797".

„Wen die Götter lieben..." – Möglicherweise ein Selbstzitat aus einer Vorfassung des „Hyperion". Vgl. auch Goethes Gedicht (an Auguste Gräfin zu Stolberg): „Alles geben Götter, die

unendlichen, / Ihren Lieblingen ganz, / Alle Freuden, die unendlichen, / Alle Schmerzen, die unendlichen, ganz."

266 *Camerer* – Johann Caspar Camerer.

267 *den bekannten Vorschlag* – Vgl. die Anm. zu S. 260.

138. An die Schwester – Karl Gok war vom 16. bis zum 20. April in Frankfurt gewesen und hatte im Hause Gontard gewohnt.

268 *Mainz* – Die Stadt, die 1792/93 das Zentrum der von Georg Forster (1754–1794) geführten jakobinischen Bewegung gewesen war und in der im März 1793 die erste bürgerliche Republik auf deutschem Boden gegründet worden war (sie bestand bis zum 23. Juli), hatte durch die preußische Belagerung und Beschießung im Sommer 1793 sehr gelitten.

Prof. Vogt – Nikolaus Vogt (1756–1836), Professor der Universalgeschichte in Mainz seit 1784, befreundet mit Johannes von Müller, Forster, Sömmerring, Heinse. Vogt verließ mit anderen Professoren Mainz, als die Franzosen Ende 1792 sich anschickten, die Stadt zu belagern und zu besetzen. Er ging nach Straßburg und in die Schweiz und kehrte nach dem Abzug der Franzosen zurück. 1797 folgte er der kurfürstlichen Regierung nach Aschaffenburg, übernahm die Leitung des Schulwesens und nach Heinses Tod (1803) die Stelle des kurfürstlichen Bibliothekars.

269 *Friedensnachricht* – Die Entscheidung über den ersten Koalitionskrieg fiel durch Bonapartes Siegeszug in Oberitalien, der ihn am 7. April 1797 bis ins österreichische Stammland nach Leoben (Steiermark) führte. Da Bonaparte das Direktorium gedrängt hatte, zwei Armeen über den Rhein zu schicken – unter General Hoche bei Neuwied und unter General Moreau unterhalb Straßburgs –, zwang er Österreich am 18. April 1797 zu dem Präliminarfrieden von Leoben.

„*Hyperion*" – Zu Ostern 1797 war der erste Band des Romans erschienen; Hölderlin erhielt zehn Freiexemplare.

271 *Sie haben sich des Büchleins angenommen* – Schiller hatte Cotta den „Hyperion" zum Verlag empfohlen.

Ihr Urteil – Eine Einschätzung des Romans durch Schiller ist nicht bekannt; vielleicht gab er sie in dem verlorengegangenen Brief an Hölderlin vom 28. Juli 1797.

Gedichte, die ich beilege – „An den Äther", „Der Wanderer", vielleicht auch „Die Eichbäume"; das erste erschien im „Musenalmanach für das Jahr 1798", die anderen beiden brachte Schiller

in den „Horen". Vgl. den Briefwechsel zwischen Schiller und Goethe vom 27., 28. und 30. Juni 1797 über die beiden ersten Gedichte.
271 *Gedichte, die voriges Jahr zu spät kamen* – Vgl. die erste Anm. zu S. 242.
272 *140. An Neuffer* – Der Brief ist das erste Bekenntnis der beginnenden Krise Hölderlins im Hause Gontard, deren Ursachen er im Schreiben an die Mutter vom November 1797 – unter gebührender Rücksichtnahme – darlegte.
273 *Gedicht an Diotima* – Vgl. die zweite Anm. zu S. 264.
in dem Langischen Almanache – „Taschenbuch für häusliche und gesellschaftliche Freuden" (1797), herausgegeben von Carl Lang.
274 *von dem Verdrusse* – Die Mutter hatte das Haus, das ihr zweiter Mann 1774 vor der Heirat erworben hatte, 1795 verkauft; Anfang 1798 zog sie in eine Mietwohnung.
275 *HE. Oncle ... meinen Vetter* – Ludwig Majer, der Pfarrer, und sein Sohn, der sich anscheinend in Jena nicht zur Zufriedenheit seiner Eltern entwickelt hatte.
276 *Plan zu einem Trauerspiele* – Der Frankfurter Plan zum „Empedokles" (vgl. Band 3, S. 7).
279 *die neue Übersetzung von „Kabale und Liebe"* – „The Minister", Translated by M. G. Lewis, London (J. Bell) 1797.
280 *das Gedicht ... noch ein Lied* – Auch in der überarbeiteten Form veröffentlichte Schiller die beiden Gedichte nicht.
281 *145. An den Bruder* – Auszug und Regest Gustav Schlesiers.
Briefe, worin die Kinder ... danken – Karl Gok war während seines Besuches in Frankfurt Gast im Hause Gontard gewesen.
282 *Elchingen* – Alte Reichsabtei in der Nähe von Ulm mit künstlerisch bedeutender Rokokokirche.
Wiblingen – Kleiner Ort an der Iller mit einem Nonnenkloster.
Asch – Dorf auf der Hochfläche der Rauhen Alb.
284 *Helfer Conz* – Karl Philipp Conz hatte sich Neuffer gegenüber zustimmend über den „Hyperion" geäußert. Von ihm stammt wahrscheinlich die anerkennende Rezension des ganzen Romans, die 1801 in den „Tübingischen gelehrten Anzeigen" erschien.
285 *Die Dichter, die nur spielen* – Die Verse sind wohl aus dem Gedächtnis zitiert; der zweite muß eingangs heißen: „Verstehen

nicht", der vierte: „Er mag". Das Epigramm „Ganz gute Bemerkung" findet sich in der „Deutschen Gelehrtenrepublik" (1774).
285 *Dr. Sömmerring* – Samuel Thomas Sömmerring (1755–1830), als Anatom, Physiologe und Chirurg einer der universellsten Naturforscher seiner Zeit. Er war mit Forster und Heinse befreundet und stand in Kontakt mit Goethe, Herder, Kant, Wilhelm und Alexander von Humboldt. Damals in Frankfurt lebend, war er mit dem Hause Gontard durch gesellschaftlichen Verkehr verbunden. Vgl. auch die beiden Epigramme Hölderlins in Band 1, S. 300.
288 *Besuche, Feste* – Gemeint ist u. a. ein mehrwöchiger Besuch von Susette Gontards Bruder und Schwägerin aus Hamburg und die Hochzeit der Gouvernante Marie Rätzer.
289 *149. An den Bruder* – Die wenigen Zeilen sind wahrscheinlich der Nachtrag zu einem ausführlicheren Brief, der verschollen ist.
291 *ein neues schönes Band* – Am 22. Dezember 1797 wurde das zweite Kind der Schwester in Blaubeuren geboren.
292 *ein moralisch Geschäft* – Im umfassenden Sinn gebraucht: ein geistiges Geschäft.
294 *Geschäftsleuten* – Hierzu wie zu dem späteren „Geschäftsmann" vgl. die dritte Anm. zu S. 227.
295 *die Landtagsschriften* – Um welche Veröffentlichung es sich handelte, ist ungewiß; in Hölderlins Bibliothek befand sich bei seinem Tode „Das Petitionsrecht der wirtembergischen Landstände" (1797). Möglicherweise konnte auch Hegel die Landtagsschriften sich ausgebeten haben; er verfaßte eine Flugschrift „Über die neuesten inneren Verhältnisse Wirtembergs" (ursprünglicher Titel: „Daß die Magistrate vom Volk gewählt werden müssen"), die er erst 1798 vollendete und nie veröffentlichte. In der Vorbereitung des Landtages, der am 17. März 1797 als sogenannter „Reformlandtag" eröffnet wurde, hatte sich eine Flut von Schriften über das Land ergossen, die sich zwar nicht revolutionär, aber doch ernsthaft reformatorisch zeigten und über die Vorstellungen des Herzogs (Kriegslastenverteilung und Steuerbewilligung) weit hinausgingen: notwendige Neuzusammensetzung des Landtages, Deduktion des Besteuerungsrechtes der deutschen Fürsten, Veränderung der württembergischen Verfassung usw.
Die Briefe ... – Elise Lebret hatte wohl ihre Briefe an Hölderlin über Karl Gok zurückverlangt.

295 *Cisrhenaner* – Hier allgemein: die deutsche Bevölkerung in den von den Franzosen besetzten linksrheinischen (cisrhenanischen) Gebieten. Im September 1797 hatten revolutionäre Demokraten im Linksrheinischen mit Unterstützung der französischen Behörden die Cisrhenanische Republik ausgerufen, einer mit Frankreich eng verbündeten deutschen Republik, die jedoch im November von der französischen Regierung annektiert wurde. Hölderlins Hoffnungen gründeten sich wohl auf den Umstand, daß Mainz Anfang 1798 eine eigene Munizipalverwaltung erhielt, von der der französische oberste Zivilkommissär im „Frankfurter Journal" am 19. Januar forderte, daß sie „mit kluger und starker Hand die Torheiten der Aristokratie und die umstürzende Anarchie fessele, ... dem Patriotismus Schwung gebe und ihn auf seiner Tatkraft erhalte, zugleich aber auch den Ausschweifungen desselben Einhalt zu tun wisse".

296 *die Schweiz ... und die Unruhen in jenen Gegenden* – Von Januar bis März 1798 kam es zu Volksaufständen in verschiedenen Schweizer Kantonen, und die alte Feudalordnung wurde weitgehend beseitigt. Da Frankreich an einer abhängigen Schweiz interessiert war, förderte es zwar diesen Prozeß, besetzte jedoch das Land. So konnte am 12. April 1798 die „eine und unteilbare Helvetische Republik" ausgerufen werden, die allerdings ein Vasallenstaat Frankreichs war.

297 *Haarnetz* – Vgl. den vorletzten Abschnitt von Brief Nr. 148.

298 *Schinz* – Wilhelm Schinz (1776–1836), Sohn eines Pfarrers aus Seengen im Aargau; er war mit Lavater und Goethes Freundin Barbara Schultheß verwandt.

299 *Unruhn in Württemberg* – Unter dem Einfluß der Schweizer Ereignisse (vgl. die Anm. zu S. 296) radikalisierte sich die Stimmung der Volksmassen. Der Herzog hatte zunächst geschickt taktiert, einige Zugeständnisse gemacht und – wie die Stände – auf die Franzosen gesetzt, in der Hoffnung, sie überspielen zu können. Doch breite Schichten des Volkes blieben unzufrieden; Flugschriften wiesen auf die absolute Unzulänglichkeit der Konzessionen hin und forderten u. a. die Aufhebung der Leibeigenschaft. Zu unmittelbaren Unruhen kam es im April in Göppingen, nahe bei Nürtingen. Die Sorge der Mutter Hölderlins zeigte sich also begründet. „Württemberg ist das Land, wo der erste Ausbruch am meisten zu befürchten ist", schrieb die preußische Gesandtschaft

am 13. März in einem Bericht an den König. (Vgl. Scheel, a. a. O., S. 425.)

299 *Rastatt* – Der Rastatter Kongreß war am 9. Dezember 1797 eröffnet worden; er beschloß am 11. März 1798 gemäß dem Frieden von Campo Formio die Abtretung der linksrheinischen Gebiete an Frankreich. Ergebnislos blieb er hinsichtlich der Entschädigung der betroffenen deutschen Fürsten, und es begann eine langwierige Schacherei, sowohl zwischen der französischen Bourgeoisie und dem deutschen Adel als auch unter den deutschen Fürsten. Württemberg war auf dem Kongreß offiziell durch eine Gesandtschaft vertreten, daneben auch durch die Abordnung der Landstände, deren Vertreter jedoch kein einheitliches Ziel verfolgten. So hatte etwa der Leiter der Delegation, Eberhard Friedrich Georgii, durchaus die Zustimmung des Herzogs, während radikale bürgerliche Vertreter wie der Ludwigsburger Bürgermeister Christian Friedrich Baz (1763–1808) sich in dem Gedanken der notwendigen Revolutionierung des deutschen Südens, besonders Württembergs, einig waren. Die gleichen Ansichten vertrat Isaak von Sinclair, den Hölderlin zeitweilig nach Rastatt begleitete.

301 *noch andre Gründe* – Vgl. den zweiten Abschnitt von Brief Nr. 153.

302 *den beiden andern* – Der vorhergehende Brief an die Schwester und ein nicht erhaltener an den Bruder.

303 *Heigelin* – Entweder der kunstverständige Goldschmied Johann Eberhard Heigelin (1734–1812) oder einer von seinen Söhnen.
zu Deinem Almanach – „Taschenbuch für Frauenzimmer von Bildung auf das Jahr 1799".
Mereau – Sophie Mereau (1770–1806), Erzählerin und Lyrikerin. Sie war Mitarbeiterin an Schillers „Musenalmanach" und den „Horen" und die erste deutsche Autorin, die zeitweilig als freischaffende Schriftstellerin lebte. Nach ihrer Ehe mit dem Jenaer Professor der Rechte Mereau war sie seit 1803 mit Clemens Brentano verheiratet. Daß Hölderlin sie in Jena kennenlernte, ist sehr wahrscheinlich. Die Herkunft des Gerüchtes ist unbekannt.

304 *kleinen Gedichtchen* – Hölderlin schickte Neuffer (zum Teil erst im August) insgesamt achtzehn Kurzoden zur Veröffentlichung im „Taschenbuch für Frauenzimmer".

304 *einige Gedichte* – Es handelt sich um die Kurzoden „Dem Sonnengott", „Der Mensch", „Sokrates und Alcibiades", „Vanini", „An unsre großen Dichter". Für den „Musenalmanach für das Jahr 1799" kam die Sendung eigentlich zu spät, doch nahm Schiller in Lücken des Almanachs noch die beiden kürzesten Gedichte auf: das dritte und das fünfte. Den Brief scheint Schiller nicht beantwortet zu haben.

305 *Gröningen* – In Markgröningen war Karl Gok seit 1797 als Schreiber bei dem Oberamtmann Johann Friedrich Blum tätig.

308 *Veiel* – Der von Hölderlin später als „Freund" bezeichnete Johann Gottlob Veiel (geb. 1772) war der Sohn und Nachfolger des Bürgermeisters in Blaubeuren und der Bruder von Breunlins erster Frau. Der „gute Geschmack" bezieht sich auf die Verlobte Veiels.

309 *Mein Alabanda sagt...* – Hölderlin zitiert hier wohl aus einer Vorfassung, denn im Roman (vgl. Band 2, S. 249) lautet die Stelle etwas anders.
mein Hyperion sagt... – Vgl. Band 2, S. 225.
Briefe von meinen Kindern – Vgl. die Anm. zu S. 281.

310 *meinen Kleinigkeiten* – Die mit Brief Nr. 158 übersandten Kurzoden, wovon er weitere dem vorliegenden Schreiben beilegt.
$\vartheta\varepsilon\iota o\nu$ – (griech.) das Göttliche (in uns); ein zentraler Begriff für Hölderlin, den er wohl von Platon übernahm.

311 *was ich... versprochen hatte* – Die baldige Übersendung eines größeren Gedichts.

312 *Schott* – Andreas Heinrich Schott (1758–1831), Universitätsbibliothekar in Tübingen, wurde dem erst dreiundzwanzig Jahre alten Schelling vorgezogen und auf den Lehrstuhl für Logik und Metaphysik berufen. Schelling, damals schon berühmt wegen seiner 1797 erschienenen Schrift „Ideen zu einer Philosophie der Natur", erhielt gleichzeitig einen Ruf nach Jena, dem er folgte.
im Ausland – außerhalb Württembergs.
Geschichte des Harter – Johann Heinrich Samuel Harter (1766 bis 1823), Stiftler und Magister, wurde unter dem Verdacht schweren Betruges (Fälschung des herzoglichen Namenszuges und Siegels) im Sommer 1798 verhaftet und erst nach achtzehn Monaten freigelassen. 1797 hatte Harter in die Flugschriftendiskussion um die Vorzugsrechte des Adels eingegriffen und dabei dessen Privilegien abgelehnt, aber auch vor Überspitzungen gewarnt. (Vgl. Heinrich Scheel, a. a. O., S. 318.)

HOMBURG

1798-1800

315 *die längstvorbereitete Veränderung* – Ende September 1798 trennte Hölderlin sich vom Hause Gontard. Über den unmittelbaren Anlaß seines Weggangs ist nichts Genaues bekannt, doch bezeugen die Briefe der letzten Frankfurter Zeit, daß Hölderlin sich seit längerem mit dem Gedanken trug, seine Stelle aufzugeben.

316 *Sinclairs Familie* – Der Freund, mit 23 Jahren schon Regierungsrat, lebte zusammen mit seiner zum zweiten Mal verwitweten Mutter, Auguste Wilhelmine von Proeck, die lebhaften Anteil am Leben ihres einzigen Sohnes nahm. Verwandte von Sinclair waren ebenfalls in homburgischen Diensten.

Am Hofe hat mein Buch ... – Von der tiefen Wirkung des „Hyperion" schreibt u. a. die Prinzessin Auguste von Homburg in ihrem Testament.

die Familie des Landgrafen – Die winzige Grafschaft befand sich im Besitz einer Nebenlinie des Hauses Hessen-Darmstadt. Landgraf Friedrich V. von Hessen-Homburg (1748–1820) war gebildet, sehr religiös und menschenscheu; tatkräftig dagegen die Landgräfin Caroline. Von den elf Kindern standen Hölderlin die Prinzessin Auguste und ihre Schwester Marianne nahe. Dem Landgrafen widmete Hölderlin sein Gedicht „Patmos" (vgl. Band 1, S. 481).

319 *Rastatt* – Vgl. die Anm. zu S. 299. Sinclair blieb bis etwa Mitte Februar 1799 in Rastatt. Er nutzte die Gelegenheit zu vielfältigen Kontakten mit süddeutschen Revolutionären. Im April wurde der Kongreß durch den Ausbruch des zweiten Koalitionskrieges gesprengt.

320 *Neuenbürg* – Je einen Tagesmarsch von Rastatt und Markgröningen entfernt, wo der Bruder bei Oberamtmann Blum als Schreiber tätig war.

321 *bei meinem Trauerspiel* – „Der Tod des Empedokles" (erste Fassung).

auf Deinen Almanach – Vgl. die zweite Anm. zu S. 303 und die erste Anm. zu S. 304.

Rastatt ... Neuenbürg – Vgl. die beiden Anm. zum vorhergehenden Brief. Zu einer Zusammenkunft mit Neuffer (und mit dem Bruder) kam es nicht.

323 *Brutus* – Marcus Junius Brutus (85–42 v. u. Z.), römischer Republikaner. Wegen der antirepublikanischen Maßnahmen Cäsars trat er den Verschwörern gegen diesen bei und wurde ihr Führer.

324 *Legationssekretarius Gutscher* – Jakob Friedrich Gutscher (1760 bis 1834) gehörte zur Abordnung der württembergischen Landstände in Rastatt (vgl. die Anm. zu S. 299). Hatte er in einer Schrift des Jahres 1797 („Die wichtigsten Reformen der landständischen Ausschüsse Württembergs") zum Teil noch recht konservative Ansichten vertreten, so zeigte er sich ungleich radikaler in einer Flugschrift vom Juni 1798, die bezeichnenderweise vorgab, in Basel gedruckt zu sein: „Unparteiische Beleuchtung der neuesten Staatseinrichtung in dem Herzogtum Württemberg". Seine Forderungen darin gehen bis zur Aufhebung der Leibeigenschaft. (Vgl. Heinrich Scheel, a. a. O., S. 428.)

Geschäftsmann – Vgl. die dritte Anm. zu S. 227.

Arbeit, die ich unter den Händen habe – Das Trauerspiel „Der Tod des Empedokles".

327 *Neuenbürg* – Vgl. die Anm. zu S. 320.

meiner Arbeit – Das Trauerspiel „Der Tod des Empedokles".

Muhrbeck – Friedrich Muhrbeck (1775–1827), nach dem Studium einige Jahre auf Reisen, wurde 1799 Professor der Philosophie in Greifswald; er war eng befreundet mit Ernst Moritz Arndt.

Horn – Fritz Horn (1772–1844), Jurist, mit dem Hölderlin auf dem Reichstag zu Regensburg im Oktober 1802 noch einmal zusammentraf.

328 *v. Pommer-Esche* – Dr. jur. Johann Arnold Joachim von Pommer-Esche (1774–1814), Sekretär in der schwedisch-vorpommerschen Gesandtschaft, später Regierungsrat.

Schenk – Johann Heinrich Schenk (1748–1813), Jurist, einige Jahre Sekretär (und Freund) Friedrich Heinrich Jacobis und seit 1793 jülich-bergischer Ökonomierat.

bei meinen Verwandten – Hier ist vor allem die Familie des Pfarrers Blöst (in Klingenberg am Neckar) gemeint, der am 19. November 1798 gestorben war. Seine Tochter Marie Eberhardine wurde 1804 die Frau Karl Goks.

331 *HE. von Gemming* – Bei wem aus dem weitverzweigten Geschlecht der Freiherrn von Gemmingen die Familie des Pfarrers Blöst Hölderlin eine Hofmeisterstelle vermitteln wollte, ist nicht bekannt.

332 *171. An Isaak von Sinclair* – Bruchstück.
von Rastatt zurück – Hölderlin hatte Sinclair, der als Gesandter noch bis Mitte Februar 1799 am Rastatter Kongreß teilnahm, für einige Wochen dorthin begleitet. Das Ende des Briefes ist verlorengegangen.

333 *Diogenes Laertius* – Griechischer Schriftsteller aus dem 3. Jahrhundert u. Z.; das Empedokles-Kapitel (VIII. Buch) aus dem zehn Bücher umfassenden Werk „Leben, Ansichten und Aussprüche der berühmten Philosophen" war Hölderlins wichtigste Quelle für sein Trauerspiel.

334 *172. An den Bruder* – Bruchstück. Der Anfang dieses Briefes ist verschollen.

336 *einen kleinen lustigen Aufsatz* – Die in Stuttgart erscheinende „Allgemeine Zeitung" brachte am 19. Dezember 1798 einen satirischen Artikel gegen die Flut von Gedichten in den Almanachen.
glebae addicti – (lat.) an die Scholle gebunden.

337 *Thales und Solon* – Der griechische materialistische Naturphilosoph und Mathematiker Thales von Milet (um 625–545 v. u. Z.) und der athenische Dichter und Gesetzgeber Solon (um 640 bis um 560 v. u. Z.) haben zwar beide große Reisen unternommen, doch nie gemeinsam. Auch von ihrer angeblichen Freundschaft ist nichts überliefert. Hölderlin folgt hier der Darstellung des Diogenes Laertius (vgl. die Anm. zu S. 333).

339 *Gedicht für die l. Großmutter* – „Meiner verehrungswürdigen Großmutter" (vgl. Band 1, S. 333).

340 *Panazee* – Alles heilendes Mittel; nach Panakeia, der Personifikation der Heilkunst in der griechischen Mythologie.

341 *meine Gedichtchen...* – Vgl. die erste Anm. zu S. 304.
homo sum... – (lat.) Ich bin Mensch und glaube nichts Menschliches mir fremd. Zitat aus Terenz' Drama „Der Selbstpeiniger".

344 *entgegenstrebte* – In der Ausgabe von Schwab von 1846 noch (wohl nach dem Original) getrennt geschrieben: entgegen strebte; doch der Sinnzusammenhang läßt eher auf ein „dagegen ankämpfte" als ein „dahin strebte" schließen.

346 *Geschäftsmann* – Vgl. die dritte Anm. zu S. 227.
Gellert – In Christian Fürchtegott Gellert (1715–1769), dem populären Fabel- und Liederdichter der Aufklärung, der als Professor für Moralphilosophie in Leipzig wirkte, sah die Mutter ein Vorbild für Hölderlin.

346 *Buch, an dem ich schreibe* – Das Trauerspiel „Der Tod des Empedokles".
in Rastatt – Vgl. die Anm. zu S. 299.

350 *die stürmischen Zeiten* – Die großen Feudalmächte (Österreich, Rußland, England) schlossen sich zur zweiten Koalition zusammen und erklärten Frankreich am 12. März 1799 den Krieg; die Feindseligkeiten waren jedoch schon im Februar ausgebrochen.
der kleine Fritz – Er wurde am 22. Dezember 1797 geboren.
Camerer – Johann Caspar Camerer.

351 *175. An die Mutter* – Bruchstück.

352 *in unserem Vaterlande Veränderungen* – Die süddeutschen Revolutionäre hofften auch in diesem zweiten Koalitionskrieg auf die Unterstützung der Franzosen bei einer politischen Umwälzung in Württemberg. Hölderlin mag über Sinclair, der in Rastatt mit Baz verhandelt hatte (vgl. die zweite Anm. zu S. 299), in einiges eingeweiht gewesen sein. Dafür sprechen auch die letzten Sätze des Brieffragments.

353 *meiner Freunde* – Sinclair und Muhrbeck.
mit meinem Buche – „Der Tod des Empedokles".

354 *„Jenaer Literaturzeitung"* – In der Jenaischen „Allgemeinen Literatur-Zeitung" vom 2. März 1799 (Nr. 71) hatte August Wilhelm Schlegel Neuffers „Taschenbuch für Frauenzimmer von Bildung auf das Jahr 1799" rezensiert. Von Hölderlins vierzehn Kurzoden war nur die Hälfte unter seinem Namen erschienen, die anderen trugen das Pseudonym „Hillmar", das Schlegel nicht zu deuten wußte. „Siegmar" war ein Pseudonym Neuffers. Die von Schlegel zitierten Gedichte waren: „An die Deutschen" und „An die Parzen".

355 *Reinhard* – Karl Friedrich Reinhard (1761–1837), Pfarrerssohn, Stiftler, 1786 Hauslehrer in Bordeaux; seit 1791 stand er im Dienste der Republik und war später französischer Gesandter in verschiedenen Ländern. Als er 1798 von Homburg nach Florenz versetzt wurde, schrieb er an seine Frau Christine Reimarus die Elegie „Meiner Christine".

357 *Beiträge von mir* – Zu Neuffers „Taschenbuch für Frauenzimmer von Bildung auf das Jahr 1800". Von Hölderlin waren darin enthalten: die letzten vier der schon im Juni und August 1798 übersandten Kurzoden, vier größere Gedichte (vgl. die zweite Anm. zu S. 390) und die Idylle „Emilie vor ihrem Brauttag" (vgl. Band 2,

S. 293). Prosabeiträge, die Hölderlin auch noch einmal am Schluß des Briefes zu liefern verspricht, stehen nicht in dem Taschenbuch.

358 *poetische Monatschrift* – Hölderlins Plan muß wohl zunächst als Versuch angesehen werden, von den Einkünften als freier Schriftsteller zu leben; er mag dabei gehofft haben, nach dem Erlöschen der „Horen" eine Chance nützen zu können und eine Lücke auszufüllen. Der Plan scheiterte. Die er um Mitarbeit bat, antworteten entweder gar nicht, wichen aus oder rieten von dem Projekt ab; die ihre Zusage gaben, waren für den Verleger Steinkopf (vgl. die folgende Anm.) nicht attraktiv genug. Hölderlin wurde schließlich der ganzen Absicht müde und gab voll Bitterkeit nach etwa einem halben Jahr sein Vorhaben auf.
Steinkopf – Johann Friedrich Steinkopf (1771-1852), Besitzer eines kleinen Verlages mit Sortiment und Antiquariat. Er gab bereits Neuffers „Taschenbuch" heraus und gehörte zum Kreis der revolutionär-demokratischen Kräfte Württembergs, die sich besonders seit 1798 in der bewußt unverfänglich genannten „Gesellschaft" gesammelt hatten, der bürgerliche Intellektuelle, Fabrikanten und junge Offiziere angehörten. (Vgl. Heinrich Scheel, a. a. O., S. 452 f.)
Homer – Vgl. hierzu die vier theoretischen Versuche in Band 2, S. 370-378 – und die entsprechenden Anmerkungen. Im Zusammenhang mit dem Zeitschriftenplan dürfte weiterhin der Entwurf „Der Gesichtspunkt, aus dem wir das Altertum anzusehen haben" entstanden sein (vgl. Band 2, S. 369).

359 *Bouterwek* – Friedrich Bouterwek (1766-1828), Göttinger Philosophieprofessor; sein Roman „Graf Donamar" (1791-1793) hatte auf Hölderlins Hyperion-Konzeption Einfluß.
Schmid – Siegfried Schmid (1774-1859), nach dem Theologiestudium in Gießen und Jena, wo er mit Sinclair bekannt wurde, Hofmeister, war seit kurzem Kadett im österreichischen Heer. Er wurde als Lyriker einige Zeit von Schiller gefördert (vgl. im Briefwechsel zwischen Schiller und Goethe Schillers Briefe vom 25. Juli und 17. August 1797 und die Goethes vom 26. Juli und 9. August 1797), doch bemühte er sich zeitlebens um den Erfolg als Dramatiker. Hölderlin, der Schmid im Herbst 1797 in Frankfurt kennenlernte und sich mit ihm befreundete, widmete ihm seine Elegie „Stuttgart" (vgl. Band 1, S. 407) und verfaßte eine

Rezension von dessen Schauspiel „Die Heroine" (vgl. Band 2, S. 433).

366 *O jene Zeit* ... – Die zitierten Verse sind der zweiten Fassung des „Empedokles" entnommen (vgl. Band 3, S. 98 f.).

Endymion – Ein schöner Jüngling der griechischen Sage, der sich von Zeus, nachdem dieser ihm schon ewige Jugend verliehen hatte, auch noch ewigen Schlaf wünschte, weil ihn eines Nachts im Traume die Mondgöttin Selene (Luna) beglückt hatte.

368 *ein Journal* – Vgl. den Brief an Neuffer vom 4. Juni 1799 und die erste Anm. zu S. 358.

370 *181. An Friedrich Steinkopf* – Auszug und Regest Gustav Schlesiers.

man hat dasselbe neuerdings versucht – Wohl eine polemische Anspielung auf das „Athenäum" der Brüder Schlegel, dessen erste beide Stücke im Mai und Juli 1798, das dritte im März 1799 erschienen waren.

371 *Iduna* – Altnordische Göttin; die Gemahlin Bragas, des Gottes der Dichtkunst, bewahrt die goldenen Äpfel ewiger Jugend. Hölderlin war sicher mit Herders Gespräch „Iduna oder Der Apfel der Verjüngung" („Horen", 1796) vertraut und auch mit Klopstocks früher Ode „Wingolf", in der Iduna angerufen wurde. In der Auffassung von dem dichterischen Wort als dem Quell der Jugend und Verjüngung folgte Hölderlin Klopstock.

dem Trauerspiele – „Der Tod des Empedokles".

372 *182. An Susette Gontard* – Unvollendeter Entwurf. Die Susette Gontard heimlich übergebenen Briefe sind verschollen; bei den drei überlieferten Bruchstücken (Nr. 182, 195 und 198) handelt es sich um Abschriften Gustav Schlesiers.

Die Franzosen ... – Frankreich verlor nach den Schlachten bei Cassano (27. April), an der Trebbia (17.–19. Juni) und bei Novi (15. August 1799) Italien. Damit brach die Krise des Direktoriums offen aus; sie führte am 9. November (18. Brumaire) zum Staatsstreich General Bonapartes.

373 *das Versprochene* – Die Idylle „Emilie vor ihrem Brauttag" und einige Gedichte.

374 *Töne* ... *harmonisch wechselnd* – Vgl. die dichtungstheoretischen Aufsätze in Band 3.

376 *einem jungen Dichter* – Gemeint ist wohl Friedrich Emerich (vgl. die Anm. zu S. 426).

Böhlendorff – Vgl. die Anm. zu S. 466.

377 *184. An Schiller* – Die Veränderung seiner Lage – den Weggang aus Frankfurt – erwähnt Hölderlin Schiller gegenüber mit keinem Wort.
378 *Journal* – Vgl. den Brief an Neuffer vom 4. Juni 1799 und die erste Anm. zu S. 358.
379 *mein Verleger* – Steinkopf wandte sich am 27. Juli persönlich an Schiller und erbat dessen Mitarbeit, indem er an ihn als „Württemberger" appellierte. Schiller ließ ihn ohne Antwort. Böhlendorff (vgl. die Anm. zu S. 466), der Mitte Juli von Homburg nach Jena reiste, hat möglicherweise Hölderlins Brief mitgenommen. So erklärt sich vielleicht die Spanne zwischen dem Datum des Briefes und dem verzeichneten Empfang am 17. Juli.
das Gedichtchen – „An die Parzen" (vgl. Band 1, S. 321).
381 *Journal* – Vgl. den Brief an Neuffer vom 4. Juni 1799 und die erste Anm. zu S. 358.
186. An Schelling – Entwurf. Aus der Antwort Schellings vom 12. August aus Jena – in Auszug und Regest Schlesiers erhalten – geht mit Sicherheit hervor, daß der vorliegende Brief zwar eine Reinschrift darstellt, jedoch mit dem abgesandten nicht identisch ist. Hölderlin muß noch einiges ergänzt, anderes vielleicht verändert haben.
an Deinem Ruhme – Vgl. die erste Anm. zu S. 312. 1798 war Schellings Schrift „Von der Weltseele" erschienen.
382 *Journal* – Vgl. den Brief an Neuffer vom 4. Juni 1799 und die erste Anm. zu S. 358.
385 *187. An Goethe* – Unvollendeter Entwurf; Abschrift und Regest Schlesiers. Die Frage, ob das Konzept vollendet und eine Reinschrift abgesandt wurde, ist nicht zu beantworten; ebenso steht nicht fest, ob Goethe der tatsächliche Adressat des Briefes ist. Möglicherweise kann der Brief auch Herder oder Wilhelm von Humboldt zugedacht gewesen sein. Für Goethe als Adressaten spricht der Anklang einiger Stellen des Entwurfs an Goethesche Kunstauffassungen, wie sie gerade in den ersten Heften der „Propyläen" ausgesprochen worden waren (erschienen Oktober 1798 und Januar 1799).
Journal – Vgl. den Brief an Neuffer vom 4. Juni 1799 und die erste Anm. zu S. 358.
388 *eine schickliche Auskunft ...* – Wohl vom Konsistorium, das berechtigt gewesen wäre, den ehemaligen Stipendiaten in eine Vikariatsstelle einzuweisen, da er ohne feste Anstellung lebte. – Das

„Vaterland" ist in diesem Zusammenhang noch Württemberg; sonst schon und besonders später meint Hölderlin damit Deutschland.

388 *Einkommen* – Hölderlin hoffte durch die geplante Herausgabe seiner Zeitschrift „Iduna" allzu optimistisch auf ein jährliches Einkommen von 500 Gulden.

390 *einem wilden Freunde* – Wahrscheinlich Sinclair.

391 *einige Gedichte* – „Diotima" (Jüngere Fassung), „Die Launischen", „Der Tod fürs Vaterland", „Der Zeitgeist"; vielleicht auch noch einige andere.

noch eine Erzählung – Der Verleger Steinkopf wünschte für Neuffers „Taschenbuch" eine „kleine, leichte Erzählung", die Hölderlin mit Rücksicht auf seinen Journal-Plan zuerst versprach, aber nicht ausführte.

392 *die kleine Epopee* – „Ein Tag auf dem Lande", eine Idylle, die anonym erst 1801 erschien und wegen ihrer Manier Voß zugesprochen wurde.

Landauer – Vgl. die Anm. zu S. 433.

Bilfinger – Ob das Gedicht „An die Verlorne" von Hölderlins Jugendfreund stammt, ist ungewiß.

Deinem edlen Freunde – Strick van Linschoten (gest. 1819), batavischer Gesandter in Stuttgart; er stellte sein Haus für die Zusammenkünfte der radikalen Führer der Reformpartei und auch für die Männer der „Gesellschaft" (vgl. die zweite Anm. zu S. 358) zur Verfügung. Der preußische Gesandte in Stuttgart, Madeweiß, berichtete schon im Februar 1798, „daß alles, was hier demokratisch gesinnt ist, sich an ihn wendet und von ihm gut aufgenommen wird". (Vgl. Heinrich Scheel, a. a. O., S. 459.)

eines von Emerichs Gedichten – Wohl das in Neuffers „Taschenbuch" veröffentlichte Gedicht „Das Schicksal". Vgl. die Anm. zu S. 426.

Böhlendorff – Vgl. die Anm. zu S. 466.

393 *190. An Friedrich Steinkopf* – Auszug und Regest Gustav Schlesiers.

Anzahl von Mitarbeitern – Zu Hölderlins geplantem Journal. Vgl. den Brief an Neuffer vom 4. Juni 1799 und die erste Anm. zu S. 358.

Prof. Neeb – Johannes Neeb (1767–1843), Professor der Philosophie in Mainz; Hölderlin lernte ihn wahrscheinlich durch Jung Ende Juni 1799 dort kennen.

393 *Prof. Schlegel* – August Wilhelm Schlegel (1767–1845), der seit 1798 Professor in Jena war. Die nur bedingte Zusage hatte Hölderlin über Schelling erhalten, der wohl – auf Hölderlins Bitte hin – auch Sophie Mereau für das Journal hatte interessieren können.

Humboldt – Wilhelm von Humboldt wurde von Steinkopf als Mitarbeiter gewünscht.

Lafontaine – August Heinrich Lafontaine (1758–1831), ein erfolgreicher Trivialschriftsteller, wurde ebenfalls von Steinkopf ausdrücklich vorgeschlagen.

394 *Haug* – Friedrich Haug (1761–1829), Karlsschüler und Jugendgefährte Schillers, Bibliothekar in Stuttgart; er machte sich vor allem als satirischer Epigrammatiker einen Namen.

von einem jungen Dichter – Siegfried Schmid.

das Geld – Die Mutter hatte Hölderlin 100 Gulden zur Unterstützung angeboten (vgl. Brief Nr. 177 und Brief Nr. 180).

395 *wegen des Gelds* – Vgl. die vorhergehende Anm.

396 *Herausgabe meines Journals* – Vgl. den Brief an Neuffer vom 4. Juni 1799 und die erste Anm. zu S. 358.

397 *den guten HE. Schwager* – Nach vorübergehender Besserung führte die Krankheit Breunlins am 2. März 1800 zum Tode.

Lage von Blaubeuren – Der Wohnort der Schwester lag im Operationsgebiet des österreichischen Heeres.

dem Werke – „Der Tod des Empedokles".

398 *die gute Lebret* – Elise Lebret heiratete im Oktober den Pfarrer Wilhelm Ostertag, den Hölderlin vom Stift her kannte.

399 *Ich hoffe den Frieden...* – Zum Frieden, und zwar nur zu einem vorübergehenden, kam es erst am 9. Februar 1801 in Lunéville.

400 *194. An Schiller* – Unvollendeter Entwurf. Sicher ist, daß Hölderlin auf Schillers Schreiben vom 24. August 1799 antwortete, inwieweit jedoch der vorliegende Entwurf mit dem abgesandten Brief übereinstimmt, kann nicht festgestellt werden.

meine unschickliche Bitte – Hölderlin hatte Schiller (vgl. Brief Nr. 184) um Mitarbeit an seinem geplanten Journal gebeten; Schiller lehnte mit Schreiben vom 24. August ab und warnte vor dem Unternehmen.

401 *Szene an der Donau* – „Die Räuber", III,2.

402 *die doch auch...* – Gemeint sind die anderen Schriftsteller, die Hölderlin um Beiträge für seine Zeitschrift gebeten hatte. Die

letzten Zeilen sind nur flüchtig skizziert; davor ist eine Lücke von etwa drei Zeilen.
402 *195. An Susette Gontard* – Unvollendeter Entwurf.
Journal – Vgl. den Brief an Neuffer vom 4. Juni 1799 und die erste Anm. zu S. 358.
404 *mein Trauerspiel* – „Der Tod des Empedokles".
196. An Franz Wilhelm Jung – Bruchstück eines Konzepts.
Brief von Schiller – Hölderlin hatte bei Schiller angefragt, ob er ihm nicht „in seiner Nähe... irgendeinen kleinen Posten verschaffen möchte". Schiller hat sicher nicht geantwortet.
einige Briefe abwarten – Hölderlin wartete vor allem auf den Brief Schillers (vgl. die vorhergehende Anm.).
406 *Ihrem eigenen Plane* – Die Mutter erwartete Gäste und plante eine Reise.
das Geld – Nach den im August übersandten 133 Gulden schickte die Mutter weitere 100 Gulden durch Neuffer.
198. An Susette Gontard – Unvollendeter Entwurf.
Hier unsern „Hyperion" – Im Herbst 1799 erschien der zweite Band des „Hyperion". Das Susette Gontard übersandte (erhaltene) Exemplar trägt die Widmung: „Wem sonst als Dir."
408 *das Treffen* – Am 3. November war es bei Löchgau zu einem Gefecht zwischen den Franzosen unter Ney und den Österreichern unter dem Fürsten von Hohenlohe gekommen. Das nordwestliche Württemberg war seit September Schauplatz zahlreicher militärischer Begegnungen.
410 *das Übersandte* – Vgl. die zweite Anm. zu S. 406.
411 *Eben erfahre ich...* – Militärische Niederlagen Frankreichs (besonders in Italien) und die wachsende Unzufriedenheit der Massen bestimmten die Großbourgeoisie, das unfähige und korrupte Direktorium stürzen zu lassen. Am 18. Brumaire (9. November 1799) errichtete General Bonaparte eine Militärdiktatur und machte sich zum Ersten Konsul.
413 *Brief von Schillern* – Vgl. die dritte Anm. zu S. 404.
Veiel – Der Freund hatte am 3. Oktober geheiratet.
201. An Johann Gottfried Ebel – Unvollendeter Entwurf. Das Konzept ist durch eine Abschrift Gustav Schlesiers überliefert. Eine Reinschrift wurde vielleicht gar nicht abgesandt, da sich im Nachlaß Dr. Ebels nur die vier anderen Briefe Hölderlins vorfanden.

414 *meine Trennung*... – Der Weggang aus dem Hause Gontard, in das Ebel Hölderlin vermittelt hatte.
415 *Ihr Urteil über Paris* – Ebel hatte seit September 1796 das Frankreich und Paris des Direktoriums kennengelernt und war als entschiedener Anhänger der Revolution – wie schon zu Anfang seines Aufenthalts – „äußerst unzufrieden".
417 *Deine neuesten Gedichte* – Wahrscheinlich hatte Neuffer den Brief mit der Übersendung seines „Taschenbuchs für Frauenzimmer von Bildung auf das Jahr 1800" verbunden, in dem zwölf Gedichte von ihm enthalten waren.
418 *100 fl. . . schicken* – Vgl. die zweite Anm. zu S. 406.

203. *An Christian Gottfried Schütz* – Unvollendeter Entwurf. Die Datierung und die Adressierung dieses wahrscheinlich im Winter 1799/1800 konzipierten Briefes sind ungewiß. Einige gewichtige Gründe sprechen für Christian Gottfried Schütz (1747–1832) als Adressaten. Schütz, seit 1779 Professor für klassische Sprachen in Jena, war der Herausgeber der „Allgemeinen Literatur-Zeitung", der bedeutendsten Rezensionszeitschrift der damaligen Zeit.
419 *per contrarium* – (lat.) durch das Gegenteil.
420 204. *An die Mutter* – Unvollständig; Abschrift und Regest Gustav Schlesiers.

von meinem Buchhändler – Honorar von Steinkopf, der auch eine Buchhandlung betrieb, für die Beiträge zum Journal.

eine neue Lebens- und Geschäftsart – Seit 1794 lehnt Hölderlin zum sechstenmal einen Vorschlag seiner Mutter ab, ein „Amt" in der „bürgerlichen Gesellschaft" anzunehmen.
421 *meine Abreise* – Gemeint ist damit der endgültige Weggang von Homburg, nicht ein Besuch der Mutter.
422 *einen Freund* – Sicher Jacob Zwilling (1776–1809), Sohn des Oberhofpredigers in Homburg, der zum Freundeskreis Sinclairs gehörte und auch mit Hölderlin und Hegel gut bekannt war.
423 *das Geld* – Vgl. die zweite Anm. zu S. 406.

Verlust Deines . . . Gatten – Hölderlins Schwager Breunlin war am 2. März 1800 gestorben.
426 206. *An Friedrich Emerich* – Unvollendeter Entwurf. Das Konzept war vermutlich als Antwort auf Emerichs Brief vom 4. März 1800 (nur als Regest Gustav Schlesiers erhalten) gedacht. Darin hatte dieser sich „über den II. Teil des ‚Hyperion' . . . entzückt", zu dem „Urteil über die Deutschen aber . . . empört" geäußert.

426 *Emerich* – Friedrich Emerich (1773–1802), Jurist, war 1796 dem „Geniekorps" der französischen Armee beigetreten und später als Sekretär des Kommandanten von Mainz und in der Munizipalverwaltung tätig. Mit Hölderlin wurde er wahrscheinlich im Sommer 1799 durch Jung bekannt. Angewidert von den französischen Verhältnissen, legte Emerich sein Amt 1801 nieder, wurde Journalist und schrieb ungewöhnlich scharfe Artikel gegen das Regime. Daraufhin wurde er festgesetzt und über den Rhein abgeschoben. Körperlich und seelisch zerrüttet, starb er früh.

leichter – Hier: weniger, oberflächlicher.

427 *eine größere Laufbahn* – Wohl eine politische.

die Nachrichten – Am 25. April 1800 hatten die Franzosen unter Moreau den Rhein überschritten, am 16. Mai standen sie schon bei Ulm. Das Land mußte, besonders nach dem Waffenstillstand von Parsdorf (15. Juli), außerordentliche Kriegslasten tragen. Das war sicher entscheidend für den verhältnismäßig kurzen Aufenthalt Hölderlins in Stuttgart (Ende Juni 1800 bis Anfang Januar 1801).

428 *mein Logis* – Bei dem Kaufmann Landauer (vgl. die Anm. zu S. 433).

Posten im Ausland – Es ist unwahrscheinlich, daß Hölderlin schon an einen bestimmten Posten außerhalb Württembergs gedacht haben sollte.

Nebengeschäfte – Privatunterricht (vgl. Brief Nr. 208, S. 433), den Hölderlin in bescheidenem Maße dann auch in Stuttgart erteilte.

STUTTGART, HAUPTWIL, NÜRTINGEN, BORDEAUX
1800–1804

Nach einem etwa zehntägigen Aufenthalt bei der Mutter in Nürtingen kam Hölderlin um den 20. Juni in Stuttgart an. Als zahlender Pensionsgast wohnte er im Hause des Kaufmanns Landauer.

433 *meines Freundes* – Christian Landauer (1769–1845) betrieb mit seinen beiden Brüdern ein Tuchgeschäft. In seinem Hause trafen sich Künstler und künstlerisch Interessierte (Neuffer, Haug, Huber, Conz, Scheffauer, Steinkopf u. a.). Landauer war Demokrat und hatte wohl auch Beziehungen zu politisch aktiven Kreisen. Hölderlin lernte ihn spätestens 1795 durch Neuffer kennen, traf mit

ihm während seines Frankfurter Aufenthalts oft im Hause Gontard zusammen und gewann in ihm einen „edlen treuen Freund". Über den Niederschlag der Freundschaft in einigen Gedichten vgl. die einführende Bemerkung zu der Elegie „Der Gang aufs Land", Band 1.

434 *neue Ausgaben* – Die Mutter half wenig später mit 50 Gulden.
ein kleines Gedicht – Wahrscheinlich der Entwurf „An meine Schwester" (vgl. Band 1, S. 566).
in kurzem Friede haben – Nach Napoleons Sieg auf dem italienischen Kriegsschauplatz (bei Marengo am 14. Juni 1800) kam es zu einer Konvention zwischen Frankreich und Österreich, die Hölderlin wohl Hoffnung auf ein Ende des Krieges gab, tatsächlich jedoch nur zu einem Waffenstillstand führte.

435 *von meinem Verleger* – Johann Heinrich Steinkopf.
dem gütig Zugesandten – Vgl. die erste Anm. zu S. 434.
Registrator Frisch – Johann Georg Frisch (1763–1836), Buchhalter beim Kirchenrat, war, wie Hölderlins Stiefbruder ohne Studium, zur Schreiberlaufbahn gezwungen. Bis zum 29. November 1800 wohnte er ebenfalls bei Landauer.

436 *210. An die Mutter* – Bruchstück; Abschrift und Regest Gustav Schlesiers.

437 *gründlichen Frieden* – Mitte Juli war es nur zu einem Waffenstillstand zwischen Frankreich und Österreich gekommen, deshalb Hölderlins Hoffnung auf einen reellen Friedensschluß.
211. An den Herzog von Württemberg – Regest Gustav Schlesiers. Das Gesuch wurde am 10. Oktober 1800 vom Konsistorium genehmigt. Hölderlin stellte den Antrag vorbeugend, denn die Nachfrage nach Hilfsgeistlichen war gerade um 1800 besonders groß. Die Bemerkung, bei Landauer als Erzieher tätig zu sein, war nur ein Vorwand.
213. An den Bruder – Unvollendet.

438 *zu einem anständigen Posten* – Frisch hatte Karl Gok wohl bei der Suche nach einer besseren Stellung Hilfe zugesagt. Im September oder Oktober trat dieser dann auch eine neue Stelle in Lichtenstern (südöstlich von Heilbronn) an.

440 *aus der Schweiz* – Da Hölderlin von dem Honorar für seine Stunden nicht leben konnte, bemühte er sich um eine Hofmeisterstelle in der Schweiz. Er erhielt zwei Angebote: über Conz und den Gesandten Reinhard eine Erzieherstelle in Trogen, Kanton Appen-

zell (von dieser Stelle ist hier die Rede), und etwas später die dann angenommene in Hauptwil.
440 *ich habe gelebt* – Vgl. die siebente Anm. zu S. 71.
441 *Friede ... beschlossen* – Zum Friedensschluß kam es erst am 9. Februar 1801 zu Lunéville.
442 *218. An die Schwester* – Regest Gustav Schlesiers.
Sohn des Hauses – Der zweiundzwanzigjährige Emanuel von Gonzenbach (vgl. die Anm. zu S. 449) aus Hauptwil im Thurgau suchte im Auftrag seiner Eltern für zwei seiner Schwestern einen Hofmeister.
Salarium – Schweizerisch Salär: Gehalt, Lohn.
den unerwarteten Gast – Wohl der junge Gonzenbach, der sich der Mutter Hölderlins vorstellte und ihr den Entschluß ihres Sohnes mitteilte.
444 *Landauers Geburtstag* – Der 11. Dezember; das aus diesem Anlaß geschriebene Reimgedicht „An Landauer" vgl. Band 1, S. 402.
446 *Friede, der jetzt im Werden ist* – Das geschlagene Österreich war nach dem Waffenstillstand von Steyr (25. Dezember) zu ernsthaften Friedensverhandlungen bereit. Am 2. Januar 1801 begannen die Vorverhandlungen für den Friedensschluß zu Lunéville (9. Februar).
449 *Gonzenbach* – Die Familie Gonzenbach wohnte seit mehreren Generationen in Hauptwil. Anton von Gonzenbach (1748–1819), Kauf- und Fabrikherr, hatte neun Kinder, von denen Hölderlin die beiden jüngsten Töchter (vierzehn- und dreizehnjährig) zu unterrichten hatte. Gonzenbach muß ein Mann von Kultur und Geschmack gewesen sein und bemerkenswerte musikalische Fähigkeiten besessen haben.
453 *des ausgemachten Friedens* – Der Friede zu Lunéville wurde am 9. Februar 1801 geschlossen. Hölderlin hatte ihn lange ersehnt, und er war ihm unmittelbarer Anlaß zu seiner weitausgreifenden Hymne „Friedensfeier" (vgl. Band 1, S. 467). Es ist jedoch unwahrscheinlich, daß dieses Ereignis erst nach 14 Tagen in Hauptwil bekannt wurde. Der größere Teil des Briefes (bis Zeile 54; ab „so gut" mit neuer Feder) ist wahrscheinlich früher als der Schluß und das wohl erst nachträglich eingesetzte Datum geschrieben.
457 *ein notwendig Übel* – Die Ablehnung des Staates als einer Zwangsinstitution wurde im „Hyperion" (vgl. Band 2, S. 131) noch ganz

rigoros ausgesprochen; übrigens in interessanter Parallele zu den Vorstellungen der Jakobiner (St. Just) von der Zukunft des Staates. Später, während der Arbeit am „Empedokles", sieht Hölderlin die Bedeutung des Staates, des „Gesetzes", für die zukünftige neue Gemeinschaft in einem neuen Zusammenhang. Jetzt wird – bei allen Vorbehalten dem Staat gegenüber – ein Moment der Notwendigkeit betont, das auch hier im Brief an Landauer zur Geltung kommt.

458 *bunt in meinem Kopfe* – Hölderlin litt in den letzten Wochen wohl unter Stimmungen und Depressionen – vielleicht schon Anzeichen seiner späteren Krankheit –, die auch der eigentliche Grund gewesen sein dürften, daß Gonzenbach ihm am 11. April kündigte. Das geschah in sehr höflicher Form und unter Angabe familiärer Ursachen.

wenn Du nach Frankfurt kommst... – Der Satz läßt vermuten, daß Landauer in die Beziehungen zwischen Hölderlin und Susette Gontard eingeweiht war.

459 *Liebe des Bruders* – Genitiv des Objekts: Liebe zum Bruder.

A Deo principium – (lat.) Der Anfang ist von Gott.

462 *232. An Schiller* – Der vorliegende Brief ist seit dem September 1799 (Nr. 194) der erste (und zugleich auch der letzte) an Schiller: Hölderlin adressierte ihn nach Jena, wußte also noch nicht, daß Schiller seit Dezember 1799 in Weimar wohnte. Schiller vermerkte den Empfang des Briefes, beantwortete ihn jedoch nicht.

465 *234. An die Seinigen* – Der Brief ist wohl um Ende Oktober 1801 von Stuttgart aus geschrieben, wo sich Hölderlin zu kurzem Aufenthalt wegen einer neuen Erzieherstelle, der in Bordeaux, befand. Nicht unmöglich wäre jedoch auch die Einordnung des Briefes in die Zeit um Ende 1800: vor dem Dienstantritt in Hauptwil.

466 *Böhlendorff* – Casimir Ulrich Böhlendorff (1775–1825) stammte aus dem kurländischen Mitau, studierte Jura in Jena und war dort Mitglied der Fichte verpflichteten „Gesellschaft der freien Männer", was von entscheidender Bedeutung für sein Leben wurde. 1798 erlebte er die Helvetische Revolution mit, über die er 1802 eine größere Arbeit veröffentlichte. Im April 1799 traf er in Homburg mit Hölderlin zusammen. Während einiger unruhiger und notvoller Jahre in Jena, Dresden, Bremen und Berlin suchte er vergeblich beruflich Fuß zu fassen. 1803 kehrte er, geistig gestört, wieder in die Heimat zurück und endete nach unstetem Wander-

leben schließlich durch Selbstmord. (Die letzte Phase seines Lebens gestaltete Johannes Bobrowski in seiner Erzählung „Böhlendorff", 1964.) Als Lyriker wie als Dramatiker (sein Trauerspiel „Ugolino Gherardesca", das er Goethe zusandte, wurde von diesem hart kritisiert) hatte er keinen Erfolg.

466 *Dein „Fernando"* – „Fernando oder Die Kunstweihe. Eine dramatische Idylle" (1802). Das in Spanien spielende Künstlerdrama steht in seiner Kunstanschauung der Frühromantik (Tieck und Wackenroder) nahe.

468 *„der alte heilige Vater..."* – Aus Goethes Gedicht „Grenzen der Menschheit" frei zitiert.

469 *Tantalus* – Sagenhafter mächtiger König von Sipylos (Kleinasien), den die olympischen Götter an ihrer Tafel teilnehmen lassen. Er aber frevelt gegen sie und muß dafür im Hades büßen.

Otaheiti – Die Südseeinsel Tahiti, die wie Tinian (vgl. Band 1, S. 524) in der Rousseau-Zeit als ein Paradies angesehen wurde.

237. *An die Mutter* – Durch Vermittlung von Professor Ströhlin erhielt Hölderlin im Herbst 1801 eine Erzieherstelle in Bordeaux. Er machte sich um den 10. Dezember dorthin auf den Weg, wurde – als verdächtiger Ausländer – vierzehn Tage in Straßburg festgehalten und war schließlich nach einer teilweise sehr beschwerlichen und größtenteils zu Fuß zurückgelegten Reise am 28. Januar am Ziel.

470 *unser Karl* – Karl Gok wurde Anfang 1802 nach Nürtingen versetzt.

472 *mein Konsul* – Daniel Christoph Meyer (1751–1818), in dessen Dienst Hölderlin trat, war Hamburger und lebte seit 1775 als Weinhändler in Bordeaux. 1797 wurde er hamburgischer Konsul. Hölderlin hatte die vier Töchter Meyers zu unterrichten und wahrscheinlich auch noch zwei Kinder aus der ersten Ehe von dessen Frau.

Großmutter – Sie war am 14. Februar in Nürtingen gestorben.

473 *in Frankreich gewesen* – Unmittelbar nach Ostern muß Hölderlin den Entschluß gefaßt haben, seine Stellung in Bordeaux aufzugeben. Am 10. Mai erhielt er seinen Paß für die Rückreise, am 7. Juni sein Visum in Straßburg, Mitte Juni war er bei der Mutter in Nürtingen, in äußerlich und innerlich zerrüttetem Zustand. Die Gründe und der unmittelbare Anlaß des plötzlichen Aufbruchs werden sich kaum mehr klären lassen. In einem Brief an Landauer

hat Daniel Christoph Meyer seinem Hauslehrer nachträglich „das schönste Zeugnis" ausgestellt.

473 *Angst des patriotischen Zweifels und des Hungers* – In manchen Gegenden Frankreichs war die Einstellung der Bevölkerung zur Revolution zwiespältig, brachte doch die jakobinische Agrargesetzgebung – die Aufteilung der Gemeinde- und Emigrantenländereien – vielerlei Schwierigkeiten mit sich, die von der Bourgeoisie ausgenutzt und durch Wucher und Spekulation, besonders mit Lebensmitteln, noch vergrößert wurden. Hungersnöte in Paris, aber auch auf dem Lande, waren die Folge. In der Vendée, der Küstenlandschaft südlich der Loiremündung, einem der damals ökonomisch rückständigsten Gebiete, brach unter Führung des Adels und mit Unterstützung Englands im Frühjahr 1793 ein konterrevolutionärer Aufstand aus, der von der Revolutionsarmee niedergeschlagen wurde.

474 *der Anblick der Antiken* – Hölderlin ist auf seiner Rückreise wohl über Paris gekommen, wo er Originale und Abgüsse antiker Kunst gesehen haben mag.

Erschütterungen und Rührungen der Seele – Hölderlin meinte wohl vor allem den Tod Susette Gontards, die am 22. Juni 1802 gestorben war. Sinclair hatte dem Freunde Anfang Juli die Mitteilung gemacht; daraufhin begab sich Hölderlin von Stuttgart nach Nürtingen ins Haus der Mutter.

475 *kommentieren* – Hier wohl in dem Sinne von „unfrei nachzusprechen brauchen".

Wilmans – Friedrich Wilmans (1764–1830), Verleger, zunächst in Bremen, seit 1802 in Frankfurt. Das Aufblühen seines Verlages fällt in die Zeit der Frühromantik; er gab Brentanos „Godwi" heraus, Friedrich Schlegels Zeitschrift „Europa" und ein „Taschenbuch. Der Liebe und Freundschaft gewidmet", worin 1805 Hölderlins „Nachtgesänge" erschienen.

Übersetzung der Sophokleischen Tragödien – Vgl. dazu die einführende Bemerkung in Band 3. Wilmans hatte die Edition der Übersetzungen im Frühsommer 1803 übernommen.

Schelling – Hölderlin hatte Schelling in Murrhardt (nordöstlich von Stuttgart) besucht, wohin dieser mit Caroline Schlegel gekommen war, um sich mit ihr von seinem Vater am 26. Juni 1803 trauen zu lassen.

Jubilatemesse – Die Frühjahrsbuchmesse in Leipzig.

476 *kleine Gedichte* – Es handelt sich um neun Gedichte, die als „Nachtgesänge" (vgl. Band 1, S. 441–448) in Wilmans „Taschenbuch" (vgl. die zweite Anm. zu S. 475) 1805 erschienen.

477 *Schelling* – Vgl. den vorhergehenden Brief.

einzelne lyrische größere Gedichte – Möglicherweise könnte die „Friedensfeier" als einer der „vaterländischen Gesänge" dem Verleger noch zugegangen sein (vgl. Hölderlins Vorwort zur Hymne, Band 1, S. 467).

Nachtgesänge – Vgl. die Anm. zu S. 476.

478 *die Ausgabe der „Ansichten"* – „Malerische Ansichten des Rheins von Mainz bis Düsseldorf. Mit 32 ... Kupfern und einer Karte" (3 Hefte, Frankfurt 1806). Den Text des ersten Heftes verfaßte Nikolaus Vogt.

Seckendorf – Leo Freiherr von Seckendorf (1775–1809), aus fränkischem Uradel stammend, studierte Jura in Tübingen, wo er 1792 Hölderlin in einem revolutionär gesinnten Kreise begegnete, und danach in Jena, wo er die Bekanntschaft mit Sinclair machte. Nach Beendigung des Studiums war er 1799 Regierungsassessor in Weimar, seit 1801 in württembergischen Diensten. 1805 in den Hochverratsprozeß gegen Sinclair verwickelt, wurde er des Landes verwiesen. Danach lebte er als freier Schriftsteller und veröffentlichte in seinen Musenalmanachen 1807 und 1808 mehrere Elegien und „vaterländische Gesänge" Hölderlins. 1809 trat er in österreichische Dienste und fiel noch im gleichen Jahr als Hauptmann der Landwehr.

479 *Ansichten des Rheins* – Vgl. die erste Anm. zu S. 478.

der Fürst – Kurfürst Friedrich II. von Württemberg.

die Antiken in Paris – Vgl. die erste Anm. zu S. 474.

480 *die Feinde des Vaterlands* – Der Kurfürst Friedrich II. und die Hofpartei. Im März 1804 war gegen den Willen des gewaltherrlichen Fürsten der Landtag erneut einberufen worden und dadurch der Konflikt zwischen den Ständen und der herrschenden Klasse abermals ausgebrochen.

die Exemplare – Am 14. April schickte Wilmans zwölf Freiexemplare.

481 *Ihnen nächstens etwas zu schicken* – Wohl einige von den schon in Nr. 242 und Nr. 243 angekündigten „vaterländischen Gesängen". Hölderlins Zusatz, daß er auf diese „jetzt einen eigentlichen Wert setze", macht vielleicht den Relativsatz in dem vorangehenden

Absatz („was dem Dichter verboten ist") verständlicher, wenn er im Zusammenhang mit Hölderlins Auffassung gesehen wird, wie sie programmatisch sich ausspricht in den Versen: „Verbotene Frucht, wie der Lorbeer, aber ist / Am meisten das Vaterland. Die aber kost' / Ein jeder zuletzt" (vgl. Band 1, S. 512).

481 *246. An Prinzessin Auguste von Hessen-Homburg* – Auszug und Regest Gustav Schlesiers. Der erste Band der Trauerspiele war der Prinzessin Auguste gewidmet (vgl. Band 3, S. 324). Hölderlin hatte ihr schon zu ihrem 23. Geburtstag eine Ode zugeeignet (vgl. Band 1, S. 352) und gleichzeitig wohl den „Gesang des Deutschen" (vgl. Band 1, S. 349) überreicht. Ihre Anteilnahme an Hölderlins Dichtung wird bezeugt durch eine Sammlung Hölderlinscher Gedichte in Abschriften von ihrer Hand. Von der besonderen Bedeutung des Dichters für ihre geistige Entwicklung spricht sie in ihrem „Testament" (vgl. Werner Kirchner, „Das ‚Testament' der Prinzessin Auguste von Hessen-Homburg"; in: „Hölderlin. Aufsätze zu seiner Homburger Zeit", Göttingen 1967.

PERSONEN- UND WERKREGISTER

Abel, Jakob Friedrich 71
Aischylos 358
 Der gefesselte Prometheus 358
Ammon, Christoph Friedrich 120 123
Aristophanes 104
Auguste, Prinzessin von Hessen-Homburg 480 *481*
Autenrieth, Christian Friedrich 98

Baggesen, Jens 149
Bardili, Christiane Luise 101
Bell, J. 279 f.
Berlepsch, Emilie von 149
Bilfinger, Christian Ludwig 14 16 bis 21 23 25 29 32 36 38 41 50 61 63 67 (?) 392
Bilfinger, Karl Friedrich 101 123
Bilfinger, Rudolf Ferdinand Friedrich 11
Blöst, Adam 328 f. 331
Blum, Johann Friedrich 42–45 50 129 259 277 306 320
Blum, Sophie Margarete 44
Böhlendorff, Casimir Ulrich 376 392 *466* 473
 Fernando oder Die Kunstweihe 466
Bök, August Friedrich 68 70

Bonaparte, Napoleon (Napoleon I.) 268 411
Boßler, Heinrich Philipp Karl 49
Bouterwek, Friedrich 359
Brecht, Heinrike 17 (?) 18 27 f. 34 40
Breitschwerdt, Johann Friedrich 72
Breunlin, Christian 124 143 267 269 f. 282 292 301 308 424 439 441 f. 453 f.
Breunlin, Christoph Matthäus Theodor 95 97 113 124 f. 137 139 *141* 143 192 266 270 282 288 *291* 300 f. 307 f. 312 350 355 388 391 397 f. 406 413 421 423 f.
Breunlin, Friedrich 292 302 308 424 439 441 f. 453 f.
Breunlin, Heinrike 124 143 267 269 f. 282 292 301 f. 308 424 439 441 f. 453 f.
Breunlin, Maria Eleonora Heinrica 11 24 26 29 35 36 f. 51 58 61 ff. 68 ff. 72 73 75 76 77 80 *80 81* 83 f. 86 *88* 90 94 95 96 98 110 113 *124* 137 139 142 f. 184 ff. 190 *190* 200 221 225 243 246 254 260 262 266 267 274 278 *282* 288 290 ff. 297 f. 300 300 306 320 348 *349* 354 f. 357 367 370 380 *386* 397 f. 406 *412* 423

423 429 434 438 439 440 441 442
444 447 450 451 452 f. 453 465
470 ff. 513–515
Breyer, Auguste 98 (?)
Breyer, Karl Friedrich Wilhelm 73
Brissot, Jacques-Pierre 107 115
Brun, Constantin 182
Brutus, Marcus Junius 323
Bürger, Gottfried August 59 134
Göttinger Musenalmanach 114 177

Caffro, Gioseffo 92
Camerer, Clemens Christoph 69 (?) 74 (?) 81 (?) 90 96
Camerer, Gottlieb Friedrich 22 (?)
Camerer, Johann Caspar 167 184 266 350
Christlieb, Wilhelm Christian Gottfried 90
Cicero, Marcus Tullius 73
Condé, Louis-Josephe von Bourbon, Prinz von 243
Conz, Karl Philipp 76 160 284 f. 359 393
  Museum für die griechische und römische Literatur 160 176
Cotta, Christoph Friedrich 103
Cotta, Johann Friedrich 185 189 194 199 233 237 269

Dalberg, Karl Theodor von 165
Demosthenes 73
Dillenius, David Immanuel 46
Diogenes Laertius 333

Ebel, Johann Gottfried 202 210 215 226 f. 256 393 413
Efferenn, Johann Jakob 14 18 f. 36

Elben, Christian Gottfried
  Schwäbischer Merkur 94
Elsner, Johann Christoph Friedrich 50
Emerich, Friedrich 376 (?) 392 426
Ewald, Johann Ludwig
  Urania 141 f. 148

Fehleisen, Katharina Sibylla 192
Fellenberg, Philipp Emanuel von 74
Fichte, Johann Gottlieb 162 f. 165 175 f. 179 f. 188 f. 213
  Grundlage des Naturrechts nach Prinzipien der Wissenschaftslehre 237 255
  Grundlage der gesamten Wissenschaftslehre 179
  Über die Bestimmung des Gelehrten 179
Fischer, Benjamin Theodor 61 68 83
Fischer, Marie Friederike 74
Flatt, Johann Friedrich 94
Friedrich V., Landgraf von Hessen-Homburg 316 319
Friedrich Wilhelm II., König von Preußen 244
Friedrich Wilhelm Karl, Prinz, als Friedrich II. Herzog (1797) und Kurfürst (1803) von Württemberg 91 437 479
Frisch, Johann Georg 435 437

Gegel, Ludwig Bernhard Friedrich 48
Gellert, Christian Fürchtegott 346
Gemming, Freiherr von 331 f.

Gentner, Karl Christian Friedrich 61 100 332
Georg, Herzog von Sachsen-Meiningen 136 f.
Georgii, Eberhard Friedrich 91
Goethe, Johann Wolfgang von 136 163 172 174 f. *179 194 234 385* (?) 477 480
 Wilhelm Meisters Lehrjahre 175
Gogel, Johann Noë 247–250 258
Gok, Johann Christoph 9 368
Gok, Johanna Christiane *11 22 23* 25 f. *29 35 35 36 38 41 51 57 58* 59 f. *60 65 67 68 69* 74 ff. *77 78 81 82 83 84 85* 88–91 *95 96 99* 100 103 107 *108 109* 112 *112* 115 *119* 122 124 *126* 128 f. *135 135 138* 141 *143 143 151* 154 *164 166 169* 178 *181 184* 186 189 f. 192 *198* 221 *223* 225 227 f. 236–239 243–246 252 259 f. *260 262* 269 274 277 *285* 289 *289* 296 *299* 302 *305* 308 *311 315* 319 324 327 *328* 339 341 *350* 351 353 367 379 389 394 395 397 404 408 420 424 f. 427 433 435 *436* 439 441–445 445 447 450 f. *451* 454 f. *465* 469 471 472 *485–513*
Gok, Karl 11 22 26 29 35 37 42 51 67 70 73–77 80 82 86 90 96 *103 107* 110 *111* 119 123 125 127 129 137 *140* 145 152 153 168 183 185 *186* 200 221 f. *224* 227 232 234 *238* 242 244 252 254 *254* 259 261 f. *262* 266 ff. 274 276 277 *281 283* 288 289 289 f. 292 300 305 f. *308* 319 f. *326* 331 334 347 354–357 *360* 367 380 389 395 398 410 425 436 437 439 443 *446* 447 450 f. *451* 452 454 f. *458 465* 470–473 *516*

Gontard, Henry 223 f. 226 239 252 258 275 278 281 296 f. 299 301 311 317 f. 422
Gontard, Jakob Friedrich 218 224 ff. 239 258 261 269 318
Gontard, Margarete 258
Gontard, Susette 224 226 239 ff. 243 258 261 264 352 372 402 406 415
Gonzenbach, Anton von *449* 451 ff.
Gonzenbach, Emanuel von 442 449
Göschen, Georg Joachim 192 194
Grützmann, Christian Philipp 85
Guadet, Marguerite-Elie 115
Gustav II. Adolf, König von Schweden 59 f. 191
Gutscher, Jakob Friedrich 324 328 435

Hafner, Christine Eleonore 102
Harpprecht, Valentin Christian Heinrich 12
Harter, Johann Heinrich Samuel 312
Haug, Friedrich 394
Hegel, Christiane 148 161
Hegel, Georg Wilhelm Friedrich 66 72 148 *148* 161 *178* 206 *212* 246 249 254 258 265
Heigelin, Johann Eberhard 303 (?)
Heinse, Johann Jakob Wilhelm 243 245 264 285 359 393
 Ardinghello und die glückseligen Inseln 244 264 285 359 393
Helvétius, Claude-Adrien 71
Hemsterhuis, Frans 107
Herder, Johann Gottfried 136 172 174 179

Briefe zu Beförderung der Humanität 142
Ideen zur Philosophie der Geschichte der Menschheit 174
Tithon und Aurora 146
Hermann, eigentlich: Arminius, Fürst der Cherusker 245
Hesiod 106
Hesler, Ernst Friedrich 13 36 148 bis 151 166 f.
Heydenreich, Karl Heinrich 192 194 359
Heyn, Johanna Rosina 11 35 70 76 113 *127* 139 141 145 152 168 184 200 224 (?) 246 275 278 288 303 306 312 319 f. 325 339 341 f. 348 351 357 370 381 400 406 439 441 f. 453 455 471 f.
Heyne, Christian Gottlob 194
Hiemer, Franz Karl 17 19 29 f. 51 141
Hiemer, Philipp Jakob 38
Hiller Christian Friedrich 83 161
Hoche, Lazare 268 f.
Hoffmann, Karl Theophil 60
Hölderlin, Heinrich Friedrich 9 39 58 368
Hölderlin, Johanna Christiane siehe Gok, Johanna Christiane
Hölderlin, Maria Eleonora Heinrica siehe Breunlin, Maria Eleonora Heinrica
Homer 19 358 467
Ilias 358
Horaz, eigentlich: Quintus Horatius Flaccus 358
Horn, Fritz 327 f.
Humboldt, Wilhelm von 393

Jacobi, Friedrich Heinrich 328
Jäger, Karl Christoph Friedrich 123
Jung, Franz Wilhelm 227 373 393 403 *404*

Kalb, Charlotte von 121 f. 124 126 133 136 138 141 145 147 149 151 154 161 163 167 171f. 174f. 178f. 181 184
Kalb, Edda von 143
Kalb, Fritz von 121 f. 124 126 f. 132 f. 136 139 141 148 152 159 f. 167 170 f. 174 f. 178 f. 223
Kalb, Heinrich von 121 f. 124 ff. 136 170 f. 179
Kant, Immanuel 102 125 141 f. 148 150 160 180 189 214 229 284 337
Karl Eugen, Herzog von Württemberg 35 f. 72 91
Karl Theodor, Kurfürst von der Pfalz 47
Käufelin, Friederike 56 (?)
Käufelin, Regina 56 (?)
Kind, Bernhard Friedrich 71
Kirms, Wilhelmine Marianne 121 125 177
Kleinmann, Samuel Christoph Friedrich 126 (?)
Klemm, Jakob Friedrich 83
Klemm, Jeremias Friedrich 11 (?)
Klopstock, Friedrich Gottlieb 17 285 298
Messias 478
Hermanns Schlacht 245
Klüpfel, August Friedrich 75
Kolumbus, Christoph 59
Köstlin, Nathanael 9 11 83

Lafayette, Marie-Joseph de Motier, Marquis de 94 121 123

Lafontaine, August Heinrich 393
Landauer, Christian 214 216 392 429 433 f. 437 439 444 ff. 448 *455 458* 469
Landauer, Johanna Margarete Louise 440
Landbek, Johann Jonathan Christian 51
Lebret, Johann Friedrich 75 83
Lebret, Marie Elisabeth 71 87 101 f. 144 152 169 177 195 209 212 232 295 398 f.
Leibniz, Gottfried Wilhelm 71
Leopold III. Friedrich Franz, Fürst von Anhalt-Dessau 191 f.
Linschoten, Strick van 392
Livius, Titus 205
Luckner, Nikolaus Graf von 94

Machiavelli, Niccolò 107
Macpherson, James 19 39 373 393
Magenau, Rudolf 67 72 86 ff. 132
Majer, Johann Friedrich Ludwig (Onkel Hölderlins) 80 97 110 128 222 222 275 408
Majer, Johann Friedrich Ludwig (Vetter Hölderlins) 76 217 f. 223 275
Marat, Jean-Paul 107
Märklin, Jacob Friedrich 66 69
Märklin, Jeremias Wilhelm 20 f. 36 46
Matthisson, Friedrich 106 f. 111 (?) 112 359 391 393 f.
Mayer, Johann Adam 44
Mayer, Maria Margarethe 44
Memminger, Friedrich August 83
Mereau, Sophie 303 393
Meyer, Daniel Christoph 472

Meyer, Johann Heinrich 163 175
Mögling, Friedrich Heinrich Wolfgang 150 279
Moser, Wilhelm Friedrich 22
Muhrbeck, Friedrich 327 350 356 372 469

Nast, Christian Ludwig 19
Nast, Christian Reinhard 31
Nast, Heinrike 18 56
Nast, Immanuel *12 13 15 16 18 19 20 21 24 26 27 29 39 50*
Nast, Louise 15 (?) 31 39 *40 55 61 63 66 84 90*
Nast, Marie Gottliebin 56
Nast, Wilhelmine 41 56
Naubert, Benedikte
  Geschichte der Gräfin Thekla von Thurn oder Szenen aus dem Dreißigjährigen Kriege 59
Neeb, Johannes 393
Nenninger, Johann Friedrich 121 f. 125 128 170
Neuffer, Christian Ludwig 59 61 67 71 76 82 *86* 92 97 *100 101 103 114 115 120* 129 134 *145 155 157 161 173 193 196 202 208 213 216 225* 230 240 *263 272 281 284 287 298 303 310 320* 355 357 371 373 *391* 410 *416 423*
Niethammer, Friedrich Immanuel 164 167 177 186 189 217 228 229 *464*
Philosophisches Journal einer Gesellschaft teutscher Gelehrten 189 230

Ossian, siehe Macpherson, James
Ostertag, Wilhelm Friedrich 398 f.

Ovid, eigentlich: Publius Ovidius Naso
Metamorphosen 194 232

Paulus, Elisabeth Friederike Karoline 168
Paulus, Heinrich Eberhard Gottlob 165 168
Pfeffel, Gottlieb Konrad 29 40
Platon 104 360
Phaidros 160
Plutarch 205 234
Pommer-Esche, Johann Arnold Joachim von 328 332 346
Proeck, Auguste Wilhelmine von 316 320

Rapp, Gottlob Heinrich 97
Reinhard, Karl
Göttinger Musenalmanach 160
Reinhard, Karl Friedrich 355
Reinhold, Karl Leonhard 229
Reinwald, Heinrich Friedrich 66 (?)
Reinwald, Karl Friedrich 66 (?)
Renz, Karl Christoph 38 212
Reuß, Johann August 71 (?)
Robespierre, Maximilien de 155
Rößlin, Christoph Heinrich 102
Rothacker, Ferdinand Wilhelm Friedrich 37 89 93
Rousseau, Jean-Jacques 87 204 358
Julie oder Die neue Heloise 204 358
Rümelin, Johann Christian Benjamin 67

Saint-Cyr, Laurent Gouvion Saint-Cyr 243

Sallust, eigentlich: Gajus Sallustius Crispus
Die Verschwörung des Catilina 147
Sappho 358
Schelhas, Ulrich Balthasar Stephan von, Edler von Schellersheim 69 f.
Schelling, Friedrich Wilhelm Joseph 73 218 230 312 *381* 393 475 477 f.
Schenk, Johann Heinrich 328
Schiller, Charlotte 242
Schiller, Friedrich 13 17 47 107 121 *132* 134 160 163 ff. 167 171 f. 174 ff. 178 f. 181 185 f. 189 194 200 207 209 228 232 242 251 270 273 278 *278* 304 377 393 f. 396 *400* 404 f. 413 *462* 464 480
Die Horen 176 179 181 209 277 280 359
Die Räuber 13 17 21 40 401
Don Carlos 40 107 112 401
Fiesko 17 401
Kabale und Liebe 17 21 279 f.
Musenalmanach 176 179 194 232 265 277 280 284 394
Neue Thalia 134 141 f. 163 176 178 f. 184 234
Über Anmut und Würde 135 160
Schinz, Wilhelm 298
Schlegel, August Wilhelm 355 393
Schmid, Siegfried 359 394
Schott, Andreas Heinrich 312
Schubart, Christian Friedrich Daniel 40 57 72 98
Der ewige Jude 17
Schubart, Ludwig Albrecht 120 123

Schütz, Christian Gottfried *418 (?)*
Schwab, Johann Christoph 83
Seckendorf, Leo von *478*
Seiz, Wilhelm Friedrich 113 213 226 f.
Seyffer, Karl Felix 67 (?)
Shakespeare, William 59 293 358
  Antonius und Kleopatra 358
  Hamlet 279
  Julius Cäsar 358
  Macbeth 358
Sinclair, Isaak von 211 213 216 224 227 237 246 250 267 315 f. 319 ff. 327 332 350 390 (?) 394 396 f. 406 412 422 479
Sokrates 104 159
Solon 337 360
Sömmerring, Samuel Thomas 285
Sophokles 358 475–479 481
  Antigone 358
  König Ödipus 358 480
Spinoza, Baruch 79 179 f.
Städlin, Gotthold Friedrich 60 71 f. 83 93 101 ff. 105 f. 114 116 *120* 123 135 148 f. 161
  Musenalmanach fürs Jahr 1792 72 87
Städlin, Lotte 94 (?) 105 (?)
Städlin, Rosine 102 129 131 134 f. 145 148 156 f. 161 176 195 ff.
Stein, Dietrich Philipp August von 142
Steinkopf, Johann Friedrich 358 ff. 368 f. 370 377 379 384 f. 391 *393* 403 ff. 418 420 ff. 435
Ströhlin, Friedrich Jakob 208 f. 213
Styrum, Ferdinand Graf zu Limburg-Styrum 46 (?)

Tacitus, Publius Cornelius 392
Terenz, eigentlich: Publius Terentius Afer 341
Thales von Milet 337 360

Uhland, Ludwig Joseph 87

Varus, Publius Quinctilius 245
Veiel, Johann Gottlob 308 350 413
Vergil, eigentlich: Publius Vergilius Maro 71 130 227
  Äneis 176
Vergniaud, Pierre-Victurnién 115
Vogt, Justine Rosine (oder Regine) 50
Vogt, Nikolaus 268
  Malerische Ansichten des Rheins von Mainz bis Düsseldorf 479
Voigt, Johann Gottfried 164 ff.
Volmar, Ernestine Friederike 44 f. 50
Voß, Johann Heinrich 176
  Musenalmanach 104

Wagner, Johann Georg 319 328
Weber, Christian Friedrich 72
Weinland, Johann Christoph 24 f.
Wergo, Panagiot 92
Wieland, Christoph Martin 17 136 162
  Der neue Amadis 17 84
  Teutscher Merkur 21
Wieland, Johann Heinrich 72
Wilhelm IX., Landgraf von Hessen-Kassel 244
Wilmans, Friedrich *475 476 477 479 480*
Wohlhaupter 38
Woltmann, Karl Ludwig 177

ZU DIESER AUSGABE

Der Text der vorliegenden Edition beruht auf den beiden von Friedrich Beißner herausgegebenen Stuttgarter Ausgaben: der historisch-kritischen Großen Stuttgarter Ausgabe („Hölderlin. Sämtliche Werke", Band 1-6, Stuttgart 1943-1961) und der Kleinen Stuttgarter Ausgabe („Hölderlin. Sämtliche Werke", Band 1-6, Stuttgart 1944 bis 1962 und Berlin 1959-1962). Zu Rate gezogen wurden in einzelnen Fällen auch die beiden älteren historisch-kritischen Editionen von Norbert von Hellingrath („Hölderlin. Sämtliche Werke", begonnen durch Norbert von Hellingrath, fortgeführt durch Friedrich Seebaß und Ludwig von Pigenot, Band 1-6, München 1913-1923; 3. Auflage, Band 1-4, Berlin 1943) und Franz Zinkernagel („Friedrich Hölderlin. Sämtliche Werke und Briefe", Band 1-5, Leipzig 1914-1926). Berücksichtigt wurde außerdem die Kritik von Hans Pyritz an der Großen Stuttgarter Ausgabe (Deutsche Vierteljahrsschrift für Literaturwissenschaft und Geistesgeschichte, Band 21, 1943, Referatenheft S. 88-123; Hölderlin-Jahrbuch 1953, S. 80-105).

Die Orthographie wurde weitgehend den heutigen Regeln angepaßt, ohne daß der Lautstand angetastet worden wäre. So ist z. B. „gedultig" zu „geduldig" und „Fittige" zu „Fittiche" modernisiert, da deren Schreibweise keine lautliche Bedeutung hatte, während etwa die Schreibung „Othem" beibehalten wurde. Die Eigennamen sind in der heute üblichen Form geschrieben, also „Kepler" statt „Keppler" und „Tiber" statt „Tyber". Weitgehend ausgenommen davon wurden die antiken Namen. In ihre Schreibweise ist in der Regel nur vereinheitlichend eingegriffen worden. Die häufig vorkommende Großschreibung der Pronomina wurde eliminiert, wenn sie sich als orthographische Besonderheit qualifizieren ließ, oder in eine Hervorhebung des ganzen Wortes – wie auch sonst durch Kursivdruck gekennzeichnet – verwandelt, wenn sie als semantisch bedingt erschien. Bei der Getrennt- und Zusammenschreibung und bei der Interpunktion wurde unterschiedlich verfahren. Während in den Aufsätzen und in den Briefen weit mehr die heute geltenden Regeln angewendet wurden, haben wir die poetischen Texte aus rhythmischen Gründen wesentlich zurückhaltender modernisiert. Ebenfalls vorsichtig sind in den Aufsätzen die Hölderlinschen Quellenangaben, Randbemerkungen, Fußnoten und Tabellen vereinheitlicht worden. Überschriften, die nicht von Hölderlin stammen, wurden in eckige Klammern gesetzt. Bei den Briefen wurden die fehlenden Orts- und Datumsangaben ergänzt und ebenfalls in eckige Klammern eingeschlossen. Drei Punkte ersetzen verlorengegangenen Text.

Der Umstand, daß Hölderlin die Absicht, eine Ausgabe seiner Gedichte zu veranstalten, nicht verwirklicht hat, stellt den Herausgeber vor besondere Schwierigkeiten, will er nicht unterschiedslos alle vom Dichter hinterlassenen Texte ohne Rücksicht auf den Grad der Vollendung und Autorisation nebeneinanderstellen, wie es die Herausgeber der historisch-kritischen Ausgaben und – ihnen folgend – auch die Herausgeber von Leseausgaben getan haben. Die vorliegende Edition versucht, Vollendetes von Nichtvollendetem, Autorisiertes von Nichtautorisiertem zu unterscheiden. Unter autorisierten Texten werden die von Hölderlin als verbindlich gemeinten Texte verstanden: 1. die vom Autor selbst veröffentlichten oder unmittelbar für den Druck vorgesehenen Gedichte (Drucke, Druckvorlagen), 2. die in Reinschriften überlieferten Gedichte bzw. Gedichtfassungen. Alle anderen Texte (Entwürfe und entwurfartige Niederschriften, Bruchstücke, unvollendete oder unvollständig überlieferte Gedichte, auch wenn der erhaltene Teil reinschriftlichen Charakter trägt) wurden gegenüber den autorisierten in einem kleineren Schriftgrad gedruckt. Als autorisiert wurden allerdings auch einige nur in Abschriften oder in den Erstausgaben von 1826 („Friedrich Hölderlin, Gedichte", hrsg. von Gustav Schwab und Ludwig Uhland) und 1846 („Friedrich Hölderlin, Sämtliche Werke", hrsg. von Christoph Theodor Schwab, Band 1–2) überlieferten Gedichte betrachtet, wenn ihnen nachweislich oder vermutlich Reinschriften zugrunde gelegen haben. Den Anmerkungen zu den einzelnen Gedichten ist die besondere Überlieferungsform zu entnehmen.

Die Ausgabe vereinigt sämtliche poetischen Texte, Übersetzungen und Briefe Hölderlins einschließlich der Entwürfe, Bruchstücke und Pläne. Im Unterschied zur Großen Stuttgarter Ausgabe wurden folgende Gedichtfassungen bzw. Entwürfe, die Friedrich Beißner in Lesarten aufgelöst hatte, dem Textteil zugeordnet: „Die Größe der Seele",

„Hymne an die Wahrheit", „Der Gott der Jugend" (Entwurf), „An den Äther" (Entwurf und Vorfassung), „Der Wanderer" (Entwurf und Vorfassung der 1. Fassung), „Die Schlacht", „Der Abschied" (1. Fassung), „Bitte". Grundlage für die Gestaltung dieser Texte waren die Lesarten-Bände der Großen Stuttgarter Ausgabe. Der hieraus gewonnene Text wurde mit den Handschriften verglichen. Darüberhinaus wurde in einzelnen Fällen Hellingraths Ausgabe und der im Hölderlin-Archiv der Württembergischen Landesbibliothek (Bebenhausen bei Tübingen) befindliche ungedruckte Lesarten-Apparat von Zinkernagels Ausgabe befragt. Außerdem bringt die vorliegende Ausgabe alle drei Fassungen des Gedichts „Griechenland. An Stäudlin" und folgt damit der Insel-Ausgabe Friedrich Beißners („Friedrich Hölderlin, Sämtliche Werke", Frankfurt 1961 und Leipzig 1965). Andererseits wurden aus überlieferungsgeschichtlichen Gründen einige Texte in den Anmerkungsteil verwiesen: die drei „Ansätze" zur „Friedensfeier", die Vorstufe einer späteren Fassung sowie die Ansätze zur letzten Fassung der Hymne „Patmos" und die zweite Fassung von „Mnemosyne". In völlig anderer Textgestalt als bei Friedrich Beißner erscheint nur die Ode „Der Frieden".

Um den in der Großen Stuttgarter Ausgabe weitgehend brachliegenden Lesarten-Apparat zu erschließen und an ihn heranzuführen, wurde in die Ausgabe eine Auswahl von Paralipomena und wichtigen Varianten aufgenommen. Dabei haben wir vor allem jene Textstellen berücksichtigt, die für das Verständnis der dichterischen Persönlichkeit und der einzelnen Dichtung von besonderem Belang sind und auf die Abhandlungen über Hölderlin immer wieder Bezug nehmen. Der besseren Lesbarkeit wegen wurden die zu Gedichten gehörenden Paralipomena nicht gesondert zusammengestellt, sondern mit den Hinweisen auf Überlieferung und Entstehung verbunden.

Alle Texte, also auch die verschiedenen Fassungen des „Hyperion" und des „Empedokles" sowie die Übersetzungen, wurden chronologisch angeordnet. Bei den Gedichten wurde von diesem Prinzip teilweise abgewichen:

1. Die verschiedenen Fassungen eines Gedichts wurden, sofern ihre Entstehungszeiten nicht zu weit voneinander entfernt liegen, hintereinander abgedruckt.
2. Die letzte von Hölderlin selbst veröffentlichte Gedichtgruppe, die „Nachtgesänge", sind als Gruppe zusammengeblieben. Auch in einigen anderen Fällen wurde der Überlieferungszusammenhang

maßgeblich für die Anordnung, was im einzelnen den Anmerkungen zu entnehmen ist.

3. Um den beim späten Hölderlin nicht unwesentlichen gattungsmäßigen Aspekt nicht völlig verlorengehen zu lassen, wurden die von 1801 bis 1803 entstandenen Hymnen nicht voneinander getrennt.

4. Überall dort, wo es gelang, durch geringfügige Umstellungen entscheidende Zäsuren der dichterischen Entwicklung sichtbar zu machen, wurde die Möglichkeit genutzt.

In der Anordnung der Briefe folgen wir grundsätzlich Adolf Beck, dem Herausgeber des sechsten Bandes der Großen Stuttgarter Ausgabe, wir weichen von ihm nur insofern ab, als die von Paul Raabe („Die Briefe Hölderlins", Stuttgart 1963) vorgeschlagene Reihenfolge der Briefe an Immanuel Nast übernommen worden ist. Die nach Abschluß des Brief-Bandes von Adolf Beck aufgefundenen beiden Briefe des kranken Hölderlin wurden ebenfalls in unsere Ausgabe aufgenommen.

In die Anmerkungen, die dankbar das reichhaltige, von Friedrich Beißner und Adolf Beck in der Großen Stuttgarter Ausgabe ausgebreitete Material nutzen, wurden neben den üblichen Erläuterungen Hinweise zur Entstehung, Überlieferung und Wirkung aufgenommen. Der Nachweis wichtiger Handschriften soll einer besseren entstehungs- und überlieferungsgeschichtlichen Orientierung dienen und dem Benutzer die Entscheidung erleichtern, in welchen Fällen er der historisch-kritischen Ausgabe nicht entbehren kann. Auch werden Bezüge zwischen den einzelnen Gedichten nicht selten durch die gemeinsame handschriftliche Überlieferung sichtbar. Die Erstdrucke wurden nur verzeichnet, wenn sie Hölderlin selbst veranlaßt hat, wenn sie aus seinem unmittelbaren Freundeskreis stammen oder als einziger Überlieferungsträger fungieren.

INHALTSVERZEICHNIS

BRIEFE

Denkendorf und Maulbronn 1784–1788

1. An Nathanael Köstlin. Denkendorf, wohl im November 1785 9
2. An die Mutter. Denkendorf, kurz vor Weihnachten 1785 11
3. An Immanuel Nast. Maulbronn, Anfang Januar 1787   12
4. An Immanuel Nast. Maulbronn, Januar 1787   13
5. An Immanuel Nast. Maulbronn, um Ende Januar 1787 15
6. An Immanuel Nast. Maulbronn, 18. Februar 1787 . .   16
7. An Immanuel Nast. Maulbronn, wohl um den 4. März 1787 18
8. An Immanuel Nast. Maulbronn, wohl um den 18. März 1787 19
9. An Immanuel Nast. Maulbronn, 26. März 1787 . . .   20
10. An Immanuel Nast. Maulbronn, wohl Mitte April 1787 21
11. An die Mutter. Maulbronn, wohl nach Mitte April 1787 22
12. An die Mutter. Maulbronn, im Mai oder Juni 1787 .   23
13. An Immanuel Nast. Maulbronn, im Sommer 1787 . .   24
14. An Immanuel Nast. Maulbronn, Ende Oktober 1787 .   26
15. An Immanuel Nast. Maulbronn, im November 1787 .   27
16. An Immanuel Nast. Maulbronn, im November 1787 .   29
17. An die Geschwister. Maulbronn, Ende Dezember 1787 35
18. An die Mutter. Maulbronn, kurz vor dem 11. Februar 1788 35

19. An die Mutter. Maulbronn, wohl am 17. oder 18. Februar 1788 36
20. An die Mutter. Maulbronn, um den 11. März 1788 . . 38
21. An Immanuel Nast. Maulbronn, kurz nach dem 18. April 1788 39
22. An Louise Nast. Maulbronn, gegen Ende April 1788 40
23. An die Mutter. Maulbronn, um den 10. Juni 1788 . . 41
24. An Immanuel Nast. Maulbronn, wohl am 6. September 1788 50

Tübingen 1788–1793

25. An Louise Nast. Tübingen, kurz vor dem 19. Januar 1789 55
26. An die Mutter. Tübingen, um Ende April 1789 . . . 57
27. An die Mutter. Tübingen, kurz vor dem 25. November 1789. Bruchstück 58
28. An Neuffer. Nürtingen, im Dezember 1789 59
29. An die Mutter. Tübingen, Anfang 1790 60
30. An Louise Nast. Tübingen, um Ende Januar 1790 . . 61
31. An Louise Nast. Tübingen, Frühjahr 1790 63
32. An die Mutter. Tübingen, wohl um Ende April 1790 65
33. An die Mutter. Tübingen, bald nach dem 15. Juni 1790 67
34. An die Mutter. Tübingen, wohl Mitte August 1790 . 68
34a. An die Mutter. Tübingen, zweite Hälfte August 1790 69
35. An Neuffer. Tübingen, 8. November 1790 71
36. An die Schwester. Tübingen, Mitte November 1790 . 72
37. An die Schwester. Tübingen, 23. oder 30. November 1790 73
38. An die Schwester. Tübingen, Anfang Dezember 1790 75
39. An die Schwester. Tübingen, etwa Mitte Dezember 1790 76
40. An die Mutter. Tübingen, wahrscheinlich 7. Februar 1791 77
41. An die Mutter. Tübingen, wahrscheinlich 14. Februar 1791 78

42. An die Schwester. Tübingen, vermutlich gegen Ende März 1791 80
43. An die Schwester. Tübingen, wahrscheinlich Ende März 1791 81
44. An die Mutter. Tübingen, Anfang April 1791 . . . 83
45. An die Mutter. Tübingen, wahrscheinlich Mitte Juni 1791 84
46. An die Mutter. Tübingen, wahrscheinlich im November 1791 85
47. An Neuffer. Tübingen, 28. November 1791 86
48. An die Schwester. Tübingen, zwischen 5. und 10. Dezember 1791 88
49. An die Schwester. Tübingen, um Ende Februar 1792 90
50. An Neuffer. Tübingen, nach Mitte April 1792 . . . 92
51. An die Schwester. Tübingen, 19. oder 20. Juni 1792 . 94
52. An die Schwester. Tübingen, um Anfang September 1792 95
53. An die Mutter. Tübingen, um den 10. September 1792 96
54. An Neuffer. Tübingen, bald nach dem 14. September 1792 97
55. An die Mutter. Tübingen, zweite Hälfte November 1792 99
56. An Neuffer. Nürtingen, vermutlich um Ostern (31. März) 1793 100
57. An Neuffer. Tübingen, wahrscheinlich im Mai 1793 . 101
58. An den Bruder. Tübingen, Anfang Juli 1793. Auszug und Regest 103
59. An den Bruder. Tübingen, gegen Mitte Juli 1793. Regest 103
60. An Neuffer. Tübingen, zwischen 21. und 23. Juli 1793 103
61. An den Bruder. Tübingen, zweite Hälfte Juli 1793. Auszug und Regest 107
62. An den Bruder. Tübingen, Mitte August 1793. Auszug und Regest 107
63. An die Mutter. Tübingen, im August 1793 108
64. An die Mutter. Tübingen, um Anfang September 1793 109

65. An den Bruder. Tübingen, erste Hälfte September
    1793 111
66. An die Mutter. Tübingen, wohl Mitte September
    1793 112
67. An Neuffer. Nürtingen, im ersten Drittel des Oktober 1793 114
68. An Neuffer. Nürtingen, um den 20. Oktober 1793 . . 115

Waltershausen, Jena, Nürtingen 1794–1795

69. An die Mutter. Coburg, 26. (oder 27.) Dezember 1793   119
70. An Stäudlin und Neuffer. Waltershausen, 30. Dezember 1793 120
71. An die Mutter. Waltershausen, 3. Januar 1794 . . . 122
72. An die Schwester. Waltershausen, 16. Januar 1794 . . 124
73. An die Mutter. Waltershausen, 23. Januar 1794 . . . 126
74. An die Großmutter. Waltershausen, 25. Februar 1794   127
75. An Neuffer. Waltershausen, wahrscheinlich Anfang April 1794 129
76. An Schiller. Waltershausen, um den 20. März 1794 . 132
77. An Neuffer. Waltershausen, gegen Mitte April 1794 . 134
78. An die Mutter. Waltershausen, erste Hälfte April 1794 135
79. An die Mutter. Waltershausen, 20. April 1794 . . . 138
80. An den Bruder. Waltershausen, 21. Mai 1794 . . . 140
81. An den Schwager Breunlin. Völkershausen, Pfingsten 1794 141
82. An die Mutter. Waltershausen, 1. Juli 1794 143
83. An Neuffer. Waltershausen, um den 10.–15. Juli 1794 145
84. An Hegel. Waltershausen, 10. und 14. Juli 1794 . . . 148
85. An die Mutter. Waltershausen, 30. Juli 1794 151
86. An den Bruder. Waltershausen, 21. August 1794 . . 153
87. An Neuffer. Waltershausen, 25. August 1794 155
88. An Neuffer. Waltershausen, 10. Oktober 1794 . . . 157
89. An Neuffer. Jena, wohl Mitte November 1794 . . . 161
90. An die Mutter. Jena, 17. November 1794 164
91. An die Mutter. Jena, 26. Dezember 1794 166
92. An die Mutter. Jena, 16. Januar 1795 169
93. An Neuffer. Jena, 19. Januar 1795 173
94. An Hegel. Jena, 26. Januar 1795. Unvollständig . . 178

95. An die Mutter. Jena, 22. Februar 1795 181
96. An die Mutter. Jena, 12. März 1795 184
97. An den Bruder. Jena, 13. April 1795 186
98. An die Schwester. Jena, 20. April 1795 190
99. An Neuffer. Jena, 28. April 1795 193
100. An Neuffer. Jena, 8. Mai 1795 196
101. An die Mutter. Jena, 22. Mai 1795 198
102. An Schiller. Nürtingen, 23. Juli 1795 200
103. An Johann Gottfried Ebel. Nürtingen, 2. September 1795 202
104. An Schiller. Nürtingen, 4. September 1795 207
105. An Neuffer. Nürtingen, wohl im Oktober 1795 . . . 208
106. An Johann Gottfried Ebel. Nürtingen, 9. November 1795 210
107. An Hegel. Stuttgart, 25. November 1795 212
108. An Neuffer. Nürtingen, Anfang Dezember 1795 . . 213
109. An Johann Gottfried Ebel. Nürtingen, 7. Dezember 1795 215
110. An Neuffer. Nürtingen, wohl 7. Dezember 1795 . . 216
111. An Immanuel Niethammer. Löchgau, 22. Dezember 1795 217

Frankfurt 1796–1798

112. An die Mutter. Frankfurt, 30. Dezember 1795 . . . 221
113. An Pfarrer Majer. Frankfurt, 31. Dezember 1795 . . 222
114. An den Bruder. Frankfurt, 11. Januar 1796 224
115. An Neuffer. Frankfurt, 15. Januar 1796 225
116. An den Bruder. Frankfurt, 11. Februar 1796 227
117. An Immanuel Niethammer. Frankfurt, 24. Februar 1796 229
118. An Neuffer. Frankfurt, im März 1796 230
119. An den Bruder. Frankfurt, März 1796. Auszug und Regest 232
120. An Cotta. Frankfurt, 15. Mai 1796 233
121. An den Bruder. Frankfurt, 2. Juni 1796 234
122. An den Bruder. Frankfurt, wohl Ende Juni und 10. Juli 1796 238
123. An Neuffer. Frankfurt, wohl Ende Juni und 10. Juli 1796 240

124. An Schiller. Kassel, 24. Juli 1796 242
125. An den Bruder. Kassel, 6. August 1796 242
126. An den Bruder. Frankfurt, 13. Oktober 1796 244
127. An Hegel. Frankfurt, 24. Oktober 1796 246
128. An Hegel. Frankfurt, 20. November 1796 249
129. An Schiller. Frankfurt, 20. November 1796 251
130. An die Mutter. Frankfurt, 20. November 1796 . . . 252
131. An den Bruder. Frankfurt, wohl 21. November 1796 254
132. An Johann Gottfried Ebel. Frankfurt, 10. Januar 1797 256
133. An den Bruder. Frankfurt, 10. Januar 1797 259
134. An die Mutter. Frankfurt, 30. Januar 1797 260
135. An den Bruder. Frankfurt, 4. Februar 1797. Auszug
   und Regest 262
136. An Neuffer. Frankfurt, 16. Februar 1797 263
137. An die Schwester. Frankfurt, 17. Februar 1797 . . . 266
138. An die Schwester. Frankfurt, Ende April 1797 . . . 267
139. An Schiller. Frankfurt, 20. Juni 1797 270
140. An Neuffer. Frankfurt, 10. Juli 1797 272
141. An die Mutter. Frankfurt, 10. Juli 1797 274
142. An den Bruder. Frankfurt, im August 1797 276
143. An die Mutter. Frankfurt, im August 1797 277
144. An Schiller. Frankfurt, wohl zwischen 15. und
   20. August 1797 278
145. An den Bruder. Frankfurt, um den 20. September
   1797. Auszug und Regest 281
146. An die Schwester. Frankfurt, Ende September 1797 . 282
147. An den Bruder. Frankfurt, 2. November 1797 . . . 283
148. An die Mutter. Frankfurt, November 1797 285
149. An den Bruder. Frankfurt, wohl im Dezember 1797.
   Nachtrag 289
150. An die Mutter. Frankfurt, Anfang Januar 1798 . . . 289
151. An den Schwager Breunlin. Frankfurt, 10. Januar
   1798 291
152. An den Bruder. Frankfurt, 12. Februar – 14. März 1798 292
153. An die Mutter. Frankfurt, 10. März 1798 296
154. An Neuffer. Frankfurt, im März 1798 298
155. An die Mutter. Frankfurt, 7. April 1798 299
156. An die Schwester. Frankfurt, wohl um den 15. April
   1798 300

157. An die Mutter. Frankfurt, wohl um den 15. April 1798 302
158. An Neuffer. Frankfurt, wohl Ende Juni 1798 . . . 303
159. An Schiller. Frankfurt, 30. Juni 1798 304
160. An die Mutter. Frankfurt, 4. Juli 1798 305
161. An die Schwester. Frankfurt, 4. Juli 1798 306
162. An den Bruder. Frankfurt, 4. Juli 1798 308
163. An Neuffer. Frankfurt, im August 1798 310
164. An die Mutter. Frankfurt, 1. September 1798 311

Homburg 1798–1800

165. An die Mutter. Homburg, 10. Oktober 1798 315
166. An die Mutter. Homburg, 12. November 1798 . . . 319
167. An Neuffer. Homburg, 12. November 1798 320
168. An die Mutter. Rastatt, 28. November 1798 324
169. An den Bruder. Rastatt, 28. November 1798 326
170. An die Mutter. Homburg, 11. Dezember 1798 . . . 328
171. An Sinclair. Homburg, 24. Dezember 1798. Bruchstück 332
172. An den Bruder. Homburg, Silvester 1798 (Bruchstück) und 1. Januar 1799 334
173. An die Mutter. Homburg, im Januar 1799 341
174. An die Schwester. Homburg, Ende Februar und 25. März 1799 349
175. An die Mutter. Homburg, gegen 10. März 1799. Bruchstück 351
176. An Susette Gontard. Homburg, Frühjahr 1799. Anfang eines Konzepts 352
177. An die Mutter. Homburg, wohl um den 25. März und 18. April 1799 353
178. An Neuffer. Homburg, 4. Juni 1799 357
179. An den Bruder. Homburg, 4. Juni 1799 360
180. An die Mutter. Homburg, 18. Juni 1799 367
181. An Friedrich Steinkopf. Homburg, 18. Juni 1799. Auszug und Regest 370
182. An Susette Gontard. Homburg, vermutlich Ende Juni 1799. Unvollendeter Entwurf 372
183. An Neuffer. Homburg, 3. Juli 1799 373
184. An Schiller. Homburg, 5. Juli 1799 377
185. An die Mutter. Homburg, 8. Juli 1799 379

186. An Schelling. Homburg, im Juli 1799. Entwurf . . . 381
187. An Goethe. Homburg, im Juli 1799. Unvollendeter
 Entwurf 385
188. An die Schwester. Homburg, im Juli 1799 386
189. An Neuffer. Homburg, zweite Hälfte Juli 1799 . . 391
190. An Friedrich Steinkopf. Homburg, 23. August 1799.
 Auszug und Regest 393
191. An die Mutter. Homburg, 27. August 1799 394
192. An die Mutter. Homburg, 3. September 1799 . . . 395
193. An die Mutter. Homburg, 4. September 1799 . . . 397
194. An Schiller. Homburg, erste Hälfte September 1799.
 Unvollendeter Entwurf 400
195. An Susette Gontard. Homburg, zweite Hälfte September 1799. Unvollendeter Entwurf 402
196. An Franz Wilhelm Jung. Homburg, wohl Anfang
 Oktober 1799. Bruchstück eines Konzepts 404
197. An die Mutter. Homburg, 8. Oktober 1799 404
198. An Susette Gontard. Homburg, Anfang November
 1799. Unvollendeter Entwurf 406
199. An die Mutter. Homburg, 16. November 1799 . . . 408
200. An die Schwester. Homburg, 16. November 1799 . . 412
201. An Johann Gottfried Ebel. Homburg, wohl im November 1799. Unvollendeter Entwurf 413
202. An Neuffer. Homburg, 4. Dezember 1799 416
203. An Christian Gottfried Schütz. Homburg, wohl im
 Winter 1799/1800. Unvollendeter Entwurf 418
204. An die Mutter. Homburg, 29. Januar 1800. Unvollständig 420
205. An die Schwester. Homburg, 19. März 1800 423
206. An Friedrich Emerich. Homburg, im Frühjahr 1800.
 Unvollendeter Entwurf 426
207. An die Mutter. Homburg, 23. Mai 1800 427

Stuttgart, Hauptwil, Nürtingen, Bordeaux 1800–1804

208. An die Mutter. Stuttgart, um Ende Juni 1800 . . . 433
209. An die Mutter. Stuttgart, wohl um den 20. Juli 1800 435
210. An die Mutter. Stuttgart, im Juli 1800. Bruchstück
 und Regest 436

211. An den Herzog. Stuttgart, September 1800. Regest 437
212. An einen Unbekannten. Stuttgart, im Herbst 1800. Anfang eines Konzepts 437
213. An den Bruder. Stuttgart, im Herbst 1800. Unvollendet 437
214. An die Schwester. Stuttgart, im September oder Anfang Oktober 1800 438
215. An die Schwester. Stuttgart, wohl erste Hälfte Oktober 1800 439
216. An die Schwester. Stuttgart, vermutlich Mitte Oktober 1800 440
217. An die Schwester. Stuttgart, vermutlich Ende Oktober 1800 441
218. An die Schwester. Stuttgart, Anfang Dezember 1800. Regest 442
219. An die Schwester. Stuttgart, 11. Dezember 1800 . . 442
220. An die Schwester. Stuttgart, kurz vor Weihnachten 1800 444
221. An die Mutter. Stuttgart, etwa 21. Dezember 1800. Regest 445
222. An den Bruder. Nürtingen, wohl um Neujahr 1801 . 446
223. An die Seinigen. Stuttgart, wahrscheinlich 6. Januar 1801 447
224. An Anton von Gonzenbach. Stuttgart, zwischen 7. und 9. Januar 1801 449
225. An die Schwester. Stuttgart, zwischen 8. und 10. Januar 1801 450
226. An die Seinigen. Konstanz, 14. Januar 1801. Regest 451
227. An die Mutter. Hauptwil, 24. Januar 1801 451
228. An die Schwester. Hauptwil, 23. Februar 1801 . . . 453
229. An Christian Landauer. Hauptwil, Mitte bis Ende Februar 1801 455
230. An Christian Landauer. Hauptwil, wohl zweite Hälfte März 1801 458
231. An den Bruder. Hauptwil, wohl zweite Hälfte März 1801 458
232. An Schiller. Nürtingen, 2. Juni 1801 462
233. An Immanuel Niethammer. Nürtingen, im Juni 1801. Regest 464

234. An die Seinigen. Stuttgart, wohl um Ende Oktober
     1801 465
235. An den Bruder. Nürtingen, 4. Dezember 1801 . . . 465
236. An Casimir Ulrich Böhlendorff. Nürtingen, 4. Dezember 1801 466
237. An die Mutter. Lyon, 9. Januar 1802 469
238. An die Mutter. Bordeaux, 28. Januar 1802 471
239. An die Mutter. Bordeaux, Karfreitag (16. April) 1802 472
240. An Casimir Ulrich Böhlendorff. Nürtingen, wahrscheinlich im November 1802 473
241. An Friedrich Wilmans. Nürtingen, 28. September 1803 475
242. An Friedrich Wilmans. Nürtingen, 8. Dezember 1803 476
243. An Friedrich Wilmans. Nürtingen, Dezember 1803 . 477
244. An Leo von Seckendorf. Nürtingen, 12. März 1804 . 478
245. An Friedrich Wilmans. Nürtingen, 2. April 1804 . . 480
246. An Prinzessin Auguste von Hessen-Homburg. Nürtingen, im April oder Mai 1804. Auszug und Regest eines (vermutlich) unvollendeten Briefes 481

Anhang: Tübingen 1806–1843

247–307. An die Mutter. 1806–1828 485
308–313. An die Schwester 513
314. An den Bruder. Vermutlich 1822 oder 1823 . . . 516

ANMERKUNGEN

Vorbemerkung 519
Erläuterungen 521

Personen- und Werkregister 596

Zu dieser Ausgabe 603